사이먼
샤마의 **3**
영국사

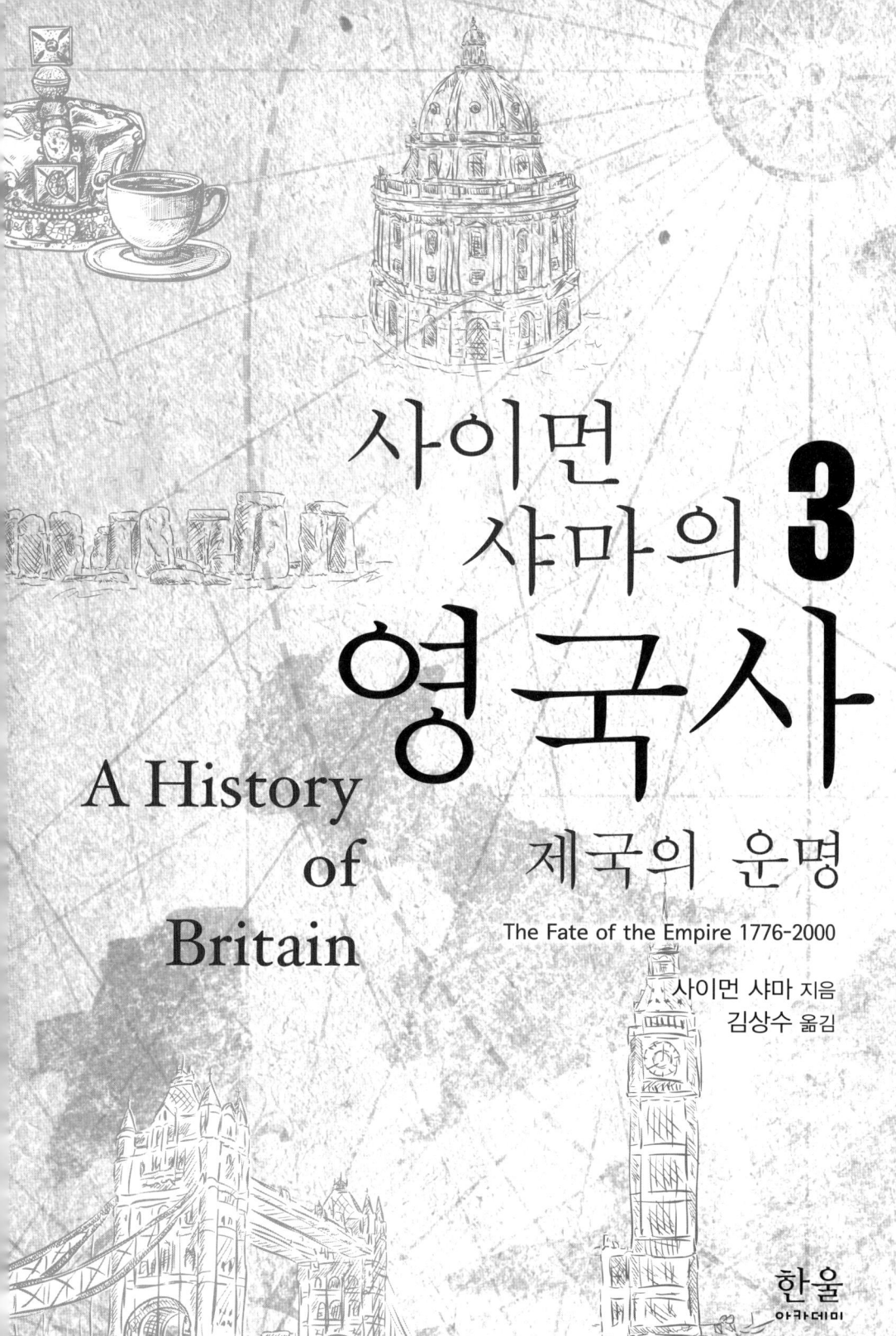

A History of Britain: The Fate of the Empire(1776-2000)
by Simon Schama

Copyright © Simon Schama 2002
Korean translation copyright © 2024 by HanulMPlus Inc.
All rights reserved.
This edition is published by arrangement with Peters, Fraser and Dunlop Ltd. through Shinwon Agency Co

이 책의 한국어판 저작권은 신원에이전시를 통한 Peters, Fraser and Dunlop Ltd.와의 독점 계약으로 한울엠플러스(주)에 있습니다. 저작권법에 의해 보호를 받는 저작물이므로 무단전재 및 복제를 금합니다.

차례

서문 9

1 자연의 힘: 혁명으로 가는 길? 11
2 자연의 힘: 집으로 가는 길 75
3 여왕벌과 벌집 159
4 부인, 딸, 과부 213
5 선한 의도의 제국: 투자 281
6 선한 의도의 제국: 배당금 337
7 블레이즈오버의 최후? 415
8 인내심 487

선별된 참고문헌 600
감사의 말 615
찾아보기 618
옮긴이의 글 632

샤이먼 사마의 영국사 1

서문 13

1 세상의 끝에서? 27
2 노르만 정복 87
3 해방된 주권? 151
4 외래인과 원주민 213
5 죽음의 왕 285
6 불타는 종교적 신념들 347
7 여왕의 신체 415

참고문헌 507
찾아보기 521
옮긴이의 글 525

샤이먼 사마의 영국사 2

서문 9

1 브리튼을 다시 발명하기 13
2 카이사르의 것은 카이사르에게로? 101
3 리바이어던을 고대하며 209
4 미완의 과업 303
5 브리타니아 주식회사 405
6 잘못된 제국 491

참고문헌 657
찾아보기 671
옮긴이의 글 677

...

그리고 당신은 마침내 태양을 등지고 동쪽 바다로 나옵니다.
속도를 높이고 기름진 물을 점점 더 큰 소리로 가르며, 스윽, 스윽-샤악-스윽,
그리고 내가 한때 니커데머스 프랩Nicodemus Frapp의 기독교 가르침으로부터
도망치며 내달렸던 켄트의 언덕이 오른편으로 멀어져가고
왼편으로는 에식스Essex가 멀어져갑니다.
그들은 점점 더 멀어져서 푸른 연무 속으로 사라집니다.
그리고 예인선들 뒤에 매달린 키 큰 느린 배들, 거의 움직이지 않고 떠 있는 배들,
웅크리고 있는 튼튼한 예인선들은 누군가 거품을 일으키며
그들 곁을 지나갈 때면 모두 흠뻑 젖은 금빛 물체로 변합니다.
그들은 낯선 땅에서 사람들을 죽여야 하는
삶과 죽음이 뒤얽힌 기묘한 임무를 수행하기 위해 큰 바다로 나아갑니다.
그리고 이제 우리 뒤로는 푸른 미스터리와 희미한 유령 같은 빛의 섬광이 있는 듯하더니
이윽고 이것들도 사라져버렸고 나와 나의 구축함은
거대한 회색 공간을 가로질러 미지의 세계로 헤쳐 나아갑니다.
미래라는 거대한 공간으로 파고들자 터빈은 익숙하지 않은 언어로 말하기 시작합니다.
우리는 열린 곳으로 갑니다, 바람과 함께 불어오는 자유로, 아무도 지난 적 없는 길로.
빛은 하나둘씩 꺼져갑니다.
잉글랜드와 왕국, 영국과 제국, 오랜 자존심, 그리고 오랜 헌신은
전방으로 후방으로 미끄러지듯 나아가더니 수평선 너머로 가라앉습니다.
멀어집니다 ― 멀어집니다. 강이 멀어집니다 ― 런던이 멀어집니다,
잉글랜드가 멀어져갑니다 …
― H. G. 웰스H. G. Wells, 『토노 벙게이Tono-Bungay』(1909)

… 시골의 집들은 휴가 캠프로 바뀌고 이튼Eton과 해로우Harrow의 경기는 잊히겠지만
잉글랜드는 여전히 잉글랜드일 것이다. 미래와 과거에 길게 걸쳐 영원히 사는 동물이며,
모든 생물과 마찬가지로, 알아보지 못할 정도로 변할 수 있는 동시에
한결같이 유지될 수 있는 힘을 지니고 있다. …
― 조지 오웰George Orwell, 『잉글랜드 너의 잉글랜드England Your England』(1941)

일러두기

1 이 책은 다음을 완역한 것이다. Simon Schama. 2002. *A History of Britain: The Fate of the Empire, 1776-2000*. Peters, Fraser and Dunlop Ltd.
2 되풀이해서 나오는 주요 고유명사는 필요하면 가장 먼저 나오는 곳에서 원어를 함께 표기했다.
3 본문에 등장하는 도서, 신문 등의 표기에서 단행본 제목에는 『 』, 논문, 시 제목에는 「 」, 신문이나 잡지 제목에는 ≪ ≫, 프로그램 제목, 영화와 그림 제목에는 〈 〉를 사용했다.
4 맞춤법은 국립국어원 표준국어대사전을 따랐고, 외래어 표기는 실제 영국식 발음에 최대한 가깝게 표기했다.
5 원서에는 주가 없다. 따라서 모든 각주는 옮긴이 주다.

서문

로버트 필Sir Robert Peel[1] 또는 레지널드 모들링Reginald Maudling[2]의 경력에 대한 상세한 설명을 찾는 독자들은 지금 당장 이 책을 내려놓아야 한다. 『사이먼 샤마의 영국사A History of Britain』라는 이 책의 제목에 부정 관사(A)를 붙인 이유는 이 책이 영국 근대사에 대한 다양한 해석들 중 하나만을 제공한다는 사실과 그에 따라 더 세세하게 탐구할 주제가 무엇인지에 대해서도 내가 주관적으로 판단했기 때문인데, 이러한 점은 이 마지막 권에서 훨씬 더 명확하게 드러난다. BBC 2 텔레비전 프로그램과 마찬가지로 나는 더 적은 수의 이야기와 주장들에 집중하기로 결정했고, 영국이 산업 제국으로 변모하는 데 관련된 모든 것에 똑같이 피상적인 관심을 기울이기보다는 이것들만 세부적으로 다루기로

---

1 세습 가능한 작위와 영지를 받는 작위 귀족(Peer: 공작, 후작, 백작, 자작, 남작)만을 '경(Lord 또는 Lady)'으로 불렀고, 하급 기사(knight) 작위를 받은 사람을 'Sir'로 불렀는데 이것은 세습되는 것도 아니었고 영지도 없었으며 현대에 와서는 왕실의 최고 수준 훈장 정도를 받은 사람에 대한 존칭이다. 따라서 굳이 번역하자면 '기사'나 '님' 정도가 될 수 있겠으나 국내 영국 사학계에서는 이것도 생략하고 그냥 이름만 표기하는 것이 관례다. 현대에 와서는 영지도 없고 세습도 되지 않는 당대 작위 귀족(Life Peer: 모두 남작)이라는 공직이 생겨나 전통적인 소수의 세습 작위 귀족(Hereditary Peers)과 함께 귀족원(상원: House of Lords)에서 입법 활동을 한다.

2 레지널드 모들링(1917~1979): 보수당 정치인으로서 재무부 장관(Chancellor of the Exchequer)과 내무부 장관(Home Secretary)을 역임.

결정했다. 이전의 두 권과 마찬가지로 이 책은 텔레비전 방송 시간이라는 엄격한 이야기 진행 관련 규율이 수용할 수 없는 많은 주제에도 공간을 제공한다. 하지만 그렇다고 해서 포괄적인 설명을 제공하는 척하겠다는 말은 전혀 아니다. 아무도 '제국의 운명 The Fate of Empire'을 교과서 한 권에 담을 수 있는 이야기와 혼동할 위험에 처하지는 않을 것이다. 특히 20세기 후반부는 에세이와 같은 폭과 느슨함으로 다루고 있는데 이것은 내가 처음부터 의도한 바다. 이는 부분적으로는, 적어도 내 자신의 삶과 동시대의 시기를 역사로 취급하는 데 어려움을 겪기 때문이다(이는 의심할 여지 없이 세월의 흐름에 대한 환상이기도 하다). 그러나 3권의 부제에서 알 수 있듯이 나는 19세기와 20세기 영국 역사에서 그동안 자주 시도되지는 않았던 작업을 하려고 노력했다. 특히 영국의 광대한 번영과 권력에 있어서 인도의 중요성과 영국의 인도 통치가 인도와 아일랜드의 곤경에 대해 갖고 있는 책임에 꾸준히 주목하면서 제국의 역사와 국내 역사를 함께 다뤄보고자 노력했다.

2002년 뉴욕에서

1
자연의 힘: 혁명으로 가는 길?
Forces of Nature: The Road to Revolution?

♛

영국은 제국을 잃어가는 동안 스스로를 발견하고 있었다. 레드 코트Red Coat[1]가 매사추세츠에서 성난 군중과 적대적인 민병대와 대치하고 있을 때, 플린트셔Flintshire의 신사이자 박물학자인 토머스 페넌트Thomas Pennant는 거의 멸종된 종인 진정한 자연 태생의 영국인Briton을 찾아 거친 앨비언Albion[2]으로 여행을 떠났다. 메리어네드Merionedd 고지대의 험준한 바위와 쌀쌀한 작은 호수 한가운데에서 그는 영국 고유의 고귀한 토착 야만인이자, 가장 초창기 부족의 후손으로서 근대 "문명"의 맹공격에도 불구하고 그 단순함을 유지해 온 그런 사람들을 드디어 발견했다고 생각했다: 흘린 에어딘Llyn Irdinn에서는 의심할 여지 없이 "드루이드druid[3]의 고대 유물"임에 틀림없는 환상열석環狀列石 두 곳의

---

1   아메리카 식민지의 영국 정부군이 입었던 군복으로서 당시 영국군을 일컫는 말로 통용.
2   영국을 가리키는 고어. '하얀 절벽들(white cliffs)'이라는 뜻으로, 도버(Dover) 해안의 특수한 지형에서 유래한다.
3   고대 켈트족 드루이드교의 사제. 드루이드교는 모든 사물에 정령이 깃들어 있다고 믿는 애니미즘의 특성을 가진 다신교.

주위를 돌았다. 그 근처 에번 흘루이드Evan Llwd의 집에서는 인간과 동등한 존재를 발견했다. 그곳에서 페넌트는 "코흐 여 우드레이Coch yr Wdre, 즉 매달린 염소를 세척하는 데 쓰는 강력한 맥주, 그리고 소와 양의 젖에 버무린 치즈"로 "고대 영국 스타일" 환대를 받았다. "그는 또한 옛날부터 신에게 술을 바칠 때 사용했던 황소 음낭으로 만든 가문의 술잔을 우리에게 보여줬다. … 여기서 그들은 수입을 늘리거나 줄이지 않고 시끌시끌한 명성도 얻으려 하지 않으면서 그것들이 가져다줄 수 있는 불쾌감도 겪지 않으며 대대로 살아왔다."

거칠고 비에 흠뻑 젖은 이 시골 지역은 인간과 지형 모두의 측면에서 고대 영국의 경이로움으로 가득 차 있었다. 펜흘린Penlyn 호수에서 페넌트는 90대 고령의 마거릿 우흐 에번스Margaret Uch Evans의 오두막을 찾았지만, 이 지역의 유명한 이 거주자는 어딘가로 떠나가 있었는데 아마도 여우를 사냥하고 있었을 것이다. 그가 들은 바에 따르면 마거릿은 켈트족의 아마존이자 웨일스의 다이애나[4]였기에 그녀를 만날 수 없다는 것에 몹시 실망했다. 천재적인 사냥꾼이자 어부였던 그녀는 90대 나이에도 힘차게 노를 저을 수 있었고, 호수의 여왕이었으며, 바이올린을 아주 잘 켜고 모든 오래된 음악을 알면서도, 기계 기술도 무시하지 않아서 아주 훌륭한 목공이기도 했다. 그녀는 또한 대장장이, 제화공, 보트 제작자, 하프 제작자였으며 70대 중반에는 "웨일스 최고의 레슬링 선수"였다.

페넌트는 고대의 기이하고 정제되지 않은 영국의 잔재, 즉 살쾡이와 뇌조, 이끼 반점이 있는 신비한 거석과 그들 사이에 살았던 가난하고 거친 사람들을 기록하는 전문가가 되었다. 웨일스 북부로의 "나들이" 후 몇 년 뒤에는 — 그리고 제임스 보스웰James Boswell과 존슨 박사Dr Johnson보다는 1년 전에 — 하인 겸 삽화가인 모지스 그리피스Moses Griffith를 데리고 헤브리디즈the Hebrides를 가로질러 항해했다. 여기서 그는 우울함과 의기양양함이 번갈아가며 자신을 채우는 풍경

---

[4] 로마신화의 달의 여신. 처녀성과 수렵을 수호.

을 목도했다. 이 섬의 주민은 메리어네드Merionedd 언덕의 양치기들과 마찬가지로 원시인이어서 종종 창문이 없는 오두막집에 살면서 오트밀, 우유, 작은 생선으로 끼니를 때우며 살았다. 1760년대와 1770년대에는 수만 명의 주민이 수익성 있는 블랙페이스Blackface와 치비어트Cheviot 종 양 떼에게 자리를 내주며 그들의 작은 농장에서 쫓겨났다. 절박해진 수많은 사람들이 신대륙으로 향하는 이민자로서 이미 필사적으로 대서양을 건넜다. 그러나 작은 깨달음들도 있었다: "이 거칠고 낭만적인 지역에서 사람과 배가 분주하게 출몰"하는 광경을 연출하는 배리스데일Barrisdale의 청어잡이 어선들; 또는 페넌트가 신나게 조사할 수 있도록 펼쳐져 있는 잉글랜드 변방의 황금산Golden Mountain 베인-안-오이어Beinn-an-oir의 정상에서 내려다본 (당혹스럽게도 세 개로 이뤄진) 팹스의 쥬라Paps of Jura산—동쪽의 벤 로먼드Ben Lomond까지 이어지는 고지대 봉우리들; 서쪽 대양의 콜런세이Colonsay 및 오런세이Oronsay 군도; 그리고 남쪽으로는 아일러Islay와 북아일랜드의 멀리 떨어진 앤트림Antrim 언덕.

기어오르고, 걷고, 스케치하고, 글을 쓰는 이 모든 행위의 결과로 토머스 페넌트는 영국 최초의 위대한 여행 가이드가 되었고, 그 후로 수많은 국내 관광객이 이 나라를 더 샅샅이 탐험하기 시작했다. 그의 『스코틀랜드 여행A Tour in Scotland』(1772)은 1790년까지 총 5판이 발행되었다. 그러나 그가 국가의 재발견과 재정의를 통해 소소한 명성과 부를 얻은 유일한 작가는 아니었다. 1778년에 영국 정규군이 필라델피아에서 퇴각하는 동안, 그리고 웨일스에 대한 페넌트의 묘사가 출판된 이후, 얼버스턴Ulverston에 거주하는 스코틀랜드 예수회 수도사 토머스 웨스트Thomas West는 레이크 디스트릭트Lake District[5]에 대한 최초의 안내 책자를 출판했다. 웨스트는 페넌트와 마찬가지로 학자였으며 유럽 전역을 많이 여행했다. 이 당시에 의무적으로 행해졌던 그랜드 투어에서 지루해하는 나으리들milords을 이끌고 거지가 들끓는 포럼Forum 유적지를 헤집고 다니는

---

5   아름다운 호수가 많이 있는 잉글랜드 북서부 지역.

데 지쳐버린 그는 귀국한 후에 자신의 두 번째 경력을 시작했다. 대담하고 호기심 많은 신사 숙녀 일행을 데리고 호수, 절벽, 계곡을 구경하는 일이었다. 직접 방문하든 가이드북을 통해서든 웨스트는 관광객들을 영국의 숭고함을 들이켜기에 완벽한 일련의 경치 좋은 곳들로 안내했다.

페넌트와 웨스트가 전달해야 했던 메시지는 간단하지만 혁명적이었다: 국내로 돌아오세요. 영국인들은 마이소르Mysore[6]에서 나폴리까지 너무 많이, 너무 난잡하게, 너무 탐욕스럽게 돌아다녔다. 사원과 동상 등등 온갖 것을 동원하여, 또는 그에 못지않은 엉터리 방법으로서 자신들의 풍경을 외국 그림과 유사하게 조작하는 바람에 갤러리에서 나와서 피크닉을 가더라도 별 차이를 느끼지 못할 지경으로 만드는 그런 속임수를 통해, 그들의 고유한 풍경을 이탈리아와 유사하게 만들어버렸다. 이러는 동안 그들은 영국을 영국으로 만들어준 것, 즉 억지로 예쁘게 만들지 않은 풍경에 대한 감을 잃어버렸다. 일종의 기적에 의해, 섬의 좀 더 외딴 곳, 즉 고상한 여행을 하기에는 너무 멀고, 너무 추하고, 너무 거칠다고 생각되는 곳에 그런 풍경이 때 묻지 않은 채로 남아 있었다. 그러나 이제 새로운 유료 고속도로가 체스터Chester 또는 에딘버러Edinburgh까지의 이동 시간을 절반으로 단축하여 모험심 충만한 여행가들을 숭고한 영국의 끝자락까지 순식간에 데려다줄 수 있게 되었다. 그다음에는 조랑말이나 작은 나룻배와 같은 더 단순하고 거친 운송 수단에 의지하는 것으로 만족해야 할 수도 있었다. 그리고 이러한 숭고함에 노출된다는 것이 비를 많이 맞고 바람에 날려야 한다는 것을 의미한다는 사실은 불쾌하기도 했다.

그러나 진정한 영국으로의 여행은 단순한 휴가가 아니라 국가의 덕목을 회복하는 길잡이였기에 페넌트와 웨스트는 이 모든 것이 그만한 가치가 있다고 암시했다. 영국인들은 타락한 부드러움 속에서 너무 오래 뒹굴었기 때문에 이제 거칠어질 필요가 있었다. 그 모든 로마 유적을 조사하면서 그들은 제국이라

---

6   인도 남부의 주.

는 것이 쇠퇴할 수밖에 없었던 악명 높은 사례를 따라 하기로 결정했던 셈이다. 비관론자들은 영국인들이 아메리카를 잃기 오래전에 이미 스스로를 잃었다고 한탄했다. 고대 영국의 미덕은 근대 영국의 악덕에 굴복했다. 자유는 후견제patronage[7]로 인해 왜곡되었다; 돈의 막강한 눈부심에 의해 눈이 먼 정의; 도시의 유행에 오염된 시골의 순수함. 영국인을 자유롭게 해주었던 "고대 헌법Ancient Constitution"[8]은 비평가들이 "오래된 부패" 또는 더 천하게 "그것The Thing"이라고 부르는 것으로 타락해 버렸다. 제국의 승리에 도취된 자들은 상업적 강인함과 프로테스탄트식 검소함이 제국의 퇴폐라는 일반적인 법칙에 대한 면역을 영국에 제공할 것이라고 자신했었다. 그러나 무역은 영국 정규군이 무례하게 수익을 약탈하거나, 아프리카인들을 잔인하게 인신매매하는 행위를 의미하는 완곡어법이 되었다. 그리고 신과 역사는 새러토가Saratoga와 요크타운Yorktown에서 그들에게 형벌을 가했다.[9]

부패의 해독제는 공포였다. "끔직한horrid"은 "뻣뻣한", "덥수룩한", "가파른"과 함께 낭만적인 영국 여행의 홍보 문헌에서 자주 선택되는 용어들 중 하나였다. 웨스트는 레이크랜드Lakeland에 있는 폴컨-크래그Falcon-Cag에서 "당신의 머리 위로는 거대한 바위가 솟아 있고, 부서져서 뾰족해진 암석으로 가득한 숲이 안쪽으로 우뚝 솟은 반원 모양으로 늘어서 있어서 꿈틀대는 자연의 야생 형태에서 지금까지 목격된 적이 없는 가장 무서운 원형 극장을 형성하고 있는 상

---

7 국왕이나 권력자들이 금품 등을 대가로 주요 관직을 마음대로 나눠주던 관습.
8 영국의 헌법은 단일한 법전으로 편찬되어 모든 법의 상위에 위치한 형태가 아니라 다른 법률들과 동등한 지위로 여기저기 흩어져 있는 형태이기 때문에, 역사를 통해 제정되고 축적되어 온 국가 운영 관련 중요한 입법 사례들을 '헌법'이라고 총칭하는 경우가 많다. 따라서 중세 초에 앵글로 색슨족이 이용했던 관습까지도 포함해 매우 이른 시기에 제정된 주요 법들을 이른바 "고대 헌법"의 범주에 포함시키는 경우가 많다. 이 책에서 자주 언급되는 "헌법"도 특정한 법전을 가리키는 것이 아니라 영국인들의 이러한 이해 방식과 신념을 일컫는 것으로 이해해야 한다.
9 미국 독립전쟁에서 영국군이 패한 전투가 벌어진 장소들.

1. 자연의 힘: 혁명으로 가는 길?   15

태"를 볼 수 있으리라 약속했다. 또 다른 신사 여행 작가인 토머스 뉴트Thomas Newte에 따르면, 영국의 숭고함을 둘러보는 여정에서 반드시 들러야 하는 클라이드 폭포의 "끔찍한 분노로 돌진하는 거대한 물줄기는 단단한 암석을 파괴하려는 위협을 가하는 듯하고 암석들의 저항은 오히려 그것을 더 분노케 한다. 그것은 마치 하류 지역에서 토해내서 형성된 것만 같은 동굴 속으로부터 끓어오른다". 그러나 이 두려운 경험은 지옥에서의 휴가와 같은 것처럼 괴이하게 조작된 것은 아니었다; 그들은 감각을 깨우기 위한 온천이었다. 감각의 자극은 국민의 정신력을 갉아먹고 있는 지친 식욕과 무기력으로부터 방문자를 놀라게 해 깨우기 위한 것이었다. 컴브리아Cumbria, 컴리Cymru, 칼레도니아Caledonia의 수정 같은 강물은 제국의 신진대사와 도덕에 관련된 질병을 모두 치료하는 약이 되어 줄 것이다. 대도시의 해로운 오물과 오염된 공기에서 멀리 떨어진 고지대에서 영국인들은 다시 숨을 쉴 수 있을 것이다. 그들은 새로운 삶을 시작할 것이다.

　모든 것이 통째로 뒤바뀌어야 했다. "진보"의 힘—로마인들, 플랜태저네트Plantagenet 왕조 사람들—은 이제 탐욕과 잔인한 권력을 가져오는 것으로 여겨질 것이었다. 여행자들은 패배의 고고학을 감상하면서 고대의 영국적 미덕이라는 잃어버린 세계와 교감을 나누게 되었는데, 이것은 미래를 위한 본보기 역할을 할 수 있는 것이었다. 영국의 발자국을 품고 있었으나 로마인에 의해 평평하게 되어버린 환상거석과 철기 시대의 계단식 경작지들terraces; 에드워드 1세의 급습에 의해 박살이 난 웨일스의 요새들; 토머스 크롬웰Thomas Cromwell에 의해 해산되고 올리버 크롬웰Oliver Cromwell에 의해 불태워진 수도원 폐허 — 모두 비극적인 감동을 품고 있다. 1740년에 이미 골동품 수집가 윌리엄 스튜클리William Stukeley가 쓴 『스톤헨지Stonehenge: A Temple Restor'd to British Druids』는 드루이드가 카이사르Caesar가 묘사했던 것처럼 피에 굶주린 야만인이 아니라 새로운 약속의 땅을 만들기 위해 영국으로 이주한 후 고대의 정교한 문화를 수호하는 제사장으로 살아남은 이스라엘의 잃어버린 부족들 중 하나의 실제 후손이라고 주장했다. 그들의 켈트어는 영국 언어의 원조일 뿐만 아니라 모든 비非라틴 유럽 언어의 원천이었다.

갑자기, 영국인이라는 것이 잉글랜드인이라는 것과 같지 않은 것이 되었다. 웨일스의 마지막 독립 군주 흘르웰린 압 그뤼피스Llewellyn ab Gruffydd의 아들 오와인 고흐Owain Goch가 에드워드Edward 1세의 거대한 군대에 맞서 싸운 곳인 북부 웨일스 귀네드Gwynedd 요새의 돌바던성Dolbadarn Castle은 순례지가 되었다. 그곳으로 가는 길을 처음 찾은 사람들은 페넌트와 같은 웨일스 출신 골동품 수집가들이었으며 "원조 영국인"으로서 그들의 세습 재산을 되찾기를 열망했지만 얼마 지나지 않아 로맨틱한 잉글랜드 동조자들이 그들의 뒤를 따랐다. 페넌트가 "우리가 정복당했다는 것을 나타내는 장엄한 배지"라고 불렀던, 어두운 하늘을 배경으로 실루엣을 드러내는 산산조각 난 돌덩이들은 콘위Conwy 및 할리흐Harlech처럼 잔혹하리만큼 전혀 손상되지 않은 플랜태저네트 왕가의 성들과는 비교할 수 없을 정도로 더 "느낌"이 있어 보였다(그림으로도 그렇게 그려졌다). 스노든Snowdon에서 온 스릴을 추구하는 사람들은 토머스 그레이Thomas Gray의 서사시 「음유시인The Bard」(1757)의 사본을 들고, 플랜태저네트의 정복 전쟁에서 살아남기 위해 눈먼 시인이 그를 향해 다가오는 왕에게 던졌던 마지막 저주의 구절을 읊으며 계곡을 들여다볼 것이다. 그 음유시인이 자살을 통한 저항의 몸짓으로서 자신을 거꾸로 내던지는 것을 상상하며 그들은 몸서리를 칠 것이다. 운이 매우 좋다면 그들은 와트킨 윌리엄스 윈Sir Watkin Williams Wynn과 같은 사람이 덴비셔Denbighshire의 윈스테이Wynnstay라는 시골 거처에 개최하는 모임들 중 하나인 아이스테드퍼드eisteddfod에 초대될 수도 있었다. 합창단이 노래를 부르고 존 패리John Parry처럼 나이 들고, 눈까지 멀었으면 더 제격이었겠지만, 하프 연주자들이 조상들의 음률과 가사를 노래해 줄 것이다. 1750년대 중반부터 스스로를 커모도리언Cymmrodorion이라고 부르며 런던에 거주하던 웨일스 출신 집단은 선술집에서 모여 강한 에일 맥주를 연거푸 마시면서 그런 서사시와 서정시를 틈틈이 기록하고 출판함으로써 망각으로부터 구출해 내는 것에 몰두했다.

거친 영국을 낭만적으로 열광하며 지지했던 자들은 어디를 가든지 세련된 cultivation과 고귀함nobility의 등식을 혼동시키는 교훈들이 있다고 믿었다. 진정으로 근대적인 경이로움을 목격할 수 있는 곳은 부패한 유행에서 가장 멀리 떨어진, 영국에서 가장 오래된 풍경의 심장부―"능력자" 브라운Brown[10]에게 악몽을 안겨준 풍경―에 있었다. 1746년에 윌리엄 에드워즈William Edwards라는 건축가는 아치 하나만으로 버티는 140피트 길이의 석조 다리를 태프Taff강을 가로질러 던지려고 시도했다. 두 차례의 붕괴를 거쳐 1755년에 결국 성공했다.[11] 아무도 어떻게 했는지는 몰랐으나 그 다리는 여전히 잘 버티고 서 있다. 1760년대 후반과 1770년대가 되면 이곳 폰티프리드Pontypridd는 산문과 운문으로 작성된 찬사들에서 "고대 영국의 강력하고도 자연스러운 과거와 대담한 시도를 기리는 기념비"로서 베니스의 리알토Rialto[12]와 비견되었다.

윌리엄 에드워즈는 이처럼 오래된 동시에 새로운 영국의 표본이었다: 거친 세상에서 살아남은 사람인 동시에 타고난 "천재"이기도 했다. 당분간 이 단어는 고대와 근대 모두의 의미로 사용되어 특정 장소에 뿌리를 두는 동시에 숭고한 영감을 받은 사람을 가리켰다. 따라서 영국의 발견을 위한 항해는 영국의 진정한 본성을 보호하고 피신시켜 줄 풍경에 가능한 한 가깝게 다가가야 할 것이었다. 그리고 그렇게 하려면 영국인은 먼저 높은 말에서 내려야 했다. 낭만적인 관광객들이 부츠를 통해 뼛속 깊이 조국에 대한 충성의 깊고 유기적인 의미를 확실히 기억할 수 있으려면 영국의 땅과 직접 접촉해야만 했다. 애국자가 된다는 것은 보행자가 되는 것을 의미했다.

---

10   18세기 잉글랜드의 유명한 정원사이자 조경 설계자인 랜설러트 브라운(Lancelot Brown)의 별명.
11   좀 더 정확하게는 세 차례의 실패가 있었으나, 두 번째 시도에서는 다리가 완공도 되기 전에 홍수로 무너졌기 때문에 저자가 두 차례라고 설명하고 있는 듯하다.
12   이탈리아 베네치아에 있는 유사한 양식의 석조 다리. 길이가 더 짧다.

물론, 이전에도 이미 세련된 조경을 갖춘 공원들이 있어서 소유주와 그의 가족이 연못 옆이나 이탈리아식 파빌리온을 향하여 구불구불한 길을 따라 산책을 하고 나서 호리스Horace, 오비드Ovid 또는 포프Pope[13]의 시를 음미할 수 있게 해줬었다. 그러나 새로운 방식의 걷기는 육체적으로 힘들 뿐만 아니라 도덕적으로, 심지어 정치적으로도 스스로를 깨닫는 것self-conscious이었다. 지팡이를 들고 공원 밖으로 나가는 것은 일종의 선언statement이었다. 1783년, 낭만적 도보 여행자들 중 가장 비범했던 존 "워킹" 스튜어트John 'Walking' Stewart가 인도를 떠날 때 그는 그곳에서 20년 동안 동인도 회사의 작가, 군인, 원주민 군주들의 장관으로서 연이어 봉사하고 난 후였기에 그는 영토 차원을 넘어선 의미에서 제국과 작별을 고하고 있었다. 그는 이를테면 인도-스코틀랜드계 사두saddhu[14]와 같은 성스러운 순례자가 된 것처럼 인도 아대륙을 거쳐 아라비아 사막을 건너 프랑스와 스페인을 거쳐 마침내 고향으로 돌아왔다. 다시 비엔나를 거쳐 미국과 캐나다로 향하기 전쯤이 되면 "워킹" 스튜어트는 소소한 유명인이 되어 있었다 ─ 낭만적 저녁 식사 자리에서는 그에게 시선이 고정되었고, 세인트 제임스 파크St James's Park에서 거닐 때면 사람들이 그를 알아봤다. 그를 아는 작가인 토머스 드 퀸시Thomas De Quincey 역시 걷기의 의미에 대해서 전혀 의심하지 않았다. 그는 윌리엄 워즈워스William Wordsworth가 18만 5000마일을 걸은 게 틀림없다고 추산했는데, 이러한 수치는 다소 의심스럽기는 했지만 이 시인이 평범한 사람들과 장소에 대해 이처럼 현실적인 이해력을 갖추었기에 도덕적으로 신뢰할 만하다는 것을 널리 알리기 위한 것이었다. 1793년 프랑스에서 혁명의 위기가 절정에 달했을 때, 가난한 견직물 상인의 아들인 존 셀월John Thelwall은 공포통치Terror 기간 동안 급진주의radical[15]적 강사이자 웅변가가 되었다. 그는 런던과 켄

---

13   킨투스 호라티우스 플라쿠스(Quintus Horatius Flaccus, 65~8 BCE): 로마의 시인. 푸블리우스 오비디우스 나소(Publius Ovidius Naso, 43 BCE~17/18 CE): 로마의 시인. 앨릭잰더 포프(Alexander Pope, 1688~1744) 잉글랜드의 시인.

14   방랑하는 성인.

트 주변을 산책하며 작성한 괴상한 형식의 운문 및 산문 서술, 『소요학파 The Peripatetic』[16](1793)를 출판할 것이었다 — 낮은 계층과 막강한 계층의 삶을 고된 발품을 팔아가며 살펴보는 내용.

모든 사람이 "풍류를 아는 사람들"이 길을 걷는 모습을 볼 준비가 되어 있지는 않았다. 호수 지역the Lakes의 "산책인rambler"을 위해 명시적으로 작성된 최초의 가이드는 1792년이 되어서야 출판되었다. 이 가이드는 산책로들에 대한 정보를 제공하는 동시에, 그들이 가로질러 걷고 있는 풍경이 거렁뱅이와 노상강도의 피난처에 불과한 곳이 아니라 공동의 유산이기도 하다는 혁명적 함의를 전달하고 있었다. 그보다 약 10년 전에 독일 목사 칼 모리츠Karl Moritz는 잉글랜드 남부와 미들랜즈Midlands를 걸어 다닐 때 끊임없이 의심과 불신으로 가득 찬 인사를 받았다. 리치먼드Richmond의 숙소 주인은 모리츠가 옥스퍼드까지 그리고 그 후엔 "더 멀리" 걸어가겠다는 결심을 얘기했을 때 "그의 놀라움을 충분히 표현하지 못했다". 6월의 어느 날 지친 상태로 그가 길가 울타리 그늘에 앉아 밀튼Milton의 책을 읽고 있었을 때는 "말을 타거나 마차를 끄는 사람들이 나를 지나쳐가며 놀란 눈으로 쳐다보고는 내 머리가 이상하다고 생각하는 듯 의미심장한 제스처를 많이 취했다". 옥스퍼드 마이터Mitre[17]의 집주인과 그의 가족은 신사에게 적합한 깨끗한 침구를 제공하긴 했지만 걷기를 향한 그의 결의에 대해서는 어리둥절했다. 그가 만약 예의 바른 동료들과 함께 오지 않았더라면 그는 결코 그 집의 문턱을 넘어오도록 허락받지 못했을 것이다. "걸어서 그렇게 긴 여행을 하는 사람은 틀림없이 … 거렁뱅이나 방랑자, 또는 … 악당으

---

15 급진주의: 18세기부터 20세기 초까지 영국 정치에서 중요한 이념이자 분파로서 기능했다. 국가와 사회의 여러 문제를 해결하기 위해서 근본부터 통째로 개혁해야 한다고 주장했기 때문에 토리의 보수 성향이나 주류 위그의 점진적 개혁 성향과 많은 대립과 마찰을 빚었다.

16 소요(逍遙): 자유롭게 거닐며 돌아다닌다는 뜻. 소요학파(逍遙學派): 아리스토텔레스가 아테네의 리시움(Lyceum) 동산을 소요하면서 제자들을 가르쳤다고 해서 붙은 이름.

17 학자들이 모이던 곳으로 옥스퍼드 대학의 기원이 되는 곳들 중 하나. 현재는 링컨 컬리지에서 관리.

로 보여 멸시당할 것이 확실했기 때문이다."

모리츠는 속도에 미친 것처럼 보이는 나라에서 자신을 천진난만한 외국인의 모습으로 나타냈다. 그 나라의 시민들은 마차와 말을 타고 고속도로 위를 질주하고 있었다. 그러나 한편으로 그는, 걷기가 자신을 민주주의자까지는 아니더라도 그곳 사회의 지위rank에 대해 공개적이고 삐딱하게 냉담한 태도를 취하는 것을 즐기는 사람으로 보이게 한다는 것도 잘 알고 있었다. 걷기는 그를 세상의 소금과 같은 존재들과 직접 접촉하게 해줬다: 여성 굴뚝 청소부와 호메로스Homer를 암송하는 철학적 마구상馬具商: 길 위의 학교. 그리고 그것은 보행자를 새로운 종류의 인간, 즉 '감정의 인간Man of Feeling'으로 치켜세웠다. 같은 해인 1782년에 그는 마침내 사려 깊은 보행자들의 성경이 된 프랑스 정치 철학자 장-자크 루소Jean-Jacques Rousseau의 『고백록Confessions』(1782)과 걷기의 형식을 취한 10개의 소논문으로 구성된 부록 『고독한 산책자의 몽상The Reveries of the Solitary Walker』을 손에 넣을 수 있었다.

루소에게 있어서 걷기란 항상 무엇인가를 향한 것만큼이나 그것에서부터 멀리 떨어져 있었다. 『고백록』—영국인 친구이자 그의 신봉자인 브루크 부드비Brooke Boothby의 훌륭한 작업을 통해 일반에 공개된—은 그 당시엔 루소의 친구였던 작가 겸 철학자 드니 디드로Denis Diderot를 만나기 위해 파리에서 뱅센Vincennes까지 걸어가며 경험한 그의 첫 번째 결정적인 깨달음을 기록했다. 도시를 떠나 그 길을 따라 걷다가 어딘가에서 루소는 고상한 세상의 모든 덕목이 거꾸로 되어 있다는 것을 깨달았다. 그는 진보가 자연에서 문명으로의 여행으로 구성되어 있다고 가정하도록 배웠으나 그러한 변환은 실제로는 끔찍한 추락이었던 것이다. 자연은 평등을 선언했다; 문화가 불평등을 만들어냈다. 따라서 자유와 행복은 자연을 문화로 대체하는 것이 아니라 정확히 그 반대였다. 유행, 상업 및 지략의 명령에 따라 삶을 영위해야 할 의무를 부과하는 도시는 사악한 위선자와 포식자의 그물이었다. 도시는 인간을 노예화한다; 시골은 — 도시의 악에 감염되지 않았다면 — 인간을 해방시킨다. 도시는 주민들을 오염시키고 병들게 하지만, 시골은 그들을 정화하고 활력을 불어넣는다. 교육은 세련된 예술과 예의범절 안에서 아이들의 타고난 본능을 길들이는 것을 사명으로 삼기보다는 오히려 그 반대의 일을 해야 한다 – 그러한 본능의 순수함, 소박함, 솔직함, 단순함을 가능한 한 오랫동안 보존하는 것. 적어도 12세 이전에는 책을 읽으면 안 된다; 대신 들판에서 뛰놀고 나무 아래에서 이야기를 듣고 자연에서 맘껏 걸어야 한다.

이 모든 것은 1766년 겨울에 루소가 런던에서 짧지만 아찔한 체류를 할 때 손님과 주인 모두를 당혹스럽게 만들었다. 스코틀랜드 철학자 데이비드 흄David Hume의 따뜻한 초청으로 그가 영국에 온 이유는 난민처럼 도망쳐 살 곳을 더 이상 찾기가 힘들어진 상황에서 이 나라가 자유의 성역이라는 믿을 만한 정보를 받았기 때문이다. 절대왕정 시기 가톨릭 프랑스에서는 그의 저작물이 교수형 집행인에 의해 불태워졌다. 칼뱅주의가 장악한 그의 고향 제네바에서도 지방 과두정의 권력 독점에 대항하는 도전에 경솔하고 공개적으로 편을 들었다가 그들과의 관계가 뒤틀어지는 바람에 상황이 나을 것이 없었다. 짧은 기간 동안 그는 비엔Bien 근처의 생 피에르St Pierre섬에서 내연녀 테레스 르바서Thérèse Levasseur와 함께 목가적인 은신처에 머물렀다. 여기서 그는 식물채집을 위한 산책을 하거나 작은 배를 타고 노를 저었다. 그의 마지막 은신처는 영국으로 귀화한 스위스인 로돌프 버트라버스Rodolphe Vautravers의 사유지였으나, 베른 주교의 무교 금지령이라는 당국의 긴 팔이 그를 낚아채 버렸다. 결국 그는 흄의 초대를 수락하고 그와 함께 해협[18]을 가로질러 여행했다.

즐거운 여행은 아니었다. 루소는 뱃멀미에 시달리고 바닷물에 젖고 눈물을 흘리고 추위에 떨며 도버에 도착했다. 런던에서 흄은 배우 데이비드 개릭David Garrick과 '감정의 남성과 여성Prospective Men and Women of Feeling' 모임처럼 서로 같은 생각을 가진 친구들에게 그를 소개하려 했고, 이들은 루소에게 열렬한 감탄, 눈물을 흘릴 만큼의 공감대, 사려 깊은 갈채를 제공하기 위해 줄을 섰다.

---

18   영국과 프랑스 사이의 잉글랜드 해협(English Channel).

그러나 가짜 "아르메니아" 농부의 모피 모자와 튜닉 의상을 입고 등장한 루소는 감사의 마음으로 술을 마실 정도로는 보호막을 깨고 나왔지만, 자신이 잘되기를 빌어주는 사람들을 소외시키는 그의 독특한 재능을 발현하기까지는 긴 시간이 걸리지 않았다. 데이비드 흄이 그를 조지George 3세에게 추천해 왕실 연금을 받게 해주려 했을 때 루소는 이를 음모로 곡해했다. 루소가 자신의 개 설튼Sultan을 돌봐야 한다는 핑계로 드루리 레인Drury Lane에 있는 극장에 가서 왕을 만나지 못하겠다고 변명할 것을 미리 차단하기 위해 흄은 개를 아파트 안에 가두었고, 루소가 외부에 있는 상태에서 그를 쇼에 데려가겠다고 고집했다. 흄이 생각했던 것은 루소에게 해를 끼치지 않는 범위 내에서 자비로운 대중의 관심을 끌어오기 위한 선의의 시도였으나 당사자는 이를 "노예화"와 조롱에 자신을 굴복시키기 위한 음모로 인식했다. 루소는 심지어 프리드리히Frederick 대왕이 자신을 프로이센으로 오라고 촉구한 사기 초대장의 저자가 흄이라고 믿었다. (실제로는 호리스 월폴Horace Walpole이 저자였다.) 추악한 공개 논쟁이 이어졌다. 흄도 자신의 손님이 약간 미쳤을 수도 있다는 것을 깨닫기 시작하며 우울해졌다.

초조한 마음의 루소에게 시골로의 도피는 사실상 생사의 문제가 되었다. 그가 찾아낸 집은 – 여기 말고 어디겠는가? – 바로 웨일스에 있었다. 그러나 그 집을 준비하는 데 시간이 지연되었고, 이는 당연히 집주인에 대한 철학자의 이미 끓어오르고 있었던 의심을 더욱 가열시켰다. 그 대신 그는 자선가인 리처드 대븐포트Richard Davenport의 제안을 받아들여 다비셔Derbyshire[19]와 접한 스태퍼드셔Staffordshire의 우튼Wootton에 있는 그의 시골집을 빌려 잉글랜드에서 가장 아름다운 풍경과 가까운 곳에 자리를 잡았다. 루소는 그의 이상한 "아르메니아" 의상을 입고 더브데일Dovedale을 걸었다. 그곳에서 지역 주민들은 나중에 "늙다리owd[20] 로즈홀Ross Hall[21]이 그 우스꽝스러운 모자랑 헐렁한 가운을 입고 왔다

---

19 철자와 다른 영국식 발음에 주의.

갔다 하며 향초를 모았다우"라고 기억했다. 때때로 그는 자신을 캘리지 사원Calwich Abbey으로 데려가 브루크 부드비를 포함한 그 지역 추종자와 제자 무리를 만났는데, 그들은 이미 '감정의 남자와 여자'로 재탄생하는 것에 몰두하고 있는 상태였다(헨리 맥켄지Henry Mackenzie의 소설인 『감정의 인간A Man of Feeling』은 1771년에 베스트셀러가 될 것이었다).

말할 필요도 없이, 편집증이 다시 한 번 우위를 점하기까지는 그리 오랜 시간이 걸리지 않았다. 루소는 영어에 대한 이해가 부족했던 데다가 그 지역 하인들이 사용하는 언어는 더욱 제대로 알아듣지 못했기에 그들이 테레스에 대해 사악한 말을 하고 음식에 재를 넣고 있다고 확신하게 되었다. 1767년 봄이 되면 그는 프랑스로 돌아가 버렸다. 그러나 감수성에 대한 그의 숭배는 시골 잉글랜드의 흐느끼고 한숨 쉬는 계급들classes 사이에 이미 깊이 뿌리를 내리고 있었다. 불과 10년 후, 루소의 광기는 잊혔고 그의 영국 체류는 12 사도의 사명에 대한 존경심과 같은 수준으로 기억되었다. 다비셔 계몽주의Derbyshire Enlightenment와 같은 것이 생겨나서 급진주의 정치와 감정의 배양을 이어주기 시작했다. 작은 성당이 있는 마을인 리치필드Litchfield에서는 브루크 부드비와 천재 수학자 이래즈머스 다윈Erasmus Darwin이 식물 협회를 창립했다. 이 둘은 모두 주교 관저Bishop's Palace에 있는 거처에서 살롱을 열었던 시인이자 수필가 애너 슈어드Anna Seward를 중심으로 한 서클의 유명 인사였다. 게다가 루소 본인과는 달리 리치필드 서클은 과학의 즐거움과 자연 숭배를 조화시키는 데 어려움이 없었다. 다비셔에는 숨 막히는 고지대 산책로와 깊은 동굴을 제공하는 봉우리들the Peaks도 있었고 언덕 아래에서 채굴되는 석탄과 철도 있어서 그들이 두 가지 장점을 모두 누릴 수 있었던 것 같다. 유쾌와 신비의 장소로서 이 카운티County의 명성은 대단해서 1779년에 드루리 레인에서 〈다비셔의 경이로

---

20   Owd: old(늙은)의 방언.
21   루소를 영국식으로 우습게 발음한 별명.

움The Wonders of Derbyshire〉이라는 전혀 당황스럽지 않은 제목의 연극이 상연될 정도였다. 그 연극은 폭포, 만Marn과 맬톡Matlock의 바위산들Tors, 캐슬턴Castleton 동굴(내부 및 외부 모두) 및 "저 깊은 거처haunts profound"에서 기계처럼mechanically 일어나 지역 주민들에게 은혜를 베푸는 "봉우리들의 천재" 등을 묘사한 풍경화가 필립 드 루서버그Philippe de Loutherbourg의 21개의 그림 세트를 선보였다.

가장 큰 성공을 거둔 다비서 출신 예술가 조지프 라이트Joseph Wright도 고향에 머물면서 맬록 주변의 봉우리와 협곡 또는 크롬퍼드Cromford에 있는 리처드 아크라이트Richard Arkwright의 공장mill을 마치 낭만적인 조명이 비쳐진 궁전처럼 그려냈다. 잉글랜드 시골 출신 신사인 브루크 부드비의 대표적인 이미지를 제공한 사람은 게인즈버러Gainsborough[22]의 초상화에서처럼 사유지를 소유한 거만한 주인 나리의 모습이 아니라 눈을 거의 감은 채로 생각에 잠긴 자코뱅 시인과 같은 태도로 녹지로 섞여 들어가는 '감정의 남자'로 변모시킨 라이트였다. 부드비가 입고 있던 옷은 새로운 비공식성을 표현하기 위해 연구해 낸 일종의 광고였다: 단추가 두 줄로 달린 긴 코트와 짧은 조끼는 단추를 채우지 않은 채로 두어 그의 마음이 투명한 진실성을 갖고 있다는 것을 드러냈고; 실크 스카프 대신 단순한 모슬린muslin[23]을 둘렀다. 이전 세대의 신사들이 성경 한 권이나 고전 책 여러 권을 들고 자신의 미덕을 입증했던 반면에 부드비는 책등에 적힌 "루소"라는 한 단어만 또렷이 보이는 그 세대의 복음을 쥐고 있었다. 1781년에 그려진 이 그림은 부드비의 단순한 초상화가 아니라 루소를 숭배하는 집단의 성 베드로로서의 그의 역할에 대한 광고이다. 그 책은 『루소가 장-자크를 판단한다Juge de Jean-Jacques, Rousseau』였음이 분명한데, 그가 잉글랜드에 머무는 동안 작업했던 고백적 대화 형식의 자서전이다. 5년 전인 1776년, 부드

---

22   토머스 게인즈버러[Thomas Gainsborough, 1727(세례)~1788]. 잉글랜드의 유명한 풍경화가. 전원 풍경에서 포즈를 취하고 있는 부유한 인물들을 많이 그렸다.
23   속이 거의 다 비치는 고운 면직물.

비는 파리로 여행 가서 이 위대한 인물로부터 직접 손으로 원고를 받아왔다. 루소는 그로부터 2년 후에 사망했고 에어메넌빌Ermenonville 공원(루소의 아이디어로부터 영감을 받아 조성되었고 이 철학자가 말년을 보냈던)은 그를 숭배하는 사람들에겐 순례와 추억의 장소가 되었다. 부드비가 소문을 퍼뜨리기 위해 안달이 났던 것도 당연하다.

이 감수성 교단의 모든 사도들이 스스로에게 부여한 임무는 단지 생각에 잠긴 걷기를 통해 동료들의 고통에 공감하고 그들을 구제할 방법을 고안하는 독창적인 새로운 영국인으로 자신을 변화시키는 것에 그치는 것이 아니었다. 문학, 교육, 자선 활동 및 스스로의 모범을 통해 유행에 휘둘리는 사회의 잔혹성과 부패로부터 완전히 새로운 세대를 되찾아내서 양육하려는 것이었다. 근대 앨비언의 한가운데서 그들은 암석이 많은 저 멀리 북부와 서부(빈곤에 찌든 생계 수준으로 퇴보했지만)에 남아 있는 고대 영국의 순수함을 재창조하려 했다. 도시의 교양 있는 사람에게 이들 사회의 가장 비참한 측면으로 보이던 것—비바람에 시달린 거친 기질—이 사실은 영국이 퇴보로부터 구원받기 위해서는 반드시 다음 세대에 주입해야 하는 바로 그런 종류의 삶이었다. 이들의 목표는 — 표면적으로 보면 아무리 불가능에 가까울 정도로 역설적일지라도 — 자연 상태의 아이가 갖고 있는 본능적인 자유, 장난기, 성실함을 성인이 될 때까지 보존하는 것이었다. 워즈워스가 말했듯이 아이는 "어른의 아버지"가 될 것이었다. 만약 성공한다면 그들은 진정으로 자유로운 영국인의 첫 번째 세대가 될 것이었다: 자연에서 태어나고 자연에서 길러진 영국인.

이것은 리치필드의 또 다른 루소 추종자 토머스 데이Thomas Day가 스스로 정한 과업이기도 했다. 그의 사명은 자연을 존중하는 순수한 세대의 영국인에게 아버지 겸 교사가 되는 것이었다 — 데이는 그런 말이 생기기 이전부터 이미 생태운동가로서 활동했고 창조된 모든 생명체의 상호 연결성을 믿었기에 채식주의자가 되었고 당시에 유행하던 투계와 소 곯리기bull-baiting[24]를 극렬하게 반대했다. 그는 인간과 마찬가지로 동물도 부드러운 행복의 삶을 향한 친절에 의해 조절될 수 있다고 믿었다. 심지어 거미까지 포함한 모든 생물을 똑같이 대하겠냐고 그의 냉소적인 변호사 친구가 물었다. 그런 동물들은 죽이고 싶지 않겠냐고. 데이는 "아니"라고 답하면서 이렇게 맞받아쳤다. "나는 내게 그럴 권리가 있는지 모르겠네. 만약 우월한 존재가 일행에게 '저 변호사를 죽여라'고 말했다고 가정해 보자구. 자네라면 어떻게 하겠어? 어쨌든 대부분의 사람들에게는 변호사가 거미보다 더 해로운데 말이지."

1769년, 데이는 마치 쓰레기 속에서 강아지를 고르는 것처럼 미래의 아내이자 어머니가 될 후보로서 두 명의 어린 소녀를 직접 골라서 자신의 가족을 만들기 시작했다. 그는 루소의 원칙에 따라 그들을 양육한 다음 가장 적합한 것으로 판명되는 사람과는 결혼을 하고 다른 한 사람은 견습생이 되는 데 필요한 자금을 제공할 작정이었다. 12세의 금발 소녀는 슈루즈버리Shrewsbury 고아원에서 데려와 사브리나Sabrina로 개명했으며 런던의 파운들링Foundling 병원에서 데려온 갈색 머리 소녀는 고대 로마 시대의 고결한 아내의 이름인 루크리셔Lucretia(이 여성 영웅의 말로가 자살이었다는 사실을 간과한 채)로 불렸다. 토머스 데이를 제외하면 누구에게도 놀라운 일이 아니었지만 이 실험은 역시 계획대로 진행되지는 않았다. 성인 남자가 두 소녀에게 수상한 대부 역할을 한다는 스캔들을 피하기 위해 프랑스로 떠났지만 루크리셔와 사브리나는 악녀처럼 서로 싸웠을뿐더러 천연두를 이겨내도록 간호하고 론Rhône에서 보트 사고로 익사할 뻔한 것을 구해주는 동안에도 그들의 멘토와 다툼을 벌였다. 잉글랜드로 돌아온 루크리셔는 양아버지로부터 "적수가 없을 정도의 바보"라는 비난을 받은 후 데이가 약속했던 대로 제분업자의 견습생이 되었고, 사브리나는 리치필드로 끌려가 데이의 종종 비인간적이도 했던 실험을 겪었다. 그녀의 팔에 뜨거운 왁스를 부어 고통의 한계를 테스트하는가 하면 공포탄을 장전한 총을 머리 근처

---

24 개들을 풀어 황소 주둥이를 물게 하는 일종의 스포츠. 이렇게 하면 소의 육질이 부드러워진다고 믿었다.

에서 발사하기도 했다. 데이는 마침내 그녀를 꿈의 배우자로 만들 수 없다는 절망감에 휩싸여서 그녀를 기숙학교로 데려갔는데, 그녀는 이 탈출에 대해서는 비로소 깊은 감사의 마음을 갖게 되었다. 그녀는 결국 변호사와 결혼했다.

장-자크에게 "최초의 인류"라는 칭호를 부여한 데이는 장-자크와 마찬가지로 유행에 대한 적개심을 갖고 있었기에 그가 어떤 감정을 갖고 있었는지 정확히 알고 있다고 믿었다. 그의 출생 배경은 그의 영적 멘토와 마찬가지로 그다지 특별할 것이 없었다. 그는 부유한 관세 징수자의 아들이었다. 그러나 그의 마음은 1770년에 육군 소령의 딸에게 매료되어 그녀에게 어떤 인상이든 심어 주기 위해 애쓰게 되었다. 더 나은 기회를 얻기 위해 데이는 댄스 마스터, 펜싱 교사, 재단사, 고급 가발, 심지어 안짱다리를 펴기 위해 고안된 고통스러운 기계 장치의 고문을 받기에 이르기까지 과감한 변신을 위해 프랑스로 떠났다. 하지만 모두 소용이 없었다. 용모의 개선을 위해 이 모든 노력을 하게 한 당사자는 새로워진 데이를 보고는 예전의 데이를 보고 웃었던 것보다 더 심하게 웃었다. 이 거부에 상처를 받은 데이는 '품질Quality'로부터 등을 돌렸다. 그들이 타오르고 요동치는 심장의 진정성에 대해 무엇을 알겠는가? 그는 결국 어느 상속녀와 결혼을 하게 되었지만, "가난한 사람들이 빵을 원할 때" 그런 사치 속에서 뒹구는 것은 사악하다고 생각했기 때문에 장-자크 체제를 그녀에게 적용했다: 하인도 쓰지 못하게 하고 하프시코드도 치지 못하게 함으로써 자신의 사회적 양심을 달랬다.

이러한 어리석은 일들과 재난들 중 그 어느 것도 토머스 데이가 세 권으로 구성된 소설 『샌드퍼드와 머튼의 역사*The History of Sandford and Merton*』(1783)에서 어린 시절에 대한 지혜를 전하는 것을 막진 못했다. "자연 교육natural instruction"은 루소의 『에밀*Emile*』에서만큼 영국에서 실제로도 중요했다. 이 책은 버릇없는 깡패 토미 머튼Tommy Merton과 조용한 시골풍 덕목의 전형인 해리 스탠퍼드Harry Sandford 사이의 충돌에 대해 묘사했다. 그는 자기가 왕풍뎅이에게 고통을 주었다는 사실을 깨닫고 눈물을 흘리는 성격이었다. 지금은 대학 세미나에서

나 간혹 다룰 뿐 세간에서는 잊힌 이 감상적 소설은 당시 출판계에서는 엄청난 성공을 거두었다. 1783년에 초판이 발행된 후 45회나 재발행되었으며, 젊은 부모들이 그들의 부자연스러운 어린 시절에 대해 자연이 승리를 거두는 순간을 만끽하고 싶을 때 읽는 바로 그런 책이었다. 하지만 막상 데이는 태어난 지 42년째 해에 갑작스럽게 사망했는데, 마구馬具를 이용해 말을 길들이는 대신 부드러운 손길로 길들일 수 있다는 그의 애완동물 이론을 실제 실험으로 옮기던 중에 타고 있던 망아지가 그의 부드러운 손길에 반응하지 않으면서 데이를 떨어뜨려 땅에 머리를 찧게 만들었다.

몇몇 친구들이 그에게 이미 말했을 수도 있는 데이의 실험의 가장 큰 문제는 이처럼 덕목만을 고집하는 방식에는 한계가 있다는 점이었다. 아마도 사브리나와 루크리셔의 본성은 데이가 그들에게 다가왔을 당시에 이미 정해져 있었을 것이고, 그러한 본성은 그들이 먹고 자란 모유가 오염되었다는 사실로부터 시작되었을 것이다. 왜냐하면 덕목이 생성되기 시작하는 수유기 유두에서는 육체적인 것뿐 아니라 도덕적인 물질도 전달된다는 것이 루소의 또 다른 공리였기 때문이다. 상업적인 것 외에는 자신의 책임에 전혀 관심이 없는 유모에게 아기를 위탁하는 관습은 자연의 참된 자녀를 양육하고자 하는 기대에는 가장 해로운 것이었다. 시골 여성들에게 보내지는 평범한 가정의 아기들이 수천 명씩 사망했다는 사실은 놀라울 것이 없다. 그러나 아기를 더 잘 돌볼 여유가 있는 부유층 어머니들조차도 모유와 함께 어떤 종류의 물질이 자녀에게 공급되고 있는지 알 방법이 없었다. 모유가 이미 음주와 성병으로 더럽혀진 여성들에 의해 얼마나 많은 무고한 아기들이 수유 기간 동안 본연의 자연 상태에서 벗어나 독살되고 타락되었는지 그 누가 알았겠는가? 모유 수유는 감상적인 소설, 특히 자연적 본능의 순수한 힘을 인식함으로써 남녀 모두가 구원받을 수 있다는 내용의 소설에서 두드러진 역할을 하기 시작했다. 유두를 살짝 엿보는 것을 음탕한 유혹으로 여겼던 남성들은 육아 행위를 지켜봄으로써 마음을 전환시킬 수 있었다. 새뮤얼 리처드슨Samuel Richardson의 소설 『찰스 그랜디슨Sir

Charles Grandison』에 나오는 사악한 아내처럼 자신의 데콜타주decolletage[25]를 뽐냈던 여성들은 그런 행위를 훌륭한 구경거리로 만듦으로써 그들이 미덕으로 개종했음을 선전할 수 있었다. 아내가 이야기한다. "그 어떤 남자도 이보다 더한 황홀감에 빠진 적은 없을 것이다! … 그이는 내 발을 향해 몸을 던지며 나와 그 작은 시종varlet[26]을 함께 꼭 껴안았다. '짐승!' 나는 말했다. '우리 해리어트를 질식시킬 셈이에요?…' '내가 가장 사랑하는, 제일 사랑하는, 최고로 사랑하는 나의 부인 G… 이토록 즐거운 광경은 내가 결코, 결코, 결코 보질 못해서 그렇소."

갓 태어난 아기가 모유라는 선물을 통해 가장 건강한 삶을 시작했다고 가정할 때, 감수성을 지닌 부모의 다음 임무는 지나친 훈육이나 기계적으로 반복적인 암기 학습으로 인해 너무 어린 나이에 아이의 자연적 본능이 짓밟히지 않도록 하는 것이었다. 오래된 도덕책에 의하면 동물적 충동의 정의는 비기독교적인 악마와 같은 짐승이자, 자기가 가장 좋아하는 놀이터에서 장난치는 사탄이었다: 즉 아기들의 부드럽고 무엇이든 잘 받아들이는 몸. 자녀의 영혼을 구제하고자 하는 부모의 첫 번째 의무는 필요하다면 말 그대로 그들의 몸에서 이 악마를 때려서 몰아내는 것이었다. 그러나 동물과 인간 사이의 관계가 이제 토머스 데이와 같은 사람들에게 의해 서로 악의적인 것이 아니라 호혜적인 것으로 간주되기 시작했고, 아기의 행동이 강아지나 새끼 고양이의 선천적인 사악함보다는 천진함으로 이해되기 시작했기 때문에 설령 때로는 기성세대에게 충격적으로 반사회적인 모습으로 비쳐질지라도 이들의 장난기가 학습으로 연결되는 가장 부드러운 경로가 되도록 보존하고 육성하는 것이 중요해졌다.

그 결과로 열정적으로 세심하며 체벌을 삼가는 부모 세대가 탄생했다. 이래즈머스 다윈은 부모들에게 그의 모범을 따라서 "자녀를 거스르지 말고 그들

---

25 목, 어깨, 가슴을 드러낸 네크라인 스타일의 옷.
26 아기를 일컫는 말. 이 시기에 아기들을 부를 때 종종 사용된 일종의 애칭.

자신의 주인에게 맡겨라"고 촉구했으며, (자신의 자녀에게) 실제로 그렇게 하는 것으로 악명이 높았다. 위그Whig[27] 정부의 재무부 국고 국장paymaster-general이었던 홀런드 경Lord Holland 헨리 폭스Henry Fox와 같은 무뚝뚝한 아버지도 (아내인 캐럴라인 레녹스 부인Lady Caroline Lennox의 끝없는 루소 설교를 들은 후) 놀이 숭배에 굴복해 버렸다. 폭스 가문은 아이들의 감수성 앞에서 굽실대는 것을 넘어서서 그들을 완전히 수수방관한 대표적인 사례였다. 그의 아들인 미래의 위그당 지도자 찰스 제임스Charles James가 새 시계를 바닥에 내던져버렸을 때, 그의 무기력한 아빠는 괴로운 미소를 지으며 "반드시 그렇게 해야겠다면 당연히 해야겠지"라고 중얼거릴 뿐이었다. 수년간 이어진 세대 간 갈등, 즉 머리카락 길이에 대해 폭스는 장남 스티븐Stephen에게는 이렇게 애원했다. "내가 만약 염원한다면 네가 그걸 자를 수도 있겠구나 하는 희망을 네가 내게 주었다. … 친애하는 스티븐아, 만약 네가 잘라만 준다면 나는 참으로 황송obliged하겠구나."

젊은이들이 지켜야 할 법을 단순히 열거하기보다는 도덕 관련 규칙을 그들에게 엄격하게 강요할 것을 주장하는 책도 여전히 많이 있었지만, 젊은이들이 읽거나 그들에게 읽어줄 것을 명시적인 목표로 삼은 새로운 문학이 등장해서 옳은 길 또는 잘못된 길을 택한 사람들에게 닥칠 결과를 모범적이거나 경고를 담은 이야기를 통해 보여주기 시작했다. 이 장르에서 『마저리 부인의 두 신발 Dame Margery (Goody) Two-Shoes』을 이미 발행한 아동 도서 출판계의 천재 기업가 존 뉴버리John Newbery 역시 장난스럽고 실용적인 학습을 강조한 6페니 그림책의 전문가가 되었다. 그는 어린이를 위한 최초의 대중 과학 분야 베스트셀러 『톰 망원경Tom Telescope』(1761)을 출판하여 모든 "직접 실험하기" 책의 원조로 만들었다. 이 책은 역사, 지리, 기계 등 모든 종류의 지식을 흥미진진한 동시에

---

27 나중에 자유당으로 발전하는 정치 세력으로서 이 당시에도 토리(나중에 보수당으로 발전)에 비해 상대적으로 개혁 지향적인 정치인들로 구성되어 있었다. 하지만 토리나 위그 모두 기본적으로는 대규모 토지를 소유한 상층계급이었다.

유용한 것으로 만드는 것을 목표로 삼았다.

뉴버리의 일러스트레이터 집단에 속한 어떤 인물은 루소를 접할 기회도 누리지 못한 채, 덕목을 갖춘 영국의 애국자를 길러내기 위한 일종의 자연 교육을 혼자서 제대로 경험했다. 1753년 노섬벌랜드Northumberland의 오링엄Oringham 교구에 있는 체리스번 하우스Cherryburn House에서 태어난 토머스 뷰익Thomas Bewick은 자신의 땅에서 탄광 일을 겸업하던 농부의 아들이었다. 그의 가족은 당시 아주 부유하지도 아주 가난하지도 않은 순수한 북부 요먼리yeomanry[28]였지만, 어쨌든 루소를 헐뜯는 다비셔 상류층과는 사회 계층 측면에서 거리가 멀었다. 그럼에도 불구하고 1820년대에 딸을 위해 쓴 아름다운 회고록에서 썼듯이 뷰익은 "나를 훌륭한 '애완동물'로 만들어준" 이모 해너Hannah 탓에 버릇없이 망쳐졌다고 기억했다. "나는 '멸시snubbed'(당시 표현에 의하면)당하기 싫었고; 내가 하고 싶은 대로 해야 했다; 그리고 내 멋대로 사는 고통을 겪은 결과, 나는 종종 데거나 큰 화상을 입었다." 미클리 뱅크Mickley Bank 탄광과 가까운 미클리 학교Mickley School에서 토머스는 회초리에 대한 열정으로 판단컨대 뉴 스쿨링New Schooling에 할애할 시간이 거의 없었던 그 지역 교장 선생님의 그다지 부드럽다고는 할 수 없는 보살핌에 맡겨졌다. 그가 고른 벌칙은 이 어린 규칙 위반자가 "튼튼한 소년"의 등에 업히는 방식의 "허그"였는데, 이는 마치 짝짓기 하는 개구리처럼 매달려서 엉덩이를 까고 채찍질을 당하는 것이었다. 이런 시련을 당할 때 토머스의 반응은 그를 태운 학생의 목덜미를 물어뜯는 것이었고, 교장이 그를 움켜잡으면 "나는 반역을 일으켜 철발굽 나막신으로 그의 정강이를 부러뜨리고는 도망쳐 버렸다."

자신의 반란으로 인해 고통을 받는 대신 뷰익은 매일 무단결석을 하여 문제를 더 복잡하게 했고 집으로 가는 길에는 그의 "더 순종적인 동료들"과 합류하여 작은 개울에서 댐과 수영 보트를 만드는 것을 즐겼다. 자연이라는 학교는

---

28   중간 규모의 지주.

그의 진정한 가정교사가 되었다. 20년 후 페나인스Pennines 반대편에서 윌리엄 워즈워스가 겪은 어린 시절과 매우 흡사했다. 뷰익은 결국에는 분수, 소수 및 라틴어를 배워야 했지만 찾을 수 있는 모든 표면―석판, 책, 그리고 공간이 부족하면 집 바닥의 판석, 묘비, 교회 현관 바닥까지―을 분필 그림으로 채우면서 그런 지루한 허드렛일에서 벗어났다. 그는 이미지를 찾을 수 있는 것이라면 뭐든지 열정적으로 관찰했는데, 특히 영국의 새와 짐승―황소, 말, 연어―이 그려져 있는 여관 간판에 열광했다. 눈알을 반쪽만 갖고 있는 사람일지라도 토머스가 조숙한 재능을 가지고 있다는 것을 알아볼 수 있었다. 그가 마을의 모든 바닥을 거쳐 간 후 친구 하나가 마침내 그에게 펜, 잉크, 블랙베리 주스, 낙타털 브러시 및 물감을 제공했다. 영국 최초이자 최고의 박물학 일러스트레이터로서의, 즉 영국의 오듀본Audubon[29]으로서의 그의 경력은 이때 이미 시작되었던 셈이다. 그는 그 지역의 숲과 황야, 그리고 그곳에 서식하는 짐승과 새의 풍경을 그렸고, 그리 많지는 않았지만 사냥 장면도 그려서 돈을 벌었다 ― 모든 사냥개가 이웃집들의 벽에 "충실하게 묘사"되었다.

  어린 시절 중 두 번의 순간에 대한 뷰익의 도드라진 기억은 그를 북부에서는 흔히 볼 수 있는 거칠지만 일을 잘 해내는 소년에서 신의 다른 창조물들에 대한 동정의 고통을 잘 느낄 수 있는 사람으로 변화시켰다. 그중 첫 번째 기억은 사냥개에게 쫓기는 토끼를 처음으로 붙잡았을 때였다. 뷰익이 남긴 글을 보면 사냥이 잘못된 것이라거나 잔인한 것이라고 생각해 본 적은 한순간도 없었지만 따뜻하고 두근거리는 동물을 팔에 안고 서 있던 바로 그 순간, 그리고 "그 불쌍하고 겁에 질린 생물체가 어린아이처럼 너무나 불쌍하게 비명을 지르던 그 순간 … 나는 그것의 생명을 구하기 위해서는 무엇이든 줄 수 있을 것 같았다". 농부가 그것을 넘겨주라고 해서 그는 그렇게 했다 ― 그러자 농부는 토끼의

---

29 존 제임스 오듀본(John James Audubon, 1785~1851): 미국의 예술가이자 조류학자이자 박물학자.

다리 하나를 재미로 부러뜨려서는 절뚝거리며 다시 뛰게 하여 사냥개들이 쫓아가도록 했고 뷰익은 그저 지켜볼 수밖에 없었다. "그날 이후로 나는 이 가련하고 박해받는 무고한 생물이 목숨을 걸고 탈출했기를 바랐다." 일체의 사냥을 반대하기에는 뷰익은 너무나도 전형적인 영국 시골의 아들이었다. 특히 개와 인간이 돈을 벌기 위해 동물을 잡을 때 사냥감에게 도주의 기회만 허용한다면 그것은 공정한 것이라고 생각했다 – 예를 들어 오소리는 맹렬하게 반격할 기회가 있었다. 그러나 불필요한 잔인함은 혐오했다. 피리새 한 마리에게 돌을 던져서 횃대에서 떨어뜨린 후 손으로 붙잡고는 그 새가 "동정을 구하며 내 얼굴을 쳐다보고 있는데, 만약 이 새가 말을 할 수 있다면 내가 왜 자기의 생명을 앗아갔는지 물었을 것이라는 생각이 들었고," 이것은 그로 하여금 또 한 번의 끔찍한 양심의 고통을 겪게 해서 그는 죽은 새를 계속 뒤집어가며 깃털을 쳐다보았다. "이것이 내가 죽인 마지막 새였다"라고 기록하긴 했지만, 아마도 그가 나중에 화려한 삽화의 모델로 사용하게 된 박제 새들이 떠올랐는지 "사실은 나로 인해 죽은 새는 그 후로도 많긴 했다"라고 첨언했다.

뷰익은 아주 심한 감상주의자는 아니었다. 그는 동물계의 습성과 서식지, 특히 전투적이고 분주한 곤충의 세계를 조사했다. 미국의 사회생물학자인 에드먼드 O. 윌슨Edmund O. Wilson이 등장하기 두 세기 전에 이미 뷰익은 엘트링엄Eltringham 근처의 보트 힐Boat Hill에 서식하는 개미 군락이 "큰 축제를 오가는 인간들만큼이나 바쁘게 붐비는" 응집력 있는 사회 공동체를 형성한다는 것을 발견했다. 이것은 매우 잘 조직되어 있어서 만약 막대기로 방해를 받아도 신속하게 다시 모여 하던 일을 계속했다.

그의 긴 생애 동안 뷰익의 가장 강력한 자질 중 하나로 남을 사회적 호기심과 연민은, 세상이 작동하는 방식에 대해 놀라울 정도의 백과사전적 지식을 공유하고 있는 평범한 사람들에게로 젊은 시절의 그를 이끌었다. 그들 중 한 명은 예전에 뷰익이 소유한 탄광에서 발생한 사고에서 동료 노동자를 구한 적이 있는 노부인이었다. 그녀는 돌로 만든 의자에 앉아 토머스에게 하늘에 있는 별자리를 보여주곤 했었다. 뷰익은 또 다른 이웃이자 결코 우습게 볼 수 없는 그 마을의 자유로운 남자의 정수, 앤서니 리들Anthony Liddell을 "햄튼 마을 village Hampden"[30]이라는 별명으로 기억했다. 그는 1세기의 유태인 역사가 조시퍼스Josephus의 작품들을 비롯해 수많은 역사서를 암기했으며, 마치 옛날 야만인처럼 사슴 가죽 반바지와 "정체 모를 동물 가죽"으로 된 더블릿[31]을 입었다. 리들은 자유와 사유재산, 그리고 특히 신이 모두를 위해 공급한 것이었기에 그가 마음껏 사냥해도 되는 새와 물고기라는 주제에 대해 얘기할 때는 명료하고 완고하고 흥분하는 태도를 보였다; 그에게는 "집보다 그곳에서 더 잘 살았기 때문에 감옥에 대한 두려움은 없었다". 그러나 뷰익의 마음에 이상적인 노동계급의 금욕적 영웅과 같은 존재로 남아 있었던 사람은 얼어붙을 정도로 춥고 더러운 물속에 허리까지 잠긴 채로 일을 하는 것을 "전혀 어렵다고 생각하지 않던" 그의 아버지의 또 다른 갱부인 조니 채프먼Johnny Chapman이었다. 그는 우유, 빵, 감자, 오트밀을 먹고 살았고; 기분이 좋을 때면 광활한 시골에서 돌아다니거나 에일 맥주를 마시기 위해 뉴카슬Newcastle로 갔다; 그리고 그의 광범한 조르디Geordie[32] 방언으로 노래를 부르고 농담과 이야기를 들려줌으로써 숙박비를 지불했다. 병들고 늙은 나이의 순진한 채프먼은 빈민구제에 대한 책임을 떠넘기기 급급했던 교구들로부터 차례로 외면 받았다. 허드렛일을 하며 근근이 먹고 살던 "그는 모페스Morpeth와 뉴카슬 사이의 길에서 죽은 채로 발견되었다".

야외에 펼쳐진 노섬브리아라는 놀이터와 함께 이러한 장면들은 뷰익이 어

---

30   토머스 그레이(Thomas Gray, 1716~1771)가 쓴 『시골 교회 묘지에서 쓴 애가(Elegy Written in a Country Churchyard)』의 등장인물. 묘지에 묻혀 있는 사람들 중 누군가는 찰스 2세의 독단에 항거한 용감하고 박학다식한 정치인 존 햄튼(John Hampden, 1653~1696)처럼 훌륭한 사람이 될 능력을 생전에 갖고 있었을 것이라고 추측하는 장면이 있다.
31   짧고 꼭 끼는 상의.
32   잉글랜드 북동부의 타인(Tyne)강 인근 주민을 일컫는 말.

1. 자연의 힘: 혁명으로 가는 길?   35

린 시절을 회상할 때 늘 마음에 자리 잡고 있던 장면이었다; 그리고 거칠고 시커멓고 예리하게 표현된 그들의 세밀한 모습은 새와 동물에 관한 그의 책들의 시작과 끝 부분에 특출한 목판 삽화로 변형되어 등장했다. 물떼새와 여새에 관한 이야기를 하는 동안 약간의 도덕적 이야기를 가장한 형태로 그는 시골 전체 세계의 초상화를 몰래 끌고 왔다 — 팔라디오식Palladian33 시골 저택의 벽에 있는 게인스버러Gainsboroughs의 그림들에 등장하는 쟁기질하는 사람, 양치기 및 나무꾼이 그 아름다운 환상으로부터 제거되어 먼 길을 불러온 셈이다. 뷰익의 시골 사람들은 보기 흉하게 헐렁한 목가적인 의복을 입고, 포즈도 취하지 않으며, 팔에 안긴 아기들도 사과 같은 뺨과 보조개를 갖고 있지 않다. 『영국 조류의 역사History of British Birds』 제1권(1804)의 머리말 말미에는 총으로 무장한 단정하게 차려입은 시골 신사가 노섬브리아의 바람을 피하기 위해 돌담에 몸을 웅크리고 있는 늙은 방랑자를 단호한 자세로 겨누고 있다. 신사는 그에게 도움이 될 만한 길 안내를 하지 않는다. 검은 뇌조와 붉은 뇌조 사이에 한 무리의 남자들이 수상하게 함께 옹기종기 모여서 그들을 지켜보는 사람으로부터 등을 돌리고 있다. 그들은 수탉들이 서로를 갈기갈기 찢는 것을 지켜보고 있다. 저어새와 학 사이에서는 나무다리를 착용한 노병이 자신과 마찬가지로 굶주린 개 한 마리가 지켜보는 가운데 뼈를 갉아먹고 있다. 그의 바로 위에는 웅장한 시골 저택이 떡하니 서 있다. 뷰익의 시골 사람들은 길가에서 바위를 부수고 있거나; 비참한 다락방에서 죽을 후루룩 먹고 있거나; 아니면 길가에서 목을 매달고 있다. 이것은 새로운 종류의 영국 정치를 기록하는 문서다: 이 당시 사람들이 "사회적 애정"이라고 불렀고 우리는 동정이라고 부르는 성격의 정치: 소설가 로렌스 스턴Laurence Sterne은 자선에 관한 설교(선한 사마리아인에 기초한)에서 "인간이 당하는 모든 사고에 우리가 관여하게 만드는 무언가가 우리의 본성 안에 있다"고 추론했는

---

33 16세기 이탈리아 또는 17세기 영국의 건축 양식. 이탈리아 건축가 안드레아 팔라디오(Andrea Palladio)의 이름에서 유래.

데 바로 이러한 것을 의미했다. 뷰익은 그가 가는 곳마다 18세기 영국의 가난한 사람들에게 닥친 많은 "사고"에 대해 동정심을 표현했다. 예를 들어, 고지대를 지나갈 때 그는 감상적인 관광객들과는 달리 낭만적인 소요자들을 그토록 즐겁게 했던 광활한 풍경과 텅 빈 고지대가 사실은 그 지역의 소규모 소작농들이 대량으로 쫓겨났기 때문이라는 것을 즉시 간파했다; 한때 가족들을 부양했던 시골이 이제는 양을 부양하는 시골로 바뀐 것이다.

그림을 곁들인 자연사 분야 주요 서적 중에 뷰익의 삽화 같은 것은 없었지만(예를 들어, 토머스 페넌트의 동물학은 동물과 새의 분류로 철저하게 주제를 제한했다), 종종 충격적일 정도로 명료한 이미지가 다음과 같은 '행복한 브리태니어Britannia'의 시각적 진부함에 예외를 제공한다: 시골 신사와 가족이 산책을 하며 포즈를 취하거나 풍요롭게 개량된 사유지 앞에서 휴식을 취하고 있는 광경. 예를 들어, 1769년에 은퇴한 장교인 필립 시크니스Philip Thicknesse는 그의 진정되지 않는 도덕적 양심에 따라 『다치워스에서 굶어 죽은 채로 발견된 네 사람Four Persons Found Starved to Death at Datchworth』에 대한 끔찍한 설명을 끔찍한 그림과 함께 남겼다. 이런 일들은 수도를 둘러싸고 있는 홈 서킷Home Circuits[34]이라고 불리는 하트퍼드셔Hertfordshire에서 발생하면 안 되는 것이었다.

그러나 남부(특히 가난한 영국 남서부)에는 뷰익의 고향인 노섬브리아보다 다치워스 희생자와 같은 비참한 사람들이 더 많았을 것이다. "농촌 개선"의 사회적 결과가 – 좋은 것과 나쁜 것 모두 – 가장 극적으로 명백하게 나타난 곳이 영국 남부였기 때문이다. 특히 연속적인 밀 흉작으로 곡물 가격이 치솟고 런던에서 다비서에 이르기까지 크고 작은 여러 도시에서 통제 불가능한 식량 폭동이 촉발되었던 1760년대의 척박한 시기에 가장 극적으로 나타났다. 주로 귀리를 먹고 살던 북부 카운티는 잠시나마 상황이 조금 나았다. 그 세기 최악의 흉작을 겪고 난 뒤인 1769년에 『잉글랜드와 웨일스의 남부 카운티를 둘러보는 6주

---

34   런던 주변 지역.

여행_Six Weeks Tour through the Southern Counties of England and Wales_』을 출판한 아서 영 Arthur Young처럼 급속하게 근대화되어 가는 시골 경제를 촉진하고자 했던 사람들에게는 사과할 것이 전혀 없었다. "어디든 원하는 방향으로 눈을 돌리면 엄청난 부와 더 많은 자원을 보게 될 것이다." 영국의 진정한 명예혁명(그는 종종 이 단어를 사용했다)은 연설과 의회의 행동(혹시라도 인클로저와 관련된 경우라면 예외)이 아니라 순무, 파종기 및 콩 사료_sainfoin_로 달성되었다. 거름은 그를 환희로 이끌어 명사 '똥_dung_'을 동사로 사용하게 했을 정도다. 록킹엄 후작_Marquiss of Rockingham_이 요크셔에 보유한 2000에이커[35] 부지에 설계한 "광활한 광경"을 높이 평가하면서 그가 줄 수 있는 최고의 찬사로서 이 땅이 "풍족하게 똥받았다"라고 선언했던 것이다. "거름과 똥이 섞인 퇴비 … 가 완벽하게 부패한 상태가 되어 버터처럼 잘릴 정도여서 의심할 여지 없이 세계에서 가장 풍부한 거름"이라고 흥분하며 침을 흘릴 정도였다. 한가한 낭만주의자들은 솔즈버리 평원을 건너면서 드루이드들에 대해서나 생각하게 놔두자. 영의 머릿속을 가득 채운 생각은, 담장을 치고 구획한 후 쟁기로 일궈서 이윤을 남길 수 있는 그 좋은 토지를 인클로저 하지 않고 낭비하는 것은 범죄와 다를 바 없다는 것이었다.

영이 보기에, 인클로저에 대해 손을 부들부들 떨며 감상적으로 절망을 표현하는 것은 농촌의 역사와 경제의 기본 사실에 대한 무지를 드러내는 것일 뿐이었다. 인클로저—예전에는 서로 협동하여 일궜거나 분할된 장방형 토지들_strips_ 형태로 경작했던 공유지 또는 공동 경작지였던 땅을 취하는 것—는 농토의 완전한 생산성을 실현하기 위한 필요조건이었다. 그리고 시인들이 그리워했던 그러한 한적한 들판으로는 자본과 — 영은 이 사실을 특히 안타까워했는데 — 근대 농업의 아주 쉬운 기초를 이해하는 지식(적절한 비료, 농작물 사이에 땅을 쉬게 하기, 파종기 사용 등)조차 부족한 농민을 부양할 수 없었다. 게다가 1760년대가 되면 진행 속도가 빨라지기 했지만 인클로저는 무려 수 세기에 걸쳐 느리게 진행되어 왔다.

---

35 에이커(acre): 농부가 하루에 갈 수 있는 크기의 땅. 1에이커는 대략 4050제곱미터.

더욱이, 새로운 인클로저의 물결을 촉진하기 위해 사용된 도구인 의회의 사(私)법[36]은 교구 내 모든 지주의 5분의 4의 동의가 필요했다.

그러나 비판자들이 지적했듯이, 가축을 위한 공동 방목지와 아주 작은 땅에만 의존해서 겨우겨우 생계를 꾸릴 수 있었던 수십만 명의 소작농과 보유농들copyholders[37]로부터는 동의를 받을 필요도 없었고 심지어 협의할 필요도 없었다. 이제 그들은 임금 노동자로 전락했다. 영은 호황을 누리는 시장 덕분에 농촌 빈민들을 위한 일자리가 더 많이 창출될 것이라고 주장했다; 그들은 이 새로운 환경에서, 근원적으로 생존에 보탬이 되지 않는 땅 조각에서 생계를 꾸리려고 시도했을 때보다 훨씬 더 나은 삶을 살 것이다. 물론 그들 중 상당수가 지방의 시골 제조업, 상점 관리 또는 신발 만들기와 같은 새로 배운 직종에서 일자리를 찾았다. 그러나 이러한 분야에 새로 진입한 사람들은 이미 자리를 잡은 사람들과 경쟁해야만 했고 일부는 도랑 파는 일과 같은 임시 계절노동을 찾아야 하는 처지로 전락해 버렸다. 영은 요크셔에서 하루 3~4실링[38] 정도를 버는 남자들이 "주 3일 이상도 좀처럼 일하지 않으면서 나머지 기간엔 술이나 처마신다"며 노동 비용이 임금 수준을 너무 많이 끌어올려 "겨울철 노동자들은 너무 뻔뻔해서 타작 일을 하게 만들기 위해서는 거의 뇌물을 바쳐야 할 정도다"라고 불평했다.

'개선Improvement'에 대한 비판자들을 가장 괴롭히고 화나게 한 것은 인클로저가 아니었다. 그 좋지 못한 영예는 "토지 매점engrossment"이라고 불렸던 것에 돌아갔다: 다수의 차지농tenant을 소수로 교체하는 것인데 이는 임대료가 높은 고가의 토지 시장에 "새로운" 상업 자금을 투입하게 된 결과였다. 영 등이 말한 규모의 경제는 작물 수확량과 가축의 질을 향상시켜 영국 도시의 급증하는 인

---

36 사(私)법: 특정 개인이나 법인에 대해서만 적용되는 법.
37 보유는 소유와는 달리 장기간에 걸쳐 토지를 임대하는 것.
38 실링(Shilling)은 1971년 이전까지 영국에서 사용된 화폐 단위로서 12펜스(Pence)가 1실링, 20실링이 1파운드(Pound)였다.

구를 먹여 살리기 위한 투자를 가능하게 하기 위한 또 하나의 필수 조건이었다. 그리고 이 말은 아마도 옳았을 것이다. 하지만 임대료와 이윤을 극대화하기 위한 부동산 관리인의 집요한 노력의 희생자는, 바로 영과 같은 비판자들이 또 주장했듯이, 지금은 도시로 이주한 수많은 사람들뿐 아니라 — 영국은 물론이고 미국에서도 — 오히려 더 오래된, 공동체에 기반을 둔 생활 방식의 붕괴였다. 1760년대의 위대한 베스트셀러들 중 하나(10년 동안 여섯 판 발행)인 프랜시스 브루크Frances Brooke의 『줄리아 맨더빌 부인의 역사The History of Lady Julia Mandeville』에서 "T 경Lord T"은 다음과 같은 질책을 받았다:

> 그에게 수천 명으로부터의 저주를 내리고 그의 사유지를 황폐하게 만든 계획 하나를 추구함으로써: 그의 농장은 소수의 사람들의 손에 넘어가버리고, 늙은 소작인들의 아들들은 강제로 그 소수의 하인이 되거나, 다른 곳에서 빵을 구하기 위해 그 지역을 떠나야 한다. 한때 인구가 많았던 그 큰 마을은 약 여덟 가구로 규모가 줄어들었다; 그들의 황량한 들판은 황량한 침묵이 지배한다; 한때 유쾌하게 미소 짓는 산업의 근거지였던 농가는 이제는 쓸모없게 되어 그의 주변에 폐허로 남았다; 그의 소작인들은 이제 교만하고 게으르고 사치스럽고 오만한 상인이자 토지 매점자가 되어 그들에게 식량을 제공하는 사람을 멸시한다.

물론 이러한 불만과 한탄은 목가적 유토피아에 대한 비현실적인 향수를 불러일으키는 것이어서, 사람들을 잘 보살피는 목사, 자상한 스콰이어avuncular squires[39] 및 인간적인 치안판사magistrate 등 그 속에 등장하는 인물들은 실제로는 결코 존재하지 않았고 시골 지역의 사적 재산권이라는 철칙에 대해 반대하기 위해 상상 속의 사례로서 제시된 것이었다. 그러나 이러한 과거의 시골이

---

39 중세에서는 기사(knight)를 시중드는 종자라는 의미였으나 이 시기가 되면 지방의 중간 규모 지주층을 일컫게 됨.

비록 소망으로 가득 찬 환상이었을지라도, 그것의 상실에 대해 눈물을 흘리며 분개했던 사람들이 운문과 산문을 통해 매우 훌륭한 연설을 하기 시작하는 것을 막지는 못했고, 특히 사회적 애정에 대한 요구에 응답하기를 갈망하는 세대에는 거의 최면에 가까운 영향력을 행사하는 것도 막지 못했다. 모든 운문 형태의 논박들 중 가장 강력했던 것은 아일랜드의 롱퍼드Longford 카운티에서 태어나 많은 작품을 집필한 올리버 골드스미스Olver Goldsmith의 펜 끝에서 나왔는데 그는 여행을 많이 다니면서 종종 파멸적으로 돈에 쪼들려 힘들기도 했지만 1760년대에는 마침내 대도시의 명성과 부에 도달하여 조슈아 레널즈Sir Joshua Reynolds, 존슨 박사dr Johnson, 제임스 보스웰James Boswell과 같은 내로라하는 문학가들과 같은 반열에 오를 수 있게 되었다. 골드스미스의 초창기 시 「여행자The Traveller」는 이미 이 모든 것이 완벽하게 합법적이고 정당하다는 사실에 의거해 이 나라에서 벌어지고 있는 사태를 정당화하는 사람들을 간결한 시적 표현으로 반박했다.

    무자비한 판사는 저마다 새로운 형법을 만들어내고
    법은 빈자를 짓이기고, 부자가 법을 지배하네.

시크니스가 하트퍼드셔에서 굶주림에 대한 충격적인 이미지를 만들기 한 해 전인 1769년에 골드스미스는 그의 장편 시집 『버려진 마을The Deserted Village』을 출판했다. 꿈속의 작은 마을 ―"달콤한 오번Auburn"의 죽음을 슬퍼하는 최고의 걸작 운문이었다.

    가장 아름다운 잔디밭이여,
    그대의 사냥감은 모두 달아나고 그대의 모든 매력은 사라져버렸소;
    그대의 나무 그늘에서는 폭군의 손이 보이고,
    황폐함이 그대의 모든 초록을 슬프게 하오.

오직 하나의 주인만이 모든 영역을 장악하여
경작지의 반이 그대의 미소 짓는 평원을 가로막는구려.

골드스미스의 2행 연구시couplets는 이 꿈의 풍경 주위를 배회하면서 그것을 공동체로 만든 모든 장소와 인물들을 방문한다. 그는 "마을 목사의 소박한 저택"을 방문한다.

오랫동안 기억되어 온 그 거지가 그의 손님이었고,
늙은 가슴을 쓸어내릴 정도로 긴 수염이 자라 있었네;
그 낭비벽 심하던 자는 이제 더 이상 거만하지 않았고,
거기 와서 누군가와 친척이라고 주장하더니 그 주장이 받아들여졌네,
그 부상당한 군인은 거기에 머물라고 친절하게 초대받아서…

그는 학교 교사도 만나고[40] "밤색 생맥주"를 제공하는 여인숙도 방문하는데, 이곳은 원래 단순한 에일 맥주 가게 이상의 장소였다.

그곳으로 가서 농민은 더 이상
그의 일과를 달콤하게 망각할 수 없네;
더 이상 농부의 새 소식, 이발사의 이야기,
더 이상 나무꾼의 서정시로 가득 차지 않네,
더 이상 대장장이는 그의 칙칙한 이마를 닦아내고,
그의 묵직한 힘을 풀고 몸을 기대어 듣기만 할 수가 없네;
여인숙 주인의 모습도 더 이상 찾아볼 수 없네

---

40   그 부상당한 군인은 골드스미스의 학창 시절 실제 교사를 모티브로 만들어낸 등장인물이라고 알려져 있음.

거품으로 뒤덮인 행복이 돌아가는 것을 세심하게 보고 있던 그 모습을;
수줍은 하녀가 반강제로 꽉 안겨서
컵에 키스한 후 나머지 사람들에게 전달하던 모습도 더 이상 보이지 않을 것이라네.

골드스미스는 "오번"이라는 유령 세계의 쓸쓸한 여행을 마치고 떠나며 이 황폐함을 조성한 그 시대의 상업적 영국을 마주하게 된다.

그대들은 진리의 친구이자 정치가로서 조사하네
부자의 기쁨은 더해지고 빈자는 쇠락하는 것을,
경계가 얼마나 넓은지 판단하는 것은 그대의 몫
'화려한' 땅과 '행복한' 땅 사이에.
많은 광석을 실어오는 파도가 자랑스럽게 넘실대면,
폴리Folly[41]는 그녀의 해안에서 그들을 소리치며 환영하네.

… 부와 자부심의 남자는
많은 가난한 사람들이 제공한 공간을 차지하네;
그의 호수와 그의 공원의 확장된 경계를 위한 공간,
그의 말, 마차와 사냥개를 위한 공간;
그의 팔다리를 게으른 듯 늘어진 비단으로 감싸고 있는 로브는
이웃의 들판에서 산출량의 절반을 강탈했네.

정당화될 수 있든 없든, 골드스미스의 운율에 맞춘 이러한 비난이 18세기 후반

---

41 저택 정원에 장식용으로 지어 놓은 소형 건축물. 이것을 "그녀"로 지칭한 것은 집으로 돌아오는 남편을 맞이하는 부인의 모습을 연상시키기 위한 시적 표현으로 보임.

1. 자연의 힘: 혁명으로 가는 길?   43

의 여론에 막대한 영향을 끼쳤다는 데는 의문의 여지가 없다. 그것은 뷰익과 같이 윤리를 중시하는 비평가와 존슨 박사Dr Johnson와 같은 이상향적 보수당원들Tories에게 영향을 미쳤는데 이들은 모두 잉글랜드에서 과두제를 형성했던 지주층의 손에 경제적·정치적 권력이 집중되는 것을 불신했다. 영국은 식량 폭동, 군대 동원 및 교수형으로 얼룩진 불타는 시기를 기존 제도가 손상되지 않은 채로 벗어났지만 가부장제에 대한 믿음과 심지어 귀족, 사법부의 도덕적 정당성에 대한 믿음도 흔들리고 있었다. 이 나라의 제일가는 농부이자 단순함, 정직함, 성실함이라는 덕목을 명백하게 구현한 국왕 조지 3세만이 점점 더 커져가는 비판의 목소리를 피할 수 있었다. 1770년대와 1780년대에는 단호하고 명료한 팸플릿 작가, 청원자, 독실한 척하는 말썽꾼 등이 동원한 수많은 사회적 캠페인crusades이 시작되었다. 그들은 특정 악습들을 표적으로 삼으면서 이것들이 모조리 "비자연적"이라고 의미심장하게 묘사했다: 비혼모에 대한 징역형 선고(종종 퇴락한 젊은, 또는 그다지 젊지도 않은 신사에 의해 임신해 버린); 이들뿐 아니라 채무자나 일반 범죄자들이 수용되었던 감옥의 상태; 경범죄에 대한 무차별적인 사형 선고. 낭만적인 세대의 심장을 요동치게 했던 원인들의 핵심에 그토록 자주 자리 잡았던 아이들의 곤경은 수적으로 증가하고 있던 사회적 덕목에 대한 지지층으로부터 슬픔과 분노를 불러일으키게 마련이었다. 이들 중에는 세인트 자일즈St Giles 또는 세인트 클레멘트 데인즈St Clement Danes의 빈민가에 있는 런던 유모들 중 한 명에게 보내지는 사실상의 사형 선고를 받는 가난한 갓난아기도 포함되어 있었다; 가족과 마을에서 강탈되어 노예선에 실려 간 아프리카 아동들; 또는 더럽고 그을음이 가득한 굴뚝으로 보내진 후 일을 계속하기에는 몸이 너무 커져버리는 12세 또는 14세에 해고당하기도 전에 이미 음낭암이나 호흡기 질환에 걸려버리는 "굴뚝 타는 소년들".

이 모든 캠페인의 공통된 점은 그들의 종교적 열성이었다. 그들 시대의 악습을 교정하기 위한 열정이 넘쳐났던 대부분의 복음주의자들은 기존의 교회가 기독교의 목가적인 임무를 수행하기에는 지나치게 부유해졌고 너무 귀족적이 되었으며 문제를 해결하기 위한 기관이 되기보다는 그 문제의 일부가 되어버렸다고 믿었다. 이에 대한 반응으로서 1770년대와 1780년대에는 17세기 이후 가장 비범한 영적 재탄생이 발생했다; 기존 교회에 반발하는 신앙과 교회가 대단히 번성하여 (올리버 크롬웰의 공화정에서 급진주의 교파가 그렇게 했듯이) 성경을 인간성의 공유에 대한 독트린의 선언으로서 그리고 가난한 자와 짓밟힌 자에 대한 연민의 복음으로 해석했다.

이러한 비국교도Nonconformist[42] 교회들이 모두 필연적으로 급진주의적인 것은 아니었다. 신비로운 계시를 강조하는 진정한 복음주의자들은 궁극적으로 그 힘에 복종할 것을 요구받았다. 감리교의 창시자인 존 웨슬리John Wesley는 유니테리언Unitarian[43]교도가 그리스도의 신성을 거부하는 것을 혐오하면서 그것을 "독"이라고 불렀다. 그러나 그는 이토록 강력하고 장황하게 비판함으로써, "합리적인 기독교"라고 최초로 부를 수 있는 이것의 매력을 모순어법을 피하면서 에둘러 칭찬한 셈이었다. 1770년대와 1780년대에는 유니테리언 목사인 동시에 사회적·정치적 현상 유지에 대한 날카로운 비판자가 아닌 경우는 찾아보기 어려웠다. 조지프 프리스틀리Joseph Priestley(후대에는 산소를 발견한 과학자들 중 하나로 더 잘 알려져 있는)나 웨일스 출신의 리처드 프라이스 박사Dr Richard Price와 같은 사람들에게 예수는 더 이상 신의 아들로 간주되는 것이 아니고 최초의 개혁자들 중 한 명으로 간주되었다. 모든 면에서 훌륭한 사람이며 사회적 관심이 높은 시민으로서, 운이 더 좋은 사람과 그렇지 못한 사람을 이어줘야 하는 확고한 연대 의무를 설파한 사람이었다는 것이다.

"나는 인간이자 형제가 아닌가?" 스태퍼드서Staffordshire의 에트루리아Etruria에 있는 조사이어 웨지우드Josiah Wedgwood의 공장에서 생산한 노예제 반대를

---

42 잉글랜드 국교회에 순응하지 않는 프로테스탄트 교회를 일컫는 말. 장로교, 감리교 등이 모두 이에 해당한다. 반대파(Dissenter)라고도 한다.
43 삼위일체, 원죄, 예정설 등을 부정하는 자유주의적 기독교 교파. 영국에선 정치적으로 많은 박해를 받았다.

위한 유명한 도자기 메달에 적힌 글귀이다. 그리고 그리스도 아래에서 형제애로 뭉친 새로운 교회들은 영적으로 감화된 시민에게 가능한 모든 수단을 사용하여 설교했다: 찬송가; 국가; 정의의 정신이 폐에서 터져 나오는 카리스마 넘치는 모임; 일련의 강의; 팸플릿 및 의회 청원서; 그리고 특히 윌리엄 블레이크William Blake를 포함한 예술가들이 디자인하여 사용 가능한 모든 표면―술잔이나 종이―에 인쇄한 강력한 이미지 매체들. 각각의 쟁점에는 악행에 대한 특이한 이야기가 있었고, 이것은 슬로건처럼 되어 계속해서 반복되었다. 100명이 넘는 병든 아프리카인들이 선장이 보험금을 탈 수 있게 하기 위해 배에서 던져진 사건인 노예선 '종Zong'의 스캔들은 소위 삼각 무역―영국에서 서아프리카로 값싼 공산품 수출, 그 화물은 서인도제도의 노예로 교환, 다시 영국으로 돌아오는 세 번째 구간에선 설탕과 럼으로 대체―에 대한 분노를 동원하기 위해 몇 번이고 다시 사용되었다. 이렇게 모집된 신선한 개종자들은 사회의 거의 모든 계급에서 나왔다: 개혁 정신을 가진 귀족뿐만 아니라 목사, 시골 신사, 변호사, 의사 및 상인― 1640년대에 혁명을 일으켰던 세력과 비슷하게 넓은 범위의 의인들로 이뤄진 교파였다. 그러나 이번에는 과학 및 산업계의 인물들도 눈에 띄게 많이 포함되었다; 토머스 웨지우드Thomas Wedgwood처럼 유명인의 2세인 경우도 많았는데 그들은 재산 증식을 위해서는 스스로 돈을 벌거나 심지어 속죄해야 한다고 생각했고 그런 재산은 검은색 인간을 거래함으로써 번 돈과는 구별되기 원했다. 분노한 회중들 중에는 완전히 새로운 지지층도 있었다; 지주계급과 중간계급을 막론하고 글을 많이 읽은 여성들과 심지어 런던의 뉴잉턴 그린Newington Green에 있는 리처드 프라이스 박사Dr Richard Price의 집회소 뒷줄에 앉았었다고 알려진 가내 하녀들까지도.

국회에 개혁이 필요하다는 것은 자명했다. 유권자는 사실은 내전 이전보다도 3%가 더 적었다; 유권자가 겨우 일곱 명뿐인 올드 새럼Old Sarum과 같은 부패 선거구는 여전히 한 명의 국회의원을 배출했다; "하수인Placeman"은 정부의 편에 서서 표결에 참여하겠다는 약속을 하고 의원직을 매수했다; 그리고 새롭게 인구가 늘어난 도시는 심하게 과소 대표되었다. 그러나 개혁되지 않은 의회는 구원받을 수 없는 것이었을까? 처음으로, 그리고 가장 강하게 표출되었던 불만은 1689년에 제정된 관용법Act of Toleration이 해석 범위가 너무 좁다는 점이었다. 반대파들Dissenters은 예배할 수 있는 권리 이상을 원했다; 그들은 완전한 시민 평등을 원했다 — 그들의 공직 진출을 금지한 심사령Test Acts의 폐지. (애당초에 '관용'이 허용될 때 예배의 자유까지만 허락한다는 조건이 붙어 있었다는 것이 토리당의 견해였다.) 그러나 개혁자들은 정치적이기보다는 도덕적인 이슈가 유독 붉어질 경우엔 "오래된 부패"가 그들의 긴급한 호소를 통해서만 겨우 움직여서 행동한다는 사실을 인정할 수밖에 없었다. 굴뚝 타는 소년들에 대한 캠페인(1789년 블레이크의 시 「굴뚝 청소부The Chimney Sweeper」에 영감을 줌)에 대한 응답으로, 1788년에 8세 미만 아동의 고용을 금지하고 불이 지펴진 굴뚝에 내려 보내지 못하게 하는 법안이 통과되었다. 또한 최소한 일주일에 한 번은 씻겨야 한다는 조항도 명시되어 있었다. 그러나 이 법은 대부분 제대로 시행되지 않았고 가난한 사람들의 운명을 가장 걱정했던 사람들에게는 충분함과는 거리가 멀었다. 당시의 빈민구제 제도는 스피넘랜드Speenhamland의 바크셔Berkshire[44] 교구가 채택한 제도에 기초해 있었는데, 극빈자가 구빈원workhouse에 들어가는 것을 막기 위한 노력의 일환으로 노동 임금 보충액을 빵 가격과 연동시키려는 시도들이 있었으나 이것은 교구세로 충당해야 했기 때문에 전적으로 지역사회의 선의에 의존할 수밖에 없었다. 비판자들이 볼 때 이것은 문제를 무시할 가능성이 가장 높은 사람들에게 문제를 되돌려 보내는 격이었다.

토머스 뷰익이 뉴카슬에서 조각가의 견습생으로 일하기 시작했을 때, 그는 지위가 높고 강력한 자들의 사악한 무관심에 대해 주저하지 않고 소리 높여 비판하는, 독서량도 풍부하고 생각을 명확히 표현할 줄도 아는 젊은이들과 함께 파이프 담배를 피우고 에일 맥주를 마셨다. 그중 가장 급진적인 사람은 왜소하

---

44 철자와 다른 영국식 발음에 주의.

고 호전적인 학교 교사 토머스 스펜스Thomas Spence였는데, 뷰익은 그를 "세상에서 가장 따뜻한 자선가들 중 한 사람"이라고 묘사했다. "그에게는 인류의 행복이 다른 모든 고려 사항을 흡수하는 것 같았다. 그는 쾌활한 성격이었고 친구들에 대해 따뜻한 애착이 있었으며 조국에 대한 애국심도 강했다. 그러나 그는 자신과 정반대의 성격으로 간주되는 사람들에게는 폭력적이었다." 1650년대 디거즈Diggers[45]의 정신과 비슷한 맥락에서 스펜스는 근대의 모든 질병이 토지 소유권이라는 근본적인 악에서 비롯된 것이라고 확신하게 되었다. 그는 브로드 가스Broad Garth에 있는 스펜스의 교실에서 개최된 토론회(이 기간 동안 런던의 일부를 포함하여 지방 전역에 형성된 수천 개 중 하나였고, 주로 여성을 대상으로 함)에서 자신의 공산주의를 선언했다. 뷰익은 스펜스의 열정과 불행한 사람들에 대한 그의 "진실하고 정직한" 관심에서 따뜻함을 확실히 느끼긴 했지만, 그의 아이디어는 위험할 정도로 유토피아적이어서 "사람이 살지 않는 나라"에는 적합할지 모르지만 "사람들이 소유하고 있는 것을 빼앗는 행위"를 당연시하는 것은 충격적으로 잘못된 것이라고 믿었다. 어느 날 논쟁이 과열되어 두 사람은 언성을 높이다가 곤봉 싸움으로 일이 커졌다. "그는 내가 곤봉 사용에 능숙한지 몰랐고 나는 곧 그가 약점이 매우 많았음을 발견했다. 내가 그의 허벅지와 팔 안쪽을 시커멓게 멍들게 하자 그는 매우 격분하여 아주 부당하게 행동하여 나는 어쩔 수 없이 그를 심하게 구타했다."

사유재산은 뷰익에게 여전히 매우 신성한 것으로 남아 있었지만, 지배 계층의 자기만족에는 그 밖의 다른 것들도 많아서 그를 분노케 했다. 뉴카슬의 블랙 보이Black Boy에 있는 스왈리 클럽Swarley's Club에서 만나 이 나라의 여러 병폐에 대해 토론하거나 존 혼 투크John Horne Tooke 목사, 리처드 프라이스 또는 조지프 프리스틀리가 "오래된 부패Old Corruption"를 비난하는 것을 듣는 사람들이

---

[45] 1640년대의 내전에서 올리버 크롬웰을 지지했던 공화주의자의 분파. 평등을 중시하는 비국교도 프로테스탄트 교파.

보기에, 진정으로 목에 걸린 가시와 같은 존재는 개혁되지 않은 의회라는 현실보다는 이러한 상황을 옹호하는 공상적이고 이기적인 신화였다. 모든 소작인과 노동자가 풍요로운 땅에서 열심히 일하고 경작하는 질서 잡히고 자비로운 시골 사유지에 대한 근대적 환상이 시골 빈곤이라는 추악한 현실을 숨겼듯이, 가장 자유롭고, 가장 현명하게 관리되고, 정의롭고 번영하는 상태에서 사는 영국인들이 얼마나 운이 좋은지에 대해 끝없이 암송하는 것은 누가 봐도 불행하고 자신의 처지를 대변해 줄 대표를 뽑을 권리도 없는 사람들의 신경을 거슬렀다.

권력은 두 가지 버전의 겉치레로 포장되었다: 토리Tory당과 위그Whig당. 토리당의 버전에 의하면 "인민the people"[46]은 정부의 구성을 결정하는 데 대해서 어떠한 요구도 하지 말아야 한다는 것이 신이 정한 당연한 이치였다. 재산과 이해관계라는 자격 기준을 통해 유권자에 포함될 권리를 획득한 사람들이 선출한 자애로운 군주, 교회 및 의회에 복종하고 굴복하는 것이 그들이 머물러야 할 자연스럽고 적절한 상태였다. 위그당의 버전에 의하면, 군주제의 폭정이라는 위협에 맞서 "고대 헌법"을 확보하는 데 필요한 모든 것은 1688년의 명예혁명을 통해 이미 확보되었으며, 관용을 보장하는 법을 제정하고 의회가 열리는 것을 보장(7년 주기의 선거를 통해서 구성원을 선출할 수 있는 것 정도로 만족)하는 "혁명이 제시한 해법"이 영국인의 자유를 보호하는 방패로서 충분했다.

그러나 그 혁명의 100주년—1788년에 근접하고 있던 시기—이 가까워지자 현상 유지에 대한 이 두 가지 정당화 방식을 오랫동안 열심히 들여다봐야 하는 피할 수 없는 계기가 마련되었다. 이러한 비판적인 재검토는 의회의 자기 개

---

46 영국 역사에서 'the people'은 그냥 '사람들'이 아니라 '정치적 의식을 지니고 있는 능동적인 사람들'을 총칭하는 것으로서 국내 학계에서는 대체로 "인민"으로 번역하기에 그 용례를 따른다. 현대 한국의 정치적인 맥락에서 이 단어가 지닐 수도 있는 뉘앙스와는 사뭇 다른 맥락의 용어이며, '인민'은 국가를 전복시킬 수도 있고 탄생시킬 수도 있는 존재로서 국가의 개념에 선행하기에 '국민'으로 번역하는 것은 학문적으로 정밀하지 않다.

혁 능력을 어느 정도라도 확보하기 위해 노력했던 소小 윌리엄 피트William Pitt the Younger가 실패함으로써 더욱 시급해 보이게 되었다. 그는 처음에는 1782년에 22세의 셸월 의원MP[47]으로서, 그다음으로는 1785년에 25세의 총리로서 이러한 시도를 했었다. 1789년에는 심사령Test Act의 폐지에 적극적으로 반대함으로써 이러한 비판적인 재검토의 필요성이 더욱 시급해 보이게 만들었다. 대서양 건너에서는 톰 페인Tom Paine의 『상식Common Sense』(1775)이 자연권의 방어를 위해 (세금 납부자는 참정권을 가져야 한다거나, 영국 병사에게 강제로 숙소를 제공할 필요가 없다는 등의) 미국인이 저항할 권리, 또는 사실상의 의무를 주장함으로써 현상 유지에 대한 주장들의 대부분에 도끼질을 가했다. 물론 미국의 교훈에 대해 대서양 건너편에서, 특히 최근에 그곳에서 벌어졌던 전쟁에 대해 항상 비판적이었던 사람들이 주의를 기울이지 않은 것은 아니었다. 1780년대에 헌법 정보 진흥 협회와 웨스트민스터 협회와 같은 개혁 단체들은 회원들 중 목사, 전문 지식인, 수공업 장인뿐 아니라 위그당의 급진주의 분파(3대 리치먼드 공작, 3대 그래프턴Grafton 공작, 그리고 극작가이자 정치인인 리처드 브린슬리 셰리단Richard Brinsley Sheridan은 그들의 말솜씨 좋은 지도자의 자택인 홀랜드 하우스Holland House에서 루소 추종자들의 방임주의 육아교육을 받았던 그 아이, 찰스 제임스 폭스Charles James Fox를 만났다)도 포함하고 있어서 민주적 정당성을 갖춘 정부의 가능성을 모색하기 시작했는데, 이는 인민 스스로 통치자를 선택하거나 변경할 수 있는 권리로부터 시작되어야 했다. 게다가 이러한 권리는 자연뿐 아니라 역사에도 뿌리를 두고 있다고 주장되었다. 이 견해에 따르면 모든 정부는 인민의 자유와 안전을 보호하기 위한 명시적인 목적을 위해 대표자(왕이든 의회든)에게 권한을 위임하기로 하는 비강제적이고 자발적인 인민의 동의에서 비롯되었다. 이 합의는 항

---

[47] MP는 Member of Parliament(의회 의원)의 약자. 영국 의회는 양원제로서 이 당시엔 세습 작위 귀족(Hereditary Peers)으로만 구성된 귀족원(House of Lords: 상원)과 원칙적으로는 선거를 통해 선출된 각 지역구 대표로 구성된 평민원(House of Commons: 하원)이 있었고, 이 중 셸월 의원만 MP라고 불렸다.

상 상호 계약으로 이해되었다. 인민은 권리의 보호를 임시로 위임받은 정부가 그들을 존중하는 한에서만 그 정부에 충성을 다할 것이었다. 만약 당국이 그러한 자연권을 지켜내는 것이 아니라 침해하고 있는 것으로 판단되면 주권자로서의 인민은 이를 제거할 완전한 자유를 가졌다.

이러한 주장은 사람들을 들뜨게 만들었다: 부분적으로는 17세기의 급진주의자들이 남긴 오래된 "공화정 인간Commonwealthmen" 교리가 잔류한 것이었고; 부분적으로는 추가적인 동력을 위해 약간의 루소가 첨가된 미국의 공화주의였다. 그러나 그것은 일련의 연설가들—제임스 버그James Burgh, 프리스틀리, 프라이스, 혼 투크, 존 카트라이트John Cartwright 소령—이 불만으로 가득 찬 1780년대의 사람들에게 말해야만 했던 것이었다. 이런 의견이 주류와는 동떨어진 소수의 선동가에게만 국한된 것이 아니라는 점은 종종 소화할 수 없을 정도로 심각한 그들의 의견들이 놀라울 정도로 높은 판매고를 올렸다는 사실에 의해 뒷받침된다. 예를 들어 리처드 프라이스의 『시민 자유의 본질에 관한 관찰Observations on the Nature of Civil Liberty』(1776)은 6만 부(톰 페인만이 능가하는 수치)가 판매되었다. 이러한 견해들 중 상당수가 존 밀튼John Milton에 의해 이전에 이미 전파되었다는 사실은 (일부 근대 역사가들이 가정해 온 것처럼) 이것의 약점을 나타내는 것이 아니라 오히려 그 호소력의 비결이었다. 18세기 후반은 점점 더 영국의 과거, 특히 "고딕" 중세 시대에 집착하고 있었다 – 그것의 정치 역사뿐만 아니라 건축, 의복, 가구, 갑옷 등 모든 것에 대해 아주 총체적인 동시에 아름다운 그림들이 곁들여진 역사책들이 출판되었다. 그래서 현명하고 강하고 선한 앨프레드 대왕Alfred the Great[48]이 (예를 들어 노예제 반대 운동가인 그랜빌 샤프Granville Sharp에 의해) 모든 의회의 어머니인 앵글로 색슨족의 위트나거모트Witenagemot[49]와 자비로운 상호 협력을 통해 일했

---

48 앵글로 색슨족이 새운 고대 7왕국 중 하나인 웨식스(Wessex) 왕국의 왕으로서 바이킹의 침략을 효과적으로 저지하는 동시에 군사, 행정제도를 개편하고 문화적인 부흥도 이끌어서 영국 역사를 통틀어 유일하게 "대왕"이라는 별칭이 붙었음.
49 현자들의 모임이라는 뜻으로 왕의 자문회의 역할을 수행. 위턴(Witan) 회의라고도 한다.

던 대중적 군주의 모범으로 다시 한 번 떠오르자, 역사는 이제 불분명하고 불가사의한 비현실적인 것이 아니라 진정한 토착 영국 정부가 어떤 모습이어야 하는지에 대한 모범으로 간주되었다. 마그나카르타Magna Carta[50]로 귀결된 한 사건은 "인민"이 그들의 남작과 도시 대표burgesses를 통해 전제군주에게 책임을 물을 권리를 행사함으로써 당시는 물론 미래에 대해서도 중요한 의미를 잉태한 신비로운 에피소드로서 기념되었다. 게다가 이 시기는 바로, 호전적인 채식주의자—골동품 수집가—도보 여행자인 조지프 리트슨Joseph Ritson이 로빈 후드Robin Hood에 대한 연구를 통해 그 전설적인 인물을 낭만적인 대중적 영웅으로 재구성하고 있는 시기이기도 했다(토머스 뷰익의 목판화와 함께).

16세기 이후로 "88년"이라는 연도는 영국과 영국 군주의 운명에 항상 중요한 해였다; 각 세대는 지난번 "88년"의 서사시를 다음 시대를 위한 시금석으로 삼았다. 1688년의 윌리엄 3세 지지자들은 무적함대를 무찌르며 가톨릭 전제정에 대항했던 1588년의 엘리자베스의 후계자라고 주장했다. 1688년에는 가톨릭 신자인 제임스 2세가 왕좌에서 물러났다; 1788년에는 조지 3세(일부 비판자들은 그가 "스튜어트" 왕실[51]의 절대주의를 목표로 삼는다고 비난했다)가 온전한 정신을 잃었다. 그가 1789년에 정신을 차리고 다시 그들에게 돌아왔을 때, 군주제의 운명은 프랑스에서 일어난 무시무시한 사건으로 인해 이미 바뀌어 있었다. 그리고 명예혁명 100주년을 축하하는 사람들은 자연스럽게 이 최근의 혁명을 100년 전에 일어난 일의 논리적 완성으로 받아들였다. 그들은 신의 섭리가 의미 있는 달력에 맞춰 작동하고 있다고 생각했다.

1789년에 해협의 양편에 있던 두 국왕의 지위는 그보다 더 달라 보일 수 없을 정도였다. 루이 16세는 국민회의National Assembly의 지시를 받는 처지였고 군

---

50 1215년에 존(John) 왕이 프랑스에서의 전쟁 수행을 위한 군사 비용을 마련하기 위해 신하들에게 약속했던 여러 조항들을 묶어놓은 것으로서 영국의 가장 오래된 역사적 헌법으로 간주되기도 한다.

51 명예혁명으로 무너진 왕실.

사 쿠데타를 통해 절대왕정의 권위를 회복하려는 계획을 세우고 있다고 (사실에도 부합하게) 의심받고 있었던 반면, 조지 3세는 그의 온전한 정신 상태와 국가에 대한 통제력을 회복하고 있었다. 루이 왕이 곤경에 처한 상태에서도 체면을 차리기 위해 최선을 다하고 혁명의 삼색기에 순응하는 척하기 위해 베르사유를 떠나 파리로 옮겨 가야만 했을 때, 조지 왕은 건강을 회복하기 위해 서부 지역으로 여행을 다녔다. 그는 가는 곳마다 "신이여, 왕을 구하소서God Save the King"⁵²라는 웅장한 합창을 듣고 유쾌해했다; 그가 웨이머스Weymouth에서 온천수 치료를 하고 있을 때는 옆에 있는 이동식 탈의 시설에 작지만 매우 충성스러운 밴드가 숨어 있는 것을 보고 놀라기도 했다.

그러나 충성심에 대한 이처럼 시끄러운 표현들 중 어느 것도 영국의 위대한 변화에 대한 진정한 신념을 지닌 자들로 하여금, 파리의 인민이 바스티유Bastille⁵³의 성벽을 습격할 수 있다면 '오래된 부패'를 심판할 날도 멀지 않았다고 생각하는 것을 막지는 못했다. 1785년에 조지프 프리스틀리는 급진주의자들의 작업을 "오류와 미신의 오래된 건물 아래 화약을 한 알씩 쌓아두어서 이후 단 한 번의 불꽃만 발생해도 즉각적인 폭발을 일으키게 하는 것"과 비교했는데 이를 계기로 "화약 조Gunpowder Joe"라는 별명을 얻었다. 바스티유가 무너졌을 때, 그들은 그 불꽃이 해협을 가로질러 곧바로 전달되기를 바랐다. 스왈리 선술집에서; 리치필드에 있는 주교 관저에서; 귀족풍의 홀랜드 하우스에서 술잔이 들어 올려졌다. 찰스 제임스 폭스는 그것을 "세계 역사상 가장 위대한 사건이자 최고의 사건"이라고 경축했다. 비록 하필 몇 세대에 걸쳐 위그당과 토리당 모두에 의해 전제정의 종으로 조롱을 받아왔던 프랑스인들이 1688년에 영국의 혁명으로 시작된 것을 완성했다는 것이 어색하기는 했지만, 영국에서 태어난 "진정한" 자유의 정신이 다른 곳으로 이주해 버린 것이 분명하다는

---

52   이 무렵부터 관례적으로 영국의 국가가 된 노래.
53   절대왕정 체제 프랑스에서 정치범 수용소 역할을 하던 곳.

점은 이미 미국인들이 잘 지적한 터였다. 미국을 위해 그토록 열렬히 싸웠던 프랑스 장군 라파예트Lafayette와 함께 이 정신이 이제 다시 대서양을 건너 돌아왔다는 현실은 대중이 주도하는 자치 정부에 대한 저항할 수 없는 욕구가 인류 공동의 자연적 권리라는 사실에 대한 강력한 증거였다.

그러나 이 사건의 불행한 프랑스성은 "새로운 위그당"(선거권 확대, 비밀 투표, 하원의원에 대한 급여 지불 등에 전념하게 된 가장 급진주의적인 정당)으로 하여금 비록 감정적으로는 동조했지만 방어적인 태도를 취하게 하기도 했다. 이들은 1789년에는 프랑스 혁명을 응원하는 것이 진정한 애국심과 양립할 수 없는 것이 아니라 오히려 매우 건전한 애국심을 상징하는 것이라고 주장할 수밖에 없었다. 이것이 바로 리처드 프라이스 박사가 윌리엄 3세의 토베이Torbay[54] 상륙 101주년을 기념하기 위해 1789년 11월 4일에 런던 올드 쥬리Old Jewry 유니테리언 교도 집회소에서 혁명 기념 협회Society for Commemorating the Revolution 회원들에게 "우리 조국에 대한 사랑"이라는 제목의 설교를 통해 전달했던 메시지였다. 프라이스는 "국가"를 제대로 평가하자면 그것은 "우리가 태어난 땅 또는 지구의 한 지점에 불과한 것이 아니다; 숲과 들판이 아니라 우리가 구성원으로서 속해 있는 공동체이다; 또는 동일한 법에 의해 보호받고 동일한 시민 정치체에 의해 결속되어 있고 동일한 정부 구성하에서 우리와 연합한 동료, 친구 및 친족의 단체이다". 다시 말해 우리에게 진정한 의미의 국가에 대한 충성을 부여하는 것은 우리의 지형이 아니라 우리의 정치다. 나머지는 모두 이기적인 호통일 뿐이다. 그리고 위대하고 명예스러운 프랑스 혁명의 정치는 우리의 정치와 틀림없이 연결되어 있다고 그는 말했다; 실제로도 우리가 시작한 일의 완성이었다. 1688년의 의미는 인민이 전제적인 통치에 저항하고 불법적인 통치자를 제거하고 자치에 대한 의심의 여지 없는 권리를 스스로 회복할 권리가

---

54   1688년 명예혁명 때 오란예 공국의 윌리엄이 영국 왕좌를 차지하기 위해 상륙해서 "잉글랜드의 자유와 프로테스탄트 종교를 나는 유지할 것이다"라고 선언한 곳.

있다는 것 아니었는가? 그리고 그것이 바로 프랑스인들이 지금 하고 있는 일이 아닌가? 그들의 교훈은 시기적절했다. 왜냐하면 영국에서 인민의 대의성 representation은 형편없는 농담이 되어버렸기 때문이다; 부패한 과두정과 돈 받아먹은 예스맨들이 차지한 의회를 통해 자신의 의지를 관철시키는 정권의 행정부가 바로 "그림자" 자유의 진실이었다.

바스티유가 함락된 것과 프랑스 군주제가 절대 군주제에서 대중 군주제로 변모한 것이 충격적이었다면, 분명히 그 충격은 건강한 것이었다; 웨이머스에서의 상쾌한 온천욕이나 보슬비 맞는 레이크랜드에서의 소풍처럼 헌법에 좋은 것이었다. 프라이스는 조지 3세가 지혜를 회복한 것에 대해 "노예"처럼 비굴하게 축하를 하는 사람들을 비웃으면서 그들이 "사랑하는 군주를 위해 기뻐하는 계몽되고 남자다운 시민보다는 주인의 발아래 기어가는 무리와 더욱 닮았지만, 동시에 그들은 그가 누리고 있는 존엄성이 그들 자신으로부터 나온 것이라는 점을 의식하고는 있었다"고 말했다. 다시 말해서, 그들이야말로 진정한 주권자였으며, 자신이 왕에게 연설할 수 있는 지위에 있었다면 이렇게 말했을 것이라고 프라이스는 주장했다.

당신의 회복이 기쁩니다. 저는 하느님께서 당신에게 선을 베푸신 것에 대해 감사드립니다. 저는 당신을 내 왕으로서뿐만 아니라 세계에서 거의 유일한 합법적인 왕으로서 존경합니다. 왜냐하면 당신은 왕관을 백성의 선택에 빚지고 있는 유일한 왕이기 때문입니다. 가능한 모든 행복을 누리길 바랍니다. 하느님께서 당신이 지금 받고 있는 그 과찬의 어리석음을 당신에게 보여주시고 그 효과들로부터 당신을 보호하시기를 빕니다. 당신이 처한 상황의 본질에 대한 올바른 인식으로 인도되고 그러한 지혜를 부여받아서 당신의 회복이 이 왕국의 정부에게 축복이 될 수 있기를 바라며, 당신이 스스로를 백성의 주권자보다는 하인으로서 제대로 인식할 수 있게 되기를 바랍니다.

이것은 이 자체로 이미 충분히 대담했다. 그러나 연설 말미에 프라이스는 모든 공경의 가식을 다 버리고 종말론적인 혁명적 예언을 천둥처럼 퍼부었다: "세계의 억압자들은 벌벌 떨어라! 노예제를 강요하는 정부와 노예제와 다름없는 계서제를 지지하는 모든 이들은 경고를 들어라! … 당신들은 이제 세상을 어둠 속에 가둘 수 없다. 커져가는 빛과 자유에 더 이상 저항하지 말라. 인류와 당신들이 함께 멸망하기 전에 인류에게 권리를 돌려주고 악폐를 시정하는 데 동의하라."

아일랜드 출신의 작가이자 웅변가이자 하원의원인 에드먼드 버크Edmund Burke가 프랑스 혁명에 관한 파괴적이고 신랄한『프랑스 혁명에 대한 고찰Reflections on the Revolution in France』(1790)을 쓰도록 자극한 것은 프라이스의 발언 중 두 개의 핵심 주장이었다 — 프랑스 혁명은 영국 혁명의 연속이었고("영국 의회를 위해 — 그것이 국민회의가 되기를"이라는 축배사로 요약되는 주장), 영국의 군주는 세습에 의해 계승되는 것이 아니라 주권자 인민에게 책임을 지는 것이 되어야 한다. 다른 무엇보다도 버크를 그토록 경악하게 만든 것은 프라이스의 타이밍이었다. 버크도 조심스러운 낙관론으로 프랑스의 봄을 맞이했지만 가을이 되자 이것은 소름 끼치는 불신으로 바뀌었다. 7월 14일 이후 일어난 모든 일—교수형; 대저택 방화; 귀족이 특권[55]을 저버린 부주의한 방식, 그리고 무엇보다도 국가 부채를 충당하기 위한 교회 재산의 몰수—은 그에게는 국가가 스스로 사지를 절단한 행위로 인식되었다. 버크에게 가장 터무니없었던 것은 루이 16세가 실제로는 이 파괴 갱단의 포로로 잡혀 있을 때 그가 이 모든 파괴 행위를 열성적으로 후원했다고 하는 허위 사실이 퍼진 것이었다. 1789년 11월에 — 프라이스가 조지 3세에게 자신을 "인민의 하인"으로 여길 의무에 대해 가르치는 것이 적절하다고 판단한 바로 그때 — 루이 6세의 실제 처지가 가장 잔인하게 드러났다. 빵을 달라고 요구하는 시장의 여성들이 파

---

[55] 이 당시의 '특권(privileges)'은 신분에 정당하게 부여되는 것이었기에 버크는 이것을 '의무'와 거의 같은 의미로 사용했다.

리 시민을 이끌고 베르사유로 행진해서는 왕실 개인 처소로 침투하자 사태는 궁궐에 대한 무차별 공격으로 전락했다. 이 사태로 두 명의 스위스 출신 경비병이 사망했다 – 버크가 쓴 것에 의하면 이들은 보초를 서고 있는 상태도 아니었다. 국왕과 왕비는 라파예트의 재촉으로 궁전 발코니에 서서 긴장한 모습을 노출한 후 불명예스럽게 마차를 타고 파리로 다시 끌려갔다. 창에 꽂힌 머리들 뒤를 따라가는 국왕 부부는 포로 처지임에도 용감한 표정을 짓고 인민과 "단합"되어 있는 척하느라 최선을 다했다. 버크는 이렇게 썼다. "이 국왕 … 그리고 왕비와 그들의 어린아이들(한때는 위대하고 관대한 국민의 자부심과 희망이 될 수 있었던)은 세상에서 가장 화려한 궁전이라는 성역을 피에 물들고 학살로 인해 오염되고, 흩어진 팔다리와 절단된 사체로 가득 찬 상태로 놔둔 채 떠나도록 강요받았다."

프라이스 박사—버크의 신랄한 비아냥의 대상이었던—가 이러한 사건을 인간 자비의 젖을 흘러 보내는 곳인 것처럼 축복하는 것이 어떻게 가능했을까? 그리고 어떻게 그가 1688년의 명예혁명을, 버크가 보기에는 완전히 불명예스러운 1세기 후의 사태와 친밀한 관계가 있는 것으로 간주할 만큼 대담할 수 있었을까? 버크가 보기에 그것은 첫 번째의 완전히 영국적이었던 그 혁명이 애당초에 무엇 때문에 발생했는지를 완전히 위조함으로써만 가능했다.

버크는 프라이스가 다음과 같이 주장할 수 있었던 것은 역사적 진실을 거부했기 때문이라고 말했다. 프라이스에 의하면 그 영국 혁명은 인민이 그들 자신의 정부 형태를 고르거나 그들 마음대로 군주를 채택하고 파면할 수 있는 권리에 의해 발생했고, 인민의 군주가 개인의 자유라는 자연권을 보호하고 있는지 아닌지를 판단하고 나서 발생했다고 주장했다. 하지만 이것은 1688년의 사람들이 갖고 있던 견해가 아니라 1648년에 밀튼이 주장했고 국왕을 살해했던 세대가 지지했던 견해였다. 윌리엄 3세는 인민의 선택에 의해서 잉글랜드로 초대되어 온 것이 아니었고, 그 어떤 종류의 추상적 원리들로부터 새로운 정부를 구성하려고 온 것도 아니었으며, 오히려 예전부터 거기에 존재했던 법, 교회,

정부의 형태를 수호하기 위해 온 것이었다; 제임스 2세에 의해 침해된 "고대 헌법"을. 따라서 이것은 가장 보수적인 형태의 혁명이었고; 그래서 피를 흘리지 않았으며 그래서 명예스러운 것이었다. 버크는 또한 주장하기를 그 무엇보다도 이 "고대 헌법"은 셀 수 없이 많은 세대들 동안 – 마그나카르타로부터, 어쩌면 더 거슬러 올라가서 앵글로 색슨 시대의 잉글랜드로부터 – 그 무게중심으로서의 권위를 갖고 있었으며; 영국 땅에 뿌리를 내리고 있었지 루소와 같은 정치철학자의 열기구와 같은 추측들로 인해 위험하게 공중에 떠다니도록 방관된 것이 아니었다. 정부라는 것은 단순히 상상에 의한 주요 원칙들에 의해서 꿈처럼 구성될 수 있는 것이 아니었다. 그러한 "기하학적"이거나 "산술적인" 구성은 그 정의 자체로 인해서 생명이 없는 것이었다. 버크는 다음과 같이 썼다. "새로운 정부를 제조해 낼 수 있다는 그런 생각 자체가 우리를 혐오와 공포로 가득 채우기에 충분하다." 정부는, 어떤 종류든 합법적인 정부는, 오래전부터 축적되어 온 실용적인 작동의 경험으로부터 그 권위를 구한다. 여하튼 이것이 이 일을 해결하는 영국 본연의 방법이었다. "자유주의 계통의 이런 생각이 우리 본연의 존엄성에 대한 감을 갖도록 영감을 주는 것이다." 따라서 프라이스가 조명한 "어쩌다 보니 우리가 태어난 지구의 이 지점"은 사실 공동체에 대한 감각을 우리에게 주는 데 있어서 가장 중요하다. "잉글랜드에서 우리는 아직 타고난 내장을 완전히 쏟아낸 적이 없다; 우리는 아직 우리 몸 안을 느끼고 있고, 우리 의무의 충실한 수호자인 동시에 활발한 감시자인 타고난 감성들을 소중히 여기고 배양한다." 우리 영토에서 살아온 조상들이, 버크가 – 그는 문장학 heraldry[56]에 심취해 있었다 – "문장armorial bearings"이라고 불렀던 것과 함께 완전체를 이루어, 이미 우리의 생득권이자 우리의 정치적 헌법이 된 것이다. 우리가 이것을 위험을 무릅쓰고 손상시켰다.

---

56 중세 시대 기사의 방패 등에 가문을 표시하기 위해 새겨 넣었던 상징적 표지를 연구하는 학문.

국제 평화와 상호 이해를 예언하던 자들이 다가오는 인류의 보편적 친교에 대해 찬가를 부르자 버크는 이렇게 벼락처럼 받아쳤다: 자연! 자연에 대해 내가 말해 주겠노라. 당신은 그것이 데이지꽃 실목걸이, 바다를 가로질러 맞잡은 손, 형제애의 노래처럼 모두 똑같다고 상상한다. 그러나 당신이 말하고 있는 것은 똑같은 작은 컵에 담긴 초콜릿을 홀짝이며 똑같이 진부한 이야기를 떠들고 똑같이 하찮은 꿈을 꾸는 지식인들의 형제애다. 그러나 친구 여러분, 자연은 생각의 대상이 아니라 경험해야 하는 것이다. 자연은 친숙함이자 장소에 대한 느낌이다. 자연은 애국자다.

선동가들이 그토록 자유롭게 아포스트로피를 붙여 많은 것을 소유하는 것처럼 만들어버린 "인민"은 무지하고, 잘 속고, 피에 굶주린 사람들인 것으로 프랑스에서 드러났다. 민주주의는 폭도주의였다. "미용사나 수지 양초 제조인 같은 직업은 그 누구에게도 영예와 관련된 것이 될 수가 없다. … 이런 부류의 사람들이 국가로부터 억압을 받아서는 안 된다; 그러나 만약 그들이 … 통치하도록 허용된다면 국가가 억압을 당한다"라고 버크는 주장했다. 하지만 그들은 자신들이 무슨 일을 하고 있는지 알지 못한다. 그들에게 자신의 중요성과 권력에 대해서 환상을 심어준 용서할 수 없는 책임은 그들보다 더 잘 알았어야 하는 사람들에게 있다. 신사든 성직자든 자신의 계급을 반역한 자들은 민주주의를 놀이처럼 가지고 놀면서 그 치명적인 결과를 피할 수 있을 만큼 부유한 자들이었고, 정치 질서 안에서 그들에게 배정된 역할을 "시민권" 따위와 교환하는 환상을 부추긴 자들이다. 잉글랜드에서는 리치먼드, 그래프턴Grafton, 셸번Shelburne 및 유감스럽게도 그의 오랜 친구 찰스 제임스 폭스와 같은 공작과 백작들이 자신의 귀족 지위를 파괴하는 데 목소리를 빌려줌으로써 한 세대와 다음 세대를, 과거와 미래를 연결하는 황금 사슬을 무모하게 자르고 있었다. 그들은 라파예트처럼 폭도들의 호랑이를 타고 권력과 영광을 차지할 수 있다고 상상했다. 그러나 가장 먼저 삼켜지는 것은 그들이 될 것이다.

버크의 『고찰』은 논쟁을 불러일으키는 측면에서도 역작이었을 뿐 아니라 당시 기준으로 꽤 큰 상업적인 성공을 거두어서 처음 3개월 동안 1만 7000부가 팔렸다(당시 꽤 잘 팔리는 소설의 인쇄 부수가 1500부였다). 일부 급진주의 위그 당원은 (사실과는 다르게) 이를 미국인의 친구로 명성이 높은 자의 배신행위로 여겼다. (사실 버크는 영국과 미국의 화해를 추구했지만 갈등이 시작되자 영국의 충성파가 되었다.) 그러나 프라이스(버크의 천둥소리와 같은 수사학에 밀려 호소력이 약해진 채로 1791년에 사망)를 괴롭힌 것은 자신의 편협주의parochialism였다: 영국의 정치적 유산은 독특했었다는 주장; 영국인은 태어날 때부터 "자연권"이 아니라 뚜렷하게 고유한 유산을 물려받았는데 이것은 보편적으로 적용할 수 있는 자유와는 양립하기가 매우 힘든 것이었다. 자연은, 마치 버크가 말하고 있는 것처럼, 결코 범세계적인 것일 수 없었다.

"왕의 발아래에서 피난처를 찾기 위해…" 거의 알몸으로 달아난 마리 앙투아네트Marie Antoinette의 굴욕 속에서 버크는 프랑스 기사도의 사멸을 보고 한탄했다. 그런데 성별이 바뀐 기사도—폭력적으로 학대받는 남성을 보호하려고 여성이 나서는 것—가 그에게 일어날 일도 결코 없었을 것이다. 만약 그런 일이 발생했다면 그는 그것을 확실히 "부자연스러운" 범주에 포함시켰을 것이다. 그런데 그런 일이 실제로 발생했다. 버크의 『고찰』이 나온 지 겨우 한 달 후, 프라이스의 예배당에서 매우 가까운 뉴잉턴 그린에 학교를 열었을 때 프라이스와 만난 적이 있는 메리 울스턴크래프트Mary Wollstonecraft는 버크에 대한 그녀의 반격인 『인간의 권리 옹호A Vindication of the Rights of Men』(1790)를 출판했다. 그녀는 프라이스가 버크의 통렬한 경멸의 대상이 되는 것을 보고 마음 아파했을 게 틀림없다. 그녀가 요크셔에서 런던으로 돌아와서 별 볼 일 없는 독학 여성 지식인bluestocking[57]으로 지내고 있을 때 그는 그녀의 진정한 첫 번째 멘토가 되

---

57 18세기 잉글랜드에서 여성 지식인들이 결성한 파란 스타킹 협회(Blue Stockings Society)에서 비롯된 표현. 패션에 신경 쓸 재력도, 관심도 없어서 매번 저렴한 푸른색의 소모사 스타킹을 신고 모였다고 해서 생겨난 명칭.

어주었고, 아동문학 작가(급진주의자이기도 했던) 애너 레티셔 바볼드Anna Letitia Barbauld와 같은 다른 많은 여성 작가들에게도 그랬던 것처럼 그녀를 격려하고 친구가 되어주었다.

메리는 집시 생활을 해왔고 끊임없이 형제자매들에 대해 초조해했으며 리뷰와 에세이로는 충분한 돈을 벌지 못했기 때문에 얻을 수 있는 모든 도움이 필요했다. 스피터필즈Spitalfields 비단 직공의 아들이었던 그녀의 아버지는 이런저런 일들을 조금씩 시도했으나 ─ 에식스에서는 농업에 종사했고, 요크셔에서는 떠돌이 농장 일꾼swagger이었다 ─ 모두 실패했다. 메리는 부득이 자매들에게 어머니 역할을 할 수밖에 없었는데, 자매들 중 한 명이 설명할 수는 없지만 쉽게 짐작할 수 있는 이유로 남편을 떠났을 때도 그런 역할을 해야 했다. 그녀 역시도 장-자크 루소의 감성적 교육이라는 미지근한 웅덩이에 몸을 담그고 정서적 순수함과 불멸의 우정에 대해 꿈꾸며 온화하고 감상적인 상태가 되었었다. 그러나 자연에 대한 루소의 자명한 주장 중 하나─성의 본성─는 그녀에게 괴물처럼 다가왔다. 소설『에밀』에 나타난 이 철학자의 주장은 소녀들이 한 가지 최고의 목적을 위해 길러져야 한다는 것이었다 ─ 배우자에게는 위로와 조력자가 되고 자녀에게는 어머니(당연히 수유부)가 된다. 신의 섭리는 성별이라는 것을 서로 연결될 수 없을 정도로 너무 다른 것으로 규정지어서 남성처럼 행동하거나 남성처럼 되려 하는 여성은 그 정의상 생물학적·도덕적 괴물이어서 거주지를 가정으로 만들어주는 특성, 즉 자애tendresse를 그들의 가족으로부터 앗아가 버린다.

메리는 자신의 어머니가 술에 취한 방탕한 남편에게 그런 부드러움을 아낌없이 베풀려 하는 슬픈 시도를 목격했기에 그것의 가치가 과대평가되었다고 생각했다. 자신의 펜으로 생계를 이어가는 여성의 수가 증가하는 상황으로부터 약간의 용기를 얻은 그녀는 딸들의 교육에 관한 작은 논문을 썼다. 이 글은 『에밀』과는 달리, 소녀들도 소년들과 마찬가지로 모든 면에서 잘 교육받을 수 있는 잠재력이 있다고 주장했다. 그녀는 런던뿐 아니라 아마도 영국에 있는 모든 자유로운 영혼들과 급진적 작가들의 중심에 서 있는 것처럼 보였던 조지프 존슨Joseph Johnson에게 이 논문을 보냈다.

키가 작고 단정한 가발을 쓴 리버풀 출신의 총각 존슨은 수 세기 동안 런던의 서적 출판사들이 즐겨 찾던 세인트 폴 처치야드St Paul's Churchyard 72번지에 차린 사업체로 사람들의 이목을 끌고 있었다. 급진주의적인 런던에 있어서 존슨은 정말로 중요한 존재였다. ≪애널리티컬 리뷰Analytical Review≫의 발행인(1788년에서 1799년 사이)이었을 뿐만 아니라 그의 제자 집단에게는 후원자인 동시에 좋은 친척 아저씨와 같은 역할을 했다. 그는 리뷰를 쓸 주제를 찾아내어 할당하고, 일자리도 찾아주었으며(메리의 경우 아일랜드의 가정교사 자리를 소개해줬지만 그 결과는 좀 애매했다), 단기 대출이나 거처(다시 메리의 경우에 이에 해당)를 찾아줄 수 있는 사람이었다. 그녀는 일주일에 여러 번 그와 함께 식사를 했으며 존슨의 유명한 일요일 만찬에 단골손님으로 초대받았다. 거기서 제공하는 정직한 "애국자" 음식(풍부한 양의 삶은 대구와 완두콩)에는 흥미로운 참가자들이 양념으로 더해졌다: 윌리엄 블레이크 및 헨리 퓨즐리Henry Fuseli와 같은 선구적인 예술가; 존 혼 투크 목사와 존 카트라이트 소령과 같은 헌법 정보 진흥 협회의 베테랑급 지지자들; 검은 눈에 붉은 얼굴을 한 톰 페인과 같은 저명한 민주주의자들; 그리고 얼굴을 붉히지도 않고 명료하게 말을 잘하는 바볼드Barbauld나 여배우 새러 시던스Sarah Siddons와 같은 지적인 여성 그룹이 늘 참석했다. 존슨의 저녁 식사에 참석한 메리에 대한 묘사에 따르면, 그녀는 벤저민 프랭클린Benjamin Franklin 또는 루소 스타일의 비버 모자를 쓰고 있지 않을 때는 긴 곱슬머리에 파우더를 발랐고,[58] 볼품은 없지만 강인하고 대단히 생기 넘치는 여성이었다. 옷차림에는 의식적으로 그다지 신경 쓰지 않던 그녀는 엄청난 방해꾼이었다. 페인의 말을 들으러 온 사회철학자 윌리엄 고드윈William Godwin은 메리가 그의 말을 자꾸 끊는 것을 보고 짜증을 냈다.

메리 울스턴크래프트의 트레이드마크는 심장과 머리를 마치 좌우 펀치처럼

---

[58] 당시에는 머리가 번질거리는 것을 막기 위해 머리에 파우더를 바르는 풍습이 있었다.

활용하여 격렬한 열정과 집요한 논쟁을 뒤섞는 것이었는데, 바로 이러한 기질이 위대하고 훌륭한 프라이스 박사에 대한 버크의 야만적인 맹공격에 그녀가 특히 더 분개하도록 만들었던 것 같다. 그러나 훨씬 더 대단한 것은 그녀가 이 분노를 출판으로 옮겼다는 점이다. 그녀의 『인간의 권리 옹호』는 2년 후에 출판된 더 유명한 『여성의 권리 옹호 Vindication of the Rights of Woman』(1792)와 페인의 대표작 『인간의 권리 Rights of Man』(1791~1792)에 의해 가려지긴 했지만 메리의 이 책은 단지 버크에 대한 초창기 그녀의 덜 성숙했던 반격에 불과했던 것이 아니라 그녀의 가장 영리한 공격들 중 하나였다고 봐야 한다. 여성에게 (특히 버크에 의해) 흔히 기대되었던 서술을 하거나 고지식하고 신성한 체하는 방식으로 글을 쓰는 대신, 메리는 버크 자신이 무기로 사용했던 독설적인 아이러니를 활용하여 전통 제도의 수호자로서의 그의 명성을 공격했다. 그가 세습 왕권의 신성함에 대해 그토록 깊이 생각한다면, 조지 왕이 미쳤을 때 버크 씨가 왕을 교체하려고(버크의 후원자를 후원하고 있던 섭정공 Prince Regent[59]으로) 그토록 불경하게 서두른 것은 매우 이상한 일이 아닌가 물으며 그녀는 강하게 의심을 표현했다. "당신은 권력의 달콤함을 맛보고 싶은 나머지 너무나 안달이 나서 왕의 그 끔찍한 섬망 증상이 확고한 광기로 악화되었는지의 여부가 판명될 때까지 기다릴 수 없었던 것이다; 그러나 '전능함'의 비밀을 파헤치면서 당신은 신이 이미 '그를 왕좌에서 내쫓았다'고 크게 외쳤다…" 이것은 버크가 프랑스인들에게서 발견하고는 그토록 충격을 받았던 충성 연대의 와해와 똑같은 것 아니겠는가? 그녀의 목표는 버크의 애완동물에 대한 집착을 조롱함으로써 그를 단순히 생각이 틀린 사람이 아니라 우스꽝스러운 사람으로 보이게 하는 것이었다; 마리 앙투아네트에 대한 그의 우스운 친절("최고 등급의 동물에 대한 것이 아니라"); 과거의 문장이 달린 방패에 대한 그의 집착; "완벽한 자유"는 그것을 즐길

---

[59] 조지 3세의 장남으로서 부왕이 정신병에 걸렸을 때 잠시 섭정을 맡았으며, 국왕 사후에는 조지 4세로 즉위한다.

사유재산이 있는 사람들에게만 완벽하다는 것을 미처 보지 못하는 근시안적 시각(메리 자신도 사용했지만, 버크가 쓴 그 유명한 안경을 웃음거리로 만들며); 더 심각하게는, "고대 헌법"의 신성함이 결코 훼손되어서는 안 되는 것이라면 우리는 "토양에 영양분을 공급하는 해빙이 일시적인 침수를 확산시키는 것이 무서워서 그것을 피한 채로 영원히 얼어붙은 비활동 상태로 남아 있어야 하는" 운명에 처해야 한다는 것인가?

메리가 저격수였다면; 톰 페인은 포병 부대였다. 프랑스 혁명 초기에 페인은 버크가 "자유의 오랜 친구"로서 동정심을 가질 것이라고 생각했었고 실제로 그에게 파리에서 따뜻한 편지를 보내기도 했다. 그러나 『고찰』은 그의 눈을 뜨게 했다. 분노와 절박함에 사로잡힌 페인은 불과 3개월 만에 "전제의 황량한 집"을 철거하는 작업인 『인간의 권리』(1791) 1부를 4만 단어로 작성했다. 이 중 많은 부분이 이미 존 밀튼, 앨저넌 시드니Algernon Sidney, 그리고 페인 자신에 의해 이전에 언급된 내용이었다. 자연 상태에서의 평등과 개인의 자유를 포함한 인간의 권리는 태어날 때 신이 부여한 것이며, 그 어떤 형태의 정부보다 먼저 발생한 것이기 때문에 정부에 양도할 수 있는 것이 아니다. 반대로, 정부는 그러한 권리를 보호하기 위해 설립된 것으로서 그것을 보호한다는 조건을 지킬 때에 한해서 복종을 요구할 수 있다. 페인은 세습 정부라는 하찮은 생각에 냉소적인 조롱을 덧붙였다 – 귀족정과 군주제 모두에게. 그러한 관념을 즐기는 것은, 그것에 동조하는 데까진 가지 않는다 해도, 예를 들어 수학자라는 직업도 세습에 의해 유지되어야 한다고 믿는 것만큼이나 터무니없는 것이다.

그러나 페인이 말한 내용보다 더 중요한 것은 그가 말한 방식이었다. 그는 노퍼크Norfolk 출신으로 원래 스테이[60]와 코르셋을 만드는 장인이었다. 그는 교수대가 마주보이는 "황량The Wilderness"으로 알려진 수목 없는 산비탈에서 자란

---

60 코르셋의 옛날 명칭. 미용 측면을 강조하는 코르셋에 비해 허리 비만을 멈추게 하는 도구로서의 기능이 더 중요.

후 퀘이커 교도Quaker 집회소로 보내졌는데, 이는 버크가 도덕이나 감각보다는 돈을 더 많이 가진 급진주의 한량으로 분류한 사람들에 페인이 속하지 않았다는 것을 의미한다. 미국에서 갑자기 명성이 높아지기 전에 페인은 가난하고, 떠돌아다녀야 하며, 독학에 거의 의존해야 한다는 것이 무슨 의미인지 잘 알게 되었다. 그의 실제 교육은 학교가 아니라 담배를 피우는 선술집 정치인들의 옹골진 논쟁 속에서 이뤄졌다. 미국 정치의 난장판 같은 외침들은 그의 거칠지만 강력한 활에 또 하나의 끈을 추가했다. 그리고 여인숙과 거리의 언어에 대한 친밀감은 그가 버크와 전투를 치를 때 큰 도움이 되었는데, 페인은 거의 20세기의 것으로 보일 정도의 통찰력을 통해 사상의 전투는 필연적으로 언어의 전투이기도 하다는 점을 잘 이해하고 있었기 때문이다. 버크는 고귀한 느낌의 어휘를 의도적으로 선택하여 프랑스의 충격적인 아수라장을 (간접적으로) 묘사할 때는 고딕 연극에서 사용하는 어조를 사용했고, "돼지 같은 군중"에게 그들이 공적 업무에서 배제되는 것에 대한 수많은 장점들에 대해 강의할 때는 귀족적인 장엄한 웅변조를 사용했다. 페인은 이러한 기성 형식의 공연을 "쇼를 위해서라면 사실도 조작하는 연극적 표현을 연출하기 위해 매우 잘 계산된 것"이라고 말했다. 마치 버크의 최악의 악몽—평범한 사람들에 대한 정치 교육 — 을 현실로 만들기 위해 일부러 그런 것처럼 페인은 그와는 대조적인 방식을 택해서 공격적인 단순함으로 글을 쓰기로 했다. "글을 거의 읽을 수 없는 사람들이 이해할 수 있도록 하는 것이 내 계획이므로 … 그러므로 나는 모든 문학적 장식을 피하고 알파벳 그 자체만큼이나 평범한 언어로 표현할 것이다." 『인간의 권리』를 읽은 고상한 독자들 상당수는 군주제와 귀족 제도에 대한 그의 예측 가능한 힐난보다는 그의 거친 언어에 더 큰 충격을 받았다. 독자들이 코를 찌푸리고 부채질을 해댈 것을 예감한 듯 페인은 자신의 생각을 그들의 얼굴에 그야말로 트림하듯 내뿜어버렸다.

그 돼지 같은 군중은 그것을 받아먹었다. 조지프 존슨은 2월 22일에 조지 워싱턴George Washington의 생일에 맞춰 이 책을 출판하기로 동의했다 (장군은 정식으로 사본을 받았고 페인에게 감사 인사를 했다). 그러나 막상 출판 예정일이 되자, 메리 울스턴크래프트의 비판을 포함하여 버크에 대한 공격들을 이미 출판한 경험이 있던 존슨이 원인 모를 히스테리 발작을 일으켰다. 페인은 다른 출판사를 힘겹게 찾아내어 아직 제본도 되지 않은 종이 뭉치를 말과 수레에 실어 다른 곳으로 옮겨야 했다. 존슨은 그의 공황을 후회했을 것임이 분명하다. 왜냐하면 『인간의 권리』는 빠르게 매진되었고 첫 번째 인쇄 후 불과 3일 후에 두 번째 인쇄가 필요했기 때문이다. 5월까지 여섯 판이 발행되어 저렴하지 않은 가격인 권당 3실링에 5만 부가 팔려나갔다. 해외 판매(많은 사본이 의심할 여지 없이 보스턴, 암스테르담, 파리 및 더블린으로 갔다)까지 합쳐서 페인의 이 작품은 18세기의 가장 거대한 베스트셀러가 되었으며 버크의 독자층을 무의미한 존재로 만들어버렸다. 훨씬 더 급진주의적인 "복지국가" 의제(개혁자들마저 분열시킨)를 다룬 2부에는 누진세를 통해 국민 소득을 재분배하여 어린이, 노인, 병약자 및 빈곤층을 보살필 정부의 의무를 지원하자고 주장했는데, 이것은 훨씬 더 잘 팔려서 페인에 의하면 첫 10년 동안 40만에서 50만 부 사이가 판매되었다. 과장되었을 가능성을 감안하더라도 이 수치는 당시의 급진주의적 견해는 지지 기반 없는 소수에 국한되어 있었다는 일부 근대 역사가들의 주장을 무의미하게 만든다. 갑자기 부활한 헌법 정보 진흥 협회의 한 모임은 감사의 표시로 새 버전의 국가를 노래 형식으로 페인에게 헌정했다.

> 신이여, 인간의 권리를 보호하소서
> 그들이 할 수 있다면 폭군들을
> 타도하게 하소서…

루이 16세와 마리 앙투아네트가 프랑스를 탈출하려다 바렌Varennes에서 붙잡혀 치욕스럽게 파리로 송환된 후 튈레리Tuileries 궁전에 포로로 갇히게 된 1791년 여름 무렵, 영국의 이 자칭 애국자 둘은 서로의 목을 조르고 있었다. 5월에 의회 평민원에서 이전의 친구이자 동맹자인 에드먼드 버크와 찰스 제임스 폭스는 쓰라리고 돌이킬 수 없을 정도로 사이가 뒤틀어져버렸다. 피트 때문에 화가 난 폭스는 새로운 프랑스 헌법과 「인간과 시민의 권리 선언」이 세계가 본 것 중 "가장 훌륭한 자유의 체제"라는 도전적인 입장을 고수했다. 사석에서 그는 버크가 피트에게 입을 빌려준 자에 불과하며 자신을 공화주의자로 먹칠하려는 더러운 전쟁의 공범이었다고 비난했다. 5월 6일에 평민원에서 버크가 행한 연설은 그가 "조그만 개들"이라고 불렀던 폭스를 추종하는 열렬한 젊은 급진주의자 집단이 으르렁대며 짖는 소리를 내기 시작하는 신호탄이 되었다. 버크는 "22년 이상의 우정과 친밀감 끝에 예상할 수 없었던 부류로부터 인신공격을 당했다"는 분노를 공개적으로 드러냈다. 그동안 두 사람의 의견을 분열시키긴 했겠지만 그들의 친밀함을 손상시키거나 위그당을 분열시키지는 않았던 다른 논쟁들을 열거하면서, 버크는 프랑스 혁명에 대한 이 특정한 논쟁만큼은 양쪽 모두에게 치명적이라고 말하려고 했다. 폭스가 끼어들었다: "우정을 잃는 것은 아니죠." 버크가 대답했다: "있다고 말해서 유감스럽군요." "나는 친구를 잃었지만 내 의무를 다했습니다"라고 폭스가 일어나서 눈물을 글썽이며 일관성 없이 말을 이어가다가 마침내 프랑스에서 "끔찍한 전제정치"가 사라진 것에 대해서는 안타까워할 게 없다고 강조했다. 버크는 아무도 영국 헌법을 "야만적이고 공상적인 체제"로 바꾸지 않기를 희망한다고 대꾸했다.

이처럼 다소 감정적이긴 하지만 예의를 갖춘 모습의 의견 교환은 잉글랜드의 지방 도시들에서 그리고 스코틀랜드에서는 그보다 더욱 불길한 양상으로 급격하고 맹렬하게 진행되고 있던 양극화의 실체를 가리는 것이었다. 런던도 확실히 급진주의 정치와 왕당파loyalist 정치가 맞부딪치는 폭풍의 중심지였다. 하지만 "새로운 영국"—맨체스터Manchester, 셰필드Sheffield, 벨파스트Belfast, 버밍엄Birmingham, 글라스고Glasgow 등과 다비Derby, 노팅엄Nottingham, 그리고 뷰익의 고향인 뉴캐슬처럼 상업과 산업으로 인해 변모한 구도시들—은 진정한 불의 세례를 경험하고 있었다. 집회소의 "합리적 종교", 토론 클럽, 인쇄 및 출판업, 급진주의 신문이 여기에서 모두 함께 연결되어 있었다. 셰필드에서는 서점 소유주이자 ≪셰필드 레지스터Sheffield Register≫의 편집자인 존 게일스John Gales가 그 지역의 '헌법 협회Constitutional Society'를 창립해서 2000명 이상의 회원을 급속도로 모집했다. 이러한 조직들이 어느 정도로 급진주의적이었는가 하는 문제는 그들의 결속력에 종종 부담감으로 작용할 것이었다. 그들 중 일부는 때때로 "자유로운 영국인의 타고난 권리"로서의 남성 보통선거권을 요구하면서 "인민의 친구들"이나 폭스추종자들과 비슷한 방식으로 헌법의 틀을 유지한 채로 의회를 개혁하고 싶어 했다; 다른 사람들은, 톰 페인의 해석에 의하면 복음에도 요약되어 있다는, 정의로운 사회가 도래할 것이라는 천년왕국 비전에 빠르게 도취되기도 했다.

놀랍게도, 7월 14일—바스티유 몰락 기념일—이 11월 4~5일—화약음모사건Gunpowder Plot[61]과 명예혁명의 기념일—을 영국 정치에서 가장 중요한 날로 대체했다. 1791년의 그 날짜에 벨파스트에서는 엄청난 인파—프로테스탄트와 가톨릭 모두—가 모여 아일랜드에 자유의 여명이 다가오는 것에 대해 환호하는 동안 버밍엄에 모인 또 다른 군중은 교회와 국왕의 이름으로 조지프 프리스틀리의 귀중한 도서관과 연구실을 파괴하고 있었다. 이 "불꽃"은 분명히 "화약 조"를 겨냥한 것이었지만 엉뚱한 사람들 아래에서 불이 붙은 셈이었다. 1794년 봄이 되면 프리스틀리는 미국으로 이주하여 펜실베이니아Pennsylvania의 노섬벌랜드에 정착하여 마침내 그의 사회적 이상주의와 어느 정도 일치하는 조합 공동체를 설립했다.

반면에 영국은 평화와 자유의 엘리시움Elysium으로 변모하는 것과는 그 어느 때보다도 거리가 더 멀어 보였다. 1793년 5월 6일에 찰스 그레이Charles Grey의 의회 개혁 법안(더 평등한 대의제도와 더 자주 소집되는 의회를 위한)이 282 대 41로

---

61 1605년에 가톨릭 근본주의자인 가이 포크스(Guy Fawkes) 등이 주도하여 제임스 1세가 상원에 방문할 때를 노려 폭파를 시도했으나 실패한 사건.

부결되었을 때 내부로부터 일종의 기적적인 헌법 개혁을 희망하는 "인민의 친구들"은 슬프게도 환멸을 느꼈을 것이다. 이 찬성표 수치는 의회에 있는 폭스 추종자로 구성된 "새로운 위그" 잔당의 크기와 비슷했다. 그래서 5월에 선동적인 집회를 금지한다는 왕실 포고령이 내려졌을 때 정부는 위그당의 지지를 기대했고 역시나 그렇게 되었다. 폭스는 반대표를 던졌지만 포틀랜드 공작Duke of Portland과 버크는 당연히 찬성했다. 그래서 의회를 통한 개혁의 길은 당시로서는 막다른 골목에 다다른 것처럼 보였던 반면 페인의 보다 혁명적인 정치는 더욱 매력적인 것이 되었다. 1792년 1월, 구두공 출신 토머스 하디Thomas Hardy가 존 셀월을 주요 이론가이자 대변인으로 삼아 런던 통신 협회London Corresponding Society를 창립했다(버크에 따르면 "나쁜 짓의 어머니"); 이것은 명백하게 민주적인 페인 추종자들의 조직으로서 남성 보통선거권과 매년 소집되는 의회를 요구했다. 정부는 사회적·국가적 붕괴를 걱정하면서 하디가 스코틀랜드인이라는 사실을 갑자기 불길하게 보기 시작했다. 12월에 스코틀랜드 "인민의 친구들"의 "협의회Convention"를 위한 만남의 장소로 에딘버러가 선택되자 더욱 그렇게 느꼈다. 프랑스에서 진행된 군주제로부터 공화국으로의 피비린내 나는 변화가 "국민공회Convention"을 만들어냈기 때문에 바로 그 용어(영국에서는 상당히 다른 전통의 용례를 갖고 있음에도 불구하고)는 유사한 격변을 예고하는 것처럼 보였다. 에딘버러 협의회에는 무려 35개 이상의 도시에 퍼져 있는 80개의 자매 협회에서 160명의 대표단이 파견되었다. 정부의 스파이는 에딘버러 협의회에 아일랜드인들도 참가했다고 보고했다 — 그리고 벨파스트와 더블린에서 개최될 때는 스코틀랜드인들도 참여했다. 주최자들 중 한 명인 변호사 토머스 머이어Thomas Muir는 "노예화된 영국"을 해방하는 것에 대해 이야기했는데, 자코바이트Jacobite로부터 자코뱅Jacobin[62]으로의 비약은 이제 그렇게 기이하게 보이지도

---

[62] 자코바이트는 명예혁명으로 인해 프랑스로 쫓겨난 제임스 2세의 후손들을 중심으로 영국 왕실에 반란을 일으키고자 했던 사람들이며, 자코뱅은 프랑스 혁명에서 공화주의자들을 중

않았다. 정부가 잔혹하게 반격—지도자들을 체포하여 선동죄 죄목으로 재판한 후 오스트레일리아로의 14년 유배형을 선고—한 부분적인 이유는 의심할 여지 없이 영국과 스코틀랜드 연합을 전복시키거나 의회를 "영국의 국민공회"로 교체하려는 시도가 노팅엄에서 던디까지 뻗어 있는 일종의 북부 민주주의 중심지에서 시작될 수도 있다는 두려움 때문이었다.

정부 요원들은 또한 통신 협회가 떠들썩하고 난폭하고 장황한 유형의 사람들로 가득 차 있다는 것에 주목했다: 의기양양한 직공, 독실한 못 제조공, 공화주의를 신봉하는 재단사 등, 그리고 파리의 공포에 대한 책을 읽으면서 목덜미에 털이 쭈뼛 서는 것을 느꼈던 사람들에게 특히 불길한 예감을 안겨주는 셰필드의 칼 제조공 등으로 구성된 새로운 세대. 이들을 습격해 보면 요상한 창이나 도끼의 은닉처가 종종 발견되어 히스테리를 증폭시켰다. 평민원에서 버크는 편집증에 가까운 표현을 뱉어내면서 자신이 혁명이나 유니테리언 협회라고 불렀던 것들을 벌레에 비유했다. 이 벌레는 자기를 방해하는 모든 것을 잡아 삼켜버리기 위해 거미줄을 만드는 거대한 거미로 성장하리라는 것이었다. 윌리엄 피트는 톰 페인의 의견이 일반인들 사이에 거침없이 퍼진다면 "우리는 유혈 혁명과 마주할 수밖에 없다"고 경고했다.

정부의 방조하에 선제 조치가 취해졌다. 10개 카운티에서 민병대가 소집되었지만 폭도들의 목표가 급진주의자들인 경우에는 그들은 딴청을 부렸다. 언론사를 박살냈다; "선동적"으로 간주되는 문헌은 압수하고 소각했다; 천재 제임스 길레이James Gillray와 같은 만화가들을 고용하여 영국에서 혁명이 일어나면 어떤 일이 일어날지를 최대한 선정적으로 보여주었다. 한때 뉴펀들랜드[63]에서 대법관을 역임하고 영국으로 돌아온 존 리브스John Reeves는 클럽들의 뻔뻔함에 너무 화가 나서 "법을 유지하고 선동적인 출판물을 억누르고 우리의 인

심으로 모인 과격파를 가리킨다.
[63] 오늘날 캐나다의 한 주로 편입된 북아메리카 식민지.

격과 재산을 보호하기 위해" 1792년 11월에 '수평파Levellers[64]와 공화주의자에 맞서서 자유와 재산을 보호하기 위한 협회'를 설립했다. 협회는 왕당파를 무장시켰을 뿐만 아니라, 페인의 견해에 잘 속아 넘어가는 노동자들을 깨우치기 위해 소책자 출판을 촉진했다. 1793년 2월에 프랑스와의 전쟁이 발발하자 프랑스 공화주의의 침공이 낳을 결과에 대해 완전히 새로운 공포가 조성되어 그 해악의 증거가 풍부하게 수집될 수 있었다. 소책자들 중 하나에는 페인의 의견이 얼마나 사악하고 위험한 것인지를 남의 말을 잘 알아듣는 자신의 도제apprentice에게 설명하기 위해 시간과 노력을 기울인 애국적인 장인master이 등장했다. 그의 직인journeyman[65]은 감사한 마음으로 대답했다. "맞습니다, 스승님. 모든 것을 설명해 주셔서 감사합니다. 저는 이제 리버티 클럽Liberty Club에 가는 대신에 제 일을 시작하겠습니다. 프랑스인들이 제 아내와 동침하거나 제 아이들의 입에서 빵을 뺏어가는 것을 보고 싶지 않기 때문입니다." 아동문학을 발전시킨 것으로 명성을 쌓아온 복음주의자 해너 모어Hannah More는 이제 모든 연령대에 시기적절한 애국적 정의를 제공하는 일을 맡게 되었다. 그녀의 『마을 정치 Village Politics』(1793)에서는 "잭 앤빌Jack Anvil"이 "톰 호드Tom Hod"에게 민주주의자는 "1000명의 폭군에게 지배받기를 좋아하지만 왕을 참아주지는 못하는 사람"이라고 설명했다. 『인간의 권리』는 "전투, 살인, 돌연사"를 처방으로 제시했고, 소위 "새로운 애국자"는 "모든 나라를 자국보다 더 사랑하고 프랑스를 무엇보다도 사랑하는 사람"이었다는 것이다.

온갖 위협과 위험에도 불구하고, 폭풍우가 몰아치는 1792~1793년에 당신이 헌신적인 "인민의 친구"였다면 당신의 선택은 무엇이었을까? 만약 당신이 매우 신중해서 페인 추종자들의 과도한 혁명적 열정에 대해 불신했다면, 당신은

---

[64] 디거스와 마찬가지로 1640년대의 내전기의 공화주의자의 분파. 이들도 종교적으로 평등을 중시.
[65] 길드는 장인, 직인, 도제의 계서제로 구성되어 있었다.

토머스 뷰익과 같은 선택을 하고 입술을 다물고 쭈그리고 앉아서 언젠가는, 그게 그리 멀지 않은 미래가 되길 바라면서, 영국의 상식, 공공 예절, 정의가 승리하리라 희망했을 것이다. 뷰익이라면 그러는 동안에 그 지역의 급진주의 신문인 《이코노미스트 The Oeconomist》(런던에서는 물론 조지프 존슨이 배급했던)를 읽는 것으로 만족했을 것이다. 또는 그의 오랜 친구인 토머스 스펜스의 『돼지의 고기, 또는 돼지 같은 군중으로부터 얻는 교훈 Pigs' Meat, or Lessons from the Swinish Multitude』(1793~1795)이 피트에 대해 사납고 풍자적인 공격을 퍼붓는 것을 읽고 즐거워했을 것이다; 또는 그가 좋아하는 새나 짐승들과 사이좋게 지내면서, 그의 삽화들을 주의 깊게 살펴보고자 하는 사람들을 위해 잔인함, 비참함, 대담함, 죽음의 이미지를 슬그머니 그려 넣기도 할 것이다. 아니면 당신은 클럽에 있는 상대적으로 안전한 헤플와이트Hepplewhite[66] 스타일 의자에 앉아서 의회에서 수가 줄어들고 있는 "뉴 위그당" 무리—폭스, 셰리던, 찰스 그레이와 셸번—를 응원했을 수도 있다. 이들은 언론의 자유를 침해하거나 인신 보호habeas corpus를 중단하는 조치에 반대하는 입장을 고수했으며 프랑스 혁명에 대한 호의적인 견해를 철회하기를 거부한 사람들이었다. 또는 당신이 무척 용감했거나 화가 나 있거나 혁명에 대한 낙관주의에 대해 취해 있었다면 장인들의 클럽에 과감하게 가입해서 술잔을 연거푸 기울이며 페인의 건강을 위해서 또는 실현이 임박한 영국 공화국을 위해, 또는 폭군의 죽음을 위해 건배했을 것이다. 정부의 스파이가 도처에 있었다는 점을 감안하면, 이렇게 부주의한 건배를 하다가는 자신을 위험에 빠뜨릴 수도 있다. 당시 런던 통신 협회의 수석 연설가였던 존 셸월은 맥주잔에서 거품을 쓸어 넘기고는 (스파이에 의하면) "이게 내가 왕을 섬기는 방식이다"라고 말했는데, 그는 이 농담으로 인해 올드 베일리Old Bailey[67]에서 고초를 겪게 된다.

66　18세기 영국의 3대 가구공 중 한 명인 조지 헤플와이트(George Heppelwhite, 1727~1786)가 만든 소파를 뜻함.

물론 또 다른 선택도 있었다: 영국을 완전히 떠나버리는 것이었다. 당신은 해협을 건너 자유, 평등, 그리고 – 특히 – 형제애의 의기양양한 공기를 들이마실 수도 있었고, 자유의 부대의 선봉에 서서 영국으로 돌아올 날을 위해 일할 수도 있었다. 프랑스인들은 영국의 급진주의자를 형제자매처럼 대하는 것 같았다. 톰 페인은 실제로 이미 명예시민이 되었다. 자유의 원천으로 가서 샘물을 깊게 들이마시는 것은 정치적 관광으로서의 제스처 이상이 될 것이었다. 그것은 새로운 삶에 대한 약속이었다.

누구든 그런 시도를 해볼 수는 있었겠지만 모든 사람이 그런 도약을 성공시킬 수 있는 것은 아니었다. 1792년 여름이나 가을의 어느 시점에 존 셀월은 자유와 정의라는 대의명분에 대한 (규모가 점점 커져가는 청중을 대상으로 한) 강의를 잠시 쉬고는 켄트Kent 지방을 돌아다녔다. 그의 문학적 분신인 소요학파Peripatetic 실베이너스 시어프라터스Sylvanus Theophrastus의 모습을 하고 도버의 하얀 절벽에 도착하여 자유의 땅으로부터 그를 분리시키는 "거품이 흐르는 파도"를 내다본다. 그는 영국적 숭고함의 본질이 있는 장소를 찾고 있지만 봐야 할 것이 너무 많아서 좀 더 숨 막히는 경치를 제공하는 곳이 절벽 꼭대기일지 해변일지 판단을 내릴 수가 없다. 그는 그 모든 것을 원했기에 "열두 차례 이상" 위아래로 기어다닌다. 그러다가 그는 지나친 야심에 사로잡혀서 "딱총나무 잔가지와 섬세한 백리향 뭉치 말고는 잡을 것이라고는 없는" 거의 수직으로 높게 서 있는 바위를 기어오르려고 한다. 4분의 3 정도 올라갔을 즈음 이 소요학자는 아주 제대로 갇혀버렸다: 올라갈 수도 없고 내려갈 수도 없다. 이 상황은 당연하게도 셀월의 정치적 곤경을 비유적으로 묘사한다. 통신 협회의 키케로Cicero[68]이자 권위에 대항하는 거물급 공화주의 선동가인 그였지만 지금 그에게는 오르막길도 내리막길도 없다. 그래서 그는 거기 걸터앉아서 "내 심장이

---

67 잉글랜드와 웨일스를 관할구역으로 하는 형사 법정.
68 로마 공화정 시기의 뛰어난 정치가이자 철학자.

큰 소리로 경보음을 울렸지만 … 내가 잘 조절할 수 있는 모든 침착함을 동원해서 높이 솟은 벼랑 밑에서 반짝이는 바다의 아름다운 고요함을 감상했다". 그는 "갈망하는 시선을 프랑스의 머나먼 절벽으로 향한 채로; 새로 태어난 자유라는 대의명분을 위해 저 용감한 사람들이 수행한 용맹스러운 분투를 정의의 칼을 들고 수호해야 하는 … 좀 더 명예로운 위험과 나의 현재 상황을 맞바꿀 수 없다는 것을 아쉬워할 수밖에 없었다".

그는 그렇게 할 수 없다. 그는 궁극적으로는 자신이 나름대로 영국의 애국자라는 것을 알고 있다. 그의 두 발은 영국 땅에 붙어 있어야 한다. 그래서 어떻게든 "나는 낭떠러지에서 내려올 방도를 찾아내어 이 벼랑에서 저 벼랑으로 조금씩 내려와서 마침내 하얀 석회 가루 얼룩과 백리향 잔가지를 묻힌 채 해변에 안전하게 도착했다. … 이것들은 트로피였던 셈이다. 인류의 평화를 그토록 반복적으로 교란해 온 알렉산더와 카이사르, 에드워드 왕들과 헨리 왕들과 같은 전 세계의 약탈자와 파괴자의 피로 물든 영광과 맞바꾼 것이 아니라 … 나의 순진함과 맞바꾼 것이었다". 불쌍한 셀월—흘리스웬Llyswen에 있는 웨일스의 블랙 마운틴스Black Mountains of Wales에서 농부가 되려고 애쓰다가 결국엔 런던에서 연설을 가르치게 된 사람—은 항상 행복의 경계까지만 갈 수 있을 것이었다.

2

자연의 힘: 집으로 가는 길

Forces of Nature: The Road Home

♛

그의 생애에 있어서 봄날이기도 했던 1792년 봄, 윌리엄 워즈워스는 존 셀월처럼 온몸을 마비시키는 듯한 불안 따위는 전혀 느끼지 못했다. 프랑스에 가는 것은 "희망과 기쁨을 주는 즐거운 행사"였다!

 강했도다 그때 우리의 조력자들,
 사랑으로 가득한 우리들 옆에 서 있었기에!
 그 새벽에 살아 있다는 것은 축복이었지만,
 젊다는 것은 그 자체로도 천국이었다!

여하튼 이것이 12년 후에 그가 프랑스 혁명에 대해 훨씬 덜 너그럽게 생각하게 되었을 때에도 그 당시를 기억하는 방식이었다. 혁명에 참여했다가 빠져나오는 그의 여정을 그린 연대기는 『서곡 *The Prelude*』의 일부를 구성한다. 이 작품은 영어(그리고 아마도 다른 유럽 언어를 포함하더라도)로 된 가장 위대한 자서전 시였는데, 그 첫 번째 섹션은 워즈워스가 마음속 깊은 곳에서 변화를 겪고 있던 시점인 1798~1799년에 작성되었다.

『서곡』의 가장 중요한 주제는 각자의 자의식에 대한 성인적인 감각으로 가차 없이 끌려가는 동안에도 어린 시절의 본능적인 삶에 — 기억을 통해서 — 매달려보기 위한 투쟁이다. 자연에 몰입하는 것은 시간의 흐름과 사회에 대한 경험으로 인해 순진함이 불가피하게 침식되는 것에 저항하는 전쟁을 치르는 데 있어서 가장 큰 동맹이다. 자연은 자유다; 세상만사는 감옥이다. 어른이 된 워즈워스는 강렬한 회상을 통해 다시 자연의 아이가 된다. 그가 묘사하는 대상은 우리가 지금 "사회화"로 부르는 것에 대항해 싸우면서 그것으로부터 탈출하기 위해 시간을 보냈던 컴브리아에서의 어린 시절이다: 호크스헤드Hawkshead에 있는 그의 학교에서 암기 위주 학습과 사실로만 가득 찬 수업에 반대하며. 대신에 자연은 그의 가정교사이자 놀이터였다.

오, 나는 다섯 살짜리 아이,
개울에서 갈라져 나온 작은 물레방아용 물에서,
여름날의 긴 목욕을 했네;
햇볕을 쬐고, 물에 뛰어들고, 다시 쬐었지
번갈아가며, 여름 내내…
또는 바위와 언덕,
숲, 멀리 떨어진 스키도Skiddaw[1]의 엄청난 높이,
가장 깊은 광채를 내며 구릿빛이 되어 홀로 서 있네
하늘 아래, 마치 내가 태어난 것처럼
인도의 평원에서, 그리고 어머니의 오두막에서 나와
대책 없이 해외로 뛰쳐나가
벌거벗은 야만인처럼 놀기 위해, 천둥 소나기 속에서.

---

[1] 레이크 디스트릭트에 있는 산.

케임브리지의 세인트 존스 컬리지St John's College에서 워즈워스는 아버지의 기대에 부응해 교인이나 법조인이 되기 위해 서두르지 않았다. 학습에 딱히 매료되지도 않았다:

> 컬리지에서 힘든 학업labours을 하느라, 교수 연구실에
> 모두가 둥그렇게 붙어 모여 있고, 의자들이 겨우 버틸 만큼 빽빽하게,
> … 더 많이 아는 다른 사람들이 아는 만큼 말하게 하라.
> 그런 영광을 나는 거의 추구하지 않았으니.

1790년 여름에 그는 가만히 있지 못하고 안달이 나서 무언가 큰일이 자기를 기다리고 있다고 희미하게 인식한 상태로 친구 로버트 존스와 함께 알프스로 도보 여행을 가기로 결정했다 — 그 세대에서는 이것이 도덕적·정치적 성향을 아주 많이 표현하는 것이었다. 두 명의 학부생이 칼레Calais에 상륙했는데 — 우연이 아닌 게 확실하게도 — 이날은 바스티유 함락 1주년 전야인 7월 13일이었고, 이들은 꽃과 자유로 가득한 황홀한 축제를 직접 목격했다. 프랑스 남부와 동부를 돌아다니던 길에 그들은

> 자비와 축복을 찾았다
> 향기처럼 사방에 퍼져 있는, 봄이
> 땅의 어떤 구석도 손대지 않은 채로 남겨두지 않을 때.

여행 중 어느 시점에 그들은 축하하는 마을 사람들의 무리에 휩싸인 자신들을 발견했다. 사람들은 "기쁨의 무질서함"에 휩싸여 그들에게 저녁 식사를 제공하고는 원을 그리며 춤을 추게 했다.

> 모든 마음이 열리고 모든 혀는 시끄러웠네

우호와 기쁨으로; 우리의 이름은 이어받았네
프랑스에서 존경을 받는 영국인의 이름을
그리고 우호적으로 그들은 우리에게 환대를 보냈네,
영광스러운 길을 걸어온 그들의 선구자로서.

2년 후, 프랑스로의 두 번째 여행을 다녀온 후, 이슬 같은 그들의 순수함은 사라졌지만 정치적 이상주의는 그렇지 않았다. 직업 선택에 대한 가족의 걱정을 여전히 피해내고 있던 워즈워스는 런던으로 가서 버크-페인의 격분이 한창일 때 조지프 존슨과 세인트 폴 처치야드 서클을 만났다. 그는 평민원에서 버크를 직접 만났다.

참나무처럼 서 있는데 거기서 사슴뿔 모양 가지가 나오네.
잎이 무성한 이마 밖으로, 그로 인해 더 경외스럽네
숲속의 젊은 형제들에겐…
사회적 유대의 생명력을 선언하네
관습에 의해 가치가 높아지는; 그리고 큰 경멸로 대하네
폭발하듯 툭 튀어나온 '이론'을, 주장하네
인간이 태어날 때부터 지켜야 하는 충성을.

그러나 잉글랜드 자연의 의인화—자신을 향해 휘몰아치는 최악의 혁명 폭풍을 견뎌내는 옹이투성이의 뒤틀린 참나무—로서 버크를 회고하며 이처럼 찬양하는 것은 더 예전의 낭만주의적 보수주의자로서 버크의 모습을 기억하는 것이었다. 워즈워스가 이후에 저술하게 될 기존 권위에 대한 페인 추종자 입장에서의 공격을 감안하면 이 시점에 그가 아주 따뜻한 감정을 품었을 가능성은 거의 없어 보인다.

훨씬 나중에, 워즈워스는 1791~1792년 프랑스로의 두 번째 여행은 단지 언

어를 배우기 위한 학문적 일정이었다고 주장했다. 그러나 이것은 기억을 부정직하게 변질시킨 것이다. 이 시점의 프랑스는 군주제의 권리를 지지한다고 표명한 오스트리아 황제(마리 앙투아네트의 오라버니)와 프로이센 왕이 인민의 이름으로 그것을 찬탈해 버린 자들의 손아귀에서 루이 16세를 해방시키기 위해 일으킨 필사적인 전쟁에 직면해 있었다. 이것은 마치 1920년에 러시아로 여행하는 것이 순전히 푸시킨Pushkin을 공부하기 위한 것이라고 둘러대는 것과 다름없었다. 워즈워스는 비통한 슬픔에도 불구하고 결국 친구에게 "나는 혁명의 시간에 파리로 갔는데 — 1792년 또는 1793년에 — 그곳에서 꽤 열정적이었다네"라고 털어놓았다. 그가 프랑스에서 접촉한 사람들은 로버트 와트Robert Watt, 톰 웨지우드Tom Wedgwood, 소설가이자 시인인 헬렌 마리아 윌리엄스Helen Maria Williams와 같은 불을 내뿜을 정도로 호전적인 망명가들이었기 때문에 그가 혁명에 열광했을 것은 틀림없다. 게다가 헬렌에겐 홀딱 반해서 눈물에 젖은 그녀의 황홀한 모습에 대해 감상적이고 서정적인 시를 쓰기도 했다.

그렇다고 해서 그가 거기 머물기 시작한 이후로 의구심을 전혀 갖지 않았다는 말은 아니다. 파리를 배회하면서 느낀 복잡한 심정에 대한 그의 아름다운 묘사:

나는 바라보고 귀 기울였다, 이방인의 귀로,
행상인들과 떠버리들의 대화를, 와자지껄!
그리고 열렬한 눈으로 쉿쉿 소리를 내는 파벌주의자들은
떼를 지어서든, 짝을 이루든, 혼자서든…

이러한 묘사에는 의심할 여지 없는 진실성이 담겨 있다.

고요한 산들바람이 먼지와 함께 뛰놀던 곳
바스티유의, 나는 탁 트인 태양 아래 앉았네,

그리고 쓰레기더미에서 돌멩이 하나를 집어 들었네.
그러고는 그 유물을 주머니에 넣었네, 마치 내가
열정이 있는 척하며; 그러나 정직한 진실은,
나는 내가 찾을 수 없는 것을 찾고 있었네,
내가 느꼈던 것보다 더 많은 감정을 유발하며.

　　오를레앙Orléans에서 만나기로 했던 친구들을 찾지 못한 워즈워스는 루아르Loire에서 블루아Blois로 향했는데, 이곳은 머지않아 외국과의 전쟁과 내전이 모두 발생할 것이라는 예측으로 수비대 도시로 변모해 있었다. 그러나 정작 전쟁이 발발한 곳은 워즈워스 자신의 마음과 생각 속이었다. 비록 그는 블루아에서 "애국자가 되었고 내 마음은 인민에게 온전히 바쳐졌지만", 그의 충성은 그가 경험한 것 중 가장 격렬한 사랑과 우정의 감정에 의해 갈가리 찢겼다. 그의 연애사는 가장 순수한 루소식 멜로드라마여서, 개인 교사와 제자 사이의 금단의 열정이었지만, 이번에는 『신 엘로이즈 La Nouvelle Héloïse』[2]의 성 역할이 뒤바뀌었다. 그의 선생님은 아네트 발롱Annette Vallon이었는데, 열렬한 가톨릭 신자의 딸인 그녀는 외로운 젊은 영국 시인을 그녀 가족들의 날개 아래로 데려가 그가 갈망했던 모든 애정을 주었고 혁명을 중오하는 사람으로 그를 전환시키려고 했다. 그러나 워즈워스가 페리고어Périgord의 젊은 장교인 미셸 보퓌Michel Beaupuis와 맺은 우정은 그를 정반대 방향으로 이끌었다. 보퓌는 워즈워스를 사심 없는 애국심의 모범으로 여겼다. 바로 그 자신이 귀족 혈통과 지위를 포기하고 평등한 사람들로 구성된 새로운 프랑스의 진정한 시민, 자유를 위한 군인이 되었기 때문이다.
　　보퓌 역시 워즈워스에게 동종의 영혼으로 보였을 것이다. 왜냐하면 워즈워스 역시 고뇌에 찬 철학적 사색보다는 육체적 고통의 광경에 마음이 더 움직였

---

[2] 1761년에 출판된 장-자크 루소의 서간체 연애 소설.

기 때문이다. 레이크 디스트릭트의 집에서 누더기와 넝마를 걸친 비탄에 잠긴 노병들을 만났을 때 형언할 수 없는 감동을 느꼈고 런던의 거리를 걷다가 만난 눈먼 거지에게도 감동을 받았다. 그 거지는

꼿꼿한 얼굴로,
서 있었네, 벽에 기대어, 그의 가슴 위에는
설명이 적혀 있는 종이를 걸치고
그의 이야기, 그가 어디에서 왔는지, 그리고 그가 누구였는지.

블루아Blois에서도 마침 때맞추어 자연이 교훈을 주기 위해 나타났다. 보퓌와 그는 우연히

어느 날 허기에 지친 한 소녀를 만났네
느릿느릿한 걸음걸이에 맞춰 살금살금 걸어가던
암송아지 한 마리의 움직임에 따라, 끈으로
그녀의 팔에 묶인 채로 길 위에서 줍네
먹을거리를, 소녀는 창백한 손으로
뜨개질하느라 바빴네…

"이게 바로 우리가 대항해서 싸우고 있는 것이야." 보스가 말했고, 워즈워스가 이렇게 동의한다.

자비로운 영혼은 해외에 있었다는 것을
가로막지 않을, 가난이
이토록 끔찍한 정도로 조만간
더 이상 눈에 띄지 않으리라는 것을…

> 합법화된 배제, 공허한 위풍당당은
> 폐지되고, 타락한 국가와 잔인한 권력,
> 한 사람의 칙령이든 소수의 칙령이든
> 그리고 마지막으로, 모든 것의 총합이자 왕으로서,
> 인민이 강한 손을 갖고 있다는 것을 알아야 하네
> 그들 자신의 법을 만들 때, 거기서부터 더 나은 날들이
> 모든 인류에게 펼쳐지네.

자유와 평등을 조화롭게 결합시키는 꿈을 꾸는 것은 슬로건을 외치는 것보다는 당연히 훨씬 더 어려운 일이 될 것이다. 전쟁이 프랑스 도처로 깊숙이 파고들자 편집증이 희열을 대체했고, 1792년 8월 10일에는 파리 시민들이 튈레리 궁전을 습격해서 스위스 근위대를 학살하고 국왕을 투옥하면서 공화정이 피를 뿌리며 왕정을 대체했다. 공화정에 대해 의구심을 품은 자, 또는 특권 계급으로 태어난 자는 모두, 순수함을 주장하는 자들보다 자신들이 더 순수하다는 것을 보여줘야만 했다. 예상했던 대로 보뵈는, 파리의 길거리에서 매일 위반되고 있는 이상을 위해 자신을 희생해야 했던 수십만의 젊은이들 중 하나로서, 결국 시민군-군인의 죽음을 맞이했다. 워즈워스는 공화주의자 친구의 죽음을 애도했지만 그러는 동안에 어린 왕당파 아이의 아버지가 됨으로써 자신을 위험에 빠뜨렸다. 12월에 태어난 소녀는 시토영 윌리암 워드워트Citoyen Williame Wordwort의 딸로서 캐럴라인Caroline이라는 이름으로 파리에 출생신고를 등록했다. 그는 이제 고통스러운 결정을 내려야 했다. 영국과 공화국 간의 전쟁이 곧 발발할 것으로 보였고(1793년 2월에 전쟁이 개시) 당국의 감시하는 눈길이 그들에게 쏠릴 것이었기 때문에 그는 거기 머물면서 그의 정부mistress와 어린 딸을 돌볼 수도 있었다; 또는 으스스한 기운을 이미 느끼기 시작한 와트를 비롯한 영국의 일부 망명자들처럼 본국으로부터의 단절을 피하기 위해 짐을 꾸려 도버Dover로 건너갈 수도 있었다. 워즈워스는 고민 끝에 후자의 길을 선택했고, 자

신은 갈라진 충성의 대상 모두—영국의 혁명적 대의와 그의 반혁명적 연인과 아이—를 위한 기금을 마련하기 위해 런던에 가는 것이라고 스스로에게 말했다. 그러나 그가 아네트와 캐럴라인을 다시 만나기까지는 10년이 걸릴 것이었다.

그가 떠날 때, 지조 있는 다른 '자유의 친구들'은 여전히 프랑스에 도착하고 있었고, 그들 중 상당수는 세인트 폴 처치야드 72번지에서 함께 식사했던 동료였다. 1792년 2월에 출판된 『인간의 권리』의 훨씬 더 급진주의적인 2부는 강경해지고 있는 분위기의 영국에서 톰 페인을 공공의 적 1순위로 만들었다. 5월 21일에 그는 선동적인 명예훼손 혐의에 대해 답변하기 위해 소환되었다. 그러나 정부는 결국 그가 해협 반대편에 피해를 입히기보다는 법정 순교자로 인식될 가능성이 높다고 확신하고 그가 탈출할 수 있는 충분한 기회를 준 것으로 보인다. 8월 이후 이제는 '하나 되어 갈라지지 않는One and Indivisible' 공화국이 된 프랑스의 수도에서 페인은 영웅으로서 환대를 받았고 명예시민이 되었으며 칼레를 대표하는 국민공회의 대표로 선출되었으며 프랑스어를 거의 하지 못했음에도 불구하고 헌법 위원회의 핵심 구성원이 되었다. 형제애로 뭉친 '영국 클럽British Club'(또는 더 웅장하게는 '인간의 권리의 파리 친구들의 협회')이 팔레 로얄Palais Royal 근처의 파사지 드 페티-페레Passage des Petits-Peres에 있는 와이즈 호텔White's Hotel에 모였다. 회원들은 미국 및 아일랜드의 특출한 공화주의자들과 함께 모여, 독재와 귀족의 멍에서 해방되기를 바라는 영국 인민의 열망을 표현할 공회 연설문의 초안을 작성하느라 분주했다. 그들 중에는 화가 조지 롬니George Romney도 있었고; 젊은 사업가이자 수필가인 토머스 크리스티Thomas Christie도 있었으며; 스코틀랜드의 시인이자 전직 군인인 존 오즈월드John Oswald는 영국 해방을 위해 자원봉사자를 훈련시켰다; 아일랜드에 대해 같은 계획을 세웠던 또 다른 전직 군인이자 민주주의자-귀족인 에드워드 피츠제럴드 경Lord Edward Fitzgerald도 있었고; 헬렌 마리아 윌리엄스와 그녀의 연인인 부유한 사업가 존 허퍼드 스톤John Hurford Stone도 있었으며; 그리고 톰 페인 자신도 포함되어 있었다. 워즈워스가 떠난 지 약 일주일 후에는 메리 울스턴크래프트도 합류

2. 자연의 힘: 집으로 가는 길　83

했다.

에드먼드 버크의 가식에 대한 게릴라 공격을 퍼붓고 난 후 그녀에게는 많은 것이 바뀌어 있었다. 그녀의 놀라울 정도로 맹렬한 비판은 필연적으로 그녀에게 친구와 적 사이에서 "아마존"이라는 평판을 얻게 했다. 호리스 월폴은 그녀를 "페티코트를 입은 하이에나"라 부르며 평가절하 했다. 그러나 톰 페인과 조지프 존슨은 재능 있고 매우 강인한 논쟁가를 찾아냈다는 것을 알았다; 어렵고 위험한 순간에서조차도 위기를 피해 도망하지 않는 사람. 자유와 평등의 여명이 도래하는 시대에 여성들이 무엇을 물어야 하는지에 대해 글을 써보라고 그녀에게 제안한 사람은 아마도 법의 집행을 피해 파리로 가서 시간을 보내고 있던 시기의 페인이었을 것이다. 페인은 또한 사회 및 정치 민주주의에 대한 진보적 비전을 여성에까지 확대하고자 했던 프랑스에서 몇 안 되는 작가들 중 한 명이자 후작 출신이었던 사회 및 정치 철학자 콩도르세ex-Marquis de Condorcet[3]와도 가깝게 지냈다.

그녀를 부추긴 사람이 누구든 간에, 메리는 그 주제에 대한 자신의 견해를 발표할 기회를 잡았다. 6주 동안 죽어라 하고 쓴 결과는 『여성의 권리 옹호*A Vindication of the Rights of Woman*』였다. 아마도 6개월 이상은 매달리는 것이 더 좋긴 했을 것이다. 그러나 이 책이 비록 혼란스럽게 조직되고 변덕스럽고 반복적이긴 했지만, 그러한 결점들 중 어느 것도 이 책 본연의 용맹스러움을 가리거나 질을 떨어뜨리지 않으며, 양성 관계에 대한 역사적 분석의 근본적인 정확성을 방해하지도 않는다. 그 통찰력의 상당 부분—인형놀이나 하면서 예쁜 옷에 푹 빠진 미니어처 요부를 기대하는 남성의 고정관념에 부합하도록 소녀들을 길들이는 것; 우상화의 노예로 만들기 위해 몸과 마음의 독립을 포기하게 하는 것; 해부학적 특성을 근거로 여성들은 진지한 생각을 할 수 없다고 가정하는 것—은 이후 페미니스트들이 남성

---

[3] 공화정의 시작과 더불어 신분제가 폐지된 상태였기 때문에 이 당시엔 더 이상 후작은 아니었다.

주도 사회에 대해 비판할 때 공동의 기반으로 삼게 되었다. 그러나 메리 울스턴크래프트가 이런 내용을 발표했을 당시에는 스스로 '진보'와 '자유'의 편이라고 생각했던 사람들에게도 매우 큰 충격을 안겨줬다.

특히나 당혹스러웠던 것은 당시에 거의 성자로 추앙되고 있던 장-자크 루소가 최고의 악당으로 묘사되었던 점이다. 메리가 보기엔 (이유가 없는 것은 아니었다) 생물학적으로 결정된 남녀 간의 차이에 대한 전통적인 헛소리를 다시 말함으로써 가장 큰 피해를 끼쳤던 사람이 그다. 여자아이들이 잘할 줄 아는 것은 기껏해야 요리, 몸치장, 빈둥대는 수다에 불과하다는 우화를 영속화시키고, 그들에 대한 교육은 전부 아내와 어머니로서의 운명을 중심으로 형성되어야 한다고 주장했던 사람이 바로 루소였는데, 이는 직접 경험에 기반한 것도 아니어서 "경멸할 가치조차 없는" 그야말로 "어리석은 이야기"였다. 여성이 남성처럼 되어야 한다고 설득 당할수록 여성의 남성에 대한 권력은 줄어들 것이라고 주장한 것도 루소였다. "이것이 바로 내가 목표로 하는 그 지점이다"라고 그녀는 썼다. "나는 그들이 남성에 대해 권력을 갖길 바라는 것이 아니라; 그들 자신에게 갖기를 바라는 것이다"라고 강조했다. 루소가 그토록 "편리하게 겸손"한 "바보" 테레스를 동반자로 삼은 건 놀랍지도 않았다. 그는 그녀를 이성적인 존재의 지위로 끌어올릴 능력이 없었기 때문에 다른 여성들까지도 그녀의 수준으로 낮추기로 결정해 버렸다. 여성들을 "섬세함"이라는 감옥과 같은 진부함에 가두어 두는 대신, 그들에게 동일한 교육 기회를 부여해야 하고, 소년과 소녀들은 어린 시절부터 같은 학교를 공유하여 서로의 공통된 인간성과 추론 능력에 쉽게 익숙해지도록 해야 하며, 서로로부터 또는 부모의 슬하에서 분리되지 않도록 해야 한다고 메리는 선언했다. (메리는 기숙학교라는 아이디어를 혐오했다.)

루소는 또한 낭만적인 사랑에 열중하는 것을 물신화하는 과오를 범했는데, 이는 결혼이 (단순한 재산 거래가 아닌 경우) 결국엔 실망할 수밖에 없는 기대와 함께 진행되도록 부추겼다. 왜냐하면 "사랑은, 동물의 식욕과 같은 것으로 간주될 수 있는 것이기에, 스스로에게만 의존해서는 오래 버티지 못하고 소멸되는 것이기 때문"이다. 그 피할 수 없는 환멸의 뒤를 이어 배신, 방탕, 비통함이 찾아온다. 단순한 어른 인형이 아니라 진정한 파트너 또는 친구가 될 수 있다는 아주 강인한 생각을 소녀들에게 교육하고, 그 우정을 통해 욕망의 필연적인 퇴락을 견뎌낼 수 있다고 가르친다면 훨씬 더 좋지 않겠는가? 우정은 결국 "모든 애정 중에서 가장 숭고한 것"이었다. "왜냐하면 그것은 원칙에 기초한 것이고 시간에 의해 굳어지는 것이기 때문이다. … 여성이 더 합리적인 교육을 받는다면 그들은 사물을 더 전체적인 시각으로 볼 수 있게 되어서 일생 단 한 차례의 사랑에 만족하며 결혼 후에는 열정을 침착하게 우정으로 가라앉힐 수 있게 될 것이다 ─ 걱정 근심으로부터의 최고의 피난처인 그 부드러운 친밀감으로."

그러나 메리는 이 글을 쓰는 동안 존슨의 단골손님 중 한 명인 기이할 정도로 말을 많이 하는 중년의 스위스 예술가 헨리 퓨즐리에게 단단히 반해 버렸다. 그는 신고전주의 역사를 섭렵하는 작품들을 선보였으며, '기이한'과 '멋진'이 퓨즐리를 가장 잘 묘사하는 표현이었다; 잿더미처럼 창백한 처녀가 물컹거리는 침대 위에 늘어져 누워 있고 그녀의 음부 위에는 고블린 같은 악령이 쭈그려 앉아 있는 프로이트 이전 시기의 놀라운 "악몽들"; 셰익스피어의 환상(맥베스Macbeth의 마녀들과 보텀Bottom의 새로운 머리[4]); 그리고 특히, 비현실적인 남근 모양의 머리 스타일―여성용―이 그려진 음란 인쇄물과 그림의 꾸준한 제작. 이러한 판타지들의 상당수는 소피아 롤린스Sophia Rawlins를 모델로 한 것이었는데, 퓨즐리가 줄곧 공인된 총각으로 지내다가 1788년에 결혼한 여성이었다. 퓨즐리의 성에 대한 강박적인 동시에 기괴한 집착은 종종 악명 높을 정도로 노골적으로 드러나기도 했기에 그가 메리 울스턴크래프트의 파트너가 되는 것은 불가능했다; 『옹호』가 성적 욕망을 남성과 여성 관계의 퇴락의 근원으로; 낭

---

4   셰익스피어의 『한여름 밤의 꿈』에 등장하는 캐릭터 닉 보텀(Nick Bottom)은 요정 퍽(Puck)에 의해 머리가 황소로 바뀐다.

만적 자기기만의 근원으로; 이성reason과 우정의 파괴자로 지목했기 때문이다. 그러나 아마도 메리는 퓨즐리를 욕망의 공범자라기보다는 냉철한 분석가로 보았을 것이다. 어쨌든 그녀는, 절박함 때문이든 원칙 때문이든, 자신을 연인이 아니라 친밀한 동반자, 소울메이트로 제공하면서 그와의 희롱flirt을 시작했다. 퓨즐리는 그녀가 너무 집착하는 바람에 당황했던 것 같긴 하지만, 1792년 여름에 존슨, 메리, 퓨즐리 및 소피아의 이상한 4인조는 프랑스로의 6주 여행을 계획했다. 그들이 도버에 도착했을 때, 파리는 군주제를 종식시킨 전투에 휩싸여 있었다. 피비린내 나는 혼돈의 소식들이 들려왔다. 일행은 돌아와야만 했는데, 이 맥 빠지는 상황에 낙심한 메리는 충동적으로 소피아의 집 문을 두드리고, 당연히 놀랄 수밖에 없는 젊은 아내에게 세 사람이 함께 가정을 꾸려야 한다고 알렸다: "나는 기만할 생각이 전혀 없기에 당당하게 말할게요. 이 제안은 당신의 남편에 대한 나의 진심 어린 애정에서 비롯된 것입니다. 나는 매일 그를 만나서 대화하는 만족 없이는 살 수 없다는 것을 깨닫게 되었어요." 그녀는 그에게 남편으로서의 요구는 전혀 하지 않았으나 – 관대하게도 그런 것은 소피아에게 양보했다 – 정신적으로 그들은 함께 있어야 했다. 충격을 받은 소피아의 반응은 메리가 다시는 문턱을 넘지 못하게 한 후 문을 쾅 닫아버리는 것이었다.

좌절하고, 마음에 상처를 입고, 비참해질 대로 비참해진 메리 울스턴크래프트는 혼자서 프랑스로 여행을 가기로 결심했다. 비록 그녀가 위험을 경시하고 그것을 낭만적인 모험으로 묘사하긴 했지만("나는 여전히 날개 달린 '독신'이다. 파리에서, 정말이지, 나는 남편을 얻어 어느 정도 살다가, 꾀가 난 내 마음이 다시 오랜 친구들과 안식하기를 갈망할 때 이혼하면 그만이다"), 그녀는 이런 여행이 평상시에도 무모하고 용감한 여행이 되었을 것이라는 점을 알고 있었다. 그러나 지금은 평상시도 아니었다. 1792년 12월 초에, 메리가 마침내 해협을 건넜을 때, 혁명은 포위와 편집증의 단계에 접어들고 있었다. 자코뱅 지도자 중 한 명인 조르주 당통Georges Danton의 격렬한 웅변 덕분에 공화국 전체의 인적·물적 자원을 동원하여 간신히 프로이센의 파리 점령에서 벗어날 수 있었다. 의기양양함과 공포가 교차하는 불안한 분위기에서 오늘의 영웅이 내일의 반역자가 될 수 있었고; 공화국에 대한 충성심을 가장 많이 보여준 사람들조차도 혁명에 대한 열정을 고백했다가 연막을 치는 스파이로 오해받을 수도 있었다. 특히 파리의 외국인 공동체가 위태로워지고 있었다. 국방과 해방을 위한 전쟁을 열렬하게 지지한다는 것을 보여주지 않거나 공화주의자들보다도 더 공화주의를 지지한다고 표현하지 않으면 "제5열"[5]이라는 비난에 노출되었다. 분위기가 이토록 불안정해지자 워즈워스는 탈출하기로 결심했고 메리도 이에 동참했다. 와이츠 호텔의 친구들은 모두 이런 충격을 완화하는 데 도움이 되었다. 그러나 메리는 다른 많은 사람들처럼 프랑스어를 구사하는 데 어려움을 겪었고, 그녀가 영국에서 했던 고심에 가득한 번역 작업이 파리의 거리를 뚫고 지나는 데에는 별 도움이 되지 않는다는 것을 깨달았다. 그녀는 런던에서 알게 된 어느 교사의 갓 결혼한 딸인 앨라인 필리에타즈Aline Fillietaz와 함께 묵었다. 필리에타즈의 집은 멜레Melee 거리에 있었는데 이 도시에서 가장 전투적인 혁명 구역들 중 한 곳의 중심부에 위치해 있는 것이어서 주변이 온통 몽둥이와 창으로 들끓고 있었을 뿐 아니라, 혁명 감옥에서 처형 장소로 가는 주요 경로 바로 옆에 위치해 있었다.

그래서 메리는 원하든 원하지 않든 대량 학살과 보복이라는 드라마를 바로 옆에서 목격했다. 이곳에 도착한 지 몇 주 후에 그녀는 루이 16세가 재판을 받는 것을 보았고 그의 위엄 있는 평정심에 놀랐다고 조지프 존슨에게 이렇게 고백했다. "나는 그 이유는 잘 말할 수 없지만, 여러 생각이 뒤섞여 내 눈에서 무의식적으로 눈물이 흘렀다." 그러나 그 편지는 두려움으로 떨었다.

아니, 웃지 말고 저를 불쌍히 여겨 주세요. 왜냐하면, 한두 번, 종이에서 눈을 떼

---

5   내부 간첩이라는 뜻.

면 내 의자 맞은편 유리문 너머로 눈들이 번뜩이고 피 묻은 손들이 나를 향해 떨리는 것을 보았기 때문이에요. 먼 곳의 발소리도 들리지 않고 … 그 고양이라도 나와 함께 있었으면 좋겠다고 바랐다니까요! — 나는 살아 있는 것을 보고 싶어요; 수많은 무서운 형태의 죽음이 내 공상을 사로잡았어요. — 나는 자러 갑니다 — 그리고 태어나서 처음으로 나는 촛불을 끌 수가 없네요.

이것은 메리가 기대했던 혁명도 삶도 아니었다. 1793년 봄이 되면, 영국과 프랑스는 서로 전쟁을 치르고 있었다. 네덜란드에서 프랑스군이 불운을 겪고 장군들이 배신하자 내부에서는 불가피하게 배신에 대한 비난이 빗발치기 시작했다. 즉결 "혁명" 심판을 위한 기구가 설립되었다. 비난, 체포 및 참수라는 죽음의 리듬이 시작되었다. 그리고 와이즈 호텔 사람들과 가장 가까운 관계를 맺고 있던 그 공화주의 정치인들—루이 16세를 사형에 처하는 데 반대투표를 했던 콩도르세와 지롱드파Girondins로 알려진 온건한 그룹—이 이제 자코뱅 혁명 정부에 의해 거짓 애국자, **조국**patrie의 사실상의 적으로 간주되었다. 이런 분위기는 영국인들에게까지 확대 적용되어 이제 그들은 좋든 싫든 적국의 국민이 되었고, 톰 페인을 비롯해서 모두가 깊은 의심을 받게 되었다.

왕의 처형에 반대하는 가장 유명한 투표는 실제로 페인이 행사한 것이었고, 관대함을 기대하는 상당수 사람들은 페인 스스로도 실제로 그렇게 말했듯이 그의 공화주의자 자격이 흠잡을 데가 없었기 때문에 중요한 사례로 언급했다. 그럼에도 불구하고, 프랑스 공화국이 사형을 전면 폐지하기를 바란다는 희망을 피력함으로써 그의 비현실적인 낙관주의의 정점을 드러낸 바 있는 페인은 "개인으로서의"(기관이 아니라) 루이 왕은 공화국의 "주목을 끌 필요가 없다"고 유창하게 주장했고; 혁명은 친구뿐 아니라 적에게도 연민을 베풀어야 한다고 주장했다. 자코뱅에게 이것은 너무나 터무니없는 배신행위였기 때문에 그들의 가장 호전적인 대변인 장-폴 마라Jean-Paul Marat는 통역사가 페인의 말을 잘못 번역하고 있음이 틀림없다고 소리쳤다. 번역이 제대로 되었다는 것이 확인되자 그는 페인이 "퀘이커 교도"여서 원칙적으로 사형에 반대하는 것이라고 하면서 (그는 실제로 퀘이커 교도 집안) 그가 투표권을 행사해서는 안 된다고 강조했다.

페인은 어쨌든 투표는 했지만 1793년 여름에 혁명 정부와 공포정치Terror 기구가 설립된 후, 페인은 군주제 영국과 공화정 프랑스 모두에서 국가의 적으로 악마화되는 특이한 위치에 있게 된 것을 깨달았다! '영국 클럽'은 왕의 재판 직후에 해산되었지만 프랑스의 후원자들과 친구들은 국민공회에서 추방되고 투옥되어 재판을 받은 후 처형되었기에 영국인들이 그들의 운명을 공유하는 것도 단지 시간문제인 것처럼 보였다. 페인의 동숙자 중 한 명인 윌리엄 존슨William Johnson은 그러한 예측으로 인해 너무 불안해져서 호텔 계단에서 자살을 시도했고, 가슴에 칼을 꽂은 채로 마치 오페라처럼 계단 아래로 굴러떨어졌다. 8월 말에 영국 해군이 툴롱Toulon을 공격해서 해군 기지와 도시를 점령한 후엔 영국과의 어떤 종류의 연관성도 생명을 위협하는 일이 되었다. 페인은 헬렌 마리아 윌리엄스와 클럽의 다른 회원들과 함께 체포되어 한때 왕궁이었던 룩셈부르크에 수감되었다. 그가 단두대와의 데이트를 놓칠 수 있었던 것은 순전히 환상적인 운 덕분이었다. 감방 문에는 다음 날 처형될 예정인 희생자를 나타내는 표시가 되어 있었다. 그의 문은 우연히 열린 채로 있었다. 서두르다 보니 문의 안쪽에 표시가 그려지게 되었고 나중에 문이 쾅 닫히자 밖에서는 표시가 보이지 않게 되었다. 여하튼 페인 자신의 이야기는 그렇게 진행되었다.

메리의 상황도 좋지 않아서, 『옹호』가 혐오하는 사람—장-자크 자신—이 도처에 있었다. '덕목의 공화국'의 수호성인으로서 그의 이미지가 현수막, 술잔, 애국적 소책자들에 등장했다. 선거권 부여와 법적 권리를 열렬히 주장했던 여성 클럽들은 자코뱅파에 의해 폐쇄되었고, 지도자들은 체포되었으며, 입을 열려 하면 거리에서 구타를 당했다. 조국에 대한 여성의 의무는 정확히 루소가 규정한 대로였다. "부드러움"의 기술을 몸에 익히고; 시민군에게 위안을 제공하며, 조국의 유아를 위해 모유를 수유하는 것.

메리는 적의 규칙을 따를 수밖에 없었다; 두려움과 불안에서 일종의 피난처를 찾기 위해. 미국의 혁명군이자 작가인 길버트 임레이Gilbert Imlay의 멋진 모습에서 그 실체를 찾았다. 이 시기의 임레이는 혁명적 행복을 파는 사업, 더 구체적으로 말하면 농경지와 작은 마을에서 행복을 싹 틔울 수 있는 부동산을 매매하는 사업을 하고 있었다. 그의『북아메리카의 서부 영토에 대한 지형적 설명Topographical Description of the Western Territory of North America』(1792)은 임레이 자신과 마찬가지로 많은 부분에서 매력적인 것이었다: 여행기, 토지 조사, 상업 판촉 문헌. 그는 로맨스의 힘을 확실히 이해하고 있었고, 활기차다가 불안정해지곤 하는 메리 울스턴크래프트에게 무엇인가가 그를 이끌었다. 애정 관계가 시작되었고 금세 심각해졌다. "임레이 부인"으로서, 미국 시민권자로서의 메리의 지위는, 공화국과 전쟁을 벌이던 왕의 신민인 영국인에게 향하던 적대감과 의심으로부터 그녀를 보호했다. 6월이 되면 그녀는 도시 서쪽 변두리의 뇔리Neuilly에 있는 오두막에 정착하여 정원을 가꾸고 임레이와 밤참을 함께 먹으며 알콩달콩 살게 되었다. 낭만적인 열정의 망상적이고 파괴적인 성격을 신랄하게 비판했던『옹호』의 저자가 이제 그것의 황홀한 고통에 빠진 것이다. 이미 8월에 임레이가 지나치게 강렬한 감정에 푹 빠져버리는 것에 대해 걱정하기 시작하는 것이 느껴지자 그녀는 그에게 자신이 감상적 소설들에 대해 평하며 한때 경멸했었던 필사적인 애원의 어조로 편지를 썼다. "그래요 나는 괜찮을 거예요, 나는 아마도 행복할 자격이 있겠지요; 그리고 당신이 나를 사랑하는 동안엔, 삶을 거의 감당할 수 없을 만큼 무거운 짐으로 만드는 비참한 상태에 다시 빠지지는 않을 거예요." 메리 울스턴크래프트는 독립과는 거리가 먼 부양가족dependant이 되었다.

1794년 1월이 되면 그녀는 임신한 상태가 되었고, 출장으로 임레이가 사라질 때마다 불안해하고 훌쩍댔다. 그녀가 집착할수록 그는 점점 더 자주 사라졌고 그녀는 "부드러움"의 쇠퇴에 심하게 낙담하게 되었다. 아기가 생길 것이라는 전망만이 그녀를 이 병적인 고민에서 벗어나게 했다. 근대적인 임신을 하기로 결심한 그녀는 규칙적인 운동을 했으며, 5월에 딸 패니Fanny가 태어났을 때 메리는 다음 날 침대에서 일어나 조산사를 놀라게 했다. 거의 즉시 그녀의 일상적인 시골 산책을 재개했다. 말할 필요도 없이 그녀는 패니를 직접 보살폈다 ― 비록 루스 발로Ruth Barlow에게 솔직하게 편지를 썼듯이 "우유의 범람"은 때때로 그녀를 불편하게 했지만. 그러나 임레이는 자주 떨어져 있었고 그렇지 않을 때는 병들기 일쑤였다. 그리고 그녀에게 추가된 작은 생명은 메리에게 프랑스를 휩쓸고 있는 죽음의 물결에 대한 새로운 혐오감을 안겨주었다. "그토록 많은 피와 쓰라린 눈물을 대가로 치른 혁명을 떠올리면 나는 피가 차가워지고 역겹다."

자코뱅 공포정치에 대한 반동으로 로베스피에르Robespierre가 몰락하고 처형되면서 숨을 쉴 수 있는 여지가 조금 더 생겼다. 톰 페인과 일행은 감옥에서 나왔으나 그런 시련을 겪었기에 영구적으로 변해버렸다. 이제 전국 여행이 더 쉬워졌기 때문에 그 기회를 이용해 임레이는 노르망디에서 자신의 운송 사업을 보살폈다. 사랑에 빠진 행복감과 자살 충동 사이를 오가던 메리는 아기를 데리고 르 하브르Le Havre까지 그를 따라갔으나 임레이는 해협을 반복적으로 건너다니기에 바빴다. 임레이는 그녀를 진정시키려고 런던에서 그녀에게 편지를 써서 고향으로 돌아오라고 했다. "영국은 내게 있어 모든 매력을 잃은 나라일 뿐만 아니라 내가 혐오감을 느끼는 나라"라고 그가 썼음에도 불구하고 그녀는 해협을 건넜으나 결국 가장 큰 두려움을 확인할 수밖에 없었다. 임레이는 특히 그가 새로운 사랑에 관심을 갖게 되었기 때문에 자신을 남편과 아버지로 만들지 않으려 했다. 메리는 아편틴크laudanum를 과다 복용했다. 자살 시도에 충격을 받았지만 임레이는 이전의 삶을 다시 시작하고 싶을 만큼 충격을 받지는 않았다. 대신 그는 그녀에게 은을 실은 채 실종된 배를 찾기 위한 노르웨이 출장 여행을 시킴으로써 그녀의 주의를 흐트러뜨리려는 심술궂은 계획을 생각해 냈다.

그녀가 자신의 방황하는 인생에서 선택하기로 결정했던 모든 역할 중에서 상업 조사관 메리 울스턴크래프트가 가장 이상했다. 그러나 그녀는 어린 패니와 하녀를 그녀의 유일한 동료로 데리고 출발해서 스웨덴과 노르웨이를 가로질러 갔으며, 그녀의 무책임한 파트너의 은괴 화물을 추적하기 위해 노력했지만 당연히 실패했다. 어두운 바다가 내려다보이는 곳에 붉은색과 노란색으로 칠해진 통나무로 지은 여인숙에서, 정치와 열정으로부터 그토록 잔인한 대접을 받아온 메리는 마침내 자연의 우아함과 유사한 것을 발견했다. 그녀는 수영을 하고는, 바람이 부는 북쪽의 햇빛 아래 바위에 앉아 일기를 적었다. 그녀가 그 시대에 대한 명상으로서 출판할 계획이었던 '편지'에서 그녀는 노르웨이 북부의 어부들이야말로 그녀가 찾고 있던 진정한 자연의 아이들이라고 썼다: 본능적이고 꾸밈없이 자유로워서 그들에게는 해방이 무엇인지에 대해 철학을 외칠 필요도 없었다.

그러나 그녀가 이성을 회복한 것은 일시적일 뿐이었다. 런던으로 돌아온 그녀는 임레이가 집을 마련하기를 꺼리던 상황이 그의 여배우 새 애인과 가정을 차리는 사태로까지는 확장되지 않았다는 것을 발견했다. 1795년 10월의 어느 날 밤, 그녀는 익사를 결심하고 엄청난 폭우에 밖으로 나섰다. 투신을 위해 선택한 배터시 다리Battersea Bridge는 다소 당혹스러울 정도로 대중적인 곳이라는 것을 깨닫고는 그녀는 뱃사공에게 돈을 주고 강을 거슬러 올라가 퍼트니Putney까지 갔다. 그녀는 드레스가 자신을 가라앉힐 만큼 충분히 젖었는지 확인하기 위해 30분 동안 위아래로 걸어 다녔고, 다리에 오르기 위해 반 페니의 통행료를 내고는 난간 위로 올라가 투신했다. "내 과오들이 나와 함께 잠들리라!" 그녀는 임레이에게 보내는 유서를 썼다. "당신이 이것을 받을 때면 내 불타는 머리는 차가워져 있을 거예요. 나는 죽음에서 건져질 가능성이 가장 적은 템즈에 뛰어들 겁니다."

그러나 그녀는 근대식 자선 활동이 도처에 존재하고 있었다는 사실을 미처 생각하지 못했다. 왕립 인도주의 협회Royal Humane Society는 특히 강에서 자살할 예정인 사람을 끌어내는 뱃사공에게 상을 주기 위해 공적 자금으로 설립되었다. 템즈강은 투신하는 사람을 기다리는 뱃사공들로 가득했다. 메리는 곧바로 구조되었고 회복을 위해 풀럼Fulham에 있는 듀크스헤드Duke's Head 여인숙으로 이송되었다. 비참하고 가엾은 그녀는 최소한 그들의 딸이 아버지를 알 수 있도록 삼각관계ménage à trois를 유지한 채로라도 함께 살자고 임레이에게 제안했다. 임레이는 잠시 동안 고민하고 나서 여배우가 그녀의 발을 들여놓기 전에(아마도 그랬을 것이다) 메리를 데려가서 집을 보여줬다.

메리 울스턴크래프트는 37세였으며 아이를 제외한 모든 것을 잃은 것처럼 보였다: 혁명이 인류를 해방하리라는 믿음; 열정보다는 우정에 기초한 결혼 생활에 대한 믿음; 진정으로 독립적인 여성의 삶의 가능성에 대한 믿음. 자연의 자비에 관해서는, 그것은 잔인한 농담처럼 보였을 것이다. 자신이 쓴 편지를 돌려달라고 퓨즐리에게 보내는 편지는 고통의 외침이었다: "나는 혼자예요. 내가 감내해 온 불공평은, 미처 꽃 피우지 못한 희망들에게는 눈길도 주지 않은 채, 내 가슴에 상처를 입히면서 고통스러운 추측으로 가득 찬 대양에 내 생각들을 표류시켜 버렸어요. 나는 무엇이 진실이고, 진실은 대체 어디에 있는지 초조하게 묻습니다. 나는 잔인한 대우를 받았어요; 그러나 나는 여전히 어머니의 의무를 수행해야 한다는 것을 기억하기 위해 매일 노력합니다."

그녀의 친구들, 특히 오랫동안 고통받았던 존슨은 메리의 『스웨덴, 노르웨이, 덴마크에서의 단기 거주 동안 쓴 편지들Letters Written During a Short Residence in Sweden, Norway and Denmark』(1794~1795)을 출판하는 등 그들이 도울 수 있는 모든 일을 했다. 그러나 그들은 메리 울스턴크래프트의 개인적인 운명 외에 다른 것들에 대해 생각해야 했다. 그녀가 템즈강에 뛰어든 바로 그 주에 피트에 대항하는 최소 10만 명의 대규모 시위, 프랑스와 "기근"에 대항하는 전쟁이 발생했다. 영국은 그 어느 때보다 혁명에 가까워 보였다.

1794년 봄 내내 영국 정부는 작가, 출판업자, 선동적인 문학의 제공자로 간주되는 사람들을 기소했다. 그것의 목적은 "국왕의 죽음을 꾀함"이라는 유용하게 모호한 중세의 죄목을 사용하여 공화국의 개념 또는 심지어 남성 보통선거권에 대한 토론과 출판물까지도 노골적인 반역 행위로 만드는 것이었다. (어떤 검사는 합법적인 헌법을 파기하지 않고서야 어떻게 그런 것을 달성하는 것이 가능하겠냐고 주장했다.) 정부 증인(나중에 주취자 및 위증자로 확인되어 신빙성을 잃었지만)의 증언에 따르면 그는 맨체스터의 급진주의자인 토머스 워커Thomas Walker가 "저주받을 왕"이라는 말을 하는 것을 들었다고 했고 이런 것들이 진지한 증거로 간주되었다. 거의 모든 사건의 피고인은 영국 자유의 진정한 옹호자 중 한 사람인 토머스 어스킨Thomas Erskine이 변호했는데, 그의 이름은 더 많이 알려져야 한다. 어스킨은 발언이나 출판만으로는(국왕 살해보다도 훨씬 덜 심각한 "소란"조차도 그것을 저지르려는 음모의 증거가 없다면) 유죄가 될 수 없으며 특히 정부가 선동과 반역의 범주를 확대시킨 이후에 이를 소급 적용해서는 안 된다는 원칙을 주장하기 위해 자신의 재산과 명성을 걸고 있었다. 1794년 5월 토머스 하디, 존 셀월, 존 혼 투크 및 11명의 런던 통신 협회 회원이 체포되었다. 같은 달에 인신 보호 권리(재판 없이는 구금되지 않음)가 정지되었고, 그해 말까지 정당한 절차 없이 2000명이 구금되었다. 런던 북쪽에 있는 초크 팜Chalk Farm에서 열린 대규모 집회는 영국이 "자유를 잃었다"고 선언했다.

셀월, 하디, 혼 투크 외 다수는 — 아마도 중세식의 그 혐의에 따라 — 런던 타워에 투옥되었다. 남편의 투옥으로 정신적 충격을 입은 하디의 부인은 그가 "반역"의 대가로 목숨을 잃을까 두려워한 나머지 유산 후 사망했다. 셀월은 5개월 동안 독방에 감금된 후 뉴게이트New Gate의 "죽음의 구멍"으로 끌려갔는데, 이곳은 더욱 끔찍해서 모든 빛과 공기가 박탈되는 곳이었다. 10월 25일에 죄수들은 "정부를 전복시키고 국왕 살해를 자행한" 혐의로 공식적으로 기소되었다. 3일 후 토머스 하디의 첫 번째 재판이 열렸다. 시끌벅적한 군중이 올드 베일리를 둘러싸고 있었다. 그들은 이 기소를 응원하러 온 것이 아니었다. 9시간 동안 법무장관인 존 스콧Sir John Scott은 왕을 폐위하고 살해하려는 반역 음모가 있었다는 것을 입증하기 위해 정황 증거 조각들을 끌어 모아 엮어보려 노력했다. "9시간!" 뚱뚱한 전임 대법원장Lord Chancellor[6] 설로Thurlow가 그 소식을 전해 듣고는 소리쳤다. "세상에, 그렇다면 반역은 없었던 거지!" 그리고 실제로 정부의 기소는 예를 들어 "협의체"가 의미했던 것과 같은 프랑스의 유사 사례에만 거의 전적으로 의존한 것이었다.

그 주의 재판 절차가 마무리되는 시점에 어스킨은 장장 7시간의 연설로 변호를 대신했다. 그는 윌리엄 고드윈이 출판한 팸플릿을 인용하면서(예를 들어 하다가 말한 것들 – 그는 많은 말을 했었다) 그것이 왕이라는 인격체를 살해하려는 실제 음모였다는 점이 입증되어야 한다고 주장했는데, 의회에 대해 또는 제도로서의 군주제에 대해 불만을 표현하는 것은 자유로운 정치적 토론으로서 이미 보호받고 있었기 때문이다. 하디는 의심할 여지 없이 평화롭고 합법적인 활동을 했음에도 반역에 대한 그토록 부당하게 확대된 정의에 의해 목숨을 걸고 재판을 받고 있었다는 것이다. 그는 재치 있게도 불충의 책임을 기소측으로 돌렸다. "저는, 정의를 수호하는 그 어떤 법정에서라도, 인민들이 자신들의 특권을 주제로 평화롭게 협의convene[7]하는 것이 국왕을 파멸시키는 것으로 이어진다는 논리를 다시는 되풀이해서 듣고 싶지 않습니다. 그런 언어를 사용하는 자들이야말로 국왕의 가장 큰 적입니다." 그는 이 영웅적인 연설을 마치고 나서는 배심원들을 향하여 "저는 이제 극심한 피로와 나약함으로 인해 가라앉고 있습니다"라고 쉰 목소리로 말하더니 실제로 주저앉아 버렸다. 이 훌륭한 연극에 감사를 표하며 배심원단은 박수갈채를 보냈다. 하디는 무죄 판결을 받았고 밖에서 함성을 지르고 있는 군중에게 "동포 여러분, 감사합니다"라고 외쳤다. 군중은 피고인의 마차에서 말을 풀어 스트랜드Strand로 데리고 내려간 후 웨스트민스터궁을 지나 팰 맬Pall Mall을 따라 지나갔다. 뒤이어 혼 투크의 재판은 11월 17일에, 셀월의 재판이 12월 1일에 열렸는데, 혼 투크는 자신이 – 불충스럽지만 부정확하지는 않게 – 기소된 다른 선동가들에 비하면 온건한 편이었다고 탄원하는 안전한 방법을 택하긴 했지만 최종 판결은 재판이 진행되기도 전에

---

6   당시에는 귀족원 의장도 겸직하는 직위였다.
7   문제가 되고 있던 "협의회(Convention)"라는 단어를 떠올리게 하려고 선택한 단어.

어느 정도 정해진 것으로 보였다. 셀월은 "영국인의 자연권British Rights of Nature"에 대한 선언을 유창하게 낭독하는 것으로 변호를 대신하려 했으나 어스킨이 그의 입을 다물게 했다. 후대에 자신의 의견을 전달할 기회를 놓친 것에 발끈한 그는 1796년에 그것을 출판했다.

1794~1795년의 혹독한 겨울은 피트 정부를 더욱 방어적으로 만들었다. 전황은 형편없이 진행되고 있었다. 프랑스군은 오스트리아가 지배하고 있던 네덜란드를 먼저 점령했다; 그다음은 라인란트Rhineland, 마지막으로는 네덜란드 공화국Dutch Republic을 점령해서 한때 동맹자였던 슈타트하우더Stadholder[8] 윌리엄 5세William V를 폐위하고 혁명적인 바타비아 공화국Batavian Republic을 새로 세웠다. 게다가 수확량은 재앙 수준이어서 밀 가격이 75%나 치솟았다. 동시에 수출도 침체되어 섬유 산업에서 대량 해고 사태를 초래했다. 런던에서는 주민들이 폭력적인 행동으로 대응했다. 증기 동력을 사용하는 그레이트 앨비언 밀 공장Great Albion Flour Mill이 폭도들의 공격을 받았다. 여름에는 세인트 조지스 필드에서 대중 집회들이 열렸다. 1795년 10월 28일에 이즐링턴Islington의 코펜하겐 하우스Copenhagen House 선술집 옆 들판에서 개최된 또 다른 집회에 모인 군중은 ─ 런던 통신 협회에서는 20만 명이나 모였다고 주장했으나 다른 사람들은 4만에서 10만 사이라고 추산했다 ─ 22세의 아일랜드인 존 빈스John Binn가 전쟁을 비난하고 피트 정부를 힐난하는 연설을 들었다. 그는 "평화! 빵! 피트 반대! 조지와 함께 물러나라"고 외쳤다.

다음 날 의회로 개원 연설을 하러 가던 조지 3세를 태운 마차는 성난 군중들에 의해 맬the Mall[9]에서 습격을 당했는데, 그들 중 일부는 검은 주름 종이에 싸인 빵 덩어리[10]를 들고 "전쟁 반대! 기근 반대!"라고 외쳤다. 의회 거리Parliament

---

8   네덜란드 공화국의 국가원수를 가리키는 호칭.
9   서쪽의 버킹엄궁(Buckingham Palace)과 동쪽의 트러팰거 스트리트(Trafalgar Street)를 잇는 길 이름. 왕실 공식 행사에 자주 사용되는 길.
10 장례식장에서 제공되던 음식의 형태로서 국왕에게는 죽음을 암시하는 위협으로 작용.

Street에서 마차는 진흙과 돌을 맞았고 창문이 부서졌다. 행차 중간의 어느 지점에서는 발사체가 날아와 작은 구멍을 냈다. 왕은 그것이 총알에 의한 것이라고 생각했다. 귀족원에 도착하자[11] 그는 말했다. "주님, 제가 … 제 … 제가 총에 맞을 뻔했습니다." 그가 세인트 제임스 팰리스로 돌아가는 길도 더 많은 발사체와 깨진 유리창으로 인해 결코 더 우호적이지 않았다. 이 국가 공식 마차state coach가 팰 맬에서 발견되었을 때는 이미 산산조각이 나서 부서진 상태였다. 왕실 마부 중 한 명은 바퀴 아래로 떨어져 허벅지가 부러지고 그 부상으로 인해 사망했다. 왕이 개인 마차를 타고 버킹엄 하우스로 가려고 할 때 누군가가 왕을 알아봤다(어쨌든 다른 누구도 조지 3세처럼 보이지는 않았기에). 그 마차는 아수라장 속에서 서서히 멈춰졌고 누군가가 문을 열고 왕을 끌어내려 했다고 한다. 구조하러 가는 기마 근위대의 등장만이 상황이 더 나빠지는 것을 막을 수 있었다. 왕에게 손을 대겠다는 위협은 특히 심각하게 받아들여졌는데, 바로 작년에 누군가가 주문 제작한 공기총을 이용해 왕을 향해 독이 묻은 다트를 발사하려 했다는 "화약 음모"가 있었기 때문이다(아마도 스파이가 꾸며낸 허구였겠지만). 런던, 더블린, 에든버러에서 동시에 일어날 혁명적 쿠데타에 대한 또 다른 음모에 대한 이야기도 떠돌았다. 쿠데타가 발생하면 치안판사와 판사들이 투옥되고 귀족은 가택 연금되고 의회는 청산될 것이라는 이야기였다.

물론, 군중이 왕실 마차를 둘러싼 사건은 피트 정부에게는 신의 선물이었기 때문에 의심 많은 급진주의자들은 피트와 내무장관 포틀랜드 공작Duke of Portland이 사건을 직접 지휘했을 수도 있다고 추측했다(비록 그들의 마차 역시 거친 대접을 받긴 했지만). 분노와 왕당파적인 열정으로 가득한 충성스러운 연설들의 물결을 타고 피트는 12월에 왕국의 보호와 치안을 위한 두 가지 법안을 발

---

11   제임스 1세가 평민원을 습격해서 반대파 의원들을 연행하려 했던 시도가 실패로 끝난 이후 국왕은 평민원에 직접 들어가는 것이 금지되었고, 항상 귀족원에 앉아서 의회 개원 연설을 한다. 평민원 의원들은 왕의 대리인인 블랙로드(Black Rod)가 평민원으로 와서 호출하면 그를 따라 귀족원으로 이동해서 국왕의 연설을 듣는다.

의했다. 첫 번째 법안은 사람들이 50명 이상 모이는 것을 불법으로 만들려는 것이었다. 명령을 받고도 해산을 거부한다면, 참석한 사람들은 사형에 해당하는 중범죄로 기소될 수 있었다. 두 번째는 선동의 범위를 더욱 확장해서, 의회가 제정한 법을 통하지 않는 방식으로 정부의 변화를 지지하는 모든 것을 포괄하도록 했다: 소책자도, 청원도, 집회도, 개혁도 안 된다. 1793년에 영국으로 돌아오자마자 흘랜대프Llandaff 주교에게 보내는 편지 형식을 통해 페인 추종자로서 세습 원칙에 대해 맹렬한 공격을 출판했던 워즈워스는 이제 침묵을 지켜야만 했다. 뉴카슬에서 토머스 뷰익—페인을 추종하는 혁명적 민주주의자는 아니었지만—은 이를 악물 수밖에 없었다. 나중에 그는 이때를 "건달과 그 졸개들이 이 땅에서 우세한 것처럼 보였던" 비열한 시간으로 기억했다. "그리고 내 생각에는 만약 피트가 코가 납작한 남성들을 모두 유배하고 60세 이상의 남성들을 모두 교수형에 처하는 법을 만들자고 제안했다면 이 사람들은 … 이것을 기발한 생각이자 현명한 조치라며 옹호했을 것이다."

선전, 패거리 협박, 진성으로 애국적인 자원봉사 민병대, 검열, 정치 스파이 및 즉결 체포의 조합이 민주주의 선동의 추진력을 멈추는 데 성공한 것은 놀라운 일도 아니었다. 반역 재판의 피고인을 도왔었던 윌리엄 고드윈과 같은 비판자나 개혁가들은 이제 직접적인 정치 행동에서 물러났고 분노에서 잠시 벗어나 사회적 유토피아에 대해 성찰하려고 했다. 어쨌든 고드윈은 국가를 개선의 주체로 만드는 모든 제안을 불신하게 되었다. 그의 『정치적 정의에 대한 조사 *Enquiry Concerning Political Justice*』(1795)는 환상에서 깨어난 사람들에게 완벽한 소책자였는데, 이성을 갖춘 개인의 유일한 의무는 자유와 행복을 스스로 실현하는 것이라고 주장했기 때문이다. 이것에 방해가 되는 모든 기관은 제거해야 한다: 따라서 종교도, 정부 체제도, 형법도(고드윈은 사회가 스스로 일으킨 범죄를 처벌하는 것은 위선적이라고 믿었다), 체계적인 교육도, 개인의 필요를 충족시키는 데 필요한 것 이상의 재산 축적도, 특히 부부가 일시적인 열정에 인질로 잡혀 있게 만드는 제도인 결혼도 모두 반대했다.

이 마지막 생각은 아마도 그가 메리 울스턴크래프트와 공유하는 유일한 의견이었을 것이다. 그는 그녀를 존슨의 만찬에서 톰 페인의 말을 듣고 싶어도 도무지 입을 다물지 않던 여성으로서 그다지 따뜻하게 기억하지는 않았다. 그러나 고드윈이 스칸디나비아 편지를 읽었을 때 그는 "만약 남자로 하여금 작가와 사랑에 빠지게 만드는 책이 있다면 내게는 이 책이 바로 그런 책인 것 같다"고 했다. 키가 작고 진지하고 현학적이며 거의 비인간적인 두뇌를 가지고 있었던 고드윈 씨는 사랑과는 친밀한 관계를 유지하지 못했다. 하지만 여성들 —그가 "아낙네들the Fairs"이라고 불렀던 여배우와 작가들, 그들 중 몇몇은 로맨스로 뜨거웠다—은 그의 환심을 사려고 노력했다. 그러나 그의 차가운 영혼을 녹인 것은 메리였다. 그리고 그는 그녀를 더 사려 깊고 조용한 사람으로 만들었다. 임레이와 함께 한 고통의 몇 년 동안 그녀가 자신에게 가한 모든 비참함을 겪고 난 뒤라서, 고드윈의 냉정함과 서투름이 혼합된 모습은 그녀에게 점점 더 긍정적으로 보였다. 그녀는 점점 더 확실해지는 그의 감정을 느끼고는 안심했고, 섹스를 불신했던 것으로 기록에 남겨진 이 여성은 이제 고드윈을 유혹하는 데 부끄러움 없이 기쁨을 느끼면서 그의 불안감을 안심시켰다: "만약 어젯밤의 황홀함이 내 표정에 나타난 것과 같은 변화를 당신의 건강에도 유발했다면, 당신의 결단이 실패한 것에 대해 한탄할 이유가 없어요: 왜냐하면 내가 오늘 아침에 머리를 손질할 때 어제 일을 떠올리자 기쁨의 홍조가 퍼지면서 내 온몸을 활활 타오르는 불길이 휘감는 듯한 느낌이 들었는데, 내 깊은 사랑, 저는 이런 적이 거의 없었거든요."

메리는 임신했다. 1797년 3월, 결혼과 교회의 앙숙이었던 윌리엄 고드윈은 세인트 팬크러스 교회St Pancras Church에서 "임레이 부인"과 결혼식을 올렸다 (그녀의 첫 번째 결혼은 공화주의 시민이 편의를 위해 행한 것에 불과하다고 간주되어 구속력이 없었다). 메리는 "순종을 약속함으로써 내 영혼을 막지 않았다"는 사실에 만족했고, 두 사람은 동거를 지속하지 않고 서로의 독립을 존중하며 다른 이성도 만나면서 가끔씩 함께 숙박하긴 하겠지만 각자의 거처도 유지할 것이라고 공언했다. 이것은 용감한 발표였다. 그러나 메리의 배가 불러오면서 고드윈은 가정과 동반의 작은 즐거움을 자신도 모르게 즐기고 있음을 깨닫게 되었다. 그들의 관계는 메리가 – 그런 일을 경험한 적은 전혀 없이 – 결혼 생활의 행복을 지속하기 위한 공식으로 처방했었던 바로 그런 친밀한 부부 사이의 우정으로 발전해가고 있었다.

하지만 바로 이것이 그들의 결말을 견딜 수 없을 만큼 슬픈 것으로 만들어 버렸다. 8월 30일에 진통 시간이 다가오자 그녀는 그 지역 조산사를 불렀다. 그러나 아기가 태어난 후, 또 딸이었는데(미래에 『프랑켄슈타인*Frankenstein*』의 작가가 되는), 태반이 산도를 따라 내려가지 않아 패혈증이 우려되었다. 웨스트민스터에서 호출된 내과 의사는 최선을 다했지만 태반이 산산조각 나는 것을 막지는 못했고 메리는 고통 속에서 다량의 출혈을 했다.

출혈은 결국 멈췄다. 메리는 고드윈에게 자신이 그와 계속 함께 살기로 결심하지 않았더라면 결코 살아남지 못했을 것이라고 말할 정도로 강했다. 다음 날 그녀는 훨씬 기분이 좋아졌고 오랫동안 그녀의 최고의 멘토였던 조지프 존슨이 방문하게 되어 더욱 기뻤다. 다음 날 그녀는 더 나아져 보여서 고드윈은 그가 산책을 다녀와도 충분히 안전하다고 생각했다. 그가 돌아왔을 때 그는 그녀가 떨리는 발작을 일으키며 몸부림을 치고 엄청난 고열이 나고 있는 것을 발견했다. 그녀는 결코 나아지지 않았다. 일주일 후인 1797년 9월 10일 메리 울스턴크래프트는 패혈증으로 사망했다.

그녀는 38세였다. 고드윈은 최고의 합리주의자였으나 제정신을 유지할 수 없었다. 그는 친구에게 이렇게 썼다. "내 아내는 이제 죽었다네 … 나는 세상에 그녀와 동등한 사람은 없다고 굳게 믿네. 나는 우리가 서로를 행복하게 하기 위해 형성되었다는 것을 경험으로 알고 있어. 이제 다시 행복을 알 수 있으리라는 기대는 조금도 할 수가 없군." 그것은 가장 훌륭한 동시에 가장 있을 법하지 않은 비문이었다: 결혼에 대해 전쟁을 선포한 남자에게 그녀가 행복의 전달자였다는 것. 메리를 통해 이 사상가는 느끼는 법을 배웠다. 고드윈을 통해 이 감정의 피조물은 사고력을 회복했다. 울스턴크래프트는 근대 페미니즘의 창시자로 제대로 기억되고 있다; 여성의 모든 본성은 그들의 생물학적 특성과 혼동되어서는 안 된다는 그녀의 명료한 주장은 아직도 강력한 것으로 남아 있다. 그러나 결국 자연, 즉 생물학적 특성이 그녀를 죽였다.

1797년 10월 17일, 오스트리아 제국은 이탈리아 마을인 캄포 포르미오Campo Formio에서 보나파르트Bonaparte라고 하는 28세의 코시카인Corsican과 이를 갈며 평화협정을 맺었는데, 몇 년 전만 해도 (적어도 비엔나에서는) 아무도 들어본 적이 없는 이름이었다. 나폴레옹은 집정부Directory의 민간인 지휘부의 허가를 기다리지 않고 그렇게 했다. 그러나 가장 위대한 도시들과 가장 부유한 영토를 포함하여 이탈리아의 많은 부분이 이제 프랑스의 지배나 영향을 받게 되었기 때문에 집정관들은 이 군사적 천재를 배척할 가능성이 거의 없었다. 오스트리아와의 전쟁이 끝나자 프랑스는 많은 수의 병력을 다른 전투 무대로 재배치할 수 있었고 특히 마지막 남은 하나의 적에 집중할 수 있었다. 한 달 안에 10만 명 이상의 병력이 루앙Rouen―윌리엄 정복왕William the Conqueror의 옛 수도―과 해협 해안 사이에 진을 쳤다. 대규모로 집중된 병력의 첨병은 피트의 정부를 긴장시켰다. 갑자기 세상은 더 위험한 곳으로 보였다.

1793년에 프랑스 공화국과의 전쟁이 시작된 이래로 웨스트민스터에서는 혁명에 바탕을 둔 이 나라가 조만간 군사적 무능을 드러낼 것이라는 예측이 자명한 진리로 여겨져 왔다; 폭도들로 구성된 군대는 처음에만 자기기만적인 에너지를 폭발시킨 후에 스스로 무너지리라는 것이었다. 어려운 전투에서 패배했다고 하여 그 부주의함을 탓하며 장군들을 단두대로 보내버리는 공포정치의 습성은 이러한 예측을 더욱 확실한 것으로 만들었다. 그러나 보나파르트의 이탈리아 원정은 그 속도와 완성도에 있어서 큰 충격을 안겨주었고, 네덜란드에서 라인란트까지 이어지는 대륙 전체에 대한 장악력을 강화하면서 스위스의 칸톤들Cantons[12]까지 위협하게 된 이 불한당 국가 프랑스는 상상조차 할 수 없던 일을 해냈던 셈이고, 이제 강력한 전투 기계를 실제로 만들어낸 것처럼 보였다. 프랑스군은 도망가지 않았다. 그들은 점점 더 많은 총포를 생산해 내는 것 같았다; 그리고 이 군대는 진격하면서 돈, 말, 마차 및 징집병을 취하면서 정복을 작동 가능한 군사 자산으로 바꾸는 방법을 명확히 알고 있었다. 제임스 길레이James Gillray가 보나파르트를 너무 큰 깃털 모자를 쓴 허수아비로서 문자 그대로 작게 평가하는 캐리커쳐를 그리기 시작했던 것도 이때쯤이었을 것이다. 그러나 윌리엄 피트와 지적이고 지칠 줄 모르는 전쟁부 장관인 스콧 헨리 던더스Scot Henry Dundas는 그가 조롱의 대상이 아니라는 것을 알고 있었다. 톰 페인의 경우엔, 그가 오랫동안 기다려온 영국의 해방자가 될 것이라고 믿었다; 그는 1000척의 함대를 준비할 것을 그에게 촉구하면서 "인민 대중은 자유의 친구"이기 때문에 그가 침략해 올 경우 거대한 봉기가 일어날 것이라고 미래의 황제를 설득하기 위해 최선을 다했다. 어쨌든 처음에 보나파르트는 페인에게 충분히 감명을 받아서 항해 명령이 떨어지면 그를 침공 함대와 함께 원정에 나설 잉글랜드 혁명 임시 정부 지도자로 임명했다. 그러나 명령은 내려지지 않았고 보나파르트는 이집트로 시선을 돌렸다.

그러나 페인의 복귀 가능성은 영국 정부의 우려 목록에서 높은 곳에 있지 않았다. 이탈리아에서 보나파르트가 거둔 엄청난 승리가 잠잠해지기도 전에 1797년 봄에 실제로 세상을 뒤집어놓을 것처럼 보이는 일이 일어났다; 바로 영국 해군의 반란이었다. 포츠머스에서 살짝 떨어진 솔렌트 해협the Solent의 스피트헤드Spithead 기지가 최초 발생지였다; 템즈 강어귀의 노어 강둑the Nore이 그다음 차례였다. 반란자들은 한때 템즈강 자체를 봉쇄할 수 있었다. 그들의 요구는 급진주의적인 의제가 아니라 급여와 일부 장교의 면직이었다. 그러나 11만 4000명의 해군 병력 중 3분의 1이 아일랜드인이라고 알려져 있었고 아일랜드는 확실히 혁명가와 프랑스의 잘 알려진 스파이의 온상이었기 때문에 반란은 갑자기 음모의 양상을 띠게 되었다. 사실 "아일랜드인이 3분의 1"은 신화

---

12   스위스를 구성하는 주.

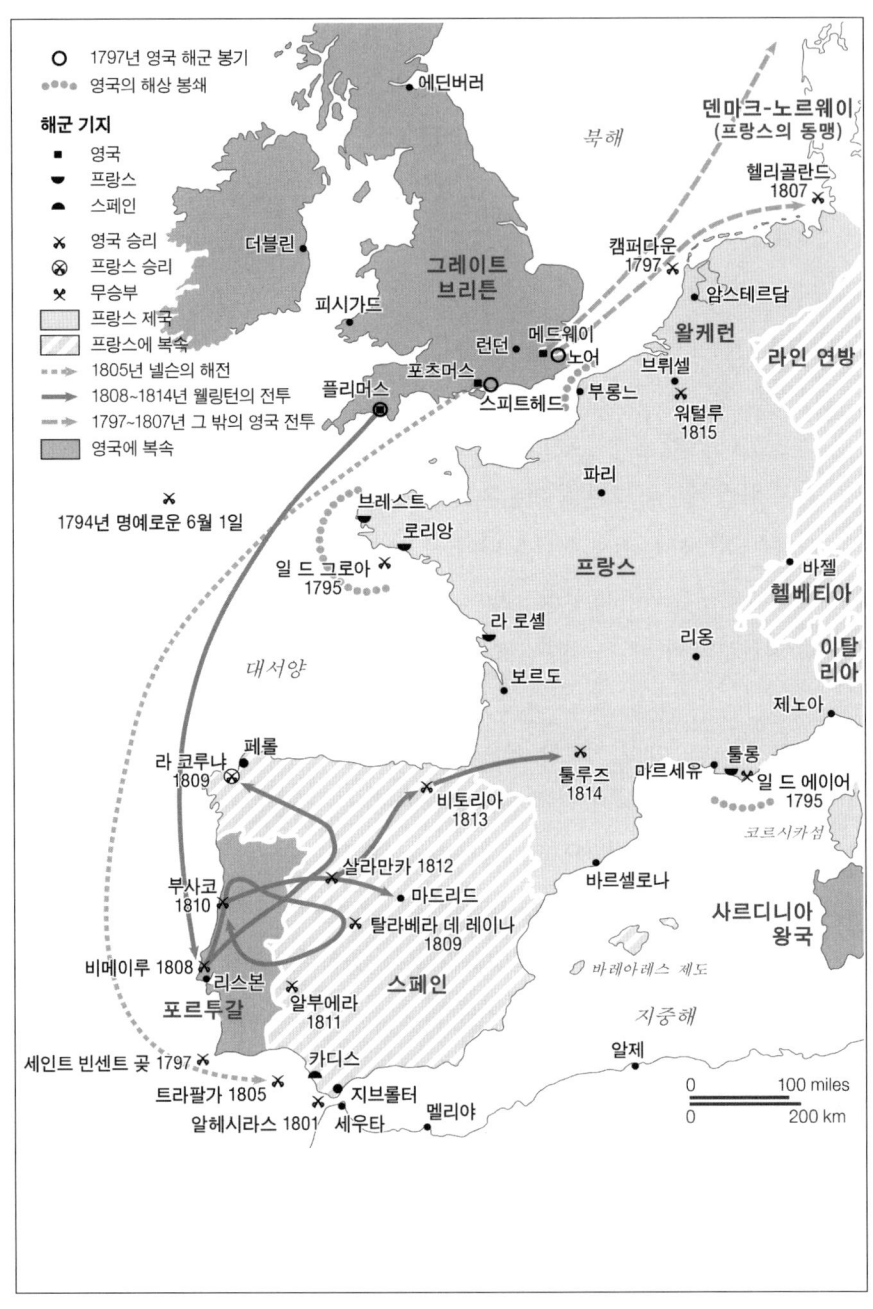

잉글랜드와 프랑스 간의 프랑스 혁명 전쟁과 나폴레옹 전쟁(1793~1815)

였다. 아일랜드 선원은 — 종종 강제징용의 희생자였는데 — 1만 5000명을 넘지 않았다. 그러나 이 숫자만으로도 지난 12월에 겁을 먹을 정도로 간신히 위기를 벗어난 해군 제독들을 놀라게 하기에는 충분했다. 가장 위험한 것으로 알려진 루이-라자르 호흐Louis-Lazare Hoche와 아일랜드의 공화주의자 시오볼드 울프 톤Theobald Wolfe Tone이 지휘하는 프랑스 전함 43척과 1만 5000명의 병력으로 구성된 함대는 악천후로 인해 코르크 카운티County Corc의 남서쪽 끝에 있는 만인 밴트리Bantry에 상륙하지 못했었다.

아일랜드는 늘 그렇듯이 영국으로 향하는 뒷문이었다. 호흐가 그의 군대를 상륙시키는 데 성공했다면, 그들은 방어하는 영국 수비대보다 적어도 6 대 1의 즉각적인 수적 우위를 갖게 되었을 것이다. 울프 톤이 파리의 집정관들에게 정확하게 지적했듯이 이렇게 취약하다고 알려진 국가가 방어 태세는 매우 안일하게 운영하고 있었다. 이곳에 주둔한 영국 정규군은 약 1만 3000명에 불과했으며 전시에만 6만 명의 민병대로부터 추가 지원을 받을 수 있었다. 그리고 방어력에 대한 이러한 추정치조차 미국 독립전쟁 기간에 발생했던 '자원봉사' 운동의 충성스러운 참여를 기반으로 했다; 그 이후로, 특히 지난 몇 년 동안, 아일랜드의 정치적 상황은 크게 바뀌었다.

더군다나, 상황이 자꾸 더 나빠진 것은 대부분 피트 자신이 상황을 잘못 처리한 탓이었다; 자신의 지적인 본능에 따라 행동하기를 거부했기 때문이었다. 1782년에 아일랜드 의회가 창설된 이래 활기차게 의견을 개진해 온 정치계급은 — 가톨릭과 프로테스탄트 모두 — 더블린Dublin성에서 통치하고 있는 프로테스탄트 과두제 집권층의 편협한 지배권에 대해 불만을 표명할 수 있었다. 대표자 없이 과세하는 위험에 대한 미국의 교훈은 보스턴보다 벨파스트에서 훨씬 더 적절해 보였다. 의미 있는 수준의 권력 이양devolution[13]과 선거 개혁—특히 인구

---

13 중앙으로 집중된 권력을 지방에 다시 돌려준다는 의미로서, 실질적으로는 자치 의회의 설립을 의미한다.

의 다수를 구성하고 있는 가톨릭교도들에게 선거권을 부여하는 것—이 촉구되었다. 그러나 이 운동의 지도자인 변호사 헨리 그래턴Henry Grattan의 모든 화려한 수사에도 불구하고 혁명적인 이탈의 가능성은 고려되지 않았다. 더 자유로워진 아일랜드는 더 많이, 더 적게가 아니라, 충성스러운 아일랜드가 될 것이었다. 그리고 이곳에서 조지 3세가 부재 국왕[14]이라는 사실이 덜, 더가 아니라, 느껴지게 되리라는 희망도 있었다. 프랑스 혁명이 일어났을 때 피트가 처음에 떠올린 생각은 아일랜드 개혁 운동을 영국과 더 가깝게 묶는 데 있어서 아일랜드 가톨릭 신자들의 태생적인 보수주의가 이용될 수 있으리라는 것이었고, 특히 벨파스트에서 그들이 비국교도nonconformist 반대파Dissenter 급진주의자들과 모종의 불경스러운 동맹을 맺지 않도록 해야겠다는 것이었다. 반대파의 혁명에 대한 동정심은 너무나도 명확해서 그들은 바스티유 점령의 1주년을 환희에 넘쳐 기념할 정도였다. 그러나 가톨릭교도들과 영국 정부가 화해하기 위한 전제 조건은 아주 분명하게도 그들의 해방이었고, 또는 최소한, 투표권과 정치적 공직에 오를 수 있는 권리를 제한하고 있는 그들의 법적 및 시민적 자격 제한을 해제해 주는 것이었다.

향후 2세기 동안 계속해서 반복될 시나리오가 비참하게 진행되기 시작한 것은 1790년대 중반이었다. 영국 정부가 프로테스탄트의 지배권을 팔아넘길 것이라는 전망은 더블린성 정부의 완전한 붕괴에 이를 수도 있는 반발을 위협적으로 촉진했다. 지배권을 행사하던 지도자들은 혁명으로 인해 퍼진 전반적인 사회적 공포를 이용하여 — 그리고 이것은 아일랜드 시골 지역의 소도시와 마을에서 가톨릭교도인 방어단Defenders과 프로테스탄트 피퍼데이 보이스Peep o' Day Boys[15]와 같은 무장 민병대들이 폭력적인 행동에 나섬으로써 분명하게 확인되었다 — 지금은 자유

---

14 왕은 그레이트브리튼섬에서 거주하기 때문에 아일랜드에서는 부재중인 왕으로 묘사되었다.
15 날이 샐 무렵(peep of day)에 가톨릭 주민들이 가옥을 습격한다는 의미였고, 이를 방어하는 측은 스스로를 방어단이라고 불렀다.

주의를 가지고 장난칠 때가 아니라고 피트를 설득할 수 있었다. 1795년에 아일랜드에 새로 부임한 위그 총독 피츠윌리엄 백작Earl Fitzwilliam은 피트가 의도했던 것보다 훨씬 더 갑작스럽게 더블린성의 많은 고위 관리들을 독단적으로 해임하고는 가톨릭교도에게 프로테스탄트와 동등한 권리를 부여하는 전면적인 가톨릭 해방에 대한 그의 계획을 공개했다. 그는 취임한 지 7주 만에 소환되었다.

피츠윌리엄의 사임은 – 그의 전술이 얼마나 서툴렀든지 간에 – 아일랜드 정치가 종파적 불행, 테러, 전쟁을 향한 내리막길로 가파르게 접어드는 중요한 전환점이 되었다. 마침내 "연합 아일랜드인United Irishmen"으로 하여금 – 1791년에 다수의 프로테스탄트와 가톨릭 신자가 함께 만든 조직 – 영국 정부와의 지속적인 협력을 통해 근본적인 정의와 개혁을 이룰 수 있다는 낙관론을 포기하도록 했기 때문이다. 전시 상황이 악화되기 시작하면서 아일랜드가 프랑스와 싸우는 것이 정확히 무엇 때문인지에 대한 의문이 제기되었다. 에드워드 피츠제럴드 경Lord Edward Fitzgerald(찰스 제임스 폭스의 사촌)과 아서 오코너Arthur O'Connor와 같은 젊은 아일랜드 공화주의자들은 1689년으로 거슬러 올라가는 두 명분 사이의 연관성을 환기시키며 프랑스 정부가 혁명적 지원의 "해방" 전략을 자신들의 나라에까지 확장하도록 설득하려고 시도했다. 가톨릭 위원회의 프로테스탄트 사무장secretary 울프 톤이 이제 주류 헌법 개혁가로부터 완전한 공화주의적 민족주의자로 전향한 사실은 아일랜드 정치인들이 이제 민족 자치의 꿈을 실현하기 위해 선을 넘을 준비가 되어 있다는 징후였다. 얼마 전까지만 해도 톤은 영국 정부와 협력하여 자치를 향해 함께 나아가기를 희망했다. 그러나 그 정부가 연합 아일랜드인을 해체하고(그 구성원들은 강제로 영국으로 흡수되면서 스코틀랜드인들 및 잉글랜드의 혁명적 급진주의자들과 접촉하게 되었다), 피츠윌리엄까지 사임시키자 톤은 이제 "잉글랜드"가 아일랜드를 압제하고 정복하려는 적이라고 공식 규정했다.

유럽의 악화되는 군사 상황과 아일랜드의 제한적인 자원에 대한 인식은 더

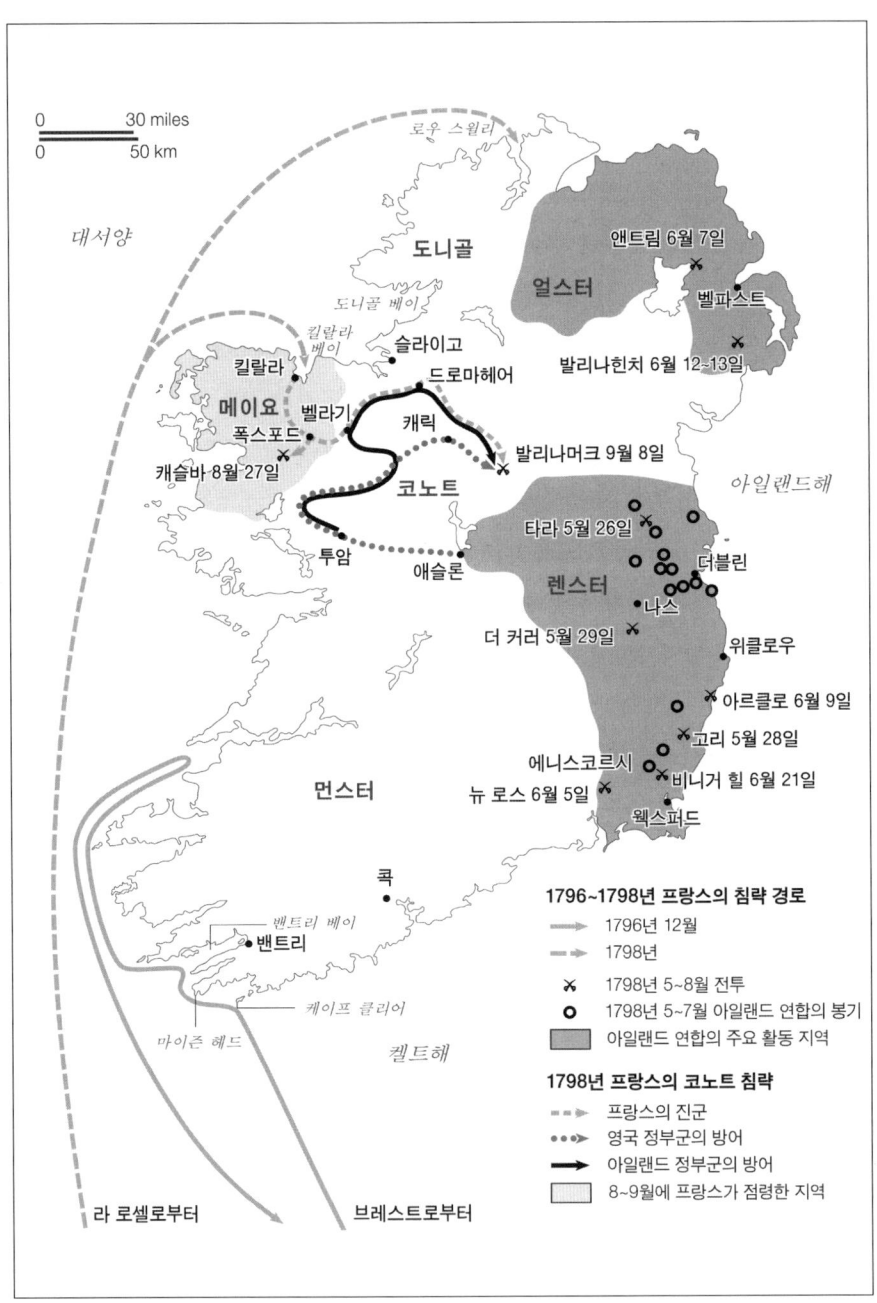

1798년 아일랜드 반란

블린성이 방어단 세력Defenderism에 맞서기 위해 프로테스탄트 민병대—1795년에 설립된 오렌지단Orange Order처럼—의 도움을 받지 않을 수 없게 했고, 이는 즉시 상황을 악화시켰다. 1798년 초에 이르러서는 근대 아일랜드 역사의 비극적인 광경이 이미 눈앞에 펼쳐졌다: 무장한 라이벌 종파주의자들이, 침략에 맞서 뒷문을 닫기 위해 싸워야 하는 궁지에 몰린 영국을 배경으로, 서로 잔학 행위를 저질렀다. 프랑스군이 북부 노르망디 해안에 진을 치고 있는 동안 아일랜드 스파이들이 잉글랜드와 스코틀랜드에 파견되어 침공 시 국내 봉기의 가능성을 조사했다. 그들은 상당히 비관적으로 돌아왔으나 아일랜드 자체에서는 전망이 훨씬 더 긍정적이었다. 잘 알려진 게임인 "네가 먼저after you"가 몇 달 동안 진행되었는데, 이는 세기 전반기에 스코틀랜드의 자코바이트가 사용했던 비참한 전략을 연상케 한다: 프랑스인들은 봉기의 신호를 기다렸고 연합 아일랜드인은 프랑스 원정대의 소식을 기다렸다. 마침내 1798년 봄에 아일랜드인이 먼저 행동을 개시하여 더블린성을 공격하고 남동부의 많은 지역에서 반란을 일으켰다. 그러나 성공의 열쇠인 북부의 얼스터Ulster는 불길할 정도로 조용했다. 양측은 늘 그래왔듯 잔학 행위를 저질렀고 6월 21일에 비니거 힐Vinegar Hill에서 아일랜드인들은 영국군에 의해 무자비하게 궤멸되었으며, 늙었지만 여전히 혈기왕성한 콘월리스Cornwallis가 새로운 총독으로 부임하여 영제국이 만든 난장판을 청소하는 데 바쳐온 자신의 경력에서 마지막이자 가장 피비린내 나는 성공을 거두게 했다.

프랑스의 지원 병력이 도착했지만 너무 늦었던 데다가 남동쪽의 중요한 분쟁 지역인 라인스터Leinster와 뮌스터Munster에서는 너무 멀게 떨어진 서쪽 메이요Mayo 카운티 해안의 킬랄라Killala에 상륙했다. 그러나 서부 코노트Connacht 지방은 가난하고 분노에 차 있고 가톨릭 인구가 압도적인 지역이었다. 이곳은 소도시와 시골 마을 모두에서 강력한 방어단의 지원을 받았으며 학교 교사, 농부 및 성직자가 이끄는 임시 군대도 있었고 갈퀴와 창으로 무장하고 있었다. 코노트는 프랑스군에게 반격했다. 영국군과 의용 기마대yeomanry가 전열을 가다듬기 전에 카슬바Castlebar에서 반군은 어느 정도 성공을 거두었지만; 오래지 않아 그들의 병력과 군수품 공급은 줄어들었고 항복은 불가피해졌다. 엎친 데 덮친 격으로 톤이 탄 소규모 함대는 브레스트Brest의 영국 봉쇄를 뚫고 지나가는 데는 간신히 성공했으나 도니골Donegal 해안에서 붙잡혀버렸다. 재판에서 반역죄로 유죄 판결을 받은 톤은 교수형이 집행되기 전에 감옥에서 자살했다.

그러나 "프랑스의 해"로 알려지게 된 이러한 사건들의 군사적 성쇠에 대한 대담한 요약이 1798년의 불행의 규모를 제대로 기록하지는 못한다. 적어도 3만 명의 아일랜드인이 학살당했다; 경제적·정치적으로 역동적이었던 세상은 침략, 억압, 종파 학살의 납골당으로 변해버렸다 ─ 즉각적인 군사적 위협이 지나고 나면 정부는 반군에게 내려진 많은 형량을 현명하게 감형했다. 보다 결정적으로, 아일랜드의 자유에 대한 희망은 1801년에 아일랜드가 영국에 흡수되었다는 사실로 대체되었다: 이제 유니언 잭의 마지막 십자가가 완성되었다.[16] 더블린 의회(되돌아보면 문제의 근원이라고 여겨졌던)는 해산되었고, 아일랜드 대표들은 이제 웨스트민스터 의회에 앉을 것이다. 그러나 이러한 시도는 대용품에 불과했다. 아일랜드의 선거구 수와 의회 의원의 수는 급격히 줄어들었고 아일랜드의 부채(1세기 전 스코틀랜드의 경우와는 달리)는 별개로 유지되었다 ─ 아일랜드 주민에게는 심각한 과세 부담이 되었다. 이 모든 일을 겪었던 헨리 그래턴은 다음과 같이 말했는데 이는 모두 사실이었다. 그에 의하면 이 통합은 "그것이 의회와 국가에서 천주교 신자를 배제하기 때문에 사람들을 통합한 것이 아니다 … 그것은 또한 두 국민의 통합도 아니다; 한 국민의 의회를 다른 국민의 의회로 병합시키는 것이다; 한 국민, 즉 잉글랜드는, 모든 비율을 유지한다; 아일랜드는 3분의 2를 빼앗긴다 … 이러한 흡수 행위에 의해 한 국민의 감정은 통합되는

---

16 영국의 국기인 유니언 잭은 잉글랜드 수호성인(세인트 조지)과 스코틀랜드의 수호성인(세인트 앤드루)을 상징하는 십자가들을 겹쳐 놓은 형태였는데 이제 여기에 아일랜드의 수호성인(세인트 패트릭)을 상징하는 십자가가 추가되었다는 얘기.

것이 아니라 소외된다".

그러나 1798년은 단지 "프랑스의 해"가 아니었다; 영국의 해이기도 했다. 프랑스가 아일랜드에 상륙했을 때 인류의 형제애가 임박했다고 가장 열렬히 믿었던 사람들 중 일부는, 철학적으로, 귀국하기로 결정했다. "평화의 친구들" 다수는 "피트의 전쟁"이 얄팍하게 위장된 억압의 도구라고 주장했다. 표현의 자유를 공격하는 구실을 제공하고 저항의 길을 폐쇄하면서 돈 많은 사람들은 더 부유하게 하고 노동하는 사람들은 더 가난하게 한다는 것이다. (조지프 존슨이 페인의 발행인인 J. S. 조던J. S. Jordan과 함께 왕당파 흘랜대프 주교에 대한 공격을 출판한 혐의로 기소되었을 때도 여전히 그렇게 느꼈을 것이다.) 그러나 많은 사람들이, 그곳에 직접 가봤든지 아니면 소식을 전해 들었든지, 보나파르트와 집정부 체제 프랑스에 대해서 유산계급이 자행한 폭정에 대해서 느꼈던 것과 비슷한 정도로 비관적인 견해를 갖게 되었다. 아마도 해협 건너 배치된 강력한 "잉글랜드 육군"의 존재를 인식하면서, 그들은 『고찰』에서 버크가 제시한 공리, 즉 범세계주의에는 뭔가 부자연스러운 점이 있다는 주장의 힘을 인정하기 시작했을 것이다; 애정의 공정한 분배는 그러한 감정들이 얼마나 얕은지를 증명할 뿐이다. 자연은 특수하고 지역적인 것이라고 그는 말했다. "세분된 구역에 애착을 갖는 것, 사회에서 우리가 속해 있는 작은 소집단을 사랑하는 것이야말로 공적인 애정의 첫 번째 원칙이자 싹이다. 이것이 우리가 조국과 인류에 대한 사랑을 향해 나아가는 연속물의 첫 번째 고리인 것이다." 즉, 애국을 통해서가 아니라면 인도주의란 있을 수 없었다.

아무튼 이것은 26세의 새뮤얼 테일러 콜리지Samuel Taylor Coleridge의 따뜻한 가슴과 강력한 두뇌에서 확실히 싹트고 있는 감정이었다. 1798년 봄, 4절판으로 편집된 그의 장시長詩(꽤 긴) 세 편은 프랑스에 대한 그의 환멸과 영국의 운명에 대한 우려를 동시에 표현했다. 시의 발행인이 조지프 존슨이라는 사실 자체가 자연의 사도들이 방향을 전환했다는 사실을 명확하게 드러내준다. 그 세대의 많은 사람들과 마찬가지로 콜리지 역시 — 케임브리지 대학 시절에나 그 후에

나 — 프랑스 혁명의 대의와 장-자크 루소의 주장이 인류가 자연의 법칙들에 따라 살아가는 새로운 시대를 열었다고 열렬히 믿었었다. 침략의 공포가 최고조에 달했을 때 — 영국의 인도 제국을 후방에서 공격하기 위해 나폴레옹이 이집트로 원정을 떠나기 직전 — 작성된 그의 첫 번째 시 「고독에 대한 공포Fears in Solitude」는 상반된 고뇌와 황홀경이 뒤섞인 비범한 작품이다. 콜리지는 계속되는 전쟁이 정상 상태로 인식되는 것을 슬퍼한다.

> 우리는 확실한 죽음을 위해 우리의 명령을 보낸다
> 수천 수만의 죽음! 소년들과 소녀들,
> 그리고 여자들, 아이를 보고 신음할 것이다.
> 벌레의 다리를 뽑는 아이, 모두 전쟁에 대해 읽는다,
> 우리의 아침 식사를 위한 최고의 오락!

그러나 그는 또한 적의 특성을 고려할 때 대안이란 없을 수 있으며 그의 시가 애국적 애가threnody로 부풀어 오를 수 있다는 점을 받아들이게 되었다.

> 오, 나의 조국 영국이여! 오 나의 어머니 섬이여!
> 사랑스럽고 거룩하다는 것 외에 당신을 어떻게 증명해야 합니까?
> 당신의 호수와 산-언덕에서 온 나에게,
> 당신의 구름, 당신의 고요한 골짜기, 당신의 바위와 바다,
> 내 모든 지적 생활에서 들이마셨습니다,
> 모든 달콤한 감각, 모든 고상한 생각…
> … 오 신성한
> 그리고 아름다운 섬! 당신의 나의 유일하고
> 그리고 가장 장엄한 사원…

조국을 끌어안은 뒤에는 위선적인 침략자를 꾸짖는다. 「프랑스: 시France: An Ode」의 두 번째 연은 슬픔 속에서 1789년의 행복감을 회상한다.

분노한 프랑스가 그녀의 거대한 팔다리를 들어 올렸을 때,
그리고 공기, 땅, 바다를 치는 그 맹세와 함께,
그녀의 강한 발로 밟고 그녀는 자유로울 것이라고 말했네,
나의 증인이 되어주세요, 내가 얼마나 희망했고 얼마나 두려워했는지!

크라이스츠 병원Christ's Hospital의 학교에서 16세의 콜리지는 실제로 바스티유의 몰락을 축하하는 시를 썼었고, 이를 어떤 식으로든 철회하고 싶어질 때까지는 10년이 걸릴 것이었다. 케임브리지의 지저스 컬리지Jesus College에서 그는 악명 높은 말썽꾸러기였고, 유니테리언 목사인 윌리엄 프렌드William Frend가 국교회 교회를 공격하고 "선동적인" 의견을 개진했다는 이유로 대학이 그의 교수직을 박탈하기 위해 소송을 제기했을 때는 그의 가장 난폭한 지지자 중 한 명이었다. 이렇듯 호탕한 성향 탓에 콜리지는 제15기병 부대에 잠시(가명으로) 입대했지만, 그의 정치적·사회적 이상주의로 인해(말안장으로 인한 고통이라는 당혹스러운 사유도 있었지만) 그는 제복을 다시 벗었다. 퇴역 담당 장교는 그를 "미친 사람"으로 공식 규정했다. (콜리지는 항상 뛰어난 연기자였다.) 민주주의자들을 위한 의무적인 하계 보행 여행 도중에 콜리지는 영국-켈트족의 숭고함을 찾아다니는 페넌트 투어를 따라 옥스퍼드에 갔고 거기서 자신과 마찬가지로 젊고 열렬한 학생인 리처드 수디Richard Southey를 만났다. 두 이상주의자는 함께 사회적 유토피아, 즉 "팬티소크라시Pantisocrcy"[17]를 미국에 세우려고 계획했는데, 그곳에서는 (아마도 메리 울스턴 크래프트가 이를 알았더라면 기뻐했을 것이다) 남자들이 집 안 청소를 하게 될 것이었다. 그러나 콜리지가 서스퀘해나Susquehanna강[18]

---

17 모두가 동일한 권리를 갖는 공동체라는 뜻.

유역에 가장 근접해서 도달할 수 있었던 곳은 겨우 브리스톨이었고 거기서 그는 1795~1796년의 10개월 동안 윌리엄 워즈워스를 만나 공개 강연을 하고 정기간행물 ≪더 워치맨The Watchman≫의 편집자가 되었다. 이 기간 내내 콜리지는 총리를 "악마"로, 그의 연설을 "구름이 배설물을 뒤덮듯이 비열함을 은폐하는 신비"로 표현하면서 피트와 그의 정부에 대해 신랄한 비판을 연달아 퍼부었다. 그는 찰스 제임스 폭스에게 경의를 표하는 만찬에 참석했고, 혼 투크와 셀월의 재판을 보러 갔으며, 비록 셀월의 무신론은 꾸짖었으나 이 "소요학파"와 친구가 되었다. 무엇보다 이 전직 기병의 강의와 기사들은 전쟁 자체에 대한 증오로 가득 차 있어서, 전쟁은 부자와 권력자들이 세금과 피로 대가를 치를 수밖에 없는 가난하고 무력한 사람들에게 가하는 비참함이라고 폭로했다.

1798년이 되자 콜리지의 곡조는 극적으로 바뀌었다. ≪더 워치맨≫은 예상대로 폐간되었고 이 편집자는 "나는 내 삐걱거리는 선동의 아기 트럼펫을 부러뜨려서 그 파편을 참회의 방에 걸어두었다"라고 말했다. 독립된 스위스 칸톤 연합을 프랑스인이 소멸시키려 하는 것은 이 위협이 특별한 해방자가 아니라 늘 있어온 부류의 군사 침략자로부터 가해진 것임을 매우 분명하게 확인시켰다. 게다가 스위스는 쓰러뜨려야 할 또 다른 시대착오적 지역이 아니었다. 1790년의 워즈워스처럼 프랑스에서 바스티유의 날을 기념한 후 그곳까지 하이킹을 했던 낭만주의자들에게 스위스는 자유의 신전이자 자연의 요새가 사람들을 단순함, 순수함, 자유로 유지시켜 주는 탁월한 장소였다. 루소 자신도 몽블랑의 그늘에서 태어났고, 윌리엄 텔은 (영국의 로빈 후드와 함께) 폭정에 맞서는 고전적인 영웅 중 한 명으로 재창조되었다. 오스트리아 대군주들에 대항하는 칸톤들은 헨리 퓨즐리에 의해 불멸의 존재가 되었다. 프랑스인들처럼 그 신성함을 위반하는 것은 스스로를 비열한 압제자로 드러내는 것이었다. 배신에 경악한 콜리지는 저주의 나래를 펼쳤다:

---

18 미국 동부 연안에 흐르는 강.

오 프랑스여, 천국을 조롱하고, 불순하고, 눈이 멀어,

해로운 싸움에서만 애국자!

이것이 당신의 자랑입니까, 인류의 챔피언이여?

… 자유의 신전을 약탈품으로 모욕하는 것이

자유인에게서 찢어낸; 유혹하고 배신하는 것이?

프랑스에 대한 환멸이 콜리지를 반동으로 만들지는 않았다. 그의 딜레마는 이제 평범한 사람들을 대포의 먹잇감으로 만들었던 태도와 논쟁, 소리와 분노를 넘어서 짓밟힌 자들에 대한 "사회적 애정"을 어떻게 지속할 것인가였다. 그 답은 존슨이 출판한 4절판 세 편의 시 중 세 번째인 「자정의 서리Frost at Midnight」에서 그에게 떠올랐다. 여기서 그는 어린 아들을 바라보며 도시의 소음에서 멀리 떨어져 있는 그 아이를 상상한다.

하지만 그대, 나의 아기여! 미풍처럼 떠돌아다닐지어라

호수와 모래사장 옆에서, 험준한 바위 아래에서

고대 산의, 그리고 구름 아래에서.

자연은 위안과 동시에 교훈이 될 것이지만, 이제 자연의 수석 교사는 루소가 아니라 신이 될 것이다. 자연이 마땅히 받아야 할 정직함과 진지함으로 볼 때, 자연은 모든 삶을 변화시키는 힘을 가지고 있었다 — 그러나 정치적 의제를 작성한다는 의미에서가 아니다. 이제 헌법과 혁명은 자연스럽고 단순한 것을 포용하는 것으로부터 얻는 계몽에 비하면 터무니없이 요점에서 벗어난 것처럼 보였다. 투표는 결코 사람을 행복하게 할 수 없다. 2월의 스노드롭,[19] 종달새의 날갯짓, 기어가는 아기의 재잘거림은 그렇게 할 수 있다.

---

19   이른 봄에 피는 흰색 꽃.

말할 필요도 없이, 이러한 통찰력은 브리스톨의 번화한 상업 항구에 있던 시기의 콜리지에게 찾아온 것은 아니었다. 그는 그 전에 북부 서머싯Somerset에 있는 네더 스토위Nether Stowey에 오두막집을 차렸다. 예전에 이곳으로 여행했을 때 그는 정직하고 자연적인 사람의 전형이라고 생각되는, 무두장이[20]이자 열광적인 민주주의자 토머스 풀Thomas Poole을 만났다. 풀은 콜리지에게 이 집을 찾아준 사람이었는데, 더 중요한 것은 이 집이 도싯Dorset의 레이스다운Racedown에서 누이 도러시Dorothy와 함께 살고 있던 워즈워스의 거처까지 콜리지가 걸어 다닐 수 있는 거리 내에 있었다는 점이다(콜리지는 40마일을 걷는 것은 아무렇지도 않게 생각했기 때문에). 프랑스에서 돌아온 후 워즈워스는 누이의 격려를 받아 "인류"에 아포스트로피를 붙여 피상적으로 일반화하는 것에서 벗어나 사회에서 종종 소외되는 특정한 개인들의 곤경에 대해 적극적인 동정을 표하기 시작했다: 불구가 된 베테랑 군인들, 떠돌아다니는 걸인들, 누더기를 걸친 방랑자들, 고아들, 궁핍한 노동자들. 1795년에 도러시는 남서부의 "농민들"을 "비참하게 가난한 사람; 그들의 오두막은 나무와 점토로 된 형태도 없는 구조(나는 거의 그렇게 말할 수 있다)로 되어 있고; 실제로 그들의 상태는 야만인의 삶에서 기대할 수 있는 것 이상이 아니다"라고 묘사했다. 1797년 하반기와 1798년 봄에 걸쳐, 워즈워스는 콜리지에 더 가까운 곳인 앨폭스던Alfoxden에 상당히 큰 집을 마련했고 이제 두 사람은 전례 없는 일을 계획했다. 웨스트 컨트리West Country 사람들 중 노동자와 빈농들의 평범한 말을 사용하고, 목가적 전통에 대한 겉치레식 환상에서 완전히 벗어난 공동 시선집을 펴내기로 했던 것이다. 이 『서정 민요집Lyrical Ballads』은 예쁘지 않을 것이다. 부서진 몸과 허물어진 오두막집을 투명한 눈과 열린 마음으로 바라볼 것이다. 그들은 종종 무례하게 들릴 것이고, 그들의 운율은 응접실 바닥을 밟는 징 박힌 부츠만큼이나 무겁게 진행될 것이다. 그러나 자연의 최고의 힘에 충실하겠다는 것

---

20 짐승의 가죽을 가공하여 부드럽게 만드는 일을 하는 사람.

은 무엇보다도 그것을 책으로 표현할 수 있는 생각으로 취급하거나 정치적 슬로건으로 취급하지 않겠다는 것을 의미했다; 그것은 물리적 실체로서의 자연과 함께 사는 것을 의미했다. 바로 이것이 그들의 혁명이 될 것이다.

그들의 가장 위대하고도 가장 강렬하게 열정적인 작품들 중 상당수는 이러한 협업의 결과였다. 「컴벌랜드의 늙은 거지The Old Cumberland Beggar」가 터벅터벅 이 집 저 집을 돌아다니는 것을 따라다니며, 워즈워스는 권력자들이 가장 손쉬운 소모품으로 취급한 바로 그 사람들의 몸을 채택했다.

> 그러나 이 사람을 쓸모없는 사람으로 여기지 말라. 정치가! 당신은
> 자신의 지혜에 대해 불안해하는 자, 당신은
> 손에 아직도 빗자루를 들고 준비하고 있는 자
> 이 세상에서 골칫거리들을 없애기 위해…

왜? 바로 이 거지가 방문 행위를 통해 남성과 여성의 단순한 집합체를 동정이라는 공통의 행동으로 엮어서 진정한 공동체, 즉 마을을 만들어내기 때문이다. 그리고 그는 과거와 현재도 결합한다.

> 집집마다 돌아다니며,
> 이 노인은 굽실대고, 마을 사람들은 그의 안에서
> 함께 묶는 기록을 본다
> 과거의 행동들과 자선 사무소들을
> 다른 것들은 기억나지 않는다…
> … 농장들과 외딴 오두막들 사이에서,
> 촌락들과 드문드문 흩어져 있는 마을들 사이에서,
> 이 늙은 거지가 돌아다닌다,
> 늘 해오던 일이지만 불러일으킨다

자비의 행위를…

비록 그가 아직 완전히 자백하진 않았을 수도 있지만, 집단적인 정책 행위보다 개별적인 자선 행위에 대한 그의 높아져가는 선호도; 종종 시골 깊숙한 곳에서 일어나는 개인들 간의 대면 만남의 중요성에 대한 그의 막 피어나기 시작한 기독교적 감각; 그리고 전통이라고 하는 강제되지 않은 힘에 대한 그의 커져가는 깨달음, 이 모든 것들은 그를 페인보다 버크에 훨씬 더 가깝게 만들었다. 그러나 (특히 콜리지가 서머싯 시골 사람들의 옷을 입음으로써 사회적 동정을 표현하기로 결정한 이후) 자신보다 열등한 사람들과 뒹굴뒹굴하는 시인들을 보고 어리둥절했던 일부 지역 주민들에게는 이러한 기이함이 위험할 정도로 특이하게 보이기 시작했다. 이 신사들이 프랑스어로 말한다는 소문도 돌았다. 국가적인 위기가 발생한 이 해에 퀀톡스 언덕the Quantocks에서 이상한 음모가 무르익고 있는 것일 수도? 존 셀월의 외모는 — 자연스럽게도 — 런던에서 150마일이나 걸어온 상태였기 때문에, 그들의 의혹만 부풀렸다. 반역 혐의에 대해 무죄가 선고된 후 거머리처럼 그에게 달라붙었던 스파이들에 의해서도 저지되지 않은 채, 셀월은 1796년 한 해 동안 다비와 노리지Norwich[21]만큼 멀리 떨어진 곳을 포함해 여러 지역의 급진주의적 순회강연에서 22회나 강의를 하는 스타 강사가 되어 있었다. 퀀톡스의 시인들이 입방아에 오르는 이유가 자신이라는 것이 분명해지자 셀월은 스파이들을 끌고 다른 곳으로 이동했다. 그는 무신론에 대해 워즈워스, 콜리지와 격렬한 논쟁을 벌였음에도 불구하고 그와 그들이 본질적으로 같은 마음이라고 믿었다; 안타깝게도 이러한 견해는 상대방의 화답을 얻지는 못했다.

네더 스토위와 앨폭스더에 온 순례자들 중에서 19세의 윌리엄 해즐릿William

---

[21] 철자와 다른 영국식 발음에 주의. '-wich'로 끝나는 지명은 '-위치'나 '-이치'가 아니라 '-이지'로 발음하는 경우가 많다.

Hazlitt만큼 경외감을 느낀 사람은 없었다. 워즈워스와 콜리지에게 해즐릿은 고통스러울 정도로 수줍어하고 약간은 기이한, 마치 강아지처럼 촐랑대고 별난, 우스운 녀석이었다. 그의 태도 중에서 어떤 것도 이 서툴고, 눈이 휘둥그런 야심 찬 화가이자 슈롭셔Shropshire의 아일랜드 유니테리언 목사의 아들이 영어권에서 가장 위대한 수필가가 될 것이라고 암시할 만한 것은 없었다. 1798년 1월에 콜리지의 대규모 유니테리언 설교를 듣기 위해 얼어붙은 진흙탕 속에서 10마일을 걸어 슈루즈버리까지 갔던 해즐릿은, 자신의 과장된 설명에 의하면 "길가의 벌레처럼 멍하고, 말도 제대로 하지 못하고, 무력하고, 피까지 흘리면서 생기를 잃은 상태가 되어 있었다". 콜리지가 입을 열자마자 그의 목소리는 "진하게 증류된 향수의 증기처럼" 떠올랐고, 해즐릿은 혼을 빼앗겼다. 길고 검고 찰랑거리는 머리칼과 풍성한 입술을 가진 덩치 큰 이 남자는 그를 "메뚜기와 들꿀을 먹으며" 황야에서 울부짖었던 성 요한의 상태가 되게 만들었다.

그 주의 후반에 이 위대한 남자는 실제로 교회 사업 차 해즐릿의 아버지를 방문했다. 윌리엄은 평소와 같이 꿀 먹은 벙어리처럼 바닥만 응시하며 앉아 있었지만, 자신이 열정적으로 느꼈고 당연하다고 생각했던 어떤 주제에 대해 말을 꺼낼 때는 예외였고 이에 대해 콜리지도 – 버크, 메리 울스턴크래프트, 윌리엄 고드윈도 – 똑같이 느끼리라 기대했다(이것은 틀리지 않았다). 테이블 위에는 웨일스 양고기 뒷다리살과 순무 한 접시가 놓여 있었다. 해즐릿은 콜리지와 이야기를 나눈 데다가 그가 자기를 좋아해 준다는 행복에 가득 차서 마치 여태 음식을 한 번도 맛본 적이 없는 사람처럼 신나게 먹었다. 그리고 봄에 네더 스토위로 초대를 받았을 때는 경외심에 가득 차서 이 시인을 따라 6마일 동안 길을 걸어갔다(잘 걷는 다리를 가져야 한다는 낭만의 자격시험을 통과하면서).

서머싯에서 해즐릿은 워즈워스의 저택으로 초대받아서 도러시를 만났다; 조지 1세와 조지 2세의 초상화 맞은편에 있는 푸른 천이 매달린 침대에서 잠을 잤고, 윌리엄이 브리스톨에서 돌아와 채서 치즈 반쪽을 "때려 부수는" 것도 보았다. 그는 시인들과 아침 산책을 하게 되었고 그들이 시의 초안을, 그의 (감질

나는) 표현에 의하면 "미리 정해진 가창법"에 맞춰 낭송하는 것을 들었다; 콜리지는 항상 더 연극조였고 워즈워스는 더 조용하게 서정적이었다. 어느 산책로에서, 콜리지가 철학을 공부하고 하르츠Harz 산맥에서 방랑하기 위해 독일로 떠나기 직전에, 그들은 해변 위의 길을 따라 또 다른 긴 배회를 하고 "이랑진 바다 모래" 위를 배회하면서 특이한 종의 해초를 조사했다; 여기서 해즐릿은 자연 속에서 산다는 것이 무엇을 의미하는지 드디어 이해했다고 생각했다. 어느 어부가 그들에게 말하길, 그 전날 어느 소년이 물에 빠지는 일이 있었고 그와 동료들은 목숨을 걸고 그를 구하려고 노력했다. 해즐릿은 나중에 이렇게 썼다. "그는 자신들이 어떻게 그렇게 과감한 도전을 했는지 모르겠다고 하면서도 '선생님, 우리는 서로에게 향하는 본성을 갖고 있는 거예요'라고 말했다."

"서로!" 이것이야말로 "사회적 애정"이었고, 해즐릿은 서머싯에 있는 그 시인들이 공유하던 가정에서 자신이 본 것은 상호 동정에 기반한 강제되지 않은 공동체였다고 생각했다; 꾸밈없는 가족생활; 마을 사람들과의 편안한 대화; 대도시 유행의 변덕과 광란에서 멀리 떨어진 때 묻지 않은 인간성의 재발견.

1802년이 되자 해즐릿은 그 두 시인들을 다시 만나고 싶어졌는데, 그들은 모두 레이크 디스트릭트에 재정착했기 때문에 만나기 위해서는 북쪽으로 가야 했다; 워즈워스는 누이와 함께 살고 있었고 콜리지는 훨씬 더 웅장한 근처의 그레타 홀Greta Hall에 살고 있었다. 하지만 시골의 기후와 함께 무언가가 식어 있었다. 이제 자연은 그들을 이웃의 동료 너머에 있는 일상 세계와 연결해 주는 것이 아니라 오히려 일상 세계로부터 그들을 분리시키는 것처럼 보였다. 특히 워즈워스의 시에서는 "고독함"과 "고독한"이라는 단어가 반복되기 시작했다; 그리고 그가 바위가 많은 풍경에서 거의 깎아낸 듯한 형상을 소개했을 때, 그것들은 벌거벗은 언덕을 배경으로 실루엣만 보이는 황량한 환영으로 보였다. 해즐릿에게 이 "갱단"의 유일한 진지한 연결은 서로에게만 존재하는 것처럼 보였다. 그래스미어Grasmere는 가족과 친구들의 작은 공동체가 되어서 이들은 서로에게 책을 읽어주었고, 바위와 나무에 이름을 새기는 것을 통해 이 시골 지역을 소유했으며; 음식을 나눠 먹었다. 그들이 여전히 스스로를 시인-철학자라고 생각한다면, 해즐릿은 그들이 설교하는 것은 공적 개혁(혁명보다는 훨씬 약한)과 같은 것이 아니라 어린 시절 경험한 자연과의 단순하고 강렬한 연결을 다시 확립함으로써 개인의 삶을 재창조하자는 것임을 깨달았다. 콜리지가 생각하는 커다란 변화란 숲에 나도싸리 나무 씨를 몰래 뿌려 레이크 디스트릭트를 노랗게 만드는 것 정도였다.

그의 강렬한 자기 몰두는 이제 25세가 되어 저급한 기사나 쓰며 생계를 유지하려 고군분투하는 예술가인 해즐릿을 짜증 나게 했다. 이 시인들이 비록 레이크 디스트릭트에서 단순한 삶을 과시하고는 있으나 조지 버먼트Sir George Beaumont와 같은 신사 후원자의 도움 없이는 그것을 감당할 수 없었을 것이라는 점을 그는 완벽하게 잘 알고 있었다. 그래서 콜리지가 그의 친구 톰 웨지우드(파리의 예전 영국 클럽 회원)의 여행 동반자에서 해즐릿을 배제하면서 그가 지적으로는 훌륭하지만 개인적으로는 "100번 중 99번은 유별나게 혐오스럽게 굴고; 눈썹은 축 늘어져서, 신발만 쳐다보며 생각에 잠겨 있고, 이상한 … 그는 질투심이 많고 우울하며 짜증날 정도로 자존심이 세며 — 여자에 중독되어 있다"고 묘사하고, 웨지우드도 겁먹고 상처받은 해즐릿에게 악의적으로 이런 태도를 반복해서 취하자 그의 환멸은 극에 달했다. 아무튼 그는 수필 작가였기에 「혐오의 쾌락The Pleasures of Hating」이라는 최고의 글을 쓰게 되었고, 그 후로 몇 년 동안 그의 날카로운 이빨은 콜리지가 병들고 아편에 중독되어 평판이 침몰할 때 기회를 놓치지 않고 계속 깨물었다. 이는 개인적인 일이기도 했지만 정치적인 것이기도 했다. 해즐릿은 워즈워스나 콜리지의 변절을 결코 용서하지 않았다; 에드먼드 버크가 자연을 혁명가가 아니라 애국자로 만들었을 때와 비슷하게 그들의 열정은 부적절했다.

1802년에 아미앵Amiens 화평이 체결되면서 프랑스를 오가는 안전한 해상 통행로가 잠시 개방되었다. 감옥에서 앓았던 발진티푸스에서 회복되지도 않은 상태에서 나폴레옹("자유의 도살자이자 자연이 뿜어낸 가장 강력한 괴물")에 대한 냉랭한 혐오감으로 인해 더욱 고통받고 있던 톰 페인은 마침내 자유와 사회정의의 안식처였던 프랑스를 포기했다. 그는 르 아브르Le Havre에서 미국으로 항해하여 그 나라의 첫 번째, 두 번째 대통령인 조지 워싱턴George Washington과 존 애덤스John Adams와 예상대로 논쟁을 벌인 후 미국이 감사의 의미로 1784년에 그에게 증정한 뉴욕주의 뉴 로셸New Rochelle에 있는 300에이커 규모의 농장으로 이사했다. 그는 그곳에서 몇 마리의 돼지와 소와 함께 여생의 대부분을 보냈다. 그를 찾아온 순례자들(많은 사람들이 있었다)은 그가 자연 상태로 돌아간 것을 보고 당혹스러워했으며, 그는 너무도 검소한 나머지 차 한 주전자를 마신 후 찻잎을 나중에 다시 사용하기 위해 말릴 정도였다. 그는 결국 가난으로 인해 농장을 팔아야만 했고 1809년 뉴욕에서 거의 무일푼으로 사망했다.

전제주의 상태가 되어버린 프랑스에 대해 모두가 공포를 느낀 것은 아니었다. 예를 들어 윌리엄 해즐릿은 나폴레옹의 영웅담에 매료된 후 그것으로부터 빠져나오지 못했고, 나중에는 그에 대한 전기까지 썼으나 이것은 그의 모든 작품 중 가장 지루하다. 1802년에 그는 우여곡절 끝에 돈을 긁어모아서 파리로 갔으며 루브르 박물관에 서서 걸작들을 감상하면서 제1통령First Consul[22]이 유럽의 교회와 갤러리를 약탈하여 박물관 소장품을 축적했다는 사실을 편리하게 간과했다. 카레Carre 살롱에서는 ― 짧은 평화 기간 동안 유럽 여행을 할 때 ― 찰스 제임스 폭스를 봤는데 그는 이제 살이 찌고 백발이 되긴 했지만 해즐릿에게는 여전히 피트의 전시 안보 상태를 거부한 불굴의 영웅이었다.

그리고 보나파르트주의 프랑스를 아주 많이 멸시하긴 했으나, 워즈워스도 그의 누이 도로시와 함께 여름 정기선을 타고 해협을 건넜다. 그는 젊음의 열정을 되찾을 생각은 없었고 오히려 그것을 봉인하겠다고 마음먹었다. 그는 결혼하기로 이미 결심했고, 편한 양심 상태에서 그렇게 할 수 있게 하기 위해 아네트와 그의 딸 캐럴라인에게 다시 한 번 눈길을 줘야 했다; 자신의 앞길을 방

---

22 나폴레옹이 쿠데타 직후 스스로에게 부여한 칭호.

해하지 않도록 해야만 했다. 아네트의 입장에서는 그녀의 오랜 연인을 만나야 하는 실질적인 이유가 있었다. 그가 그동안 캐럴라인의 양육을 위해 보내오던 적당한 부양비를 결혼 후에도 계속 지불할 것이라는 확인을 받을 필요가 있었다. 또한 여성을 혐오하는 나폴레옹의 국가에서는 혼외 자식에 대해 어머니가 아무런 권리를 행사할 수 없었기에 그녀는 워즈워스가 자신의 아이를 빼앗으려 하지 않을 것이라는 확신도 필요했다. 이러한 불안은 적절하게 해소되었다. 줄 수 있는 다른 게 별로 없다는 것을 알게 된 이 시인은 어머니와 아이에게 시집 한 권을 증여했다. 그들은 각자의 길을 갔다.

콜리지와 워즈워스는 이제 존 불John Bull[23]을 위한 총력적인 선전가로 빠르게 변모하고 있었다. 1803년에 프랑스와의 휴전이 깨지고 1798년보다 훨씬 더 침략의 가능성이 높아졌을 때 콜리지는, 영국이 유럽의 폭정에 맞서는 최후의 도피처라는 궁지에 몰린 처칠의 원조와 같은 모드로 섬나라의 특수성에 푹 빠진 채, 이렇게 썼다: "잉글랜드인은 스스로 생각하고 스스로 행동해야 한다. … 프랑스가 유럽 전체를 구워삶고 혼란에 빠트려 우리에 대항하게 하라. 나는 나의 나라에 대해 두려워할 게 없다. … 이사야의 예언은 제대로 들어맞을 것이다. '그들은 홀로 포도주 틀을 밟았고 그들과 함께 한 나라는 없었도다.'"

보나파르트 혐오증Boneyphobic이 심했던 이 시기에 대다수의 영국인과 공감대를 형성한 사람은 해즐릿이 아니라 콜리지였다. 프랑스의 위협은 결국 상상이 아니었다. 1803~1804년에는 적어도 10만 명의 프랑스군과 연합군이 불로뉴Boulogne에 진을 쳤고 2300척의 선박(대부분은 물론 소형)이 출항 명령을 기다리고 있었다. 나폴레옹이 바이어 태피스트리Bayeux Tapestry[24]를 처음으로 내걸었을 때 그 첨병대는 영국 육군의 대규모 대열에게 또는 좁은 해협을 가로질러

---

23   영국을 의인화하는 상징적 표현.
24   1066년에 윌리엄 정복왕이 잉글랜드를 점령한 후 노르망디 지역의 자수공들을 시켜 자신의 잉글랜드 왕위 찬탈 과정을 다소 미화하여 미술 서사 작품으로 구현한 것.

20마일 떨어진 곳에서 대기하던 수비군에게 큰 피해를 입히지는 못했다. 1804년 말이 되면 영국은 스페인과도 전쟁을 시작했다.

그러나 윌리엄 피트는 10년간의 잔인한 세계 전쟁을 버텨내지 못하고 결국 눈에 화살을 맞은 채로 물러난 상태였다.[25] 1804년 5월에 그가 공직에 복귀했을 때는 자신이 직면한 사태의 규모를 인식하고 새로운 해군 제1제독인 헨리 던다스Henry Dundas와 함께 50년 전에 전쟁 지도자로서 명성을 날린 아버지의 전성기에도 볼 수 없었던 규모와 철저함으로 국가 자원을 총동원했다. 더욱 인상적인 것은 이들이 프로이센이나 러시아와는 달리 대부분의 경우 강요 없이 이 일을 해냈다는 사실이다. (물론 예외적으로 셸월의 경우엔, 그가 강의 중이라는 소식을 듣고 징집하러 온 모병 담당 장교를 여러 차례 물리쳤는가 하면 한 번은 그를 잡으러 온 자의 관자놀이에 장전된 권총을 들고 겨누기도 했다.) 전쟁 초기의 충성심은 정부 예비군에 무장 병력을 파견하는 방식으로 주로 젠트리와 애국적 중간계급에 의해 발현되었으나, 이후 나폴레옹의 침략 위협에 맞서 싸우겠다고 자원한 엄청난 수의 사람들은 훨씬 더 자발적인 방식으로 그렇게 했다. 최근의 역사 연구들은 이를 "국방 애국심"이라는 현상으로 표현하는데, 이것은 시대착오적인 것이 아니다. 이 당시 당국이 맞닥뜨린 최악의 문제는 오히려 훈련도 제대로 받지 않고 규율도 모르는 인력이 너무 많아서 그로 인해 발생하는 혼돈을 피하는 것이었다. 왕국 보호법Defense of the Realm Act은 침공 사태가 발생할 때는 수비대를 구성하여 병력을 소집할 수 있도록 하기 위해 17세에서 55세 사이의 모든 건장한 남성의 명단을 작성하도록 규정했다. 1804년에 공포가 절정에 달하자 40만 명이 넘는 사람들이 선뜻 나섰고 이는 자원을 요청받은 인원의 절반 정도였다. 가장 열성적인 사람들은 정부의 예측과는 달리 시골이 아니라 남쪽 항구(최전선에 가장 근접한) 및 불과 10년 전만 해도 불충과 선동의 온상으로 치

---

25 바이어 태피스트리에서 윌리엄 정복왕에게 대항하던 앵글로 색슨족의 해럴드 왕은 눈에 화살을 맞아 죽은 것으로 묘사되어 있다.

부되었던 미들랜즈와 북부의 산업 도시들에서 충원되었다. 1804년 말이 되면 나라 전체가 "브리태니어 요새"로 변모했다. 1500만 명의 인구 중 375만 명의 남성이 무기를 들 수 있는 나이였다. 그리고 80만 명―5명 중 1명꼴―이 사실상 국가 수비대 소속이었다; 38만 6000명이 자원병이었는데, 그중 26만 6000명은 육군에, 12만 명은 해군에 소속되어 있었다.

이 대규모 모병에 대한 스코틀랜드의 공헌은 엄청났다. 하이랜드에서 파견된 부대―로우랜더 스코틀랜드인이지만 로흐 에언Loch Earn에 별장을 갖고 있었기 때문에 자신을 명예 하이랜더라고 생각한 던더스는 이에 아주 만족스러워했다―가 특히 눈에 띄었다. 결국 이것은 이민에 대한 대안이 되었고 이 전쟁 동안 블랙 와치Black Watch, 고든 하이랜더Gordon Highlanders 및 캐머런 하이랜드Cameron Highlands 부대들은 모두 신화적인 지위를 획득했다. 이 신화의 상당 부분은 사실에 기반한 것이어서 지상전의 첫 번째 축복받은 순교자들―1801년 이집트에서 전사한 랠프 애버크롬비Sir Ralph Abercromby와 1809년 스페인에서 전사한 존 무어Sir John Moore―은 실제로 스코틀랜드 출신이었다. 스코틀랜드 군인들은 미국과 인도에서도 복무했었지만 특히 이 전쟁을 통해서는 스코틀랜드인으로서의 자긍심이 그들이 영국인이라는 사실에 의해 약화되기보다는 강화되었다.

물론 국왕은 이 모든 진정한 애국심의 상징적인 구심점이었다. 조지 3세가 1803년 10월에 하이드 파크Hyde Park에서 2만 7000명의 자원봉사자를 열병했을 때 50만 명의 군중이 그 화려한 퍼레이드를 지켜보았다. 1795년 10월에 폭도에 둘러싸였던 마차에 대한 나쁜 기억은 이제 아주 먼 옛날의 이야기처럼 느껴졌을 것이다. 그는 이제 다시 대중 앞에 설 수 있게 되었고 1797년에서 1800년 사이에는 극장 공연에 55회나 참석하여 청중의 박수를 받으며 술을 마실 수 있었다. 「신이여 왕을 구하소서God Save the King」가 (「신이여 인간의 권리를 구하소서」가 아니라) 국가로 거의 결정된 것은 바로 이 시기의 이 왕을 위해서였다. 버크가 대중적인 감정이라고 정의한 바 있는 충성심은 어쨌든 이 순간에 입증된 것처럼 보였다; 그 무엇보다도, 가장 자연스러운 본능으로서 확립된 따뜻한 가정을 지켜야 한다는 영토 보존의 책무.

바로 이 시점에 셰익스피어의 역사 서술을 적절히 부활시킴으로써 완성도가 높아진 '즐거운 잉글랜드Merrie England', 홀의 지배를 받는 섬나라sceptred isle[26]의 신화가 탄생했다. 역사와 관련된 모든 것에 열광적인 반응과 시장이 따라왔으며, 아마도 처음으로, 지금과 비슷하게, 과거past는 취미pastime가 되었는데 이것은 아주 진지한 취미였다 – 영국성을 발견하는 방법으로서. 급진주의적인 지리학에서 시작했던 영국의 낭만은 이제 애국적인 역사로 성장했다. 아동 도서에는 어린 조니Johnny와 제인Jane 불Bulls에게 그들의 섬 이야기를 들려주는 삽화와 장면들이 넘쳐나기 시작했다. 러니미드Runnymede의 존 왕King John, 틸버리Tilbury의 엘리자베스 여왕Queen Elizabeth, 글렌피넌Glenfinnan의 귀염둥이 찰리 왕자Bonnie Prince Charlie가 모두 지면에서 튀어나왔다. 이 모두는 마담 투소Madame Tussaud의 새로운 밀랍 세공 박물관과 토머스 스토서드Thomas Stothard와 같은 일러스트레이터 및 아티스트의 대중적인 그림에도 다시 등장했다. 조상과의 연결에 대한 갈망을 충족시키기 위해 역사적인 의상, 가구, 스포츠, 무기 및 갑옷에 관한 다양한 책들이 등장했다. 중세 무기와 갑옷에 대한 위대한 권위자 새뮤얼 러시 메이릭Samuel Rush Meyrick은 윈저Windsor성의 컬렉션을 재구성하기 위해 조지 4세의 초대를 받았다. 이제 벤저민 웨스트Benjamin West가 그린 커다란 역사 회화들 아래에 유령 기사들[27]이 서 있게 되었다. 그러자 이 세대의 모든 시골 신사들은 그들의 헛간과 다락방으로 가서 고대의 검과 투구의 녹을 제거하고 고딕 양식으로 새로 꾸며진 그들의 "대회당Great Hall"에 이것들을 다시 배치했다.

---

26 셰익스피어의 희곡 『리처드 2세(*Richard II*)』에서 곤트의 존(John of Gaunt)이 처형당할 때 잉글랜드의 미래를 걱정하면서 왕국을 묘사하는 대사. 홀(sceptre)은 왕관 등과 함께 국왕의 권위를 상징하는 막대기 모양의 물체이며, "홀의 지배를 받는 섬나라(the sceptred isle)"는 이후 잉글랜드 또는 영국을 의미하는 여러 표현 중 하나가 되었다.

27 기사 갑옷을 마치 사람처럼 세워놓은 것.

그들 각자의 전쟁 연대기뿐만 아니라 역사 전체가 애국적인 오락이 되었다. 그리고 이 비즈니스의 가장 큰 흥행 요소는 그것의 가장 환상적인 쇼맨 호레이쇼 넬슨Horatio Nelson이었다. 그는 키가 5피트도 채 되지 않았고, 한쪽 팔만 있고, 한쪽 눈은 실명했으며, 너무 이른 백발에 치아도 없었지만 넬슨에 대해 평가하는 모든 것은 그의 실물보다 위대했다. 해군 사령관으로서 그는 천재였고 이에 대해 넬슨 자신보다 더 확신하는 사람은 없었다. 그는 천재에 대한 낭만주의적 숭배가 탄생하는 바로 그 순간에 등장했다. 신이 내린 재능의 판테온에는 전통적으로 위대한 예술가들을 위한 자리가 예약되어 있었다 — 셰익스피어, 밀튼, 미켈란젤로. 그러나 넬슨의 놀라운 경력과 그에 못지않게 뛰어난 자기 홍보 능력으로 인해 이제 군인도 이런 대우를 받을 수 있게 되었다. 애국적인 오락의 기획자들은 처음부터 그를 자신들의 스타로 만들었다. 1798년 나일강 전투에서의 승리는 아무튼 군중을 끌어들이기 위해 계산된 모든 것을 갖추고 있었다. 맘루크Mameluke 왕조의 전사, 낙타, 악어 및 프랑스인은 데이비 존스의 보관함Davy Jones's locker[28]으로 떼거지로 끌려 내려갔다. 헨리 애스턴 바커Henry Aston Barker는 〈나일강 전투Battle of the Nile〉의 360도 파노라마 기록화로 흥행 기록을 세웠다. 그러나 전직 마차 제작자이자 화가인 윌리엄 터너William Turner[29]에게는 빙 둘러선 거대한 그림조차도 이 서사시를 정당하게 표현하기엔 부족했다. 그는 플리트 스트리트Fleet Street 근처에 물을 가득 채운 로마의 경기장 이름을 따서 '모의 해전장The Naumachia'이라고 명명한 수상 극장을 지었다. 귀를 쪼개는 굉음을 내는 대포와 연막 기계를 완비하고 1시간 반 동안 터너가 연출하는 넬슨의 장관 속으로 들어가기 위해 사람들이 블록을 빙 돌아 줄을 섰다. (또 다른 터너[30]는 동료 예술가 필립 드 루서버그와 함께 빅토리Victory호[31]의 남은 조각들

---

28 해저 무덤을 뜻하는 말.

29 윌리엄 터너(1789~1862): 아래의 인물과 구분하기 위해 '옥스퍼드의 터너'라고도 불리며, 옥스퍼드 주변의 경치를 그린 수채화 풍경화로 유명.

30 조지프 맬러드 윌리엄 터너(Joseph Mallord William Turner, 1775~1851): 위의 윌리엄 터너

을 조사했는데, 그는 대중의 취향에 대한 확고한 본능에 이끌려 다비서의 경이로움에서 해전의 조각들을 보러 온 것이었고 1808년에 결국 대★ 히트작 공연을 성공시킬 수 있었다. 〈빅토리호의 미즌32 우현 밧줄에서 본 트라팔가 전투 The Battle of Trafalgar, as Seen from the Mizen Starboard Shrouds of the Victory〉.)

그러나 이 키 작은 사람을 직접 무대에 올리기는 어려웠다. 그에 관한 모든 것은, 심지어 (또는 특히) 에머 해밀턴 Emma Hamilton에 대한 그의 열정은, 유명 인사 숭배에 주어진 일종의 선물이었다. 피트와 국왕, 격식을 따지는 해군 관계자들은 그가 나폴리 주재 영국 대사의 아내였던, 그리고 그림의 모델로도 많이 등장했던 이 유명한 여성과의 관계를 숨기기를 거부한 것에 대해 민망해했지만, 음탕한 넬슨의 평판은 그의 인기에 해를 끼치지 않았고; 아마도 그 반대였을 것이다. 그는 이미 화려하고 카리스마 넘치는 아웃사이더였으며, 그의 잘 알려진 모든 허영심, 무모함, 오만함은 영웅의 예술적 기교의 본질로서, 특히 그 자신에게, 잘 팔렸다. 넬슨은 하프처럼 자신의 숭배를 연주했다. 그는 옷을 죽여주게 잘 입는 동시에, 죽고 싶어 환장해서 그런 옷을 입는 것 같기도 했다. 그는 퍼레이드에서든 선미루 갑판에서든 온갖 장식을 달고 쨍그랑대는 소리를 냈다. 그래서 그 모든 반짝이는 장식들이 실제로 그를 프랑스 전함의 미즌 돛대에 배치된 명사수들의 완벽한 표적으로 만들었다는 것은 놀라운 일이 아니다. 결국 그들 중 한 명이 1805년 10월 21일에 트라팔가 해전에서 표적을 명중시켰다. 넬슨은 이 전투가 영국의 해상 지배권뿐 아니라 이 섬나라의 독립 자체를 보존하는 데 결정적인 역할을 할 것임을 잘 알고 있었다. 나폴레옹이 프랑스와 스페인의 함대를 단일한 무적함대로 통합할 수 있었다면 침공을 개시할 수 있었을 것이다. 프랑스의 대육군은 여전히 해협 해안에 진을 치고 있을

와는 다른 인물로, 격정적인 바다 풍경화로 유명.
31 넬슨 제독이 지휘했던 전함.
32 배의 뒤쪽에 있는 돛대.

수밖에 없었다. 이렇게 그의 영웅적인 죽음이 영국에는 목숨을 보장했다.

한 세대 전의 제임스 울프James Wolfe와 마찬가지로 넬슨은 자신의 신격화를 실질적으로 직접 디자인했다 – 불멸의 존재로의 승화. 1806년 1월에 있었던 웅장한 의식은 다음 달에 열릴 윌리엄 피트의 장례식을 완전히 압도했고, 어떤 측면에선, 왕실의 의식을 능가하는 규모였다. 1세기 반 후의 윈스턴 처칠Winston Churchill의 장례식처럼, 모든 것이 깊은 애국심을 표현하기 위해 정교하게 고안되었다. 알코올에 보존된 그의 시신은 그레니지Greenich[33]에 있던 산산조각 난 빅토리호의 선체에서 내려져 유해 정장正裝 안치로 옮겨졌고, 그곳에서 평범한 선원들과 그를 사랑했던, 그리고 그가 진정으로 보살펴줬던 사람들은 이 영웅의 관을 볼 수 있게 되었다. 검은 바지선이 상여를, 애벌런Avalon[34]으로 실려가는 아서Arthur처럼, 하류로 운반했고 세인트 폴 성당St Paul's Cathedral에서 4시간 동안 장례 예배[35]가 거행되었다. 왕족은 스스로 정한 시대착오적인 의전에 따라 여기에는 오로지 개인 자격으로만 참석할 수 있었다. 처칠의 경우와는 달리 넬슨은 검은 대리석 석관 속에 누워 돔 중앙 바로 아래에 묻혀 있는데, 이 석관은 원래 추기경 울시Wolsey[36]를 위한 것이었다.

정치적으로는, 그가 전제적인 나폴리 부르봉Bourbons 왕가를 열렬히 지지하는 역할을 했다는 사실에서 명확히 드러나듯이(정치범에 대한 고문과 광란의 교수형이 모두 이러한 신념을 가진 넬슨의 지휘하에 행해졌다는 것에서도 확인할 수 있듯이), 이 해군 중장은 골수 반동이었다. 그러나 그는 여전히 거리와 선술집, 평범한 선원과 부두 노동자의 세계에도 속해 있었고, 견장을 찬 대공들은 결코 성공시킬 수 없는 방식으로 그들의 피를 솟구치게 했고 맥박을 뛰게 했다.

---

33 철자와 다른 영국 지명의 발음에 주의.
34 아서 왕이 최후의 전투를 마치고 상처를 치료하기 위해 이송되었다고 알려진 전설 속의 섬.
35 잉글랜드 국교회(Church of England)는 여하튼 프로테스탄트 기독교이기 때문에 장례식 장소의 명칭이 여전히 '성당'이긴 하지만 '미사(mass)'가 아니라 '예배(service)'임.
36 튜더 왕조 헨리 8세 치하의 추기경. 결국은 레스터 사원에 묘비도 없이 묻혔다.

영웅에 굶주린 시기였다. 영국은 그를 많이 사랑했는데, 이제 국왕은 늙은 데다 점점 더 미쳐가고 있었기 때문에 더욱 그랬다. 웨일스 공Prince of Wales[37]은 뚱뚱한 데다가 술주정뱅이 색골이었다; 요크 공작Duke of York—왕족 중에 넬슨의 장례식에 유일하게 참석했던 사람—을 비롯한 그의 형제들도 그에 못지않게 방탕했다. 그가 자신의 정부인 매춘부 메리 앤 클라크Mary Ann Clark를 기쁘게 해주려고 그녀의 "A" 목록에 있는 사람이면 누구나 군대 진급을 할 수 있게 해왔다는 사실이 밝혀졌을 때 아무도 놀라지는 않았지만 혐오감을 느꼈다. 이러한 스캔들은 오래전부터 급진주의적으로 제기되어 왔던 근심거리인 "오래된 부패"가 다시 인식되게 했고 전쟁 중임에도 불구하고 비판자들이 자신의 목소리를 다시 찾을 수 있는 기회를 제공했다. 1807년에 수십만 명의 규모로 모여 넬슨에게 마지막 경의를 표했던 바로 그 런던의 군중들이 이제 귀족적인 프랜시스 버뎃Sir Francis Burdett과 그보다 훨씬 더 가능성이 없는 영웅인 해군 사령관 토머스 코크레인Thomas Cochrane—전직 민간무장선장이자, 악명 높은 사랑의 도피자이며, 증권 거래소 사기로 투옥되었던 (그리고 탈출한) 사람—에 환호를 보냈다. 이 두 사람은 웨스트민스터 의회의 의석 두 개를 위한 새로운 급진주의자 후보자였는데, 그중 한 의석은 1806년에 사망하기 전까지 찰스 제임스 폭스가 보유했던 것이다.

반대—정치적 및 종교적—는 사실 사라지지 않았다. 적과 밀통한다는 의심으로부터 자유로운 도덕적 명분 때문에 바빴을 뿐이다. 1807년에 비국교도 군대가 주도한 대규모 탄원 캠페인은 막사가 아니라 예배당과 집회소에서 조직되어 영제국에서 노예 무역을 불법으로 만드는 데 성공했지만 영국 식민지에서 노예를 해방하지는 못했다. 1년 후 버뎃과 코크레인은 흠잡을 데 없는 애국 부흥 운동 프로그램을 내세워 휘그당의 공식 후보를 쓸어내 버렸다. 우리에게 진정한 영국을 돌려달라, 그들은 말했다. 자유 영국, 공작과 댄디dandies[38]에게 빼

---

37   영국의 왕세자에게 붙는 호칭.

앗긴 영국을 돌려달라. 우리의 타고난 권리를 달라: 매년 열리는 정기 의회, 비밀 투표, 남성 보통선거권! 카트라이트Cartwright 소령처럼 비교적 최근까지 활동했다가 협박에 의해 침묵을 강요당했던 자들이 다시 표면 위로 떠올랐고 그들의 목소리는 그 어느 때보다 커져 있었다. 그들과 함께 좀 더 먼 과거의 인물들—로빈 후드와 내전 시기 의회 의원 존 햄튼John Hampden—이 대안적 역사의 영웅으로 현수막에 다시 등장했다; 인민의 역사.

이 새로운 기독교 군대와 마그나카르타 전사들이 각각 흑인과 영국인의 "자연권"이라고 주장하는 것을 획득하기 위해 행진을 시작하자, 그들을 막을 방법은 없는 것 같았다. 이에 반해 공작들이 지휘하는 공식 군대의 활약은 멈추기를 반복했다. "요크 대공Grand Old Duke of York"에 대한 동요는 그가 겪은 수많은 전시 낭패들 중 하나에 대해 노래하는 것인데, 그중 가장 최근에 발생한 것은 1809년에 네덜란드 발체렌Walcheren섬에서 4만 명의 대규모 원정 부대가 나폴레옹이 장악하고 있는 유럽의 해안에 교두보를 확보하려는 작전이었다. 군사들이 열병으로 쓰러져 불명예스럽게 철수해야 했다. 반도 전쟁Peninsular War으로 알려진 포르투갈 및 스페인에 주둔한 프랑스군과의 전쟁 초기 몇 년 역시 상황은 비슷해서 영국은 용감한 패배 또는 큰 대가만 치르고 얻는 것은 별로 없는 승리를 전문으로 하는 것처럼 보였다. 프레드릭 폰손비Frederick Ponsonby는 영국이 탈라베라Talavera 전투에서 승리한 후 자신의 어머니 베스버러 부인Lady Bessborough에게 실망감에 대해 다음과 같이 익살스럽게 썼다. "우리는 해자를 앞에 두고도 다섯 개의 단단한 방어진을 향해 신나게 돌진했죠. 180명의 기병과 222마리의 말을 잃고 나서야 우리는 전황이 만만치 않다는 사실과 프랑스인들은 영국 기병대를 보고도 도망가지 않는다는 사실을 깨닫고는 후퇴하기 시작했는데 내 말이 자기 생애에서 그렇게 빨리 달린 적은 없었을 거예요." 워즈워스의 가장 신랄한 시 중 하나는 영국이 "신트라 조약Convention of Cintra"을

---

38 귀족풍으로 외모를 가꾸고 귀족 말투를 따라 하던 중간계급 출신의 자수성가한 인물들.

맺음으로써 스페인의 저항을 돕는 것을 포기하는 것처럼 보였을 때 절망적으로 작성되었다. 물론 이런 나쁜 소식들 중 아무것도 웨일스 공이 런던의 웅장한 저택인 칼튼 하우스에서 파티를 여는 것을 막을 수는 없었다. 그곳에 있는 200피트 길이의 테이블에는 와인을 담기 위한 인공 운하가 설치되어 있었고 그 양쪽엔 은과 금이 덧칠해져 있었으며 소형 펌핑 장치들이 와인을 날랐다: '고귀한 분Quality'을 즐겁게 해드리기 위해 설계된 소규모 산업혁명. 오직 아서 웰슬리Arthur Wellesley, 즉 웰링턴 공작Duke of Wellington만이 승리를 거둘 때마다 거대하고 열광적인 군중, 모닥불, 행진 밴드를 끌어들일 수 있었다.

그러나 1810년에는 인도와 카리브해를 제외하고는 워털루에서와 같은 승리를 암시하는 것은 전혀 없었다. 사실상 나폴레옹은 거의 무적이었다. 스페인의 유격전들은 존경받을 만했지만, 프랑스는 마드리드에서 세비야에 이르는 반도의 모든 대도시를 통제했다. 그의 적들은 하나씩 평정되었다. 오스트리아의 합스부르크 황제 프란시스 1세는 한때 코르시카의 식인 괴물로 매도했던 남자와 그의 딸을 결혼시키기까지 했다. 프로이센의 프레데릭 윌리엄과 러시아의 앨릭잰더 차르는 평화조약을 체결해야 했다. 대륙 대부분의 지역에서는 그에게 맞설 자가 없었으나 제국에 심각한 피해를 입히려는 그의 침공 계획이 영국 해군에 의해 좌절되자 나폴레옹은 이 섬의 경제를 무력화시키는 전투를 통해 영국을 공격했다. 유럽 대륙으로의 수출을 봉쇄하면서 그는 해협 맞은편에 공동시장common market[39]의 배아를 만들었다. 이것은 거의 성공할 뻔했다. 봉쇄로 보호되고 프랑스 기술(예를 들어 화학 및 공학)의 혁신으로부터 추진력을 얻어 유럽의 산업은 빠르게 성장했다. 영국에서는 수출 수요가 바닥을 치면서 깊은 침체가 시작되었다. 한때 공장에서 방적해 내는 면사의 생산량이 급증하면서 노동의 대량 수요를 만끽했던 직조기 직물공들은 이제 급격한 무역 침체

---

39   1950년대 이후 진행된 유럽공동체의 블록 경제를 상징하는 것으로서 이것 역시 초기에는 영국을 배제시켰다.

의 첫 번째 희생자가 되었다. 실업률과 식량 가격이 동시에 치솟았다.

1811년과 1812년에는, 조직의 창시자인 네드 러드Ned Ludd라는 노동자의 이름을 따서 스스로를 "러드 장군의 군대general Ludd's Army"에 소속된 병사라고 부르는 잘 조직된 갱단이 미들랜즈의 수동 기계와 랭커셔의 공장 기계를 파괴했다. "이녹Enoch"이라고 서명을 하던 이 러다이트들Luddites은 대형 망치를 사용해서 이런 일을 벌였다. 고용주들, 특히 임금 삭감으로 악명 높은 고용주들에게는 러드 장군의 병사들이 오고 있다는 편지들이 발송되었다. 기계 파괴를 중범죄로 규정하는 법이 제정되었지만 경제 위기가 계속되는 한 이 역시 지속되었다.

1812년에는 어느 파산한 사업가가 분풀이로 평민원의 대기실에 있던 스펜서 퍼시벌Spencer Perceval 총리를 직사 거리에서 쏴 죽였다. 이 암살자가 런던, 버밍엄, 맨체스터의 여인숙에서 왁자지껄한 축배의 대상이 되자 통치 계급은 공포에 떨었다. 그래서 마침내 1813년에 스페인에서 웰링턴이 눈부신 승리를 거두고 러시아의 눈 속에서 나폴레옹의 대군이 궤멸했다는 소식이 전해졌을 때도 분별력 있는 사람들은 행복하고 술에 취한 애국심의 소란에서 크게 위안을 얻지 못했다. 약 1만 2000명의 정규군―웰링턴이 프랑스에 대항하여 사용해야만 했던 것보다 더 큰 규모―이 이제 영국의 일상적인 모습이 되어버린 행진, 폭동 및 기계 파괴에 대응하기 위해 국내에 주둔했다. 1815년 워털루에서 웰링턴이 나폴레옹을 결정적으로 패배시킨 후 25만 명에 달하는 제대군인들이 그렇지 않아도 침체되어 있던 노동 시장에 유입되면서 상황은 더욱 심각해졌다. 전쟁 동안의 봉쇄와 인위적으로 높게 유지되던 수요가 사라진 지금, 누적되는 경제적 우울함을 타개해 줄 한 줄기 빛은 더 낮은 식량 가격이었어야 했다. 그러나 토지 소유자의 소득이 붕괴될 것이라는 불만을 고려하여, 국내 곡물 가격이 지정된 한도에 도달할 때만 외국 곡물의 수입을 허용하는 곡물법Corn Laws이 통과되었다. 그 효과는, 의도한 대로, 영국 농장주들의 이윤을 인위적으로 높게 유지하는 것이었다. 그래서 고귀한 그분이 마치 난교하듯이 집들을 지어대면서 각각의 건축물을 직전에 지어진 건축물보다 더 사치스럽게 짓고 있던 그 시점에 빵 값은 혹독하게 높게 유지되었다. 섭정공의 인도-중국-무어인 스타일 펀하우스funhouse인 브라이튼 파빌리온Brighton Pavilion이 철제 기둥과 가스등이 켜진 무도회장을 자랑하면서 재건되고 있는 동안 빈민의 규모는 4만 5000명에 달했고 그들 중 다수는 인도, 미국, 유럽의 전쟁터에서 얻은 흉터를 지닌 채로 스피털필즈Spitalfields 빈민원Poorhouse의 문을 두드리고 있었다.

가장 많이 분노하고 가장 명료하게 주장을 펼치던 급진주의자들에게 이러한 충격적인 대조는 참을 수 없이 역겨운 것이었다. 토머스 뷰익의 오랜 논쟁 파트너인 토머스 스펜스Thomas Spence는 자신의 작고 여윈 체구를 상징적으로 적절히 이용해서 스스로를 잭Jack으로 캐스팅한 『대 살인마The Giant Killer』를 출판했다. 1814년에 사망하기 직전에 그는 혁명적인 계산을 시도했다. 잉글랜드와 웨일스의 주택과 부동산의 추정 임대 가치가 4000만 파운드이고 재고가 1900만 파운드이며 국가 인구는 1050만 명이기 때문에, 각 납세자는 "호화롭고 위풍당당한 수펄들"을 지원하기 위해 매년 약 6파운드를 쏟아붓고 있었던 셈이다.

그러나 스펜스의 분노조차도 윌리엄 해즐릿의 분노 옆에선 희미해졌다. 그는 마침내 화가의 꿈을 포기하고 거의 모든 장르의 작가로서 돈만 지불한다면 어떤 신문사를 위해서라도 글을 쓰며 근근이 살아가고 있었다. 그는 의회 기자라는 새로운 직종에서 견습생으로 일했지만 그 전에는 연극 공연, 미술 전시회, 심지어 권투 시합에 대한 기사까지 쓰면서 그가 일하는 언론 매체들을 변형시켰다. 하지만 그가 느끼기에 영국이 부패와 부자연스러운 사회적 잔혹함의 수렁이 되게 한 계급을 공격하는 것이 이 쓰라린 시기에 그가 택한 본업이었다. 특히 그의 피를 끓게 한 것은 가난한 사람들의 불행은 전시 경제에서 평시 경제로의 전환기에서만 예상된다는 주장이었다; 단지 구조적 혼란일 뿐 — 정말이지 동요할 필요가 전혀 없다는 이야기. 해즐릿은 ≪이그재미너Examiner≫에 실린 일련의 신랄한 에세이를 통해 이에 응답하면서 다르게 생각할 것을 촉구했다; "정부와 부자들은 모든 것을 자기들 마음대로 하지 않았는가? 그들은 그들의 야망, 교만, 완고함, 파멸적인 사치를 이미 만족시키지 않았는가? 나라의 자원을 자기들 마음대로 낭비해 버리지 않았는가?" 그리고 그의 옛 영웅들 —워즈워스와 콜리지—은 이에 대해 뭐라 말했어야 할까? 아무 말도 하지 않았다. 그들은 해즐릿에게 공포와 역겨움을 안겨주면서 토리당이 되었다.

1816년에 그는 독자들을 위해, 고통받고 있는 나라에 대한 잊을 수 없도록 흉흉한 묘사에서 "근대 토리당원Modern Tory"의 성격을 정의했다. 해즐릿이 쓰기를, 그는 (무엇보다도):

고대와 오랜 관습에 대한 맹목적인 우상 숭배자이고 … 토리당원은 국왕의 권력을 늘리거나 국민의 자유를 축소하는 것에 반대하지 않으며, 심지어 정부 조치의 정의나 지혜에 의문을 제기하지도 않는다. 토리당원은 한직과 연금을 신성하고 불가침한 것으로 간주하여 그것을 줄이거나 폐지하는 것은 부당하고 위험하다고 한다 … 정치적 주제에 대해 그와 의견이 다른 사람들은 자코뱅, 혁명주의자, 그리고 조국의 적이라고 비난한다. 보수당원은 긴 혈통과 오랜 가문을 높이 평가하고 천한 사람(신생 귀족을 제외하고)을 경멸하며 화관, 별, 가터 훈장, 리본, 십자가 및 모든 종류의 칭호를 숭배한다. 보수당원은 … 계엄령을 불만에 대한 최상의 치료법으로 간주하고 … 체벌을 반드시 필요하고 온화하고 건전한 것으로 간주하지만 군인과 선원은 종종 그것을 벗어나려 자살한다 … 상소법원Court of Chancery 모독죄를 선고받아 '플리트 감옥Fleet Prison'에서 30년 동안 하루 6펜스의 푼돈만 받으며 사람이 감금되는 것에 문제가 없다고 본다 … 토리는 가난한 사람들이 생각하고 사고할 수 없도록 하기 위해 그들을 교육하는 것을 싫어하고 … 생일 노래나 워털루 전쟁을 축하하는 노래를 제외하면 시를 읽게 가르칠 필요도 없다고 본다. 토리당원은 … 승리를 기념하는 기둥에 막대한 액수를 아낌없이 쏟아붓지만 … 승리를 달성한 용감한 사람들은 궁핍에 빠져 있다. 토리당원은 현재 이 나라의 고통이 일시적이고 하찮은 것이라고 주장한다. 감옥은 부실 채무자나 다급한 궁핍을 면하기 위해 절도를 범한 범죄자들로 가득 차 있고, 신문은 파산 소식으로 가득 차 있으며, 농업은 쇠퇴하고 있고, 상업과 제조업은 거의 중단되었고, 수천 명이 외국으로 이주하면서 그들의 교구는 비어가고, 빈곤세 부담은 점점 더 견딜 수 없게 되어가고 있지만 증가하는 빈민층을 지원하기에는 충분하지 않으며, 한때 존경받던 수백 명의 주택 소유자들은 이제 빈민과 방랑자를 위한 수용소에 입소를 간청해야 하는 슬픈 상황인데도…

그가 말한 것 중 많은 부분이 부정확하고 부당했는데, 왜냐하면 위그당 역시 크게 다를 바 없이 귀족이라는 좁은 계층의 사람들로 구성되어 있었고, 토리당원 중 상당수는 – 예를 들면 콜리지나 워즈워스처럼 – 가난한 사람들의 곤경에 대해 슬퍼했기 때문이다. 하지만 그들의 해결책은 지배계급의 사회적·도덕적 책임 의식을 다시 불러일으키는 것이었지 그들의 정당성을 문제 삼는 것이 아니었다. 1808년에 워즈워스는 끔찍한 눈보라로 사망한 두 명의 소작농의 아이들을 위한 호소 운동을 조직하고 더브 오두막Dove Cottage 있는 자신의 집으로 그중 딸 한 명을 직접 데려갔다. 그러나 해즐릿이 그토록 거만하고 감상적이라고 판단한 것은 바로 이러한 개인적이고 전통적인 자선이었다. 콜리지가 (해즐릿이 그의 웅변에 놀라움을 금치 못했던 예전 유니테리언 시절로 돌아가서) 당시의 병폐에 대한 "평신도 설교"를 시도하자고 제안했을 때, 그는 그것을 보기도 전에 그 뻔뻔함에 폭발했다. 설령 그것을 읽었다 해도 그의 분노가 가라앉지는 않았을 것이다. 해즐릿은 한때 스스로를 평민들의 대변자로 광고했다가 이제는 스스로의 방어를 위해 연합하고자 하는 사람들의 입에 재갈을 물리자고 하는 사람들에게 이의를 제기했다; 또는, 섭정공을 "이 '사랑스러운 미소년'이 이제는 … 50세의 뚱뚱한 남자! … 자신의 말을 어기는 자, 방탕한…"이라고 묘사한 죄로 투옥된 자신의 친구 리 헌트Leigh Hunt처럼 불만을 표현하는 자들을 기소하는 사람들에게 이의를 제기했다.

해즐릿이 위대한 시인으로서는 여전히 존경하던 워즈워스가 아마도 가장 많은 죄를 지었을 것이다. 그가 지역 유지인 론즈데일 백작Earl of Lonsdale이 제공하는 직책을 수락했기 때문이다. 해즐릿이 영국 공화정 전통의 성지인 웨스트민스터의 요크 스트리트 19번지에 있는 존 밀튼의 하숙집에 살며 맹렬하게 글을 쓰고 있을 때, 워즈워스는 백작의 지원을 받는 리덜 마운트Rydal Mount의 새 집에 거주하면서 한직인 웨스트모어랜드Westmorland의 우표 배급관Distributor of Stamps 직책을 맡고 있었다. 한때 시골의 도보 여행자였고, 거지와 가난한 참전 용사들의 친구였던 자가 이제 출세했답시고 반바지를 입고 실크 스타킹을 신은 채로 런던에 가서는 그의 고귀한 상관인 우표 감독관Commissioner of Stamps과 함께 식사를 한다는 사실도 알려졌다. 해즐릿의 반응은 신랄했다: "워즈워스 씨는 그 아주 작은 목가적이고 애국적인 집안 장식품이나 엄지 고문기구 따위에 대한 소네트나 송시를 쓰면 안 될까? … 내 양심상 그는 이런 주제에 대해서나 글을 쓰거나, 아니면 우표 영수증 외에는 글을 한 줄도 쓰지 말아야 한다. 그로 하여금 소비세와 승진에나 몰두하게 하라. 세상은 시와 정치에서의 그의 단순함을 이미 참을 만큼 참아줬다."

워즈워스는 이에 굴하지 않고 1818년에 백작의 아들들을 위해 ≪켄덜 크로니클Kendal Chronicle≫에서 캠페인을 벌였다. 수 세대에 걸쳐 가보처럼 안전하게 지켜온 웨스트모어랜드의 두 지역구 의석 중 하나에 급진주의자 헨리 브로엄Henry Brougham이 대놓고 도전장을 내밀었을 때였다. 론즈데일과 그의 라우더Lowthers 가문은 해즐릿이 혐오했던 모든 것이었다. 그들은 북쪽 지방에 수십만 에이커의 땅을 소유했는데, 규모가 너무 커서 컴브리아 해안부터 페나인Pennines 산맥을 가로질러 노섬브리아Northumbria 해안까지 자신의 영지를 한 번도 떠나지 않고 걸을 수 있었다고 한다. 그들은 탄광을 여럿 소유했으며, 생애 최악의 슬럼프일 때도 백작은 환상적인 포탑들과 목조 응접실들을 갖춘 광대한 고딕 부활Gothic Revival 양식의 성 라우더 파크Lowther Park를 건설하고 있었다 ─ 메리 잉글랜드를 구현한 자신의 꿈의 궁전, 월터 스콧Walter Scott 스타일.

오래된 가부장적 덕목을 구현하는 척하면서 탐욕과 잔인함을 통해 환상을 연출하는 이런 인위적인 종류의 전통을 경멸한 것은 해즐릿만이 아니었다. 토머스 뷰익은 이제 『영국 조류의 역사History of British Birds』(1804) 및 『네발짐승의 전반적인 역사A General History of Quadrupeds』(1790)를 집필한 성공적인 작가이자 나이 든 신사가 되어 있었다. 여전히 창조적인 에너지로 가득 차 있었지만 그의 눈은 목판화 작업으로 인해 심하게 손상되어 버렸기 때문에 1818년에 『이솝 우화Aesop's Fables』(1813)에 삽화를 곁들이는, 오랫동안 염원했던 그 프로젝트를 실행할 때는 아들과 제자들의 도움이 필요했다. 그는 자신이 프랑스식 혁명가가 아니라고 계속 주장했다. 해즐릿(워털루 전투 소식을 듣고는 슬픔에 잠겨 4일 동안 여행을 떠났던)과 달리 그는 나폴레옹을 숭배하지 않았다. 그러나 뷰익은 "이 극도로 사악한 전쟁을 지원한 동시에 그 결과이기도 한 인류의 엄청난 파괴와 부의 낭비"에 대해 놀라울 정도로 솔직하게 표현했다. 그리고 전쟁은 끝났으므로 그는 영국이 이제 예전의 지위와 새로운 돈의 부정한 결혼을 위한 약탈의 땅이 되었다고 생각했다: "해운업자들은 부에 흠뻑 빠져 있었고, 젠트리는 귀족처럼 위풍당당하게 빙빙 돌아다녔다." 뷰익이 보기에 그들이 소유한 것은, 무엇보다도, 그들이 친밀한 척하지만 실제로는 팔라디언Palladian 또는 고딕Gothick 양식 저택의 우아한 문 뒤에서 차단시켜 버린 시골의 진정한 본성에 대한 거짓말에 의해 유지되는 권력 체계였다. 예를 들어, 뷰익은 지주들에게 소와 양의 판화 제작을 의뢰받았을 때 그가 눈으로 직접 보고 만드는 것이 아니라 그들이 미리 그에게 보여준 소와 양의 그림(다른 작가들이 돈 받으려고 아부하며 그린)과 비슷하게 만들어야 한다는 말을 듣고는 불쾌해졌다: "… 나의 여정은, 소를 이렇게 살찌게 만드는 사람들에 관한 한, 아무것도 아닌 것으로 끝나 버렸다. 지방 덩어리를 내 눈에는 보이지 않는 부위에 여기저기 붙이고 싶지 않다. … 살찐 소에 대해 광적으로 집착하는 이 시기에 사람들은 먹일 수 있는 한 최대로 많이 먹여서 수많은 동물들의 무게와 부피를 엄청나게 늘려 놨다; 그런데 이것으로도 부족했나 보다. 소들은 그들의 소유자가 기뻐하기도 전에 이미 괴물처럼 뚱뚱하게 묘사될 운명이니 말이다."

이런 속임수와 정반대의 모습이 뷰익 자신의 『네발짐승』에 묘사되어 있다. 탱커빌Tankerville 백작이 소유한 삼림 지대에 보존되어 있었지만 뷰익의 절친한 친구인 조각가이자 농업가 존 베일리John Bailey가 소중히 여기고 아끼는 야생 소 떼인 칠링엄Chillingham의 황소가 그것이다. 베일리도 칠링엄에 살았다. 눈부신 흰색 털과 검은 주둥이를 가진 이 소는 로마인들이 도착하기도 전에 영국의 숲을 배회했던 고대의 가축화되지 않은 품종의 후예였다고 한다. 뷰익과 베일리에게는 이 생물체야말로 영국의 진정한 존 불[40]이었다: 길들일 수도 없고, 이종교배에 의해 오염되지도 않았으며, 화려한 농장 쇼 따위에는 적합하지 않은 존재였다. 소들이 숲속으로 사라지거나, 더 위험하게는, 그에게 돌진하는 일 없이 그림을 그리기 위해서 뷰익은 밤에는 엄폐물에서 참을성 있게 기다렸다가 동틀 무렵이 되어서야 손과 무릎으로 기어가며 접근해야 했는데 이것은, 본인도 명확하게 설명했듯이, 신중함 못지않게 존경, 경이, 행복의 자세였다. 그 결과 이 어마어마한 힘의 이미지는 영국 자연사의 위대한, 아마도 가장 위대한, 상징물이 되었으며, 이 작품에는 순전히 동물학적인 매력뿐 아니라 도덕적·민족적 그리고 역사적 감정들이 담겨 있다.

거짓말의 시대에 시골의 진정성은 뷰익과 같은 사람들에게는 매우 중요했다. 그리고 그는, 수십만 명의 다른 사람들처럼, 이러한 것을 제대로 발산하는 것처럼 보이는 사람에게 반응했다: 즉, 윌리엄 코벳William Cobbett이라고 하는 우렁차게 고함치는 두 발 달린 황소. 코벳의 호소는 곧장 도시로 향했지만, 그는 순수한 시골 그 자체였다. 1762년에 태어난 그는 서리Surrey의 파넘Farnham에 있는 아버지의 농장에서 일하며 자랐고 19세에 런던으로 이사하여 어느 변호사의 사무원으로 일했다. 그러나 그의 진정한 견습과 교육은 수많은 다른 시골 젊은이들과 함께 뉴 브런즈윅New Brunswick[41]에 있는 국왕 부대에서 이뤄졌

---

40 진짜 황소(bull)였기 때문에 더더욱 그랬다.
41 캐나다 지역.

다. 그 후 그는 필라델피아에서 몇 년 동안 가르치고 글을 쓰면서 시골 사람들의 언어로 된 함축적이고 대중적인 저널리즘으로 명성을 얻은 후 1800년에 영국으로 돌아왔다. 놀랍게도 그는 그의 스파이 마스터인 윌리엄 윈덤William Windham과 피트를 만났는데 그들은 코벳이 ≪포큐파인*The Porcupine*≫[42]이라고 명명한 친정부 성향 일간지에 보조금을 지급하는 데 관심이 있었다. 이 신문은 '평화의 친구들'이나 불충이 의심되는 모든 자에게 펜대를 날릴 것이었다. 최소한 3년 동안 코벳은 애국심의 북을 충실히 두드리며 드레이크Drake와 말버러Marlborough 같은 롤 모델들을 통해 사람들에게 영감을 줄 수 있는 대중 역사 서술을 제공할 것을 정부에 촉구했고, 한 팔을 등 뒤로 묶은 남자들이 "상대방의 두개골에서 1인치의 피가 흘러나올" 때까지 곤봉으로 서로를 때리는 "싱글 스틱single stick"과 같은 격렬한 스포츠를 무술 훈련으로서 홍보했다(복음주의자들은 이에 경악했다).

 1803~1804년경에 국가 전체가 폭발적인 애국심에 휩싸여 있을 때 코벳은 거의 사도 바울과 같은 전환의 순간을 겪었다. 그의 다마스쿠스Damascus로 가는 길[43]은 호튼 히스Horton Heath라는 마을이었다. 그곳은 아직 폐쇄되지 않은 공유지가 있는 몇 안 되는 곳 중 하나였으며, 그는 마을 사람들이 협력하여 녹지에 벌통 100개, 돼지 60마리, 암소 15마리 및 가금류 800마리를 수용했다고 기록했다. 아서 영은 그러한 공유지가 비경제적인 낭비라고 단언했었지만, 코벳은 그것이 실제로는 마을 경제에 아주 잘 기여했다고 믿었다. 그러고 나서 그는 본격적으로 몇 가지 계산을 하기 시작했다. 1803년에 발표된 보고서는 잉글랜드와 웨일스에 약 100만 명의 빈곤층이 있다는 사실을 드러냈다; 물론 대다수는 시골 지역에 있었다. 윌트셔Wiltshire의 일곱 명 중 한 명은 빈민 구제를 받는 걸인이었다; 서섹스에서는 4분의 1. 코벳은 참신하고 격렬한 목소리

---

42 고슴도치라는 뜻.
43 사도 바울이 환상에서 예수를 만났다고 알려진 여정.

로 독자들에게 이 끔찍한 소식을 전했다: "잉글랜드의 상황이 이러하다! 잉글랜드의 남성, 여성 및 어린이. 그중 100만 명 이상; 우리 전체 인구의 8분의 1!" 가망 없는 감상주의자로 낙인찍힌 채 죽은 골드스미스의 말이 옳았던 것이다!

게다가 코벳은, 사람들이 대개 영국이 얼마나 부유한지에 대해 이야기하지만, 지난 반세기 동안 영국의 시골에 거주하는 일반인들의 상황은 점점 더 나빠진 게 틀림없다는 점을 뼈저리게 느꼈다. 이 정도 규모라면 불행은 근대의 탓이라고 그는 생각했다! 그는 신흥 부유층을 비난했다; 자본가들; 오래된 로스트 비프roast beef와 플럼 푸딩plum pudding으로 상징되는 가부장주의로 전통적인 스콰이어와 지주들을 매료시키고 노동자가 시장에서 스스로를 지킬 수밖에 없게 만든 돈밖에 모르는 자들. 그들은 작은 소작인을 꿀꺽 집어 삼키는 "황소개구리"였다. "피아노포르테와 응접실 벨,⁴⁴ 카페트가 농장 저택으로 들어온 이래 노동자들의 처지는 점점 더 나빠져 왔다."

이러한 악행을 열거한 코벳의 ≪위클리 폴리티컬 레지스터Weekly Political Register≫는 아주 비범한, 거의 혁명적인 신문이었다. 그것은 공격적으로 세속적인 언어를 사용했을 뿐만 아니라 마을의 공용 펌프나 에일 맥줏집에서 사람들이 소리 내어 읽도록 계산되었다. 그리고 해즐릿이 제대로 관찰한 것처럼 그러한 이야기의 주요 장면은 윌리엄 코벳 자신의 차지였다: "나는 그가 어떻게 지냈는지 물었다. 그는 매우 나쁘게 말했다. 나는 그에게 그 원인이 무엇인지 물었다. 그는 고된 시기에 대해 말했다. "이보다 더 좋은 여름, 더 좋은 수확이 있기나 했었나요…? 아." 그가 말했다. "가난한 사람들은 그래서 늘 힘들죠." 그는 또한 언론 활동을 하는 내내 활발한 농부이자 자비로운 지주 역할도 겸해서 자신의 집들 중 한 곳에 미혼 노동자들을 수용하고 성인 남성 농장 노동자에게 주당 평균 15실링 또는 그의 주장에 의하면 당시 시장 가격의 20배에 해당하는 금액을 지급했다 - 그런데도 수익을 냈다.

---

44 응접실에서 하인들을 호출하는 용도.

코벳은 이처럼 인민과 최대한 가깝게 지내면서, 평범한 사람들을 특징짓던 당시의 언어에 맹렬하게 문제를 제기했다 ─ "농민" 또는 버크의 "돼지 같은 군중". 코벳은 이러한 모욕적인 별칭이 실제로는 그가 아주 따뜻하게 대하는 돼지에 대한 모욕이라고 느꼈다. ("나는 돼지의 겨울 임시 숙소를 만들 때 그것을 잘 살펴보고, 위급할 때는 나도 … 그 안에서 잘 수 있을지 생각해 본다.) 그가 글로스터셔Gloucestershire의 크리클레이드Cricklade에서 목격한 노동자들의 생활환경은 문제가 심각해서 그들의 주거지는 돼지우리보다도 수준이 떨어졌고 그들의 음식은 돼지가 먹는 음식과도 비교할 수 없을 정도로 형편없었다.

의회가 이러한 비참함에 귀를 기울이지 않는 것처럼 보였기 때문에 코벳은 또다시 급진주의적 신조를 이용하기로 결심했다; "오래된 부패"의 숙청; 하수인과 한직, 부패 선거구를 쓸어내 버리기; 또한 그리고 항상, 가난한 사람들을 위한 사회정의. 그가 생각했던 목표는 사회적 붕괴를 가속화하는 것이 아니라 그 반대였다: 그가 한때 존재했었다고 생각하는 ─ 얼마 전까지만 해도 ─ 농장주와 소작농 및 노동자를 연결해 주는 사회적 공감의 유대를 재건하는 것이었다. 시골과 도시의 고통을 하나로 모은 것이 그의 천재성이었다. 그는 물론, 랭커셔, 요크셔, 미들랜즈의 산업 도시들이 아서 영이 말한 자본 집약적이고 노동 집약적이며 상업화된 시골에서 온 1세대 이민자들로 빽빽하게 들어차 있었기에 그들은 서로를 이해할 수 있고 이해하려 한다는 것을 알고 있었다. 이제 둘 다 고통을 겪고 있었다. 직물공과 편물공은 일자리를 잃었다; 울타리 일꾼, 농장 일꾼, 도랑 파는 사람 및 양치기는 이제 더 짧은 기간 동안만 고용되었으며 겨울에는 때때로 전혀 고용되지 않기도 했다.

코벳의 풍경은 당연하게도, 워즈워스의 목가적이고 신이 보호하는 레이크랜드Lakeland와는 전혀 닮지 않았다. 그 대신에 늘 더럽고 병들고 아사 직전 상태이며 최악의 경우 인도의 궁핍과 빈곤에 대한 복음주의자들의 충격적인 보고서를 연상시킬 정도로 수많은 무단 거주자와 거지들이 길가에 모여 있다. 그리고 그는 때때로 더 가난한 지역으로 (잘못) 추정되던 지역─북부 및 북서쪽─의 노동자들이 실제로는 형편이 더 나았다는 것을 발견했다. 반면에 번영하는 농업의 위대한 엔진이자 이윤의 극대화를 위해 토지가 가장 많이 착취되었던 홈 카운티Home Counties 및 이스트 앵글리아East Anglia 곡물 벨트 지역의 노동자들의 상황은 최악이었다; 그는 만약 새로운 농민 반란이 발발한다면 이 지역에서일 것이라고 정확히 예측했다.

붉은 얼굴과 시끄러운 입을 가진 코벳은 말을 타고 카운티들을 돌아다니며 농장과 빈민원을 마치 돼지처럼 들쑤시고 다녔고, 가장 악명 높은 토지 관리인과 부재지주들을 골라내서 그의 신문에 모든 것을 보도했다. 이 편집인은 정부에 의해 괴롭힘을 당했는데, 정부가 그의 배신에 대해 분개한 것은 충분히 이해할 수 있는 것이었다. 군대에서의 체벌을 공격하는 기사(실제로 출판되지는 않았지만)로 인해 뉴게이트에서 복역하기도 했다. 그럼에도 불구하고 ≪위클리 폴리티컬 레지스터≫는 엄청난 판매고를 올려, 최고 기록을 세운 1817년에는 일주일에 6만 부가 팔리면서 다른 모든 출판물을 압도했다. 그는 확실히 성인군자는 아니었다. 사악한 반유대주의자였던 그는 또한 그의 노동계급 지지층에서 노예제 폐지가 인기를 얻고 있다는 것을 깨닫기 전까지는 흑인을 혐오해서 카리브해의 "더러운 깜둥이"가 영국 노동계급보다 훨씬 더 나은 시간을 보내고 있다고 주장하기도 했다. 그러나 코벳처럼 효율적으로 영국의 평범한 사람들에게 호소하여 그들을 정치적 동물로 만들었던 사람은 톰 페인 이후로 아무도 없었다는 것에는 의심의 여지가 없다.

하지만 "자연권"과 예전의 자유를 회복하기 위한 새로운 십자군운동이 이 나라의 중간계급과 노동자들 사이에서 급성장하던 종교적 열광에 의해서도 진행되고 있었다는 점에는 의심의 여지가 없다. 그중 일부는 지배 질서의 심장부에서 발생한 공공연한 스캔들에 대한 혐오감에 의해 촉발되었다.

악명 높은 "불순한" 해리어트 윌슨Harriette Wilson이 1825년에 출판한 회고록은 즉시 베스트셀러가 되었는데, 그녀의 긴 목록에는 웰링턴 공작(아가일 공작과 그녀를 공유했다)이나 우스터 후작Marquis of Worcester과 같은 귀족 고객들이 포함되어 있다는 사실이 밝혀졌다. 우스터 후작은 자신의 군복을 복제해서 그녀에게 입힌 후 제10 경기병대 소속 장교처럼 위장하여 그녀와 함께 말을 타고 밖으로 나가는 것을 즐겼다(그녀에 의하면 이것이 그를 침대 밖으로 나가게 하는 유일한 방법이었다). 이 새로운 소돔의 뻔뻔함에 대한 도덕적 분노가 긴장감을 높이는 가운데 천년왕국의 긴박감 또한 뚜렷이 느껴졌다. 큰 변화가 확실히 다가오고 있었고, 정의로운 사람들로 구성된 군대가 그 선봉대가 될 것이다. 유니테리언 집회소 및 복음주의 예배당과 교실은 탄원서가 자주 작성되고 행진과 집회가 조직되는 곳이었다. 그들의 요구는 정치와 도덕 모두의 개혁을 포함하고 있었다: 잉글랜드 국교회의 독점과 노예 제도의 폐지, 그리고 벌레 먹은 의회의 종식. 이 대중적 열광의 변두리에는 그 분노가 분출되기를 바라는 뷰익의 오래된 인쇄소 논쟁 파트너이자 천년왕국 공산주의자 토머스 스펜스와 같은 진정한 혁명가들도 있었다. 조금 덜 극단적인 언론인으로는 ≪블랙 드워프The Black Dwarf≫의 편집장인 토머스 조너선 울러Thomas Jonathan Wooler가 있었는데, 그는 늘 정부의 전복을 선동한다는 이유로 감옥을 들락날락했다. 가장 위험한 조직들에 잠입하기 위해 스파이들이 다시 파견되었는데 이번에는 당국이 조직원들을 체포하고 조직을 파괴할 수 있도록 음모를 꾸미는 도발자 역할을 했다.

1817년 11월에는 국가의 양극화를 상징하는 것처럼 보이는 두 건의 사망 사건이 발생했다. 왕실에서 왕을 제외하면 유일하게 진정한 인기를 얻고 있던, 왕세자의 아름답고 대단히 자유주의적인 성향을 갖고 있던 딸 샬롯 오거스타Charlotte Augusta가 사망하는 바람에 전국이 극도의 비탄에 빠졌는데, 이는 20세기의 한 왕실 여성princess에게도 발생할 비슷한 성격의 애도를 기이하게 예측하는 것이었다.[45] 오거스타는 평범한 사람들의 삶을 잘 이해하는 공주로 알려져 있었다; 그녀의 아버지와 삼촌의 나이와 노쇠함을 감안할 때 왕위를 계승하

---

45 왕세자비(Princess of Wales)였다가 이혼 후 교통사고로 사망한 다이애나 스펜서(Diana Spencer, 1961~1997)를 일컫는다.

게 될 가능성도 있었으며, 어쨌든 자비롭고 지적인 군주들로 구성된 온전한 왕조를 탄생시킬 수 있는 사람이었다. 거의 동시에, 1817년 봄에는, 가장 왕성하게 활동하는 정부 비밀 요원 윌리엄 올리버William Oliver에게 속아서 노팅엄셔의 펜트리지Pentridge에서 수백 명의 스타킹 편물공과 직공의 "봉기"를 이끌었던 세 명의 급진주의자가 선동 혐의로 교수형을 선고받았고 — 19세기라는 근대의 시기에 — 사지가 찢긴 후 숨이 끊길 때까지 매달려 있었다.

이 봉기는 처음부터 내무장관 시드머스Sidmouth 경이 장인 혁명가들이 피해를 입히기 전에 색출해 내기 위해 설치한 덫이었다. 워즈워스와 콜리지는 정부의 노선을 받아들였고, 반란이 신조차 무시하는 자코뱅식 괴물 히드라로 성장하기 전에 그 정신을 짓밟은 정치인들을 옹호했다. 그러나 겁에 질린 해즐릿과 함께, 그들을 추종했던 젊은 세대의 시인들—존 케이츠John Keats와 퍼시 비시 셸리Percy Bysshe Shelley를 포함하여—은 이제 이들을 혐오하면서 배신을 비난하는 분노의 시를 썼다.

정부가 물리력을 사용할 명분을 기다리고 있다는 사실을 깨닫고 개혁을 위한 모임을 조작하는 자들은 이에 말려들지 않도록 각별한 주의를 기울였다. 그래서 1819년 여름에 코벳이 미국에 가 있는 동안 맨체스터 외곽의 세인트 피터스 필즈St Peter's Fields에서 대규모 집회—'맨체스터 애국 연합 협회'—가 소집되었을 때 주최 측은 집회가 평화롭게 진행될 수 있도록 모든 예방 조치를 취했다. "질서"의 세력이 이 모임을 재산을 약탈하고 기독교 문명을 붕괴시키려는 자코뱅 폭도로 표현할 기회를 주지 않을 것이다. 직물공인 새뮤얼 뱀퍼드Samuel Bamford는 곧 피털루 대학살Massacre of Peterloo로 알려지게 될 이 사건에 대해 "이 집회는 도덕적 효과를 최대한 발휘해야 하며 잉글랜드에서 단 한 번도 목격된 적이 없는 장관을 연출해야 다"고 썼다.

북부 카운티 전역에서 온 약 5만~6만 명의 군중은 예정대로 8월 16일에 "보통선거권"을 위한 깃발 아래 질서 정연한 행렬을 하며 모였다. 몇몇은 원시 감리교파 찬송가를 불렀고, 혁명보다는 부흥집회에 더 가까운 분위기였다. 그러나 그 지역 치안판사는 선한 행동에 점수를 주는 데는 관심이 없었다. 그들은 집회를 깨기 위해 나섰다. 연사 중에는 흰색 중절모를 쓴 "웅변가" 헨리 헌트Henry Hunt와 새뮤얼 뱀퍼드도 있었다. 맨체스터와 솔퍼드Salford 의용 기마대 —상인, 제조업자, 펍 주인, 상점 주인으로 구성된—에 헌트를 체포하라는 명령이 하달되었고 이는 즉시 시행되었다. 그들은 그를 거칠게 몰아붙여서 그의 트레이드마크인 하얀 모자를 머리 위로 집어 벗겼다. 그런데 군중을 뚫고 가던 의용 기마대는 그들의 말이 돌진하는 경로에 우연히 서 있던 작은 소녀를 짓밟아 죽여버렸다. 그 시점에서 그들은 분노한 시위자들에게 둘러싸여 있는 자신들을 발견했고, 그들은 말이 꼼짝하지 못하게 둘러싸고는 욕설을 퍼부었다. 의용대는 당황하기 시작했다; 정규 기병—경기병대—이 그들을 구출하기 위해 파견되었다. 그들은 칼을 뽑아 들고는 빽빽하게 모인 사람들에게 휘두르며 길을 뚫었다. 부대를 탈출시키기 위한 필사적인 돌진이 뒤따랐다. 11명이 사망했다; 421명이 중상을 입었고, 162명이 칼에 베였다. 부상자 중 최소 100명은 여성과 어린아이들이었다.

뱀퍼드는 이 근접전을 시적 축약을 통해 묘사했다:

기병대는 혼란에 빠졌다; 그들은 사람과 말의 무게를 다 합쳐도 그 조밀한 인간들의 덩어리를 뚫을 수 없었다. 그래서 위로 들어 올린 빈손들과 무방비 상태의 머리들을 베어내기 위해 그들은 검을 휘둘렀다; 그러자 잘려 나간 팔다리와 상처로 벌어진 두개골들이 보였다; 그리고는 신음과 외침이 그 끔찍한 혼란의 소음과 뒤섞였다. "아! 아! 망측해라! 망측해라!"라는 외침이 들렸다; 그리고는 "흩어져! 흩어져! 그들이 앞쪽에서 사람들을 죽이고 있는데 아무도 도망칠 수 없어요" … 잠시 동안 군중은 정지 상태가 된 것처럼 발이 묶였다; 그리고는 몰려오는 바닷물처럼 무거워 저항할 수 없는 돌진이 뒤따랐다; 그러자 비명, 기도, 저주가 섞인 낮은 천둥 같은 소리가 진흙투성이가 되어 칼에 베이는 군중으로부터 들려오는데, 이들은 탈출할 수가 없다.

시드머스 경은 맨1체스터 치안판사들의 확고한 대응을 치하했다. 윌리엄 워즈워스도 비슷한 감정을 느꼈던 것 같다. 다른 사람들은 이 일에 메스꺼움을 느끼면서 유럽의 절대왕정 전제군주들이 백성들에게 가한 최악의 잔학 행위들과 비교했다. 많은 사람들이 느끼기에 이 집회는 혁신에 반대하여 영국의 전통을 옹호하는 정부의 가식을 조롱하는 것이었기 때문에 피털루 학살은 사악한 것이었다. 비평가들은 피털루가 영국의 사건일 리 없다고 믿었다. 셀리는 이탈리아에 있었지만 이러한 사실이 그가 정부에 격렬하게 반대하는 시 「무정부의 가면The Mask of Anarchy」("가는 도중에 나는 '살인'을 만났네/ 그는 카슬레이Castlereagh[46]의 가면을 쓰고 있었네")을 쓰는 것을 막지는 못했다. 그가 기성세대 시인들과 작별을 고하는 순간이었다.

피털루의 충격적인 여파로 인해 급진주의자들은 분열되었다. "웅변가" 헌트는 항고심에 끌려갈 때 런던 거리로 몰려나온 30만 명으로부터 응원을 받았고, 그와 마찬가지로 합법적이고 헌법적인 변화를 지속하는 것이 중요하다고 느끼는 부류가 있었다. 하지만 이제 벼랑 끝에 내몰렸다고 느낀 참을성이 부족한 부류도 있었다. 예를 들어 케이토 스트리트Cato Street 음모(내각을 암살하고 런던 타워와 잉글랜드 은행Bank of England[47]과 의회를 공격하기 위한)를 계획했던, 궁핍해진 신사 급진주의자 아서 시슬우드Arthur Thistlewood는 공개 재판에 이은 처형 또는 정부 탄압을 받기에 완벽한 대상이었다. 1820년 말까지 대부분의 민주주의 운동 지도자들—프랜시스 버뎃, "웅변가" 헌트, 토머스 울러—은 감옥에 갇혔다. 1819년에 6개 법Six Acts이 제정되면서 치안판사는 가택에서 선동적인 출판물이나 무기를 수색할 수 있는 권한을 갖게 되었고 50명 이상의 모임을 금지할 수 있는 권한도 부여받았으며, 새로 도입된 인지stamp duty는 글을 읽을 줄 아는 노동

---

[46] 카슬레이 자작인 로버트 스튜어트(Robert Stewart): 프랑스와의 전쟁과 아일랜드 봉기에서 공을 세운 정치가로서 피털루 학살의 과잉 진압을 옹호했다.

[47] 흔히 '영란은행'으로 번역되기도 하는 영국의 중앙은행.

자 남성과 여성이 대중 출판물을 접할 수 있는 가능성을 줄여버렸다.

이때 윌리엄 코벳이 톰 페인의 유골을 (리버풀에 버릴 때까지) 미국에서 갖고 다시 나타났다. 코벳은 '인민의 친구the People's Friend'로서 페인의 역할을 분명히 물려받았다. 군중을 끌어들일 수 있는 사람이자 인민의 방식으로 분노를 표현할 줄 아는 사람으로서 그는 절실히 필요한 존재했다. 그러나 윌리엄 코벳에게는 이상한 일이 발생해 버렸다. 억압적인 6개 법에 반대하는 대신, 그는 차에 반대하는 충성스러운 추종자들을 동원하기로 결정했다. 볶은 밀이나 미국산 옥수수가 사람들에게 훨씬 낫다는 말만 계속 해댔다. 그는 피털루의 악행을 공격하는 대신에 감자의 악행을 공격했다. 그는 페인에 대한 추억을 기리는 대신 자신의 새로운 통화 정책에 대해서, 그리고 런던을 "유태인 소굴Wen"로 만든 "유태계 개들"에 대해서 장황한 말을 이어갔다. 그는 영국이 에드워드 1세의 현명한 정책으로 돌아가 그들에게 배지를 달도록 할 수 없다는 것이 유감이라고 생각했다.

인민의 지도자들이 사라지거나 코벳처럼 자멸해 버리고 경제가 눈에 띄게 개선되자 정부는 영국 혁명의 싹이 이제는 잘려 나갔다고 자축할 수 있었다. 그러나 이것은 무익하고 현명하지 못한 안일함이었다. 분노의 싹은 잘렸지만 분노의 뿌리는 더 깊이 파고 내려갔다. 한 예로, 뷰익은 굴복하지 않았다. 그가 잡을 수 있는 마지막 지푸라기는 웰링턴과 외무장관 카슬레이가 영국이 1815년의 비엔나 회의에서 오스트리아 외무장관 클레멘스 폰 메테르니히Klemens von Metternich에 의해 조직된 범유럽 정책의 무거운 마차에 얻어 타도록 허용한 냉소주의였다. 영국인의 외침에는 완고하게 귀를 닫으면서 외국 독재자들의 명령을 수행하는 것은 뷰익이 볼 때 위험할 뿐만 아니라 도덕적으로도 비난받을 만한 정책이었다. 성장하는 예언자로서 그는 과두제 정치인들과 귀족들과 주교들에게 경고했다. 그들은 이미

부끄러운지도 모르고 기꺼이 죄를 지었다. 이 결사단은 여태 그들의 자리를 지켜

왔으나, 이제 분노한 사람들의 폭력이 그들을 무너뜨릴 때까지만, 아니면 아마도 이 위대한 국가의 일을 수행하는 그러한 비뚤어진 질서에 반대하는 의견이 커져서 그것을 명확하게 인식한 대다수가 눈살을 찌푸리기 시작하며 이것이 정부에서 일하는 사람들로 하여금 자신들이 서 있는 벼랑 끝에 잠시 멈춰 서서 다가오는 폭풍을 막기 위한 현명하고 정직한 조치들을 때맞춰 제공할 수 있게 될 때까지만 계속해서 그 자리를 지킬 수 있을 것이니 두려워하라.

뷰익은 1828년에 사망하기 몇 년 전인 1820년대에도 글을 썼으며 그가 꾸준히 주장하던 도덕적 긴급함은, 그것을 실현시키기 위한 정치는 믿을 수 없을 정도로 조용했음에도 불구하고, 1820년대의 전형이었다. 이 시기엔 아일랜드의 서쪽부터 뷰익의 뉴카슬에 이르기까지, 시청, 예배당, 집회실, 선술집이 복음주의 설교자들의 연설을 듣기 위해 모인 군중으로 가득 찼다. 이제 목표는 정치적인 것보다는 종교적·사회적인 것이었다. 아일랜드에서 이것은 가톨릭 신자가 공직에 취임하고 국회의원에 출마하는 것을 금지하는 제약을 철폐하겠다는 피츠윌리엄Fitzwilliam이 20년 전에 한 약속의 이행을 포함하는 것이었는데, 이것은 카리스마 넘치는 케리Kerry 지역 변호사이자 지주인 대니얼 오코넬Daniel O'Connel이 이끄는 '가톨릭 협회Catholic Associations'의 커다란 목표이기도 했다. 이러한 움직임은 잉글랜드와 스코틀랜드의 반대파, 비국교도 종교가 그들의 적이 실제로는 동일하다는 것을 감지하고 공동의 대의명분으로 삼은 것이기도 했다. 산업 도시에서는 은행가 토머스 애트우드Thomas Atwood가 버밍엄에서 시작한 의회 개혁을 위한 새로운 중간계급 캠페인이 도덕적 십자군운동의 분위기를 내기 시작했다. 1824년에 동물 학대 보호 협회(빅토리아 여왕이 후원자가 되면서 '왕립'이 되었다)가 설립되면서 뷰익의 마음속에서 그토록 소중했던 대의가 완성되었다. 의회 법령에 의해서 이제 스미스필드Smithfield로 몰고 가는 소에게 심한 학대를 가하는 것은 범죄로 규정되었다. 전통 오락인 소 끓리기와 11월의 소몰이bull-running—특히 미들랜즈에서 매우 인기가 높은 마을 생활의 필수 요소 중 하나였던—도 불법으로 규정되었다. 하지만 새로운 법에도 불구하고 링컨셔 Lincolnshire의 스탬퍼드Stamford에서 소몰이가 열렸고 이것을 진압하기 위해서 용기병과 경찰이 동원되었다.

정의의 군대는 진군하고 있었고, 그들의 가장 성공적인 십자군 전쟁은 노예제 폐지였다. 원래 퀘이커 교도의 전문 분야였던 노예제 폐지에 대한 주장은 정당이나 신앙의 구분을 뛰어넘는 위대한 복음주의 운동으로 확장되었다. 이 운동은 일부 조잡한 노동계급 인종차별주의와 싸워야 했지만 요크셔와 랭커셔에서는 강력한 대중적 지지를 얻었고, 1832년 올덤Oldham에서는 마침내 코벳도 이 대의에 대한 자신의 개종을 발표했다. 미국에서 목숨을 걸고 노예제에 반대하는 강의를 한 폐지론자 조지 톰슨George Thompson은 리버풀에서만 70만 명에게 연설했다고 주장했다.

이 모든 캠페인은 톰 페인도 메리 울스턴크래프트도 상상할 수 없었던 방식으로 혁명적이었다. 이를 계기로 전문적으로 조직된 최초의 대중 압력 집단이 탄생했다. 아일랜드에서 프로테스탄트 지주들이 선택한 관리들을 물리치기 위해 오코넬은 유급 스파이를 동원했고, 유권자 목록을 신중하게 작성했으며, 투표소에 가기 위해서는 여행이 필요했던 사람들에게는 여행을 조직해 줬다. 캠페인에 참여한 엄청난 수의 인원과 나폴레옹 전쟁 이후 상업적으로 재배되기 시작한 사탕무의 존재를 감안하면 서인도제도의 노예 소유주들에게 막대한 경제적 피해를 입힐 수 있는, 서인도산 설탕에 대한 전국적인 규모의 체계적인 보이콧을 실시할 각오까지 되어 있었다. 그리고 그들은 청원이라는 오래된 도구도 대중 동원의 시대로 끌어왔다. 아주 장엄한 효과를 내기 위해 수십만 명의 서명을 모아서 엄청나게 길쭉한 하나의 종이에 꿰맨 탄원서가 이를 지지하는 의회 의원에 의해 평민원으로 전달될 것이었다. 주최 측이 역할을 제대로 수행한다면 탄원서가 너무 무거워져 이를 의사당으로 옮기려면 네 명에서 여덟 명의 의원이 필요했을 것이다. 1830년대의 첫 3년 동안 4000건의 청원이 의회에 제출되었다. 현재 가장 정확한 연구에 따르면 1787년, 1814년 또는

1833년에 성인 남성 다섯 명 중 한 명이 노예 폐지 탄원서에 서명한 것으로 나타났다. 더욱 놀랍게도 영국 여성들이 제출한 탄원서에는 18만 7000명의 이름이 올라 있었고 이를 의회로 옮기기 위해 네 명의 의원이 동원되었다. 메리 울스턴크래프트가 살아서 목격했더라면 매우 행복해했을 장면이다.

새로운 사회적 교회의 손에서 정치는 덕목의 극장이 되었다; 이제 궁정과 의회에서 늙고 꽉 조이는 옷을 입은 호색가들이 권위를 주장하는 모습은 점점 더 기괴하게 느껴졌다. 전통적인 권력의 상징─국장coats of arms 및 흉벽으로 에워진 장원─은 이제 윌리엄 윌버포스 의원이나 작가 토머스 클락슨Thomas Clarkson과 같은 위대한 노예폐지론자들이 조직한 순회 전시회에 자리를 내주었다. 클락슨은 채찍과 사슬, 노예선 모형, 인간 매매에 사용되는 일용품 등을 전시했다. 정어리 통조림처럼 수백 명의 시체가 갑판 사이에 빽빽이 들어찬 노예선을 그린 클락슨의 유명한 그림, 반란을 일으킨 노예에게 가해지는 가학적 처우에 대한 블레이크의 끔찍한 그림이 왕의 이미지를 대신해서 영국 전역에, 공공장소든 개인 주택이든, 걸려 있었다.

1830년대 말이 되면 정의로운 자와 부주의한 자를 구분하는 데 있어서 정당의 구분은 도덕적 경계보다 덜 중요해 보이게 되었다. 노예 폐지론이 마침내 윌리엄 해즐릿과 윌리엄 워즈워스를 커다란 같은 텐트에 모이게 했다; 체제 내의 특권층과 외부의 목소리가 만났다. 그리고 캠페인은 세계 최고의 헌법에 결코 함부로 손대지 않겠다고 맹세한 사람들의 마음을 변화시킬 수 있었다. 웰링턴 공작은 총리로서, 오코넬의 막강한 가톨릭 협회를 매수하려면 그 대가로 가톨릭 해방에 동의할 수밖에 없겠다고 느꼈다. 수년 동안 토리당보다 의회 개혁에 결코 더 호의적이지 않았던 위그당도 이제 도덕적 급진주의의 증기동력 에너지를 제어해서 자신들의 오래된 사두마차에 잘 연결시킬 방법을 찾지 못할 경우 의석을 잃을 가능성에 직면했다.

1830년의 여름은 그들에게 뜻밖의 기회를 주는 동시에 더 이상은 이 일을 미룰 수 없게 하기도 했다. 시골 지역─컨스터블Constable이 그린 그림에서 풍경과 함께 등장하는 바로 그 시골; 지역 유지들과 교구 목사의 흔들리지 않는 영역인 고대 잉글랜드의 견고한 심장부로서 여전히 찬사를 받고 있던 그 시골―이 코벳이 정확히 예측한 대로 (어떤 사람들은 의심스럽게 생각했던) 연기에 휩싸였다. 그는 동정심을 전혀 숨기지 않고 표현했다: "무슨 일이 일어나든지 절대로 이 사람들이 가만히 누워서 굶어 죽게 해서는 안 된다." 겨울은 매우 혹독했다. 여느 때와 마찬가지로 그 결과는 높은 물가, 실업 또는 단기 고용에 처한 노동자들, 기아를 피할 수 없는 수준의 임금이었다. 하지만 이번에는 "스윙 대위Captain Swing"⁴⁸의 "군대"가 몸을 일으켜 건초를 불태우고 탈곡기를 부쉈다. 스윙은 잉글랜드 남부를 가로질러 서쪽으로는 도싯까지, 동쪽으로는 이스트 앵글리아와 링컨셔까지 사정없이 거대한 길을 뚫었다. 코벳의 고향인 햄프셔Hampshire, 켄트Kent, 이스트 서식스East Sussex에서 의용 기마대와 반군 간의 치열한 전투가 벌어졌다. 코벳은 이 근처의 배틀Battle에서 500명을 대상으로 연설을 했었고 그 일로 1831년에 재판에 회부되었으나 예상대로 무죄 판결을 받았다. 2000명의 스윙 수감자들이 재판에 회부되었고 19명이 처형되었으나, 사형선고를 받은 죄수들 중 200여 명은 호주 유배로 감형되었다.

    선제 개혁에 대한 열띤 논쟁은 1830년 7월에 또 다른 혁명을 통해 부르봉 왕가의 샤를 10세를 왕좌에서 끌어내리고 오를레앙 공작Duke of Orléans의 아들인 루이-필립Louis-Philippe을 그 자리에 앉힌 프랑스로 인해 촉발되었다. 오를레앙 공작은 최초의 혁명에서 국민공회에 "필립 에갈리테Philippe Egalité"라는 이름으로 참여했던 인물이다. 역사적 기억의 힘은 사람들을 각성하게 하는데, 젊은 시절의 토머스 배빙턴 머콜리Thomas Babington Macaulay와 같은 휘그 역사가들과 웅변가들은 이를 주저 없이 사용했다. 그들은 시기적절한 개혁만이 영국에서 근대 혁명이 일어나는 것을 막을 수 있다고 주장했다. 그러나 가톨릭 해방은

---

48   봉기를 주도한 사람들이 협박성 편지를 작성하면서 '스윙'이라는 이름으로 서명해서 붙은 명칭. 특정한 실존 인물의 이름은 아니다.

받아들였던 토리당 총리 웰링턴 공작은 이번엔 바리케이드를 설치했다. 그는 그 당시의 "대의제의 상태"가 "선택 가능한 최상의 상태"이며 자신은 "의회 개혁을 절대 도입하지 않을 것이고 그것에 항상 저항할 것"이라고 말했다. 국왕 윌리엄 4세도 같은 생각이라는 사실이 알려지자 인기가 증발해 버렸다.

그러나 개혁은 없이 탄압만 해도 국가를 안정시킬 수 있다는 공감대는 정치 엘리트 내에서 무너져 내리고 있었다. 집단적으로 스스로를 보존하기 위한 가장 현명한 수단에 대한 논의가 전개되었다. 1830년 11월이 되자 웰링턴은 실각했고, 의회 개혁 조치를 도입하는 조건으로 1789년의 혁명 이래 최초로 위그 행정부가 출범했다. 찰스 제임스 폭스의 후계자인 찰스 그레이Charles Grey 신임 총리는 거의 40년 전에 개혁 법안을 처음 시도했다. 따라서 그의 법안은 "40년 전쟁"에 대한 끝없이 지연된 정당성의 입증이었다. 위그당 정부는 적어도 토리당(그레이 자신도 백작이었다)만큼 귀족적이었기 때문에 개혁의 세부 사항이 1831년 3월에 평의원에서 공개되었을 때 벼락을 맞을 준비가 된 사람은 거의 없었다. 머콜리는 토리당 지도부가 그 이유를 충분히 납득할 만한 과도한 흥분과 함께 느낀 충격을 이렇게 묘사했다: "… 필Peel의 턱은 떨어졌고 트위스Twiss의 얼굴은 저주받은 영혼의 얼굴 같았으며 헤리스Herries는 유다Judas처럼 보였다." 그들의 경악은 이해할 만한 것이었다. 인구가 4000명 미만인 140개 도시선거구boroughs는 각각 1~2개의 의석(60개 선거구는 완전히 소멸됨)을 잃게 되었으며, 이들은 산업화된 영국의 신도시와 런던으로 재분배되었다.

첫 번째 법안이 귀족원에서 부결된 후 다시 상정되기 전까지의 기간에 위그당의 더 묵시론적인 경고가 현실화되는 듯했다. 다비셔, 노팅엄, 브리스톨에서 폭동이 발생하여 브리스톨에선 주교 관저가 전소되었다. 석탄과 철의 지역 사우스 웨일스(1816년에 이미 심각한 파업이 있었던 곳)에서는 배고픔과 정치적 분노가 융합되어 머서 티드빌Merthyr Tydfil의 군중이 법정을 공격하여 개혁을 지지하는 죄수들을 석방하고 도시를 점령했다. 스완지Swansea의 기병대는 매복 공격을 받았고 수백 명의 군대가 질서 회복을 위해 몬머스Monmouth에서 파견되어야 했다.

이처럼 혼란과 폭력이 만연한 상태에서 새로운 선거가 치러졌다. 선거운동은 크고 작은 거의 모든 마을에서, 경합하는 두 정당을 명확히 나누는 원칙을 중심으로 전개되었다. 그 결과, 압도적인 과반수 의석을 차지한 휘그당은 윌리엄 4세로 하여금 굴욕적이게도 50명의 새로운 작위 귀족peers을 즉각 창출해서 상원에서 두 번이나 부결된 개혁 법안이 이번에는 상원을 통과할 수 있게 하라고 요구할 수 있게 되었다. 개혁 법안은 1832년 6월에 법으로 제정되었다. 대부분의 역사가들은 이것의 근저에 사회적 보수주의가 자리 잡고 있었다고 주장해 왔다: 귀족의 취향과 토지에 대한 지배력을 파괴한 게 아니라 보존한 것이다. 그런데 바로 이것이 휘그당의 의도였다. 머콜리가 썼듯이, "그 누구도, 길거리의 소년들이 손가락질하는 여기저기 널려 있는 미친 급진주의자들을 제외하고는 작위 귀족들을 의회에서 몰아내고 싶어 하지 않았다". 존 러셀 경, 그레이 백작, 더럼 자작과 같은 휘그당의 거장들은 10파운드 가정 참정권(10파운드 이상에 해당하는 재산을 소유한 남성에게만 투표권 부여)을 부여받는 사람들의 혁명에 반대하는 본능에 베팅함으로써 이 법이 전면적인 "미국적" 민주주의의 위협으로부터 귀족의 권력을 안정적으로 유지해 줄 가능성이 더 높다고 믿었다. 그들의 목표는 중간계급의 도덕을 중시하는 활동가와 진정으로 급진주의적이고 보통선거권을 주장하는 민주주의자 사이에 잠재적으로 훨씬 더 위험한 동맹을 분열시키는 것이었다.

그 전략은 효과가 있었다. 개혁은 50만 명의 영국인을 새로운 유권자로 만들었고 대니얼 오코넬, "웅변가" 헨리 헌트, 토머스 애트우드, 윌리엄 코벳—이 마지막 인물은 꽤 그럴듯하게도 산업화된 올덤의 의원—을 위한 의석이 마련된 새로운 하원을 창출했다. 이 의회는 상식적인 자유주의 분위기 속에서 일하면서 실제로 혁명을 막았다(여전히 시골 지역에서는 폭동이 발생했고 1838년 켄트에서는 최악의 사태가 벌어졌지만). 하지만 그 정도의 변화도 매우 중요한 것이었다. 코벳이 개혁법을 축하하기 위해 노동자 7000명을 위한 "찹스틱 축제Chopstick Festivals"

를 개최하여 70파운드의 햄과 마차들에 잔뜩 실은 양고기, 소고기 및 송아지 고기를 베풀었을 때 그는 자신이 "오래된 부패"가 피 흘리지 않고 죽는 장면을 보고 있다는 것을 알았다; "세대주 선거권자potwallopers",[49] 하수인, 돈주머니 선거구pocket borough의 퇴거.

역으로, 국왕 윌리엄 4세가 너무 화가 나서 법령에 도저히 직접 서명할 수가 없어 이를 왕립 위원회 위원들royal commissioners에게 맡겨버린 데는 이유가 있었다. 1829년에 가톨릭 해방법이 통과되면서 잉글랜드 국교회의 독점은 사라졌다. 이제 국왕이 협박을 받은 상태로 임명한 정치적으로 고분고분한[50] 다수의 상원의원이 즉각 창출됨으로써 상원의 독립성은 돌이킬 수 없을 정도로 위태로워졌다. 아일랜드에서의 오코넬의 업적을 곧바로 이어받아 토머스 애트우드가 버밍엄 정치 연합Birmingham Political Union을 통해 일궈낸 성공이 인정받자, 이제 영국에서 권력을 쟁취하기 위해서는 노예제 폐지론자들과 노예 해방론자들이 개척한 모든 동원 기술들을 사용하여 근대 정당정치라는 기계를 만들 수 있는 길이 열렸다(즉시 실현되지는 않았지만) — 집회, 대중 청원, 신문 캠페인.

1년 후인 1833년에, 개혁되긴 했지만 여전히 비민주적인 평민원이 영국을 모든 식민지에서 노예 제도를 불법화한 최초의 국가로 만들었다. 최근의 역사 서술이 반론을 제기하긴 하지만, 노예 노동을 이용한 상품에 대한 수요가 감소하지 않고 오히려 증가하고 있는 시기에 이뤄진 것이었다. 그것은 도덕적 논쟁의 힘에 의해 압도적으로 폐지되었다; 공통의 인간 본성을 주장하는 견해의 최종 승리에 의해. 1834년에 국회의사당이 전소된 것이 도덕적 기적의 새 시대에 대한 일종의 신의 선포로 받아들여질 수 있다는 말은 아니다. 승리는 여전히 부분적이었다. 가톨릭 신자들은 이제 공직에 진출할 수는 있었지만 아일랜

49　1832년 개혁법 이전에 존재했던 여러 유권자 범주 중 하나. 자신의 가족을 부양할 수 있을 정도로 큰 화로를 보유한 남성 가장에게 부여. 1832년의 개혁으로 인해 일률적인 재산 제한이 적용되면서 사라졌다.

50　평민원에 대해서 유순한 태도를 취한다는 의미.

드에서 그들은 40실링 이상 재산 보유자에게 주어지던 투표권을 상실했다. 그 것은 영국 본토의 카운티들과 같은 수준의 참정권 제한—연간 10파운드 이상의 임대료를 내는 가구—으로 대체되었고, 페인, 코벳 및 헌트 뒤에 줄을 섰던 대다수의 사람들을 효과적으로 제외시켜 버렸다. 진정한 남성 보통 참정권은 1918년까지 기다려야 했다. 카리브해에서도 노예를 소유한 플랜테이션 소유주는 손실을 보상받아야 했다. 그리고 처음에는 과도기적 "도제" 시스템이 노예 상태와 진정한 자유 사이에 중간 지대를 형성했다.

자연의 힘이 상상했던 대로 제대로 작동하지는 않았다. 영국인은 민주주의와 사회정의를 향한 길을 걷지 않았다. 도보 여행자들과 소요학파들은 이제 고속의 증기 동력을 이용한 경제 혁명에 의해 추월당했으며, 그들은 이를 저지할 힘도, 후진시킬 힘도 없었다. 그럼에도 불구하고 산업화된 영국—유럽 역사상 가장 놀라운 변화—은 그때까지는 유혈 혁명 없이 등장한 것이었다. 빠른 도로와 함께 시작된 한 시대가 상상할 수 없을 정도로 더 빠른 철도 열차를 가진 또 다른 시대로 대체되었다. 열차들 중 일부는 워즈워스가 당황할 정도로 레이크 디스트릭트의 안식처를 침범하고 있었다; 연기를 내뿜고, 악마 같은 소리를 내며, 일하는 사람들을 자신의 집 앞까지 데려다주면서. 물론 보행자들도 여전히 있어서, 이들은 무리 지어 다니며 토머스 웨스트가 쓴 가이드와 자신만의 가이드를 모두 들고서 여정 중에 반드시 들러야 할 곳들을 빨리빨리 표시했다. 그는 자기 자신을 관광지로 만들었다.

이것은 그가 원한 것이 전혀 아니었다. 루소와 마찬가지로 워즈워스도 영국의 시골이 근대성의 공범이 아니라 해독제가 되어야 한다고 믿었다. 그러나 이 대척점들은 어떻게든 만나서 서로의 "안으로" 파고들어서 시골 사람들은 도시의 물건을 원했고, 도시 사람들은 시골의 일부라도 갈망하고 있었다. 그리고 그들은 결국 갖게 되었다. 세상에서 가장 산업화된 사회가 시골 마을의 추억에 가장 집착하고 있었던 것이다. 초기 빅토리아 시대의 모든 도시에는 녹지로 된 공간이나 장소가 있었다: 상실에 대한 임시 처방 또는 기념물로서 시골의 축소판이 도시 한편에 만들어졌던 것이다. 철도 회사는 노동자들에게 선로 옆에 야채와 꽃을 재배하거나 돼지 한 마리와 닭 몇 마리 정도를 키울 수 있는 공간을 할당했는데, 이는 그들이 인클로저로 인해 빼앗긴 장방형 농민 보유지와 공유지를 떠올리게 했다. 비록 코벳이 상상했던 마을 정원, 스몰 에일small ale,[51] 로스트 비프가 있는 '즐거운 잉글랜드'까지는 아니었지만, 아예 아무것도 없는 것보다는 이런 작은 농장이라도 할당 받는 것이 사람들의 삶을 훨씬 더 윤택하게 했다. 또한 존 클로디어스 라우든John Claudius Loudon과 같은 녹지 공간의 개척자 덕분에 처음으로 "공원"은 귀족의 사유지가 아니라 계급이나 재산의 장벽이 없는 공공장소를 의미하게 되었다. 1847년에 일반에 공개된 버큰헤드Birkenhead 공원과 같이, 산책로와 크리켓 경기장, 연못 및 초원이 포함된 공간으로 고안되었다. 평범한 영국인들이 와서 아이들에게 자연의 즐거움을 줄 수 있는 그런 곳이었다. 필자가 추측하기에 이런 장소들은 감탄할 정도로 대단하지는 않았겠지만 그렇다고 해서 완전히 허접하지도 않았다.

---

51   도수가 약한 에일 맥주.

A History of Britain

The Fate of the Empire

1776-2000

3

여왕벌과 벌집

The Queen and the Hive

어딘가에 — 24톤의 석탄 덩어리; 80개의 칼날로 구성된 스포츠맨 나이프; "오스트라사이드The Ostracide"라는 이름의 기계식 굴 따개; 거타페르차 회사Gutta Percha Company의 증기선용 가구(사고 발생 시 부력 있는 구명 뗏목으로 전환 가능); 박제 담비의 티파티[1]를 지나면 — "런던의 발명가" 존 밀튼이 디자인한 유리 벌집이 있었다. 분홍색 물결무늬 비단 가운을 입고 작은 왕관을 쓴 젊은 여왕은 그 전시물 앞에 멈춰 서서 그 안에서 바글거리는 벌들을 바라보았다. 그녀를 가장 놀라게 한 것은 공공장소에서 관찰당하는 것에 대한 그들의 고결한 무관심이었다. 벌들은 여기에서 꿀을 만들 수 있었고 계속해서 그 일에만 집중했다. "여왕 폐하와 앨버트 공Prince Albert은 재능이 넘치는 이 작은 곤충들의 놀라운 활동에 대해 자주 눈길을 주셨는데, 주변을 둘러싼 온갖 소리와 시선의 방해 속에서도 자신의 관심사에 변함없이 주의를 기울이는 능력은 존경스러운 교훈으로 간주될 만했다." 빅토리아Victoria 여왕 자신은 대중의 시선에 노출된다는 것이 얼마나 고통스러

---

1 19세기 중반 이후 영국에서 유행한 의인화된 박제 동물들의 진열품.

울 수 있는지 느낄 때가 올 것이었다. 그로부터 10년 후, 오랫동안 그녀를 보호해 줬던 남편이라는 그림자를 빼앗긴 후, 그녀는 커튼을 닫고, 가스등을 끄고, 어둠 속에 몸을 숨기게 된다.

그러나 1851년 5월의 이 반짝이는 날에는 그렇지 않았다; 그녀는 삼촌인 벨기에의 레오폴드 왕에게 보내는 편지에 "오늘은 가장 위대한 날이자 가장 아름답고 웅장한 날이에요"라고 썼다. 이날 수정궁Crystal Palace 안에서 빅토리아는 자신이 윙윙대는 벌통 속의 여왕벌이 된 것에 완벽하게 만족했다. 그녀는 3만 명의 시즌 티켓 소지자의 시선에 여유롭게 대처면서 신성한 흥분의 샘이 솟는 것을 느낄 수 있었다. 여왕과 앨버트가 로튼 로Rotten Row(Route du roi의 변형 — 로얄 웨이the Royal Way)[2]를 따라 올라갈 때 그곳에는 뿌연 보슬비가 내리고 있었다. 그러나 마치 이 행사의 장엄함(빅토리아가의 표현)에 경의를 표하는 것처럼, 그것은 하이드 파크의 봄이 선사하는 진줏빛 햇살에 곧 자리를 내줬다. 콜브루크데일Coalbrookdale 철문을 통과해 야자수잎과 무성한 꽃이 가득 찬 수정궁으로 들어가자 반짝이는 트럼펫들이 여왕의 도착을 알렸고, 각각 정확히 49인치 × 10인치 크기인 30만 개의 유리창이 이곳을 강렬한 빛으로 가득 채우자 빅토리아는 그 빛으로 인해 순간적으로 시야를 잃었다. 그것은 틀림없이 주님의 빛이었고, 그녀가 그랬듯이 남편의 위대한 업적을 인정하는 빛이었다. 그가 노팅엄셔에서 제작한 레이스와 흰색 새틴을 입고 머리에는 야생 장미 장식을 한 비키Vicky(제1왕녀: the Princess Royal)와 하이랜드 킬트Highland kilt를 입고 뛰어노는 어린 버티Bertie[3]를 데리고 그녀의 옆에 서자 이들은 모두 광채에 휩싸였다. 20피트 높이의 수정 분수에서는 오드콜로뉴 향수가 솟구쳐 나왔고, 건물의 떨리는 공명을 활용하기 위해 전략적으로 배치된 다섯 개의 오르간과 600명으로 구성된 합창단의 환희로 빅토리아의 귀가 가득 차자 그녀는 숭고한 초월의 상태로

---

2 프랑스어로 불리다가 그 발음이 영어식으로 변형됨.
3 빅토리아의 장남의 애칭. 후에 에드워드 7세로 즉위한다.

자신이 높이 솟아오르는 것을 느꼈다. 그녀는 혼자가 아니었다. 평소에는 아주 무뚝뚝한 ≪데일리 뉴스Daily News≫의 기자도 "듣는 사람의 마음이 그들을 에워싸고 있는 건물의 유리처럼 진동하게 만드는, 묵시록적인 환상에서나 들릴 법한 커다란 물소리"와 비슷한 소리를 듣자 영적인 상태로 푹 빠져들었다.

여왕의 남편Prince Consort의 머릿속에서 헤엄치는 예언적 비전들—조화; 평화; 국가 안에서의 그리고 국가들 사이의 조화(여왕이 홀딱 반해서 바라보는 동안에 행해진 긴 연설을 통해 장황하게 열거된 감정들)—은 이 특별한 노동절May Day에는 비현실적으로 신성한 체하는 것으로만 보이지는 않았다. 대박람회Great Exhibition는 실제로 일종의 기적이었다. 수정궁은 지구상에서 가장 큰 밀폐 공간(3분의 1마일 이상으로 긴)이었지만, 아무것도 없던 하이드 파크에 겨우 6개월 만에 건설되었다(기본 공사는 단 17주가 소요). 유리 및 철제 제조업체인 폭스 앤 헨더슨Fox and Henderson이 기본 설계를 하고 전체 견적을 준비하는 데 일주일이 걸렸고 건축가가 최초의 개념을 발전시켜 작업 도면 전체 세트의 초안을 작성하는 데에는 단 8일이 걸렸다.

초기에는 의회가 관심을 기울이지 않거나 심지어는 저항하기도 했고 언론은 트집 잡기에만 열중했었으나, 앨버트 공의 열정으로 인해 결국엔 모금 활동이 활기를 띠기 시작하여 신속하게 준비를 마쳤고 기획자와 건축가들이 협조하여 이 미션에 대한 확신을 키웠다. 박람회를 위한 자금 조달은 약 7만 파운드에 달하는 개인 기부로 시작되었고, 이후 본격적인 투자 금액이 유입되었다. 이제 이 기획은 기존의 예측을 통째로 뒤엎었다. 산업사회의 지옥 같은 음울함에 대한 낭만적 공염불은 무한하게 확장할 수 있는 조립식 건물의 따뜻한 품위로 인해 실없는 소리가 되어버렸다. 철의 강직함이 레이스처럼 여성스러운 곡선으로 구부러졌다. 중세 문장의 색조—노란색, 빨간색 및 파란색—로 채색된 내부에는 고딕 부활 양식의 "중세의 궁정"과 피스톤으로 구동되는 중장비가 함께 놓여 있어서 과거와 미래의 행복한 결혼을 알리는 것만 같았다. 공장의 제조업은 장인이 만든 공예품을 소멸시키는 것으로 인식되고 있었으나 수정궁은 엔

지니어링과 장인이 생산할 수 있는 최고를 함께 선보였다. 유리창들은 모두 불어서 만든 수제품이었다. 철과 유리는 반짝이는 세밀한 거미줄을 함께 엮어냄으로써 열린 공간을 막아버리는 대신에 마치 섬세한 막으로 그 공간을 담고 있는 것처럼 보이게 했다. (수정궁이 누수 방지 및 방풍 기능이 있는지 여부에 대해서 걱정이 제기된 것도 이해가 될 정도였다.)

기계 시대에 대한 가장 맹렬한 비판자들은 그것을 자연의 적으로 묘사하기 일쑤였다. 그들이 말하는 진정한 '즐거운 잉글랜드'는 마을의 녹지, 아늑한 오두막, 자비로운 지주였다. 그러나 박람회를 조직하기 위해 앨버트 공을 수장으로 하여 설립된 왕실 위원회 구성원들은 노동절을 개막일로 선택했을 때 자신들이 무엇을 하고 있는지 제대로 잘 알고 있었다.

그들은 젊으면서도 좋은 인맥을 갖고 있던 풍경 디자이너 조지프 팩스턴Joseph Paxton을 선택했는데, 그는 1차 공모에는 디자인을 제출하지 않았었다. 하지만 그의 경력—온실 디자이너이자 미들랜드 철도Midland Railway의 이사—은 원예와 산업을 서로 잘 어울리게 할 수 있다는 것을 보여줬다. (그는 철도 이사회 회의 도중 지루한 틈을 타 건물의 첫 번째 스케치를 그려냈다.) 그래서 하이드 파크에 제안된 박람회 부지가 링컨 지역구의 평민원 의원이자 근대의 모든 것의 잔혹한 적인 찰스 시브소프Charles Sibthorp 대령으로부터 런던의 허파에 있는 "결절"이라고 크게 비난받았을 때, 팩스턴은 응수에 나섰다. 그는 오래된 90피트 높이의 느릅나무 두 그루를 둘러싸는 반원형 지붕을 제작하기 위해 "트랜셉트transept"[4]의 골조를 높이 올리고 구부렸는데, 시드소프의 예측에 의하면 이 나무들은 조만간 파괴되어 "협잡꾼humbug" 같은 이 박람회의 값비싼 파괴 행위의 첫 희생양이 될 것이었다. 하지만 느릅나무는 이 쇼의 희생자가 되는 대신, 유리로 인한 습기 속에서 땀을 흘리는 사람들에게 여분의 그늘(천으로 된 차양과 함께)을 제공하는 동시에 산업화된 미래가 영국의 풍경에 죽음의 종을 울릴 필요가 없

---

[4] 위에서 내려다 봤을 때 십자형으로 건축된 교회의 좌우 날개 부분을 일컫는 용어.

다는 약속을 제공하는 최고의 녹색 수호자가 되었다.

자연과 산업, 벌과 유리 벌통이 화해할 수 있다면, 다른 케케묵은 적대자들도 화해할 수 있을 것이다. 과학과 종교; 귀족과 기업; 기술과 기독교 전통. 앨버트 공이 주재한 왕실 위원회의 구성원은 자연보호주의자를 제외한 가능한 한 모든 문화적 영역을 포함하도록 신중하게 구성되었다. 엘리스미어 백작Earl of Ellesmere인 프랜시스 에거튼Francis Egerton과 뷰클러 앤 퀸즈버리 공작Dukes of Buccleuch and Queensberry 같은 기업가적 귀족; 윌리엄 글래드스턴William Gladstone 및 리처드 콥던Richard Cobden과 같은 자유무역 정치인; 새로운 웨스트민스터궁전을 디자인한 고딕 부활 양식 건축가 찰스 배리Charles Barry; 그리고 자수성가한 개발자 윌리엄 커빗Sir William Cubitt. 이곳에는 국립 미술관National Gallery의 창립자들 중 하나인 찰스 로크 이스트레이크Charles Lock Eastlake와 창세기가 문자 그대로의 진실을 담고 있다는 주장에 심각한 의구심을 표하는 글을 쓴 바 있는 지질학회 회장 찰스 라이엘Sir Charles Lyell을 위한 공간이 있었다. 앨버트의 후원을 설득함으로써 이 쇼의 원동력이 된 사람은 1849년과 1852년 사이에 ≪디자인과 제조업 저널Journal of Design and Manufacture≫의 편집자였으며 최초의 상업용 크리스마스카드 및 최초의 어린이용 빌딩 블록 세트를 제작한 비범한 헨리 콜Henry Cole이었다. 콜은 이 박람회가 영국 디자인계의 최고의 쇼케이스가 될 것이라는 생각 정도로 일에 착수했을 것이다(그 자신이 완전히 흰색으로 구성된 유명한 민턴Minton 차 서비스를 제작하기도 했다). 그러나 박람회가 완성 단계에 접어들었을 때 그와 앨버트 공은 더 구세주적인 비전을 공유하게 되었다. 대박람회는 단순히 웅장한 국내 및 국제 바자회가 아니었다; 이것은 평화로운 미래를 위한 본보기가 될 것이다. 자신의 개인적인 사명으로서, 그리고 콥던의 격려를 받아, 앨버트는 박람회 이후의 세계는 재배자, 생산자, 그리고 특히 행복한 쇼핑객으로 이루어진 분리할 수 없는 인간 공동체가 될 것이라고 자신의 생각을 ─ 이미 1850년 10월 25일에 요크에서 런던 시장을 위해 개최된 연회에서 행한 비범한 연설 중에 큰 소리로 ─ 말했다. 그러한 세계에서 국가 간의 전쟁은 시대착오적인

3. 여왕벌과 벌집 **163**

부조리함으로 간주되어 상거래의 평화로운 경쟁에 의해 대체될 것이다. 대박람회와 같은 쇼가 엄격한 독재자의 군사 퍼레이드에 대한 대안이 될 것이다.

겁에 질리고 무지한 사람들이 몰록Moloch[5]으로 묘사한 기계는, 인간을 집어삼킨 후 이윤의 미적분을 위한 노동 단위로 만들어 내뱉으면서, 그것이 삼켜버린 공동체, 가족, 개인의 삶에 대해서는 신경도 쓰지 않는 존재로 여겨졌었으나, 이제는 사회적으로 도덕적으로 자애로운 것으로 보일 것이다. "빅토리아의Victorian"라는 단어가 영어에 들어온 바로 이 순간, 또 다른 단어인 "산업industry"이 의미론적 재주넘기를 하여 이제부터는 육체노동의 소모가 아니라 절약을 의미하게 되었다. 이 둘은 함께, 이 시대가 가장 좋아하는 교리인 진보progress라는 단어의 철자 중 3분의 1을 차지했다.[6] 밝게 빛나면서 냄새는 없는 증기를 쉭쉭 내뿜는 커다란 기계는 그 자체로서 군중을 매료시켜서, 진홍색 밧줄 뒤에서 몇 시간 동안이고 서서 그것을 바라보고 있었다. 1000마력을 낼 수 있는 그레이트 웨스턴Great Western사의 녹색 거인 「섬나라의 주군The Lord of the Isles」과 같은 광궤broad gage[7] 기관차는 박람회가 표방한 목표를 달성하는 데 특히 철도가 핵심적이었기 때문에 우호적인 거인Titan으로 보였다: 계급과 지역으로 분열된 영국인을 한데 모으기. 박람회가 열린 5월부터 10월까지 6개월 동안 박람회를 보러 온 600만 명 이상의 방문객 중 최소 75만 명이 철도를 이용했다. 이런 규모의 수송은 지금까지는 군대가 행군하거나 민간인이 진격을 피해 달아날 때처럼 군사적인 동원이 필요할 때나 가능한 것이었다. 그러나 이 시점까지의 영국 역사에서 가장 큰 규모의 인구 이동은 완전히 평화로운 성격의 것이었다; 국가 권력이 아니라 호기심과 상업의 승리로 인한 것이었기에. 숙박을

---

5 끔찍한 희생을 대가로 요구하는 것. 『레위기』에 등장하는 아이를 제물로 요구한 신의 이름.
6 "빅토리아의(Victorian)"의 o, r과 "산업(industry)"의 r, s가 "진보(progress)"의 철자인 p, r, o, g, r, e, s, s의 여덟 글자 중 세 개(약 3분의 1)를 차지한다는 뜻인 동시에, 진보라는 "교리"에는 도덕적 가치와 기계화가 함께 포함되어 있다는 의미.
7 궤도를 구성하는 두 궤의 간격이 넓은 철도를 운행하는 기차.

포함한 소풍은 토머스 쿡Thomas Cook에 의해 조직되었으며 상대적으로 소박한 배경을 가진 방문객인 "체면을 중시하는 노동계급respectable working class"은 특별 할인 요금 혜택을 받을 수 있었다. 수십만이 그렇게 했다.

다양한 산업 박람회들이 이미 개최된 적이 있었다. 당혹스럽게도, 이 장르를 발명한 것은 나폴레옹 치하의 프랑스였다. 그러나 국가 전체가 무역 쇼에 의해서 재정의 된 것은 이번이 처음이었다. 하찮은 폭군들은 경기병대와 야전 대포의 퍼레이드나 시키게 놔둬라. 세계의 작업장은 내스미스Nasmyth[8]의 증기 해머를 자랑할 것이다. 새커리Thackeray[9]는 1850년의 노동절에 박람회에 헌정하는 시를 썼다. "이것들은 잉글랜드의 승리"이자 "피 흘리지 않은 전쟁의 트로피들"이다.

따라서 대박람회는 고립을 상업적 연결로 대체함으로써 19세기 중반 영국의 거의 모든 사회적·정치적 악몽을 없애기 위한 것이었다. 그러나 영국의 그 '계급들'이라는 것이 과연 그렇게 조화롭게 서로 화해할 수 있을 것인가? 80대의 고령에 여전히 런던 수비대 사령관을 맡고 있었던 웰링턴 공작이 생각하기엔, 그런 시적인 경건함은 의심할 여지 없이 모두 매우 훌륭했으나 위험한 폭도들을 궁지에 몰아넣기 위한 총과 기병대를 대체할 수는 없었다. 웰링턴은 수도를 보호하기 위해서는 강력한 경찰력의 배치와 함께 최소한 1만 5000명의 군대가 필요하다고 믿었다. 그는 1848년 봄과 여름에 가까스로 위기에서 벗어난 사건의 악몽에 여전히 시달리고 있었는데, 당시 런던은, 파리에서 시작하여 로마와 비엔나로 확산되며 정부를 전복시켜 버린 혁명의 전염병을 퍼뜨리겠다고 위협하는 차티스트Chartist가 정치적 평등을 요구하며 대규모 시위를 벌였었다. 그러나 3년이 지난 이곳에는 피가 낭자한 바리케이드는 없었고; 개찰구 앞

---

[8] 제임스 내스미스(James Nasmyth, 1808~1890): 스코틀랜드의 공학자, 철학자, 예술가.
[9] 윌리엄 메이크피스 새커리(William Makepeace Thackeray, 1811~1863): 영국의 소설가이자 일러스트레이터.

에 참을성 있게 줄을 선 사람들만 있었다.

　이미 세계 역사상 가장 많은 200만의 인구가 거주하는 도시에 제대로 씻지도 않은 거대한 군중이 몰려와 고귀한 자들과 뒤섞일 것이라는 전망은 웰링턴과 같은 질서의 수호자들에게는 큰 근심거리였다. 국가들 사이에 평화가 확산되고 있다는 믿음도 위안이 되기에는 부족해서, 박람회를 위해 런던을 방문하도록 외국인들을 적극적으로 독려하는 것은 범죄를 부추기는 무책임한 행위로 보였다. 턱수염이 난 혁명가들이(그들의 풍성한 수염은 그들의 정치적 일탈을 분명하게 나타내는 징후로 여겨졌다) 순진한 관광객으로 위장하고 런던 거리를 활보할 것이다. 감시와 격리는 한계점까지 증가할 것이다. 앨버트 공이 작성한 이 글은 반 정도만 농담이었다.

　이 박람회의 반대자들은 노파들을 패닉에 빠뜨리고 나를 미치게 만들기 위해 전력을 다해 일한다. 그들은 이 낯선 사람들이 여기에서 철저한 혁명을 시작할 것이며 빅토리아와 나를 죽이고는 잉글랜드에 붉은 공화국을 선포할 것이 확실하다고 공언한다; 그토록 광대한 군중이 모이는 곳에서는 전염병이 발생해서 그 전에 이미 급증한 물가에 휩쓸려가지 않고 버텨낸 사람들조차 집어삼켜 버릴 것이 확실하다고 한다. 이 모든 책임이 나에게 있다고 한다.

　그러나 앨버트와 팩스턴은 모두 자신의 입장을 고수했다. 그녀의 생명을 노린 시도들로 인해(1840년대에 네 차례) 여왕은 남편의 배려로 박람회 개시 당일 일반 대중이 입장하기 전에 비공개로 관람할 것이라고 예측되었다. 하지만 앨버트는 이 박람회가 입헌군주제의 독특한 미덕을 보여주기 위해서는 여왕이 충성스러운 신하들에게 공개적으로 둘러싸여 있는 것이 필수적이라고 생각했다. 앨버트의 견해는 악의를 품은 집단들이 체면을 중시하는 사람들 사이에 잠입할 수도 있다는 반대 의견을 압도했다. 5월 1일의 공식 행사는 고위 인사들이 주도했다. 특히 캔터버리Canterbury 대주교의 축복은 이 건물에 사용된 "본당"과

"트랜셉트"라는 교회 건축 용어가 진정한 신성함의 향기를 풍기도록 했다. 그러나 빅토리아 자신이 전시품들―밀튼 씨의 유리 벌집을 포함하여―을 둘러봤다는 것이 더 중요했다. 그녀는 박람회가 종료되기 전에 가족과 함께 13회나 더 방문할 것이었다.

이 행사가 대중에 끼치는 영향력에 대해서 팩스턴은 훨씬 더 대담한 견해를 갖고 있었다. 5월이 지나면 무료입장을 허용하자는 그의 제안은 의심에 찬 공포를 불러일으켰다. 그러나 대박람회가 공화정도 전제정도 아닌 영국적인 "제3의 길"을 가장 잘 보여주는 것이라는 그의 주장(콜과 앨버트 공이 공유)은 노동하는 사람들을 이 '궁전'으로 데려오는 것이 그들이 느끼는 지배계급과의 괴리감을 날카롭게 하는 것이 아니라 부드럽게 할 것이라는 주장으로 확장되었다. 그것은 검소하고 근면한 사람들―세계의 작업장의 일벌들―을 기다리는 푹신한 덮개로 감싸인 미래를 그들에게 보여줄 것이다. 그런 장관을 보고 마음이 누그러진 그들은 선동가에서 소비자로 변신할 것이다. 그 결과, 타협이 성사되었다. 5월 26일 이후 월요일부터 목요일까지의 입장료는 1실링으로 책정되었고, 여성에게는 더 저렴한 시즌 티켓이 제공되었다. 첫 번째 "1실링의 날"에는 3만 7000명의 사람들이 수정궁에 입장했다. 그 이후엔 하루 평균 4만 5000에서 6만 5000명 사이가 방문했다. 혁명의 패거리 따위는 생성되지 않았다. 실제로 박람회가 진행되는 6개월 동안 단 한 건의 기물 파손 행위도 보고되지 않았다. 1851년 10월까지 매일 9만에서 10만 명 사이의 사람들이 방문했다. ≪더 타임스*The Times*≫가 정확하게 보도했듯이 "이제 '인민'은 '박람회'가 되었다".

19세기 영국 최초의 이 위대한 쇼는 무엇보다도 가족 나들이로 정의되었다―왕실 가족이 그 시초였다. 만약 대박람회가 그녀의 남편이 애지중지하는 프로젝트가 아니었더라면 빅토리아가 그토록 많은 열정을 쏟아붓지는 않았을 것이라는 데는 의심의 여지가 없다. 어쨌든 그녀는 그것이 그의 창조물이라고 단호하게 믿었고(헨리 콜은 딱하게도 이 신화의 긴 그림자에서 결코 헤어 나오지 못할 것이다), 1851년 5월 1일은 빅토리아에게는 기본적으로 앨버트의 끈질긴 자비의 산물이었다. 그녀는 또한 박람회가, 산업적인 변화에 의해 압박을 받기보다는 그것으로 인해 오히려 강화된, 가정적인 영국의 비전이 되어야 한다는 남편의 강한 확신에 호응했다. 가정용 직물과 가구, 성찬용 식기와 유아용 장난감, 피아노, 주철로 제작한 정원 의자 등의 전시는 영국의 경제력에 대한 그림을 중간계급의 목가적 생활로 번역하는 것처럼 보였다. 이 행사에 대한 왕실의 개인적인 기념품은 의례와 관련된 모습들이 아니라, 화가 프랜츠 제이버 윈터홀터Franz Xaver Winterhalter가 〈5월의 첫째 날The First Day of May〉이라는 제목의 그림에서 묘사한 왕실 가족의 모습인데, 1851년 5월 1일에 웰링턴 공작이 자신의 82세 생일날에 그의 대자인 한 살 나이의 아서 왕자Prince Arthur에게 생일 선물을 가져다주는 장면이다. 이 근대적인 '동방박사의 경배Adoration of the Magus'의 배경에서는 신성한 태양 광선이 수정궁을 일광욕시키고 있다.

햇볕을 받은 부르주아지의 미래가 영국 노동계급이 맞닥뜨린 좀 더 냉담한 전망도 따뜻하게 해줄 것이었음은 말할 필요도 없다. 적어도 앨버트 공은 그렇게 되기를 바랐다. 직원들을 자비롭게 대우하는 것을 자랑스럽게 여기는 맨체스터의 사업가 토머스 배즐리Thomas Bazley―금요일 월급날을 처음 시작한 사람―의 독려에 힘입어 여왕의 남편은 이 박람회가 노동자의 가정생활을 더 나은 건강과 안락함을 위해 재설계하는 계기를 마련해 줄 방법에 대해 생각하기 시작했다. 그는 '노동계급의 주거환경 개선을 위한 협회Society for Improving the Dwellings of the Working Classes'의 회장으로서 헨리 로버츠Henry Roberts에게 노동자 가족을 위한 박공이 있는 2층 구조의 4인 가구용 모델 아파트의 건설을 의뢰했다. 가격을 낮추기 위해 속이 빈 벽돌로 지어진 이 주택은 최대의 채광을 위한 높은 창과 더 나은 환기를 위한 중앙 계단을 갖췄으며 모듈식 복제를 통해 수평 또는 수직으로 확장할 수 있었다. 모델하우스는 하이드 파크의 박람회 옆에 건설되었으며, 박람회가 끝난 후에는 해체되어 케닝턴 커먼Kennington Common(의미심장하게도 차티스트의 시위가 있었던 장소)에서 재조립되었고, 비록 이제 낡아빠진 상태가 되었지만 여전히 그 자리에 서 있다.

수십 년 후인 1880년대에 빅토리아도 과부의 수의壽衣 속에 파묻혀 지내다가 잠깐 바깥으로 나와서 가난한 사람들의 주거 문제에 관심을 갖게 되었다. 런던의 빈민가에 대해 출판된 보고서에 충격을 받은 그녀는 만약 선한 앨버트가 살아 있었더라면 그도 이렇게 하기를 원했을 것이라는 확신에 의해 마음이 움직여서 글래드스턴 정부에 편지를 보내 이 문제에 관심을 쏟을 것을 촉구했다. 이러한 자비로운 잔소리는 결국 왕립 위원회의 설치로 이어졌다. 전쟁과 혁명의 세계에서 산업화된 영국이 유일하게 안정적인 것으로 판명되었다면 그것은 이 나라의 축복받은 정치적, 그리고 사회적 구조 덕분이라는 당시의 자유주의적 상식을 여왕 또한 신뢰하고 있었기에 이 이슈는 그녀에게 매우 중요했다. 이러한 구조는 아내로서, 그다음에는 상심에 빠진 과부로서, 그리고 언제나 어머니로서 여왕 자신이 주된 모범이 되는 가정생활의 도덕적 토대에 기초했다. 그녀는 사실 영국 최초의 어머니-군주였다: 그녀의 64년 통치 동안 이 역설은 비록 그녀에게 기쁨을 주지는 못했지만 말이다 — 그녀는 "친절하고 가정적인" 좋은 여성이 되어야 하는 그녀의 의무가 그녀의 성품과 종종 상충되는 것에 대해, 그리고 통치해야 하는 그녀의 의무, 특히 기독교적 남성성이라는 이상에 그토록 많은 중점을 두는 제국을 통치해야 하는 의무와 상충되는 것에 대해 불편해했다.

그러나 빅토리아는 이 딜레마가 어느 정도는 그녀와 같은 성별의 모두가 공유하는 것이라고 믿게 되었다. 그녀는 영국 전역의 수많은 좋은 딸, 아내, 어머니들이 "가정의 천사"(시인 코번트리 패트모어Coventry Patmore의 유명한 감상적 시 「집안의 천사The Angel in the House」(1854)에 나오는 표현)가 되어야 할 의무와 냉혹한 일상의 생계 사이에서 갈등하는 것이 틀림없다고 느꼈다: 양육할 아이들; 해야 할 일; 정리해야 할 테이블; 암송해야 할 기도. 그리고 이 어머니-여왕은 윈저나 오스본Osborne에 갇혀 지내거나 하이랜드의 "밸모랠리티Balmorality"[10]의 선선한

---

10 밸모럴성(Balmoral Castle)으로 대표되는 스코틀랜드의 문화.

3. 여왕벌과 벌집 **169**

세계에 파묻혀 지내면서도 여성들의 상황을 이해하고 있다고 자부했다; 의무로 인해 그들이 느끼는 부담감과 꿋꿋하게 버터내야 하는 중압감.

하지만 과연 그랬을까?

1832년 가을, 13세의 빅토리아 공주는 웨일스로 가던 도중에 산업화된 영국을 처음으로 목격했다. 밸퍼Belper에 있는 면직 공장과 그녀가 기초석을 놓은 뱅거Bangor에 있는 학교를 방문하는 과정은 "노동하는 계급labouring classes"의 적대감을 해소하고 미래의 군주와 일반인들의 결합을 상징하도록 세심하게 조율되었다. 누가 장미꽃을 싫어할 수 있겠는가? 그러나 버밍엄 근처 어딘가에서 빅토리아의 마차가 석탄 지대를 가로질러 갈 때 그녀는 너무나도 잉글랜드답지 않은 무언가를 보았다: 검은 풀. 그녀는 일기에 이렇게 썼다:

> 남자, 여자, 어린이, 시골, 집, 모두 검은색이다. 그러나 그 이상하고 기이한 모습을 보고 드는 생각을 제대로 묘사하기는 힘들다. 이 나라는 어디를 가도 황량하다; 석탄이 널려 있고 풀은 온통 시들어 있고 시커멓다. 나는 지금 불타오르는 특이한 건물을 보고 있다. 이 나라는 계속해서 검은색이고, 어디에나 넘쳐나는 엔진과 불타는 석탄은 연기를 내뿜고 석탄 더미를 태우면서 형편없는 오두막과 어린아이들과 함께 뒤섞여 있다.

놀란 눈으로 영국을 불지옥으로 묘사한 이 순진함은 별로 놀라운 일이 아니다. 이 시점까지의 빅토리아는 고립을 목적으로 양육되었다. 그녀의 아버지이자 조지 3세의 넷째 아들인 켄트 공작Duke of Kent은 1820년 1월 23일에 사망했는데, 이는 빅토리아가 태어난 1819년 5월 24일로부터 8개월이 지난 시점이었다. 그녀는 거의 전적으로 여성들과 함께 자랐다: 그녀의 어머니인 공작 부인(그녀는 어머니의 방에서 잤다)과 가정교사 레젠 남작 부인Baroness Lehzen이 지배하는, 사소한 궁중 및 가족 음모로 가득 차 있는 작고 엄격한 세계였다. 켄싱턴Kensington궁에서 빅토리아는 불결함과 사악함으로부터, 다른 말로 표현하자면 그녀의 삼촌들인 조지 4세와 그 후계자인 윌리엄 4세로부터 보호되어야 했다. 중간계급뿐 아니라 귀족의 상당수가 복음주의적 열정에 장악되어 있던 이 시대에, 왕위를 상속할 것이 유력시되는 공주는 추문으로 심하게 훼손된 군주제를 시정하기 위해서 순수함과 경건함을 반드시 갖추어야 한다고 여겨졌다. 구세주 여왕의 역할은 원래 조지 4세의 딸인 샬롯 오거스타 공주의 몫이었다. 그녀의 미덕과 자유주의적 지성은 지쳐버린 군주제에 새로운 출발점을 줄 것이었다. 그러나 국가 전체에 진정한 슬픔을 안겨주면서 그녀는 출산 중에 사망했다. 그녀의 남편(빅토리아의 어머니의 남동생이기 때문에 그녀에게는 5촌 아저씨뻘이기도 했던)이자 나중에 벨기에의 왕이 되는 색스-코버그-고서Saxe-Coburg-Gotha의 레오폴드Leopold는 이 어린 공주가 샬롯의 자연스러운 후계자라고 생각했던 게 확실하다; 그는 조언 책자들을 그녀에게 넘겨주고는 자기 아내에게 했던 것처럼 그녀에게 개인 지도를 시작했다. 그는 열세 살의 그녀에게 이렇게 편지를 썼다. "우리 시대는 왕족에게는 매우 힘든 시간이야. 높은 지위에 있는 사람들의 진정한 자질이 이토록 긴급하게 요구된 적은 없지."

그것은 사실이었다. 조지 3세가 1820년에 서거했을 때, 그의 죽음은 사랑스러울 정도로 단순한 사람에 대한 진정한 슬픔으로 특징지어졌다. 그는 비록 노년에 눈도 멀고 미친 것처럼 행동했지만 비천한 사람들의 어려움에 대해 강자의 화려함에 대해서만큼이나, 그보다 더 많이는 아니지만, 잘 이해했다는 평가를 받았다. 그러나 조지 4세가 1830년에 윈저의 세인트 조지 예배당에 있는 지하 납골당에 (술에 취한 장의사들에 의해) 안치될 때에는 그의 후계자인 동생 윌리엄 왕은 장례식 내내 시끄럽게 수다를 떠는 장면을 연출했으며, 애석함의 부족과 비탄의 결여가 이 죽음을 특징지었다. 엄청나게 교만하고 구제 불능일 정도로 방탕한 조지 4세와 그의 낭비벽은 해즐릿이나 코벳과 같은 그의 도덕적 비판자들의 눈에, 시골과 산업 도시 모두에서 수많은 사람들이 극심한 궁핍에 빠져 있던 이 시기에는, 특히 모욕적인 것으로 보였다. 그는 자신의 대관식에서 웨스트민스터 사원의 문을 걸어 잠가 그의 아내, 즉 자기와 소원해진 캐럴라인 왕비Queen Caroline를 입장하지 못하게 한 다음 그녀를 간통죄로 재판에 넘겼는데, 이 당시 난폭한 폭도들은 그녀의 명분을 지지한다고 외쳤을 정도다.

이 군주제의 공적 지위에 대한 윌리엄 4세의 공헌 역시 그다지 순조롭지는 않았다. 그의 형과는 대조적으로 이 선원 왕—그는 영국 해군에서 수십 년 동안 복무했다—의 그 유명한 호탕한 단순함은 처음엔 잘 먹혀들었다. 그러나 새 왕은 의회 개혁에 대해 확고한 반대 입장을 공개적으로 표명함으로써 인기의 많은 부분을 날려버렸다. 게다가 그의 적법한 자녀들은 모두 생존에 실패했지만 15명 이상의 서자가 있었다는 사실이 공공연하게 알려져 있었다 — 이것은 영국 왕실의 최고 기록이다. 아마도 켄트 공작 부인이 빅토리아가 그와 어울리는 것을 막기 위해 그토록 노력했던 것도(비록 이 소녀는 개인적으로 그를 꽤 좋아했던 것 같지만) 왕이 정부인 여배우 조던 부인Mrs Jordan과 계속 사귀겠다고 주장하는 것에 아연실색했기 때문이었을 것이다. 공작 부인은 값어치를 매길 수 없을 정도로 중요한 빅토리아의 정치적 자산으로서 그녀의 도덕적·육체적 처녀성을 그대로 유지하는 것에 특히 신경을 썼다. 그녀는 자신의 정당한 몫이라고 여겼던 공적 업무를 왕의 인색한 거부로 인해 맡지 못하게 된 것에 대해서도 분개했다.

그러나 필요는 정치의 어머니가 될 수 있다. 그리고 공작 부인은 이를 매우 싫어했지만 재정적 핍박으로 인해 강제된 검소함이 미덕으로 여겨졌고, 어느 순간 어머니와 딸, 가정교사가 켄싱턴궁을 떠나서 램스게이트Ramsgate와 시드머스Sidmouth에 있는 더 평범한, 심지어 교외에 위치한, 거주지로 이주해야 할 정도로 상황이 어려워졌다. 궁정의 불쾌한 사치와 비교하면 켄트 가문의 가계는 엄격한 금욕의 모범으로 보일 수 있었다. 빅토리아의 어린 시절 야식은, 자신의 회고에 의하면, 매우 (어느 정도는) 조촐했다 — 작은 은그릇에 담긴 빵과 우유. 빅토리아는 어디에 있든, 끊임없는 기도와 그날의 흠결에 대한 자기 성찰로 구성된 완전한 복음주의 체계에 종속되어 있었다. 그녀는 샬롯 공주를 위해 위대한 복음주의자 해너 모어Hannah More가 쓴 『어린 공주의 성품을 형성하기 위한 힌트Hints Towards Forming the Character of a Young Princess』(1805)라는 엄격한 지침서를 물려받았다. 그리고 그녀는 자신이 시간을 어떻게 보냈는지에 대한 꼼꼼한 설명뿐만 아니라 이러한 모든 실패가 무자비하게 기록된 '행동 기록부Behaviour Book'를 보관했다(또는 보관하도록 만들어졌다). 1832년 8월 21일의 밑줄이 잔뜩 그어진 자기비판 항목에는 이렇게 적혀 있다. "매우 매우 매우 형편없이 음란한!"

공작 부인과 레젠Lehzen 남작 부인이 이 소녀에게 기독교적 올바름과 가정 예절에 대해 너무 잘 가르친 것일 수도 있다. 빅토리아가 성장하면서 자신을 기다리고 있는 운명을 더 엄중하게 인식하기 시작하자, 그녀는 아일랜드의 모험가인 존 콘로이Sir John Conroy에게 그녀의 어머니가 열렬히 의존하는 것처럼 보이는 것에 깊은 불안을 느끼게 되었다. 그는 표면상으로는 가족의 비서였지만 어린 소녀가 보기에도 분명히 그 외에 뭔가 있었다. 그녀는 여전히 공작 부인의 침실에서 잠을 잤지만 자신만의 일행을 거느리기 시작했고 과거와도 교감하기 시작했다. "나는 왕과 왕비의 계보를 표로 만드는 것을 매우 좋아해요." 그녀는 레오폴드에게 이렇게 썼다. "… 최근에는 잉글랜드 군주들과 그들의 배우자를 표로 만드는 작업도 마쳤는데, 이것은 물론 조국의 역사가 내 첫 번째 임무 중 하나이기 때문이죠." 앤 불린Anne Boleyn은 "매우 아름다웠지만 사려 깊지 않았고"; 엘리자베스 1세는 "위대한 여왕이었지만 나쁜 여자"였다.

그리고 그녀의 날씬한 몸매가 성숙해지자 빅토리아는 자신이 유럽에서 가장 인기 좋은 신붓감이 되어 있었다는 어색한 사실을 깨달았다. 적당한 짝을 찾아주기 위해 대대적인 조사 작업을 벌이는 여느 어머니와 마찬가지로 공작 부인은 자신의 딸을 자랑하기 위해 연회와 무도회를 열었고 초대 명단에는 유망한 독신 왕자들이 열거되어 있었다 — 네덜란드인, 포르투갈인, 독일인. 벨기에의 레오폴드는 자신이 속한 색스-코버그-고서Saxe-Coburg-Gotha 가문 출신의 어니스트Ernest 왕자와 앨버트 왕자를 지지했다. 그러나 빅토리아의 17번째 생일 파티에서 후자와의 첫 만남은 고무적이지 않았다. 진중하고 꼿꼿한 자세를 한 앨버트는 틀림없이 잘생겼지만 너무 조용하고 얌전해 보였고, 춤을 추는 동안엔 죽은 듯이 하얗게 질려버려서 사람들이 보기엔 기절하기 전에 서둘러 자리를 떠버리는 것 같았다. 빅토리아는 궁정과 사교계를 넘어선 공적인 세계에 대해 점점 궁금해지고 있었다; 그녀는 신문도 읽었고 근대 군주제의 중심 역할이 될 왕실 자선의 풍습에도 입문했다. 1836년에 그녀는 "방랑하는 소녀들"을 위한 수용소를 방문하기도 했고, 자신의 거처에서 더 가까운 곳에서는 고통받는 집시 가족인 "쿠퍼 가족"을 거의 입양하다시피 했다. 그들은 그녀의 어린 시절 거처인 클레어먼트 하우스Claremont House 주변에서 움막을 치고 생활하고 있었는데, 그녀가 보기에 이들은 역경 속에서도 가족의 미덕을 매우 모범적으로 보여줘서 어쨌거나 훌륭한 잉글랜드의 기독교인이라고 간주했다. "그들의 배우자, 자녀, 부모로서의 애정, 그리고 그들의 병자나 노약자에 대한 친절과 배려는 매우 **훌륭**하다."

빅토리아는 조금 더 넓은 세상으로 진출하면서 어머니의 명령을 순순히 따르는 것을 더욱 꺼리게 되었다. 그녀는 공작 부인과 집요한 콘로이가 사리사욕을 채우기 위해 뻔뻔스럽게 그녀의 장래성을 착취하고 있다는 것을 고통스럽게 인식하고 있었다. 만약 그녀가 아직 미성년일 때 여왕이 된다면 그들은 일종의 섭정 체제를 수립할 수 있다. 그러나 윌리엄 4세가 사망한 1837년 6월 20일 밤에 빅토리아는 이미 18세가 되어 있었다. 새 여왕의 첫 번째 행동은 어머니의 방에서 침대를 옮겨 나오고 식사도 혼자서 하겠다고 주장하는 것이었다. 그녀는 이제부터 그녀 자신의 주인이 되었다.

윌리엄 4세의 치명적인 투병 생활이 장기간 지속되자(간간히 기운을 차리면 장관들을 식사에 초대해서는 각자 와인 두 병씩 마시라고 하명하긴 했지만), 빅토리아는 임박한 자신의 지위 변화에 대해 숙고할 시간을 충분히 가질 수 있었다. 그녀는 놀랍도록 침착하게 자신이 처한 상황을 직시했다. 레오폴드에게 그녀는 겸손과 용기를 겸비한 편지를 썼다. "나는 조만간 발생할 그 사태를 차분하고 조용하게 기다리고 있습니다; 나는 그 일이 두렵지도 않으며, 내가 모든 사람과 동등하다고 생각하지도 않습니다; 그러나 나는 선의와 정직과 용기가 있다면 어떤 경우에도 실패하지 않을 것이라고 믿습니다." 명확한 목적을 표현하는 이 놀라운 어조는 그녀가 그 유명한 날의 밤에 (그녀의 어머니에 의해 처음으로) 잠에서 깬 후 시종장Lord Chamberlain과 캔터버리 대주교가 자신 앞에서 삐걱거리는 무릎을 꿇고 알현할 때도 계속되었다: "내가 이 자리에 앉게 된 것은 신의 섭리를 기쁘게 한 것이므로 나는 내 나라에 대한 의무를 다하기 위해 최선을 다하겠노라; 나는 매우 어리고 아마도 많은 일에, 모든 일에 다 그런 것은 아닐지라도, 경험이 부족하지만, 합당하고 옳은 일을 하고자 하는 진정한 선의와 열망을 나보다 더 많이 가진 자는 거의 없다고 확신하노라."

아침 식사는 총리인 윌리엄 램William Lamb, 즉 멜번 남작Baron Mebourne과 함께 했다. 빅토리아는 운이 좋게도 최고로 숙련되고 거의 눈물을 흘릴 정도로 헌신적인 보호자를 만난 셈이다; 그녀의 삼촌 레오폴드에 이어서 그녀의 대리 아버지 역할을 해줄 인물이었다. 그들의 첫 만남부터 그 관계는 거의 강박적인 사랑에 가까울 정도로 상호 헌신적인 관계였다. 나이 차이는 장벽이 아니었다; 그것은 오히려 서로의 흠모를 가능하게 해준 조건이었다. 멜번 경은 빅토리아가 불쾌하게 느낄 것으로 충분히 예상할 수 있는 종류의 삶을 살았던 위그당의 거물이었다. 그러나 그녀에 관해서만큼은 그는 실제로 저지른 죄보다 더 많은 비난을 받았는데, 이것은 사실과 완전히 다르다. 그의 아내 캐럴라인이 그녀의 애인인 바이런 경Lord Byron에 의해 동요되었을 때 멜번의 본능은 그녀를 최선을 다해 돌보는 쪽으로 움직였다. 이때 그는 캐럴라인 노튼 부인Lady Caroline Norton의 남편에 의해 이혼 소송에 휘말렸는데, 그들의 관계는 플라토닉했을 가능성이 더 높아 보였음에도 그 소송에 응했다. 그가 빅토리아를 만나기 1년 전에는 외아들 오거스터스Augustus가 사망했다. 그래서 그가 여왕을 만나러 왔을 때는 삼촌과 같은 역할을 맡을 준비가 되어 있었다기보다는 온갖 세파를 겪고 난 멋쟁이의 매력을 풍기는 상태였다.

신문에서 "잉글랜드의 장미"로 낭만적으로 묘사되던 빅토리아는 대중을 위한 페르소나를 개발하고 부드럽게 자신감을 키우며 영국 역사의 광대하고 두렵기까지 한 무대에 자신을 올려 세울 수 있도록 하는 데 도움을 줄 개인 교사가 필요했다. 장밋빛 피부와 동그란 볼, 파란 눈을 가진 그녀는 장미처럼 보였을 수도 있다; 그러나 멜번은 그녀에게는 가시도 상당이 많이 돋아 있다는 것을 재빨리 간파했다. 4피트 11인치 크기의 인형 속에서 그는 이미 강력해진 여성을 발견했다 – 성급하고 고집이 세다. 그래서 그는 빅토리아에게 깔보는 투로 말을 하거나 그녀를 기초 교육이 필요한 아이로 취급하는 실수를 범한 적이 없다. 그 대신 그녀를 자신의 통찰력 있는 정치 관련 정보나 엉뚱하고 간결한 유머를 이해할 수 있을 만큼 충분히 세련된 사람으로 간주하고 대화했다; 잉글랜드 역사에 대한 그의 엉뚱한 해석조차도. (헨리 8세? "그 여자들이 그를 그토록 귀찮게 했죠.") 그들의 회의를 기록한 빅토리아의 일기장에는 그에게 동조하는 웃음이 가득하다.

이 회의들은 여왕의 젊은 시절 삶의 꾸준한 특징이었다. 정치에 대해서 보고하고 – 경제 및 국제 문제의 상황; 빅토리아와 체스 게임을 하고; 그녀의 승마에 동반하고; 그녀와 함께 식사하고 (항상 그녀의 왼쪽에 앉아서); 왕실의 판화와 그림 컬렉션에 대해 함께 고민하며 멜번은 그녀와 매일 평균 4~5시간을 보냈다. 그녀는 빛바랜 공작새가 자신의 몸을 손질하고 그녀를 위해 위풍당당하지만 다소 비틀거리며 걷는 모습을 지켜봤고, 비밀스러운 정보를 전달하기 위해 몸을 기울이는 모습도 봤으며; 열심히 먹는 모습도 바라봤다. ("그는 고기 세 덩어리와 뇌조 한 마리를 먹었다, 아침 식사로!") 그리고 그들의 대화가 눈부신 통찰력까지 이어지는 경우는 많지 않았지만 그녀는 그의 진주와 같은 지혜를 세심하게 기록했다("철도와 다리에 대해 말을 많이 하는 사람들은 대체로 자유당원들이다"). 이들의 친밀감은 대가를 치르기도 했다. 이따금 "멜번 부인"이라고 조롱하는 소리가 여왕이 애스콧Ascot으로 향할 때 들려오기도 했다. 그러나 이러한 대가는 이익이 상쇄하고도 남았다. 이제 빅토리아에게는 벨기에로 돌아가지 않는 유사-아버지가 생긴 셈이었고, 멜번의 격려 덕에 그녀는 불행한 공작 부인과 콘로이의 촉수에서 자신을 완전히 해방시킬 수 있었다. 즉위 2개월 후인 1837년 9월에 여왕은 윈저 대공원Windsor Great Park에서 근위병과 창병을 시찰했는데, 놀라운 위세와 자신감으로 행사를 주재했다. 이에 대한 그녀의 설명은 위대한 여왕이지만 나쁜 여자였던 엘리자베스 1세를 강하게 연상시켰다. "나는 말을 타고 보통 구보로 그 모든 신사들이 서 있는 대열로 다가가서 그들과 함께 말을 탔다. 레오폴드〔왕이 아니라 말의 이름〕[11]는 매우 아름답게 행동했으며 너무나 차분해서 군악대는 그야말로 그의 얼굴에 대고 연주를 했다. 그런 다음 나는 내 원래 위치로 돌아갔고, 군대가 느리게 또는 빠르게 행진하는 동안 거기에 머물러 있었다. … 행사 전체가 아름답게 흘러갔고 나는 처음으로 내가 직접 군대의 선두에 서서 싸울 수 있는 남자인 것처럼 느꼈다."

그녀는 발을 단단히 디뎌야 했다: 경제는 더 나빠졌고, 차티즘Chartism과 같은 급진주의적인 운동이 심각한 수준으로 추종자들을 끌어들이기 시작했기에 모두가 '잉글랜드의 장미'의 마법에 홀려 있지는 않았다. 그러나 적어도 빅토리아 자신은 골칫거리로 간주되지 않았고, 유산 계급은 그녀의 자발적인 친절한 행동과 마음을 누그러뜨리는 솔직함을 존경했는데, 이러한 성품은 반은 천진함에 의한 것이고 반은 의도된 것이었다. 그녀는 또한 자신의 판단이 타당하다는 것을 빠르게 확신하게 되었다. 그녀는 1837년에 유태인 모지스 먼티피오리Moses Montefiore에게 항간의 비난에도 불구하고 궁정에서 기사 서품을 훈서한 데 대해서 그는 "아주 훌륭한 사람이다 … 나는 내가 옳은 일이라고 믿는 행동을 한 것이 기쁘다, 그렇게 되어야만 했기에"라고 적었다.

왕실이 연출하는 장관에 대해서도 빅토리아는, 아마도 이번에도 멜번의 조언에 따라, 그것이 군주제의 생존에 얼마나 중요한지 잘 이해하고 있었다. 조지 4세의 경우엔 웨스트민스터 홀Westminster Hall(그리고 스코틀랜드의 홀리루드 하우스Holyrood House)에서 중세 연회와 유사한 엄청나게 호화로운 대관식을

11　〔 〕은 저자 사이먼 샤마가 인용문을 수정했다는 표시.

3. 여왕벌과 벌집　**177**

준비하기로 결정했었고, 실제로 사슬 갑옷을 입은 채 등장한 '왕위 도전자King's Challenger'가 조지의 왕위 계승에 의문을 제기하는 사람이 있다면 그와 표면상의 결투도 벌일 예정이었다. 하지만 그가 이렇게 공을 들인 모습을 연출하려 하면 할수록 — 조지 4세는 타조 깃털을 입은 유령의 모습을 연출했다 — 그는 더더욱 기괴해 보이기만 할 뿐이었다. 사슬 갑옷을 입은 도전자Challenger가 군주의 손에 키스하기 위해 말을 탄 채 보통 구보로 다가가서 몸을 숙이는 순간 말에서 떨어져버렸는데, 이것은 당연해 보였다. 윌리엄 4세는 그런 겉치레를 할 시간도 없었고 그런 취향도 아니었다. 반면에 빅토리아의 즉위식은 기민한 홍보 감각을 지닌 군주제의 기획자들에겐 하늘이 내린 기회여서, 브리태니어의 순수함과 미덕의 재탄생을 극적인 장면—근대적인 가면극과 유사한—으로 표현했다. 달콤한 자연의 이미지가 넘쳐흘렀다. 빅토리아의 행렬은 앞에는 곡물의 은색 이삭으로 만든 화환이, 뒤에는 분홍 장미 화환(이제 새로운 통치를 상징하는 부적이 된)이 달린 흰색 새틴 옷을 입은 여덟 명의 숙녀가 이끌었다. 그리고 예복과 왕권 상징물들의 엄청난 무게를 견뎌야 했음에도 불구하고 빅토리아는 매우 침착하게 행사를 잘 이끌었다. 87세의 존 롤 남작Baron John Rolle이 경의를 표하기 위해 왕좌 앞의 계단을 오르려다가 넘어졌을 때 여왕은 본능적으로 일어서서 그를 돕기 위해 내려갔고, 이처럼 배려하는 행동은 널리 알려지게 되었다. 멜번의 차례가 되자 그녀는 그의 눈에 눈물이 고이는 것을 보았다. 몇 년 후 그녀의 더욱 화려한 결혼식은 대중의 상상력을 더욱 사로잡을 것이었다.

그녀의 확고한 신앙심은 의심할 여지가 없는 자산이기는 했지만 세속적으로 현명한 이 총리에게는 때로 골칫거리가 되기도 했다. 그녀는 존 린드허스트 남작Baron John Lyndhurst이 나쁜 사람이라서 싫다고 그에게 말했다. "폐하는 모든 나쁜 남자를 싫어하시나요?" 그는 악동처럼 물었다. "그런 사람들은 상당히 많거든요." 그리고 그녀는 멜번의 방탕한 과거에 대해서만큼은 너그럽게 대했고 때로는 즐기기까지 했지만, 섣불리 검열하는 듯한 판단을 내리기도 했다. 인간의 나약함에 대한 관용은 그가 여왕에게 전수하지 못한 한 가지 자질이었다. 그래서 그녀의 어머니의 시녀인 플로라 헤이스팅스 여사Lady Flora Hastings의 배 모양이 미혼임에도 불구하고 의심스러울 정도로 동그랗게 되기 시작했을 때, 빅토리아는 이것이 임신 때문이라고 가정하고 그녀의 부도덕에 대해 궁정에서 추방하는 벌을 내릴 것을 요구했다(처녀 여왕Virgin Queen[12]을 연상시키는 또 하나의 메아리). 이 불행한 젊은 여성이 받은 건강 검진의 결과, 그녀의 상태는 임신이 아닌 간 종양으로 판명되었다. 처음에 여왕은 그녀가 실제로 아프다는 사실을 믿지 않았고, 이로 인해 동정심이 부족하다는 이유로 궁정 일각에서 비판을 받기도 했다; 그러나 멜번이 설득하여 진실을 받아들이게 된 후엔 죽어가는 그녀를 몸소 찾아가서 만났다 — 이 역시 그의 단호한 제언에 의해서였다. 빅토리아는 그녀의 손을 잡아준 후 떠나면서 "불쌍한 플로라 여사"라고 외쳤다.

멜번 행정부가 무너지고 로버트 필Sir Robert Peel이 이끄는 토리 정부로 교체되자, 빅토리아는 이러한 변화를 개인적인 모욕으로 받아들였다. 그녀는 친구이자 멘토의 해임에 눈물을 쏟았고, 필(그래봤자 겨우 제조업자일 뿐)의 무례하고 냉담한 태도에 혐오감을 표시했으며, 정권이 바뀌면 침실의 시종들도 바뀌어야 한다는 관습을 완강히 거부했다. 멜번은 여왕에게 선택의 여지가 없다고 설명하기 위해 재치 있게 최선을 다했지만 빅토리아는 이것이 헌법상의 문제이지 개인적인 문제가 아니라는 점을 이해하기를 거부했다. 왕정이 생존하기 위한 선결 조건은 정치적 당파로부터 거리를 두어야 한다는 것이었다. 그녀 자신은 이 숙녀들을 수행원으로 여길 수도 있었지만 사실 그들은 위그당이 임명한 사람들이었기에 그들이 직책을 유지한다는 것은 — 차기 정부의 입장에서는 — 궁정 안에 제5열(스파이)의 존재를 용납하는 셈이었다. 결국 빅토리아는 양보했지만 굴욕감으로 인해 크게 분노했다.

1839년에 멜번이 떠날 때쯤 빅토리아가 기댈 수 있는 또 다른 사람—왕의 배우자consort—을 찾기 위한 계획이 진행되었다. 1839년 여름에 그녀에게 사

---

12 끝까지 결혼하지 않았던 엘리자베스 1세의 별명.

존 앨버트에 대해 다시 생각해 보라고 제안한 것은 그녀의 예전 가정교사 레첸Lehzen과 색스-코브그Saxe-Coburg 가문의 크리스티언 폰 스토크마 남작Baron Christian von Stockmar과 공모한 레오폴드 왕이었다. 그녀는 처음에는 그녀가 가장 신뢰하는 두 남자에게조차 그들이 자신을 회유하는 것에 대해 반감을 드러냈다 — 멜번과 레오폴드("이 주제 전체는 혐오스러운 것이고, 결정하기 싫은 주제였다"); 그러나 결국 그녀는 마음이 누그러졌다. 앨버트가 10월에 잉글랜드에 도착했을 때 빅토리아는 몇 년 전에 그토록 창백한 모습을 보였던 바로 그 댄스 플로어에서 그의 "아름다운" 용모를 보자마자 깜짝 놀랐다. 그녀는 특히 그 "멋진 목"에 압도되었다; "그 예쁜 입, 섬세한 콧수염과 아름다운 몸매, 넓은 어깨와 든든한 허리; 내 심장이 요동친다 — 앨버트가 갤럽 춤과 왈츠 춤을 추는 것을 바라보면 매우 즐겁다." 그의 도덕적 진지함, 명백한 지성 및 흠잡을 데 없는 미덕과 결부된 그 "천사 같은" 외모는 그녀로 하여금 마음을 결정하게 했다 — 빨리. 카툰 작가들이 즐거운 마음으로 그렸듯이, 프러포즈를 청한 사람이 여왕이라는 것은 분명했다. "12시 반쯤에 나는 앨버트를 호출했다. 그는 내가 혼자 있는 옷방으로 왔고 몇 분 후에 나는 그가 여기 오기를 내가 원했던 이유를 알고 있을 것이며 내가 원하는 것(나와 결혼하는 것)에 동의해 준다면 너무나도 기쁠 것이라고 말했다; 우리는 계속해서 서로를 껴안았다."

소문은 삽시간에 퍼져 나갔다. 빅토리아는 반지를 준비했고, 앨버트에게 머리 한 타래를 요청했으며, 긴 키스 시간을 즐기고 나서는 신혼여행은 2~3일이면 충분하다고 선언했다. "내가 가장 사랑하는 이여, 나는 이 나라의 군주이며, 이 업무는 결코 중단되거나 그 누구에 의해서도 지체될 수 없다는 점을 잊지 말아요." 누가 자신의 개인 비서가 될지에 대해 여왕이 법을 제정할 것이라는 사실을 알게 되자 그는 더 심각한 충격을 받았다. 왕실 비용 목록civil list에 있는 앨버트의 수당이 의회의 급진주의자들이 원하는 대로 축소되는 것을 거부하기 위해 그녀는 호랑이처럼 싸울 태세였지만, 그가 맡은 역할을 중요한 순서로 열거해 보면 장식, 외조, 번식이었다는 점은 처음부터 그에게 우울할 정도로 명백한 것이었다. 그는 그녀의 "집안의 천사"였던 것이다! 빅토리아가 남편은 국가 문제에 관여할 수 없다고 단호하게 주장하면서 앨버트가 스스로 굴욕적이고 비기독교적으로 느낄 정도로 무용지물의 처지로 몰아넣음으로써 그들의 애정을 시험하긴 했지만, 결혼 생활 초기에는 그녀가 부부간의 사랑이라는 최고의 행복에 그저 녹아버린 시절도 있었다. 첫날밤을 함께한 후 그녀는 다음과 같이 썼다.

우리는 잠을 많이 자지 않았고 곧 날이 밝아서 내 옆에 있는 그 아름다운 천사의 얼굴을 보았는데 그것은 내가 표현할 수 있는 것 이상이었다! 아름다운 목이 보이는 셔츠 차림의 그는 정말 아름다워 보인다 …
… 결혼한 지 벌써 이틀째이다; 그의 사랑과 부드러움은 모든 것을 초월하고, 그 사랑스럽고 부드러운 뺨에 키스하고 그의 입술에 내 입술을 맞추는 것은 천국 같은 행복이다. 그 어느 때보다 더 순수하고 더 신비로운 느낌이 내게 온다. 오! 나만큼 축복받은 여자가 과연 있었을까 …
… 내가 가장 사랑하는 앨버트가 내게 스타킹을 신겨 주었다. 나는 들어가서 그가 면도하는 것을 지켜보았다; 나에게는 큰 기쁨 …

물론 앨버트와 빅토리아의 서로에 대한 열정은 철저하게 사적인 일이었다(나중에 그녀의 딸 비어트리스Beatrice 공주가 편집한 일기를 통해 우리에게 알려졌다). 하지만 곧 – 그리고 동등한 수준의 순수함과 계획성으로 – 특히 경제 상황이 악화됨에 따라 그러한 열정조차도 군주정의 공공 자산이 되었다. 1842년 5월 12일의 플랜태저네트Plantagenet[13] 무도회에 앨버트와 빅토리아는 중세 골동품 수집가 제

---

[13] 헨리 2세부터 시작된 앙주(Angevin) 왕조가 존 왕과 헨리 3세 치하에서 앙주를 비롯한 프랑스 지역의 영토를 많이 상실하면서 에드워드 1세부터는 왕실을 상징하는 나무 무늬의 이름을 따서 플랜태저넷 왕조라고 부른다. 이 왕조 시대의 복장을 갖추고 참여하는 무도회를 개최한 것.

임스 플랜시James Planche가 디자인한 중세 드레스와 장식을 갖추고 전설적인 행복한 왕실 부부인 에드워드 3세와 헤이놀트의 필리파Philippa of Hainault의 모습으로 등장했다 – 이것은 심각한 경제 위기를 겪고 있던 해에, 그 지독한 무신경함은 말할 것도 없고, 가장 비양심적인 사치처럼 보였다. 여왕의 보석과 비단으로 치장된 스토마커stomacher[14]에 6만 파운드의 비용이 든 것으로 밝혀진 가운데, 랭커셔와 요크셔의 기업가들은 기계화로 인해 실업률이 높아진 이 시기에 권력을 남용하여 25%나 되는 임금 삭감을 결정했다. 그들은 파업의 물결에 직면했다. 노동자들은 무리 지어 공장 현장의 전력을 차단하기 위해 증기 기관에서 플러그를 뽑았다. 장차 칼 마르크스Karl Marx의 번역가이자 협력자가 되는 프리드리히 엥겔스Friedrich Engels는 이 당시엔 맨체스터에 있는 가족 면직물 회사에서 일하고 있었는데 그가 영국이 자본과 프롤레타리아 간에 발생하는 최초의 거대한 계급 전쟁의 무대가 될 것이라고 예상한 것은 놀라운 일이 아니다. 이 해엔 여왕에 대한 두 번의 암살 시도가 있었다.

그러나 무도회를 조직한 사람들은 이토록 둔감하게 자살을 시도할 자들은 아니었다. 수익금은 스피털필즈Spitalfields에서 고통받는 견직물 직공들의 곤경을 구호하는 데 쓰일 것이었기 때문에 그들은 이 행사를 진심 어린 왕실 자선 활동, 빈민과 실업자들에 대한 빅토리아의 동정의 본보기로 삼았다. 그들의 변명에 의하면, 무도회 덕분에 스피터필즈 직공들은 일감을 얻었고 그들을 위한 자선단체에 기금이 유입되었다. 중세 시대에 자신의 전사 남편에게 칼레 시민들burghers의 생명을 구해달라고 탄원했던 필리파 왕비에 대한 그 슬픈 이야기 —한때 모든 학교 학생들에게 잘 알려졌던—가 이제 19세기의 자선 멜로드라마로 근대적인 재조명을 받았던 셈이다: 이번에는 전쟁 포로들이 아니라 실업자 장인들의 곤경을 슬퍼하는 부드러운 마음의 군주. ≪일러스트레이티드 런던 뉴스Illustrated London News≫는 다소 낙관적으로 이렇게 선언했다. "의심할 여지

---

14 호화로운 여성용 가슴 장식.

없이, 오늘날 수천 명의 사람들이 왕실의 이 올바른 오락 행사가 그들에게 생계를 제공하는 일시적인 수단이 된 것에 감사하고 있다."

그러나 모든 사람이 설득되지는 않았는데, 특히 무도회에서 얻은 수익의 절반이 행사 비용을 충당하는 데 쓰일 것이라는 사실이 밝혀지자 더욱 그러했다. 한 신문은 1842년 5월에 굶어 죽었다고 전해지는 노동자들의 명단과 플랜태저네트 무도회 비용을 나란히 배치하여 인쇄했다. 한 목사는 "자선이 춤에만 빠져들면 그것은 더 이상 자선이 아니라 방탕이 된다"고 경고하는 설교를 했다. 그리고 에클레페컨Ecclefechan, 크레이건퍼톡Craigenputtock 및 첼시Chelsea의 선견자 토머스 칼라일Thomas Carlyle에게 그것은 중세 딜레탕트주의[15]라는 괴물과 다름없었다. 중세주의medievalism는 그의 관점에서는 유행으로 가지고 놀 수 있는 것이 아니었기 때문에 이는 더욱 모욕적이었다. 그것은 기계시대의 전제정치에 대한 저항의 이념이었다.

플랜태저네트 무도회 1년 후인 1843년에 작성된『과거와 현재Past and Present』에서 칼라일은 중세 기독교 세계 잉글랜드의 성스러운 유물들은 단지 차려 입고 춤을 추기 위한 재료도 아니고 "즐거운 잉글랜드"의 목가적인 환상은 더욱 아니라는 자신의 주장을 되풀이했다. 그 유물들은 모든 것이 물질적 계산에 의해 결정되는 시대의 비인간적인 비천함에 대한 책망이었다: 이곳에서 행복의 엔지니어들은 권력과 이익의 톱니바퀴에 기름을 바르고 사람들은 플라이휠 사이에 갇혔다. 이스트 앵글리아를 여행하면서(젊은 시절의 빅토리아도 그곳을 여행하며 자신이 발견한 순무와 방울양배추들 속에 뒤엉킨 인간 이하의 표본에 코를 찌푸렸었다) 그의 영웅 올리버 크롬웰에 대한 연구를 시작하는 동안 칼라일은 버리 세인트 에드먼즈Bury St Edmunds에 있는 위대한 시스터시언Cistercian 수도원의 폐허를 방문했다. 수 세기에 걸쳐 형성된 통로들에 의해서만큼이나 도덕의 차원에서도 현재와는 격리된 또 다른 세계의 압도적인 존재감이 그로 하여금 『과거

---

15   아마추어 예술이나 어설픈 지식.

와 현재』를 쓰게 했다; 일부는 소논문, 일부는 역사 소설로서, 브레이클런드Brakelond의 수도사 조셀린Jocelin의 실제 연대기를 재현했다. 이 여정에서 이미 칼라일은 세인트 아이브스St Ives의 구빈원을 방문하여 사람들을 게으른 상태로 방치하거나 또는, 신빈민법에 의해서, 감옥처럼 설계된 곳에 가둬놓는 시스템의 비인간성에 분노한 상태였다.

그래서 칼라일은 낡은 버리Bury에 대해 감정적으로 서술할 때 플랜태저네트 무도회를 정면으로 겨냥했다.

이 음침하고 오래된 벽들은 딜레탕트주의도 아니고 의심할 만한 것도 아니다; 그것들은 진지한 사실이다. 그것은 그것들이 건설된 가장 실제적이고 진지한 목적이었다! 그렇다, 이 검은 폐허들이 새 회반죽와 신선한 끌질로 하얀 상태일 때 처음으로 벽으로서 태양을 본 그때는 지금과는 다른 세계였다. 당신의 어설픈 지식의 폭으로, 그 자기만족적인 히죽거림으로, 하늘에 있는 우리 조상들의 망루를 평가하지 말라 …

그들의 건축물, 종탑, 토지-카루케이트carucate?[16] 그렇다, — 그리고 그것은 이 문제의 작은 항목에 불과하다. 인간이 영혼을 가졌었다는 이 문제의 또 다른 이상한 항목은 당신을 멈칫하게 하지 않는가? — 소문으로서만 그리고 연설에서의 비유적인 표현으로서만이 아니라; 그들이 실제로 알았고 실제로 의존했던 진실로서! 참으로 그것은 다른 세계였다 … 진정으로 다른 세계였기에 현재의 이 불쌍하고 고통받는 세계는 어리석게가 아니라 현명하게 그것을 들여다봐야만 약간의 이익이라도 얻을 수 있다.

물론 이제 그 세계는 죽어서 사라졌다. 그러나 칼라일은 골동품 수집가와 가짜 중세주의자로부터 도덕적 힘, 현재를 위한 교훈을 구출해 내고 싶었다; 신을

---

16 60~100에이커에 해당하는 땅 면적.

거역하는 기계에 굴복하려 하는 문화 속에서 어떻게든 영적인 힘을 회복하기 위해. 그는 스코틀랜드의 가장 강렬한 칼뱅주의 지역 중 하나인 남서부에서 열렬한 설교자들이 허황되고 방탕한 자들에게 신의 분노를 내려주십사 저주하는 것을 들으며 자랐다. 여름날에 그들이 행한 유창한 웅변에 칼라일은 독일의 형이상학 철학, 특히 역사적 시대정신, 자이트가이스트Zeitgeist에 대한 사색을 첨가했다. 이것들이 모여 그에게 그만의 목소리를 부여했다. 그리고 그것은 근대 모세의 음성이어서, 새로운 금송아지 숭배자들에게 그들이 사악한 자멸에 빠지기 전에 신이 계시한 진리의 빛 앞에 얼굴을 땅에 대고 엎드릴 것을 권고하는 것이었다. 1829년, 크레이건퍼톡Craigenputtock에서 여전히 그의 "호크스 크래그Hawk's Crag"에 앉아 있는 동안, 칼라일은 《에딘버러 리뷰Edinburgh Review》의 정중한 합리주의 지면에다 기계의 압제와 수작업의 파괴에 대한 조롱을 폭발시켰다. 사실상 그것은 브루넬the Brunels, 커빗the Cubitts, 스티븐슨the Stephensons[17]으로 대표되는 환희에 찬 기계의 승리에 대한 반격이었다; 그리고 대박람회를 탄생시킬 그 기풍에 대해서도.

이제 손으로 직접 수행되는 작업은 없다; 모든 것은 작업을 위해 고안된 장치에 의해 획일적으로 행해진다. 가장 간단한 작업을 위해서도 몇몇 보조 장치와 부속 장치, 정교한 시간 단축 과정이 준비되어 있다. … 살아 있는 장인은 더 빠르고 생명이 없는 것에 자리를 내주고 작업장에서 쫓겨나고 있다. 그의 손가락에서 떨어진 북shuttle[18]은 더 빨리 움직이는 쇠 손가락으로 빨려 들어간다. 선원은 돛을 접고 자신의 노를 내려놓고는 지치지 않는 강한 하인에게 증기 날개[증기선] 위

---

17 이점바드 킹덤 브루넬(Isambard Kingdom Brunel, 1806~1859): 토목과 조선 분야 기술자; 루이스 커빗(Lewis Cubitt, 1799~1883): 토목 및 건축가; 조지 스티븐슨(George Stephenson, 1781~1848): 기계공학자, 증기기관차의 발명가.

18 베틀에 달려서 세로 방향으로 펼쳐놓은 날실들의 사이사이를 가로 방향으로 왔다 갔다 하며 옷감을 짤 수 있게 해주는 도구.

에 자기를 태워 바다를 건너라고 명령한다. 사람들은 이미 증기를 이용해 바다를 건넜다; 버밍엄의 파이어-킹Fire-King 기관차는 이미 멋진 동부를 방문했다. … 기계에는 끝이 없다. … 우리가 갖고 있는 기계는 기계학적으로 계속 발전한다; 양배추를 저미기 위해; 우리를 자기 수면magnetic sleep[19]에 빠뜨리기 위해. 우리는 산을 제거하고 바다를 우리의 매끄러운 교통로로 만든다. 그 어떤 것도 우리에게 저항할 수 없다. 우리는 거친 자연과 전쟁을 치르는데, 우리의 저항할 수 없는 엔진을 이용해 항상 승리하고 전리품을 잔뜩 챙긴다.

더구나 칼라일과 그와 같은 생각을 하는 사람들에게 기계는 단순히 움직이는 금속 부품이 아니었다. 그것은 마음의 상태였다; 즉 정교하게 보정된 행복의 과학을 믿는 공리주의적 심성이었다. 과학자들은 사회적 또는 경제적 불행, 즉 인간 행복의 평균으로부터의 일탈을 감지할 것이다; 그런 다음 그들은 그 규모를 통계적으로 측정하고, 필요한 수정 사항을 고안해서 보고서 초안을 작성해서 의회 로비를 통해 이것을 법으로 제정한 뒤 이것이 효율적으로 시행되는지 검사하는 데 필요한 행정 기계(이 단어의 사용은 피할 수가 없다)를 만들려 할 것이다. 칼라일의 『이 시대의 기호들Signs of the Times』(1882)은 근대의 사회적 자비심이 행해지는 절차를 냉혹하도록 정확하게 해부한다. "어떤 인간 또는 인간 사회가 말하고 싶어 하는 진실이 있다면, 우선 공공 모임을 소집하고 위원회를 구성하고 계획서를 발표한 다음 공적인 저녁 식사를 하는 등, 한마디로 기계적 절차machinery를 만들거나 빌려야만, 비로소 그 진실에 대해 말을 하거나 실천에 옮길 수 있다."

물질주의에 대한 그의 공격, 물질적 만족과 겉모습의 미적분학을 통해 구성된 세상의 정부에 대한 그의 공격의 많은 부분이 속도, 상품 및 권력을 추구하

---

[19] 신체에 흐르는 전자기를 최면을 통해 이용함으로써 몰아경 상태를 유발하는 행위. 당시엔 과학적인 것으로 간주되기도 했으나 현대의 관점에선 신빙성이 약하다.

는 데 겉으로는 매우 열광하던 빅토리아 세계의 내부에서 비범한 반응을 이끌어냈다는 사실을 고려하지 않는다면, 그를 광야에서 공허하게 울부짖었던 선지자로 치부할 수도 있을 것이다. 빅토리아 세계의 가장 위대하고 가장 유창한 목소리들—찰스 디킨스Charles Dickens, 존 러스킨John Ruskin, 그리고 조금 더 나중 시기의 매슈 아널드Matthew Arnold—을 목록으로 정리하는 것은 토머스 칼라일의 설교가 그의 사도들에 의해 어떻게 계승되었는지를 열거하는 작업이다. 그리고 그것은 오랫동안 지속되는 복음이었다 — 노동 분업의 악화와 인간의 자동기계로의 축소에 대항하는 목소리를 내고; 몇몇 제조업자들이 단위 비용을 절감할 수 있도록 하기 위한 정신없이 반복되는 작업의 답답한 속박에 반대하는 목소리를 내며. 아마도 오늘날 존 러스킨을 읽는 사람이 많지는 않을 것이다. 하지만 새뮤얼 스마일즈Samuel Smiles의 반짝 성공작, 『자조Self-Help』(1859)와 산업공학자의 영웅적 시대에 대한 그의 찬사를 읽는 사람은 아예 아무도 없다.

빅토리아 시대 사람들에 대해 어떤 다른 얘기를 하든, (물질적으로 자축하는 나중의 제국들과는 달리) 그들이 현 상태에 안주했다고 비난하는 것은 불가능하다. 칼라일이 그들이 영적인 것보다 육체적인 것을, 어려운 아름다움보다 쉬운 안락함을, 개인의 속죄보다 사회공학을, 심오한 것보다 실천적일 것을 선호한다고 질책하면 할수록 그들은 더더욱 그런 형벌을 기꺼이 감내하고 마음에 새겼다. 그들이 그런 호된 꾸짖음을 냉엄하게 받아들였는지, 일요일에 후회의 제스처로서 고개를 숙이고 나서는 계속 더 많은 돈을 벌었는지는 또 다른 문제이다. 그러나 적어도 그들이 선호했던 건축 양식—'고딕 부활'—은 칼라일과 러스킨이 한탄한 중세의 미덕, 우아함, 손으로 만든 고결함의 "잃어버린" 세계를 향해 제스처를 취했다.

빅토리아 시대 영국의 겉모습이 이윤을 위해 지나치게 열정적으로 돌진하는 기질에 정면으로 반대되는 것처럼 보였던 것은 모든 고딕 부활 운동가 중 가장 위대한 오거스터스 웰비 노스모어 퓨진Augustus Welby Northmore Pugin의 사람들을 개종시킬 정도로 강렬한 천재성에 매우 많이 기인했다. 무대 세트 디자이너이자 시간제 건축가인 프랑스 이민자의 아들로 태어난 퓨진은 15세에 조지 4세에 의해 고딕 부활 양식 아파트를 위한 가구의 디자인을 위해 소환된 천재였다. 그는 나중에 러스킨이 표현한 수사학적 요구를 공유했는데, 우리가 건축물을 보고 그 진정한 가치를 판단하기를 원할 때 우리는 그것을 건축하거나 매입하는 데 비용이 얼마나 많이 또는 적게 드는지 묻는 것이 아니라 아주 다른 질문을 해야 한다는 것이다: 일꾼이 그것을 지을 때 행복했는가? 퓨진은 14세기의 — 그의 저서에 의하면 잉글랜드 건축의 마지막 위대한 시대 — 건축가와 공예가들이 교회와 길드 홀을 건축하면서, 태피스트리와 스테인드글라스의 색으로 흠뻑 적시고, 부벽을 날리고 첨탑이 치솟게 했을 때, 건축가와 사용자 사이에는 공유된 기독교 목적에 의해 결속된 본능적인 교감이 있었다고 믿었다. 그 건물들은, 살아남은 것은 소수지만, 귀족적인 시골 저택이나 갑부들의 저택에서 볼 수 있는 얼빠진 사회적 웅장함을 표현하는 것이 아니라 응집력 있는 공동체에 대한 진술이었다.

『대조Contrasts』(1836)는, 이러한 과거와 당시를 부당하게 비교하는 체계적인 라인업으로서 — 잉글랜드의 퍼펜디큘러perpendicular[20] 양식이 꽃을 피우던 시기의 중세 도시의 아름다움과 일관성을 모조 그리스, 모조 로마인, 심지어 모조 이집트 양식의 시청, 묘지, 작업장 및 감옥의 혼란스러운 뒤죽박죽 상태와 비교 — 퓨진이 칼라일의 『과거와 현재』를 시각적으로 신랄하게 표현했다고도 볼 수 있는 연관 작품이다. 그러나 칼라일과 달리 퓨진은 잃어버린 기독교 시대가 회복 불가능하다고 절망하지 않았다. 그는 적어도 그 정신의 일부가 영국에서 살아남아 고전주의 — 영혼 없는 기하학의 삭막한 아이 — 의 죽은 손에 맞서 새로운 생명을 얻기를 기다리고 있다고 믿었다. 신의 섭리는 부흥을 도모하기 위한 기회를 항상 제공할 수 있을 것이다. 1834년에 의회가 불타고 나서 의회를 고딕 양식으로 재건해야 하는지 신고전주의[21] 양식으로 재건해야 하는지에 대한 논쟁이 벌어졌을 때가

---

20 높은 첨탑과 뾰족한 아치를 특징으로 하는 잉글랜드 특유의 고딕 양식의 한 종류.

바로 그런 경우였다. 입찰 당선자인 찰스 배리Sir Charles Barry는 고딕 중세 궁전의 거의 환상적인 비전을 표현한 그림을 제출했다; 사실, 이것은 중세 시대의 건축물을 참고한 것이 아니라 자금과 정부의 요구가 지시하는 한 템즈강을 따라 무한정 확장시킬 수 있는 뾰족한 고딕 양식으로 장식된 "조립식 건물module"이었다. 퓨진이 생각했던 것처럼 장인의 기술을 통해 형태와 기능을 아름답게 조화시키는 것과는 거리가 먼 것이었다.

그러나 이 의회 건물이 고딕 부활 양식이라는 것을 정당화하기 위해 제시된 주장들은 의심할 여지 없이 퓨진의 내면에 있는 낭만주의 역사가에게 호소력을 행사했음에 틀림없다. 그것들은 모두 "고대" 영국 헌법의 독특한 특징—자유와 공통법common law[22]의 지배—이 중세의 유산이라는 사실을 인정하는 것이었기 때문이다. 페디먼트[23]와 기둥, 즉 고전주의의 지배적인 특징인 낮고 폭이 넓은 모양은 어떻게든 단지 "외국적"일 뿐만 아니라 권위의 표현으로 보이도록 만들어진 것인데, 고딕 건축 양식의 첨탑과 뾰족한 아치는 그런 것을 추구하지 않았다. 고전주의는 하향식이었고; 고딕은 상향식이었다. 고전주의 건축은 러스킨의 관점에서는 노예에 의해 건설된 계서제의 가시적 선언이었다; 고딕은 자유인들이 디자인한 공예 공동체에 관한 것이었다. 고전 시대의 입법부에서는 통치자가 법을 제정했다; 고딕 의회에서는 인민에게 책임을 지는 법이 제정될 것이었다. 그러한 건물은 입법자들에게 존엄한 편의 시설일 뿐만 아니라; 그것

---

21 신고전주의는 고대 그리스와 로마 양식을 재현하는 것을 의미했고, 이는 신 중심의 중세 문화를 종식시키고 인간 중심의 세계관을 다시 확립한다는 르네상스 및 계몽주의의 목표와 부합하는 것이었으며 이성과 산업화와 자본주의를 특징으로 하는 근대 세계의 시발점이 된 것이기도 했다. 따라서 칼라일과 퓨진처럼 당시의 산업화와 근대성을 비판하는 사람들의 눈에는 고전주의나 신고전주의가 오히려 인간의 '자연스러운' 삶을 망치는 인위적인 것으로 보였던 것.

22 '보통법'이라고 번역하는 경우도 있으나 중세에 각 지역의 특유한 관습법들을 윌리엄 정복왕이 중앙 집권화하면서 통일한 데서 그 기원을 찾을 수 있으므로 왕국 전역에 공통으로 적용된다는 의미를 강조하기 위해 '공통법'으로 번역하기로 함.

23 건물 입구 위의 삼각형 모양 구조.

은 마그나카르타를 낳은 세계와 그들을 직관적으로 연결함으로써 그들이 자유, 정의, 미덕의 정신으로 법을 제정하도록 보장할 것이다.

이것은 퓨진이 참여할 기회가 생긴다면 진정으로 기뻐할 수 있는 작품이었다. 1836년에, 24세의 나이로 『대조Contrasts』를 출판한 바로 그해에, 그는 배리와 함께 귀족원 내부의 많은 부분과 빅벤Big Ben 골격의 상당 부분을 디자인하는 중요한 역할을 맡았다. 그가 디자인하고 창작 과정도 직접 감독한 납화[24] 타일, 벽지, 매달아 놓는 장식, 목공예 및 가구를 통해 색채에 대한 그의 영적 도취와 장식의 즐거운 풍요로움이 충분히 표현될 수 있었다. 퓨진은 모방의 위험을 미리 경계해서, 예를 들어 꽃을 렌더링할 때에도 중세 디자인을 단순히 복제하는 것을 피했다. 그 대신 그는 거의 최면을 걸 듯 마음을 홀리는 매혹적인 패턴을 만들어내는 양식화되고 평평하며 화려하게 채색된 형태들을 목표로 삼았다; 자신이 중세 장식이라고 생각했던 것의 본질을 무미건조하게 그야말로 반복하는 것이 아니라 진정으로 환기시키는 것이었다.

퓨진은 자신이 세속적인 건물에 적용했던 이런 방식을 영국의 교회 건물에는 훨씬 더 긴급하게 적용하길 원했다. 1819년에 한 위원회는 그 시기의 복음주의적 성향과 급증하는 도시 인구에 부응하여 수십 년간 지속된 침체기 이후 체계적인 재건 프로그램을 마련할 필요성에 대해 인식하고 있었다. 그러나 퓨진을 비롯한 고딕 부활 운동가들은 새로운 교회들을 엄격한 팔라디오식 표현양식으로는 건설하지 않겠다고 결심했는데, 이러한 방식은 본질적으로 빛과 비율에 대해 세속적으로 집착하는 것이어서 그들이 보기에는 신의 집에서 헛되이 영혼을 빨아들이는 것이었기 때문이다. 퓨진은 조명을 어둡게 하기를 원해서, 종교 개혁 이후 상실된 자질인 구세주와의 합당한 친교를 예배자가 다시 느낄 수 있게 해주는 스테인드글라스 조명으로 교회를 채우고자 했다. 그런데 바로 이것이 문제였다. 장식을 복원하기 위한 퓨진의 십자군 원정은 신학적으

---

24   불에 달구어 색을 입히는 방식.

로는 순결하지 않은 것이었다. 이것은 교황의 "싸구려 보물들baubles"에 대한 혐오와 함께 프로테스탄트 신앙을 그것이 이미 16세기에 내쳐버린 우상 숭배로 되돌리려는 운동으로 즉각적이고 정확하게 간주되었다. 그리고 퓨진은 1834년에 가톨릭으로 개종함으로써 이러한 의혹을 확증했다.

이러한 배교 행위는 신진 건축가로서의 그의 경력을 파멸시켜야 마땅했다. 그것은 그의 경력을 확실히 방해하긴 했지만 길가에 버려지기엔 그는 너무나도 명백하게 뛰어난 재능을 갖고 있었다. 너무나 당당하게도 퓨진은 대성당 — 컨스터블의 위대한 반짝이는 캔버스 안에서 미화된 — 과 최대한 가까운 솔즈버리로 이사했는데 이 성당은 다른 어떤 것보다도 순수하고 완전한 기독교적 과거에 대한 그의 비전을 구현했다. 나중에 그는 빅토리아가 어린 시절을 보낸 램스게이트Ramsgate로 이사했다. 그는 고상하고 부유한 잉글랜드계 가톨릭 신자와 로마 가톨릭 신자들을 위해 일했으며 당시의 취향이 질적으로 저하하는 것에 대해 반대하는 성명을 계속 발표했다. 『첨탑 또는 기독교 건축의 진정한 원칙The True Principles of Pointed or Christian Architecture』(1841)의 표지에서 퓨진은 중세 후기 기독교 건축가의 모습을 하고 제단 뒤의 그림, 강단, 정교하게 제작된 십자가로 둘러싸인 채로 고대의 도구인 컴퍼스를 휘두르며 자신의 디자인을 공들여 제작하고 있다. 만 40세라는 참혹하리만큼 이른 나이에 죽기 전에 그가 남긴 마지막 걸작은, 대박람회를 위해 창작한 중세 궁정이었다; 자신의 작업소와 그가 아끼는 장인들이 함께 만든 가장 완벽한 작품의 앙상블을 적이 점령한 지역으로 가져온 것이다. 그러나 모든 신문 보도에 따르면 이 중세 시대 궁정은 존경심과 경외심을 받긴 했지만 기관차와 증기 망치를 넋을 잃고 구경하기 위해 이곳을 서둘러 지나쳐간 인파와 비교하면 관람객의 수가 현저히 적었다.

그러나 퓨진은 산업화된 영국에 약간의 인상을 남기는 것에 대해 희망을 잃지 않았다. 광부와 직물 노동자의 공동체인 스태퍼드셔Staffordshire의 치들Cheadle에서 그는 로마 가톨릭 교도 슈루즈버리 백작Earl of Shrewsbury의 의뢰를 받아 세인트 자일즈St. Giles 교구 교회를 복원하고 재장식하는 작업을 진행했다. 그에 의하면 이 작업의 결과물은 단연코 그의 가장 위대한 걸작이자 자신이 후회하지 않는 유일한 건물이었다: 강렬하고 빛나는 색상의 번쩍이는 아치형 지붕이었다.

그러나 몇 마일도 떨어지지 않은 곳인 맨체스터에서는 퓨진의 지상 천국이 찰스 네이피어Sir Charles Napier가 "지옥의 입구가 실현되었다!"라고 묘사한 것으로 완전히 대체되었다. 네이피어는 영국의 북서쪽 국경보다는 인도의 북서쪽 국경에서 싸우는 데 더 익숙했지만, 1839년에 고질적으로 폭력적이고 범죄로 물든 도시로 여겨지게 된 이곳에서 질서를 유지하라는 임무를 받았다. 여기에는 하늘에 닿을 듯한 첨탑 대신 굴뚝 떼거지가 있었다. 그것들은 모두 함께 도시 전체를 하나의 거대한 "세계의 굴뚝"으로 만들어버려서 "부유한 악당, 가난한 도적, 술 취한 부랑아 및 매춘부가 비를 맞아 반죽처럼 변한 도덕적 그을음을 형성한다 … 이곳의 유일한 풍경은 긴 굴뚝이다: 대단한 곳이다!" 일련의 보고서들(제임스 필립스 케이-셔틀워스James Phillips Kay-Shuttleworth의 『맨체스터 면직물 제조업에 고용된 노동계급의 도덕적 신체적 상태The Moral and Physical Conditions of the Working Classes Employed in the Cotton Manufacture in Manchester』(1832)로 시작하는)은 산업화 세기의 "충격 도시"로서의 맨체스터의 명성을 철저하게 문서화했다. 15만 명의 영혼이 살고 있는 이 "면직물 대도시Cottonopolis"에는 최악과 최선이 뒤섞여 있었다. 영국의 인구는 19세기의 첫 수십 년 동안 가장 빠른 속도로 증가했는데, 이러한 확장이 맨체스터보다 더 놀라운 (또는 끔찍한) 곳은 없었다. 이곳의 인구는 60년도 채 안 되는 기간에 600%나 증가했는데, 대부분이 시골에서 이주해 온 사람들이었다.

주거 환경은 당연히 끔찍했다. 그 의상 무도회가 열린 해인 1842년에 정부는 『그레이트브리튼[25] 노동 인구의 위생 상태에 관한 보고서Report on the Sanitary

---

25 그레이트브리튼(Great Britain)은 브리튼 제도(British Isles) 중에서 가장 큰 섬을 일컫는 말인 동시에 잉글랜드, 웨일스, 스코틀랜드가 소속된 연합왕국(United Kingdom of Great Britain)

Conditions of the Labouring Population of Great Britain』를 출판했는데 이 당시 맨체스터 남성 인구의 4분의 1에서 3분의 1이 실업자였으며, ≪솔퍼드 신문*Salford newspaper*≫에 따르면 "헐벗거나 옷을 반쯤 입다 만 남녀들이 거리를 배회하며 빵을 구걸하고 있다". 이 도시의 전형적인 어느 하숙집에 대해서는 다음과 같이 설명했다:

> 여섯 개 또는 여덟 개의 침대가 … 한 방에 모여 있다… 각 방에 가능한 한 많은 침대를 집어넣는 것은 불변의 습관인 것 같다 … 밤에 펼쳐지는 광경은 최악으로 한탄스럽다; 남자, 여자, 아이로 난잡하게 가득 찬 침대의 붐비는 상태, 방금 벗어버린 더러운 누더기 옷으로 뒤덮인 바닥, 그리고 그들이 소유한 모든 재산이 들어 있는 다양한 꾸러미와 보따리는 그들의 타락하고 둔화된 감정 상태를 보여준다 … 숨 막히는 악취와 공기의 열기는 거의 참을 수가 없다.

이 과밀하고 원시적인 위생의 결과 중 하나는 발진티푸스, 장티푸스 및 콜레라와 같은 전염병이 번개 같은 속도로 퍼진 것이었다. 이 보고서에 따르면 1842년에 "기계공과 노동자"의 평균 기대 수명은 17세였다. (맨체스터의 "전문직업인"들의 경우엔 38세였다.)

장기적인 낙관론자들은 1832년 개혁법에 의해 도래된 변화의 시대가 면화 방적공cotton spinners과 수직기 직조공handloom weavers[26]의 고난에 더 민감하게 반

을 의미한다. 현재 영국이라는 나라는 이 지역 외에도 북아일랜드(Northern Ireland)까지 포함하고 있어서 국가의 공식 명칭은 'United Kingdom of Great Britain and Norther Ireland'이다. 이것의 줄임말인 'Britain'이 우리가 '영국'이라고 부르는 나라의 약식 명칭이며, '그레이트브리튼(Great Britain)'은 북아일랜드를 제외하고 부르는 경우에 사용된다. 브리튼 제도에는 영국 외에도 아일랜드(Ireland)가 위치하고 있으며, 같은 섬의 북쪽에 위치한 북아일랜드는 영국의 일부이지만 아일랜드는 독립국가이다.

26 방적은 목화 등에서 실을 뽑아내는 공정을 의미하고, 방직 또는 직조는 실로 옷감을 짜는 공정을 의미한다. 원료에 따라 방적과 방직을 명확히 구분할 수 없는 경우도 있긴 하다. 당시

응하리라 예측했을 수도 있다 — 특히 후자는 역직기power looms가 장인의 노동을 대체하면서 고통을 느끼기 시작했다. 하지만 그렇게 예상했다면 쓰라린 실망이 기다리고 있을 뿐이었다. 이 법에 의해 권한을 부여받은 이 "새로운", 정말로 새로운 것이었는지에 대해서는 논쟁의 여지가 있지만, 정치 계급은 사실은 실업자의 곤경에 대해 더 강경한 견해를 갖고 있었기 때문이다. 같은 해에 발표된 케이-셔틀워스의 맨체스터에 대한 보고서는 빈곤을 기록하기도 했지만 흙 속에서 뒹굴고 있는 사람들(특히 "작은 아일랜드"[27]의 주민들)의 "도덕적 타락"을 강조했다. 1834년에 위그당 정부에 의해 제정된 신구빈법New Poor Law은 이처럼 습관적으로 게으르다고 간주되는 유형의 사람들이 염치없이 세금에 의지해서 살아가려 하는 것을 방지 위한 명시적인 목표를 위해 설계되었으므로 구빈원 내부의 체제를 감옥의 체제와 너무 유사하게 만들어 그 어떤 종류이든 합법적인 일자리를 얻을 능력이 있는 자는 이곳에 스스로 들어올 생각을 아예 하지 못하도록 유도했다. 이 "바스티유"(실제로 대중들에겐 이렇게 알려짐)의 수감자들은 잔인하게 머리가 깎여져 "밖에서" 즉시 알아볼 수 있게 하였고 갈색 유니폼을 입었다. 남편들은 아내들로부터 격리되었고 이들은 또 자녀로부터 격리되었다; 이 기관의 가장 가슴 아픈 측면. 가정을 사회도덕의 학교로 생각하는 사회에서 가족이 불행의 첫 번째 희생자가 되는 셈이었다. 그러나 물론 대부분의 구빈관들Pool Law Guardians은 이러한 불행이 일종의 도덕적 실패에 기인한 것이라고 엄중하게 믿었다. 유약한 근성이 이 타락한 자들을 구빈원에 내려놓았다. 그곳이 인간적인 친절의 우유로 넘쳐나게 만드는 것은 그들 또는 그녀들에게 아무런 도움이 되지 않을 것이다.

의 방적기는 대개 여러 축을 설치해서 돌리는(spin) 것이었고, 방직기는 씨줄과 날줄을 틀에 넣은 후 가로와 세로 방향으로 빠르게 움직이는 것이었다. 초기에는 이 기계들이 사람의 힘을 이용했으나 점차 수력과 증기를 이용하는 것으로 발전했고 이후 더욱 정교하게 기계화되었다.

27 맨체스터로 이주해 온 가난한 아일랜드계 노동자들이 밀집해서 거주하던 지역.

마찬가지로 맨체스터의 과두 정치 계층—그렉스Gregs, 헤이우즈Heywoods 및 포터스Potters와 같은 면직 산업의 거물 및 은행가들—은 도시를 실질적으로 운영하면서 도시의 중심을 싹 치우고 그 자리에 멋진 신고전주의 양식의 창고를 지었는데, 그들은 자신들의 첫 번째, 그리고 사실상 최고의 의무는 사업의 수익성을 높이는 것이라는 사실에 대해 거리낌 없이 말했다. 노동자들의 복지는 이것으로부터, 그리고 이것으로부터만 증대될 수 있었다. 만약 사업 경기의 변동(빅토리아 통치 초기 5년 동안의 해외 수요 붕괴와 같은)이 이 회사가 생존하기 위해 임금 삭감이나 정리 해고를 요구한다면, 자본주의는 그저 아무나 들어올 수 있는 유원지나 아무에게나 공짜로 나눠주는 유인물이라고 누가 말하겠는가? 만약 그들이 현재 상황이 절박하다고 생각한다면, 임금 인상이나 노동시간 단축에 대한 요구라는 "공갈" 때문에 공장이 무너져버릴 경우엔 상황이 얼마나 더 나빠질 수 있는지 알게 하라! 사업주들의 입장에서 노동조합은 속임수에 대한 통제권을 포기하기보다는 정당한 사업 이해관계가 실패하는 것을 보고 싶어 하는 강탈자와 방해꾼의 공모 집단에 불과했다. 게다가, 빵 가격이 너무 높다면 그것은 의심할 여지 없이 자유 시장의 적절한 작동으로부터 "지주들의 이해관계"를 보호하기 위해 제정된 사악한 곡물법의 탓이라고 그들은 말했다. 그게 아니라면 값싼 외국 곡물을 진작 수입했을 것이다. 공장 노동자들이 임금의 구매력을 높이기 위해 건설적인 일을 하고 싶다면, 중간계급이 맨체스터 자유무역 회관Manchester Free Trade Hall을 본부로 삼아 진행하고 있던 반反곡물법 캠페인이라는 위대한 십자군 원정에 합류하는 것보다 더 나은 일은 없었다.

산업화된 영국 노동자들의 몇몇 지도자들은 교육, 절제, 종교를 통한 자기 향상을 믿었고 한동안은 일종의 광범위한 중간계급과 노동계급의 동맹이 탄생할 가능성에 대해서도 약간의 기대를 걸어봤다. 그러나 대다수의 지도자들은 곡물법 폐지와 더불어 값싼 곡물, 밀가루, 빵의 도입이 고용주가 임금을 더 낮추려는 구실일 뿐이라고 믿으며 여전히 깊은 의심을 품고 있었다. 노동계급 남성 대중(스코틀랜드와 랭커셔에서는 여성이 참정권 운동에 매우 적극적이었다는 사실에도 불구하고 여성은 거의 이슈가 되지 않았음)에게 투표권이 부여되어야만, 진정한 민주주의가 만들어졌을 때에만, "개혁들"이 사업주들에 의한 더 큰 착취의 수단이 되지 않을 것이라고 확신할 수 있을 것이었다. ≪푸어 맨스 가디언Poor Man's Guardian≫의 편집자인 제임스 브런테어 오브라이언James Bronterre O'Brien은 이 문제를 간결하게 표현했다: "불한당들은 당신이 재산이 없기 때문에 대표자[28]가 없는 것이라고 말한다. 반대로 나는 당신에게 재산이 없는 것은 대표자가 없기 때문이라고 말한다." 해답은 근대 시대를 위한 마그나카르타였다: 남성 보통선거권, 투표권을 위한 재산 제한 폐지, 평등한 대의(각 투표는 동등하게 계산됨),[29] 의회의 매년 개최, 의원직 유급화[30] 및 비밀 투표를 요구하는 인민헌장People's Charter. 물론 이러한 문제의 대부분은 당시엔 이미 모두 고인이 된 카트라이트Cartwright 소령, 윌리엄 코벳 및 "웅변가" 헌트 시대의 오래된 급진주의적 복음서에 등장했던 것이다. 그러나 1838년의 횃불 집회 및 행렬에 모인 활동가들과 1839년, 1842년, 1848년에 괴물monster[31] 차티스트 청원서에 서명한 수백만 명의 사람들의 눈에는 그러한 주장들이 자유인으로 태어난 영국인으로서 누리는 명백하게 정당한 태생적 권리로 보였는데, 이것이 그들이 불만에 대처하는 "전통주의"적 태도였다.

---

28 노동계급이 선거에 참여해서 스스로 선출한 의회(평민원) 의원을 일컫는 말.

29 평등한 대의(equal representation)란 1인 1표와 더불어 유권자 각각의 표가 갖는 가치가 같아야 한다는 뜻. 당시엔 재산이나 학벌 등에 따라 한 사람이 여러 지역구에서 투표하는 것이 가능했을 뿐더러, 선거구마다 인구가 너무 큰 차이가 났기 때문에 인구가 급감한 지역에서 선출되는 의회 의원의 수와 인구가 급증한 지역에서 선출되는 의원의 수가 여전히 똑같은 현상이 지속되고 있었다. 따라서 인구에 비례해서 선거구를 재조정해야만 각 유권자가 행사하는 투표의 가치가 비로소 동등해질 수 있었다.

30 당시의 의원직은 무급이어서 생계에 매달려야 할 필요가 없는 유산계급만 의정 활동이 가능했다. 노동계급의 입장에서는 의원직을 유급화해야만 비로소 입법 활동에 대한 적극적인 참여가 가능해질 수 있었다.

31 수많은 인원이 서명해서 문서의 분량이 엄청나게 많았기 때문에 괴물이라는 별칭이 붙었다.

탄원서는 해크니hackney 택시32나 장식된 농장 마차에 실려 엄숙하게 의회로 이송된 후 질질 끌려서 평민원 바닥에 당도했지만, 조롱당한 것은 말할 필요도 없고, 먼지를 쳐다보는 듯한 반응을 이끌어냈는데 이것은 어쩔 수 없는 일이었다. 미들랜즈와 북부의 경제 상황이 악화되자, 이러한 반복적인 멸시는 차티스트들을 두 파로 나눠 평화적인 방법으로만 문제를 계속 제기하자는 부류도 있었으나 남부 웨일스 뉴포트Newport 출신의 포목상 존 프로스트John Frost나 런던 출신 언론인 조지 하니George Harney처럼 이러한 거부는 무장 봉기를 촉진시키는 도발이라고 간주하는 부류도 생겨났다. 솔퍼드의 급진주의자인 레지널드 리처드슨Reginald Richardson은 목수라는 직업을 포기하고 구빈법 반대 운동가가 되었고, 이 당시에는 차티스트 언론인(그의 아내가 인쇄소에서 소책자와 팸플릿을 배포했다)이 되어 다음과 같이 결론지었다. "잉글랜드 인민에게는" 벽난로 선반 위에 "사브르나 다른 공격용 무기를 걸어두는 것 외에는 희망이 없었다." 그럼에도 "물리적 힘physical force" 차티스트들은 "폭군"에 대한 저항의 권리를 정당화하기 위해 종종 영국 법의 대가—윌리엄 블랙스턴William Blackstone—를 즐겨 언급했다. 겁에 질린 지역 당국에 따르면, 1839년 4월에 런던 차티스트 헨리 빈센트Henry Vincent는 뉴포트의 군중에게 "저항할 시간이 다가오면 당신들이 외쳐야 할 것은 '오 이스라엘아, 각각 장막으로 돌아가라'33이며, 그다음엔 한마음과 한목소리로 한 방에 특권층을 멸망시키시오! 귀족에겐 죽음을! 인민과 그들이 세운 정부를 위하여". 이것은 단순히 선동적인 허풍이 아닌 것으로 판명되었다. 가을에 앨버트와 빅토리아가 사랑을 속삭이는 동안 사우스 웨일스에서는 수천 명의 차티스트들로 구성된 소규모 군대가 뉴포트와 에부베일Ebbw Vale을 행진하면서 극적인 무장 봉기를 일으켰다. 뉴포트에서는 11월 3일에 차티

---

32 요금을 내고 타는 전세 마차. 오늘날 런던 블랙캡 택시의 원조.
33 성경에 나오는 구절로, 상대방에게 싸우지 말고 집으로 돌아가라고 회유성 협박을 할 때 사용하는 표현.

스트와 당국 사이에 전투가 발생해서 최소 15명이 사망하고 최소 50명이 중상을 입었다. 이것은 19세기와 20세기를 통틀어 영국 정부가 자국민에게 가한 가장 큰 인명 손실이었다.

요크셔와 웨일스에서 일어난 봉기들은 진압되었지만 저항은 끝나지 않은 것이 확실했다. 잔인한 경기 침체가 계속되는 한 랭커셔와 요크셔의 황무지에서 열리는 야간 집회와 행렬도 계속되었다. 전국에 걸친 차티스트 협회 대표들의 "협의회"; 그리고 무엇보다도, 여러 지역에서의 파업의 물결. 봉기의 지도자인 존 프로스트에게 내려진 사형선고를 감형하기 위한 대중 청원이 동원되었다. 군중들은 한때 톰 페인을 위해 사용했던 국가의 변주곡을 불렀다.

신이여 우리 애국자 프로스트를 구하소서
그의 대의가 버려지지 않게 하소서
신이여 존 프로스트를 구하소서.

그리고 당국은 신중한 태도로, 순교보다는 추방을 선호하여, 프로스트의 처벌을 호주 유배로 감형했다. 그러나 위그당이든 보수당이든 정부는 이제 차티스트를 무장 노동자 혁명의 전위로 보기 시작했다. 투옥된 여러 사람들 중에는 리처드슨도 있었는데 그는 "소란과 반란을 선동하고 법에 대한 저항을 확보하기 위해 무력을 사용"한 혐의로 체포되어 9개월을 감옥에서 보냈다(이 기간 동안에도 그는 신문 기사를 작성하여 몰래 밖으로 내보냈다).

1842년이 되자 차티스트들에게는 유능하고 카리스마 넘치는 지도자인 변호사 피어거스 오코너Feargus O'Connor가 등장했는데, 그는 당시에 아직 생존해 있긴 했지만 프랑스로 망명한 옛 '단결된 아일랜드인united Irishman' 아서 오코너Arthur O'Connor의 조카였다. 코벳의 올덤Oldham 지역구를 계승한 오코너는 ≪노던 스타Northern Star≫(그의 삼촌인 아서의 벨파스트 지역 신문의 이름을 따서 명명)라는 구빈법 반대 신문을 창설했지만 이것을 이제 차티스트 정치의 주요 조직으로 전환했고 불을 내뿜듯이 호전적인 사회주의자 조지 하니George Harney가 편집을 맡았다. 이 운동의 온건한 부류와 호전적인 부류를 하나로 묶어야 했던 오코너의 임무는 매우 어려운 것이었고 아마도 궁극적으로는 불가능한 것이었다. 왜냐하면 그는 무기의 비축에 겁을 먹은 "도덕적 힘moral force" 차티스트를 소외시키는 것과 "플러그" 파업으로 공장주들의 임금 삭감에 대응했던 1842년의 파업 노동자들을 저버리는 것 사이에서 매우 신중한 노선을 운영해야 했기 때문이다. 그러나 오코너는 본질적으로 조화를 이루지 못하고 분산되어 있던 지역 봉기들을 전국 조정 사무소를 통해 조직하고 이에 순응하는 지역 조직들을 거느린 근대적인 현태의 정치 압력 그룹 캠페인으로 전환시키는 데 성공했다. 중간계급이 성경을 인용하는 방식을 통해 진행시킨 반곡물법 운동이 경이적인 성공을 거둔 바 있었기에, 오코너의 전략도 이를 부분적으로 차용해서 1842년에는 300만 명이 넘는 인원이 서명한 두 번째 괴물 청원서를 작성할 정도로 충분한 성공을 거뒀다. 말할 필요도 없이, 이것은 이번에도 평민원에서 즉각 거부되었다.

1842년 이후 경제 상황이 개선되면서 차티스트 캠페인에서 증기가 다소 빠져나갔다. 그러나 무역의 주기가 1847~1848년에 다시 하락했을 때 불만과 거부에 대한 쓰라린 기억은 사라지지 않고 남아 있었다. 맨체스터의 차티스트가 느꼈던 고통스러운 굴욕에 대한 가장 강력한 설명은 초기 빅토리아 시대의 가장 용감한 여성 작가인 엘리자베스 개스켈Elizabeth Gaskell이 쓴 소설 『메리 바튼Mary Barton』에 제시되어 있다. 그녀의 비극적 영웅인 홀아비 존 바튼은 자신과 딸 메리를 위해 고군분투하지만 생계를 제대로 유지하지 못하고 실업, 빈곤, 절망으로 인해 정치화되어 1842년에 차티스트 청원서를 들고 런던으로 간다. 헐렁한 옷을 입고는 당시에 만연하던 교통체증으로 숨이 막히는 거리를 천천히 이동한다; 그들은 곤봉을 휘두르는 경찰들에게 찔리고 구타를 당한다. 그가 돌아와서 딸과 친구들에게 이야기하기를 그 경찰은 그에게 이렇게 말했다고 한다.

3. 여왕벌과 벌집   **199**

"폐하의 응접실을 방문하는 신사 숙녀들을 당신들이 폭행하지 않도록 하는 것이 우리가 해야 하는 일이다."

"그런데 왜 우리가 폭행을 당해야 하는 겁니까요?" 나는 이렇게 물었지. "랭커셔에 있는 집에서 굶어 죽어가는 많은 애들과, 우리에겐 삶과 죽음의 문제인 우리 직업에 대해서 품위 있게 행동하고 있는 것뿐이라고요. 당신은 하느님의 눈에 가장 중요한 일이 뭐라고 생각하는 거예요? 우리인가요? 아니면 당신이 그렇게 깍듯이 모시는 저 대단하신 신사 숙녀들인가요?" 하지만 그 자는 그저 웃기만 하더군. 난 차라리 입을 닫고 있는 게 나을 뻔했어.

의회 자체에서 벌어진 광경에 대해 질문을 받자 존 바튼은 너무 화가 나서 자신에게 매우 불길한 일이 일어날 것 같다는 것 외에는 아무 말도 하지 않았으며, 『메리 바튼』이 등장한 해인 1848년은 영국에게도 실제로 불길해 보였다.

나도, 다른 많은 사람들도, 이것을 잊거나 용서할 수는 없지만, 우리의 이 암울한 미래를 런던 뉴스의 기사 한 편 정도로 말할 수는 없지. 내가 살아 있는 한 그날 우리가 거부당한 것은 내 마음속에 남아 있을 것이고, 내가 살아 있는 한 우리의 말을 듣기를 잔인하게 거부한 것에 대해 그들을 저주할 것이다.

칼라일과 찰스 디킨스는 개스켈 부인과 『메리 바튼』을 숭배했다. 이전에도 "사회적 사실주의" 소설이 있었지만 이 정도의 작품은 없었다. 디즈레일리Disraeli의 『시빌Sibyl』이 "두 개의 국민two nations" 문제를 이 나라에서 가장 먼저 제기했다고 간주되었었지만, 이것은 주로 "공장주 정치체제millocracy"의 눈과 입을 통해 그 이야기를 전하는 것이었다. 비록 엘리자베스 개스켈도 확고한 중간계급이었지만 맨체스터 유니테리언 목사의 아내로서 그녀는 남편을 따라 도시의 가장 불결하고 고통스러운 지역과 오두막집이 우거진 외곽으로, 아이들이 쥐가 들끓는 어둡고 더러운 골목에서 노는 마일스 플래팅Miles Platting과 같은 곳을 다녔다. 그녀의 강철 같은 관찰력에서 벗어날 수 있는 것은 아무것도 없었다; 싸구려 술집, 열린 하수구, 심지어 연기와 더러움 속에서 흙 조각에 겨우 매달려 있는 야생화의 슬프고 작은 부스러기까지. 또한 『메리 바튼』의 책장 속에서 헤언 힐Herne Hill 또는 바스Bath의 고상한 중간계급 독자는 맨체스터 노동계급의 목소리를 처음으로 들을 수 있었고, 「올덤의 직공The Oldham Weaver」과 같은 노래조차도 들을 수 있었다.

> 나는 가난한 면직공이야, 많이들 알고 있듯이
> 내겐 먹을 게 아무것도 없고 옷도 다 해져버렸네.
> 너는 2펜스도 안 주려 했지, 아아, 내가 이미 1페니를 갖고 있다고 하면서
> 내 나막신은 다 부서져버렸고 스타킹은 아예 없어.
> 너는 힘들다고 생각하겠지
> 이 세상에 끌려 나온 것을
> 굶주려서 죽도록 고생만 하지만 여하튼 네가 할 수 있는 최선을 다 해야 하니까.

"굶주린Clemmed"—배고픈—은 『메리 바튼』에서 마치 망치질처럼 계속해서 등장하는 단어이다. 그것은 책망이기도 하고 전투적인 외침이기도 하다. "그들은 엄청나게 큰 부를 쌓아 올리고 커다란 집을 짓기 위해 우리를 가장 낮은 처지까지 끌어내려서 망쳐버렸어. 왜 우리는, 많고 많은 우리는, 굶주려야만 하는 거지? 그런데도 잘못된 것이 없다고?" 존 바튼은 "사람을 쓰러뜨릴 정도로 악취가 나는" 공동 지하실에 병들어 누워 있는 동료를 방문하는데, 그의 눈은 점차 어둠에 익숙해진다. 그리고 그는 "길에 고인 더러운 습기가 스며 나와 있는 축축하고, 아니 아예 젖어버린, 벽돌 바닥에서 구르는 서너 명의 어린아이들"을 발견한다. 아버지는 아이들에게 "친구"가 너희를 위해 약간의 빵을 가지고 왔으니 잠시 조용히 있으라고 말한다. 어둠 속에서 바튼은 빵 덩어리가 그에게서 떨어져 나가 순식간에 사라지는 것을 느낀다.

엘리자베스 개스켈은 놀라울 것도 없이 맨체스터의 면화 남작들cotton barons[34]과 은행가들에게 냉담한 대접을 받는 자신을 발견하게 되었다. 그들은 그녀가 그들의 자선 활동과 시민 활동에 대해서는 아무 말도 하지 않으면서 그들과 그들의 일꾼들과의 관계에 대해서 매우 부당하게 설명하고 그들의 생활 방식을 희화화했다고 생각했다. 그들의 말은 실제로 일리가 있었다. 하지만 이 작가는 용감하게 자신의 총을 계속 겨눴다. 그녀 자신의 사회적 인기보다 더 중요한 문제가 걸려 있었다. "나의 불쌍한 맨체스터의 '메리 바튼'은 나에 대해 온갖 화난 감정을 불러일으키고 있어"라고 그녀는 사촌 에드워드에게 썼다. "하지만 빈민들의 사고방식과 감정을 가장 잘 이해하는 사람이 그곳의 진실을 인식하는 거야; 이것이 내가 가장 바라는 인식이야. 왜냐하면 일단 한 번 인식된 악은 그것을 치유하는 길의 절반에 도달한 것이기 때문이지."

맨체스터의 면화 남작들은 유럽의 혁명의 해였던 1848년(2월이 되면 프랑스는 이미 공화국이 되었다)이 이 유니테리언 목사의 아내가 사회적 양심의 부담을 덜기 위해 상상할 수 있는 가장 요령 없는 순간이라고 느꼈을 것이다. 그러나 엘리자베스 개스켈이 행운의 계급과 불행의 계급을 구분하는 엄청난 거리에 대해 진실을 말해야 할 의무를 느낀 것은 바로 영국이 또 다른 위기의 문턱에 서 있는 것처럼 보였기 때문이다. 그녀가 영국에서 투표권과 더불어 권력과 재산의 상당히 큰 몫을 가진 사람들로 하여금 아무것도 갖지 못한 사람들의 고통과 분노를 제대로 감지할 수 있게만 한다면 두 번째 내전을 미연에 방지할 수도 있을 것이었다.

나중에서야 깨닫게 될 시각에서 보면, 1848년은 영국의 정치 및 사회 민주주의 운동의 가장 실망스러운 결말로 평가된다. 이러한 공포가 근거 없는 것이

---

[34] 실제로 남작(baron) 작위를 갖고 있었던 것이 아니라, 그들이 부를 축적하는 방식이 토지를 독점하고 노동력을 무자비하게 착취했기 때문에 건실한 기업인보다는 부패한 귀족을 연상시킨다고 하여 붙여진 당시의 부정적인 별명이다.

었다는 생각은 햇빛 찬란한 수정궁 시절의 의기양양함에 의해 강화되어, 마치 "영국 혁명"은 말 자체로 모순이었던 것처럼 묘사된다. 그러나 그 당시 인민 헌장People' Charter의 보병이나 그들이 수도를 장악하는 것을 막으려 했던 자들에게는 결코 그렇지 않았다. 조지 하니는 곧 닥칠 일에 대해 전혀 의심하지 않았다: "랭커셔의 언덕 꼭대기에서 수십만 명이 소리 높여 우리 조합의 맹세와 투쟁의 슬로건을 하늘 위로 높이 올려 보냈다 … 잉글랜드인들은 헌장THE CHARTER을 갖기로 맹세했고 (신구빈법을) 폐지REPEAL하기로 맹세했다. 그렇지 않으면 … '공화국 만세Vive la Republique'."

체포되었다가 노팅엄의 하원의원으로서 의회에 복귀했던 피어거스 오코너는 도덕적 설득을 위한 시도는 이번이 마지막이라고 약속함으로써 차티즘의 "물리적 힘" 세력을 겨우 저지할 수 있었다. 차티스트 협의회는 4월 초 런던에서 만나서 최신 괴물 청원서를 제출할 예정이었다 — 그들의 주장에 의하면 500만 명이나 되는 이름이 너무나도 방대한 문서에 기록되어 있어 네 마리의 대형 마차용 말이 끄는 농장 마차에 실어 옮긴 후 큰 뭉치 상태로 의회에 제출되어야 했다. 아일랜드 민족주의 "연맹confederates"의 상당 부분을 포함한 지지자들은 미들랜즈와 북부, 웨일스, 심지어 스코틀랜드에서 수도로 내려올 것이었다; 이들은 러셀 스퀘어Russell Square, 베스널 그린Bethnal Green, 클러큰웰 그린Clerkenwell Green 및 스페프니 그린Stepney Green에서 오전 집회를 열 계획이었다; 그리고 각지에서 수렴하는 행렬을 따라 남쪽으로 이동하여 템즈 다리로 향한 다음 그곳에서 케닝턴 커먼의 대중 집회 장소로 이동할 예정이었다. 연설이 끝난 후 청원은 웨스트민스터로 보내져야 했다. 군중이 그것을 따라가서 그들의 존재를 느끼게 해줄 것인지의 여부가, 저항할 수 없을 정도로 위협적이진 않더라도, 결정적인 문제였다. 이것이 평화로운 시위의 마지막 행동이 될 것인가, 아니면 혁명의 첫 번째 행동이 될 것인가? 그들 모두가 잘 알고 있었듯이 "헌장Charter"이라는 것은 1830년에 프랑스에서 부르봉 왕조가 결국 종말을 맞게 된 시초로 작용했었다. 그리고 이제 그곳에서는 이미 또 다른 혁명이 발생했다 — 이번에는 급진주의적 중간계급, 장인, 노동자가 모두 하나가 된 것 같았다. 전통적으로 질서 유지를 중시하는 정당인 토리당이 2년 전에 필의 곡물법 폐지로 인해 분열되어 있는 상태였으므로 오코너는 이번이 최소한 약간의 양보라도 얻어낼 수 있는 가장 좋은 기회라고 생각했을 것이다.

4월 10일 월요일의, 봄 치고는 너무 따뜻했던 아침에, 차티스트 군중은 네 곳의 런던 집회 장소에 모였다. 그 분위기는 위협적이기보다는 축제 같았다. 블룸스버리Bloomsbury의 군중은 (어마어마한 양의 종이 뭉치를 들고) 녹색, 빨간색 및 흰색의 리본과 장미 리본을 달고 있었고; 베스널 그린에서 행진하는 사람들은 분홍색과 흰색을 달고 있었으며; 이스트 엔더스East Enders[35]는 백기를 들고 있었다. 행진을 구경하던 사람들, 그리고 차티스트 슬로건—"살자, 그리고 살게 해달라", "자유는 살아볼 가치가 있고 그것을 위해 죽을 가치도 있다"—이 붙어 있는 마차와 택시를 바라보던 사람들, 그리고 울리치Woolwich에서 승선한 군대 연금 수급자들의 보트가 다리 위에서 퍼레이드에 합류하는 것을 지켜보던 사람들은 그저 잠자코 있거나 아니면 부드럽게 격려하는 것처럼 보였다. 사전에 당국이 피에 굶주린 영국인 자코뱅들이 거리로 쏟아져 나온다는 악마론을 퍼뜨렸음에도 불구하고 말이다.

위험을 방치하지 않기 위해 존 러셀Sir John Russell의 정부는 마치 반란이 아니라 적의 침공을 예상하는 것처럼 확실히 준비했다. 지난달에는 각국 정부들이 우왕좌왕하는 틈을 타서 혁명적 국제주의를 표방하는 프랑스, 이탈리아, 독일의 공화주의자들이 런던의 군중을 이용하여 그들의 파괴적인 신조를 퍼뜨릴 것이라는 심각한 두려움이 있었다. 공포 분위기를 타고 외국인 추방법Removal of Aliens Act이 의회를 통해 급히 통과되어 외국인은 당국에 등록해야 했고 애국자들에게는 반란이 의심되는 수염을 가진 사람들을 경계하라는 경고가 전해졌다.

---

35 런던 "더 시티(The City)"의 동부에 있는 템즈강 부두 지역에 거주하는 하층민들.

해협을 가로질러 위험을 끌고 올지도 모르는 유령이 실제로 있었다면, 웰링턴 공작보다 누가 그것을 더 잘 물리칠 수 있을까? 하이드 파크에 있는 그의 저택 앱슬리 하우스Apsley House에 판자 보호벽을 친 다음, 이 백발의 늙은 전사는, 관절이 약간 삐걱거리긴 했으나 여전히 꽤 날렵한 몸매로, 그의 마지막 군대 지휘권을 접수했다 — 이번엔 다섯 개의 대포를 보유하고 있다는 소문까지 돌던 영국의 노동계급에 맞서 싸워야 한다! 약 8만 5000명의 남성이 로버트 필이 조직한 메트로폴리탄 경찰 부대인 필러Peeler 4000명과 정규군 8000명을 보충하기 위해 특별 경찰로 모집되었다. 관공서들에는 공공 문서와 한사드Hansard[36] 사본들로 가득 찬 상자들로 바리케이크가 설치되었다. 총과 대포가 잉글랜드 은행과 런던 타워와 같은 주요 장소에 배치되었다. 증권 거래소에서는 자본주의의 요새를 방어하기 위해 300명의 직원이 "특수 인원"으로 자원했다. 버킹엄 궁에 대한 접근을 방지하기 위해서는 경포를 갖춘 방어 기지가 맬에 설치되었다. (왕가는 정부의 조언에 따라 불쾌한 일이 발생하는 경우를 피하기 위해 와이트섬Isle of Wight으로 이동했다.) 케닝턴으로 향하는 다리들은 통제된 통행만을 허용하라는 명령이 떨어졌다—그러나 필요한 경우에는 돌아 나오는 경로를 차단할 것이었다.

한때 급진주의자였던 존 캠 홉하우스John Cam Hobhouse는 수도의 중심부에 있는 인도부India Office 장관으로서 불안한 심정으로 사무실에서 일하고 있었는데, 이곳은 이제 녹색 리본 시위자들을 제외하고는 대부분 텅 비어 있어서 유령 출몰지와 같은 느낌이 들었기에 그는 결정적인 순간에 가족과 격리될 것에 대해 걱정하고 있었다. 그의 런던 자택 현관문은 차티스트들에 의해 "분필 표시"가 되어 그는 인민의 적으로 지목되어 있었다. "나는 사무를 처리하기 위해 앉아 있었는데 강 건너편에서 머스킷 총이나 대포가 발사되는 소리가 들릴 것이라고 기대는 하지 않았지만 완전히 불가능한 일은 아니라고 생각하고 있었다. 실제로 문을 쾅 닫는 소리 때문에 두 번이나 자리에서 떠날 뻔했다."

---

36 의회 의사록.

그는 그렇게 불안해할 필요가 없었다. 이 압도적인 무력 과시를 감안하여 오코너는 1848년 봄에 유럽의 모든 행진과 시위의 지도자들이 직면했던 것과 똑같은 결정을 내려야 했다: 실제로 병사들을 공격하면서 약점을 찾아내어 주장을 관철시키거나 아니면 전술적 대치 상태나 후퇴를 선택하는 것이었다. 그리고 여기에서, 아마도 그도 알고 있었겠지만, 반란의 지형은 차티스트의 편이 아니었다. 파리, 베를린, 부다페스트, 프라하, 비엔나에서 자유의 보병은 지역 장인이자 노동자였으며, 그들은 자신의 숙소에 바리케이드를 치고 혁명기를 게양했으며 정부군이 와서 자신들을 끌고 가는 것에 대항했다. 그들은 합법적으로 가정과 집을 방어하는 것처럼 보일 수 있었다. 그러나 런던 시민들은 정부에 대한 증오심으로 집단적으로 통일되어 있지는 않았으며, 그들의 장미-여왕에 대해서는 더욱더 그러했다. 점령군으로서 모집된 사람들은 아일랜드, 스코틀랜드 또는 웨일스 지도자들을 소수 포함한, 각 지방에서 온 차티스트의 일반 구성원들이었다. 게다가, 오코너는 피비린내 나는 대결을 강요하기로 선택한다면 병참 측면의 확률을 따져볼 때 그의 차티스트는 결코 이길 수 없다는 것을 잘 알고 있었다. 케닝턴에서 하프로 장식된 거대한 녹색 깃발 아래 집결한 그의 아일랜드 근위병에 둘러싸인 거대한 군중 사이에 여기저기 흩어져 있는 플랫폼에 설치된 중계기를 통해 오코너는, 군인이나 경찰에게 어떤 종류의 사건도 유발하지 말라는 것이 자신의 명령이라고 발표했으나, 시위 군중은 이미 자극되어 있는 상태였다. 학살의 구실을 제공하는 것이 바로 당국이 원하는 것이었다. 문제는 그 자신과, 하니도 확실히 그렇게 했고, 목표를 너무 높게 설정했다는 점이다. 청원 마차에 걸려 있던 일부 현수막은 "항복 금지" 또는 "물러설 곳은 없다"고 성급하게 선언했다. 그러자 예상했던 대로, 몇몇 젊은이들은 멧비둘기의 목소리를 들을 기분이 아니었다. 고함과 실랑이가 난무했다. 돌아오는 길에 블랙 프라이어스Black Friars 다리에서는 곤봉을 휘두르는 경찰의 견고한 벽과 마주해서 밀치고 돌을 던지고, 돌진과 반격이 있었다. 체포된 자들도 있었으나 군중이 죄수들을 구출했다. 실망한 마음과 함께 머리에서는 피가 흘렀다.

하지만 오코너는 정말로 선택의 여지가 없었다. 제2프랑스 공화국의 임시 정부가 노동자의 바리케이드에 총을 들이댄 6월의 피비린내 나는 파리의 나날들은, 계속되는 대중 파업과 봉기에 직면했을 때 "질서 유지를 위한 무력"이 얼마나 단호할 수 있었는지 보여줬다. 이와 유사한 무익하고 비극적인 시나리오가 영국에서 대중 민주주의의 대의를 위해 펼쳐진다면 그것이 무슨 소용이 있을까? 케닝턴에서 열린 회의의 사진을 보면 17세기와 18세기로부터 전해 내려온 차티스트 전통에 대해 알 수 있다: 그들을 술 취한 유사 범죄자 폭도로 악마화하는 것이 거짓임을 보여주고자 노력하는 노동자들이 일요 예배용 정장을 차려 입은 채 규율에 맞춰 진행하는 "존중 받을 만한respectable" 항의를 보여준다.

즉각적인 위협이 끝난 후, 청원서에 숫자를 부풀리기 위해 동원된 가짜 이름들에 모두가 낄낄거리는 것은 아니었다 — 그 모든 "미스터 펀치"들과 "빅토리아 여왕"들. 그 헛소리들canards—19세기 영국의 혁명은 생물학적으로 불가능했던 것으로 취급하는, 내가 읽고 자란 교과서에서 충실하게 반복된 서술들—은 통치 계급의 자축 신화의 일부를 형성했다. 당시에는 훨씬 더 냉정하고 불확실한 의견이 많았다. ≪일러스트레이티드 런던 뉴스≫는 — "산이 산고를 겪었고: 쥐가 태어났다"[37]는 것에는 확실히 행복해했지만 — 의회에서 청원을 얕잡아 보거나 "크게 웃으며" 맞이한 사람들을 여전히 훈계하면서, "그중 100분의 1 또는 심지어 500분의 1이라도 진정으로 서명을 한 것이라면 … 이는 영국 의회가 진지하게 받아들여야 하는 청원"이라고 주장했고 "자신들의 유일하게 진정한 권력이 인민으로부터" 비롯된 사람들이 이러한 문서를 비웃는 것은 병폐라고 지적했다.

피어거스 오코너가 4월 10일에 보여줬던 좌불안석 같은 반응은 대중운동의

---

37 이솝 우화에 등장하는 이야기. 여기서는 엄청난 일이 발생할 것 같았지만 다행히 별일 없었다는 의미로 인용한 것.

신뢰할 수 있는 정치적 지도자로서의 그의 종말을 의미하는 것이 분명했다. 그러나 전투적 노동계급의 십자군으로서의 차티즘은 끝난 것이 아닌 게 확실했다. 여기에 충실했던 사람들 중 일부는 초기 노동조합의 지도자가 되었다; 어떤 사람들은 정신적 충격을 입은 가상의 인물 존 바튼처럼 절박한 심정으로 테러 행위로 눈을 돌렸다. 케닝턴 사태 3개월 후에 새로 건설된 트라팔가 광장에 5만 명의 시위대가 군집하자 모든 비웃음은 갑자기 조용해졌다. 성령강림절 월요일에는 런던의 보너스 필즈Bonners' Fields에 또 다른 거대한 군중이 3색의 공화국 깃발을 들고 나타나 "더 많은 돼지, 더 적은 교구 목사", "영국은 자유 아니면 사막"을 요구하면서 경찰의 단단한 벽과 충돌했다. 랭커셔, 체셔, 요크셔에서는 봉기들이 여전히 산발적으로 지속되었다. 브래드퍼드Bradford의 워트 타일러Wat Tyler[38]인 아이작 제퍼슨Isaac Jefferson은 더 많은 교전을 조직한 후 도주하다가 체포되었으나 (손목이 너무 두꺼워서 수갑을 채울 수 없었음에도 불구하고) 감금 상태에서 탈출해서 수천 명의 군인이 마을 앞에서 바쁘게 지내게 하는 데 성공했고 이 사태는 연말이 되어서야 겨우 진정되었다.

민주주의 선동이 식탁 위에 빵을 올려놓지 못한다면, 아마도 더 조용하고 덜 대립적인 수단이 더욱 효과적일 것이었다. 현재 우스터셔Worcestershire의 그레이트 도드퍼드Great Dodford에 있는 한 오두막집은 노동자 계급의 자기 향상을 위한 평화로운 계획들 중 하나인 차티스트 토지 회사Chartist Land Company에서 유일하게 아직까지 남아 있는 것이다. 이 회사는 17세기의 코뮌commune과 더 최근에는 아일랜드 개혁가들로부터 물려받은 꿈을 실현하기 위해 1845년에 오코너에 의해 설립되었다. 그 목적은 그들 또는 그들의 선조들이 노동자―종종 새로운 동력 기계에 의해 해고된, 수직기 직조공 또는 스타킹 프레임 편물공knitters―가 되어 산업화된 영국의 빈민가에서 좌초되어 버리기 전에 살았던 시골 세계로 되돌리는 것이었다. (사실 대부분의 공장 노동자들은 여전히 시골에서 온

---

[38] 14세기에 농민 반란을 이끌었던 인물.

1세대 이민자들이었다.) 약간의 돈을 낼 수 있는 사람들에게는 식량을 재배하고 동물 몇 마리 정도 키울 수 있는 몇 에이커의 부지가 주어졌다: 이것은 그들이 인클로저와 토지 매점으로 인해 상실한 장방형 경작지와 공유지의 부활이었다.

토지 회사는 공상적인 유토피아주의와 견고한 비즈니스 감각이 결합된 고전적인 영국식 회사였다. 이것은 노동자의 — 그리고 특히 여성 노동자도 — 저축하고자 하는 적극적인 본능을 활용한 것이었다. 그레이트 도드퍼드의 토지를 포함하여 부동산을 매입하기에 충분한 자금이 모였다. 가입자는 투자에 해당하는 주식을 매수할 수 있었고 복권식 추첨을 통해 첫 번째 정착민을 선택했다; 복권이 불법화된 다음에는 경매를 통해서 또는 직접 돈을 입금함으로써 정착할 수 있었다.

그레이트 도드퍼드에 새로 온 사람들의 모토는 "일하지 않으면 죽는다"였고, 그들이 하는 일은 확실히 피크닉은 아니었다. 바위로 뒤덮인 땅을 개간해야 했고, 도로와 길을 깔고, 산울타리를 쳐야 했는데, 이 모든 것이 확실한 결과를 보장하는 것은 아니었다. 그러나 몇몇 정착민들은 성공을 거뒀다. 예를 들어, 앤 우드Ann Wood는 150파운드를 저축할 수 있을 정도로 대단한 스코틀랜드 특유의 절약 정신을 갖고 있던 에딘버러 출신의 청소부였다. 36번지에 두 딸과 함께 정착한 앤은 장수하며 잘 살다가 86세에 세상을 떠났다.

차티스트 토지 회사의 마을에서는 여성이 눈에 띄는 존재였는데, 이것은 최악의 힘든 시간이 끝나면 노동자 가족들은 혁명보다는 가정에 정착할 준비를 하려 한다는 것을 의미할 수 있다; 마르크스의 『공산주의 선언Communist Manifesto』(1848)이 아니라 대박람회가 미래로 가는 길을 제시하는 세계. 그리고 비록 차티즘에서 살아남은 유산자 정치계급이 다음 세대를 위해 더 완전한 민주주의를 도입하고 싶어 하지 않았던 것은 사실이지만, 국내 치안을 구축하려는 그들의 의지를 일종의 패배주의적 위약placebo으로 치부하는 것은 지나치게 잘난 척하는 사람들이나 범하는 실수가 될 것이다.[39] 보수당과 자유당이 1867

년의 두 번째 개혁법에서 노동자들이 뒷문을 통해 혁명을 선동하고 있을지도 몰라 두려워하지 않고 (일부는 불가피하게 두려워했지만) 남성 가장 선거권을 수용하게 된 것은 확실히 1850년대와 1860년대 초의 더 조용하고 건설적인 전략 덕이었다 — 협동조합; 공제회; 평화로운 노동조합주의; 자기 향상에 힘쓰고, 책임 있고, 열심히 일하고 거주지가 있는 계급의 특성.

가족은 중기 빅토리아 시대가 가장 많이 집착하는 대상이었다. 그러나 1848년과 1860년대 중반에 발생한 "면화 기근" 사이의 15년 동안의 경제 호황 덕분에 19세기 산업혁명의 첫 번째 단계에서 심하게 찢어져버린 가정생활의 일부를 다시 꿰맬 수 있게 되었다. "배고픈 40년대"의 투사들은 전형적으로 과잉 공급 상태에 놓여 있던 공예가와 장인들이었고, 특히 면화 방적공과 수직기 직조공들은 실직 상태에 놓여 있었던 반면, 여성과 아동(공장의 "보조tenter"로서 솜털을 청소하기 위해 움직이는 기계 아래로 기어가는 등 천박하지만 위험한 일에 고용됨)은 공장 노동력에서 비대칭적으로 큰 부분을 차지했다. 『메리 바튼』에서 엘리자베스 개스켈이 묘사한, 낙담하고 의기소침하여 마침내 절망적으로 자신의 분노를 표현할 방법을 찾고 있는 사람들은 상당 부분 사회적 진실에 기반을 두고 있다. 예를 들어 1851년에는 25만 5000명의 남성과 27만 2000명의 여성이 면직물 공장에서 생계를 위해 고군분투하고 있었다. 그러나 1850년대가 되면 맨체스터, 솔퍼드, 브래드퍼드, 핼리팩스Halifax의 제조업자와 금융업자들이 한 약속의 많은 부분이 진짜로 실현되었다. 직물 제조품에 대한 수출 주도의 수요 증가는 거의 완전고용을 창출했다. 임금의 실질 가치도 상승했다. 저축도 가능해졌다. 그리고 처음으로 남성이 제조업 노동력에 대규모로 통합되었다. 중

---

39   어차피 민주화는 더 진행될 예정이었으니 그것을 두려워하여 치안을 강화하려는 시도는 이 흐름을 읽지 못한 자들이 실효성도 없는 일을 벌이면서 마음의 위안으로 삼으려 한 것이었다고 평가절하 하는 것을 의미. 하지만 곧이어 이들이 선거권 확대에 협조하기도 했고, 그 후의 민주화 과정은 당시 사람들로서는 알 수 없는 것이었으므로 이러한 평가절하는 후대인들의 교만과 오해에서 비롯된 것이라는 뜻.

기로 구동되는 새로운 뮬 방적기mules⁴⁰를 작동하면서 그들은 직장foremen으로서 남성과 여성 (때로는 어린이를) 고용하고 조직할 수 있는 권리를 부여받았다. 따라서 사기 회복 차원에서는 심대하게 중요한 방식으로, 그들이 잃어버렸던 가정에서의 자존심의 일부를 회복할 수 있었다. 직조weaving — 섬유 부문에서는 마지막으로 기계화된—도 이제 자체 기술이 개발되어 남성뿐만 아니라 여성 노동력으로도 운용할 수 있게 되었다. 몇몇 다른 산업에서는 — 특히 석탄 채굴에서는 — 대조적으로, 여성과 아동이 갱 안에서 일하는 것을 법으로 금지시켰는데 (숨 막히는 더위 속에서 일해야 했기 때문에 사실상 완전한 나체로 작업해야 했고 잔인할 정도의 육체노동이 필요했으므로), 이는 가계에 부담으로 작용하기는 했지만 광산 공동체의 가정을 모계 가정 질서와 비슷한 형태로 복원하는 데 기여했다.

세기 중반의 번영기는 대립을 덜 선호하는 노동력을 창출했다. 랭커셔와 클라이드사이드Clydeside의 여성 수직기 직조공들은 자체 노동조합을 결성했다. 그러나 그들은 파업할 필요가 별로 없었다. 1860년대의 합법적인 노동조합은 계급 전쟁을 위한 훈련 캠프가 아니라 복지 협회에 더 가까워졌다. 노동조합 지도자들은 파업은 단지 최후의 수단이 될 뿐이라고 강조했다. 고용주는 덜 대립적인 노동력을 상대하게 됨으로써 온정주의를 재고할 수 있었다. 한때 임금 삭감에 순응하는 대가로 그들 나름대로는 혜택이라고 주장하면서 식량을 제공했던 곳에 이제는 노조, 공제회, 협동조합을 통해 노동자들의 독립적인 문화를 더 많이 조직할 수 있는 공간을 마련해 주며 협조했다. 1850년대에는 직장 브라스 밴드가 등장했는데, 공장 소유자의 초기 투자로 시작된 경우도 있었다. 대박람회가 끝난 후 런던 남부 시드넘Sydenham으로 옮겨 재건된 수정궁과 해변으로 놀러가는 연례 직장 야유회도 조직되었다. 물론, 이러한 경우의 대부분은 새로운 산업 지주 체제의 자비를 과시하기 위해 맞춤 설계된 것이었다: 포탑이

---

40 뮬은 잡종이라는 뜻으로, 이전 방적기들의 장점들을 혼합해서 개량한 방적기를 가리킨다. 가늘면서도 강한 실을 제조할 수 있어서 '정방기'로 번역하기도 한다.

3. 여왕벌과 벌집 211

있는 장밋빛 벽돌에서의 여름 티 파티, 언덕에 있는 고딕 부활 양식의 저택에서 하인(그들 상당수는 공장의 일꾼과 같은 가족 출신)이 제공하는 케이크와 레모네이드; 소유주들(말버러Marlborough와 톤브리지Tonbridge와 같은 "새로운" 사립학교the "new" public schools[41]에서 막 내려온 아들들)과 "일꾼들men" 간의 크리켓 경기.

레지널드 리처드슨은 솔퍼드의 물리적 힘 차티스트 출신이자 상습 전과자였다. 그는 빅토리아 중반기의 경제 호황이라는 덜 험악한 대립 환경에서 상당히 다른 종류의 전투를 위해 노동운동에 쏟을 에너지를 아끼고 있던 노동자 중 한 명이었다. 1850년대 중반에 그는 "슬링크slink"[42] 거래를 시작했으나, 병든 소를 도살한 후 음식으로 위장하는 "드레싱dressing" 혐의로 기소되었다. 그는 치들Cheadle과 올트링엄Altrincham 사이의 시골에 있는 고대 오솔길에 대한 공공 권리를 위해 캠페인을 벌였다. 1854년에 그는 《솔퍼드 이브닝 위클리Salford Evening Weekly》에 기고한 글에서 산업공해를 한탄하며 열변을 토했다: "올덤 레인Oldham Lane에서 뱅크 밀야드bank MillYard를 가로질러 강 남쪽을 따라 아델파이Adelphi를 따라 내려가는 아름다운 산책로를 아직도 수천 명의 많은 사람들이 기억하고 있다. 아래쪽으로 경사진 찬란한 초록빛 강둑은 키 큰 포플러 나무가 그늘을 드리운 순수한 개울까지 이어지고 … 강둑을 계속 따라 스프링필드Springfield까지 … 이 모든 부분이 – 부드럽게 말하자면 – 흡수되었다. 강변을 따라 작업장을 만든 사람들의 탐욕에." 노동자 민주주의를 위한 노련한 전사였던 그가 이제는 그런 용어가 발명되기도 전에 생태학자가 된 셈이다. 영국 혁명은 이제 풀밭 위에 놓이게 되었다.

---

41 영국에서 'the public schools'는 가정이라는 사적(private) 공간에서 개인 교사에게 교육을 맡기는 대신 공공(public) 장소에 세운 학교에 아이들을 모아서 교육하자는 취지로 설립된 고급 사립학교를 일컬으며, 주로 상층계급 자제들이 다니는 기숙학교의 형태를 취했다.

42 유산하거나 조산한 송아지. 임신한 채 도살당한 어미 소의 뱃속에 들어 있는 경우도 있음.

4
부인, 딸, 과부
Wives, Daughters, Widows

♛

촬영 결과가 명확히 말해 주듯이 빅토리아 여왕의 사진을 찍는 작업은 해맑은 미소를 담을 기회와는 거리가 멀었다. 그러나 대부분의 19세기 사진가와 그 피사체에게 미소는 그다지 중요한 것이 아니었다. 그들은 더 대단한 것을 바랐다: 왕실의 경우 위엄과 친숙함 사이의 아슬아슬한 균형이 중요했다. 앨버트, 빅토리아, 그리고 아이들의 사진을 찍기 위해 소환된 것은 로저 펜튼Roger Fenton과 존 에드윈 메이올John Edwin Mayall에게 매우 벅찬 일인 동시에 아마도 기분 좋은 일이기도 했을 것이다. 아무리 최대한 공손하게 말한다 해도 감히 군주에게 절대 움직이지 말고 가만히 앉아 있으라고 말할 수 있는 사람이 또 누가 있겠는가? 거의 알려진 바가 없는 데이 여사Lady Day는 1859년 여름에 와이트섬에 있는 오스본 하우스로 가서 여왕과 부군이 사전에 허락한 약간의 비공식적 모습을 포착할 수 있었다: 컨트리 보닛¹을 쓴 모습이나 크림색 벽에 편하게 기댄 모습 등을 본 것이다. 물론 왕족들이 새로운 예술에 열광하고 있었

---

1   끈을 턱 밑에서 묶는 모자

기 때문에 그런 모습이 연출될 수 있는 것이기도 했다. 윈저성 내부에는 암실이 설치되었다. 화가들이 유화로 초상화를 그리러 올 때마다 빅토리아가 가장 먼저 한 일은 그녀의 기대를 표시하는 방법으로 그들에게 사진을 들이미는 것이었다. 곤혹스러운 순간이었다. 카메라의 흔들림 없는 진실에 대한 충실함을 받아들여 통통한 볼, 놀란 듯이 경계하는 눈빛, 작아도 너무 작은 왕족의 몸집을 정말로 그대로 기록해야 하는 것일까?

여왕이 허영심이 많지 않았다는 것은 확실하다. 그러나 여왕은 바보도 아니었다. 그녀와 앨버트는 사진을 의뢰할 때 그들이 무엇을 하고 있는지 정확히 알고 있었다. 1850년대 후반과 그녀의 통치가 종료되는 시점 사이에 만들어진 수천 장의 판화는 내전[2] 이후 그 어떤 것보다 왕실과 사람들의 관계를 더욱 철저하게 변화시켰다. 데이 여사의 오스본 여름 사진은 대중에 유통되도록 인쇄되었다; 메이올이 1년 후에 만든 시리즈 중 14개의 감광판은 명함판 사진으로 출판하기 위해 특별히 선택되었다. 프랑스 사진작가 앙드레 디스데리 André Disdéri가 발명한 이 방식은 하나의 감광판에서 다중(보통 여덟 개) 촬영을 할 수 있게 한 것이었고, 이름에서도 알 수 있듯이 아마추어든 전문가든 사진작가끼리 주고받거나 예술적 광고를 하기 위한 것이었다; 그러나 영국에서는 일반에 유통되었고 ― 왕실 사진의 권위자인 헬머트 건샤임Helmut Gernsheim의 주장에 의하면 ― 그 양은 수십만에 달했다. 사진이라는 좁은 영역에서 벗어나 중간계급이라는 공공 영역으로 이동한 이러한 카드들은 귀중품으로 수집되고 거래되었다. 고무풀 없어도 사진을 밀어 넣기만 하면 되는 투명한 칸이 부착된 가족 앨범은 왕실의 이미지가 영국 중간계급의 응접실 테이블에 최초로 등장했다는 것을 의미했다.

앨버트와 빅토리아가 세심하게 디자인한 이런 이미지는 그 자체로서 전통으로부터의 엄청난 이탈이었다. 여왕은 1858년에 "그 어떤 군주도 나보다 더

---

2   17세기 중반.

사랑받은 적이 없다고 하네요(나는 당당하게 이렇게 말합니다)"라고 자신의 삼촌인 레오폴드 왕에게 이해가 갈 만한 자축의 분위기에 들떠서 편지를 썼다. 그 이유에 대해서도 여왕은 확신했다. 그것은 "우리 가정 때문이고; 그것이 좋은 본보기가 되었기 때문"이다. 따라서 메이올, 데이 또는 펜튼이 찍은 왕실 부부의 사진에는 앨버트와 빅토리아가 의례적인 역할을 수행하는 모습은 전혀 나타나 있지 않았고, 유럽의 전제 군주들이 선호하는 겹겹이 매달린 훈장이나 밧줄이 칭칭 감긴 견장이 달린 화려한 군복을 입고 으스대는 모습도 찾아볼 수 없었다. 물론 빅토리아가 제복을 입는 것은 상상도 할 수 없는 일이었고, 앨버트 역시 1850년에 육군 총사령관을 맡으라는 웰링턴 공작의 제안을 명확하게 거절했다. 그는 자신의 프록코트를 최대한 위엄 있고 용감해 보이도록 장식했고, 작은 체구의 빅토리아는 크리놀린crinoline³으로 풍선처럼 부풀어 오른 새틴 치마를 입고 장차 그녀의 영원한 이미지가 될 푸딩처럼 통통한 모습을 연출했다. 이러한 쇼에 가장 많이 등장한 것은 부르주아지의 달력에 따라 진행되는 의식들이었다 — 하이랜드와 와이트섬에서의 휴가; 공원에서 개와 산책하기; 크리스마스 트리 옆에서 캐럴 부르기; 오르간으로 멘델스존을 연주하는 앨버트; 사랑스럽게 그 옆에서 십자수를 하고 있는 빅토리아. 이 광경을 부드럽게 마무리하기 위해서 모자를 쓴 백발의 할머니도 등장했는데, 그녀는 왕조의 모험심과는 거리가 멀어져 이제는 그 기세가 많이 누그러져서 가족의 일원으로 다시 환영을 받은 켄트 공작 부인이었다. 그들의 휴가용 주택이 궁궐이었다는 사실은 중요치 않았다: 그들의 공원은 윈저였으며 대부분 대중에게 공개되지 않았다; 이러한 활동 중 어느 것도 솔리헐Solihull의 식료품 상인은 물론 턴브리지 웰스Tunbridge Wells 변호사의 연례행사와는 비교도 할 수 없는 것이었다; 교묘하게 전달된 왕실의 인상은 건전하고 소박하며 무엇보다도 기독교인의 애국적인 삶의 방식이었다. 1855년에 나폴레옹 3세 황제와 유제니Eugénie 황후가 영국을, 빅토리아와 앨버

---

3   여성이 치마를 부풀어 보이게 하기 위해 안에 입던 틀.

트가 파리를 상호 방문했을 때, 여왕은 성적 매혹과는 거리가 먼 (비록 화려함은 유지했지만) 자신의 건전한 이미지를 다시 각인시켰다. 그녀의 패션 감각에 대한, 또는 그것의 부족에 대한 조롱하는 투의 비판은 촌스러움이 아니라 부적절한 화려함으로 인해 유발되었다; 1850년대의 흑백 콜로타이프collotype[4]는 상충하는 색상들의 파라솔도 빅토리아가 사랑한 화려한 줄무늬와 체크도 거의 반영하지 못했다. 앵무새 녹색이 그녀가 가장 선호하는 색이었다.

근대의 왕실 사진과 비교하면 1859년, 1860년, 1861년의 앨범들은 아내에 대한 남편의 권위를 어떻게든 유지해야 하면서도 여왕보다 낮은 지위도 인정해야 하는 이들 관계의 긴장과 모호함을 기록하는 데 놀라울 정도로 솔직해 보인다. 앨버트는 가부장적으로 고상하게 서 있다 — 그러나 그 옆에 여왕이 고리로 부풀린 크리놀린 아래로 숨겨진 계단 위에 서 있지 않았더라면 그는 그렇게까지 고상하게 보일 수 없었을 것이다. 빅토리아는 충분히 그랬으리라 짐작할 수 있는 모습이다: 왕조의 미래를 위한 아기 공장이 되는 데 지친 모습(아홉 명의 생존 자녀들 중 첫째인 "비키Vicky"는 1840년에 태어났고 막내 "아기" 비어트리스는 1857년에 태어났다).

연속적인 임신은 빅토리아가 결혼을 시작할 때 즐겼던 눈을 촉촉이 적시는 로맨스에 큰 타격을 입혔다. 그녀의 장녀인 비키―18세에 10살 연상인 프로이센의 왕세자와 결혼한―가, 빅토리아를 30대 초반에 할머니로 만들어버리면서, 처음 임신했을 때 예상되는 이벤트에 대해 흥분해서 어머니에게 편지를 썼다. 그러나 여왕은 재치 없는 소박함으로 대답했다: "불멸의 영혼에게 생명을 선사하는 자부심에 대해서 네가 말한 것들은 아주 좋구나, 아가야, 하지만 나는 그것에 완전히 동의할 수는 없다는 점을 인정해야겠구나; 나는 그러한 순간에 우리의 존재는 암소나 개에 훨씬 더 가깝다는 생각이 든단다; 우리의 불쌍한 본성이 너무나 동물적이 되며 황홀과는 거리가 멀어지는 그런 순간이지." 왕실 아이들도 어쩔 수 없이 병에 걸리기도 하고 때로는 위중해지기도 했다. 의사들 중 누

---

4   사진을 제판하는 인쇄법의 한 종류.

구를 신뢰해야 하는지에 대해 빅토리아와 앨버트 사이에 격렬한 논쟁이 벌어졌다. 바로 이러한 경우가 이 부부의 이중 역할 사이의 갈등 ― 한편으로는 남편과 아내, 다른 한편으로는 군주와 배우자 ― 이 악화되는 순간이었다. 비키가 절망적으로 아플 때, 평상시와 달리 매우 당황한 앨버트는 빅토리아에게 "클라크 박사Dr Clark가 아이를 잘못 관리해서 감홍calomel[5]으로 중독시켰고 당신은 애를 굶게 한 거예요. 나는 더 이상 이 일에 관여하지 않을 테야! 아이를 데려가서 당신이 원하는 대로 해요. 그녀가 죽기라도 하면 당신은 계속 이 일로 괴로워할 거예요". 여왕은 오페라를 하듯이 "당신이 그토록 원한다면 직접 아이를 죽여요!"라고 쏘아붙였다. 앨버트가 "빅토리아는 너무 성급하고 열정적이어서 내 어려움에 대해 자주 이야기할 수가 없다. 그녀는 분노에 차서 의심, 신뢰의 부족, 야망, 시기심 등을 이유로 나를 꾸짖으며 당황시킬 것이다"라고 생각한 것도 무리는 아니었다.

그러나 이러한 일시적인 불화조차도 앨버트와 빅토리아가 가족의 복지에 열심히 관여했다는 사실에 대한 증거였다. 앨버트는 아이들을 위해 정교하고 철저한 교육 프로그램을 구성했으며, 이를 수행할 가정교사가 있었음에도 불구하고 마지막 세부 사항까지 교육을 감독했다. 왕세자 버티가 근심과 피곤이 심해지면서 자신의 가르침에 적응하지 못하는(사실 정반대였다) 징후가 나타나자, 앨버트는 문제의 원인이 지적인 것인지 도덕적인 것인지 알아내기 위해 끊임없는 심문으로 그를 질책했다. 그러나 여왕과 남편 모두 스스로에게 안락함이라는 사치를 허용하는 경우도 많이 있었다. 빅토리아의 일기는 침실에서의 행복한 순간을 많이 기록했다. "앨버트가 엄마가 선물한 파란 천으로 테를 두른 하얀 메리노 양모 드레스를 단정하게 입고 예쁜 모자를 쓴 우리의 사랑스러운 애기 고양이〔비키〕를 데려와서 내 침대에 눕히고 자신도 그 옆에 앉았는데 그녀는 매우 사랑스럽고 착했다. 그리고 가치를 따질 수도 없이 소중한 나의

---

[5] 감홍 또는 염화수은: 이 시기에는 이뇨제 등으로 사용되기도 했다.

앨버트가 거기 앉아 있고 우리 사이에는 작은 사랑이 있을 때 나는 행복과 하느님께 감사하는 마음으로 인해 아주 감동받았다."

이 행복은 완벽하게 대칭적이지는 않았을 수도 있다. 1840년대 후반과 1850년대에 걸친 여러 해 동안 앨버트는 공적 업무에서 자신에게 부과된 한계에 대해 역정을 냈다. 그것들이 명백하게 자발적으로, 스스로에게 부과한 것이라는 사실은 도움이 되지 않았다. 독일의 코부르크에서 자란 앨버트의 성장 배경은 헌법에 대한 그의 복합적인 감정에 대해 많은 것을 설명 해준다. 19세기 중반 독일의 작은 주들은 칼 마르크스가 확신에 차서 그들(영국은 물론이고)의 운명이라고 예언했던 붉은 공화주의를 피하는 최선의 방법에 대해 중요한 결정을 내리기 직전에 있었다. 최선의 예방책은 자유주의일까 아니면 권위주의일까? 앨버트는 영국이 후자의 가능성에 기웃대기라도 할 것을 상상할 정도로 둔감한 인물이 아니었다. 사실 그는 순진한 유아기가 지난 후에 이미 잉글랜드(영국과 구분되는) 헌법의 역사와 사랑에 빠졌고, 윌리엄 블랙스턴의 『잉글랜드의 법에 관한 해석Commentaries on the Laws of England』(1723~1780)을 열심히 공부했으며, 군주제에 대한 계몽을 얻고자 하는 빅토리아의 열망에 과도하게 낙관적인 태도를 취하여 그녀에게 헨리 핼럼Henry Hallam의 『헨리 7세의 즉위부터 조지 2세의 서거에 이르기까지 헌법The Constitution from the Accession of Henry VII to the Death of George II』(1827)의 구절들을 소리 내어 읽어줬다. 그러나 앨버트의 멘토인 스토크마 남작은, 군주가 의회와 정당의 결정에 형식적인 승인만 하는 역할밖에는 할 수 없는 사실상의 "장관들의 정부" 따위가 영국에 수립될 위험에 처해 있다고 경고했다. 실제로 처음엔 — 로버트 필의 세심하지만 확고한 지도에 의해 교정 받을 때까지는 — 국왕은 자신이 승인하지 않은 장관의 임명이나 정책에 대해서는 승인을 보류할 수 있어야 한다는 빅토리아의 순진한 본능을 앨버트도 공유했다. 스토크마가 원했던 것은 주권자로서의 군주가 "영원한 총리"—정당들의 정쟁 위에 존재하는—와 유사해야 한다는 것이었으며, 따라서 군주는 정치인과 국민 모두의 신뢰와 존경을 받을 자격이 있어야 했다.

이것이 불가능할 정도로 지나치게 야심 찬 계획이라는 것을 앨버트가 재빨리 이해한 것은 칭찬받을 만하다. 그가 1843년에 스케치한 후 웰링턴 공작의 군대를 지휘해 달라는 요청을 거절한 1850년에 수정 및 확장시킨 그의 임무는 미묘한 역할에 대해 설명하고 있다. 그는 "자신의 개인적인 존재를 아내의 존재 속으로 가라앉히고 … 대중 앞에서 그 어떤 자신만의 책임을 떠맡지도 않으며 자신의 지위를 전적으로 그녀의 일부로 삼을 것"이라고 말했다. 그의 이러한 견해는 거의 비뚤어진 (그리고 평소의 그답지 않은) 자기 비하 행위처럼 들리기도 한다 ─ 여왕의 남편에 대한 앨버트의 설명을 계속 읽어나가서 그가 다음과 같이 스스로 다짐하는 부분을 발견할 때까지는. "언제라도 그녀에게 조언하고 도울 수 있도록 공공사업의 모든 부분을 지속적으로 그리고 걱정스럽게 지켜본다…. 그녀의 가족의 자연스러운 가장으로서, 왕실의 감독자로서" (그는 신속하게 지출을 절감해서 ─ 원저의 "레드 체임버Red Chamber"에 더 이상 포도주 반입을 허용하지 않았다); "사적인 영역에서의 그녀의 매니저이자 유일하게 은밀한 정치 고문인 동시에 정부 관리들과의 의사 소통에서 그녀의 유일한 보좌관인 그는 여왕의 남편이자 왕실 아이들의 가정교사이자 군주의 개인 비서이자 그녀의 영원한 장관이다."

이 목록의 가장 특이한 점은 그것의 철저한 완성도가 아니라 가정에서의 권위를 실질적인 정치적 등가물로 전환했다는 점이다. 이것은 18세기 초에 앤Anne 여왕의 남편이자 마지막 "여왕의 남편"이었던 덴마크의 조지George가 유지했던 수동적인 동반자 관계도 아니었고. 16세기 중반에 메리 튜더Mary Tudor의 남편인 스페인의 필립Philip 왕이 보여준 초조하게 망설이는 모습도 아니었다. 앨버트는 여기저기 나타나고 잘 살펴보고 전지적인 남편이 되려 했다; 의자 뒤에, 책상 뒤에, 항상 거기에 있었고; 굳이 그럴 필요 없을 때조차도 상담이 가능했다. 그가 작성한 목록은 어떤 면에서는 변기 담당 신하─군주의 몸에 가장 가깝게 접근할 수 있었던 사람─를 떠올리게 하는 것으로서 정치가들이 군주에게 접근하기 위해서는 반드시 거쳐야 하는 매개체로 자신을 정립했다. 장관들이 여왕을 알현할 때마다 앨버트도 거기 있었다.

권위를 행사하지 않는 듯 보이면서 권위를 행사하는 것, 남편, 아버지, 비서로만 자신의 존재를 한정하는 것은 이론상으로는 매우 훌륭했지만 실제로는 종종 까다로웠다. 이것은 헌법상으로는 크게 문제가 될 게 없었지만 국왕의 부부 관계에는 부담으로 작용했다. 결혼 초기에 그는 자신이 "남편이지만 가장이 아니다"라고 불평하기도 했다; 그리고 그는 필연적으로 열등한 자신의 정치적 지위가 가정에서 자신의 가부장적 역할을 훼손했다며 계속해서 초조해했고 빅토리아가 그렇지 않다고 아무리 열렬히 반론을 펼쳐도 소용없었다. 이 둘 중 어느 쪽도 "여자가 아니라 남자가 가정을 다스려야 한다는 것이 영원한 공리인 [동시에] 자연의 법칙"이라고 반복해서 주장했던 칼라일에 이의를 제기하지 않았을 것이다. 사실 여왕도 자신의 공적인 존재가 아내로서의 예의와 군주로서의 우월함을 동시에 담아내야 한다는 이례적인 상황을 고통스럽게 의식하고 있었다. 그녀는 꼼꼼한 동시에 확실한 자기주장을 갖고 공문서를 읽었다; 그러나 앨버트가 시민적 책임 의식을 더 많이 갖게 되면서 빅토리아는 아마도 남편이 그녀보다 이런 일을 더 하고 싶어 하는 것 같다고 생각하게 되었다. 때때로, 특히 1846년에 필이 몰락한 이후 혼란스러웠던 몇 년 동안 정권이 계속 교체되면서 그녀는 정치적으로 망망대해에 버려졌다고 느꼈다. 이 기간 동안 빅토리아는 앨버트의 견해에 크게 의존하게 되어 필에 대한 자신의 견해까지 바꾸었다. 원래 그녀는 그가 가장 아꼈던 M 경의 정당한 자리를 찬탈한 평민 출신 제작자로 여기며 필을 혐오했었다; 그러나 앨버트의 눈에 통해 본 그는 비극적일 정도로 청렴한 인물로 변했다. 여왕은 테리어[6] 같은 존 러셀도 참아냈다. 국왕 부부는 파머스턴 자작Viscount Palmerston인 헨리 템플 경Lord Henry Temple에게는 "필거슈타인Pilgerstein"(독일어에서 순례자("palmer" 또는 "pilgrim")를 뜻함)이라는 장난조의 별명을 붙였는데, 그의 염색한 수염, 무기력해 보이는 매너, 냉소

---

6   강아지처럼 촐싹댄다는 뜻.

적인 징고이즘jingoism[7]을 그들은 도저히 용인할 수가 없어서 수상한 모사꾼으로 평가절하 했다 – 이 외무장관의 위험한 재능을 엄청나게 과소평가한 것이다. 모든 것이 매우 피곤했다. 빅토리아는 일기에 "나는 평화와 고요를 사랑한다"라고 하면서, "사실 나는 정치와 소란을 싫어한다. … 앨버트는 정치와 비즈니스를 날이 갈수록 좋아하게 되었고 두 가지 모두에 아주 잘 어울리지만 – 그런 대단한 투지와 용기 – 나는 날이 갈수록 그것들이 점점 더 싫어진다. 우리 여성은 통치하도록 만들어지지 않았다 – 그리고 우리가 좋은 여성이라면 이러한 남성적인 직업을 싫어해야 한다; 그러나 여성이 그것에 관심을 갖도록 강요하는 경우가 있다."

가족의 동반자 관계라는 이상을 가장 제대로 실현한 곳은 오스본 하우스였다. 섬 반대편에 있는 애버딘셔Aberdeenshire의 밸모럴Balmoral에서와 같이 그곳에서 하루는 정부 일을 하는 오전과 가족과 함께 하는 오후로 나뉘었다. 그리고 그곳에서 빅토리아는 앨버트로 하여금 자기 옆의 책상에 앉게 하는 매우 중요한 상징적 제스처를 취하여 그곳을 방문하는 장관들이 나란히 앉아 있는 두 사람을 보면 이것이 진정 색스-코버그-고서 왕조라는 메시지를 느낄 수 있도록 했다. 앨버트는 1845년에 필의 조언에 따라 여왕을 위한 은신처로 와이트 섬에 1000에이커의 부지를 구입했다; 국가를 보살피는 활동이 가족생활의 즐거움과 균형을 이룰 수 있게 해주는 리조트. 그는 항만을 향해 완만하게 경사진 이곳의 소나무 숲이 나폴리 근처의 해안을 (그리고 로세나우Rosenau에 있는 그의 출생지 근처의 숲도) 떠올리게 한다고 주장했는데, 이것은 사실과는 다소 거리가 있었지만 그가 모든 세부 사항에 대해 직접 설계하거나 감독한 밝은 노란색과 하얀색으로 채색된 탑들, 공식 정원 및 분수를 갖춘 이탈리아풍의 가옥으로 인해 그나마 조금 그럴 듯하게 보이게 되었다. 앨버트가 이 집을 지을 즈음에는 20만 파운드의 비용이 들었는데, 이는 19세기 중반 기준으로 볼 때는 엄청난

---

7   맹목적 애국주의.

금액이었다; 이 "은신처"는 사실상, 여왕의 입장에서는 원통하게도, 장관들과 공문서 송달함들이 계속해서 찾아오는 정부의 대안적인 장소가 되어버렸다. 그러나 오스본(및 밸모럴)에서의 업무 루틴은 실제로 효과가 있었다: 아침 식사 전의 산책; 식사 도중 또는 이후의 신문 읽기가 끝나면 그에 대한 열정적인 토론; 앨버트가 (개인 비서로서의 자격으로) 그녀의 서명을 위해 미리 심사하고 준비한 서류의 검토; 필요하다면, 장관들과의 합동 회의. 그리고 오찬 후에는 오전 업무의 의미에 대해 더 비공식적인 형식으로 토론.

그러나 오후는 피크닉, 낚시 나들이, 조랑말 타기를 통해 가족의 로맨스를 가장 완벽하게 즐길 수 있는 시간이기도 했다. 스코틀랜드에서는 사슴 사냥도 했다; 예고도 없이 지역 소작농들crofters을 깜짝 "방문"하기도 했으며; 저녁에는 릴reel과 플링fling[8] 춤을 즐겼다. 여왕은 새로 개발된 밸모럴 특유의 빨간색과 회색 체크무늬 옷을 입었다. 두 장소 모두에서 앨버트는 온갖 종류의 개선 프로젝트에 마음을 쏟았는데, 그 프로젝트는 신체 단련, 도덕 교육, 그리고 아이들을 위한 약간의 안전한 놀이를 동시에 제공할 것이었다. 그중 백미는 앨버트가 네 명의 큰 자녀들(비키, 버티, 애피Affie, 앨리스Alice)을 감독하며 스스로 짓게 한 오스본의 스위스풍 오두막이었는데, 그 옆에는 텃밭까지 있었다. 여기엔 가구도 있었고, 심지어 실제로 작동하는 자녀들 몸집에 맞춰 축소된 요리 스토브까지 있어서 소꿉놀이를 할 수 있었다.

왕실 자녀들은 부모로부터 행복한 가정의 목가적인 분위기를 물려받아야 한다는 생각이었다. (아들들은 당연하게도, 그중에서도 가장 악명 높았던 왕세자 버티는 특히, 이러한 아버지로부터 가장 큰 부담을 느꼈고 이로부터 탈출할 수 있는 나이가 되자마자 그 역할을 외면해 버렸다.) 비록 빅토리아가 남편의 존재 덕에 축복을 누리고 있다고 계속해서 믿었고 사랑의 고백도 (종종 짜증도 내긴 했지만) 일기장에 계속해서 털어놓았지만, 빅토리아는 그녀의 딸들이 왕조 간의 결혼을 고려하

---

8   스코틀랜드 민속춤의 일종.

기 시작할 즈음엔 놀라울 정도로 환멸로 가득한 진술도 했다. 그녀는 결혼 생활은 모두 매우 좋은 것이라고 말했지만 어디까지나 "행복한" 결혼을 가정했을 때만 그런 것이었다. 실제로는 많은 것이 행복과는 거리가 멀었으며, 천국은 언제든지 지옥으로 돌변할 수 있었다. 그녀는 매일 서로에게 가차 없이 불행을 안겨줄 운명인 기혼자들보다는 독신자가 훨씬 더 나은 삶을 산다고 생각했다. 더욱이, 예쁘게 치장하고 제단 앞에 서게 되는 가련하고 순진한 소녀들이 그들의 야심 찬 부모가 믿도록 한 것보다 더 행복하게 될 가능성은 훨씬 더 적었다. 계속되는 출산의 부담을 뼈저리게 느끼며 그녀는 "모든 결혼은 추첨이고, 행복은 언제나 교환이다 – 비록 가난한 교환일 수도 있지만. 하지만 가난한 여자는 육체적으로나 도덕적으로 남편의 노예다 – 이 말을 입 밖으로 꺼내는 것은 늘 어렵다"라고 주장했다.

물론 빅토리아는 페미니스트가 아니었지만 가끔씩은 확고한 페미니스트처럼 말했다. 불행한 결혼 생활을 하는 아내들의 곤경을 다루는 악명 높은 송사들에 대해 그녀도 알고 있었을 확률이 높다. 그중 가장 잘 알려진 것은 멜번 경의 절친한 친구인 캐럴라인 노튼의 소송으로서 그녀의 잔인한 남편 조지는 이때가 되면 그녀를 떠나버렸는데 그녀에게 양육권을 허락하지 않은 것은 물론이고 자녀에 대한 접근조차 금지했으며 아무런 생계 수단도 남겨주지 않았다. 이렇게 될 수 있었던 이유는 블랙스턴의 말에 의하면 (따라서 블랙스턴을 열심히 공부한 바 있는 빅토리아와 앨버트도 이 사실을 알고 있었다), "결혼을 통해 남편과 아내는 법적으로 한 사람이 되며, 이는 곧 여성의 존재 또는 실재 자체가 결혼 중에 정지되거나, 적어도 그녀는 이제 무슨 일을 하든지 남편의 날개, 방어, 보호 아래에서만 할 수 있는 상태로… 합쳐지는 것을 의미한다". 실제로 이것은 19세기 말의 개혁 이전까지는 기혼 여성은 재산을 소유하거나 어떤 종류의 계약에도 당사자로 참여할 수 없었다는 것을 의미했으며, 이혼 소송의 경우에는 그러한 가능성이 더더욱 적었다. 예를 들면 엘리자베스 개스켈도 자신의 소설로 벌어들인 수입에 대해 권리가 없었으며 남편이 주는 용돈으로 만족해야 했다.

복수심으로 가득 찬 조지 노튼George Norton은 남편으로서의 힘을 이용하여 캐럴라인이 별거 후에 어떤 형태로든 돈을 버는 것을 막았다. 이 사건이 유명세를 타자 1839년에는 이혼당한 어머니에게 7세 미만 자녀의 양육권을 부여하는 의회 법이 통과되었다 ― 하지만 그 연령 이후는 대상이 아니었다.

빅토리아는 항상 M 경을 신뢰하는 경향이 있었기 때문에 노튼이 그를 이혼의 공동 책임자로 지명했을 때 캐럴라인과 그의 관계는 철저하게 떳떳한 것이었다는 그의 주장을 받아들였을 가능성이 높다; 그래서 그녀는 캐럴라인을 희생자로 볼 수 있었고 양육권과 생계 지원을 위한 그녀의 투쟁을 진정으로 영웅적인 것으로 간주했다. 그렇다면 그로부터 20년이 지난 시점의 여왕은 과연, 1860년부터 빅토리아 출판사Victoria Press에서 발행하기 시작한 ≪잉글리시 우먼스 저널Englishwoman's Journal≫을 읽고 있을까? 이 저널에는 기혼 여성이 자신의 재산을 소유할 권리를 강력하게 주장하고 여왕과 마찬가지로 나쁜 결혼 생활을 추첩이나 노예와 꾸준히 비교하는 글들이 실려 있다. 아마도 빅토리아는 바버라 리 스미스Barbara Leigh Smith의 『여성을 통치하는 가장 중요한 법의 명확한 언어를 통한 간단한 요약Brief Summary in Plain Language of the Most Important Laws Governing Women』(1854)을 눈여겨보거나 읽은 상태일 것이며, 심지어 젊은 여성들에게 결혼 생활에서 무엇을 기대해야 하는지를 교육하는 사명에 공감하고 있을 것이다.

빅토리아가 초기 페미니스트 저작물에 친숙할 가능성은 겉으로 보이는 것만큼 놀랍지는 않은 일이다. 빅토리아 출판사(여성 작곡가를 고용한)의 창립자는 그 유명한 에밀리 페이스풀Emily Faithfull이었는데, 여왕은 1862년에 그녀를 자신의 교구장Ordinary의 인쇄 및 출판 담당관으로 임명할 만큼 좋게 평가했다 ― 여왕이 자신의 인정을 받지 못한 사람에게 제공했을 지위가 아니다. 바버라 리 스미스의 친구이자 동료로서 페이스풀은 랭엄 플레이스 서클Langham Place Circle의 회원이었고 ― 런던의 리전트 스트리트Regent Street에서 약간 떨어진 랭엄 플레이스Langham Place 19번지에 위치한 이곳에서 그녀는 제시 부셰레트Jessie Boucherett

의 여성 고용 촉진 협회에 의해 자극을 받아 작가, 사회 활동가 및 비평가로 활동하면서 교사나 가정교사가 되려는 여성들을 위한 등록소(사실상 고용 기관)를 설립했다. 이곳의 목표는, 브리스톨의 선례를 따라, 이 목록을 매우 넓은 가사 서비스 범주로 확장하는 것이었다. 브리스톨에 설립되었던 유사한 사무실에서는 일터가 육체적으로나 도덕적으로 건전하고 근로 조건과 급여 수준이 적절하게 보장되는지를 살펴볼 조사관을 파견했다. 랭엄 플레이스 서클의 사무실에는 여성들이 일자리를 찾는 동안 신문(≪잉글리시우먼스 저널≫)을 포함한)을 정독하고, 기혼 여성의 재산을 위한 캠페인 청원서에 서명하고, 바버라 리 스미스, 아이서 크레이그Isa Craig, 그리고 1858년부터 ≪잉글리시우먼스 리뷰 Englishwoman's Review≫의 편집자였던 베시 라이너 파크스Bessie Ryner Parkes의 에세이를 읽을 수 있는 독서실도 있었다. 이 작가들은 여성 노동의 중요성을 강조해서 여성의 활동 분야가 시계 제작, 저널리즘, 의학, 교도소 및 작업장 검사 및 감독 작업, 예술, 그리고 특히 소녀들을 위해 설립된 학교와 대학에서의 교육 업무 등으로 확대되어야 한다고 주장했다.

　이 여성들은 분명히 예외적인 존재였지만 중간계급의 선봉대이기도 했다. 그들은 파업을 강행하겠다고 협박할 정도로 무자비했던 1825년의 '에딘버러 하녀 연맹Edinburgh Maidservants' Union'과는 공통점이 거의 없었다. 반대로 그들은 자신들이 선동의 자유를 누릴 수 있도록 130만 명의 가내 하녀에게 의존했다. 바버라 리 스미스는 플로렌스 나이팅게일Florence Nightingale의 사촌이자 노리치 Norwich의 급진주의적 유니테리언 의원인 벤저민 스미스Benjamin Smith의 사생아였는데, 그는 고의로 그녀의 어머니와의 결혼을 거부했으며 연간 수입을 금발머리 딸에게 지급함으로써 그녀가 독립적인 삶을 영위할 수 있도록 했다. 1855년에 그녀와 동료들이 의회에 기혼 여성 재산 법안을 촉구하는 청원을 위해 확보한 2만 6000명의 서명은 랭어마이트Langhamites의 수가 적거나 미미한 세력이 아니었다는 충분한 증거이다. 이 대의에 적극적으로 참여한 사람들 중에는 빅토리아 시대의 모든 여성 작가들에게 가장 유명하고 널리 읽히고 존경받는 사람이 포함되어 있었다 — 당연히 엘리자베스 개스켈도 있었고; 뿐만 아니라 엘리자베스 배러트 브라우닝Elizabeth Barrett Browning, 조지 엘리어트George Eliot라고도 알려진 메리 앤 에번스Mary Ann Evans, 해리어트 마티너Harriet Martineau 및 해리어트 테일러Harriet Taylor도 있었다. 여성의 권리를 위한 빅토리아 시대의 투쟁에서 테일러가 수행한 역할(후대의 호전적인 참정권 운동가들보다 과소평가되어 있다)이 "합리주의의 성자"이자 빅토리아 시대 중엽 자유주의의 가장 큰 기둥인 그녀의 남편 존 스튜어트 밀John Stuart Mill을 페미니스트 대의에 합류시킨 것으로 가장 잘 기억된다는 것은 아이러니하다. 밀 자신은 특히 그의 『자서전Autobiography』(1873)에서 결혼, 노동력, 정치 사회에서 여성의 지위에 대한 터무니없는 비정상성에 대해 그를 교육한 사람이 바로 테일러라고 고통스럽게 주장했다; 여성의 부재가 사회 과학 토론의 주제로서 처음으로 명시적으로 언급된 『정치경제 원리Principles of Political Economy』(1848)와 같은 작품에서 그녀는 그의 진정한 파트너였고; 그리고 공식적으로 그의 아내에게 헌정된 그의 가장 유명한 작품 『자유에 대하여On Liberty』(1859) 역시 부부 공동 저작의 결과였다.

밀이 여기서 내비친 긴급성과 열정(스스로도 매우 잘 알고 있었듯이 그의 산문은 대개 둘 모두와 거리가 멀었지만)의 상당 부분은 해리어트가 이 모든 작업에서 맡은 역할이 내조하는 아내로 과소평가되는 것에 대한 그의 당혹감 때문이었다. 존 러스킨이 『참깨와 백합Sesame and Lilies』(1865)에서 스케치한 이상적인 반려자는 남편이 이미 습득한 종류의 지식만 배양하도록 허용되었으며, 도제와 같은 처지의 교정자, 잉크병 채워주는 사람, 그리고 — 리뷰가 도착했을 때 — 힘차게 응원하는 사람이 되어줘야 했다. 하지만 밀의 주장에 의하면 그와 해리어트의 관계는 이런 것이 전혀 아니었다. 그들은 육체의 짝짓기를 하기 오래전에 이미 마음끼리 만난 사이였다. 아이디어에 관한 기술 과학, 특히 경제 이론에서는 밀이 더 뛰어났을지 모르지만 테일러는 그가 결정적으로 약한 분야였던 두 종류의 지식을 이해하고 전수했다 — 거대 형이상학적 관념 및 인간애의 실제 적용(영적 또는 사회적으로). 밀에게 남은 것이라고는, 그가 『자서전』에서 다소 과장해서 암시했듯이, 늙은 교사들도 최대한 노력하면 마스터할 수 있는 "중급" 영역뿐이었다. 정교하게 꾸며낸 이 공식적인 변명의 심리학적 맥락은 사실은 강력하고도 심지어 감동적인 것이었다. 존 스튜어트 밀이 실제로 의미했던 바는 그가 해리어트를 만남으로써 자신을 해방시켜 줄 누군가를 찾았다는 것이었다 — 그의 아버지에 대한 속박으로부터.

이때가 1830년이었다; 그는 24세였다. 그녀는 한 살 연하로서 시티City[9]의 의약품 거래상인 존 테일러John Taylor와 결혼해서 세 자녀를 두고 있었는데, 그는 원래 스코틀랜드 출신인 밀의 가족에게도 잘 알려진 스코틀랜드 지역 가문 출신이었다. 해리어트는 이미 시, 서평 및 에세이를 출판한 상태였다. 밀은 동인도 회사의 심사관[10] 사무실에서 사무원으로 일하면서 회사의 법률 및 재정 자문위원에게 보낼 초안을 작성했다. 이 회사에서 근무했던 아버지가 그에게 찾아준 일자리였다. 제임스 밀James Mill은 아홉 자녀 중 맏이인 존 스튜어트를 자신의 모습으로 만들기 위해 할 수 있는 모든 일을 다했다. 아버지 밀은 자신의 친구이자 멘토인 제러미 벤섬Jeremy Bentham의 공리주의적 신념, 즉 인류의 "최대 다수의 최대 행복"을 높이는 데 자신이 아는 모든 것을 동원하여 철저히 헌신했다. 계몽된 입법자는 인간이 쾌락이나 고통에 반응하는 감각 수용기의 묶음이라는 가정에서 시작하여 전자를 최대화하고 후자를 최소화하는 것을 목표로 할 것이다. 인류를 괴롭혀온 물질적·도덕적인 질병은 처음으로 체계적이고 과학적으로 분석될 것이다: 그 규모를 측정하고, 원인을 진단하고, 해결책을 처방할 것이다. 보고서가 발간될 것이고 입법을 위한 제안이 마련될 것이다; 급여를 받는 검사관이 모집되어 그 실행과 집행을 감독할 것이다. 지금까지의

---

9 런던의 행정구역 중 하나인 시티 오브 런던(the City of London)을 의미.
10 심사관(examiner)은 동인도회사의 각 부처를 담당하는 관리직 중 하나로서 이사(director), 고위 매니저(senior manager), 총회계관(accountant-general) 다음에 위치한 직위이고, 이 관리들을 여러 명의 사무관(clerk), 문서작성 담당 직원(writer), 창고 담당 직원(warehouseman) 등이 보좌했다.

제국은 권력에 의해 운영되었다. 영국의 제국은 지식에 의해 운영될 것이다. 제임스 밀은 『영국령 인도의 역사The History of British India』(1817)라는 방대한 책을 출판한 후 심사관 사무실의 그 직책을 맡을 후보자가 된 것이었다.

존 스튜어트 밀은 아버지의 걸작이 세상에 발표되었을 때 겨우 11살이었다. 그러나 행복의 전파자 중 한 사람이 되기 위한 훈련은 훨씬 더 일찍 시작되었다. 아이의 마음은 매끄럽고 부드러운 밀랍 한 장과 같아서 완벽하게 비어 있는 동시에 완벽하게 수용할 수 있는 상태이기 때문에 지식을 너무 일찍 주입하면 안 된다. 제임스는 아들에게 그리스어를 가르치기 시작하기에는 3세가 딱 적당한 나이라고 결정했다. 시작은 『이솝 우화』(원본)였고, 플라톤, 헤로도투스Herodotus(전집) 및 크세노폰Xenophon의 작품들이 신속하게 뒤따랐다. 산수는 훨씬 재미가 없었지만, 8세가 되면 벌써 라틴어까지 배워야 했고, 너새니얼 후크Nathaniel Hooke의 『로마의 성립부터 공화정까지의 역사The Roman History from the Building of Rome to Commonwealth』(1738~1771), 존 밀러John Millar의 『색슨족의 정착부터 스튜어트 왕조의 승계에 이르기까지 잉글랜드 정부에 대한 역사적 시각An Historical View of the English Government from the Settlement of the Saxons to the Accession of the House of Stewart』[11](1787) 등은 가벼운 기분 전환용 독서거리였다. 밀의 가족은 급진주의적 개량주의자와 페미니스트들이 가장 좋아하는 교외 지역인 프라이스 박사의 스토크 뉴잉턴 그린Stoke Newington Green에 살았다. 그리고 아버지 밀이 10살짜리 장남에게 미분학, 로마 농업법 및 그리스 수사학 분석을 가르친 것은 그린 주변 또는 여전히 시골이었던 지역으로 더 깊이 들어가는 산책로를 거니는 동안이었다. 아버지가 동인도 회사의 그 직책에 임명되자 존 스튜어트가 동생들을 가르치게 되었다. 아버지의 『영국령 인도의 역사』를 교정하고 정치경제학과 논리학을 공부하는 사이의 여가 시간에 그는 가까스로 약간의 문학 작품을 몰래 읽을 수 있었다 — 대부분은 셰익스피어였다. 14세가 되

---

11 Stewart는 Stuart의 스코틀랜드식 철자.

자 그는 툴루즈Tulouse 근처의 샤토 퐁피뇽Chateau Pompignon으로의 여행을 허락받았다; 그러나 그가 돌아왔을 때, 그의 아버지의 집요한 교육은 계속되었다.

제임스 밀은 상상할 수 있는 모든 종류의 지식으로 가득 찬 사고 기계로 존 스튜어트를 바꾸는 데 숨이 멎을 정도로 성공적이어서, 그의 계산 및 산출 능력은 완벽한 수준으로 조정되었다. 그러나 그는 또한 그에게 중요한 모든 것을 아는 존재가 되어야 한다는 임무에 대한 부담 때문에 겁먹은 생물체를 만들었다; 그는 완고한 아버지를 두려워했으며; 자신의 부족함이라는 공포에 사로잡혀 있었다. 그러나 적어도 그는 지혜의 기초와 미덕의 소명을 받았다고 생각했다. 1820년대에 가장 명석하고 가장 날카로운 수필가들, 특히 토머스 칼라일과 젊은 토머스 배빙턴 머콜리(이때는 다른 생각을 갖고 있던) 등이 리뷰Reviews를 통해 제레미 벤섬과 제임스 밀에 대해 일련의 공격을 가하자 가정이 크게 흔들렸다. 칼라일은 인간과 그들이 모여 살고 있는 문화가 오작동의 징후를 보이면 다시 개조될 수 있는 기계와 유사하다고 가정하는 공리주의를 비판했다. 너무나도 순진한 자들만이 사회의 행복과 불행을 결정짓는 것은 천박한 물질이 아니라 정신이라는 명백한 진실을 받아들이지 못할 것이다. 머콜리는 공리주의가 과학적으로 최적화된 개혁의 시도와 자유의 보호 사이에 직접적인 충돌이 있을 수 있다는 점을 인정하지 않는다고 비판했다.

밀은 남은 인생을 바로 이러한 갈등—자유와 개선 사이뿐 아니라 논리와 감정의 상충되는 주장 사이의—을 해결하는 데 바쳤다. 그래서 아버지의 지인인 유니테리언 목사 윌리엄 존슨 폭스William Johnson Fox가 테일러 부부를 집으로 데려왔을 때 밀은 그녀의 커다란 눈, 백조의 목, 자신감 있고 유창한 연설에 푹 빠져들어 자신이 이제 완전히 새로운 종류의 가르침을 발견했다는 것을 본능적으로 알아차렸다. 아주 어린 나이에 결혼한 해리어트가 현재 몹시 불행하다는 것을 그는 금방 눈치챘다. 그녀의 남편은 잔인한 짓을 하지는 않았다. 당시의 기준으로 보면 그는 좋은 배우자로 평가받았을 수도 있다. 진정한 의미에서의 동반자적 결혼이 무엇인지에 대해 감각적인 측면에서 고상하게 봤을 때, 그녀가 부부 사이의 양립할 수 없는 깊이를 느꼈다는 것이 문제였다; 예술, 시, 철학과 같이 그녀가 가장 소중히 여기는 모든 것에 대한 그의 무감각. 그에게 속박된 상태라면 그녀는 충직한 반려자에 불과한 삶을 살게 될 것이었다. 반면에 존 스튜어트 밀은 그녀가 결혼 생활을 감옥처럼 느끼도록 한 정신과 독립적인 사고를 갖추고 있었다는 바로 그 사실 때문에 그녀를 존경했다. 몇 주 안에 그들은 서로를 "가장 소중한 사람"이라고 부르며 편지를 썼다. 1833년의 여름에 밀은 "오 나의 사랑이여, 이것이 당신에게 무엇을 의미하든 또는 의미하지 않든 간에, 이미 행복을 키웠고 결코 악을 키울 수는 없는 이 일에 대해 당신은 잠시라도 후회할 필요가 없소. … 나는 당신의 로빈(그녀의 새)조차 당신의 사랑스러운 자아인 소중히 여긴다오."

이후 20년 동안의 고통스러운 로맨스 동안 해리어트 테일러와 존 스튜어트 밀은 가능한 한 많은 시간을 함께 보내며 특별한 친밀감을 쌓았지만, 밀이 그의 『자서전』에서 그들 사이에 신체적인 예의의 경계가 위반된 적은 없다고 주장한 것은 확실히 진실인 것 같다. 성적 결합은 그들이 결혼한 후에만 발생할 일이었다. 그럼에도 그들이 처한 곤경은 빅토리아 시대 영국에서 이혼을 가로막는 장애물에 대해 두 사람의 관심을 돌리게 만들었다.

랭엄 플레이스의 또 다른 페미니스트인 프랜시스 파워 코브Frances Power Cobbe가 말했듯이 기혼 여성은 법적으로 "범죄자, 바보, 미성년자"와 같은 범주에 속하므로 이혼 소송을 제기할 자격이 없었고, 간통죄로 인해 남편에게 이혼당하는 것만 가능했다. '이혼 및 결혼 생활 관련 소송 법안'이 1857년에 의회에서 통과되었지만, 그 내용은 겉보기와는 달랐다. 기혼 여성에게 재산권을 부여할 수 있는 조치를 사전에 방지하기 위해 특별히 제정된 이 법안은 남녀의 불평등을 시정하기보다는 영속화했다. 남편은 간통을 명목으로 아내와 이혼할 수 있지만, 아내는 남편의 간음이 강간, 남색, 수간 또는 불분명한 잔혹 행위의 형태를 띠는 경우에만 그렇게 할 수 있었다. 그리고 말할 필요도 없이, 상처 입은 아내도 여전히 자신의 재산이나 수입에 대한 소유권이 없었기 때문에, 소송을 제기하는 데 드는 막대한 비용으로 인해 소송을 제기하는 것은 불가능했다. (해리어트가 원했듯이) 단순한 양립불가성 때문에 이혼 소송을 제기하는 것은 너무나도 환상적인 전망으로만 남아 있었다.

이 이혼법이 제정되었을 때 해리어트와 존 스튜어트 밀은 결혼한 지 6년이 되었다. 그 이전 20년의 대부분 동안 해리어트는 테일러와 떨어져 살았다. 테일러는 밀과 그의 아내가 6개월 동안 함께 파리로 가서 머무르는 동안 별거를 요청할 정도로 큰 굴욕을 느꼈다. 그러나 이 이상한 상태는 여하튼 지속되었다. 밀은 저녁 식사를 위해 (잠시 다시 함께 살게 된) 테일러 부부를 초청하곤 했고, 남편은 강요되듯이 그 모임에서 슬금슬금 빠져나가야만 했다. 존과 해리어트는 칼라일처럼 그들을 친구로 생각했던 사람들에게조차 불편함과 혐오감을 불러일으켰지만 자신들의 사랑에 대한 확신으로 무장한 것 같았다. 어느 날 밤에는 존 스튜어트가 갑자기 테일러 부인과 함께 급히 모임에서 빠져나갔는데, 집에 놔둔 칼라일의 『프랑스 혁명*French Revolution*』 초안 전체가 불에 탔다고 알려온 하녀 때문에 당황해서 그랬다고 나중에 밀이 털어놓고 나서야 칼라일은 비로소 안도했다. 이 소식도 물론 나쁜 것이었지만 그들이 우려했던 대로 함께 도망쳐 버리는 상황보다는 낫다고 칼라일은 생각했다! (해리어트를 한 번도 좋아하지 않았던 제인 웰시 칼라일Jane Welsh Carlyle은 그녀가 원고의 파괴에 어떻게든 책임이 있을 것이라고 계속 의심했다.)

그들은 이 모든 괴로움을 상호 존중과 사랑에 기초한 이상적인 결합을 위해 극복했다. 이 커플은 명확하면서도 확고한 확신을 갖고 빅토리아 시대의 결혼 관습을 무자비한 비판 아래 굴복시켰으며, 그중 많은 부분이 1869년에 밀이 출판한 『여성의 종속*The Subjection of Women*』에 포함되었다. 그들은 이 전체 제도가 거짓과 위선의 조직으로 둘러싸여 있다고 주장했다. 어린 소녀들은 "결혼이 여성의 진정한 직업"이며 그 이후에는 결혼이 완전한 만족의 거처가 될 것이라는 오류를 주입받았다. 침묵과 편의성의 공모에 의해, 이 제도의 불쌍한 희생자들은 그들이 아내로서 실제로 맞닥뜨릴 육체적·사회적 현실에 대해서 무지한 상태로 방치되었다. 유산 계급 사이의 결혼은 본질적으로 비즈니스 거래였으며, 부와 지위, 권력을 축적하기 위해 합리적으로 계산되었다. 계약 당사자 간에 상호 이익을 위한 거래가 이루어졌다. 높은 지위에 있지만 재산을 탕진한 가문은 상호 보완이 가능한 상태의 가문과 동맹을 맺을 것이다. 항상 그 원동력은 부드러운 감정이 아니라 딱딱한 이해관계였다. 결혼이라는 것은 표면적으로는 정욕을 억제하기기 위해 만들어진 것이었지만, 로맨스라는 거짓 주장을 통해 합친 당사자들이 환멸을 느끼게 될 것은 불가피한 것이었고 그렇게 되면 상황은 정반대 방향으로 전개될 것이 뻔했다. 여성들은 이 악마 같은 거래에 얽매여 자신들이 타락해 버린 것을 곧 깨닫게 된다. 그들은 세련된 옷, 멋진 마차, 하인, 자녀, 사회적 지위를 유지한다(심지어, 매우 신중하게 처신할 수만 있다면, 연인도 보유한다); 그들의 남편 역시 정부를 보유하게 된다. 밀과 해리어트는 결혼이 일종의 동거에 불과하다고 생각하면서도, "만약 이것이 인간으로서의 삶이 여성에게 줄 수 있는 전부라면 이것은 참으로 부족하며, 스스로 큰 행복을 누릴 수 있다고 느끼고 자신의 열망을 인위적으로 억제하지 않는 여성이라면 이로부터 해방되어 더 많은 것을 구하겠노라 선언할 것이다"라고 믿었다.

1849년 존 테일러의 죽음만이 해리어트를 해방시켰다. 두 사람은 2년 후 대박람회가 열리기 한 달 전, 밀의 가족과 많은 오랜 친구들에게 외면당한 채로 멜컴 레기스Melcombe Regis 등록 사무소에서 결혼했다. 결혼하기 전에 밀은 빅토리아 시대 남편의 기존 법적 권리에 대한 공식 포기에 서명하겠다고 주장했다. 그것은 아마도 지금까지 만들어진 것 중 가장 고상한 혼전 선언일 것이다:

나는 너무나 행복하기에 그녀의 동의를 구합니다. 결혼하고 싶을 정도로 관계가 발전한 내가 아는 유일한 여성과 이제 실제로 혼인 관계에 돌입하게 되는 이 시점에, 그리고 법으로 규정된 모든 혼인 관계를 그녀와 내가 모두 완전히 반대하는 상황에서… 나는 그 역겨운 힘으로부터 나 자신을 법적으로 구해낼 수단이 없기 때문에 (만약 그런 효과를 발생시키는 어떤 종류의 서약이 나에게 법적 구속력을 부여할 수 있다면 나는 확실히 그것을 택하겠지만) 기존의 결혼법에 대한 공식적인 항의를 기록으로 남기는 것이 내 의무라고 생각합니다. … 그리고 테일러 부인과 내가 결혼을 하게 된다면, 그녀가 모든 면에서 나와 마찬가지로 행동의 절대적인 자유를 갖고 자신의 삶을 어떻게 살지, 무슨 일을 할지, 자신이 소유한 것을 언제 어떻게 처분할지에 대해서 마치 결혼하지 않은 상태인 것처럼 결정할 자유를 유지하게 하는 것이 나의 의지이자 의도이며 우리 사이의 모든 서약의 조건임을 나는 선언합니다. 그리고 나는 결혼을 통해 무슨 권리라도 얻은 척하는 모든 가식을 절대적으로 부인하고 거부합니다.

그들 가정의 행복은 잠시뿐이었다. 두 사람 모두 치명적인 상태로 악화된 결핵으로 고통받고 있었다. 이미 더 많이 진행되었던 해리어트의 상태가 악화됨에 따라, 그녀가 스위스 요양원이나 프로방스의 더 따뜻하고 건조한 공기 속에 머물면서 질병의 진행을 늦추려고 노력하는 동안에는 한 번에 몇 달 동안이고 헤어져 있었다. 밀은 자신에게 주어진 시간이 한정되어 있다는 사실을 깨닫고는 성의 평등에 대한 해리어트의 생각을 "신성한 의무"로 부르며 필사적으로 일에 몰두했다. 해리어트의 상태는 별거가 밀에게 고통을 안겨줬음에도 반드시 별도의 휴식 치료를 요하는 것이었다. 통과하기가 불가능한 폭설로 인해 해리어트가 있는 잉글랜드로 돌아가는 길은 막혀버리는 바람에 프랑스 철도 위의 객차 안에 갇힌 채, 밀은 그들이 함께 겪고 있는 곤경과, "내가 사랑받고 있고… 나의 가장 많은 사랑을 받고 있는 사람의 곁에 머물 수 있다는 생각"이 주는 따뜻함과 안정감에 대해 서글프게 곰곰이 생각했고, "나는 그녀가 나를 돌봐줄 때면 정말로 위험한 질병이 실제로 나에게 일어날 수 없다고 느끼기 때문에 지금 현재 이 두 가지 모두에 대한 경험이 있다. … 그러나 그녀로부터 멀리 떨어짐으로써 나는 일종의 부적과 헤어지고 있다고 느끼는 중이고 그녀와 함께 있을 때보다 적의 공격에 더 노출되어 있는 느낌이다".

해리어트는 1858년 11월 아비뇽에서 지중해로 가는 도중에 사망했다. 밀은 그녀의 무덤에서 가까운 곳에 집을 구입하여 여생의 대부분을 그곳에서 살았으며, 자신을 빅토리아 시대 자유주의 사상의 가장 강력한 기둥으로 영원히 남게 하고 아내에게 헌정한 논문 『자유론*On Liberty*』을 완성했다. 그는 해리어트의 견해를 충실히 재현했지만, 모든 의견에 전적으로 동의하지는 않았다. 그는 여성이 집 밖에서 "유용한" 일을 구하고 얻을 수 있는 권리에 대해 거침없이 주장했지만 그렇게 하는 것이 반드시 여성을 더 행복하게 할 것이라고 확신하지는 않았다. 그러나 그것이 그들의 선택이거나 그들의 필요에 의한 것이라면 ― 1851년의 인구 조사에 따르면 영국의 성인 여성 인구인 600만 명의 절반이 실제로 고용된 상태였다 ― 그런 경우엔 그들이 남성과의 동일한 노동에 대해 동일한 임금을 받아야 한다고 밀은 믿었다. 정신의학 연구자인 헨리 모즐리 박사Dr Henry Maudsley와 같은 사람들은 여성의 "생물학"(생리 주기에 대한 완곡한 표현)이 한 달에 8일 동안은 그들로 하여금 일을 하지 못하게 한다고 주장하기도 했는데, 밀은 이에 대해 통렬하게 대답했다: "지금 '여성의 본성'이라고 불리고 있는 것은 대단히 인위적인 것이다. … 대부분의 남성은 자신과 동등한 인격체와 함께 산다는 것을 아직 용인할 수 없기 때문에 가정생활에서 여성의 종속성을 유지하기 위해 여성의 열등성에 집착하고 있는 것뿐이다."

1865년에 이제 전국적으로 알려진 인물이 된 밀은 일단의 웨스트민스터 선거구 유권자들로부터 의회 의원 출마를 고려해 달라는 요청을 받았다. 결정적인 순간이었다. 자유당의 지도자인 존 R. 러셀John R. Russell과 윌리엄 글래드스턴은 당내 급진주의자들로부터 자극을 받아, 신중하고 경계하는 태도이긴 했지만, 거의 모든 세대주에게 선거권을 부여하는 의회 개혁을 수용하기로 결정한 상태였다. 밀의 목소리는, 그가 실제로는 보통선거와 비밀투표에 반대하고 있었다는 사실에도 불구하고가 아니라 바로 그렇기 때문에 강력할 것이었다. 그가 생각하는 선거권 획득 자격은 교육이었다(실제로 그는 유권자가 소유한 평가 가능한 재산보다는 교육의 양을 반영하도록 가중치가 부여된 투표권을 원했다). 그는 자신의 견해가 기이하다는 것을 잘 알고 있었다. "나는 내가 주장하는 부류의 인물을 대표로 선출하길 원하는 유권자는 별로 많지도 않고 영향력을 발휘하지도 못한다는 사실을 인지하고 있다." 이것으로도 충분하지 않다는 듯이 그는 어떤 정당의 후보로도 나서기를 거부했고, 선거운동을 하거나 자신을 위해 단한 푼이라도 지출하는 것 역시 거부했다.

그리고 그가 주장하는 방식의 선거를 더욱 불가능하게 만드는 또 다른 문제가 있었다. 1851년에 해리어트가 ≪잉글리시우먼스 저널≫에 게재한 글에 동조하여 밀은 도시선거구에서 세대주 참정권이 부여된다면 남성뿐 아니라 여성도 포함되어야 한다고 주장했다. 기혼 여성은 스스로 집을 소유할 수는 없었지만 독신 여성이나 과부의 선거권까지 막을 수 있는 방법은 없었고 거의 확실하게 그 범주에 속하는 여성은 수만 명이 존재했다. 이 문제와 관련해서 1866년에는 "세대주"에 집세를 지불하는 세입자가 포함되었는데, 이러한 조치는 자격을 갖춘 여성 유권자 후보군을 훨씬 더 증가시켰다.

밀의 의붓딸인 헬렌 테일러Helen Taylor는 해리어트의 사망 이후 많은 시간을 그와 함께 했으며, 이 불길을 계속 유지하기로 결심했다. 그녀는 바버라 리 스미스(이제 프랑스계 알제리 조각가와 결혼해서 법적으로는 마담 보디숑Madame Bodichon이 되었고, 말할 필요도 없이 반년 동안은 서로 떨어져 살고 있었다)로 하여금 밀을 설득해서 의회에 청원서를 제출하도록 격려했다. 약 1200명의 여성이 선거권을 요청하면서 서명했다. 밀은 거리에서 떠들썩한 홍보를 선동하는 것에 대해 체질적으로 수줍어했지만 그가 원하든 원하지 않든 랭어마이트의 육성 지원을 받았는데 그중 하나인 에밀리 데이비스Emily Davies(여학생을 위한 최초의 컬리지인 런던 대학의 퀸스Queen's와 베드퍼드Bedford보다 25년 늦은 1874년에 케임브리지에 옥스브리지 최초의 여성 컬리지로 설립된 거튼 컬리지Girton College[12]를 설립하는 인물)는 캠페인 기간 동안의 일을 다음과 같이 기억했다. "마담 보디숑이 마차를 임대해서 스

---

12 현재는 남녀 공학 컬리지로 변경된 상태.

스로 몰면서 아이서 크레이크, 베시 파크스Bessie Parkes, 그리고 나를 태우고는 플래카드를 꽂은 채로 웨스트민스터를 운행했다. 우리는 이것을 "밀 씨에게 우리의 도덕적 지지를 보내기"라고 불렀으나 어떤 사람이 그를 "의회 안에서 소녀들을 갖고 싶어 하는 남자"로 묘사하는 것을 우리 중 한 명이 들었다는 것을 알았을 때 어쩌면 우리가 밀에게 해를 가하고 있는 중일 수도 있겠다는 약간의 의심이 들기도 했다".

밀은 물론 여성 의원을 선출하자고 주장하지는 않았다(언젠가는 그렇게 되어서는 안 될 이유를 그는 알지 못했지만). 그러나 그는 자격을 갖춘 선거권의 절반이 오로지 성별을 이유로 투표할 권리를 행사하는 것을 금지당해야 한다는 것은 터무니없고 명백히 부당한 것이라고 믿었다. 1867년 2월 보수당 정부에서 디즈레일리가 자신의 법안을 발표했을 때 밀은 자신의 무기를 고수했다. 여성(미혼 여성만이 아니라)에 대한 선거권 부여에 대해서는 랭엄 플레이스 운동가들보다도 씬 더 단호했다. 3월에는 맨체스터에서 3000명이 넘는 서명을 받은 또 다른 청원서(평민원에 도착한 세 개 중 하나)를 제출했다. 1867년 5월 20일의 청중을 사로잡는 감동적인 연설에서 밀은 인민대표법안Representatioin of the People Bill에 대한 그의 수정안을 공식적으로 제출했으며, 선거권을 시골선거구의 세대주까지 확대(1884년까지는 달성되지 않음)하는 데 필요한 기준을 다루는 조항에서 "남자man"라는 단어를 "사람person"으로 대체할 것을 제안했다. 놀라운 점은 이 수정안이 부결된 사실이 아니라 밀이 무려 73명(페어링13을 포함하면 81명) 이상의 의원을 설득했다는 사실이다. 그를 지지했던 사람들 중에는 저명한 맨체스터 출신Mancunians 의원들도 있었다 — 급진주의자 토머스 베일리 포터Thomas Bayley Potter와 제조업자였지만 자칭 노동자의 친구였던 토머스 배즐리.

---

13 한 정당 소속 의원이 다른 정당 소속 의원과 짝을 이뤄서 만약 어느 한 명이 투표에 불참할 경우 본인도 불참하는 것으로 미리 합의해 놓은 것. 정당 간의 공정한 투표 대결을 보장하기 위한 조치.

1867년 11월의 맨체스터 보궐선거(존 브라이트John Bright의 더욱 급진주의적인 형제 제이콥Jacob이 여성의 세대주 선거권을 포함하는 강령의 편에 섰을 때)에서 과부였던 가게 주인 릴리 맥스웰Lili Maxwell은 영국 선거에서 최초로 여성 투표자가 되었다. 그녀는 사무상의 오류로 인해 등록부에 올랐을 뿐이다. 그러나 그녀가 제이콥 브라이트와 참정권 운동가인 리디아 베커Lydia Becker에 의해 발견되자 그들은 그녀가 그것을 행사해야 한다고 결정했다. 투표소로 호위를 받은 그녀는 큰 박수를 받으며 한 표를 던졌다. 당황했을 게 틀림없는 개척자 릴리는 여성 참정권 운동가들(1866년 이후에는 투표를 위해 평화로운 캠페인을 지속함)의 목표에 대해서 공감하기는커녕 정교하게 준비된 행사에서 그녀의 역할을 수행하는 것에 대해 상당한 불평을 했을 것이다. 지금도 남아 있는 당시의 사진을 보면 그녀가 확실히 결단력이 강한 여성이었다는 점이 드러나 있다. 브라이트와 베커에게 그녀는 대의를 위한 선물이었다. 차티스트 토지 회사 정착민인 앤 우드Ann Wood와 마찬가지로 릴리 맥스웰Lily Maxwell은 투지 넘치는 스코틀랜드 검약 정신의 전형적인 예였다: 가게 주인이 될 만큼 충분히 저축을 하고 6실링 2펜스라는 상당한 수준의 월세를 지불하고 있는 전직 하녀였다. 장인과 중간계급이 뒤섞여 거주하는 러들로 스트리트Ludlow Street에 위치한 그녀의 거주지는 위아래 층에 방이 두개씩 있는 벽돌 주택이었다. 그녀의 일이 유명해지자 ─ 보수 언론에는 충격적이었고 ─ 리디아 베커는 1867년 12월 3일에 ≪더 타임스≫에 위엄 있는 편지를 써서 그녀를 선거법 개혁에 의해 해방되도록 의도된 종류의 모범 유권자라고 묘사하며 다음과 같이 주장했다. "맨체스터의 한 조용한 거리에서 작은 가게를 운영하는 과부로서, 그녀는 스스로를 부양하고 자신의 수입에서 집세와 세금을 납부한다. 그녀에게는 영향을 미치거나 영향을 받을 남자가 없으며 그녀는 최근 선거에서 제이콥 브라이트에 투표하기로 결정할 정도로 매우 단호한 정치적 원칙을 가지고 있다." 릴리 맥스웰의 투표에 대한 홍보의 결과로, 리디아 베커Lydia Becker는 자격을 갖춘 여성 세대주들을 등록하기 위한 등록소를 열 수 있었다. 1868년 말이 되자 그녀의 목록에는 1만 3000명이 이름을 올렸다.

　이 모든 것에 빅토리아 여왕은 경악했다. 그녀는 감상적인 꿈과 결혼이라는 더 힘든 현실 사이의 간극에 대해 때때로 자신의 유보를 (적어도 개인적으로) 표명하기도 했다. 그녀는 폭력적이고 노골적으로 음탕한 남편을 물리적으로 억제하거나 잔인하게 버려진 아내들을 돌보는 조치에 공감했을 수도 있다. 그러나 그녀가 생각하기에 불의와 잔혹함을 다루는 것이 정치적인 해방을 허가하는 것은 결코 아니었다. 1867년 10월에 그녀는 "하층계급"이 "오직 시간을 죽이기 위해 사는 무식하고 딱한 높은 신분들"과는 대조적으로 "정보도 많고 지적이며 스스로 식량과 부를 벌기 위해 열심히 사는" 사람들이기에 선거권을 부여할 필요가 있다고 생각할 정도로 매우 자유주의적인 태도를 취했다. 그러나 여성이 정치적 권리를 행사하기에 적합한가에 관한 논의는 그녀를 성나게 했다. 그녀는 평소처럼 3인칭으로 자신을 언급하며 다음과 같이 썼다. "그것은 여왕을 너무 화가 나서 자신을 주체할 수 없게 만드는 주제이다." 그리고 다시 그녀는 "'여성의 권리'라는 이 미친 사악한 어리석음은 그것이 수반하는 공포로 인해 여성이라는 가련하고 연약한 성이 여성스러운 감정과 예절에 대한 모든 감각을 잊게 한다"며 분개했다.

　여왕은 또 다른 위대한 페미니스트 대의인 중간계급 여성을 위한 노동에 대해서는 어떻게 느꼈을까? 그녀는 여전히 공문과 신문의 충실한 독자였다. 그러나 결혼해서 어머니가 된 후, 그녀는 그것이 자신의 헌법상의 의무에 의해 그녀에게 부과된 고통스러운 허드렛일 이상이라고는 결코 느끼지 않게 되었고, 앨버트가 모든 면에서 그 일에 훨씬 더 적합하다고 생각하게 되었다(이것이 그를 죽이기 전까지는). 그녀는 또한 결혼이 여성의 직업이라는 중간계급의 공리에 대체로 동의했다. 따라서 결혼 적령기의 여성 인구가 남성보다 50만~75만 명 정도 더 많다(인구 통계학자들에 의하면 인구 분포는 항상 이런 양상이었다)는 1851년 인구 조사의 또 다른 발견에 대해 빅토리아가 많은 생각을 해봤을 가능성은 매우 낮다. 맨체스터의 정치경제학자이자 제조업자인 윌리엄 래스본 그레그William Rathbone Greg는 이러한 "독신녀 잉여spinster surplus"가 식민지로의 이주 프로젝트에 의해 줄어들 수 있다고 생각했다. 그러나 그렇다고 해도 약 50만 명의 독신 여성은 영구적 해고 상태에 처하거나 가정교사와 같이 임금이 낮고 존경받지 못하는 직업군에 갇히게 될 것이다. 1850년대 후반에 ≪잉글리시우먼스 저널≫과 그 편집자인 베시 라이너 파크스는 중간계급 여성을 고상한 자원봉사자가 아닌 유급 전문직으로서 보다 만족스러운 다양한 전문직업에 고용되도록 노력했다: 여학교 또는 여성 컬리지의 교사; 교도소와 교정소 업무, 시골과 소도시에 있는 가난한 사람들의 집을 방문하는 "여성 부제deaconess"[14]; 그리고 여성을 위한 "고귀한" 분야로 공식적으로 선언된 직업: 간호사.

    간호는 여왕이 부드러움, 위안 및 치유의 여성적 특성에 완벽하게 적합하다고 느낀 유일한 독신 여성의 직업이었다. 그리고 크리미아 전쟁의 대학살은, 당연하게도, 이 모든 것과 관련을 맺었다. 더 고귀한 소명을 위해 결혼을 기피한 탁월한 독신 여성 플로렌스 나이팅게일Florence Nightingale; 38명의 젊은 여성들로 구성된 집단을 스쿠타리Scutari에 있는 막사 병원의 지옥으로 데려온 사람; 구레나룻을 넓게 기른 의료 부대원들과 군대 관료들을 닦달하여 붕대, 부목, 비누와 같은 최소한의 필수품을 짜낸 사람; 세면대를 문장紋章이 새겨진 자신의 방패로 삼은 사람 — 이 모든 것이 국가를, 특히 여왕 자신을 감동시켰다. 빅토리아는 여러 차례에 걸쳐 그녀가 군인들과 함께 영웅적으로 곤궁을 이겨내고 전투를 치르는 데 적합한 성별이 아니라는 쓰라린 유감을 표명한 바 있다. 그녀는 대신에 머플러, 양말, 장갑을 짰다; 그리고 전선에 편지를 보내거나 돌아온 병사들이 있는 병원을 방문하여 자신이 그들의 고통에 대해 가장 슬퍼하고 그들의 희생에 대해 가장 따뜻하게 느끼는 사람이라는 사실을 알렸다. 발라클라바Blalclava와 잉커만Inkerman에서 발생한 끔직한 인명 손실은 그녀

---

14   잉글랜드 국교회 등에서 사제(priest)의 바로 아래 직책.

와 앨버트로 하여금 밤에 잠을 못 이루게 했다. 게다가 1854년 10월에 ≪더 타임스≫의 종군기자 토머스 체너리Thomas Chenery가 무능한 관리와 지휘, 그리고 기본적인 보급품의 부족에 대한 점점 더 끔찍해지는 소식을 보도하자 빅토리아의 모성애적 근심은 더욱 깊어졌다.

스쿠타리의 간호사들은 그녀 자신의 대리인인 셈이었다. 플로렌스 나이팅게일이 1856년 휴전 후 영국으로 돌아왔을 때 빅토리아는 그녀를 밸모럴로 초대하여 그녀가 겪은 시련에 대한 설명을 직접 들었다. 그런데 그녀의 의붓 조카인 빅터 글라이헨Victor Gleichen 백작이 여왕에게 말해 주기 전까지는 그녀가 이 일에 대해 몰랐지만, 병사들이 가장 좋아하던 어머니와 같은 존재는 크리미아Crime에서 활약한 또 다른 여주인공이었다. 나이팅게일이 여왕을 만난 그해에 11개 군악대가 참여한 갈라 연회와 콘서트가 로열 서리 가든스Royal Surrey Gardens에서 근위 연대에 의해 개최되었는데 이는 파산 선고를 받은 메리 시콜Mary Seacole을 돕기 위한 것이었다. 돌아온 군인들이 메리를 그토록 존경했던 데는 그럴 만한 이유가 있었다. 병에 걸리거나 부상을 당해서 그녀의 "브리티시 호텔British Hotel"로 이송되면 살아남을 가능성이 높아졌던 것이다. 스쿠타리에서는 그렇지 못했다.

그러나 메리 시콜은 빅토리아 시대의 공식적인 영웅으로 인정받기에는 색이 맞지 않았다. 스코틀랜드 남성과 자메이카 아내 사이에서 메리 그랜트Mary Grant로 태어난 그녀는 혼혈아였다. 넬슨의 대손 중 한 명인 에드윈 호레이쇼 시콜Edwin Horatio Seacole과 결혼한 후 그녀는 자메이카에서 일부는 호텔, 일부는 요양원인 시설을 운영했다. 1831년의 콜레라 전염병과 1853년의 더욱 심각한 황열병 발병 기간 동안 그녀는 중환자들이 회복하는 기적을 일으키면서 명성을 얻었다. 거의 항상 치명적인 것으로 판명된 이질 질환과 관련된 탈수증에 대한 그녀의 해독제는 모두 카리브해의 식물 약전에서 가져온 것이었다. 이러한 기원은 의료 기관에서 "야만적인" 물약으로 조롱받을 것이며 콜레라와 장티푸스 희생자(사망 원인의 대부분을 차지)를 치료하기 위해 크리미아로 가고자 했던 메리의 지원을 기각되게 할 것이 명백했고, 실제로 플로렌스 나이팅게일은 그렇게 했다.

전쟁부에 시드니 허버트Sidney Herbert 남작이 있었던 나이팅게일과는 달리 시콜은 도와줄 사람이 아무도 없었다. 그러나 그녀는 자신의 자금을 사용하여 그녀가 가장 신뢰하는 두 명의 자메이카 요리사와 함께 어떻게든 지중해 동부에 도착했다. 일단 그녀는 환영받지 못할 것이 분명했던 터키의 막사 병원이 아니라 전쟁터 그 자체인 크리미아로 갔다. 발라클라바에서 약 2마일 떨어진 곳에서 메리는 자신의 자금 800파운드를 지출해서 아마도 그녀의 자메이카 시설을 모방한 브리티시 호텔을 설립했다: 보급 창고, 작전에 투입될 병사들을 위한 식당, 병자와 부상자를 위한 간호 및 회복소의 조합. 스쿠타리 병동과 달리 브리티시 호텔은 따뜻하고 건조했다. 여기서 콜레라나 장티푸스에 걸린 군인의 입장에서 가장 좋았던 점은 경우에 따라 3주 동안의 극심한 고통을 견디며 흑해를 건너 스쿠타리에 있는 죽음만이 기다리는 병원으로 이송될 필요 없이 현장에서 보살핌을 받는 것이었다.

여기 브리티시 호텔에서도 물론 쥐가 있었다. 이들은 눈에 띄자마자 "시콜스 이모Aunty Seacole's"의 박멸단에 의해 떼거리로 잡혔다. 그것들을 처리하고 나면, 그녀는 아침 일과를 시작했다: 오전 7시까지 커피와 차 그다음 닭에서 털을 뽑아서 요리하고, 햄과 혀(그녀는 대체 어디서 이것을 구했을까?), 육수, 대황 조림, 파이 및 웰시 레어비트Welsh rarebits[15]를 준비하고, 그중 백미이자 그녀의 특기인 우유 없는 (따라서 안전하게 운반할 수 있는) 쌀 푸딩을 준비했다. 그 푸딩에는 우유는 없었어도 뭔가 모성애를 떠올리는 측면이 있었다: 전쟁의 모든 공포 속에서도 덩치 큰 혼혈 유모가 스푼으로 떠서 먹여주는 위안의 음식을 먹으며 병사들은 다시 작은 소년이 될 수 있었다. 후송된 어느 병사는 이렇게 적었다: "당신이 쌀 푸딩이 배식되는 날에 브리티시 호텔을 방문할 만큼 운이 좋았

---

15   치즈 토스트.

다면, 당신에게 고향의 맛을 선사하기 위해 노력하는 어머니 시콜의 친절한 생각과 함께 당신의 오두막으로 돌아왔을 것이라고 장담한다."

1855년에 군인들을 위해 자신이 만든 스튜를 제공하기 위해 나온 개혁 클럽 Reform Club의 유명 주방장인 앨럭시스 소이어Alexis Soyer(메리는 보석으로 장식된 두툼한 손으로 그가 스튜를 퍼내는 것을 지켜보았다)는 그녀의 음식이 건강에 좋다고 인정하는 동시에 그녀의 영웅적인 용기도 칭찬했다. 부상병 치료를 마치면 그녀는 노새 두 마리에 안장을 얹고 뜨겁거나 찬 음식과 기본적인 수술 용품을 마차에 싣곤 했다 — 붕대, 담요, 부목, 바늘, 실, 알코올. 그런 다음 그녀는 천둥소리를 내는 포위 공격 속으로 곧장 달려갔고, 참호의 경계선과 진영의 위치를 알고 있는 그리스 유대인의 인도를 받아 연기 속으로 사라져 들어가 구조가 필요한 부상자를 — 영국과 프랑스 병사들은 물론 때로는 적군인 러시아 병사들도 — 찾아내서 차 한잔과 위로의 말을 건넸고 본인이 본능적으로 이해하고 있던 대로 깨끗한 손수건의 감촉을 선사했다. 박격포는 노부인과 노새가 불을 뚫고 지나갈 때 박격포탄이 윙윙거리며 날아갔다. 그녀는 "어머니 엎드려요! 엎드려!"라는 외침을 들을 때마다 "매우 품위 없고 숙녀답지 못한 속도로 땅을 껴안아야 했다". 그녀는 공포에 익숙해졌다. 그녀가 발견한 한 군인은 아래턱에 총상을 입었다. 메리는 입에 손가락을 넣어 체액을 충분히 배출하려고 했지만 이빨이 손가락을 물며 뚫고 들어오는 바람에 입을 억지로 비틀어 열기 위해 도움을 받아야 했다.

질병과 학살의 악몽에서 살아남은 그들은 메리 시콜을 거의 잊은 적이 없다. 그녀가 크리미아에서 런던으로 돌아왔을 때 벨모럴로의 초대는 없었다: 그녀의 은혜를 입은 인파만 몰려들었다. 하지만 모금 행사들—코벤트 가든Covet Garden, 허 매저스티스 서어터Her Majesty's Theatre, 로열 서리 가든에서 열린—이 그녀를 파산에서 구했다. 앨럭시스 소이어Alexis Soyer와 윌리엄 러셀William Russell은 모두 그녀의 업적이 대중에게 인정을 받을 수 있도록 했다. 이 전쟁에 참전했던 아마추어 조각가이자 빅토리아 여왕의 이복 조카인 호헨로에-랑겐부르크Hohenlohe-Langenburg의 빅터 공Prince Victor은 자신에게 "엄마Mami"라는 별칭으로 알려져 있던 이 여성의 흉상을 제작했다. 아마도 그를 통해 그녀는 결국 빅토리아에게 알려지게 되었고, 빅토리아는 1857년에 공식적으로 그녀의 업적을 인정하는 편지를 시콜에게 썼다. 시콜은 1881년에 사망하면서 2000파운드 가치의 재산을 남겼다 — 모두 그녀가 돌본 사람들이 후원한 것이다. 그러나 그녀는 사상자들에 대한 기억으로 괴로워했다 — 동상에 걸려서 팔다리가 절단된 절망적인 사람들; 그녀가 생각하기엔 크리켓을 하고 있어야 할 나이에 결국은 눈을 "반쯤 뜨고 조용한 미소와 함께" 아니면 "열정의 열기 속에 갇혀 있으면서도, 따뜻했던 피를 차갑게 만들어버릴 만한 증오와 저항의 강렬한 눈빛을 쏘며 창백한 낯빛으로 얼어붙은" 채로 진흙 속에서 죽은 젊은이들.

빅토리아 시대 사람들은 — 특히 메리 시콜처럼 산전수전 다 겪은 늙은 간호사들은 — 죽음에 익숙해질 수밖에 없었다. 죽음은 이 시대 사람들을 에워싸고 있었다: 발진티푸스로 들끓는 병사들의 막사; 콜레라가 만연한 빈민가; 결핵에 걸린 중간계급의 가래로 얼룩진 손수건. 고상한 살롱들은 제어할 수 없는 끔찍한 기침 소리에 의해 갑자기 침묵 속으로 빠져들고, 잘 차려 입은 손님들은 점액 방울이 살롱 안의 관상용 백합에 뿌려지는 것을 보며 연민과 자기 보호 사이에서 겁에 질린 채로 온몸이 굳어버리곤 했다.

이러한 죽음의 편재는, 물리적 환경을 지배하기 위해 이전 세대보다 훨씬 더 많은 일을 해냈다는 꽤나 타당한 확신으로 위세 당당했던 이 세대에게는 어울리지 않는 징벌로 보였다. 증기로 구동되는 선박을 대양에 띄우고 넓은 강을 가로질러 거대한 철교를 건설하고, 전신으로 세상을 축소시킨 이 문명은 질병도 반드시 곧 정복할 것이다. 렌즈 현미경의 발전으로 병원체의 존재와 배양이 최초로 밝혀진 것은 바로 이 순간이었다; (브러시로 문지르는 것 외에) 그것의 번식을 제어할 수 있는 방법은 아직 밝혀내지 못했다.

지식과 정복 사이의 이 감질나는 좁은 간극으로, 생명의 통제에 대한 빅토리아 시대의 수준을 조롱하면서 죽음의 운명mortality이 끼어들었다. 전능한 물리적 존재에서 사망이라는 무력한 침묵으로의 전환에 대한 충격—죽을 수밖에 없는 운명에 대한 그들의 노여움—이 그들이 죽음을 애도하는 의식의 극단적인 특유성을 설명해 준다; 죽은 자를 산 자들 사이에서 위엄 있게 보이게 하려는 그들의 결의. 열정적이고 과장된 석조물로 장식된 빅토리아 시대 무덤들의 엄청난 규모와 웅장함—산 자에게 허용되는 어떤 것보다 훨씬 더 화려한—은 모두 망각과 부재를 미루려는 시도이다. 수많은 설화 석고와 반암, 흐느끼는 케루빔cherub,[16] 검은 크레이프가 덮인 초상화와 함께 있는 망자는 가까운 모퉁이만 돌면 언제든지 쉽게 되찾을 수 있는 세계에 있는 것처럼 보인다.

이러한 것을 빅토리아 여왕보다 더 간절히 원한 사람은 없었는데, 앨버트가 헌법을 수호하는 책무라는 비참한 짐을 그녀에게 남기고 떠나버리게 하지 않겠다는 약속을 하느님이 어긴 것에 대해 분노하고 있는 상태였다. "내가 그렇게도 싫어했던 지위에 앉아 있는 것을 감내하게 해준 유일한 일이었던 우리의 순수하고 행복하고 고요한 가정생활을 지켜보는 일이 내 나이 42살에 '단절CUT OFF'되다니 — 하느님이 결코 우리를 갈라놓지 않으실 것이고 함께 늙어가게 해주실 것이라고 본능적인 확신을 갖고 희망했었는데 — 이것은 너무 **끔찍**하고, 너무 잔인하도다!" 빅토리아가 가족에 대한 의무와 주권자로서의 의무를 모두 수행하기 위해서는 동반자로서의 남편의 존재가 반드시 지속되어야 한다는 사실은 앨버트 공이 쇠락하여 죽음에 이른 과정을 통해 더 명백하게 증명되었던 셈인데, 바로 이 점 때문에 그녀는 더 큰 고통을 느꼈다. 자신이 맡아야 할 몫보다 더 많은 일을 함으로써 — 가족을 위해, 국가를 위해, 그리고 (이렇게 말하는 데 그녀는 주저하지 않았다) 인류를 위해 — 그는 결국 너무 많은 업무와 걱정으로 인해 사망에 이르렀다. 그가 영국에서 과소평가 받았다는 사실도 그의 죽음을 막는 데 도움이 되지 못했다. 그녀가 원했던 "부왕King Consort"이라는 칭호 대신에 그는 1857년부터 "여왕의 남편Prince Consort"으로서 함께 일을 해야 했다(웰링턴과 토

16　아기 천사.

리 당원들은 외국의 간섭, 그리고 교황의 간섭조차도 두려워하여 "앨버트 왕"이라는 호칭의 가능성을 차단했다[17]). 그가 방문했던 모든 시청과 모범 공장들, 그가 놓은 수많은 병원의 초석들에도 불구하고 "선량하고 위대한" 앨버트는 그저 외국인으로만 간주되었으며, 그가 그의 의무를 수행하면서 보여줬던 바로 그 진중함이, 빅토리아의 입장에서는 매우 안타깝게도, 여전히 영국 상류 사회의 전반적인 분위기를 주도하고 있던 게을러터진 귀족들의 눈에는 그가 역시 외국인이라는 더 확실한 증명으로 보일 뿐이었다.

이 모든 게 과부의 환상은 아니었다. "동부 문제"과 크리미아 전쟁에 대한 앨버트의 집착은 확실히 그를 늙어 보이게 한 것 같다. 그는 전쟁이 발발하기 전 러시아에 대한 공포증이 확산되던 시기에 차르에 대해 유약한 태도를 취함으로써 의심을 받았었기 때문에 전쟁이 시작되자 통계 조사, 계획, 조사의 광기에 몸을 내던지면서 과도하게 그것을 탈피하려 했다. 그는 육군의 상태(좋지 않음)를 비롯해서 여러 방면에 의견을 개진했다; 적절한 훈련 캠프의 필요성; 끔찍한 군대 의료 수준; 병참의 약점; 오토만 정부의 상태; 보스포러스Bosphorus 해전 등등에 대한 그의 의견은 큰 책 50권의 분량에 달했다. 매일 아침 빅토리아가 책상에 도착할 무렵에는 그녀가 정독하고 승인하고 서명할 수 있도록 미리 분류되고 선별된 서류가 깔끔하게 쌓여 있었다. 전쟁이 끝난 후 앨버트는 파리 조약의 복잡성과 두 동맹국 간의 관계; 미국 내전의 가능성이 영국 경제에 미칠 영향; 토종우의 개량을 위한 계획은 말할 것도 없고; 농업용 퇴비로 도시 하수를 사용하는 계획; 그리고 영국 과학발전 협회British Association for the Advancement of Science를 위한 활동. 항상 일찍 기상하던 앨버트는 이제 책상 램프의 녹색 불빛 아래에서 일하기 위해 깊은 어둠 속에서 일어나기로 했다. 한 궁정 해설가에 따르면, 더 쉬운 시기에도 그는 "일정에 맞춰 사는 삶을 즐겼다"

---

17 영국의 정치인들은 독일 출신의 앨버트가 정치에 관여하는 것도 우려했고, 그의 가족 구성원 중 몇몇이 가톨릭 교도였다는 점도 정치적·외교적 부담으로 간주했다.

고 하며, 점심시간, 특히 밸모럴 또는 오스본에서의 점심시간에만 그나마 따분한 말장난이라도 하는 것이 허용되었다. 1850년대 후반까지도 앨버트는 비록 밸모럴에서 사슴 사냥에 줄기차게 매진했으나 그 특유의 농담은 점점 줄어들었다. 점점 더 많은 시간을 혼자서만 보내거나 불안에 떨며 낭비해 버렸다. 그들은 왕실의 잭 스프랫Jack Spratt과 그의 아내로 변해가고 있었다.[18] 앨버트는 혈색이 점점 더 나빠지고 수척해졌으며 늘 분노로 폭발하기 직전인 상태였다; 영원한 어머니인 빅토리아는 이제 손목이 마치 살찐 팔찌처럼 뚱뚱해진 채로 늘 그의 옆에 다부지게 앉아 있었다. 그는 영국을 걱정했고 그녀는 그를 걱정했다.

둘 다 웨일스 공 버티를 걱정했다. 너무나 다정하고 현명한 맏이 비키는 17세에 왕세자비로 프로이센의 궁정으로 갔는데, 그녀의 어머니가 마치 자신의 "양"이 튜턴족의 부부 침실에 "제물로 바쳐지기 위해" 떠나는 듯이 통곡을 하는 바람에 당황했다. 앨버트 역시 딸을 몹시 그리워했다. 그녀가 떠나자 부모의 기대에 부응하지 못하는 맏아들의 만성적인 무능력은 더 두드러져 보였다. "버티의 성품은 형언할 수 없는 게으름이다." 그의 아버지가 화를 내며 말했다. "내 인생에서 그렇게 철저하고 교활하게 게으른 몸뚱아리는 본 적이 없다." 궁정의 질식에서 벗어난 버티는 사실 아버지가 생각하는 것만큼 자신의 의무에 알레르기가 심하지는 않은 쾌활하고 순진한 얼굴을 한 청년이었다. 옥스퍼드의 크라이스트 처치Christ Church에 다닐 때는 자신을 불명예스러운 처지로 떨어뜨리지 않았으며 특히 캐나다 여행은 개인적으로 완전한 승리였다. 하지만 커리Curragh에 있는 아일랜드 군부대 생활은 덜 성공적이었다. 다른 곳과 마찬가지로 그곳에서도 버티가 쾌락을 즐긴다는 사실에서는 벗어날 수 없었고, 특히 관능적인 코르셋을 봤을 때는 더욱 그랬다. 아버지와 어머니가 보기에 바람

---

18 잭 스프랫은 구전 동요의 주인공으로 비계를 먹지 못하는 깡마른 남자고 그녀의 아내는 살코기를 싫어하는 뚱뚱보다.

둥이로서의 그의 악명은 가정 도덕의 품위에 대해 공개적으로 홍보해 온 자신들의 사리 분별력에 흠을 내기 위해 의도된 것이었다. 영국 군주제를 다시 존경받을 수 있도록 만들기 위해 그들이 어렵게 쌓아온 성과가 무책임한 아들에 의해 무력화될 위험에 처했다.

버티를 덴마크의 앨리그샌드러Alexandra 공주와 결혼시키려는 계획은 가속화되었다. 앨릭스Alix의 매혹적인 얼굴과 아름다운 몸매와 진정으로 달콤한 성품은 결혼 침대에서 이 음탕한 왕자의 열망을 만족시키기에 분명히 충분할 것이다. 그러나 1861년 말에 덴마크 궁정과의 협상이 진행 중이었음에도 불구하고 앨버트와 빅토리아는 버티가 악명 높은 "여배우"와 바람을 피우고 있다는 사실을 알게 되었다. 거의 반역에 가까운 최근의 이 방해 공작에 질색한 이들은 이 과감한 행동이 가져올 수 있는 무자비한 자기 파괴—질병, 임신, 협박, 내실과 사창가의 공화주의!—에 대해 왕자에게 잔인할 정도로 솔직한 편지를 썼다. 동시에 앨버트는 USS 산 자킨토USS San Jacinto함의 찰스 윌크스Charles Wilkes 대위가 미국 내전 기간 동안 중립 원칙을 위반하고 영국의 우편 증기선 트렌트Trent를 저지한 후 남부연합 요원들을 제거함으로써 발생한 외교 위기를 처리하는 데 어려움을 겪고 있었다. 남부에 호의적이었던 파머스턴Palmerstone의 위그당 정부는 워싱턴에 있는 링컨Lincoln 정부에 대항하여 이 문제를 교전 사태 직전까지 몰고 갈 태세였다. 앨버트는 영국의 대응을 완화하고 또 다른 무익한 전쟁을 피하기 위해 헌법 차원에서 할 수 있는 모든 일을 하고 있었다.

11월 말에 앨버트는 최근의 샌드허스트Sandhurst 방문 때 걸린 "오한"으로 인해 이미 "불편해진 몸 상태"를 느끼며 인근의 케임브리지에 있던 버티를 만나러 가서 앞으로 똑바로 처신하라고 경고했다. 몰아치는 비와 살을 에는 바람을 동반한 전형적인 이스트 앵글리아East Anglia의 성 미카엘 축일Michaelmus 날씨였다. 윈저로 돌아오자 앨버트의 오한은 더 심해져 가라앉기를 거부했다. 그는 한때 오스본Osborne에 묘목을 심을 때 그것이 자라는 것을 볼 때까지 살아남지 못할 것이라고 병적으로 생각한 적이 있었다. 그가 이제 자신이 입게 될 수의

의 치수를 재는 것처럼 보이자 빅토리아는 극심한 고통에 시달렸다. "확실히 내가 치명적인 병에 걸렸다면 즉시 포기해야 하고 삶을 위해 투쟁해서는 안 된다. 나는 삶에 대한 집념이 없다." 그의 주치의 제임스 클라크 박사Dr. James Clark는 몇 년 전에 왕실 아이들에 대한 진단과 치료 때문에 앨버트를 극도의 절망 상태로 몰아넣었던 바로 그 사람이었다. 클라크는 이번엔 여왕의 남편이 실제로 앓고 있던 병이 발진티푸스 열병이라는 사실을 깨닫지 못함으로써 자신을 비난했던 사람을 제거했다. 파머스턴-필거슈타인이 가까스로 다른 의사를 불렀지만 너무 늦었다.

앨버트는 윈저성Windsor Castle에서 이 방 저 방을 옮겨 다니며 제정신을 차렸다가 잃었다가 하더니 마침내 블루룸Blue Room에 정착해서는 움직이지 않았다. 앨리스 공주는 인접한 방에서 찬송가를 연주했다. 여왕이 월터 스콧Sir Walter Scott의 『봉우리의 페버릴성Peveril of the Peak』(1823)을 읽어주기 위해 왔다. 이 책은 아직도 왕실 도서관에 남아 있는데 여백에는 빅토리아가 손으로 직접 다음과 같은 글을 적어 놓았다. "이 책은 그가 마지막으로 투병하다가 끔찍한 종말을 맞게 된 사흘 동안 81쪽까지 읽었다." 표식이 되어 있는 81쪽의 그 단락은 믿기 힘들게도 "그는 목소리들을 듣긴 했지만 그의 이해력에는 더 이상 그 어떤 인상도 남기지 못했고 몇 분이 지나자 그는 평생 … 잤던 그 어떤 잠보다도 훨씬 더 깊은 잠에 빠져들었다"라는 내용이었다.

이것이 과연 진정한 우연이었을까? 아니면 빅토리아가 스콧의 소설을 읽으면서 도달한 그 지점은 그녀가 문학적인 고별사를 남기기 위해 의식적으로 선택한 것일까? — 그 부분은 죽음이 아니라 깊은 치유의 잠을 묘사하고 있기 때문에 더욱 그래 보인다. 12월 14일 오후의 잠시 동안 앨버트는 잠시 회복된 듯한 모습으로 움직이기 시작했고 마치 저녁 식사를 위해 치장하려는 듯이 머리를 정리하면서 "에스 이스트 니히츠, 클라이네스 프로이센Es ist nichts, kleines Frauchen(아무것도 아니에요, 작은 아내여)"이라고 중얼거렸다. 빅토리아는 잠시 침대 옆을 떠났다. 그녀가 돌아왔을 때 그는 세상을 떠나 있었고 그녀의 통통한 작은 얼굴에서는 형언할 수 없이 고통스러운 울부짖음이 쏟아져 나왔다.

지상에서 가장 위대한 제국의 군주가 도저히 막아낼 수 없는 유일한 힘에 의해 참패를 당했다. 그녀가 너무나 많은 시간을 기진맥진한 상태로 반쯤 숨이 막힐 정도로 흐느끼며 보내는 바람에 비서와 장관들은 그녀가 미쳐버릴 것이라고 생각했다. "네 말이 맞다, 나의 사랑스러운 아이야." 여왕은 자신과 마찬가지로 비탄에 빠진 큰딸에게 이렇게 썼다. "기분이 나아지고 싶지도 않구나… 눈물이 주는 안도감은 훌륭하구나. 지난 수요일 이후로 울음의 격렬한 폭발은 없었지만… 그것은 날마다 몇 번이고 찾아와서 내 멍든 마음과 영혼을 달래준단다." 비키가 1862년에 어머니를 방문했을 때, 그녀는 어머니가 앨버트의 코트를 덮고 빨간 가운을 껴안고 잠들기 위해 울고 있는 것을 보았다. 빅토리아는 일기에 "침대에 가는 것이 얼마나 두려운 일인가, 내 사랑의 부드러운 애정과는 완전히 딴판이야. 이젠 철저하게 나 혼자!"라고 적었다.

만에 하나 빅토리아가 자살을 진지하게 생각했다 하더라도, 의무와 기억이 그러한 생각을 궁지로 몰아넣었다. 그녀는 일기장에 이렇게 적었다. "내가 계속 산다면 이제부터는 아버지 없는 우리의 불쌍한 아이들을 위한 것이다 — 그를 잃음으로써 모든 것을 잃은 내 나라를 위해서 나는 지금도 내 곁에 있는 그가 원하는 바를 알아채고 느껴서 그대로 행동할 것이다 — 그의 영혼이 나를 인도하고 영감을 줄 것이다." 나중에 보니 이 정도라면 매우 절제된 표현이었다. 죽음에게 이별이라는 잔혹한 승리를 떠안겨주는 주는 것을 거부한 채 남편이 곁에 있다는 환상을 유지하는 것이 그녀를 강박으로 몰아넣었다. 빅토리아는 오스본 전체에 사용한 비용과 같은 액수인 20만 파운드를 들여 프로그모어Frogmore에 카를로 마로케티Carlo Marochetti가 설계한 정교한 이탈리아식 왕실 묘지를 세웠는데(1년 전에 사망한 그녀의 어머니 켄트 공작 부인도 이곳에 잠들었다), 이곳에는 윌리엄 시드 3세William Theed III가 제작한 왕실 부부 조각상이 앵글로색슨족의 의상을 입고 서 있었다 — 색스-코버그Saxe-Coburg 왕조와 고대 영국의 헌법으로 간주되어지는 역사적 신화의 결합을 의미하는 의상이었다. 그러나 이 차가운 대리석이 종결을 선언하는 것은 허용되지 않았다. 빅토리아 세계의 모든 것은 ― 그녀가 평생 착용할 과부의 흑백 모자를 제외하면 ― 앨버트의 지속적인 존재에 대한 환상을 유지하도록 설계되어서 궁정 생활은 이제 한 편의 긴 강령회처럼 바뀌었다. 그가 사망한 블루룸은 독일식으로 죽음의 방인 스테르베지머Sterbezimmer[19]로 보존되지 않았고, 그가 아직 살아 있을 때의 상태로 정확히 그리고 영원히 유지되었다. 소파 덮개 천이 마모되면 정확한 복제품으로 교체해야 했다. 깨끗한 옷과 함께 뜨거운 물과 면도날, 면도 비누가 매일 준비되었다. 빅토리아가 기분을 좋게 하기 위해 안고 자는 옷을 제외하면 그의 모든 옷은 손대지 않은 채로 남아 있었다. 다소 진정하고 난 다음에도 그녀는 잠자리에 들 때 석고로 뜬 그의 손을 붙잡고 그의 잠옷을 안고 잤다. 앨버트의 침대 옆에는 그의 초상화와 작은 상록수 가지가 놓여 있었는데, 이것은 게르만식 기독교 전통에서 불멸과 함께 부활을 상징하는 것이었다.

이제 과부가 여왕의 본업이 되어버렸다. 빅토리아의 여생은 (그리고 나중에 밝혀지지만 그녀의 삶은 아직 아주 많이 남아 있었다) 제대로 감사할 줄 모르는 백성들 사이에 앨버트에 대한 기억을 영속시키고자 하는 최고의 소명에 바쳐질 것이었다. 흥겨움이 있어야 하는 경우라 하더라도 여왕 앞에서는 곤란해서, 버티가 앨리스와, 앨리스가 헤세 다름슈타트 대공Grand Duke of Hesse-Darmstadt인 루이 4세와 결혼식을 올리는 동안에도 왕실 가족의 배우자들은 마치 장례식 조문객처럼 보였고, 빅토리아에게는 고문이었음이 분명했다. 앨리스의 결혼식에서 그녀는 일기에 "나는 내 딸에게 '신의 축복이 있기를'"이라고 말했지만 그 애가 루이의 아내가 된 것이 '자랑스럽고 행복하다'고 말하는 것을 듣자 피 흘리는 나의 허망한 심장에 단검이 꽂히는 것만 같았다"라고 썼다. 그녀가 용납할 수 있는 유일한 문학 작품은 계관시인 테니슨Tennyson의 『추모하며In Memoriam』(1850)와 같은 진혼곡 정도였다. 새 편집본은 당연히 고인이 된 남편에게 헌정

---

19 고인이 떠나고 나면 모든 소지품을 제거하고 방을 소독하고 청소하는 방식.

되었다. 빅토리아 자신도 앨버트의 연설을 모은 선집, 그의 생애 초기에 대한 전기, 그리고 그의 경력과 업적 모두를 서술한 다른 다섯 권의 전기 등을 의뢰하여 기념 서고를 만들기로 결심했다. 곳곳에 기념비가 들어섰다. 앨버트가 사슴을 쫓던 하이랜드의 오솔길을 따라 화강암 이정표들도 세워졌는데, 그중 가장 위풍당당한 곳에는 "마음이 상한 과부가 추모하는, 위대하고 선한 앨버트"라는 글자가 새겨졌다. 영국을 비롯해 제국 곳곳의 25개 도시에 동상이 세워졌다. 빅토리아는 1866년 11월에 은신처를 벗어나 울버햄튼Wolverhampton으로 이동하여 또 하나의 동상을 공개했는데, "가라앉은 심장과 흔들리는 무릎"으로 기차에서 내려 군악대의 웅장한 연주와 깃발을 펄럭이며 환호하는 군중에 다가갔다. 너무나 큰 감동을 받은 여왕은 이 도시의 시장에게 기사 서품을 하기 위해 칼을 대령하라고 했으나 시장은 자신이 참형을 당하는 줄 알고 순간적으로 공포에 질려버렸다. 도시의 기념물들이 마치 전염병이 발생한 것처럼 만연하게 되자 찰스 디킨스는 1864에게 친구에게 이런 내용의 편지를 썼다. "만약 앨버트 공의 기억과 그에 대한 기념물을 피해서 사람들의 접근이 불가능한 곳에 있는 동굴을 발견한면 제발 좀 내게 알려 주시게. 잉글랜드의 이 지역에는 그 정도로 깊거나 한적하게 지낼 수 있는 곳이 없다네."

다른 저항의 조짐들도 나타나기 시작했다. 앨버트의 업적인 대박람회 개최 장소에서 최대한 가까운 켄싱턴에 기념관을 짓기 위한 모금이 시작되었고, 그곳은 또 다른 기념비적 동상이 마주볼 예정이었다. 그러나 건축에 필요한 12만 파운드 중 6만 파운드만 걷혀서, 추모위원회는 켄싱턴 가든에 동상 건축만 의뢰할 수밖에 없게 되었다. 조지 길버트 스콧Sir George Gilbert Scott의 고딕 부활 설계는 마로케티가 조각한 앨버트의 거대한 좌상을 이 성전의 중앙부 장식으로 만드는 것이었고, 금박을 입힌 앨버트는 첨탑 형태의 성합 또는 성유물함 안에서 웅장한 단 위에 앉게 될 것이었으나 불행하게도 비판자들은 이것을 거대한 양념통이나 설탕 치는 체에 비유했다. 캐노피가 있는 성전 옆에는 네 개의 거대한 기독교 미덕이 서 있었다. 또 다른 네 개의 동상은 도덕적 미덕을 의

4. 부인, 딸, 과부 251

인화했고 여덟 개의 청동상은 그가 그 가치를 몸소 실현하는 동시에 후원했던 예술과 과학 분야들을 상징했다. 기단에는 앨버트가 이끈 제국의 축복이 흘러 들어간 4대륙의 상징 무늬가 있었고, 그 위에는 유럽 문명의 천재 170명이 등장하는 200피트 높이의 프리즈frieze[20]가 설치되어 앨버트가 아리스토텔레스, 단테, 셰익스피어, 호가스Hogarth 및 모차르트와 같은 불멸의 동료들과 교제할 수 있게 했다. 전기 작가 리튼 스트래치Lytton Strachey가 『빅토리아 여왕Queen Victoria』(1921)에서 통찰력 있게 말했듯이, 앨버트 공을 성인으로 추대하는 이 대규모 방부 처리 작업은 사실상 근대 영국 사회의 초대 대통령과 같은 대단한 인물로 활약했던, 생각이 복잡하고 개방적이며 의심할 여지 없이 재능이 많았던 남자에게 어느 정도는 해를 끼쳤다.

그러나 빅토리아에게 그는 근대 지식을 갖춘 기업가가 아니라 완벽한 기독교 기사Chevalier였다. 그의 작업 방식에 헌신하기 위해 그녀는 매일 아침 7시 30분에 정확히 기상한 후 공문서와 긴급 공문들을 읽으며 기나긴 업무 일정을 수행했다(그가 그랬던 것처럼). 다비 경Lord Derby이나 존 러셀 경과 같은 총리들이 공식 애도 기간을 종료할 것을 제안하거나 최소한 의회 개원을 선포하는 여왕의 헌법적 의무라도 다시 수행하는 것을 고려해 달라고 청원했지만, 빅토리아는 자기 연민과 분노가 뒤섞인 반응으로 "비통과 불안에 산산이 부서진 불쌍한 나약한 여자"에 다들 너무나 무자비하게 더욱 많은 상처를 입히려 한다고 대답했다. 이렇게 상당히 많은 시간이 흐르면서 대중의 시선에서 빅토리아가 완전히 사라지자 언론이 불경스러운 논평을 쏟아내기 시작했고 영국인들 사이에서 공화주의에 대한 열망이 17세기의 내전 이후 가장 오래 지속되기 시작했다. 1866년과 1867년의 개혁 법안이 통과되면서 급진주의가 기세를 잡았고 특히 보수당의 지도자인 벤저민 디즈레일리Benjamin Disraeli는 자신이 그 누구도 예측할 수 없는 결과로 향하는 길로 내팽개쳐질 것이라는 두려움을 달래기 위

---

20   건축물 외부를 빙 둘러 설치된 띠 형태의 그림이나 조각 장식.

해 군주제의 견고함이 필요했다. 1866년에 여왕은 러셀 총리에게 "마음이 상한 불쌍한 과부가 긴장하고 움츠러들어서 깊은 애도로부터 끌려나오는 광경"을 사람들이 목격하게 되는 것이 혐오스럽다고 항의하면서도, 마침내 의회 개원에 참석하는 데 동의했다. 그러나 마지못해 참가한 행사였기에 백성의 마음을 얻기보다는 더 소외시켜 버렸다. 여왕은 의회 출석의 조건으로 국가 공식 마차 탑승, 의회로의 의전 행렬, 정식 예복, 그리고 특히 왕좌에서의 직접 연설을 모두 하지 않겠다고 통보했다. 귀족원 의장Lord Chancellor[21]이 연설문을 대독하는 동안 빅토리아는 과부의 모자를 쓰고 검은 상복을 입고 깊은 우울함에 빠진 채로 앉아 있었다. 그녀는 이러한 제스처조차 반복하고 싶지 않았다. 빅토리아가 의회를 여는 데 또다시 실패한 다음 해 6월, 풍자 잡지인 ≪더 토마호크The Tomahawk≫에 유명한 삽화가 실렸다: "브리태니어는 어디에 있는가?" 이보다 앞서 누군가가 버킹엄 궁전 난간에 대해 "이 웅장한 건물은… 마지막 입주자의 사업이 쇠퇴함에 따라 임대 또는 매각될 예정"이라는 풍자적인 포스터를 붙이기도 했다.

정치적으로 해로운 이 은둔 생활에서 벗어나도록 빅토리아를 설득하려는 모든 시도는 여왕이 지칠 줄 모르는 슬픔 속에서 기댈 수 있는 것처럼 보이는 오직 한 남자의 강건한 수호자 역할에 막혀버렸다: 밸모럴의 사냥 안내인 존 브라운John Brown. 앨버트가 그를 개인적으로 가장 좋아했었다는 사실로 인해 빅토리아는 자연스럽게 그를 신뢰하게 되었고, 그녀를 위해 그는 필수 불가결한 동시에 항상 옆에 따라다니는 존재가 되었으며, 그녀는 자신의 비서, 자녀 또는 장관들은 상상할 수 없는 자유를 그에게 허용했다. 그들의 입장에서는 경악스럽게도 그는 그녀를 감히 "여자wummun"라고 부르는가 하면, 무엇을 입을지에 대해 조언했고, 그날의 가장 좋은 계획은 무엇일지 말해 줬으며, 그녀를

---

[21] 지금은 귀족원 의장의 명칭이 'Lord Speaker'로 변경되었으나, 당시에는 'Lord Chancellor'로서 귀족원 의장과 사법부의 수장을 겸하는 직책이었다.

바깥 세계의 까다로운 요구들로부터 항상 보호했다. 그녀는 그 대가로 그에게 "여왕 폐하의 시종"이라는 특별 직책을 부여했다. 브라운은 밸모럴에서 그녀를 위해 조랑말 이륜마차 타기나 스코틀랜드 춤추기와 같은 행사를 매일 조직했는데, 그럴 때마다 종종 술에 취한 상태였다.

빅토리아를 이 깊고 독단적인 고립에서 구해내기 위해서는 1871년에 왕세자가 치명적인 질병에 걸린 것과 그녀가 암살 시도로부터 또다시 가까스로 벗어난 사건(브라운이 범인을 잡았다)이 결합되어 큰 충격이 발생해야만 했다. 디즈레일리가 버티의 회복에 대한 국가 차원의 감사의 날을 제안하여 세인트 폴 성당St Paul's Cathedral에서 예배를 마치고 난 뒤 (특히 공화주의 운동이 절정에 달해 있는 상태였기 때문에) 빅토리아는 비로소 마음을 돌렸다. 그녀는 엄청난 인파라는 보상을 받았다. 같은 해에 완공된 앨버트 기념관이 마침내 켄싱턴 가든에서 공개되었다. (나중에 한 주식회사가 로열 앨버트 홀Royal Albert Hall도 건설한다.) 3년 후인 1874년에 디즈레일리는 그녀를 인도의 여왕-여황Queen-Empress으로 추대하자는 왕실 호칭 법안Royal Titles Bill을 통과시키면서 마침내 빅토리아에게 자신의 독립된 권위에 대한 새로운 감각을 부여했다

그러나 여왕 자신에 관한 한, 그녀는 앨버트가 죽은 후 "모든 것에 대한 그의 바람, 그의 계획, 그의 견해는 곧 내 법이 될 것"이라고 했던 맹세에서 결코 벗어나지 않았다. 결혼 생활 동안 아내의 모든 의무가 가정의 의지로 자신의 의지가 녹아들어야 하는 것과 마찬가지로 이것은 과부의 권리이자 합당한 의무였다. 마거릿 올리펀트Margaret Oliphant와 같은 과부들은 생계를 위해 대중적인 소설 집필로 눈을 돌렸는데(그녀는 죽기 전에 100편을 출판했다), 이는 감탄보다는 동정의 대상이 되었다. 자본주의 시장의 짐승 같은 남성적 정글로부터 가정의 신성함을 보존해야 하는 여성의 숙명적인 역할이 상업적인 경력과 어떻게 양립할 수 있는 것이겠는가? 아무튼 이러한 것이 여성의 운명에 헌정된 거룩한 삼위일체 작품들이 전달했던 메시지였고 이것들은 모두 빅토리아가 사별할 당시에 출판되었다: 코번트리 패트모어의 「집안의 천사The Angel in the House」

(1854); 러스킨이 1865년에 맨체스터에서 행한 두 강연 중 하나이며 이후『참깨와 백합』으로 출판되는 「여왕의 정원에 대하여Of Queen's Gardens」; 그리고 특히 이사벨라 비튼Isabella Beeton의 『가사 관리서Book of Household Management』(1861). 이 세 작품 모두 엄청난 베스트셀러였다. 『참깨와 백합』의 초판은 16만 권이 팔렸는데 이 책이 여학교들의 정기적인 경품 행사를 위한 표준 비품이 되었기 때문이다. 그러나 이 책의 명성은 1870년 이전에 200만 부가 팔린 비튼 부인의 책에 의해 가려졌다. 하지만 이 책들은 가정 속의 여성을 영원한 복종 상태로 묘사하지는 않았다. 특히 러스킨은 여성을 "남편이라는 주인의 그림자이자 조수"로 인식하는 "어리석은 오류"를 거부하기 위해 애썼다. 사실 이 작품의 인기는 여성이 엄청난 힘―낭만적인 유혹보다 훨씬 더 구체적인 종류의 힘―을 갖고 있다는 메시지를 전달했다는 데 기인한다.

패트모어Patmore와 비튼 부인은 가정과 가사에 대한 숭배에 있어서 상호 보완적인 필수 소장 작품이었으며, 아내다움이라는 초월적인 신비를 서정적으로 표현한 시인이었고, 『가사 관리서』는 이 "신전"을 흠결 없이 유지하는 방법에 대해 1000쪽이 넘는 지침을 제공했다. 하나가 가정의 여사제를 위한 일종의 전례였다면, 다른 하나는 가사의 지휘와 통제에 대한 철저한 매뉴얼이었다. 이사벨라 비튼이 쓴 진정으로 놀라운 이 책의 맨 처음 단락이 모든 것을 말해 준다: "군대에서 사령관이 맡는 역할이나 기업에서 리더가 맡은 역할을 가정에서는 여주인이 맡는다." 러스킨의 입장은 조금 더 복잡했다. 그의 에세이-강연은 그 제목에서도 알 수 있듯이 여사제와 장군이라는 은유에 "여왕"이라는 은유를 첨가했다. 그녀의 주권은 단지 베개를 통통하게 하고 고기구이를 제시간에 요리하는 것과 관련된 문제가 아니었다. 그녀에겐 탐욕스러운 자본주의의 퇴폐로부터 사회를 보호해야 하는 막중한 책임이 부여되었다. 가정에서의 반자유주의illiberalism는 시장의 저속한 공성전에 대한 방어였다; 최소한 현관문 내부에서만큼은 경쟁적 개인주의가 아닌 다른 가치가 우세할 것이라는 보장을 제공한다 ― 즉 "평화의 장소이자, 모든 부상뿐만 아니라 모든 공포, 의심 및 분열로부터의 피난처".

 이러한 처방을 제안하는 러스킨의 사생활이 공개되었더라면 그의 신뢰성에 그다지 도움이 되지는 않았을 것이다. 그와 에피 그레이Effie Gray의 결혼은 완성되지 못한 대실패였다. 그는 자신의 완벽한 백합이었던 사춘기 소녀 로즈 라 투슈Rose La Toushe에 거의 최면 상태에 가깝게 매료되어 있는 동안 『참깨와 백합』을 썼는데 그녀가 자신의 아내가 되어야 한다고 스스로를 속이기 전에는 그녀의 가정교사이자 멘토 역할을 했었다. 로즈는 그의 제안을 듣고는 공포에 질려 도망쳐 버렸고, 처음에는 그녀가 그다음에는 러스킨이 거의 똑같이 폭력적인 양상의 정신적 붕괴가 발생했다. 물론 이 위기는 신뢰할 수 있는 가정교사, 도덕적·지적 보호자에서 연인이자 미래의 남편으로 무모하게 역할을 바꿔버린 러스킨 때문에 발생한 것이었다. 러스킨은 「여왕의 정원에 대하여」에서 분명히 밝혔듯이, 여성은 강렬한 독서를 통해서 남편에 대한 지적으로 매력적이지 못한 노예 상태로부터 (그리고 무가치한 유행에 대한 잡담으로부터) 실제로 해방되어 동등한 사람으로 전환될 것이라고 상상했기 때문에, 아침 식사로 마멀레이드를 먹으면서 예술, 철학 및 도덕에 대해 대화하게 될 것이었기에, 이러한 재앙이 발생하고 있는 것을 알아채지 못했다.

 그러나 가정의 미덕에 관한 좀 더 전통적인 빅토리아 시대의 입법자들과 달리 러스킨은 사실은 여성이 집에만 속해 있는 것은 아니라고 주장했다. "남성에게는 자신의 가정과 관련된 사적인 업무나 의무가 있고 국가와 관련된 공적인 업무나 의무가 있는데, 그의 사적 활동은 공적 활동의 확장이다. 마찬가지로 여성에게도 자신의 가정과 관련된 사적인 업무나 의무가 있으며, 여성의 공적인 업무나 의무는 사적 활동의 확장이다." 그는 무슨 생각으로 이런 말을 했던 것일까? 바깥세상에서, 특히 가난한 사람들이 살고 있는 세상에서 다른 사람들이 가정을 꾸리는 것을 돕기 위한 모든 것; "집 안에서 여성은 질서의 중심, 고통의 위안, 아름다움의 거울이 되는데; 질서는 더 어지럽고 고통은 더 임박해 있으며 사랑스러움은 더 희박한 집 밖에서도 여성은 그렇게 될 수 있다."

『참깨와 백합』의 상업적 성공으로 러스킨은 옥테이비어 힐과 같은 젊은 여성 자선가와 개혁가들이 바로 이런 식으로 "집 밖의 천사"가 되도록 도왔다. 힐은 사회 개혁가인 롤런드 힐Rowland Hill의 손녀였으며, 러스킨은 그녀가 겨우 15세였을 때 그녀를 만났다. 러스킨은 옥테이비어가 그녀 자신이 아닌 다른 사람들을 위한 가정의 설계자가 되는 것을 지켜보았다. 그녀의 자선 단체 협회Charity Organisation Society가 런던에 첫 공동주택을 매입한 후 노동계급 가족을 위한 "개선된" 숙소로 전환할 수 있었던 것은 그의 후원금 덕분이었다. 그러나 옥테이비어의 목표는 건물뿐 아니라 세입자까지 리모델링하는 것이었다. 그녀의 자원봉사자들이 집세를 받으러 갈 때는 주민들이 매주 작성해야 하는 행동 보고서 양식 꾸러미도 함께 들고 갔다. "술에 취하거나 부도덕하거나 게으른 습관을 가진 사람들은, 그들이 진정으로 개혁하고자 한다고 위원회를 납득시킬 수 없다면〔자선 수당을 통한〕도움을 기대할 수 없다." 교정이 불가능한 범죄자와 상습범들은 도덕적인 해악의 전염성이 있는 것으로 간주되어 퇴출되었다. 러스킨에게 이것은 이전에는 먼지와 소란만이 들끓었던 가정에 평화를 불러오기 위해 "여왕의" 권력을 자비롭게 행사한 완벽한 사례였다. 짐승의 소굴이 아름다움과 믿음의 거처로 바뀔 것이다.

그러나 행복한 결혼 생활을 영위하던 빅토리아 시대의 중간계급 여성이 바깥세상에 더 어울릴 만한 사업을 감히 자신의 집 안으로 들여왔다고 가정해 보라. 만약 그 사업체가 특히 화려한 예술의 성격을 띠는 것이라면 가정생활과 조화를 이룰 수 있겠는가? 아니면 러스킨이 "순결한 사원"이라고 불렀던 것의 신성함을 불가피하게 오염시킬 것인가? 이 이슈를 테스트하기 위해 빅토리아가 해야 했던 일은 그녀의 이륜마차를 타고 와이트섬의 프레시워터Freshwater 길을 따라 몇 마일을 내려가 그녀의 계관시인 앨프레드, 즉 테니슨 경의 집을 지나 "딤볼라Dimbola"에 도착하기만 하면 되었다. 이곳은 1863년부터 빅토리아 시대의 가장 위대한 사진작가인 줄리아 마거릿 캐머런Julia Margaret Cameron이 거주하는 저택이자 스튜디오였다.

이 사안은, 1860년대의 사진 분야가 나름대로 예술 활동을 연습하는 고상한 아마추어와 여행 사진, 유명한 문학가나 군인의 사진, 경찰 및 의료 관련 기록, 또는 좀 더 수익성 있는 시장을 겨냥한 음란물을 제공하는 전문가로 크게 나뉘어져 있었다는 사실로 인해 더욱 복잡해졌다. 장비 및 가공에 필요한 상당한 규모의 비용(특히 유리판에 감광성을 부여하는 데 필요한 화학적으로 환원된 질산염과 조색을 위한 금괴)으로 인해 이 취미는 주로 자신의 집에 마련된 스튜디오와 암실에서 작업하는 상층 중간계급과 빅토리아 시대 특유의 젠트리에게만 국한되었다. 캐머런의 직계 선배들 중 가장 위대한 하워든 부인 클리멘서Clementina, Lady Hawarden(그의 놀랍도록 파격적이고 관능적인 재능은 42세의 나이에 잔인하게 단절되었다)도 아일랜드 귀족 가문 출신이다. 그녀는 던드럼Dundram에 있는 집을 자신의 첫 번째 스튜디오로 사용했고 대박람회 현장에서 아주 가까운 사우스켄싱턴으로 남편과 함께 이사한 후에는 아파트의 일부를 부속 건물로 사용해서 사진 촬영을 하면서 — 성적 성숙 직전(또는 직후) 단계에 접어든 두 딸을 모델로 이용했다. 하워든 여사는 이런 식으로 작업했기에 작품의 눈부신 독창성에도 불구하고 이 새로운 예술 분야의 지배자였던 사진 협회Photographic Society의 권위에 아무런 문제도 도전도 제기하지 않았다. 그녀는 단 세 차례에 걸쳐 전시회를 열었으며 — 1865~1866년에 런던의 판화점 P&D 콜나기P.&D. Colnaghi's에서, 1866~1867년에 런던의 프렌치 갤러리French Gallery에서, 1867~1868년에 런던의 저먼 갤러리German Gallery에서, 작품성을 인정받아 협회에서 주는 은메달과 함께 많은 찬사를 받았다.

줄리아 마거릿 캐머런은 이것과는 완전히 다른 경우였다. 그녀는 출신 배경은 상당히, 심지어는 아주 확실히, 식민지적이었다. 프랑스인 어머니와 영국계 인도인 아버지 사이에서 줄리아 패틀Julia Pattle로 태어난 그녀는 일곱 명의 자녀 중 한 명이었다. '패틀의 딸들'은 인도에서 탁월한 미모로 유명세를 탔는데, 그들은 인도에서 흔히 멤사브memsahib[22]가 입을 것으로 기대되던 얌전한 빅토리아 스타일 드레스보다는 화려한 인도 실크와 숄을 즐겨 입었다. 그들을 흠모했던 어떤 사람은 이렇게 기록했다. "이 자매 중 하나가 기다란 가운과 아래로 물결치는 주름 옷을 입고 둥둥 뜬 것처럼 방으로 들어오는 광경을 보는 것"은 거의 그 자체로 하나의 이벤트였고 잊을 수 없는 모습이었다. 그들은 대중의 시선에 대해 조금도 신경쓰지 않았다." 1838년에 23세의 줄리아는 진지한 결혼을 했다 ─ 런던 대학London University의 도덕철학 전공 교수가 되기를 열망했지만 성직자가 아니라는 이유로 거절당한 고전학자(이튼과 옥스포드 출신)인 찰스 헤이 캐머런 Charles Hay Cameron과. 캐머런은 실론(스리랑카)의 총독 위원회 위원 및 법률 위원으로서 탁월한 경력을 쌓았으며, 그곳에서 광대한 플랜테이션 농장을 운영했다.

1848년에 찰스 캐머런은 갑자기 이 모든 것을 포기하고 줄리아를 데리고 런던으로 돌아와서는 다시 숭고한 일들에 자신을 바치면서 고상함과 아름다움에 관한 논문을 쓰려고 결심했다. 프린셉Prinsep 가문─인도의 동양학 학자들과 런던의 화가 및 시인들이 결합한 유력 가문─을 통해 캐머런 부부는 살롱 사교계로 진출하여 테니슨과 위대한 천문학자 존 허셜Sir John Herschel 등과 어울렸다. 프레시워터에 있는 테니슨을 방문하면서 줄리아는 리모델링을 통해 "딤볼라"로 거듭난 한 쌍의 오두막을 보았다. 여기에서 그들은 아이들과 함께 자리를 잡았고, 찰스 캐머런이 책 속에 파묻힌 은둔자까지는 아니었지만 은퇴한 철학자의 삶을 살게 된 것은 확실해서 테니슨이 침실에서 잠든 그의 모습을 보고는 "그의 수염이 달빛에 젖어 있었다"고 표현할 정도였다.

어느 시점엔가, 아마도 1863년 초에 그녀가 48세가 되었을 즈음, 줄리아는 카메라를 처음으로 입수했다 ─ 그 당시에는 거대한 나무 상자 장치. 그녀는 신속하게 "딤볼라"에 있는 석탄 창고를 암실로 개조했고, 닭장은 그녀가 "내 유리집"이라고 불렀던 것으로 개조했다 ─ 스튜디오. 그녀의 경력에 대한 대부분의 설명은 그녀가 사진을 시작한 이유가 와이트섬에서의 중간계급 생활의 정중한 의식들과 몇 차례에 걸친 라파엘전파Pre-Raphaelite 예술가들의 방문 사이에 남

---

22 마님.

는 시간을 때우기 위해서 취미가 필요했던 아마추어의 열정이었던 것처럼 묘사한다. 하지만 가족 일기에서 드러난 바에 따르면 줄리아는 처음부터 예술적으로나 상업적으로나 훨씬 더 진지한 작업을 수행하려 했던 게 분명하다. 실론에서 커피 수확량이 계속 감소하자 캐머런 가문은 심각하게 어려워졌다. 서고에 더 깊이 파묻혀버린 찰스가 재산을 회복하려는 의향이나 능력이 있다는 징후는 전혀 없었다. 1866년 9월에 그녀의 사위인 찰스 노먼Charles Norman은 줄리아의 후원자 중 한 사람에게 1000파운드의 대출을 요청하면서 "지난 두 달 동안 장인은 무일푼 신세여서 정육점에서의 그의 부채가 늘어났다"고 썼다. 따라서 이전에도 줄리아가 직업 사진가가 되려고 했었는지 여부에 상관없이 이제는 가족을 위해 무조건 성공해야 한다는 의무감을 느낄 수밖에 없었다. 클리멘서 하워든은 여성 예술 학교Female School of Art를 후원하는 한 바자에서 그녀의 작품을 판매하는 데 성공했다; 줄리아도 수익을 위해 자신의 작품들을 팔아야 했다. 하지만 그녀의 직업 정신이 그녀의 미적 기준과 타협하지는 않을 것이었다. 그녀의 모델 중 한 명은 캐머런 부인이 "사진 분야에 혁명을 일으키면서 돈을 벌겠다는 신념을 갖고 있었다"고 믿었다. 돈을 버는 데는 돈이 든다. 장인과 장모 모두에 대해 진심으로 걱정하던 찰스는 그들에게 "이런 종류의 도움이 그녀에게 주어지는 것은 이번이 정말로 마지막이고, 앞으로 그녀의 행복이나 불편함이나 불행은 전적으로 그녀 자신에게 달려 있다"라고 말했다고 채권자에게 보고했다.

그러나 이것이 바로 줄리아 마거릿 캐머런이 찾고 있던 기회였다 — 자기만의 길을 가기 위한. 그리고 그녀는 인내할 수 있는 강인함을 가지고 있었다. 테니슨이 묘사한 그녀의 이미지는 화려한 마돈나와 가녀린 소녀여서 순수와 열정을 구현하는 그녀에 대한 환상적인 고정관념을 약화시키기보다는 오히려 강화했지만, 막상 줄리아 본인은 천사와는 거리가 멀었다. 조수를 구할 수 없었기 때문에 그녀는 축축한 콜로디온collodion 공정의 모든 귀찮은 일을 스스로 해야 했다: 유리판이 젖은 상태로 노출되도록 해야 하다 보니 손가락과 드레스는 질산염 증감제로 염색이 되어버렸고, 이미지를 세척하고 보정해야 했고, 인화지들을 현상해야 했다. 자신의 초상 사진과 "시적" 연구 모두를 특징짓는 강렬하게 표현되는 빛과 그림자의 효과를 얻기 위해서 그녀는 햇살이 자주 비치지도 않는 프레시워터 지역에서 자연광에만 의존해서 작업했기 때문에 때로는 10분 이상 지속되는 매우 긴 노출이 필요했다. 순순히 포즈를 취해주는 자신의 아이들과 하인들뿐만 아니라 때로는 매우 위대한 인물들—조지 프레드릭 워츠 George Frederic Watts와 윌리엄 호먼 헌트William Holman Hunt와 같은 예술가들; 칼라인Carlyle, 존 허셸John Herschel 및 테니슨—도 모두 참기 힘든 시간 동안 꼼짝 말고 가만히 있어야 하는 괴롭힘을 당해야 했다. 허셸—영국에서 가장 저명한 남자 중 한 명—은 감전되듯이 흥분한 엄청난 천재의 모습을 역광으로 담아내기 위해 줄리아가 검게 그을린 손가락으로 그의 머리를 헝클어뜨릴 수 있도록 머리를 감고 와야 했다. 칼라일의 그 유명한 초상 사진들은 아마도 예술 역사상 가장 매혹적인 얼굴 이미지에 속할 텐데, 그가 촬영 중에 안절부절 계속 움직였기 때문이다. 사진작가는 이것을 적절하게 활용했다. 그녀는 그의 머리가 "미켈란젤로 조각의 거친 블록"이라고 생각했다. 그러나 칼라일의 성격은 또한 날카롭고 변덕스럽기로 악명이 높았다. 그래서 결국 그녀는 우리에게 기념비적이고 활력이 넘치는 한 머리를 남겨주었다 — 칼라일 화산의 진정한 뜨거운 떨림, 불타는 "어두운 등불 속의 빛".

예상대로, 초점과 노출의 극단적인 조작은 사진 협회 핵심 인사들의 인정을 받는 데 실패했다. 그들은 줄리아의 "유명 인사의 초점이 맞지 않는 초상화 시리즈"를 기술적인 무능을 시적인 감정으로 위장한 싸구려 천박함이라고 조소했다. (《포토그래픽 저널Photographic Journal》의 전형적인 냉소적인 리뷰는 다음과 같다. "우리는 이 여성의 대담한 독창성만큼은 인정해야 한다. 그러나 사진에 관한 다른 모든 품질들은 희생되었다.") 그녀가 유명해지수혹 그들은 점점 더 못되게 굴었다: "사진을 전문으로 삼지 않는 다른 매체들이 그녀의 작품에 대해 아낌없는 찬사를 보낸 것에 대해 우리 위원회는 유감스럽게도 동의할 수 없으며, 그녀가 예술의 능력에 잘 알게 된다면 자신의 시적 아이디어를 사진과는 완전히 다른 방식으로 재생산하게 되리라 확신한다." 이 말은 물론, 클리멘서 하워든과 같은 고귀한 아마추어를 제외하고는, 사진 분야에서 가장 중요하게 여기는 품질을 마스터하지 않은 미숙한 여성이 자신의 작품을 성급하게 선전하면 안 된다는 뜻이었다: 화질의 선명함. 선명함은 물론, 무거운 것들을 들어 올리고 축축한 화학 공정을 거쳐야 하는 일과 마찬가지로, 자기를 내세우지 않아야 하는 제작 기술이었다; 신사답게 입을 굳게 다문 채 묵묵히 작업해야 하는 성격의 예술이며, 줄리아 마거릿 캐머런이 시도하는 것처럼 화려하고 몽환적이며 흐릿한 예술이 아니다.

그러나 줄리아는 선명함을 혐오했다. 그녀는 말 그대로 자연의 팩시밀리를 만드는 데에는 관심이 없었다. 그녀의 목표는 렌즈가 달린 기계를 통해 시인을 만드는 것이었다. 사진 협회를 당혹스럽게 만든 그 위대한 "머리"는 내적 감정(분노, 슬픔, 의기양양함, 황홀한 몽상)의 외적 징후를 탐구하는 낭만주의를 한 걸음 더 나가게 하려는 것이었다 — 사상가/영웅적 예술가의 풍부한 표정이 담긴 이미지를 창조하기 위해. 캐머론은 또한 자신의 시적인 의상 드라마를 연출하기 위해 필요한 더 산란된 빛 속에서 아이들, 하인들, 고분고분한 친구들을 목욕시키도 했지만, 때로는 의도적으로, 심지어는 잔인하게, 모델들이 자신이 맡은 역할 안에서 갖게 되는 자의식을 갖고 놀기도 했다. "슬픔"이라는 제목으로 묘사된 16세의 여배우 엘렌 테리Ellen Terry(9세에 무대에 데뷔한)의 숭고할 정도로 아름다운 초상 사진이 그토록 애달파 보이는 이유는 바로 자신보다 훨씬 더 나이가 많은 워츠Watts와의 결혼이 이미 프레시워터에서의 신혼여행에서부터 무너지고 있는 것이 분명했기 때문이다. 감정적 스펙트럼의 반대쪽 끝에는 캐머런 가문으로 입양된, 회개 아니면 죽음이라는 신조를 가진 복음주의 설교자의 딸 실렌 윌슨Cyllene Wilson의 사진이 있다. 실렌의 힘이 넘치는 얼굴에 제대로 된 절망의 모습이 나타나게 하기 위해 줄리아는 자연스러운 표정이 나올 때까지 몇 시간 동안 그녀를 벽장에 가두는 것조차 서슴지 않았다. 실렌에겐 아마도 이것이 너무 지나친 일이었는지, 그녀는 나중에 바다로 도망쳐 대서양의 증기선 위에서 어느 엔지니어와 결혼했고 결국 아르헨티나에서 30대에 황열병으로 사망하고 말았다.

줄리아는 성공하긴 했지만, 충분한 성공을 거두지는 못한 것 같다. 사진 분야의 기득권 세력과 적당한 거리를 유지한 채로 그녀는 남편의 오랜 친구이자 은행가인 오버스턴 남작Baron Overstone 새뮤얼 존스 로이드Samuel Jones Loyd로부터 결정적인 후원을 받았고, 투자에 대한 대가로 그에게 가장 뛰어난 앨범들을 배당했다. 그녀는 폴 콜나기Paul Colnaghi의 갤러리에서 전시와 판매를 했으며, 카본지 복사물을 출판하기 위해 오토타입 회사Autotype Company와 계약을 체결했다. 불법 복제를 방지하기 위해 줄리아는 최근에 제정된 저작권법(1869)에 따라 자신의 사진 중 505장을 등록함으로써 자신의 독창성과 인기를 최대한 활용함으로써 최대한 많은 이윤을 남기려 한다는 의지를 표명했다. 매매상과 출판업자의 노력으로 그녀의 작품은 유명해졌다. 그러나 그것은 결코 파멸을 막지는 못했다. 1875년에 그녀는 재산을 탕진한 채로 남편과 함께 실론으로 돌아갔고, 1879년에 그곳에서 사망했다. 비록 인도-오리엔탈 지역의 사진 산업이 번창하고 있었지만 사원과 다과회의 촬영은 줄리아 마거릿 캐머런의 취향이 아니었다. 그녀의 이미지 작품들은 서서히 인기가 시들해지더니 결국엔 판매가 완전히 중단되었다. 하지만 그녀가 이룩한 업적의 힘은 "숙녀 아티스트들"을 폄하하던 이들의 얼굴에서 비웃음을 지워버리기에는 이미 충분했다.

빅토리아는 자신의 마음을 앨버트에 대한 추억과 연결시켜 준 테니슨의 「왕의 목가Idylls of the King」(1874~1875)라는 시를 사진으로 표현해 낸 캐머런의 작품들을 이미 알고 있었기에 여성 사진가라는 직업이 못마땅하지는 않았을 것이다. 반면 여성 의사는 훨씬 더 충격적이었다. 젊은 여성이 남성과 함께 시체를 해부하는 것은 말할 필요도 없고 인체 해부학의 끔찍한 세부 사항에 익숙해진다는 생각 자체도 여왕에게는 역겨운 외설로 인식되었다. 그래서 이 분야로 진출하고자 용감하게 첫발을 내딛었던 여성들은 당시 사회가 그들에게 허용하는 간호사 공부를 하는 척해야만 했는데, 간호사 역시 실물 해부학에 대해 똑같이 친숙해져야 했음에도 불구하고 덜 충격적인 직업으로 간주되었던 것은 역설적이다. 앨버트 공이 사망한 해인 1861년에 엘리자베스 개럿Elizabeth Garret이 ─ 미들섹스Middlesex 병원의 심사관들은 "E. 개럿"이 여성이라는 사실을 눈치채지 못했었기에 경악을 금치 못했다 ─ 교육 병원의 자격시험에서 1위를 차지했다. 부유한 서퍼크Suffolk 지역 사업가의 딸인 개럿은 15세에 학교를 그만뒀다. 그러나 그녀는 결혼식 제단과 응접실을 위해 (아마도 독서와 그림에 대한 러스킨식 교육을 통해) 몸단장을 하는 대신 완전히 아주 다른 생각을 품고 있었다. 엘리자베스 블랙웰Elizabeth Blackwell의 연설이 개럿의 인생을 바꿨다. 브리스톨에서 태어난 블랙웰은 1849년에 미국으로 이주하여 28세의 나이로 미국 최초의 공인 여의사가 되었다. 파리에 있는 라 마테르니테La Maternité 병원의 산과에서 근무하다가 한쪽 눈을 실명한 뒤(그녀에 따르면 그곳의 남성 의사들은 여성을 "교육을 반쯤 받은 보충 인원"으로서 환영했다) 블랙웰은 미국으로 돌아와서 1853년에 뉴욕의 공동주택에서 원룸 진료소를 차렸고 결국 1857년에는 뉴욕 진료소와 여성 대학New York Infirmary and College for Women을 설립했다. 그녀는 한마디로 살아 있는 영감이었다.

엘리자베스 개럿은 블랙웰이 미국을 위해 한 일을 영국을 위해 하기로 결심했다. 처음에는 딸의 완고한 무모함과 아집에 소름이 끼쳤지만, 그녀의 부유한 아버지는 결국 그녀의 의과 대학 강의 참석을 포함하여 간호사가 목표인 척하고 받는 교육을 보조할 정도로 마음을 누그러뜨렸다. 남학생들에게 따돌림을 당했고 해부에는 부분적인 참여만이 허용되었지만 엘리자베스는 좌절하지 않고 시신의 일부를 매입해서 자신의 침실에서 해부를 했다.

1861년에 치른 그녀의 시험 결과에 대해 조용히 해달라고 간청을 받았지만 개럿은(아마도 여성 및 소아과 의학을 전문으로 하는 여의사 집단의 창설을 옹호하는 ≪잉글리시우먼스 저널≫의 여러 기사에 의해 부추김을 받았을 수도 있다) 결국 이 사건을 홍보하기로 선택하여 이 직업 분야에 스캔들을 일으켰다. 런던 대학에 대한 입학 지원은 거부되었다 — 그러나 대학 평의회에서 10:10으로 표결이 양분된 후에, 총장이었던 그랜빌 경Lord Granville이 개럿의 초창기 추종자인 자유당의 동료 글래드스턴의 추천에도 불구하고 명시적으로 반대표를 던졌다. 1865년에 그녀는 약사 협회 Society of Apothecaries의 시험에도 응시하여 합격했는데, 그들은 자신들의 부주의에 경악해서는 여성을 이 직업에서 제외하는 법령을 통과시켰다. 1870년에는 두 번의 성공적인 수술을 집도하고 프랑스어 필기 및 구술시험에 합격한 후 파리 대학에서 의학 학위를 받았다. 그러나 이것이 여성의 의학적 열망을 위한 싸움의 끝은 아니었다. 개럿이 프랑스 면허를 취득한 해에 소피아 젝스-블레이크Sophia Jex-Blake가 이끄는 다섯 명의 여성 그룹이 에딘버러 대학의 의학 시험에 응시하려고 했을 때 거의 폭동 수준의 위협을 받았다. 야유하는 군중을 뚫고 겨우 시험실에 도달했지만 그들은 이 여성들 뒤로 양 떼를 밀어 넣었다. 이런 일로 괴로움을 겪었든 아니든, 이 여성들에게 힘을 실어준 것은 결국에는 그들을 지원해 줄 수 있는 결혼인 경우가 많았다. 엘리자베스 개럿Elizabeth Garrett이 증기선 소유자와 결혼한 결과로 엘리자베스 개럿 앤더슨Elizabeth Garrett Anderson이 되자 그녀는 마침내 여성을 위한 새로운 병원New Hospital for Women을 열 수 있는 지위에 오르게 되었다.

여성 노동의 적절한 한계로 받아들여졌던 것에 대한 그녀의 거부는 대박람회에 대한 빅토리아 시대의 찬양—평화, 번영, 자유무역—이 부적절한 것으로 들리기 시작한 1870년대가 되면 더 이상 희귀한 것이 아니게 되었다. 1860년대 후반에 이미 은행의 격변과 합병이 잇따르면서 상업을 떠받치던 큰 기둥들이 흔들리기 시작했다. 곽스 브리태니커Pax Britannica는 유럽에서 새로운 민족 국가와 제국들을 거칠게 만들고 있는 민족 간의 침략 전쟁을 막는 데 무력해 보였다. 아일랜드에서의 폭력과 발칸의 대학살은 센세이션에 굶주린 대중 언론에 헤드라인을 제공하기 시작했다. 그러나 더욱 심하게 폭발적인 일은 도서관과 토론회에서 일어났고, 그 일은 바로 다윈Darwin의 『인간의 유래Descent of Man』(1871)였다.

그들의 어머니와 할머니 세대에서는 유용해지고 싶은 절박한 갈망―비튼 부인이 설정한 의무를 넘어서―은 기독교적인 치유와 사랑의 활동으로 채워졌었다. 그러나 다윈은 종종 자신이 주장한 이론의 의미가 신앙에 대한 위협이 아니라고 항변했지만(그 자신의 신앙에 대해서도), 이 항변에는 부정직한 요소가 있었던 것이 사실이다. 실제로는 신앙이라는 거대한 보호막―직접적인 계시에 근거한 권위―이 이제 도덕적으로 냉담하고 스스로 진화하는 우주에 대한 다윈의 상상에 의해 산산조각이 났다. 일단 이 책을 읽고, 소화하고, 믿게 되면, 적어도 대박람회 시기에 태어난 젊은 여성들은 남성이 지배하는 기도의 왕국에 자신의 몸을 맡기는 것이 더 이상 불가능하지는 않더라도 매우 어렵게 되었다. 교회와 가정의 옛 복음 대신에 여성들에게는 이제 **교육과 직업의 새 복음**이 필요했다. 그리고 경쟁과 생존을 위한 투쟁이 세상이 작동하는 방식의 진리인 것처럼 보였으므로 왜 그들이 싸움으로부터 몸을 움츠려야 하겠는가? "여왕들"은 세속의 시끄럽고 미친 듯이 밀려드는 소동에 반대하는 동시에 초연해야 한다는 러스킨의 호소와는 반대로, 여성의 고등교육과 여성 노동을 위한 더 야심 찬 분야를 주장하는 챔피언들은 대조적으로 다음과 같이 주장했다. 그들을 더 나은 아내와 어머니, 최소한 더 나은 여성으로 만드는 것은 더 넓은 세상에 대한 직접적인 경험이다. 여왕은 이제 정원에서 나와 도시의 정글로 들어가야 한다.

물론 러스킨은 여성 교육의 비판가가 아니라 후원자였다. 그러나 그는 그 교육의 내용이 결코 남성이 적합하다고 생각하는 과목을 넘어서서는 안 되며; 궁극적으로 그 기능은 젊은 여성을 더 흥미로운 아내와 동반자로 만드는 것이라는 점을 분명히 했다. 성찬 식탁에서 집 안의 천사가 크리놀린이나 커튼의 길이에 대해서 얘기하는 것보다는 테니슨이나 틴토레토Tintoretto[23]에 대해 이야기하는 것이 더 좋다. 엘리자베스 개럿의 친구이자 동시대에 활동한 에밀리 데이비스Emily Davies는 교육을 받지 않은 아내보다는 교육을 받은 아내와의 결혼

23　틴토레토(1518~1594): 16세기 중·후반에 이탈리아 베네치아에서 활약한 화가.

이 더 낫다는 데 확실히 동의했지만 그녀는 그 교육을 통해 재미있는 파트너를 훈련시키는 것보다 더 많은 것을 원했다. 그녀는 런던 대학이 여성에게 학위를 수여해야 한다고 주장하면서, 비록 이 주장은 기각되었지만, 다음과 같이 썼다. "우리가 주장하는 모든 것은 여성의 지능이… 완전하고 자유롭게 발달해야 한다는 점이다." 그리고 그렇게 하려면 학교교육뿐만 아니라 고등교육도 필요했다. 여성은 어쨌든 생물학적으로 수학과 과학에 적합하지 않다고 주장하는 남성들을 향해 데이비스는 그토록 많은 남성도 정확히 같은 실패로 비난받고 있는데 이것에 대해서는 어떻게 설명할 수 있겠는가 물었다. 그녀가 가장 혐오했던 것은 상당수의 여성이 "정신적 공백"이라는 이 굴욕적인 가정을 받아들이고 있다는 사실이었다.

런던 대학은 당연히 베드퍼드Bedford와 퀸즈Queen's의 여학생들에게 정식 학위를 수여하는 것을 용납하지 않을 것이기 때문에(적어도 1878년까지는), 복음주의 목사의 딸인 데이비스는 1866년에 스스로 여성 대학을 설립하기 위해 모금을 했다: 1869년에 히친 컬리지Hitchin College가 처음으로 여섯 명의 학부생에게 문을 열었고 4년 후 케임브리지에서 북쪽으로 몇 마일 떨어진 곳에서 거튼 컬리지Girton College로 이름을 바꿔 다시 문을 열었다. 여성의 지능이 남성의 지능과 구별할 수 없다는 것을 증명하기 위한 그녀의 전투를 지속하기 위해 데이비스는 케임브리지 대학의 교수진이 제공하는 것과 동일한 커리큘럼을 제공하자고 주장했다. 그녀의 열정적인 동료인 헨리 시지윅Henry Sidgwick(1880년에 뉴넘 컬리지Newnham College로 발전하게 되는 여학생을 위한 기숙학교를 1871년에 설립)은 어떤 종류의 교육이 여학생들의 학습 및 전문직업 기술을 가장 잘 발전시킬 수 있는지에 대해 데이비스와 의견이 일치하지 않았다. 그는 고대의 분과 학문들은 남성 신학교에서 쇠퇴하도록 놔두고 여성은 새로운 과학—경제, 역사, 근대 철학 및 정치—을 수용하는 자들의 전위가 되어야 하며 세계의 완벽한 시민이 되기에 더욱 적합하다고 생각했다. 그러나 데이비스는 "부드러운" 교육만이 여성에게 적합하다는 주장을 믿지 않았다. 여성의 지적 평등을 구태여 의무적인 그리스어 시험을 통해 증명해야 한다면 그렇게 하라지.

이와 마찬가지로 중요했던 것은 – 그리고 여성의 운명을 암시하는 측면에서는 혁명적이었던 것은 – 거튼과 같은 컬리지들이 이제 젊은 여성들에게 대안적인 가정, 같은 생각을 가진 공동체를 제공했다는 사실이었다. 거트니언Girtonian에게 주어진 가장 귀중한 선물 중 하나는 자신의 공부방에서 원하는 만큼 독립적으로 생활할 수 있도록 하기 위해 매일 제공되는 석탄이었다. 그러나 때때로 자녀의 의기양양함은(이 이후로 대학생 자녀의 부모라면 누구나 알게 되었듯이) 어머니나 아버지의 명백한 불행이 되었다. 후에 『여성 운동의 미래 *The Future of the Women's Movement*』(1913)의 저자가 된 젊은 거트니언Girtonian 헬레나 스워닉Helena Swanwick은 다음과 같이 썼다.

> 내 공부방의 문이 열리자 내 난로, 내 책상, 내 안락의자, 독서등이 보였고 – 아니, 내 전용 주전자까지 – 나는 기뻐서 말문이 막혔다. 어머니가 두 팔을 벌리고 눈물을 흘리며 "넬, 네가 원하면 나와 함께 집에 다시 올 수 있어!"라고 말씀하셨을 때 내가 얼마나 당황했을지 상상해 보라. 그것은 끔찍했다… 나는 내 진짜 감정을 얼마나 적절하게 위장해야 하는지 거의 알지 못했다. 내 자신의 공부방이 생겨서 문에 "사용 중"을 붙이기만 하면 아무도 노크조차 하지 않는다는 것은 그 자체로 아무도 내가 잠을 자지 못하게 방해하지 않는 것만큼이나 대단한 특권이다.

이것이 결혼 시장을 위한 나태한 몸단장 생활과의 첫 번째 결별을 의미하든, 새로운 전문직 경력을 쌓는 것을 의미하든, 대학은 자유, 자기 발견, 독립의 시작을 의미했다. 또 다른 거트니언인 콘스턴스 메이너드Constance Maynard와 그녀의 여동생은 집에서는 "닭장 속의 독수리처럼 갇힌" 상태였으나 이제 "드디어, 마침내, 우리는 진짜 목적지가 있는, 물론 그 목적지가 어디인지는 제대로 알지 못했지만, 시냇물 위에 떠 있게 되었다"며 기뻐했다. 그들 중 몇몇의 목적지는 야심차고 독립적인 생각을 가진 젊은 여성 집단을 그들이 더 많이 양성할 수 있는 다른 학교나 대학이었다. 예를 들어 콘스턴스 메이너드는 런던 대학의 웨스트필드 컬리지Westfield College를 설립하는 데까지 이르렀다. 다른 사람들은 — 엘리자베스 개럿Elizabeth Garrett의 여동생인 참정권 지도자 밀리선트 개럿 포싯Millicent Garrett Fawcett처럼 — 밀과 테일러의 동등한 지적 파트너십을 그들의 결혼 생활에서 재창조할 수 있게 되었다. 밀리선트는 글래드스턴의 두 번째 정권에서 우체국장을 지낸 맹인 정치경제학자이자 급진주의 정치가인 헨리 포싯Henry Fawcett과 결혼했으며, 1884년에 남편이 사망한 후에는 헌신적인 과부의 외피 속으로 움츠러들지 않고 공공 대의를 증진하려는 담대한 경력을 시작했다. 그러나 1세대 옥스브리지Oxbridge 여성 졸업생(서버밀Somerville, 세인트 휴즈St Hugh's, 뉴넘 및 거튼 컬리지 출신)의 약 30%가 아예 결혼을 하지 않고 살았다. 부유한 영국과 빈곤한 영국 사이의 넓어져만 가는 커다란 간극의 증거가 봇물처럼 터져 나오자 그들 중 상당수가 자신의 가정생활뿐 아니라 빅토리아 시기 중간계급의 안락함이라는 자유로운 세계 전체를 포기하고 힘들게 얻어낸 자신들의 독립을 공장과 빈민가로 가져가기로 결심했다. 1887년에 여성을 위한 대학 거주지 Women's University Settlement가 서더크Southwark에 첫 번째 숙소를 열었고, 옥스브리지 대학의 젊은 여성들이 런던에서 가장 가난한 사람들과 함께 살기 위해 이곳으로 갔다.

1880년대에 성인이 된 많은 여성 중 중간계급은 주위를 둘러보면 축하할 일이 많다는 것을 알 수 있었다. 1882년에는 기혼 여성이 마침내 자신의 재산을 통제할 수 있게 되었다. 9년 후에는, 남편이 성관계를 거부한 아내를 가두거나 "자기 엄지손가락보다 굵지 않은 몽둥이를 사용하는 한" 구타하는 행위를 금지하는 법이 제정되었다. 1880년대 중반이 되면 일부 지방단체 선거와 학교 위원회에서 여성이 투표할 수 있게 되었으며, 1885년에는 해리어트의 딸인 헬렌 테일러를 포함하여 50명 이상의 여성이 런던 교육 위원회에 선출되었다. 그리고 좀 더 미묘하지만 결코 덜 파괴적이지 않은 다른 변화들도 감지되고 있었는데 – 현관 열쇠latch key,²⁴ 수표, 자전거 – 이 모든 것은 가정이라는 신전에 두문불출 고립되어 있는 여사제를 묘사한 팻모어의 환상을 한물간 것으로 만들 것이었다.

반면에 당신이 만약 15세의 이스트엔드East End²⁵ 소녀이고 음식과 굶주림 사이에 차이를 만들기 위해 1~2파운드가 절실한 처지였다면, 당신 몸의 온전함을 되찾는 것과 같은 사치스러운 이야기는 별로 의미가 없었을 것이다. 중간계급 여성 개혁가들은 처음으로 1850년대가 되면 길거리 소녀들의 삶에 관여하기 시작했다. 조세핀 버틀러Josephine Butler가 이끄는 그들은 전염병법(1864)의 이중 잣대에 대해 더욱 목소리를 높여 캠페인을 벌였다. 이 법은 병든 남성 고객에 대해서는 아무 조치도 취하지 않으면서 매춘부에게는 잔인한 신체검사를 요구했다. 이 법은 1883년에 폐지되었고, 같은 해 W. T. 스테드W. T. Stead의 ≪팰 맬 가제트Pall Mall Gazette≫의 남의 사생활을 캐기 좋아하는 편집자의 노력 덕분에 동의만 하면 성행위를 할 수 있는 연령이 13세에서 16세로 높아졌다. 그는 이스트엔드에 가서 매춘 소녀 한 명에게 돈을 지불한 후 그녀의 이야기를 다 듣고 나서는 구세군에 넘겼다.

여왕 즉위 50주년Golden Jubilee인 1887년으로 접어들면서 빅토리아 시대 후기 영국의 안일함에 대해 건설적인 비판을 가하려는 경향이 있는 세대가 등장했는데, 스테드는 그중에서도 가장 달변이었다. 중간계급은 어마어마한 베스트셀러인『하이랜드에서의 우리의 생활에 대한 일기 중 몇 장Leaves from a Journal of Our Life in the Highlands』에 대한 여왕의 후속작을 읽으며 왕실 부부가 사랑스러운 주변 농민들과 함께 차를 마시는 모습을 그린 삽화나 감상할 것이 아니라, 버림받은 런던의 빈곤에 주의를 기울이고 조지 심스George Sims의『빈민은 어떻게 사는가How the Poor Live』(1883)를 읽어야 한다고 스테드는 주장했다. 그가 보

---

24   대도시에서 일하는 독신 여성을 상징하는 단어.
25   런던의 템즈강변 부두 노동자들이 모여 살던 곳으로 영국의 대표적인 빈민 밀집 지역.

기에는, 제국의 자축하는 북소리, 불쌍한 찰스 고든Charles Gordon 장군의 카툼Khartoum에서의 순교에 대한 과장된 눈물과 통곡, 여왕을 위해 연주되는 정성 어린 팡파르는 그저 너무나도 많은 속임수에 불과해서 풍요와 빈곤으로 양분된 사회를 감추고 있을 뿐이었다. 그의 비관주의는 전염성이 있었다. 어느 날, 젊은 시절의 조지 버나드 쇼George Bernard Shaw는 인구 통계의 엄청난 힘이 심판을 불러올 것이라고 경고했다. "당신의 노예들은 토끼처럼 번식하고, 그들의 빈곤은 불결, 추함, 부정직, 질병, 외설, 혼취, 살인을 증식한다. 그들이 당신을 위해 쌓은 재물 한가운데서 그들의 불행이 일어나 당신을 질식시킨다. 당신은 이를 혐오하면서 도시의 반대편으로 물러나지만 그들은 여전히 당신을 에워싸고 있다."

사실, 이 세대에서 가장 대담한 젊은 여성 중 한 명인 애니 베전트Annie Besant가 그 일을 시도하게 만든 것도 바로 "번식"과 빈곤 사이의 명백한 상관관계였다. 링컨서 목사의 아내였지만 별거 중이던 베전트는 무신론자이자 공화주의자인 찰스 브래들러Charles Bradlaugh와 함께 1877년에 외설 혐의로 재판을 받았다. 그들의 죄목은 1830년에 출판된 논문 「놀튼 팜플렛Knowlton Pamphlet」을 재인쇄한 것이었다. 이 책자는 완곡한 표현으로 『철학의 열매*The Fruits of Philosophy*』라고 불렸지만 실제로는 피임에 대한 실용적인 조언으로 가득 차 있었다. 베전트와 브래들러는 유행을 잘 아는 계급이 이에 대한 지식을 얻는 것이 - 그리고 그것을 잘 이용하는 것이 - 바람직한 것이라고 믿었으나 이것이 노동계급 생활의 일부가 될 가능성은 거의 없어 보였다. (특히 1880년대의 이 어려운 시기에는) 그들은 저축은커녕 생존을 위한 예산을 마련하기도 힘든 상태였다. 옥테이비어 힐Octavia Hill과 같은 자선가들이 주거지Dwellings의 세입자들에게 강제하다시피 하는 그 모든 고상한 강의도 가난한 가족이 스스로 규모를 통제할 수단을 부여받지 못한다면 무의미한 위선이 될 것이다. 브래들러와 베전트는 길드홀Guildhall의 치안판사에게 그 책의 사본을 배달함으로써 자신들이 기소되도록 - 그래서 그들이 필요로 했던 관심을 끌도록 - 부러 최선을 다했다.

법무장관이 직접 기소를 맡은 이 재판에서 두 사람은 재판 절차를 이용하여 성교육과 산아제한을 노골적으로 설파했다. 이 소송이 터무니없다고 생각한다고 판사가 선언할 만큼 둘은 매우 달변이었다. 배심원단은 이 책이 참으로 외설적이긴 하지만 피고들이 공서양속을 훼손하려는 의도는 없었다고 봤다. 물론, 출판을 중단하라는 명령은 피고인들이 예견하고 있던 것이었다. 브래들러는 결국 투옥되었지만 페서리pessary, 콘돔 및 스펀지에 대한 생생한 설명과 함께『철학의 열매』는 몇 달 동안 활발하게 비밀 판매고를 올렸다.

애니 베전트는 그녀의 무모함 때문에 감옥보다도 더 가혹한 형벌을 받았다. 이미 아들의 양육권을 갖고 있던 남편은 애니가 이제 무신론자나 오물 조달업자들과 어울림으로써 부모가 되기에 부적합하다는 것을 입증했다는 이유로 어린 딸 메이블Mable을 어머니에게서 떼어내기 위한 소송을 제기했다. 아이를 빼앗긴 애니는 깊은 우울증에 빠졌다. 그녀를 구출해 낸 것은 사회주의였다. 1883년에 그녀는 이렇게 썼다. "근대 문명은 하얗게 회칠한 무덤이며… 겉에는 왕자와 작위 귀족, 은행가와 지주의 이름이 적혀 있지만 그 안에는 사람의 뼈, 특히 그 무덤을 만든 가난한 사람들의 뼈가 가득하다." 2년 후 그녀는 평화롭고 민주적인 혁명을 위해 일하는 페이비언 협회Fabians에 합류했다.

애니 세대의 젊고 이타적인 생각을 가진 여성들이 사회주의에 끌린 것은 여성은 자본주의의 더 부드럽고 인간적인 얼굴이어야 한다는 말을 몇 년 동안 들은 것에 대한 의도치 않은 복수이기도 했다. 존 스튜어트 밀조차도 해리어트 테일러를 지배하는 충동은 사회적이고 인도적인 것이라고 묘사하면서 자신의 것은 이론적이고 기계적인 것이라고 간주했다. 여성들은 타의에 의해 떠맡게 된 간호사의 임무를 이제 자유주의적 자본주의의 부상자를 돌보는 데 적용시킬 수 있게 되었다 ─ 그들은 그것을 바꾸려고 노력할 수 있었다. 페이비언 협회의 또 다른 젊은 창립자 비어트리스 포터Beatrice Potter(나중에 결혼해서 비어트리스 웹Beatrice Webb이 되는)는 옥테이비어 힐의 자선 암시경 조직을 떠나 랭커서 공장으로 가서 베이컵Bacup 지역 출신 소녀들과 함께 살기 시작했다. 그녀는 후에 부스Booth의 『런던 인민의 삶과 노동Life and Labour of the People in London』(1892~1897)의 17권을 편집했다.

애니 베전트는 이스트엔드의 페어필드 워크스Fairfield Works에서 브라이언트 앤 메이Bryant and May's 회사를 위해 성냥개비를 제작하던 10대 소녀들의 곤경을 목격하고 노동자들을 위한 자신의 대의를 발견했다. 성냥개비 소녀들은 이미 눈에 띄는 공공 행동을 한 경험이 있었다: 성냥에 세금을 부과하자는 글래드스턴 정부의 제안에 반대하여 빅토리아 공원에서 1871년에 조직된 대규모 시위에 참여한 적이 있었다. 이것이 알려지자 여왕마저도 글래드스턴에게 분개하여 이 법안은 부유층보다 가난한 사람들을 훨씬 더 가혹하게 처벌할 것이고 "엄청난 수의 빈민과 어린아이들에게 유일한 부양 수단으로 알려진 성냥의 제조와 판매에 심각한 영향을 미칠 것"이라고 글래드스턴에게 훈계의 글을 보낼 정도였다. 자사 제품에 대한 징벌적 과세를 달가워하지 않던 브라이언트 앤 메이는 대중 집회와 마일 엔드 로드Mile End Road에서의 행진을 뻔뻔스럽게 악용했다. 법안이 결국 철회되자 회사는 승리 축하연 비용과 보우 로드Bow Road에 식수대를 건설하는 비용을 기꺼이 지불했다.

그러나 나이 어린 노동력을 봉건적인 방식으로 공장에 동원하는 행위는 결국엔 브라이언트 앤 메이에게 역효과를 냈다. 10년 반 후에 스테드와 애니 베전트가 창간한 반*페니 주간지 ≪더 링크The Link≫가 집요한 취재 정신으로 성냥개비 소녀들이 일했던 곳의 열악한 상황을 폭로하는 기사를 발표했던 것이다. 임금은 주당 4실링에서 12실링 사이였고, 그중 적어도 절반은 단칸방을 위한 월세로 지출해야 했으며, 그것마저도 종종 형제자매들과 함께 사용했다. 소녀들은 엄격한 관리 체제에 종속되어 있었다. 발이 더럽거나(신발을 살 수 있는 사람이 거의 없었지만) 벤치가 지저분하다고 판단되면 그렇지 않아도 적었던 임금에서 벌금이 공제된다. 그들 중 상당수는 다른 성냥 제조사들은 이미 폐기한 화학물로부터 발생한 연기를 들이마시는 바람에 기형적인 "인 중독성 악부괴저" 증세를 겪었다. 회사 측은 이윤이 적어서 그들에게 더 많이 베풀 수가 없다고 주장했지만 주주들에게는 막대한 배당금을 지급하고 있었고, 그중 상당수는 잉글랜드 국교회 성직자였다. 사생활 캐기 전문가들에게 이것은 금광이었다. "당신은 알고 있는가?" 애니는 ≪더 링크≫에서 비통함과 아이러니를 증폭시키며 웅변조로 물었다. "이 소녀들이 머리털이 다 뭉개져 빠질 때까지 억지로 머리 위에 상자를 이고 나르도록 착취당하고 있다는 사실을? 브라이언트 앤 메이의 지분을 갖고 있는 이 나라의 성직자들은 열다섯 살짜리 딸을 무릎 위에 올려 끌어안고 비단 같은 곱슬머리를 부드럽게 쓰다듬으며 두텁고 빛나는 머릿단의 고상한 아름다움을 즐기는 반면에."

홍보 효과를 더욱 높이기 위해 베전트는 동료 사회주의자 허버트 버로즈Herbert Burrows와 함께 페어필드 워크스의 문 밖에 서서 이 기사의 특별 인쇄판을 성냥개비 소녀들에게 나누어 주었다. 며칠 후 소녀들의 대표단이 플리트 스트리트Fleet Street에 있는 그들의 사무실을 방문해서 기사에 포함된 정보를 부인하는 문서에 서명하지 않으면 해고하겠다는 위협을 받았다고 말했다. 그들은 서명하는 대신 곧장 ≪더 링크≫를 찾아온 것이었다. 그들 중 한 명이 애니에게 말했다. "당신이 우리를 위해 말해 줬기에 우리는 등을 돌리지 않겠어요." 회사의 위협에 저항하기 위해 파업위원회가 조직되었다. 소녀들은 이 세상의 소중하고 용감한 존재라는 사실이 잘 드러나는 사진도 촬영했다. 베전트와 버로즈는 그들의 행동으로 인해 해고되는 소녀들이 있다면 자신들이 임금을 모두 지불하겠다고 엄숙하게 약속함으로써 또다시 이목을 끌었으며 회사 측을 부끄럽게 만들었다. 조지 버나드 쇼는 파업 기금을 관리하고 출납을 담당하겠다고 자원했다. 약 1400명의 소녀들이 동참했다. 폭로와 파업으로 인해 큰 망신을 당하고 경제적으로도 피해를 입은 브라이언트 앤 메이는 결국 타협할 수밖에 없었고 1888년 7월에 성냥개비 소녀들은 승리를 거뒀다. 애니 베전트는 런던 여성 노동자의 챔피언으로 칭송을 받았고 캠페인이 필요한 다른 부문들로부터 요청이 쇄도했다 ─ 장화 제조공, 펠트 교역을 위해 일하는 토끼털 발모공 등은 성냥개비 소녀들보다도 훨씬 더 끔찍한 상황에서 작업했다. 1888년에 애니는 그녀

세대의 많은 "플랫폼 여성들"²⁶이 사용했던 것과 같은 경로를 통해 정치적 경쟁에 뛰어들었다: 학교 위원회의 선거, 그녀의 경우엔 타워 햄리츠Tower Hamlets였다. 그녀는 빨간 리본으로 장식된 소형 마차를 타고 선거운동을 했다. 놀랍게도 1만 5296표를 얻었다.

여왕은 — 70대에 막 접어들었는데 — 이제 이런 것을, 동정까진 아니더라도, 더 잘 이해하게 되었을까? 이에 대한 대답은 사람들이 흔히 상상하는 것보다 덜 간단하다. 그녀가 선택한 역할은, 이제 그녀는 대중 앞에 다시 나타나기 시작했는데, 군주로서의 역할이었기에, 그녀의 어머니다움이나 할머니다움도 점점 더 금권정치가 강화되는 이 나라의 희생자들에 대한 동정 발언과 심지어는 행동으로까지 확대되었다. 그녀는 하층계급보다는 상층계급의 부도덕, 게으름, 전반적인 쓸모없음에 대해 분노를 표출하는 경우가 훨씬 많았고, 특히 영국 노동자 가족의 초상화를 맥주와 야만성에 흠뻑 젖은 모습으로 그림으로써 그들의 명예를 훼손하는 사람들에 대해서는 특히 대노했다. 그녀도 회중교 목사인 앤드루 먼스Andrew Mearns가 쓴 『버려진 런던의 쓰디쓴 비명The Bitter Cry of Outcast London』(1883)을 읽어서 100만 명의 이스트엔드 주민들이 끔찍할 정도로 과밀하고 비위생적인 환경에서 살고 있다는 폭로에 너무 큰 충격을 받아 글래드스턴 정부에 가난한 사람들을 위한 주택 문제 해결에 더 많은 시간을 할애하도록 압력을 가했다. 분노에 찬 그녀의 참견은 왕립 위원회의 설치로 결실을 맺었다.

빅토리아의 마지막 역할은 — 잉글랜드의 장미, 모범적인 아내, 슬픔에 잠긴 과부에 이은 — 제국의 여성 가장이었다. 그렇기에 그녀는 진정으로 자신이 모든 민족의 어머니 또는 할머니라고 느꼈다. 그러나 계속해서 확장하는 제국이라는 집안에는 점점 더 많은 고아들이 발생했다. 수백만 명이 문 앞에서 계속해서 떨고 있었다. 그래서 여왕이 거리의 광경을 보고 과도하게 괴로워하지 않도록

---

26 공공장소나 모임에서 연단에 올라 연설하는 여성들.

무엇이 최선인지 알고 있는 시종이 항상 그녀 곁에 있었다 — 충성스러운 인파가 환호하는 광경이 보장될 때까지 마차의 블라인드를 계속 내려놓았다. 예를 들어 빅토리아의 즉위 50주년인 1887년 3월 19일에 2만 9000명의 노동자 중 27%가 그들의 마지막 직업은 실업자라고 대답했다. 그중 3분의 1이 3개월 넘게 일을 하지 못했다. 트라팔가 광장에서 열린 부두 및 건설 분야 실업 노동자의 대규모 집회에서 급진주의 또는 사회주의 연설가들은 부자들의 무자비함과 자본가들의 파렴치함을 비난했다. 시위 행렬이 의회 광장으로 향하는 동안 팰 맬에 있는 클럽들의 창을 통해 돌들이 날아왔고 그곳의 부유한 회원들은 비아냥거리고 있었다. 그 행렬은 폭동으로 돌변했다. 폭도들이 상점을 약탈했다; 창문이 부서지고 마차가 전복되었다.

빅토리아가 보기에 질서를 유지하는 방법을 모르고 있던 글래드스턴에게 그녀는 마음의 일부를 터놓았다: "여왕은 며칠 전 런던에서 발생해서 사람들의 목숨을 위험에 빠트리고 잠시나마 사회주의의 일시적인 승리와 수도에 대한 불명예를 발생시킨 그 괴물 같은 폭동에 대해 그녀의 분노를 충분히 표할 수가 없도다." 그녀는 영국에서 일하는 대다수의 노동자들이 혁명과는 거리가 먼 기질을 가지고 있다는 확신으로(완전히 잘못된 확신은 아니다) 자신을 위로했다. 그녀가 즉위 50주년 축하를 위한 워밍업으로 리버풀과 버밍엄에 갔을 때, 버밍엄에서 그녀가 "가장 거친" 부류의 사람들 사이로 움직이게 될 것이라는 사전 경고를 받았음에도 불구하고 목이 쉰 채 환호하는 군중들 외에는 아무것도 보이지 않았다. 여름 축제 기간 동안엔 런던 중심부의 공원에서 잠을 자고 있던 수만 명의 실업자들이 쫓겨나 왕실의 시선에서 벗어난 먼 곳에 있는 황야로 쫓겨가야 했다. 어떤 사람들은 장의사의 뜰에 있는 열린 관을 임시 침대로 사용했다. 마침내 빅토리아가 하이드 파크에 도착했을 때 그녀는 얼굴을 잘 닦은 3만 명의 가난한 학생들이 그날을 기념하기 위한 고기 파이, 케이크 한 조각, 오렌지를 받는 광경만을 볼 수 있었다. 그녀는 이렇게 적었다. "그 아이들이「신이여 여왕을 구하소서」를 불렀는데 음정이 잘 맞지 않았다."

그녀가 진정으로 아끼는 모든 사람들이, 이제 소규모 군대처럼 확장된 자신의 대가족을 시작으로, 그들의 헌신을 표현했다. 잠옷을 입은 18세 소녀가 잠에서 깨워져서 이제부터 여왕이라는 말을 들은 후 정확히 50년이 지난 이날 그녀는 신하들이 제발 입어달라고 간청했던 가운 대신 평소에 입던 과부의 흑색 모자를 쓴 채 지붕 없는 마차를 타고 버킹엄 궁전에서 웨스트민스터까지 이동했다. 마차 앞에는 인도 장교 12명이 있었고, 그들의 앞에는 그녀의 후손들이 있었다. "세 명의 내 아들, 다섯 명의 사위, 아홉 명의 손자와 손주 사위. 그다음 마차들엔 세 명의 며느리, 손녀들, 한 명의 손주 며느리가 타고 있었다." 전날 저녁, 그녀는 "제복을 입은 왕자와 아름다운 드레스를 입은… 공주들"로 이뤄진 거대한 왕실 가족에 둘러싸여 있었다. 이틀 후에는 "잉글랜드의 여성들"이 수백만 명의 여성을 대표해서 그녀에게 선물을 바쳤다. 빅토리아가 윈저성으로 가는 도중에 들른 이튼에서는 소년들의 차례가 되었다. "옛 컬리지의 일부처럼 보이는 아름다운 아치가 있었고 템플 기사단처럼 옷을 차려입은 소년들이 그 위에 서 있었다. 그 전체 효과는 여름 저녁의 태양 빛을 받아서 아름다웠다." 와이트섬에서는 전체적인 환호성에 가슴이 너무나 훈훈해져서 그녀의 통통한 뺨 사이에 싱그러운 미소가 피어올랐다. 그녀의 개인 비서의 아내인 폰손비 여사Lady Ponsonby는 그런 미소가 사람들이 상상하는 것보다 더 자주 발생한다고 주장했다. "아주 갑자기 얼굴 전체에 가벼운 광채가 나거나, 입술 주름이 부드러워지면서 올라가고, 눈에서는 친절한 빛이 반짝거리며 뿜어져 나오죠."

그녀의 남은 생애는, 10년 후의 또 다른 즉위 기념식을 지나서까지, 계속 이렇게 진행될 것이었다. 깃발을 흔드는 거리의 군중들; 병영과 탄광의 황동 밴드; 드디어 완공된 크고 둥근 앨버트 홀의 개막일 밤에 연주된 위대한 한델-하르티의 종결부Handel-Harty coda. 그러나 그것은 가족사진에서 누락된 한 사람이 있다는 것을 그녀에게 상기시켜 주었다. 1887년 6월에 웨스트민스터 사원에서 그녀는 갑작스러운 고통을 느끼며 "오늘을 아주 많이 자랑스러워했을 사랑하는 남편 없이 나 혼자 앉아 있었다(오!).” 그녀가 “나와 국민이 그토록 큰 빚을 지고 있는 그”와 재회하려면 14년이 더 걸릴 것이다. 그녀의 개인 비서 헨리 프레드릭 폰손비Sir Henry Frederick Ponsonby에 의하면 빅토리아는 장례식을 준비하는 것만큼 즐거워한 일이 없었으며 자신의 장례식도 예외가 아니었다. 그녀가 테니슨을 프로그모어에 있는 가족 묘지에 데려갔을 때, “나는 그것이 밝고 환하다는 것을 관찰해 냈고, 그는 그것이 중요한 포인트라고 생각했다”. 그래서 빅토리아는 완벽하게 하얀 장례식을 명령했다. 여왕은 흰색 가운을 두른 채로 시신은 마치 한껏 치장한 처녀 신부처럼 봄꽃 가루들로 뒤덮여 있었다. 그런데 그 꽃들 중 일부는 아주 세심하게 놓여야 했는데, 머리카락 한 움큼, 반지들, 그리고 그녀가 자신과 함께 관에 넣으라고 명령한 다른 많은 소장품과 함께, 당황스럽게도, 그녀의 왼쪽 손 안에 존 브라운의 사진이 있었기 때문이다; 그것은 백합과 프리지아로 조심스럽게 숨겨졌다.

빅토리아가 장례식 운영자들에게 남긴 또 다른 문제가 있었다. 1862년에 조각가 카를로 마로케티에게 앨버트의 기념 조각상을 주문했을 때 빅토리아는 자신의 조각상을 동시에 제작하라고 요청했고, 그녀가 남편을 빼앗긴 바로 그 시각의 자신의 모습이 표현되어야 한다고 주장했다. (마로케티는 그녀의 명령을 지나치게 잘 따라서 빅토리아가 처음 결혼할 때의 모습처럼 보이게 만들었다.) 그들의 결혼 생활이 최고로 찬란했던 때의 모습으로 대리석을 통한 재결합을 하고 싶었던 것이다. 문제는 이것이 너무 오래전 일이어서 아무도 이 조각품이 어디에 있었는지 기억하지 못했다는 점이다. 마침내 윈저성에 있는 개조된 방의 벽들 중 하나의 뒤에서 발견되었다. 중세시대 젊은 공주의 이미지가 마치 시계가 남편의 심장과 함께 멈춘 것처럼 그녀의 용감한 기사preux chevalier 옆에 누워 있다.

그러나 앨버트는 시계가 멈추지 않았다는 것을 누구보다도 잘 알고 있었다; 진보는 그가 살고 있던 근대 세기의 메인 태엽이었다. 1900년이 되면 이러한 진보는 그가 상상할 수 있었던 모든 것을 넘어서 확장되었다 — 과학, 기술 및 상업으로뿐 아니라 영국 여성의 삶으로도 확장되었다. 교육과 정치는 집 안의 천사들에게 완전히 실현 가능한 야망을 주기 시작했다. 그리고 그 미묘하지만 강력한 혁명가들, 현관 열쇠, 수표, 그리고 자전거는 그 야망들을 실현하는 데 큰 도움을 줄 것이다.

젊은 숙녀들은 이제 결코 예전과 똑같지 않을 것이다. 빅토리아 여왕의 시신이 런던에서 윈저까지 이송될 때 그 곁을 지켰던 인물은 여왕이 생전에 임명한 여러 인도 총독 중 한 명인 리튼Lytton 백작의 미망인 리튼 여사Lady Lytton였다. 7년 후 그녀의 딸 콘스턴스 여사Lady Constance는 호전적인 참정권 운동가이자 단식 운동가가 되어 감옥에 갇힌 채 강제로 감방을 바닥을 박박 긁어내는 청소를 해야만 했는데, 가정생활에 대해 페티시에 가까울 정도로 집착하는 자들이 그토록 숭배했던 "순결의 사원"을 모독함으로써 영국 여성의 미래에 대해 성명을 발표하게 된다. 그녀가 떠올린 아이디어는 자신이 참여하는 운동의 슬로건을 그녀의 상체로부터 시작해 얼굴까지 새겨 넣는 것이었다. 그녀는 절단 도구로 모자핀hatpin에서 부러진 에나멜 조각을 선택했지만, 그녀의 가슴에 커다란 "V"자를 새기는 데에만 20분이 소요되어 교도관들이 그녀의 행위를 중도에 제지했다. 상관없었다. "콘Con"[27]은 이미 성명을 발표한 셈이었으니. 그 "V"자는 "빅토리아Victoria"가 아니라 "투표Vote"를 상징하는 것이었다.

---

27   그녀를 부르는 약식 명칭.

A History of Britain

The Fate of the Empire

1776-2000

5

선한 의도의 제국: 투자

The Empire of GOOD Intentions: Investments

영제국은 아주 단순하게 "세상이 지금껏 봐왔던 것 중에 선을 위한 가장 위대한 힘"이라고 커즌 경Lord Curzon 은 모순을 두려워하지 않고 말할 수 있었다. 그리고 그는 아마도 영제국의 가장 순수한 의인화였다. 커즌은 어쨌든 예외적으로, 거의 부자연스러울 정도로 하얀 색의 인물이었다. 그의 전성기인 인도 총독 재임 시절에 그를 본 사람은 "소젖 짜는 여성의 안색과 아폴론의 풍채"를 가졌다고 묘사했다. (커즌은 몇 년 후 제1차 세계대전에서 토미들Tommies[1]이 목욕하는 것을 보고, 오물과 피처럼 보이는 얼룩을 문질러 닦아내면 노동계급의 피부도 얼마나 하얗게 될 수 있는지를 보고 놀랄 것이었다.) 눈에 띌 정도로 꼿꼿한 총독의 자세는 마치 대쪽과도 같았는데, 이는 부분적으로는 그가 청소년기부터 등에 착용해야 했던 강철과 가죽으로 된 부목의 영향이었다. 그는 불편함에 대해서 초연한 무관심을 표현할 수 있도록 매일 정신을 가다듬었다. 탁월함을 보여주는 가장 완벽한 자세였고; 무겁기는 했지만 짓눌러버릴 정도는 아닌 짐이었다.

---

1 영국군을 일컫는 별칭.

케임브리지 대학교의 근대사 교수 J. R. 실리J. R. Seeley와 같은 제국의 칭송자는 영국의 문명화 "운명"에 대해 자주 그리고 큰 목소리로 얘기했다. 하지만 커즌에게는 강의가 필요 없었다. 자신이 통치의 소명을 받았다는 것을 그는 뼛속까지 알고 있었다. 한 친구가 그에게 좀 덜 고집스럽게 의견을 제시하면 안 되겠냐고 선의로 제안하자 "나는 그렇게 태어났으니 너는 나를 바꿀 수 없어"라고 반박했다. 캘커타에 있는 총독 공관 건물은 그가 태어나고 자란 다비셔의 케들스턴 홀Kedleston Hall 저택을 거의 그대로 복사한 것이었다. 커즌이 캘커타에 있는 그 대저택을 처음 본 것은 총독이 되기 11년 전인 1887년이었다. 이제 그는 그곳을 건축학적으로뿐 아니라 도덕적으로도 내 집처럼 익숙한 곳으로 만들겠노라 다짐했다. 로버트 애덤Robert Adam이 만든 케들스턴의 18세기 양식 건물 전면은 로마에 있는 콘스탄티누스의 개선문Arch of Constantine을 더욱 당당한 버전으로 개조하여 혼합시킨 것이었는데 이것은 무언가를 예언하는 것만 같았다. 독수리와 같은 코와 정복자의 턱선을 가진 조지 너새니얼 커즌George Nathaniel Curzon은 일찍부터, 고전주의에 푹 빠진 영국 지배계급의 다른 모든 소년들처럼, 이 건물이 풍기는 제국의 승리라는 비전에 감명을 받았을 것이다. (소년 신동이었던 그는 황제 콘스탄틴이 브리태니어 북부에서 태어났다는 설에 대해서도 알고 있었을 것이다.) 이튼Eton, 베일리얼Balliol 및 올솔즈All Souls[2]는 이 조숙한 소명감을 희석시키기는 방향으로는 전혀 작용하지 않았다. 만약 그렇게 작용했더라면, 빅토리아 시대의 모든 총리들 중에서 이론의 여지 없이 가장 강력한 제국주의자였던 솔즈버리 경의 개인 비서로 그가 임명되지는 않았을 것이다. 커즌은 겨우 32세였을 때 이미 인도부India Office의 차관으로 임명된 것에 만족하지 않고, 최대한 가장 빠른 기회에 스스로를 총독 후보로 지명되게 했으며 실제로 그 자리를 차지했는데 이는 그리 놀라운 일이 아니었다. 오랫동안 예견되었던 이 모든 잠재력을 실현할 순간이 도래하여 커즌은 캘커타에 있는 그의

---

2   이튼은 커즌이 다닌 사립학교이고, 베일리얼과 올솔즈는 옥스퍼드 대학교의 컬리지들.

케들스턴 가옥으로 1899년에 드디어 들어가게 되었는데, 이 직책을 위해 그는 최근에 아일랜드 귀족 작위도 받았고 부유하고 매력적인 미국 출신 총독 부인 메리를 대동한 상태였기에 아우구스투스 카이사르Augustus Cesar의 흉상이 그를 맞이했던 것은 너무나도 적절해 보였다.

커즌은 이 동양의 제국에 대해 모든 것을 알고 있었다. 그는 이미 실크로드도 여행했고 중앙아시아와 페르시아에서 러시아 제국의 야망에 대한 세 권의 책을 우아한 필체로 집필한 상태였다. 따라서 그는 위대한 아시아 제국들이 장엄한 기념물 속에서 위엄을 표현해야 한다는 것 또한 알고 있었다. 그러한 건물을 짓는 것은 단지 천박한 자랑의 문제가 아니었다: 라지Raj[3]는 그 신민들에게 자신들이 운이 좋게도 복종하게 된 그 권력의 힘과 인내심을 느끼게 해줄 필요가 있었다. 그리고 말할 필요도 없이, 영제국의 네 번째 세기가 시작되던 이 무렵엔, 적어도 가까운 미래까지는 제국의 힘이 당연히 유지될 수 있을 것 같았다. 그가 이렇게 생각하지 말아야 할 이유가 있었을까? 유니언 잭은 전 세계 인구의 거의 4분의 1이 거주하고 있는 지구 면적의 5분의 1 이상에서 펄럭이고 있었다 — 세기말이 되면 그 인구는 약 3억 7200만이 되었다. 1897년 6월에는 제국 전역에서 5만 명의 군대가 — 낙타 군단Camel Corps과 구르카인Gurkhas, 캐나다 경기병대Canadian hussars와 흰 장화를 신은 자메이카인Jamaicans들이 영국 육군 중에서 가장 고결한 장교인 6피트 8인치 신장의 기마 호위대 대위 아메즈Captain Ames가 이끄는 행렬 — 빅토리아 여왕의 즉위 60주년 기념식을 축하하기 위해 런던에서 도보 또는 기마 행진을 벌였다. 제국을 찬양하는 타블로이드 언론(무엇보다도 ≪데일리 메일 Daily Mail≫)은 황홀감에 빠졌다; 군중은 일류 국민이라는 환희에 취했다. 전국의 학생들은 6월 22일에 학교에 가는 대신 공원으로 무리 지어 갔으며, 여왕이 하사한 과자빵 두 개와 오렌지 하나씩을 받았다. 대규모의 국가 제창에 이어 에드워드 엘가Edward Elgar가 기념식을 위해 새로 작곡한 「제국 행진곡Imperial

---

3   영국의 인도 통치라는 행위, 또는 영국령 인도라는 물리적 실체를 일컫는 말.

March」이 연주되었다. 이제 다리를 심하게 절게 된 여왕은 이런 열광에 적절하게 호응하여 자신의 검은 새틴 복장을 남아프리카 타조의 깃털로 장식하는 것 정도는 허용했다.

가장 머리가 둔한 제국주의자라 할지라도 이 모든 것이 언젠가는 지나가리라는 것을 키플링Kipling과 같은 사람들이 굳이 상기시켜야만 알 수 있을 정도로 바보는 아니었다. 하지만 그런 날은 아직은 멀리 있는 것이 확실했다. 커즌이 캘커타에 부임한 날 저녁에 총독 주최 연회와 무도회가 열렸다. 조지는 하늘색 비단으로 된 외투를 입었다. 그는 이렇게 기록을 남겼다. "우리가 하는 일은 옳은 것이고 오래 지속될 것이라는 메시지가 운명의 암석인 화강암에 새겨졌다."

그래서 1901년 1월에 여왕이 세상을 떠났을 때, 커즌은 그녀를 기리는 위대한 기념비를 만들기 위해 시간을 헛되이 쓰지 않았다. 그는 디자인 초안을 담당하는 위원회에 이것은 "우리의 훌륭한 역사에 대한 영원한 기록이자, 인도의 영광에 대한 가시적인 기념물이며, 공적인 애국심과 시민의 의무에 대한 가르침을 그 어떤 연설이나 그림보다 더 유창하게 설명하는 것이 될 것"이라고 말했다. 사실상 그것은 영국인의 타지마할Taj Mahal이 될 것이었다. 타지마할을 다시 아름답게 만든 장본인이 바로 커즌이었기 때문에 그는 처음부터 타지Taj를 마음속에 두고 있었다. 그는 그 앞에 있던 시장을 쓸어내고 샤 제한 Shah Jehan[4]의 빛을 아름답게 반사하는 수영장을 복원했었다. 캘커타 빅토리아 기념비Calcutta Victoria Memorial Monument에도 물이 있는 정원이 조성될 것이며, 타지 건축에 필요한 암석을 공급했던 라자스탄Rajasthan의 마카라나Makrana 채석장의 대리석과 마주하게 될 것이다. 그러나 둘의 유사성은 거기에서 멈출 것이다. 타지마할은 종종 암석 속의 시라고 불렸다; 홀아비가 된 황제의 완벽한 애도. 그러나 커즌은 건축적 슬픔에는 관심이 없었다. 그의 건축물은 선언에 더

---

4   샤 제한(Shah Jahan, 1628~1657)이라고 불리며, 무굴제국의 5대 황제였다.

가까울 것이었다. 무굴Mughals 제국의 후예에 걸맞게, 그들의 건축을 참고하고 힌두 사원의 건축 양식에 대한 미묘한 암시는 있을 것이다. 그러나 돔과 주랑을 통해 표현되는 이 건물의 전체적인 인상은 마치 로마인들이 근대로 와서 지은 건물처럼 압도적인 것이 될 것이었다; 지혜로 뒷받침되고 정의와 진보를 위해 설계된 문명의 운반자. 따라서 벵골 및 나그푸르 철도의 보조 수석 엔지니어로 명성을 얻은 빈센트 에시Vincent Esch에게 건물의 대부분을 맡긴 것은 올바른 결정인 것처럼 보였다.

공사는 1904년에 시작되었다. 그로부터 2년 후 역대 가장 완고하고 훌륭하며 단호했던 인도 총독은 인도를 떠났고, 정부 청사에는 화려하게 장식된 5만 파운드 가치의 전기 엘리베이터(오늘날에도 여전히 작동 중)와 폭동, 파업 및 보이콧으로 인해 거의 와해된 벵골 정부를 남겼다. 벵골을 분할 독립시키려는 커즌의 거창한 계획은 벌집을 건드린 것처럼 큰 불만을 불러일으켰다. "수백 명의 무지한 원주민들이 캘커타에서 영어로 새겨져 있는 플래카드(흔히 거꾸로 되어 있음)를 들고 돈을 받고 있다"라는 그의 묘사는 대중 소요에 대한 그의 귀족적인 묵살이었다. 하지만 그의 권위는 그것으로 인해 완전히 무너졌다. 자비로운 독재자의 전형으로 도착하여 마드라스Madras의 쌀값부터 국빈 만찬에 주문한 닭의 수까지 (항상 너무 많이!) 다 알고 있다는 것에 자부심을 느끼며 하루 14시간 일하는 총독이었던 커즌은 "반데 마타람Bande matram(조국 만세)!"이라는 스와라지swaraj 또는 자치를 위한 운동의 첫 번째 위대한 슬로건의 외침에 쫓겨나듯이 인도를 떠나야 했다. 이것은 제국이 어떻게 종말을 맞이할 것인가를 드러내주는 것이었다: 혼돈의 조롱을 받는 장엄함. 1921년에 허버트 베이커Herbert Baker와 에드윈 러티언즈Edwin Lutyens에 의해 델리Delhi에 새로운 수도를 세우려는 영국의 비전이 실현되고 캘커타에 빅토리아 기념비가 완성될 즈음엔 라지에는 이미 재앙의 조짐이 나타나고 있었다. 차기 총독 어윈 경Lord Irwin은 (그의 후계자인 민토 경Lord Minto과 하딘지 경Lord Hardinge처럼) 폭탄의 마중을 받았다. 그는 살아남았지만 자비로운 제국의 지속이라는 환상은 살아남지 못할 것이었다.

이미 1901년에도 영국이 건설하는 유사 타지pseudo-Taj가 과연 인도에서 벌어들인 수입을 효과적으로 사용하는 가장 좋은 길인가에 대해 의심하는 사람들이 있었다. 커즌이 이 거대한 프로젝트를 발표한 같은 해에, 의학 저널 ≪더 랜서트The Lancet≫는 – 선동적인 주장에 휘둘리지 않는 학술지 – 지난 10년 동안 인도에서 기근과 질병으로 인한 과잉 사망(원래도 높았던 사망률을 상회하는)이 적어도 1900만 명, 또는 저널이 표현한 바에 따르면, 영국 인구의 절반에 해당한다고 한탄했다. 신뢰할 수 있는 근대 역사가 버튼 스타인Burton Stein에 따르면 1899~1900년에 인도 서부와 중부를 덮친 끔찍한 기근으로 인해 최소 650만 명이 목숨을 잃었다(W. 아서 루이스W. Arthur Lewis는 1000만 명 이상으로 추정). 1901년에만 25만 명이 선페스트bubonic plague로 사망했는데 대부분이 봄베이와 그 주변 지역 주민이었다. 더르바르Durbar[5]에서 에드워드 7세를 인도의 황제로 선포하는 행사가 진행되던 1903년에는 인도 국민회의National Congress 의장인 랄모한 고시Lalmohan Ghosh가 다음과 같이 연설조로 물었다. "잉글랜드, 프랑스, 미국의 행정부라면, 기근과 역병이 모든 땅을 습격하고 가벼운 마음으로 한잔하며 떠드는 사람들의 귀에도 다 들릴 정도로 죽음의 천사가 날개를 퍼덕거리고 있는 이런 와중에, 그토록 막대한 금액의 돈을 그런 허례허식에 퍼붓는 행위를 감히 시도라도 했겠습니까?"

1905년에 커즌의 총독 임기가 끝날 때까지 300만 명이 전염병으로 사망했다. 콜레라는 훨씬 더 끔찍한 피해를 입혔다. 이미 충격적인 수준이었던 1000명당 41.3명의 1880년대 인도인 평균 사망률은 기념비가 완공될 즈음에는 1000명당 48.6명으로 치솟았다. 영국인들이 이 아대륙에 가져온 물질적·의료적 혜택에 대해 자랑스레 떠벌렸던 이 시기는 인도가 근대사 전반에 걸쳐 가장 끔찍한 사망자 수를 목격한 기간이기도 했다. 세기 전환기에 가뭄과 전염병으

5 　인도 제후의 궁정.

로 인해 가장 큰 피해를 입었던 오리사Orissa, 구자라트Gujarat, 라자스탄 및 연합주들United Provinces 지역에서는 사망률이 1000명당 90명 이상, 즉 11명 중 1명에 해당하는 수준에 도달했다. 1865~1866년에 오리사에서 발생한 초기의 기근은, 정부 소식통에 따르면, 무려 인구의 4분의 1을 소멸시켰다. 그 희생자들을 추모하는 곳은 지금까지도 존재하지 않는다. 빅토리아 기념관 앞에 있는 조각상을 주의 깊게 살펴보면 어머니 라지의 품속으로 구제되어 고마워하고 있는 원주민은 발견할 수 있다.

도대체 무슨 일이 발생했던 걸까? 책상에 앉아서 일을 처리하고, 추카chukkas[6]를 즐기고, 클럽에서 춤을 추고 술을 마시며, 궁정을 지배하고, 수입을 거둬들이고, 철도를 건설하고, 자신들이 이곳으로 가져온 축복을 칭송하던 백인 사브Sahib[7]와 멤사브는 냉혈 괴물은 아니었다. 그들은 – 대부분은 – 최선의 의도를 갖고 있었을 뿐이다. 그들은 영제국이 세계 역사상 가장 위대한 제국이라는 커즌의 확신을 공유했다. 제국의 찬란함은 엄청난 면적에 걸쳐 있는 수백만의 신민 덕분도 아니었고 전함과 개틀링Gatling 기관총 덕분도 아니었으며, 논쟁의 여지가 없는 이타주의 덕분에 빛을 발하는 것이라고 그 추종자들은 믿었다. 제국에는 물론 벌어들여야 할 돈이 있었고, 러시아 곰이 털 뭉치 손을 거기 대지 못하도록 막아야 했다. 그러나 진정한 영제국의 사명이었던 빈곤, 질병 및 무지를 근절하기 위한 고귀한 헌신과 비교하면 그런 게 과연 중요한 것이겠는가? 이러한 폐해로 인해 절름발이가 되어버린 세상에 사는 민족들은 비록 시간이 얼마나 오래 걸릴지는 아무도 모르지만 (편차가 있었지만 영국인이 생각하는 것보다는 대체로 훨씬 짧은 시간에) 결국엔 치유될 것이다. 인도는 언젠가 다시 일어나 두 발로 걸을 것이며 다시 한 번 스스로를 통치할 수 있는 능력이 있다고 (영국인에 의해) 판단될 것이다. 관대한 자체 청산의 그 위대한 날이 오면, "천국

---

6 보통 6회로 진행되는 폴로 경기의 1회를 일컫는 용어. 7.5분 동안 지속됨.
7 나리. 인도인들이 높은 신분의 백인 남성을 부르던 호칭.

에서 태어난 자들"은 (인도의 공무원들은 스스로 그렇게 부르기를 좋아했다) 여태까지 맡아왔던 임무를 감사한 마음을 갖고 헌신적이고 평화롭고 번영하는, 그리고 — 미래의 근대 세계를 위한 특별 보너스로서 — 자유로워진 자들에게 넘겨주고 평화롭게 떠날 것이다. 오랜 시간이 지나면 역사가들은 이 세상이 영제국이 존재했었기에 더 좋은 곳이 되었다고 선언할 것이다.

어쨌든 이것은 "신탁통치"의 개념이었다: 후기 빅토리아 시대 제국의 현실을 특징지었던 지나치게 비대한 군사, 조세 및 경제 차원의 비용을 정당화하기 위해 습관적으로 낭독되던 환상이었다. 이러한 이상이 충실하게 견지되었다는 데에는 의심의 여지가 없다; 그것의 실현은 끊임없이 좌절되고 결국엔 무기한 연기되었음에도 불구하고. 제국의 총독들이 그들의 군사력과 경제력이 원래부터 인도에 만연해 있었다고 주장한 문제의 대부분은 아니더라도 상당히 많은 측면을 야기했다는 사실을 거의 인지하지 못했다는 사실도 (그들의 적수는 확실하게 인식하고 있었지만) 의심할 여지가 없다. "진보"와 "문명"이라는 영국식 개념이 도입될 당시의 상황들은 그것들을 실패로 몰아갈 수밖에 없는 상황들을 동시에 발생시켰다. 커즌의 총독 임기 동안 인도의 세수입 중 4%가 관개와 같은 공공사업에 투입되었던 반면에 거의 35%에 달하는 세수입이 군대와 경찰을 유지하는 데 지출되었다. 그렇다고 해서 그러한 이상이 처음부터 경제적·군사적 전제정을 숨기는 가리개였던 것은 아니다. 유혈사태 없이 개선을 공유하고 시민의 교육을 통해 자치 정부를 발전시키겠다는(그 옹호자들은 이것이 영국의 운명과 식민지의 운명 모두와 연관이 있다고 믿었다) 자유주의적 약속은, 논쟁의 여지도 없이, 서구 낙관주의의 그나마 고귀한 잔해 중 하나로 남아 있다. 물속에 잠긴 그 유적은 근대 세계의 의식 속 깊숙한 곳에 여전히 남아 있어서 영국인의 삶의 표면으로 자부심 또는 죄책감의 물결을 올려 보낸다. 바로 그렇기 때문에 영국 역사에 대한 설명은, 아무리 잠정적인 것이라 하더라도, 심연으로 뛰어들어 어둠을 헤치고 실제로 무슨 일이 일어났는지를 들여다봐야만 한다: 선량한 배 "빅토리아"가 대체 어쩌다 좌초되어 버렸는지를.

그 출발만큼은, 적어도, 활기가 넘쳤다. 1834년에, 19세기와 함께 태어난 토머스 배빙턴 머콜리는 여전히 역사가로서의 경력을 쌓고 있었다. 그는 ≪에딘버러 리뷰≫에서 눈부시게 활약하는 눈부신 수필가이자, 런던에서 유행을 선도하는 휘그 사교계의 인기 있는 명사였으며, 새로 생겨난 제조업 중심 도시 리즈Leeds 선거구의 의회 의원으로서 조숙한 의회 웅변가로 활동하고 있었으나 자신의 은행 잔고에 700파운드밖에 남아 있지 않다는 것을 깨닫고는 훨씬 더 큰 재산을 모겠다고 결심했다. 그러려면, 그 어떤 바보라도 알고 있었듯이, 인도로 가야 했다. 그렇다고 해서 본인이 직접 사업에 뛰어들려는 것은 아니었다 ― 물론 리즈에는 사업가로 완벽하게 성공한 인물들도 많이 있었지만. 그의 목표는 무지몽매한 아시아에 진보Progress를 가져다줌으로써 연간 1만 파운드를 버는 것이었다.

1833년에 의회는 마침내 동인도 회사의 상업적 측면을 청산했다. 인디고,[8] 설탕, 면화 및 당시에 유일하게 꾸준한 수익을 내던 사업인 마약(차와 교환하여 중국에 거래되는 아편)에서 발생하는 이윤은 이제 민간 상인들이 수확할 것이다. 이 "회사"는 여러 세대에 걸쳐 세금과 전쟁을 위한 기계로서 작동해 왔으며, 스스로 그렇게 간주하고 싶어 했던 것처럼, 실질적으로는 하나의 정부였다. "통제 위원회"―의회에 책임을 지면서 회사의 이사회와 함께 인도를 공동 통치하는 기관― 의 일원으로서 머콜리는 평민원에서 휘그 정부의 정책을 정당화하는 역할을 맡게 되었다. "이 시대의 버크"라는 평판에도 불구하고 의원들이 머콜리의 발언을 듣기 위해 벤치[9]를 가득 채우리라는 예측은 없었다. (물론 "저녁의 종"[10] 버크도 종종 텅 빈 벤치를 향해 연설하곤 했다.) 1833년 7월 10일, 의석의 3분의 1만

---

8 검푸른 색을 내는 염료의 원료가 되는 식물.
9 평민원의 의석을 일컫는 말. 옆으로 긴 벤치 형태로 되어 있다.
10 그의 발언이 또 지나치게 길어지기 시작하면 마치 저녁 식사 시간을 알리는 종이 울린 것처럼 의원들이 자리를 떴다는 뜻. 몇몇 의원들은 일부러 기침을 하거나 발을 바닥에 질질 끌어서 눈치를 주기도 했다고 한다.

거우 채워진 의사당에서 머콜리는 인도에 대한 영국의 책임에 대해서 자신의 견해를 발표했다. 그것은 키케로식 웅변의 감동적인 공연이긴 했으나 그 내용 속에서는 무지와 오만이 경쟁하고 있었다. 그럼에도 그것은 선의의 자유주의 제국을 선언하는 것이었다. 머콜리는 이 과업의 시작을 알리는 단계에서 이미 영광스러울 정도로 공평무사한 결과를 고대했다:

> 인도 대중의 마음은 우리 시스템하에서 확장되어 결국엔 그 시스템을 능가할 수 있을 것이고; 좋은 정부를 통해 우리의 신민을 더 나은 정부를 운영하기 위한 능력을 갖추도록 교육할 수 있을 것이며; 유럽의 지식에 대해 교육받고 나면, 미래의 어느 시점이 되면 유럽식 제도를 요구하게 될 것입니다. 그런 날이 정말로 오게 될지 저는 알지 못합니다. 그러나 저는 결코 그것을 피하거나 지연시키려 하지 않을 것입니다. 그런 때가 온다면 영국 역사상 가장 자랑스러운 날이 될 것입니다. 노예제와 미신의 가장 깊숙한 곳에 가라앉은 위대한 민족을 발견하고 그들을 잘 통치하여 시민의 모든 특권을 갈망하는 동시에 누릴 수 있는 능력을 갖추게 만든다면 우리는 스스로를 진정으로 영광스럽게 할 자격을 갖추게 될 것입니다. 홀sceptre[11]이 우리에게서 사라질 수도 있습니다. 예상치 못한 사고들이 우리의 가장 심오한 정책 계획을 혼란에 빠뜨릴 수도 있습니다. 우리의 무기가 항상 승리로 연결되지 않을 수도 있습니다. 그러나 결코 역전되지 않는 승리가 있습니다. 쇠퇴의 모든 자연적 원인으로부터 면제된 하나의 제국이 있습니다. 이 승리는 야만에 대한 이성의 평화로운 승리입니다. 그 제국은 우리의 예술과 도덕, 문학과 법으로 이루어진 불멸의 제국입니다.

영국이 마그나카르타에서 1832년 개혁법에 이르기까지 (그리고 모든 영국 국민이 시민권을 획득할 수 있을 정도로 교육받을 때까지 지속될) 걸어온 긴 행진은 하느

---

11 왕관 등과 함께 국왕의 권위를 상징하는 막대기 모양의 물체(제2장 각주 26 참고).

님의 뜻에 따라 아시아에서 재현될 수 있고 또 그렇게 될 것이다. 영제국은 로마 제국처럼 도로 건설 사업을 하게 되겠지만 의회를 갖춘 국민이 되는 길보다 더 좋고 직선적인 – 더 긴 – 도로는 없을 것이다. 더욱이 제국의 경제는 머콜리에게 영감을 준 산업 기계처럼 서로 맞물리는 부분들이 딱 들어맞은 상태가 되어 아름다울 것이다. "나태"하고 "미신적인" 동양Orient을 점령하여 영국의 법, 교육, 가벼운 세금, 정직한 행정을 통해 새로운 모습을 부여한다면 진보라는 종교가 자리 잡는 데 필요한 안정성이 갖춰질 것이다. 그러한 정부의 보호 아래 평화가 싹트고 도시의 시장들이 번성할 것이다. 더 이상 무장 강도와 탐욕스럽고 부패한 세금 징수원에게 돈을 뜯길 필요가 없게 된 "경작자들"은 이러한 시장들을 위해 생산할 동기를 갖게 될 것이다. 그리고 그들의 소득이 증가하는 도시의 수요와 보조를 맞추면서 "개선"을 시도할 수 있는 능력까지 갖추게 되면 그들은 훨씬 더 생산적이 될 것이다. 그들은 성장을 거듭하여 노퍼크의 노동자들과 마찬가지로 번영의 길을 향해 열심히 걷게 될 것이다. 환금 작물의 생산량이 늘어나 수출이 가능하게 될 것이고 특히 본국이 그 대상이 될 것이다. 그 대가로 영국은 직물과 기계, 장식 단추가 박힌 통통한 소파와 다마스크 커튼을 인도로 보낼 것이고, 그곳에서 그것들은 번영하는 상인들과 터닙 싱Turnip Singhs[12] 사이에 잘 형성되어 있는 시장에 공급될 것이다. (빅토리아 시대 사람들이 즐겨 표현했듯이) "안락함ease"이 확대되면 문화 상품 및 서비스에 대한 수요도 더욱 증가할 것이다 – 대학; 신문; 시간이 충분히 지나면 의회; 누군가 감히 희망했듯이, 진정한 종교까지도. 머콜리가 긍정적인 방향으로 추론한 상상을 통해 스케치한 이 전체 프로젝트는 – "무기력한" 아시아(당시에 유행했던 또 다른 상투적인 문구)를 점령하여 진보의 역동성을 주입시킨다는 내용 – 그를 흥분으로 가득 채웠

---

12 이 용어는 동인도회사 소속 인도인 용병들 중에 기독교로 개종한 사람들을 현지인들이 조롱하려고 사용했던 것이다. 변절(turning)이라는 영어 단어와 순무(turnip)의 발음이 유사했기 때문이라고 추정할 수 있다. "싱"은 시크교도 남성들이 흔히 사용했던 이름.

다. 봄베이 사람들이 브래드퍼드산 남성용 모직으로 된 옷을 입고, 셰필드산 포크와 나이프를 사용하며, ≪에딘버러 리뷰≫를 읽는 광경이 목전에 와 있다고 그는 확신했다.

1834년 2월, 인도로 향한 4개월간의 항해를 시작하기 2주 전, 열대지방에서 꼭 필요하다고 생각했던 것들—300개의 오렌지와 호머(호메로스), 호러스(호레이스, 호라티우스), 기번Gibbon 및 볼테르Voltaire의 전집—로 짐 상자를 가득 채운 머콜리는 리즈 선거구민들에게 작별을 고했다. 고별사와 축사가 뒤섞인 형태로 그들은 '되돌릴 수 없는 진보의 교회Church of Irrevocable Progress'로부터의 축복과 이것이 최선이라는 교장 선생님의 말씀과 같은 확신을 그에게 제공했다. 기분 내라는 응원이 전반적인 분위기였다; 당신은 의원직을 잃는 것이 아니라 세계를 얻는 것이다:

> 여러분의 제조업이 번성하기를 바랍니다; 여러분의 교역이 확장되기를 바랍니다; 여러분의 부가 증진되기를 바랍니다. 여러분의 기술이 만들어낸 성과들과 여러분이 번영하고 있다는 징후가 동양의 가장 먼 지역에 있는 내게도 도달해서 우리 선거구의 지성, 산업 및 정신을 제가 자랑스러워할 수 있게 하는 신선한 원인을 제공하시기 바랍니다.

자신이 변화를 만들 수 있다는 머콜리의 확신은 진정한 "시대정신"(특히 윌리엄 해즐릿에 의해 대중화된 용어)이었다. 아마도 틀림없이, 영국은 파머스턴 자작(세계 최강으로서의 영국을 열정적으로 선전했던 사람)이 "세계의 개선"이라고 일컬었던 일을 추진하기로 이토록 군건히 결심한 세대를 아직까지는 목격한 적이 없었다. 그러나 "똑똑한 톰" 머콜리는 열렬한 노예제도 폐지 운동가였던 복음주의자 부모 재커리Zachary와 셀리나Selina가 클래펌Clapham에 꾸린 가정에서 성장하면서 그러한 욕구를 품게 되었다. 끊임없는 기도와 시간을 철저히 지키지 않은 것에 대한 의무적인 해명을 통해 그와 그의 형제자매들은 자기 정당화에 대한 절실한 필요성을 머릿속에 주입받았다. 머콜리는 비록 결국 열성적인 유물론자가 되었지만 (독실한 아버지에게 극심한 실망을 안기며) 초기의 열망은 결코 잃지 않았다.

재커리의 입장에서는 더 나쁜 일이 발생할 수도 있었다. 톰은 인간을 걸어 다니는 감각 수용기에 불과한 것으로 간주하는 벤섬주의자가 될 수도 있었던 것이다. 비록 인도에서 머콜리는 공리주의자들의 개선 계획들이 현실이라는 쓴 약에 의해 전반적으로 개선되는 것을 목격했음에도, 자신은 결코 공리주의자가 되지는 않았다. 머콜리는 공리주의 철학자 제임스 밀이 인간을 기계로 환원시킨다고 비판하면서도, 쾌락을 최적화하고 고통을 최소화하려는 노력에 대해 아무런 잘못이 없다고 생각하는 모든 사람들이 "정치경제학자들"과 "철학적 급진주의자들"의 매력에 이끌린다는 것을 확실히 알고 있었다. 제러미 벤섬 자신이 이해하는 바에 의하면, 만약 인류의 대다수가 이 황금률에 이르는 길을 스스로 찾을 수 있었다면 아무런 문제가 없었을 것이다. 그러나 그들은 분명히 도움이 필요했다. 그리고 그 도움은 정부로부터 나와야 했다; 모든 사회적 악의 원인을 과학적으로 확인하고 그것을 시정할 준비가 되어 있으며 풍부한 지식을 갖추고 있고 사심이 없는 사람들로부터. 그들은 문제의 모든 측면을 조사할 만큼 열성적일 것이다; 보고서 초안을 작성하고 그것에 대해 조치를 취할 수 있는 어떤 종류의 권력자이든 그들의 코 아래로 밀어 넣는다; 그들의 해결책이 법으로 만들어질 때까지 자신들을 성가신 사람으로 만든다; 그런 다음 전문 감독관 집단을 통해 법이 제대로 집행되는지 확인한다. 이러한 비전은 ― 모든 것이 완전히 법으로 제정되지는 않았더라도 ― 영국 역사의 진정한 전환점이었고, 19세기의 근대적인 산업-제국 세계를 다루기에는 귀족과 교회의 자비에 의존하는 낡고 사회적으로 감상적인 관념이 이제는 부적절해졌다는 것을 알리는 신호였다. 스콰이어, 치안판사, 교구 목사는 전문 공무원, 정부의 편람 통계학자 및 건강 검사관으로 대체될 것이다.

그렇다고 해서 "철학적 급진주의자들"이 위압적이고 비용이 많이 드는 정부를 통해 사회에 영구적인 부담을 주기를 원했다는 말은 아니다. 그들의 주장은 오히려 사회가 스스로를 바로잡을 수 있도록 열정적인 조사와 지성을 초기에 충분히 투입하자는 것이었다. 단기적으로는 재정적·사회적 고통이 수반되겠지만 장기적으로는 비용 효율이 높은 이득을 가져다줄 것이다. 그러나 벤섬주의식 사회 개선 중에서도 가장 두드러진 활동이 수행된 분야에서는 – 특히 1834년의 신구빈법 – 고통이 이득보다 훨씬 더 두드러졌다. 역설적이게도, 절망에 빠진 사람들조차도 그곳만은 절대로 가고 싶지 않게 만들기 위해서 구빈원을 너무나 끔찍한 형벌의 장소로 만드는 데는 돈이 필요했다.

그리고 영국의 1840년대와 같은 극심한 경제 위기의 시대에는 가장 "잔인하게 권위적인brutilitarian" 정부라도 굶주림보다는 나았다. 비판자들이 올바르게 지적한 대로 구빈원에 수용된 인원의 증감은 사회적 불행의 진정한 지표가 아니었다; 그것은 그저 시설의 벽을 들락날락하는 사람들의 숫자에 불과했다. 더욱이 이러한 개혁들은, 공공 행정의 부담을 줄이는 데는 최소한의 효과만 발생시킨 채 증오만 최대한으로 불러일으키곤 했다. 정부의 위대한 벤섬주의자 에드윈 채드윅Edwin Chadwick의 후원하에 공리주의 개혁가들이 깨끗한 물과 하수관을 통해 영국의 크고 작은 도시에서 사망률을 낮추려는 시도를 했던 것처럼 명백하게 자비로운 일을 했을 때조차도 그들의 활동은 국가의 참견에 대한, 모든 계급에 만연한, 뿌리 깊은 의구심과 맞닥뜨렸다.

식민지가 – 혼돈, 질병 및 폭력으로 득실대는 – 벤섬주의자들의 이상이 더 풍요로운 열매를 맺을 수 있는 약속의 밭으로 인식된 것도 바로 그러한 이유에서였다. 인도에는 강력하고도 필수적인 개선을 방해할 심술궂은 자유의 전통이 없었다. 개혁자들이 보기에 이곳의 신민들은, 18세기와 19세기에 걸친 무굴제국의 붕괴로 인해 이제 강력한 권위의 손길을 느끼고 싶어 했다. "자유보다는 행복", "단호하지만 공정한 전제정"이 이 세대가 따르는 규정이었다. 인도에서 행정관 업무를 수행할 (1830년대에도 여전히 겨우 900명 정도에 불과했던) 새로운 세대를 교육하기 위해 영국에 설립된 동인도회사의 대학 헤일리버리Haileybury의 교육은 공리주의의 영향을 확실하게 받았다. 그러나 인도 총독 윌리엄 벤팅크William Bentinck가 주재하는 이사회의 네 번째 법률 위원이었던 머콜리가 알고 지낸 사람들은 제레미 벤섬을 열대지방으로 그대로 이식해 놓은 것 같은 부류는 결코 아니었다.

결국 벤섬의 원칙은 인간 행동을 지배하는 보편적 법칙을 전제로 삼았다. 그러나 19세기의 첫 20년 동안 성인이 된 영국의 인도 총독들은 성공과 실패의 차이는 바로 일반 원칙이 지역 특성에 얼마나 잘 적응하는지에 달려 있다는 것을 일찍 이해하게 되었다. 고상하게 팔키 가리palkhee gharee 마차를 타고, 먼지투성이의 더위에 땀을 흘리며, 머릿속은 마르쿠스 아우렐리우스Marcus Aurelius, 인도의 『리그 베다Rig Veda』,[13] 기장 수확량 계산으로 가득 찬 이 젊은 이들은 영국 최초의 진정한 제국적 군인-학자로서 군검과 경위의theodolite[14]를 모두 편하게 다룰 줄 알았다. 그중 상당수가 많은 사람들이 활기차고 당당한 팽창주의자 웰슬리Wellesley 후작의 젊은 제자였다. 칼의 지배를 강화하기 위해서, 그리고 지식의 제국의 병영 역할을 하기 위해서 웰슬리가 캘커타에 설립한 포트 윌리엄Fort William 대학을 졸업했거나 거기서 가르쳤던 사람들이다. 리처드 웰슬리Richard Wellesley 총독은 ─ 여러 면에서 훨씬 더 유명한 그의 동생인 웰링턴 공작보다 훨씬 더 복잡한 인물 ─ 단순히 지나치게 열정적인 최고 사령관은 아니었다. 프랑스와 동맹을 맺은 지역의 인도인들과의 전쟁을 통해 그의 군대가 획득한 거대한 영토를 통치하려면 지형, 역사, 언어 및 문화에 대해 광범위하면서도 깊은 지식을 보유한 사람들이 필요하다고 그는 믿었다. 그리고 그가 설립한 컬리지는 ─ 문시munshi로 알려진 브라만 교사들을 통해 ─ 산스크리트어, 힌두스타니어, 페르시아어(여전히 인도 법정에서 사용하는 언어), 아랍어 및 일부 토착 언

---

13 인도에서 가장 오래된 브라만교 경전.
14 삼각측량에서 중요한 역할을 하는 기구로서 수평축과 수직축으로 모두 움직이는 망원렌즈로 구성되어 있다.

어에 대한 기초 교육을 제공할 것이었다.

그렇게 해서 탄생한 것—19세기 초반의 짧고 눈부신 세대를 위해—이 바로 잉글랜드가 아니라 영국이 통치하는 인도 정부였다 — 아마도 아시아에서 영국이 만든 최고의 작품일 것이다. 이것이 배출한 거의 모든 스타는 스코틀랜드, 아일랜드 또는 웨일스 출신이었다. 그중에서도 가장 경이롭게 박식하고 문화적으로 관대했던 사람들은 토머스 먼로Sir Thomas Munro, 존 맬컴John Malcom, 마운트스튜어트 엘핀스턴Mounstuart Elphinstone, 그리고 조금 뒤 시기에는 북서부 지방 출신의 제임스 토머슨James Thomason과 같은 스코틀랜드인들이었다. 그들은 모두 스코틀랜드 계몽주의, 특히 현명한 공공 활동은 그 지역에 대한 깊은 이해에 기초해야 한다고 주장하는 애덤 퍼거슨Adam Ferguson과 존 밀러John Millar의 최신 사회학적 교훈을 인도로 도입했다. 이것은 사실, 이들 대부분이 잉글랜드 정부가 자신의 국가를 너무나 잘못 이해하고 잘못 대하고 있다고 느꼈기에 자신들은 영국인으로서 아시아에서 똑같은 실수를 반복하지 않기로 결심했기 때문이기도 했다. 그들 중 상당수가 자신들의 통치 아래 있는 영토의 역사, 법률 및 농업 경제의 세부 사항에 대한 권위자가 되었다. 효과적으로 행동한다는 것은 자신이 다루고 있는 국가와 사회를 깊이 아는 것을 의미했다. 그래서 맬컴은 시크교도Sikhs에 대해 광범위하게 글을 써서 『페르시아의 역사The History of Persia』(1815)를 출판했다. 마라타[15] 제후들과 싸웠던 엘핀스턴은 『파이슈와에서 정복한 영토에 대한 백과사전 보고서Report on the Territories Conquered from the Paishwa』(1821)를 작성했다. 이 글들은 후기 빅토리아 시대의 작품들을 물들이곤 했던 "무정부 상태"에 대한 고정관념에서 놀라울 정도로 모두 자유롭다. 엘핀스턴의 『인도의 역사History of India』(1841)는 무굴제국의 통치 기간을 이슬람교도와 힌두교도 사이의 평화로운 관계의 황금기로 묘사하기 위해 애썼다.

현지에 대한 지식local knowledge은 스코틀랜드의 군인-학자들을 변화시켰다.

---

15 인도 중서부 제후들의 연합체.

그러나 그것은 또한 그들의 입장이 처한 모순에 직면하도록 강요했다. 한편으로 동인도회사는 되살아나는 인도(최소한 벵골, 봄베이, 마드라스 지역)가 필요로 하는 충분한 안정을 확보하기 위해서는 피비린내 나는 파괴적인 군사행동이 전제 조건이 되어야 한다고 믿었다. 그러나 어떻게 된 일인지 전투는 또 다른 전투를 발생시키는 것처럼 보였다. 새로운 적인 러시아 제국의 팽창주의를 미리 차단하기 위해 북서쪽의 펀자브 지역으로 진격해 들어가자 이 지역에서 진정으로 결속력이 있는 몇 안 되는 국가들 중 하나인 런짓 싱Ranjit Singh의 시크교 세력과 충돌하게 되었다. 안정적인 국경 대신에 영국은 더 많은 군사행동을 유발하기만 하는 불안정한 변경을 만들어냈다. 이 과정은 결코 멈추지 않았다. 계속해서 충돌이 발생했다. 라자스탄과 데칸Deccan의 유목민 기마 부대는 "도적"으로 선포되었다 – 실제로 그들 중 상당수가 그렇긴 했다. 그러나 그들은 영국인이 자신들의 공식 후원자인 마라타족을 무자비하게 파괴해 버리자 이제 범죄적 약탈자로 전락해 버렸다. 영국의 모든 개입은 그토록 간절히 바랐던 "안정"의 순간을 앞당기기보다는 지연시켰다. 그러는 동안 군인들에게는 급여를 지급해야 했다 – 1830년대가 되면 그들 중 약 25만 명이 동인도회사 군대(인도 용병인 세포이가 압도적인 다수를 차지)를 아시아에서는 물론 세계에서 가장 규모가 큰 육군 중 하나로 만들었다. 이는 다시 그만큼 많은 세금을 징수해야 한다는 것을 의미했다. 이 세금이 발생시킨 더 큰 고난은 더 큰 고통과 고난과 분노를 불러일으켰다.

비록 현지에 대한 지식이 인도에 대한 영국의 후견에 대한 자유주의적 희망의 맑은 낙관론을 흐리게 만들긴 했지만, 고난을 어려움을 완화하는 데는 최소한 뭔가를 할 수는 있었다. 토머스 먼로는 제민다zemindar—벵골 정부가 농민들의 재산을 평가하고 세금을 징수할 업무를 부여했던 중개인—라는 것이 전통과도 거리가 멀뿐더러 인도 남동부에서는 거의 알려진 바 없다는 것을 밝혀냈다. 제임스 토머슨은 펀자브 지역도 마찬가지라고 믿었다. 이 약아빠진 중개인들은 그저 백지 수표를 들고 갈취의 현장에 끼어든 자들이었다. 이를 대체하여 모든 농민이 직접 정부 관리들을 상대하는 료트와리ryotwari 시스템이 도입되었는데, 이것은 해당 과세 연도의 토양의 비옥함과 기후 조건에 관한 데이터를 포함하여 모든 보유지에 대한 거의 완전한 토지 측량을 전제로 했다. 이것은 기념비적인 작업이었다(그리고 이 온정주의적인 개혁가들이 애당초에 비판했던 바로 그런 부류의 원주민들이 대리인 역할을 해줘야만 가능한 작업이기도 했다). 이런 일을 제쳐두고 다른 일들을 한다면 그들의 "신탁통치"에 대한 배임이라고 먼로Munro와 토머슨Thomason을 비롯한 지식의 수확자들은 주장했다.

머콜리는 런던에서 두툼한 책 속으로 충실하게 뛰어들어 그의 유명한 동굴과도 같은 기억 은행을 구자라트 지방의 소금 제작에 대한 세부 사항이나 카스트 제도의 장점 등으로 꽉 채웠다. 그는 일단 배운 것은 거의 확실하게 기억했다. 그러나 그의 마음은 이런 숙제로 향해 있지 않았다. 그는 인도에 대한 지식이 너무 많으면 건강하게 합리적이고 자유로우며 진보적인 마음이 이국적인 문화로 인해 뒤죽박죽 흐트러질 위험이 있다고 생각했다. 그는 예전부터 제임스 밀의 비평가였으나 그의 영향력 있는 『영국령 인도의 역사The History of British India』(1817)는 확실하게 읽었기에, 이 책의 저자가 실제로 인도에 가본 적은 없다는 점을 비판하는 사람들을 만난다면 "인도에서 보거나 들을 가치가 있는 것은 글로 표현할 수 있다. … 합당한 자격을 갖춘 사람은 인도에서 눈과 귀를 사용하여 아주 긴 생애를 통해 얻을 수 있는 것보다 잉글랜드의 골방에서 1년 동안 인도에 대해 더 많은 지식을 얻을 수 있다"는 밀의 견해를 옹호했을 것이다. 게다가 머콜리는 그토록 완벽하게 품위 있고 분별 있는 사람들이 기껏 인도에 가서는 성전 조각의 에로틱한 혐오스러움에나 빠져들거나 힌두교 법을 성문화하기 위한 쓸데없이 정교한 시도를 하다가 수렁 속에 빠져 구조될 희망조차 잃고는 한다는 것도 소식통을 통해 알고 있었다. 아주 약간의 상식만 가진 온전한 19세기 행정가라면 인도에 필요한 것은 그따위 것들이 아니라는 것을 잘 알 수 있었다! 인도에 필요한 것은 유럽의 명쾌한 논리였다. 커즌은 캘커타 대학의 청중에게 그 특유의 무례한 톤으로 "진실은 서양의 개념"이라고 말할 정도로 과감했으나 머콜리는 그 정도까지는 가지 못했을 것이다. 그러나 그는 이에 이의를 제기하지도 않았을 것이다.

머콜리의 이러한 편견은 자신만의 독특한 복음주의를 갖고 캘커타로 온 "멋들어진 네덜란드 출신the clipping Dutchman"[16] 윌리엄 벤팅크 총독도 상당 부분 공유했다. 어느 방문자에 의하면 벤팅크는 펜실베이니아의 퀘이커 교도처럼 말했으며, 화려한 것을 선호했던 이전 세대가 인도의 스카프와 브로케이드 양복 조끼를 애용했던 것을 의도적으로 모욕하려는 듯이 대조적으로 짙은 검은색의 넓은 프록코트를 입었다. 특허권이 1813년에 갱신되었을 때, 동인도회사는 복음주의의 압력을 받아서 "서양" 사상이 자신의 통제하에 침투될 수 있는 영토를 개방하게 되었다 – 종종 본격적인 선교 활동의 시작을 알리는 암호 문구. 벤팅크는 문제를 일으킬 여지가 있는 일에 자신의 권위를 부여하기에는 너무 신중한 사람이었지만 "혐오스러운 것"을 식별해 내는 데에는 거리낌이 없었다. 게다가 만에 하나 그가 이러한 결심에 대해 흔들리지 않도록 그의 정치 보좌관 찰스 트리벨리언Charles Trevelyan이 항상 그에게 의무의 부름을 상기시켜 주었다. 트리벨리언은 톤튼Taunton 지역 부주교Archdeacon의 아들이었고 통제받지 않는 열정을 키우며 성장했다. 헤일리버리에 있는 동인도회사 컬리지East India Company College에서 그는 엄숙하고 뛰어난 경제학자 토머스 맬서스Thomas Malthus 목사에게 가르침을 받았으며(나중에 그의 경력에 심오하고 끔찍한 영향을 끼치게 될 경험) 트리벨리언의 시민적 걱정civic anxiety[17]에 방향과 목적을 부여했다. 1827년에 20세의 트리벨리언은 자신이 속한 세대만이 열광할 수 있었던 종류의 열정을 가지고 델리에 도착했다: 예를 들면 관세 개혁. 몇 년 후 그는 머콜리의 누이인 해너Hannah에게 구애를 시작했는데, 그의 구애를 위한 재담은 (소유욕이 강했던 톰Tom의 말에 의하면) "증기선 항해, 원주민 교육, 설탕 관세의 균등

---

16 그의 가문이 네덜란드 출신이었다.
17 인도를 문명 국가로 운영하는 것에 관한 다방면에 걸친 고민을 의미.

화, 아랍어 알파벳의 로마식 대체" 따위로 구성되어 있었다. "그는 구애자로서는 결코 금융가만큼 훌륭하지 못했다. … 그리고 그는 평생 동안 소설은 전혀 읽지 않은 게 틀림없다." 그럼에도 해너는 결국 그를 받아들였다.

트리벨리언은 확실히 융통성이 없는 사람이었다; 그리고 그러한 성품을 제국을 위해 활용했다. 부패는 그를 분노로 끓어오르게 했다. 그는 겨우 21세의 나이에 델리로 온 지 불과 몇 달 만에 힌두와 이슬람법에 대한 기성세대의 저명한 권위자이자 치안판사였던 에드워드 콜브루크Edward Colebrook의 뇌물 수수 혐의를 폭로했다. 트리벨리언은 설령 그러한 뇌물을 거부하는 것이 뇌물을 제공하는 사람들 사이에서 훨씬 더 큰 불만과 분노를 불러일으킬 것이라고 생각했더라도 회사가 그러한 사악한 관습을 용인할 수 있다는 사실에 소름이 돋았을 것이다. 공개적으로 비난을 받은 콜브루크(이 건방진 애송이 금욕주의자에 대한 그의 위협은 트리벨리언을 더욱 강인하게 만들었다)는 불명예를 떠안고 낙담하여 본국으로 송환되었다. 트리벨리언은 정당성의 기쁨과 함께 승진의 기쁨도 만끽했다. 그는 벤팅크의 정치 보좌관보가 되어 캘커타로 갔다.

트리벨리언은 편협한 사람이 아니었다. 그는 버트포어Bhurtpore 지역 라자Raja[18]의 아들에게는 사려 깊은 가정교사였으며, 서양에 대해 배우기를 원하는 브라만들을 자신에게 와서 지도를 받도록 독려했다. 그 자신(머콜리와 달리)도 고전과 토속어 모두를 포함한 인도어를 매우 능숙하게 학습했다. 그러나 이러한 것이 그를 문화적 다원주의자로 만들지는 않았다. 전통을 묵인하는 것에 대해 그는 냉담했다. 그러한 전통이 오랫동안 수행되어 왔다는 사실이 그것을 덜 비난받게 만들 수는 없다고 그는 믿었다. 특히 사티sati—죽은 남편과 함께 과부를 화장하는 의식—에서 트리벨리언과 벤팅크는 절대적인 혐오감을 보았다. 다른 것들도 있었다 – 여아 살해, 아동 약혼 및 강제 성관계 – 이것들 또한 혐오스러운 것임이 자명했다. 그러나 사티의 폐지는 – 인도 전역에서 매년 약 500건의 문서화

---

18   지역 제후.

된 사례가 있었음에도 불구하고 – 인도에 "문명화된" 가치를 적용하는 것의 모범 사례가 되었다.

이 주제에 대한 서양화주의자Westernizer들의 문헌을 읽어보면 이것이 그들 스스로 꿈꾸던 운동이었다고 암시하지만, 사실 이것은 람 모한 로이Ram Mohan Roy 라자와 같은 힌두교도 개혁가들이 주장한 주요 사안이었다. 일찍이 1820년대 초반에 그는 이미 사티가 벤다타Vedanta로 알려진 신성한 힌두 경전에 의해 승인되지 않은 것이라고 비판했으며 그와 동등하게 학식을 갖춘 힌두교도 개혁가 그룹을 총독 관저로 데려와 그 관행을 폐지할 것을 촉구했었다. 벤팅크는 확실히 사티의 폐지를 자신의 사명으로 삼았다. 1829년에 열띤 연설을 마친 후 의회에서 다량의 조사 결과가 발표되자 벤팅크는 금지령을 내렸다. 이제 관리들에게는 장작더미로 향하는 과부들을 도중에 가로챌 수 있는 권한이 부여되었다. 얼마 지나지 않아, 원주민 여성을 화염에서 구출하는 작업을 지휘하는 총장의 동상이 다음 세기에 빅토리아 기념비가 서게 될 공원 바로 뒤의 받침대에 세워졌다. 다정하게 자애를 표현하고 있는 그의 발밑에서는 힌두교도 과부들이 – 곤경에 처한 처녀를 묘사하는 초기 빅토리아 시대의 전형과 유사하도록 터무니없이 서구화된 모습으로 표현되어 – 터번을 쓰고 불길을 향해 행진하는 사악한 부류의 마수로부터 구출되고 있다.

사티의 폐지는 동양에서 자생한 운동의 일부로서 람 모한 로이가 생각하기에 브라만 카스트의 권위가 불법적으로 전용한usurped 권위였던 힌두교 관습을 정화하고 개혁하려는 것이었지만, 서구인들에게는 자신들의 윤리 사상이 인도에 대한 무조건적인 혜택이 될 것이라고 확신하는 자축의 주문mantra이 되었다. 그들은 마치 자신들의 정부가 인도를 진정으로 알게 된 최초의 존재인 듯이 말했으며, 그러한 지식으로 스스로의 행동의 자유를 제약하지도 않았다. 하지만 사실 그들은 전임자들보다 훨씬 덜 알고 있었고 스스로 생각했던 것보다도 훨씬 덜 알고 있었다. 사티는 힌두교의 잔인한 모호주의의 상징으로 간주되었으나 사실 힌두교는 그것을 요구하지 않았다. 그리고 그것은 영국의 패권에

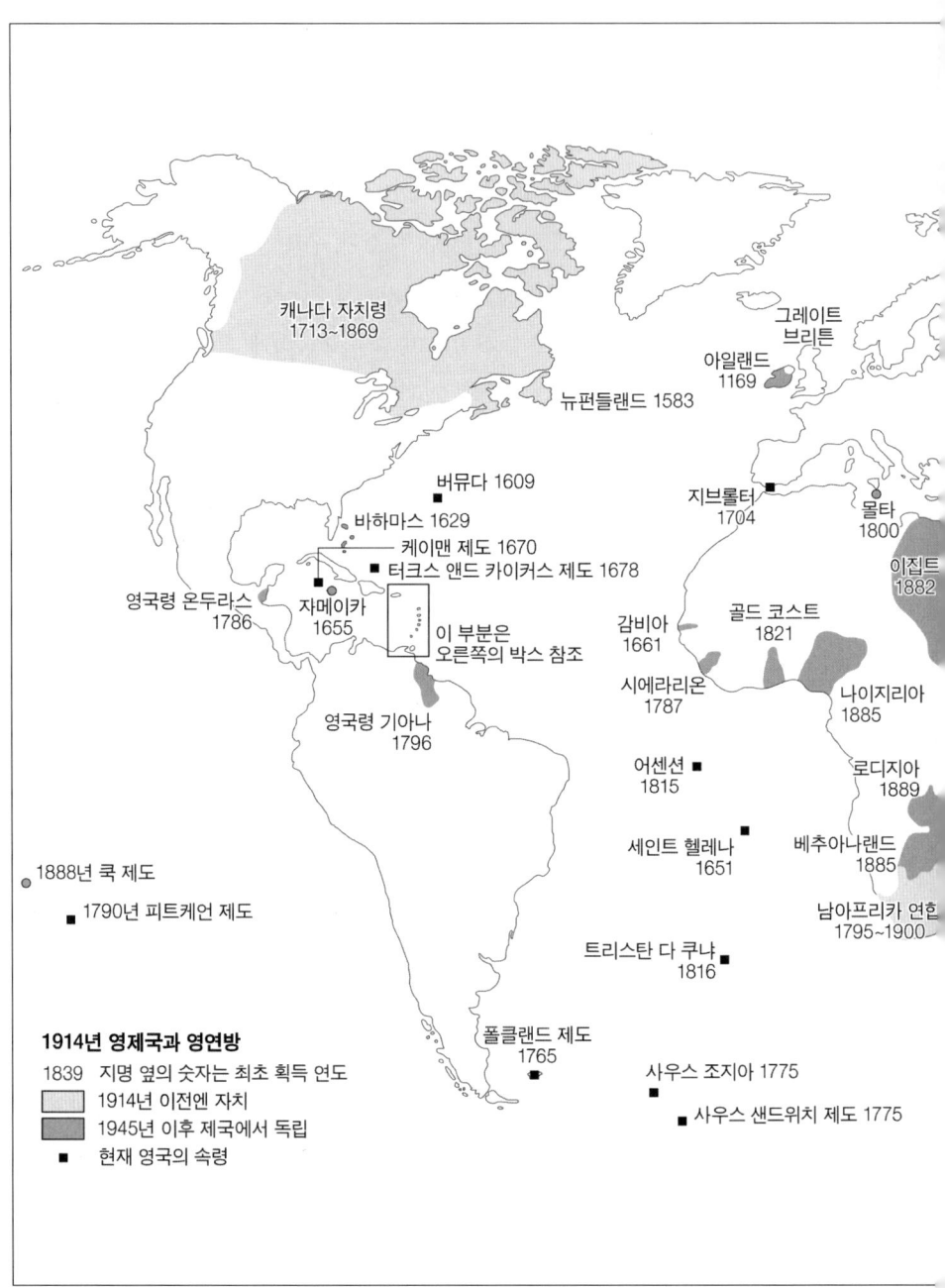

1914년의 영제국의 범위

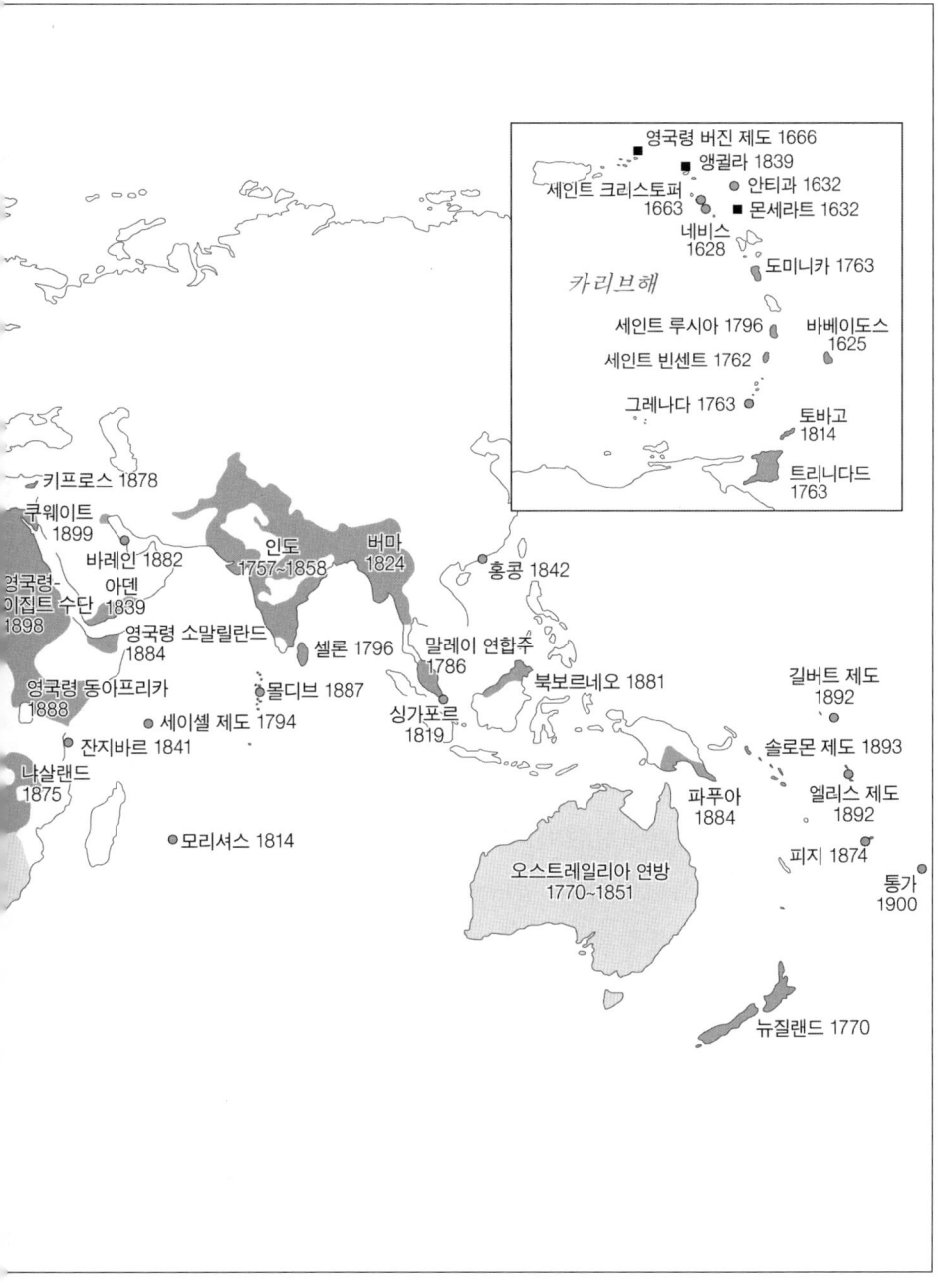

5. 선한 의도의 제국: 투자   303

대한 옹호서에서 흔히 칼리Kali[19] 여신의 신봉자들이 스카프로 목을 조르는 의식인 '사기thagi' 현상과 항상 쌍을 이루었다. (이 여신을 언급하는 것만으로도 빅토리아인들의 척추에 확실한 전율을 일으켰다.) 어느 범죄자가 제공한 정보를 바탕으로 필립 메도우즈 테일러Philip Meadows Taylor가 쓴 『강도의 고백The Confessions of a Thug』(1839)은 출간되자마자 베스트셀러가 되었다. 빅토리아 여왕은 이 책을 너무 빨리 읽고 싶어서 출판도 되기 전에 "저자가 교정한" 교정쇄본을 요청했고 그가 폭로하는 것들에 크게 흥분하여 늦게까지 침대에 앉아 있었다. 초기 빅토리아 시대의 영웅이 된 깡패 사냥꾼 대장 윌리엄 슬리먼William Sleeman 소령은 자신이 정보 제공자의 도움으로 인도 전역에 걸친 광신교 음모의 신비로운 언어와 지하 세계에 침투할 수 있었다면서 스스로 제국의 지휘자로 자처했다. 상당수의 사브와 멤사브는 본국의 카운티로 잠시 휴가를 가면 즉각적으로 이 분야의 권위자로 간주되어 살인자가 사용한 스카프의 표본이나 가장 잔인한 살인 사건에 대한 설명을 요청하는 사람들로 인해 애를 먹었다. 예를 들어 한 육군 장교의 젊은 아내인 해리어트 티틀러Harriet Tytler는, 칼리를 숭배하는 집단에 가입하는 자는 1년에 지정된 횟수(보통 3건)만큼 살인할 것을 맹세하며 만약 그가 살인을 저지르려는 순간에 박쥐나 올빼미가 갑자기 나타난다면 이는 불길한 징조라서 그는 손을 멈추어야 한다고 확신에 차서 이야기했다. 이러한 상황이 주요 도로들을 더 안전하게 만드는 데는 성공하지 못했지만 1830년대 영국과 인도에서 발생한 통제되지 않은 강도공포증은 경찰력을 크게 확장시켰으며, 정부의 도덕적 자긍심도 강화해서 범죄를 저질렀다는 증거가 없는 경우에도 이단에 속한 것으로 의심되는 사람들을 당국이 선제적으로 체포할 수 있도록 허용했다. 이러한 히스테리의 상당 부분은 고속도로에서 벌어지고 있던 폭력적인 무법의 실제 현실을 정교하게 부풀린 환상이었고, 인도 각 지역에서 권위가 붕괴해 버린 결과이기도 했는데 이러한 붕괴는 영국 군사력이 가

---

19   파괴와 창조의 여신.

속화한 것이기도 했다. 슬리먼이 해독했다고 주장한 "비밀 언어"는 지하 세계 교살자들의 형제애를 결속하기 위한 것이 아니라 아마도 그 지역 갱단의 은어에 지나지 않았을 것이다.

그러나 머콜리가 캘커타에 도착했을 즈음 절정에 달했던 강도공포증은 영국인들이 자신들의 권력의 속성이 압도적으로 군사인 특성을 지녔음에도 불구하고 스스로를 평화를 위한 힘이라고 생각하게 만드는 데 영향을 끼친 것이 분명하다. 주지사 위원회의 일원으로서(회의가 너무 지루한 경우가 많아서 회의 도중에 고향에 있는 친구들에게 편지를 쓰기도 했지만), 머콜리는 형벌 제도에 대한 개혁 보고서의 초안을 작성하는 일을 담당했다 – 그의 적들이 나중에 지적했듯이 그는 전통적인 인도에 대해 거의 아무것도 알지 못했음에도 불구하고. 하지만 설령 그가 힌두교 법의 세세한 내용에 대해 친숙했다 하더라도, 인도인과 영국인 모두에게 적용 가능하고 페르시아어가 아닌 영어로 제공되는 이 법이 존경받는 사법제도의 기초가 되어야 한다는 믿음은 확고히 유지했을 것이다.

그러나 머콜리가 1835년 2월에 작성한 「교육에 관한 회의록Minute on Education」은 영국이 인도를 통치하는 것의 전반적인 의미와 방향에 대한 격렬한 논쟁으로 그를 몰아넣었다. 표면적인 문제는 회사의 보조금을 지급받아 인도에서 고등교육을 할 때 영어를 사용할 것인지 인도어를 사용할 것인지였다. 이 세대는 교육이 사회 발전의 가장 강력한 동력이라는 것을 당연하게 여겼다. 머콜리와 찰스 트리벨리언(영어를 개인적인 십자군으로 삼은)이 보기에 합리적이고 과학적인 계몽에 대한 접근은 보편적인 권리였다. 원주민의 언어와 텍스트에 부적절하게 감상적으로 반응하여 인도인들이 자애로운 변화의 강력한 증기 기관차에 탑승할 기회를 박탈하는 것은 그들에게 아무런 도움이 되지 않는다. 머콜리의 이름이 인도에서 여전히 악명 높은 이유가 되기도 한 그의 가장 함축적인 말은 이러했다. "나는 동방 언어에 능숙하다는 이유로 명성을 얻은 사람들 중에서 유럽에 있는 훌륭한 도서관의 책장 단 하나가 인도나 아라비아의 토착 문학 전체의 가치와 맞먹는다는 사실을 부정할 수 있는 사람을 그 [누구도] 본 적이 없다." '똑똑한 톰'에게 아유르베다Ayurvedic 의학 또는 산스크리트 문헌은 존재하지 않는 것이나 마찬가지였다.

"잉글랜드의 편자공[20]조차도 수치스러워할 의학적 교리, 잉글랜드 기숙학교의 소녀들도 웃음을 터뜨리게 만들 천문학, 키가 30피트나 되는 수많은 왕들이 3만 년 동안 통치했다는 역사, 당밀 바다나 버터의 바다로 이루어져 있다는 지리학"을 누가 장려하려 하겠는가? (그러니 백과사전과도 같은 머콜리의 암기력이 『구약 성경』에 나타나 있는 연대기나 기적의 발현들을 그의 기억으로부터 얼마나 손쉽게 자기 입맛에 맞춰 삭제하곤 했겠는가!)

머콜리와 트리벨리언에게 있어 중요한 것은 단지 "무지몽매한 아시아 종족"을 그들 스스로를 위해 계몽하는 문제가 아니었다. 제국 사업의 전체 생존력이 영국 교육을 받은 인도인 계급의 창설에 달려 있었다. 이곳에는 인도인이 너무 많아서 수백만 명에 달했지만 이들을 문명화할 수 있는 명석하고 품위 있는 녀석들chaps은 소수에 불과했다. (이 〔녀석들〕은 남아시아의 햇볕 아래에서 창궐하는 각종 전염병에 너무나도 취약했다). 게다가 인도에서 가장 널리 쓰이는 18개 언어는 고사하고 카스트와 종교 관습의 모든 세부 사항을 배울 시간도 없었다. 따라서 문화 중개자가 반드시 필요했다: "혈통과 피부색은 인도인이지만 취향, 의견, 도덕 및 지성은 잉글랜드인인 계급". 뉴튼과 셰익스피어를 알고 있으며 "유용하고" 정제된 지식을 전파할 수 있는 그러한 사람들은 거대한 문화적 변화를 실어 나를 수 있는 인간 통로가 될 것이다. 이 시스템은 이러한 수백만의 인구를 위한 감시 시스템과 같아서 가장 우수한 소년들이 같은 학년의 덜 우수한 아이들에게 지식을 전파하고 이런 식으로 인도 전역에 문명의 과업이 확산될 때까지 계속된다. 이 변화의 결과들은 중대할 것이다. 그것은 단지 밀튼Milton과 블랙스턴Blackstone의 작품을 암송할 수 있는 인도인을 만드는 문제가 아니었다. 물론 이 역시 감탄할 만한 일이라는 건 의심의 여지가 없지만. 영어를 통

---

20 말의 편자를 제작하는 사람.

해 그들은 정의의 "적절한" 개념을 접하게 되고 "야만적인" 관습, 복장 및 매너에 대한 건전한 혐오감을 키우게 될 것이다, 요컨대 그들은 시민 정신에 충만하게 되어 공통법에서 브로드broadcloth[21]에 이르기까지 영국이 제공하는 최상의 것들에 대한 열성적인 고객이 될 것이다. 그들 중 일부가 어느 찬란한 날에 기독교인이 될 것이라는 기대도 완전히 배제할 수는 없었다.

개혁자들의 입장에선 교육 매개 언어의 문제는 단지 고상한 언쟁에 불과한 것이 아니었다. 제국의 미래가 바뀌는 아르키메데스의 시점이었다. 서구화된 주민 사이에선 통치자와 피통치자들 사이에 자연스러운 동정심이 생길 것이어서 강제가 필요 없게 될 것이었다; 군대의 규모를 유지하기 위한 자금을 조달하는 데 필요한 세금 부담도 줄일 수 있을 것이었다. 생계유지를 위해 필요한 수준을 넘어선 가처분 소득이 발생하여 대중은 브리태니어의 풍요를 공유하게 될 것이다. 트리벨리언은 "수익성 있는 백성은 '더더욱' 수익성 있는 동맹이 될 것이다"라고 기록했다. 결국 영어는 변화를 자극하는 전기로 이해되어야 했다; 아시아의 "무기력"에 활력을 불어넣을 수 있는 충격. 그것은 빛과 힘을 함께 생산할 것이다.

그러나 영어 교육에 대한 이러한 집착은, 인도에서 오랜 세월을 보냈고 그의 친구나 동료들과 마찬가지로 트리벨리언이나 머콜리는 도저히 근접할 수 없는 깊이 있는 수준으로 그곳의 언어, 법률 및 종교 지식을 갖고 있었던 동양학자orientalist이자 옥스퍼드 대학의 산스크리트어 보던 교수Boden Professor of Sanskrit H. H. 윌슨H. H. Wilson이 보기엔 또 다른 "터무니없는 환상"에 불과했다. 윌슨과 회사 소속 관리 헨리 소비 프린셉Henry Thoby Prinsep의 눈에 그자들이 알고 있는 것이라고는 기껏해야 광대하고 완고한 인도의 마을 생활의 현실과는 동떨어진 캘커타 클럽의 세계가 전부였다. 동양학자들은 영어가 영국 행정관들이 이미 알고 있는 마을과 도시의 상층계급 상업 및 법률 계급 외에는

---

21   양복에 쓰는 광택이 나는 옷감.

어떤 부류에도 침투하지 못할 것이라고 주장했다. 영어는 그러한 지식을 하층부로 퍼뜨릴 수 있는 그룹을 만드는 대신 인도 사회 전반에서 격리된 파벌만을 양산할 것이다. 머콜리나 트리벨리언, 그들과 같은 생각을 가진 사람들이 만에 하나 성공한다 하더라도 그들은 문화 잡종 그룹만을 탄생시킬 것이며, 그들은 사브에게 그들이 듣고 싶거나 필요하다고 생각하는 것만 말할 수 있는 기득권을 갖게 될 것이다.

게다가, 동양학자들의 시각에서 볼 때 인도를 서구의 일종의 문화적 총독으로 만드는 것은 영국인의 적절한 임무가 아니었다; 유럽식 계몽주의의 이미지로 그것을 다시 꾸미려는 것은 더더욱 부적절했다. 1770년대와 1780년대에 워런 헤이스팅스Warren Hastings가 총독이 된 이래로 회사는 명백하게 잡다하고 모순적일지라도 인도 자체의 제도를 정비하고 복원할 의무가 있음을 인정했다. 이것이 헤이스팅스 자신도 페르시아어를 배운 이유였고, 판사 겸 학자인 윌리엄 존스Sir William Jones와 위대한 산스크리트어 권위자 헨리 콜브루크Henry Colebrooke가 힌두법을 명확히 이해하고 성문화하기 위해 수년간의 노력을 기울였던 이유였으며; 람 모한 로이와 같은 베다Vedic 학자들이 서양이 자신의 가치를 그들에게 강요하지 않는다고 판단하고 그것이 제공하는 것에 긍정적으로 반응할 수 있었던 이유였다. 인도의 고전 언어와 근대 영어의 양자택일로 이슈를 설정하는 바람에 동양학자들은 힌두스타니어Hindustani와 같은 인기 있는 토착어로 근대 과목을 가르칠 기회도 사라질 것이라고 우려했다.

공격적인 서양화주의자들의 무지와 가정에 경악한 동양학자 프린셉과 윌슨이 맹공을 퍼부으면서 1830년대에도 격렬한 논쟁이 이어졌다. 약 20년 후인 1850년대에 윌슨은 귀족원 앞에서 증언하면서 다음과 같이 신랄하게 비판했다. "머콜리는 그 사람들에 대해 아무것도 몰랐습니다; 그는 자기 바로 주변에서 목격한 것만 갖고 이야기했는데, 바로 이러한 것이 영어만 배타적으로 사용하자고 주장하던 자들이 저지른 실수의 가장 큰 원인이었습니다." 그러나 좋든 나쁘든 머콜리와 트리벨리언이 택한 길이 미래로 이어진 길이었다. 그들이 벤팅크에게 고하길 – 사실 그들이 완전히 틀린 것은 아니었다 – 전통 방식의 교육보다는 영어로 가르치는 교육을 선호하는 수요는 상당 부분 인도인들 스스로에 의해 창출된 것이었다. 총독은 그래서 헤이스팅스와 웰슬리 시대에 설립된 이슬람 마드라사와 힌두 산스크리트 대학에 대한 정부 보조금을 폐지했다. 영국 학생들에게 여섯 개의 인도 언어를 통해 훌륭한 교육을 제공하고 있던 포트 윌리엄 대학도 함께 청산되었다. 이제 그 프로그램에 남은 것은 헤일리버리의 산스크리트어 과정뿐이었는데, 이 과정조차 여러 세대에 걸친 학생들에게는 많은 고통만 안겨주는 지루하고 하찮은 것으로 치부되었다. 비록 패배한 동양학자들은 문화 제국주의의 대명사가 되어버렸지만, 그들이 남아시아의 영국인들 중 자신들이 정착한 곳의 문화를 이해할 수 있는 능력과 동정적 열정을 겸비한 최초이자 유일한 세대라는 것은 여전히 견고한 사실이다. 윌슨은 머콜리와 트리벨리언에 대해 "재능에 대해서는 의심할 여지가 없지만 경험이 없다는 점도 부인할 수 없는 자들로 … 그들과 적어도 동등한 능력을 갖고 있고 더 나은 경험을 갖고 있는 사람들이 만들어 놓은 것을 무효화하려고 작정했으나, 인도 토착민들의 도덕적·종교적 개선을 가속화하려는 열렬한 열망에서 있어서만큼은 누구에게도 뒤지지 않는 자들"이라고 평가했는데, 이는 비교적 핵심을 정확히 짚은 것이었다.

동양학자들이 보기에 특히 순진하게 – 또는 위선적으로 – 보였던 것은 현재 수많은 언어, 방언, 종교, 카스트로 분열되어 있는 수백만 명의 사람들이 영어를 통해 서로 그리고 그들의 통치자들과 함께 하나로 통합될 것이라는 주장이었다. 그들은 영어를 공식 공용어로 채택하면 이 정부의 언어는 단지 지배 카스트의, 영국인이든 서구화된 인도인이든, 언어가 될 뿐이라고 너무나도 정확하게 예언했다; 무굴제국이 궁정에서 페르시아어를 사용했던 경우와 마찬가지로 인민 대중을 통치자들로부터 고립시키는 암호. 영국인들은 과거에 등을 돌리겠다고 계속해서 약속했으나 사실은 다른 억양을 통해 과거를 재활용했던 것이다. 찰스 트리벨리언은 실제로 델리에서 영어 대학English College을 졸업한 인도 졸업생들을 인근 국가의 대사관에 파견되는 잉글랜드 요원들의 통역 및 개인 비서로 채용했다. 그들이 서구화된 인도인으로 개종하는 과정은 시간을 엄수하여 부지런히 기록하는 업무 일지를 통해 감시되었다. 오래지 않아 그들 중 몇몇은, 예를 들어 1837년에 클로드 웨이드Claude Wade 소령과 함께 펀자브 Punjab로 갔다가 1839년에는 카불Kabul의 파국적인 군사 원정에 동행했던 샤하마트 랄Shahamat Lal과 같은 자들은, 식민지 지배자들의 목소리를 완벽하게 반영한 역겨운 조롱의 목소리로 원주민들의 "미신"과 "전제"에 대해 불평하기 시작했다.

선별된 소수의 출세는 진정한 문화적 동거와는 다른 것이었다. 입으로는 약혼에 대해 이야기했으나; 현실은 분리였다. 1840년대와 1850년대의 빅토리아 시대 사브와 멤사브―트리벨리언이나 벤팅크와 같은 동인도회사 라지의 후예들―는 18세기 후반에 침상 위에서 어슬렁어슬렁 거닐거나 물담배를 피우는 모습으로 묘사된 동양주의자 전임자들을 노골적으로 역겨운 시선으로 되돌아보았다. 그들은 인도의 습관에 대한 그들의 친밀감이 그들을 부드럽고, 부패하고, 여성스럽게 만들었다고 생각했다. 초기 빅토리아 시대의 도덕적 어휘에는 이보다 더 나쁜 단어가 거의 없었다. 그들은 조잡한 모슬린[22]과 화려한 터번을 두르고 있었다; 닭싸움장과 경마장에 다녔다; 동양 술에 흠뻑 취하고; 무희들에게 추파를 던졌다; 매춘업소를 배회했다. 그들 중 일부는 인도인 첩을 두고 혼혈 자녀를 낳기까지 했다. 때때로 괴짜들은 그들과 결혼까지 한 것으로 알려져 있었다! 그러나 영국인이 제국의 소명에 대해 진지하게 생각한다면 이 모든 것은 과거의 일이 되어야 했다. 인도는 위계질서 위에 세워지지 않았는가? 그렇다면 냉담함이 권위의 전제 조건이 되어야 했다. 이것은 육체적인 동시에 도덕적인 청결의 문제이기도 했다. 근절해야 할 모든 질병 중에서 "혼합"의 망상이 가장 심각했다.

---

22 속이 거의 다 비치는 얇은 면직물.

기후나 주변 환경에 따라서는 타협해야 하는 상황도 물론 발생했다. 어린아이들은 인도 하인이나 때로는 심지어 유모에게 맡겨야 했는데, 주의 깊게 감시하지 않으면 벵골의 악명 높은 부드러움과 나른함에 감염될 가능성이 있었다. '어린이 찬송가 화환Child's Wreath of Hymns'에서 ≪캘커타 리뷰Calcutta Review≫는 "이 나라에서 자란 아이는 아마도 내세에서는 음식과 그 밖의 다른 모든 육체적 탐닉을 사랑하는 자가 되리라 확실하게 예측할 수 있다. … 그렇다, 어린 소녀들조차도 원주민 남자에게 맡긴다!" 음식 문제도 있었다. 모국으로부터의 바다 항해를 가속화할 증기선이나 수에즈 운하가 등장하기 이전 시대임을 감안하면, 인도의 유럽식 테이블 위에 제공된 영국 음식—잼, 냄비에 넣어 요리한 고기 및 소스—의 양은 놀라운 것이었다; 그러나 종종 "미끄러운", "끈적한"과 함께 기름기 묻은 원주민을 가리키는 용어로 사용되기도 했던 빈디bhindi[23]나 블랙 달black dal[24]과 같은 음식도 기피하지는 않았다.

영어에 "방갈로"와 "베란다"가 추가된 시대였고, 높은 천장과 시원하고 어두운 지하실과 함께 그늘과 환기를 극대화한 버라burrah(고위) 사브를 위해 주택이 건설되었다. 그러나 단층의 높이를 제외하면 1840년대의 방갈로는 북인도 마을의 아주 부유한 상인이나 지역 귀족의 주거지와는 전혀 유사하지 않았다. 하벨리haveli 또는 만질manzil과 같은 인디언 가옥에는 대문까지 이어진 마차 도로 옆으로 녹색 양탄자처럼 펼쳐져 있는 잔디가 깔려 있지 않았다. 그것들의 벽은 대신에 거리를 직접 마주하고 있었고 하나의 출입구만 뚫려 있었다. 개방된 안뜰을 둘러싸고 있는 사각형의 다른 세 모서리에는 각각 다른 기능을 하는 방이 있었다 — 창고, 부엌, 변소. 나머지 방은 성별로 간단하게 구분했다 — 여성 숙소를 위한 제나나zenana(어린이에게도 사용됨); 남자를 위한 마르다나mardana. 마당과는 별도로 평평한 지붕이 덮고 있는 큼직한 공동 공간이 있어서 비둘기장, 의

---

23 아욱과의 식물.
24 콩과 향료를 이용한 인도 요리.

복과 향신료의 건조, 연결 통로를 통해 지붕 아래까지 방문하는 친구나 이웃의 접대, 더운 밤에 잠을 자기 위한 용도 등으로 사용되었다.

이는, 완곡하게 표현하자면, 백인 사브와 멤사브들이 자신들의 방갈로에서 살던 방식이 아니었다. 그들의 지붕은 종종 경사져 있었고, 집은 견고한 파빌리온 형태로서 기능적으로 구획된 공간들—응접실, 식당, 도서관 또는 흡연실, 침실—이 건물을 둘러싼 베란다로 모두 이어지는 형태로 구성되어 있었다. 영국이 건설한 제국의 역사에서 가장 중요한 인물 중 하나는 이들을 철저하게 지켜주는 남성 하인—초키다Chokidar, 경비원—이었다. 그는 누가 정원에 들어갈 수 있는지, 어떤 상인의 베란다 출입을 허용할지, 또한 어떤 사람이 신성한 내실에까지 들어갈 수 있는지를 결정했다. 일단 그곳에 들어간 사람들은 대개 본국의 시골 저택과 비슷한 인테리어를 보게 되었다 — 다만 열대지방 특유의 재료인 대나무와 티크 나무가 사용되었고, 벽은 선조들의 초상화 대신 돼지를 찌르는 용도의 창들로 장식되어 있었다. 하지만 푹신한 쿠션으로 덮인 소파와 안락의자, 대형 목재 옷장, 웨지우드Wedgwood와 리즈 크림웨어Leeds Creamware로 가득 찬 찬장, 그리고 짙게 염색된 커튼도 있었다 — 이 모든 것이 수입된 것들이었다. 그나마 가장 인도풍이었던 것은 천으로 만든 돛이 달려 있는 펑카 부채punkah fan였다. 이 큰 부채를 펑카 왈라punkah wallah[25]가 앞뒤로 당기며 움직였다. 도저히 피할 수 없는 냄새를 풍기는 주방들은 종종 역시 또 강한 냄새를 풍기는 데다 피할 수 없는 불쾌감을 유발하는 거주 하인들과 함께 본관으로부터 분리되어 있었다.

백인 사브들의 정복을 상징하는 표식이라고 종종 간주되던 정원을 만들고 가꾸는 데에는 엄청난 노동이 투입되었다. 영국인들은 열대종—위압적인 울타리로 사용되는 가시 박힌 알로에와 같은 종들—을 자신들의 방갈로 정원 디자인에 통합하는 것에 자부심을 느꼈다. 하지만 그들은 이것이 마치 햄프셔에 있는 정원인 양 그 앞뒤로 잔디밭, 장식용 물고기 연못, 다년생 식물 꽃대, 퍼걸러[26]를 배

---

25   부채 부치는 하인

치했고 여기엔 물론 장미도 빠질 수 없었다. 어린 시절의 해리어트 얼Harriet Earle(나중에 제38벵골 원주민 보병대 대위 로버트 티틀러Robert Tytler의 부인이 되는 여성)이 캘커타에서 16마일 떨어진 총독 시골 별장 배럭포어 하우스Barrackpore House에 방문했을 때, 그녀는 그 정원들에 경탄했다. 군대 주둔지들은 — 이들은 이제 번영하는 오래된 인도 도시들의 군집으로부터 항상 멀리 떨어져 있었다 — 초록의 신선함을 조성하는 것으로 유명했다. 이는 불가피하게 본국의 카운티들과 비교되었다. 제국적 소유욕이 최고에 달했던 순간은 아마도, 원래는 오클랜드 총독Governor-General Auckland에게 전달될 예정이었던 배럭포어 정원Barrackpore gardens에서 처음으로 성공적으로 재배된 딸기 두 알을 해리어트가 유혹을 이기지 못하고 훔쳐서 자신의 탐욕스러운 작은 입속에 넣어버린 일이었을 것이다. 20년 후인 1857년 3월에는 그 딸기밭에서 아주 가까운 거리에 있던 배럭포어의 퍼레이드 훈련장에서 아주 다른 성격의 사건이 일어났다. 제34 원주민 보병대의 세포이Sepoy인 망갈 판데Mangal Pande라는 인물이 하체에는 도티dhoti[27]를 상체에는 연대 군복을 착용한 채 영국인 부관 및 신임 선임하사관을 향해 총을 쏜 뒤에 자신의 머리에도 총을 쏘려 했다. 판데는 결국 처형되었고, 예방 차원에서 해당 보병대의 나머지 부대원들은 해체되었는데. 이때 그들은 모자를 벗어 던지고는 흙 속에서 짓밟았다.

사실, 배럭포어에서는 예전에도 문제가 있어서, 1824년에 반란이 일어났던 적이 있다. 하지만 머콜리는 그의 매제인 트리벨리언Trevelyan과 함께 1838년에 본국으로 귀국할 즈음엔 영국이 이제 인도에서 무적의 지위에 올랐다고 생각했다. 캘커타에서 단지 4년 만에 머콜리는 자신을 인도의 과거와 현재 모두에 대한 권위자로 여기게 되었고, 로버트 클라이브Robert Clive와 워런 헤이스팅스Warren Hastings가 18세기에 이룩한 업적에 대한 회고를 신속하게 출판했다. 이

---

26   덩굴 식물이 타고 올라가도록 정원에 만들어 놓은 아치 구조물.
27   인도 남자들이 몸에 두르는 천.

에세이들은 마치 "계속되는 증기 목욕탕" 안에서 살아가는 것만 같은 "벵골 사람들Bengalees"의 체질적 나약함과 무기력에 대한 예상 가능한 정형화로 가득했다. 아마도 머콜리는 자신을 1인승 가마에 태우고 이동하는 사람들, 후글리Hooghly강을 따라 화물을 운반하는 선박의 선원들, 아니면 인디고 밭에서 심하게 몸을 구부리고 일하는 농부들이 정말로 무기력한 사람들일까 하는 고민 따위는 해보지 않았을 것이다. 그는 그저 이들이 이 세상에 존재했던 그 어떤 사람들보다 "천성과 습관에 의해 외국의 멍에를 짊어지는 것에 충분히 익숙해져 있다"고 생각했을 것이다.

경험, 언어학적 지식, 분별력에 있어서 처남보다 몇 단계나 뛰어난 동시에 기질적으로는 훨씬 더 비관주의적이었던 트리벨리언은 제국의 운명에 대해 훨씬 더 암울한 생각을 갖고서 런던의 재무부(19년 동안 재직하게 된다)에서 차관보assistant secretary로 일하게 된다. 머콜리는 "유용한 지식"을 전파하는 데 없어서는 안 될 도구로서 자유 언론의 도입을 지지했지만, 트리벨리언과 그 밖의 다른 많은 사람들은 인도의 토착 언론이 감사를 표현하는 것보다는 불만을 표출하는 데 얼마나 재빨리 익숙해졌는지에 주목했다. 그는 "내가 두려워하는 바는 그 사람들을 위한 우리의 모든 선한 노력에도 불구하고 우리는 인기 없는 지배자라는 점이다"라고 썼다.

불평할 점이 많긴 했다. 서양화주의자들이 영국이 인도에 가져다준 혜택에 대해 뽐내던 바로 그 시기에 인도 경제는 깊은 침체로 빠져들었다. 동인도회사가 인디고 무역의 독점권을 상실하자 인디고를 공급하던 주요 업체들이 파산했고, 이는 자유주의의 꿈속에서 꽃을 피우려던 이곳 경제의 가장 근대적인 부문을 황폐화했다. 아편을 제외한 수출은 감소한 반면 영국으로부터의 수입은 급증했다. 영국인들을 처음 인도에 주목하게 만든 인도산 실크와 면직물과 같은 전통 공예 산업은 랭커셔에서 생산된 직물이 놀라울 정도로 빠르고 완벽하게 인도 시장에 침투하면서 심하게 파괴되었다. 인도에서의 생산을 활성화하려는 토머스 워들Thomas Wardle 같은 영국 기업가들의 간헐적인 노력에도 불구하고 알라하바드Allahabad, 수라트Surat, 다카Dacca 등 인도의 섬유 산업에 의존하던 도시들은 침체되거나 더 심한 상황에 맞닥뜨렸다. 영국이 추진한 "소멸" 정책(남성 상속자가 없는 경우 회사 영토로 합병)의 경제적 청산 효과로 인해, 무굴 인도 후기의 번영을 이끌었던 반semi-독립적인 지역 태수nawabs들의 번성했던 "작은 궁정들"을 기반으로 한 지역 인프라 전체가 붕괴되어 버렸다. 근대화를 추구하던 서양의 "정치경제학자"들은 이러한 현상을 시대착오적인 관습이 국제 시장의 근대적 현실이라는 불가피하지만 건전한 것으로 대체되는 것으로 이해했다. 그러나 사실 불가피한 것은 없었다. 산업적으로 기계화되지는 않았더라도 이 지역의 산업과 무역은 오래된 인도가 아닌 새로운 인도의 일부로서 여러 세대에 걸쳐 호황을 누려왔다. 수많은 직공, 염색공, 인쇄공, 보석상, 은세공인, 재단사, 가구 제작자, 요리사, 음악가, 궁전 경비원, 매춘부, 상점 주인들은 고객을 잃었고, 이들 중 상당수는 이미 스트레스를 받고 있던 시골로 다시 쫓겨났다.

1830년대 후반과 1840년대에 항구 도시인 봄베이, 마드라스, 캘커타에 도착한 영국 방문객들은 이 대규모 경제 파괴 작업으로부터 스스로를 차단할 수 있었기 때문에 피해의 실제 규모를 거의 보지 못했다. 그들이 시골로 여행하기 전까지는 말이다. 1837년 말과 1838년 초, 머콜리와 트리벨리언 일행이 인도에서 최선을 다한 것에 크게 만족하며 귀국할 준비를 하고 있을 때, 켄트의 베크넘Beckenham 출신인 에밀리 이든Emily Eden은 벤팅크의 후임으로 총독인 된 오빠 조지, 즉 오클랜드 경Lord Auckland과 함께 런짓 싱의 시크교 궁정이 있는 북서쪽으로 긴 여행을 떠났다. 에밀리가 "단순한 방식"이라고 불렀던 총독의 바지선 소나무키sonamuukhi(황금 얼굴)는 금색, 녹색, 흰색으로 칠해져 있었고 대리석 욕조를 갖춘 채 강을 따라 노를 저어 갔으며, 오클랜드와 그의 일행의 수발을 드는 데 필요한 하인 400명을 태운 배들이 그 뒤를 따랐다. 육상에서는 마차, 버기buggy, 통가tonga, 해커리hackery(황소 수레), 팔키palki(토착 1인승 가마), 말, 코끼리가 갠지스강 계곡을 천천히 올라가며 더욱 위엄 있게 행진했다. 그 뒤로는 850마리의 낙타, 140마리의 코끼리, 수백 마리의 말, 황소, 짐마차 행렬이 10마일이나 더 뒤쪽으로 뻗어 있었다. 조지는 스포츠맨은 아니었지만 총독이 해야 할 일이었기 때문에 꿀렁대는 하우다[28]에 앉은 채로 가끔 토끼와 메추라기를 쏘기도 했다. 빅토리아 여왕의 후원을 받은 재능 있는 예술가였던 에밀리는 스케치도 하고 그림도 그리고 일기도 썼는데, 그녀의 일기에는 공작새처럼 눈부신 인도의 광채에 대한 떨리는 흥분과 자신의 감각에 대한 공격에 지쳐서 발생하는 메스꺼움이 교차했다(이 문학적 모티브는 E. M. 포스터E. M. Forster와 폴 스콧Paul Scott도 반복한다). 1837년의 크리스마스 날, 매서운 추위와 자두 푸딩이 그리웠던 에밀리는 언니에게 "오늘은 유난히 인도식으로 기운이 없다"고 편지를 보냈다. "크리스마스에는 끔찍한 광경과 소리가 섞여 있어. 하인들이 우리 텐트 문에 화환을 걸어 놓았는데, (매우 잘못된 일이지만) 그들이 모두 모여서 방언으로 우리에게 행복한 크리스마스를 기원할 때 내 영혼은 반발했고, 왠지 모르게 우리 주변에서 들리는 힌두스탄어에 대한 혐오감이 설명할 수 없는 방식으로 나를 덮쳤어."

연민과 혐오감이 주의를 끌기 위해 뒤엉켜 경쟁했다. 아와드Awadh(우드Oudh)를 지나 동쪽으로 칸푸르Kanput(칸푸어Cawnpore)를 향해 이동하던 에밀리는 극심한 기근의 현실에 직면할 수밖에 없었다. 캠프의 마구간에서 그녀는 "늙은 원숭이처럼 생겼지만, 여섯 살 정도의 다른 어린아이가 돌보고 있는, 멍하고 바보 같은 눈빛을 한" 비참하게 굶주린 아기를 발견했다. 그녀는 아기를 자신의 날개 아래로 데려가 어머니의 동의를 얻어 매일 텐트에서 마치 애완동물처럼 우유를 먹였다. 그러나 몬순이 오지 않아 발생한 기근에 대한 공포는 가뭄에 시달리는 시골을 가로지르는 대규모 떠돌이 집단과 거지 떼, 걸어 다니는 허수아비와 같은 몰골들과 함께 끊임없이 다가왔다. "우리가 목격하는 끔찍한 광경은 상상조차 할 수 없는 것이다. 특히 어린이들; 대부분 완전히 뼈대만 남아서

---

28 코끼리나 낙타 위에 얹은 커다란 좌석.

뼈가 피부 사이로 드러나 있고; 옷도 걸치지 않고 인간이라고 보기 힘든 다른 생명체의 모습."

오클랜드는 매일 수백 명을 먹여 살렸지만, 척후병과 각지의 치안판사들은 매일 3~5명의 마을 주민이 굶어 죽는다는 보고를 가져왔다. 에밀리는 "우리가 할 수 있는 것은 갖고 있는 것을 주는 것밖에 없다"며 "그 광경은 너무 충격적이었다"고 썼다. 여성들은 마치 매장된 것처럼 보였고 그 두개골은 너무 끔찍해 보였다. 에밀리는 나중에 스스로 직접 조경을 다시 해 이든 정원Eden Gardens으로 이름이 바뀌게 되는 배럭포어의 "너무나도 싱그럽고 푸르른" 잔디밭이나 꽃밭과는 매우 거리가 먼 곳에 있었다.

기근의 광경을 목격한 에밀리의 고통은 완전한 진심이었지만 이는 상대적인 것이기도 했다. 1839년 8월에 그녀의 애완용 날다람쥐가 콜레라균에 감염된 배를 먹고 죽었을 때 에밀리는 분노했다. 그녀는 "인도 사람들은 유난히 둔하기 때문에, 감각의 잉여가 짐승들에게 "분배"되어 그것들은 유난히 영리하다는 것이 나의 믿음"이라고 고백했던 것이다. 1840년대의 서양화주의자들은 인도의 대량 기아라는 충격적인 광경에 대해 엇갈린 반응을 보였다. 펀자브의 제임스 토머슨이나 힌두 쿠시Hindu Kush와의 전투 이후 겨울철에 퇴각하면서 4000명의 군대 중 군의관 단 한 명만 살아남은 비극적인 아프간 전쟁 이후 1842년에 오클랜드의 뒤를 이어 총독이 된 댈하우지 경Lord Dalhousie과 같은 열성적인 개선가들은 새로운 도로, 철도, 관개 운하 등 서양의 선물이 장기적인 해결책이라는 믿음에 힘을 실었다. 1837~1838년의 기근을 반복하지 않기 위해 갠지스 대운하가 건설되었다. 그러나 기근은 근대 세계 경제로의 어려운 전환 과정에서 피할 수 없는, 유감스럽지만 고통스러운 일이라는 다른 목소리도 있었다. 먹여 살릴 입이 너무 많은 나라에서는, 현금 시장에 적합한 생산물을 만들기에는 너무 작은 토지를 가진 나라에서는, 합리화 과정에서 희생자가 생길 수밖에 없었다. 결국 이들의 노동력은 산업화된 영국에서 그랬던 것처럼 호황을 누리는 도시 부문으로 흡수될 것이다. 하지만 이 정도 규모의 변화는 고통 없이 이루어지는 것이 아니다. 게다가 근대화를 가로막는 장애물은 구조적인 것 못지않게 사회적·문화적 문제였다. 농민들은 장기간의 게으름과 일시적인 활동이 뒤섞인 느긋하고 야심 없는 계절 순환에 익숙해져 있었다. 수익성 있는 생산자가 되려면 자립심과 인내심, 그리고 무엇보다도 규칙적인 노동을 해야 했다. 개미 언덕을 흘끗 보기만 해도 그 정도 아이디어는 얻을 수 있다.

찰스 트리벨리언은 인도뿐만 아니라 1846년에서 1850년 사이에 서유럽에서 가장 끔찍한 기근이 발생했던 아일랜드에 대해서도 이렇게 생각했다. 그 기간 동안 아일랜드의 인구는 4분의 1이 감소했다: 100만 명이 굶주림이나 기근 관련 질병으로 사망했고, 또 다른 100만 명은 유일한 생존 수단으로 이민을 선택했다. 메이요Mayo 카운티와 같이 최악의 피해를 입은 서부 지역에서는 인구의 거의 30% 정도가 사망했다. 재무부의 찰스 트리벨리언은 구호 활동의 지휘를 담당했지만, 이 시련이 아일랜드가 고통을 통해 더 나은 삶의 방식으로 나아가기 위해 신의 섭리에 의해 가해진 것이라고 악의는 없었지만 감정에 치우치지 않고 믿었다. 그의 암울한 결론은 이 모든 것이 "나태하고 자립심이 없는 국민에 대한 하느님의 심판이며, 하느님께서 아일랜드인들에게 교훈을 주기 위해 재앙을 보내셨기 때문에 그 재앙을 지나치게 완화해서는 안 된다. 이기적이고 나태한 사람들이 교훈을 배워 새롭고 개선된 국가가 생겨나야 한다"는 것이었다. ≪더 타임스≫는 기근이 변장을 한 축복이었다는 주장을 더욱 잔인하게 전개했다. 인간의 손길이나 재치로 아일랜드를 가난과 의존의 굴레에서 벗어나게 할 수 없었던 상황에서 섭리가 "자연의 견제"를 제공했다는 것을 모두가 알고 있었다는 것이다. 이 신문은 고대 그리스의 신탁처럼 "사회는 재난 속에서 재건된다"고 선언했다.

겉으로 보기엔 인도와 아일랜드가 대양의 거리보다 더 떨어져 있는 것 같았지만, 인구 과잉과 생산 부족이라는 난해한 문제에 대한 빅토리아 시대의 가장 진지한 사고와 저술에서는 매우 밀접하게 연결되어 있었다는 것은 의심할 여지가 없다. 물론 토머스 맬서스는 동인도회사의 대학인 헤일리버리에서 가르쳤고, 찰스 트리벨리언은 맬서스의 이론으로 평생을 인도와 아일랜드의 기근에 맞서 싸웠던 그의 제자였다. 맬서스의 제자 중 한 명인 윌리엄 토머스 손튼William Thomas Thorton은 1846년 아일랜드 대참사의 심각성이 드러나던 바로 그 시기에 『인구 과잉과 그 구제책Over-Population and its Remedies』을 출간했고, 부분적으로는 자발적인 피임과 부분적으로는 이민을 통해 경작자의 인구밀도를 낮추자는 그의 제안은 당시의 논쟁에 직접적인 영향을 미쳤다. 최대한 많은 소작농으로부터 마지막 한 푼의 임대료까지 챙기기로 작정한 부재지주absentee landlord[29]들의 관행을 용인한 영국의 정권들을 향해 맹공을 퍼붓던 비non-맬서스주의 자유주의자들은 인도와 아일랜드를 같은 맥락에서 이야기하기 시작했다. 철학자 존 스튜어트 밀은 1846년에서 1848년 사이에 아일랜드 토지 문제에 대해 쓴 일련의 글 중 하나에서 "인도에 대해 아는 영국인은 지금도 아일랜드를 가장 잘 이해하는 사람들"이라고 주장했다. 인도 중부 지방의 지방 위원장이었던 조지 캠블George Campbell은 1870년대에 윌리엄 글래드스턴이 토지 개혁의 실마리를 잡을 수 있도록 도와준 아일랜드에 관한 책을 썼다. 캠블은 메이요 카운티나 코크Cork 카운티의 빈곤과 불안정에 대한 보고를 "한마디로 인도 지방 관리의 보고서로 받아들일 수 있다"고 썼다.

밀은 (이 아대륙에 대해 상대적으로 무지했던 자신의 이점을 살려) 인도를 위해 자비로운 개혁을 선언한 사람들은 정치에 대해 걱정할 필요가 없고, 수 세기 전의 정복과 토지 정착으로 인한 죄악을 물려받지 않는다는 것이 차이점이라고 생각했다. 온화하고 교육받은 행정가라면 비하르Bihar나 구자라트의 경작자들을 위해 얼마든지 "개선"을 선언할 수 있고, 그렇게 될 것이라고 생각했다. 댈하우지 총독 치하에서 갠지스 운하가 건설되고 있는 것이 실제로 그런 일이 발생하고 있다는 증거라고 밀은 생각했다.

---

29 아일랜드에 토지를 소유하고 있으나 거주하지는 않았던 잉글랜드나 스코틀랜드의 프로테스탄트 지주들. 감자의 수출을 통해 엄청난 수준의 이윤을 남기고 있었다.

로버트 필과 존 러셀 경 등 두 명의 총리부터 시작해 상무부 장관president of board of trade과 재무부 장관chancellor of the exchequer, 트리벨리언 같은 재무부 관리들에 이르기까지 아일랜드 감자 기근이라는 악몽을 관리해야 했던 사람들은 모두 자신의 행동이 어떤 정치적 영향을 미칠지 깊이 생각해야 했다. 그러나 대부분의 정치인과 관리들이 도덕적 신념에 사로잡혀 자신이 하는 모든 일이 하늘 위에 있을 위대한 정치경제학자의 불가해한 뜻에 의해 항상 무시될 것이라고 생각한 것도 사실이다. ≪더 타임스≫의 표현대로 "켈트족"이 더 이상 "감자 섭취자potatophagi"가 되지 않게 하려는 신의 뜻이었을 것이다. 하느님은 무모한 부재지주들이 그들이 영속시킨 사악한 제도에 대해 책임을 지는 것을 원하셨다. 하느님은 대탈출이 발생하고 서부 아일랜드의 광대한 지역에서 인구가 급감하는 것을 원하셨다. 그게 아니라 이러한 일들이 인간의 손에 의해 만들어졌거나 악화되었다고 생각하는 것은 이단이었을까? 이러한 이단자들 중 한 명은 재난의 첫 번째 단계에 대처해야 했던 토리당 총리 로버트 필이었다. 1846년 2월, 필은 평민원 연설에서 여러 곡물 중에서도 특히 미국산 곡물의 자유로운 수입을 막는 곡물법Corn Laws을 포기하도록 설득하기 위해 의원들에게 다음과 같이 조언하며 결론을 내렸다:

당신이 이미 다시 고통받고 있는 국민에게 그들의 궁핍 속에서 용기를 내라고 또다시 권고할 때, "이 모든 것은 지혜롭고 자비로운 섭리의 징계이며, 이해하기는 어렵지만 정의롭고 유익한 목적을 위해 보내진 것입니다. … "라고 말할 때, 당신이 고통받는 동료 신민들에게 이렇게 말할 때는 … 오늘 밤 내려질 결정에 의해 그러한 재난이 진실로〔저자의 강조〕신의 섭리라는 내용의 위로를 스스로에게 마련하기를 바랍니다 ─ 이러한 궁핍의 시기에 식량 공급이 제한되는 것은 인간이 만든 법이 원인이 되거나 그것이 악화시킨 것이 아니라고!

그렇다면 이 참사를 덜 잔인하게 만들기 위해서는 무엇을 할 수 있었을까?

예를 들어 재난의 규모를 예측할 수는 있었을까? 19세기 후반에 한 학파의 저술가들이 기근을 겪은 제국의 또 다른 지역인 인도의 기근 예측을 위해 기상 주기(아직 완전히 이해하지는 못한 단계)와 가격 지수를 결합하여 식량 부족에 대한 조기 경고, 고갈된 곡물 매장량에 대한 평가 등을 발표했다. 그리고 그 후로는 많은 경험이 축적되었음에도 불구하고 여전히 오류가 있었다. 따라서 1820년대와 1830년대에 감자 작황이 실패한 경험으로는, 이렇게 초창기에는 중앙정부든 지방정부든 1845년에 일어날 일에 대비하기는 어려웠을 것이다. 미국 농작물에 피해를 입힌 병충해 Phytophthoera infestans 곰팡이균이 "미국 감자 콜레라"라는 무시무시한 별명을 얻게 되었다. 잎 밑면에 먼저 나타나 감자를 검푸른 자줏빛의 끈적끈적한 덩어리로 변하게 하는 이 병은 유럽에서는 한 번도 목격된 적이 없었다. 벨기에와 네덜란드를 거쳐 아일랜드에 이 병이 도착했을 때만 해도 이에 대해 의견 제시를 요청받은 식물 전문가 대부분은 이것이 작물을 부패시키는 원인이라기보다는 비정상적으로 춥고 폭우가 쏟아진 날씨의 결과라고 생각했다. 1845년 수확량의 4분의 1 정도가 손실된 상황에서 더블린의 관리들은 불안에 떨지 않기 위해 이 부족분을 "결핍"이라고 불렀다. 낙관적인 가정에 따라 날씨가 좋아지면(1846년 여름에는 길고 따뜻하고 건조한 기간이 있었기 때문에) 비교적 정상적인 수확량으로 돌아갈 수 있을 것이라는 예측이었다. 역병이 어떻게 전파되는지에 대한 오해는 잘못된 조언으로 인해 더욱 악화되었다. 다음 해에 사용할 씨감자가 충분해야 한다는 불안감에 농민들은 괴경의 썩은 부분을 잘라내고 남은 것은 이듬해 봄에 심기 위해 저장하라는 조언만 들었다(적어도 그렇게 하지 말라는 말은 듣지 못했다). 미세한 포자가 겨울을 난 후 감염된 괴경이 심어지면 두 번째 파멸의 계절이 찾아올 것은 당연했다.

문제는 설령 풍년이 들더라도 아일랜드 인구의 매우 높은 비율이 생존과 굶주림의 벼랑 끝에서 살아가고 있었다는 점이다. 18세기 중반부터 1845년 사이에 아일랜드 인구는 260만 명에서 850만 명으로 세 배나 증가했다. 3분의 2는 땅을 일구며 살았고, 대다수는 조그마한 "농장"이라고도 할 수 없을 정도로 작은 땅을 소유하고 있을 뿐이었다. 아일랜드는 전통적으로 방목 경제에 의존했으며 북부와 동부의 부유한 지역에서만 여전히 유제품을 생산하여 영국으로 수출할 수 있었다. 그러나 산업화되어 가는 영국의 수요 증가로 인해 아일랜드는 곡물, 특히 귀리와 보리 수출국으로 점차 변모했다. 자본과 토지를 가진 농부들은 기회를 잡았다. 그러나 인구 증가 추세가 가장 가파른 중서부 지역에서는 지주(종종 부재지주)가 인구와 가용 토지 사이의 불균형을 악용하여 임대료는 올리고 임금을 낮췄다. 1840년대가 되면 소득과 토지의 규모가 줄어드는 과정에서 거대한 반semi-빈민층이 생겨났다. 1에이커 미만의 토지가 13만 5000필, 10에이커 미만의 토지가 77만 필에 달했다. 유일하게 확실한 것은 습하고 무거운 땅에서 최고의 수확량을 약속하는 작물이 감자라는 사실뿐이었다. 아일랜드의 남녀 한 사람당 매일 10~12파운드의 감자가 섭취되었다. 그러나 이것이 식단의 시작이자 끝이었고, 운이 좋으면 약간의 우유로 단백질을 보충하거나 해안 가까이에 사는 경우엔 생선이나 다시마로 보충했다.

필 정부에는 1845년 말에도 이집트의 전염병과 같은 사태가 눈앞에 다가왔다고 생각한 사람들이 있었다. 해군 참모총장 제임스 그레이엄Sir James Grahm은 10월에 총리에게 "전능하신 분이 어떻게 국가들의 교만을 낮추시는지 관찰하는 것은 끔찍한 일입니다. … 구더기와 메뚜기는 그분의 군대입니다. 그분은 이렇게 말씀을 주십니다: 단 하나의 작물이 병에 걸렸을 뿐이다; 그런데 우리는 한 국민 전체가 엎드려 빵을 구하기 위해 손을 내뻗는 것을 보고 있습니다"라고 편지를 썼다. 1841년 총리직에 다시 취임할 당시에는 곡물법을 유지하겠다고 약속했었지만 12월에 감자와 다른 곡물의 가격이 두 배로 치솟자 마음이 바뀐 필은 이제 아일랜드의 위기를 이용해 의회, 특히 자기 정당 의원들을 설득해 곡물법을 폐지해야겠다고 생각했다. 그는 10만 파운드 상당의 미국산 곡물을 몰래 사서 갈은 후 아일랜드 전역의 지역 위원회가 운영하는 특별 창고에 실경비만 받고 배포했다. 그의 희망은 이 비축분을 최소한 물가 안정을 위해, 최악의 경우엔 즉각적인 구호를 위해 사용하는 것이었다. 이것의 사회적 부수

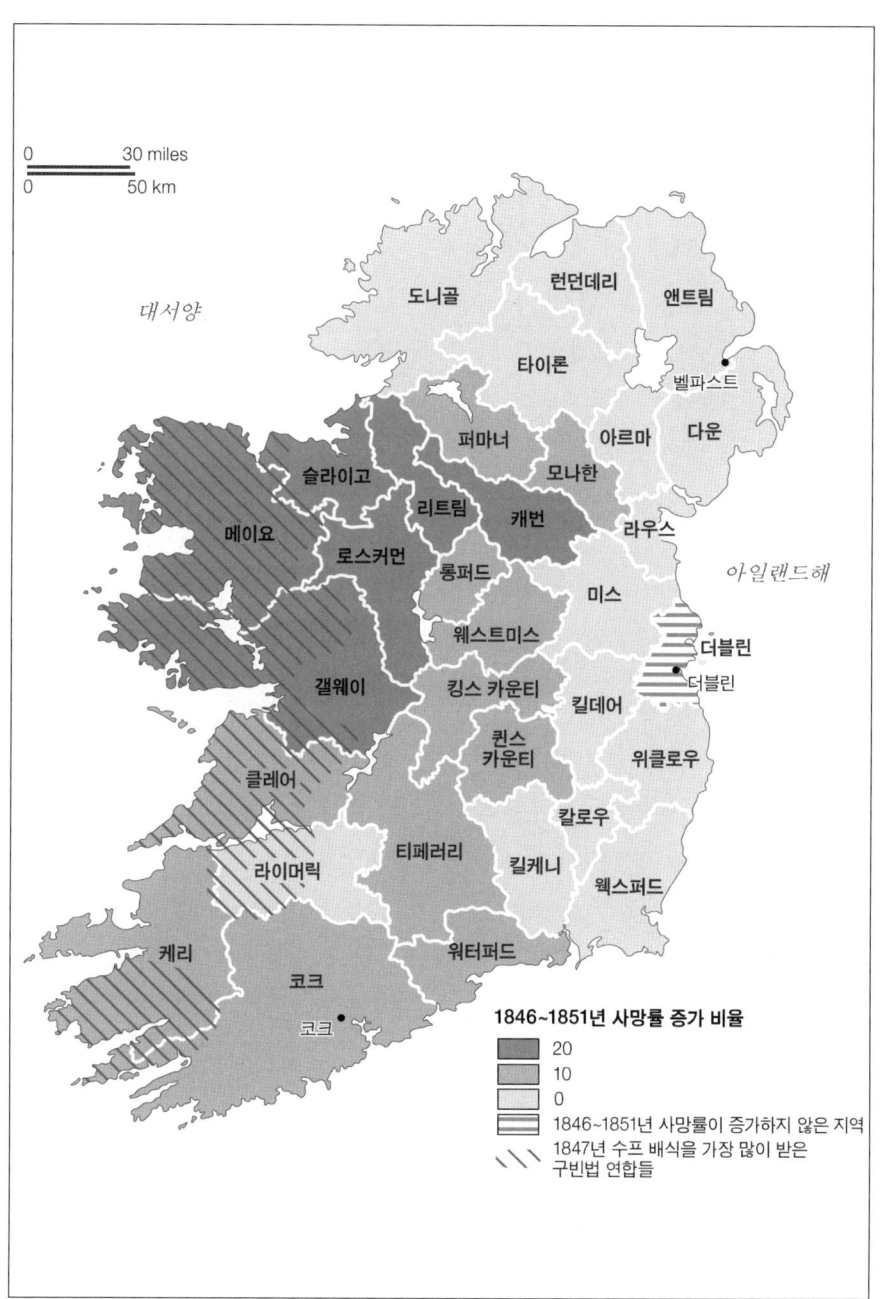

아일랜드 대기근(1845~1849)

효과로서는, 곡물가루 곤죽(처음에는 많은 사람들이 "필의 유황"이라고 부르며 끔찍한 의심의 눈초리를 보냈던)에 대한 경험이 아일랜드인들을 감자 중독으로부터 벗어나게 해줄 수도 있을 것이다.

1846년 8월이 되자 두 번째 흉작을 겪은 아일랜드가 이미 기근에 시달리고 있다는 사실이 명백해졌다. 트리벨리언에게 더 직접적인 무상 원조를 요청하는 편지를 보낸 시오볼드 매슈Theobald Mathew 목사는 그 비참함을 직접 두 눈으로 목격했다. "지난달 27일에 코크에서 더블린으로 건너갔을 때만 해도 풍성한 수확의 풍요로움 속에서 이 파멸의 식물은 꽃을 피웠었지요. 사흘 만에 돌아왔을 때 나는 넓은 초목에서 썩어가는 불모지waste를 슬픔에 잠겨 바라보았습니다. 비참해진 사람들이 여기저기서 썩어가는 정원의 울타리에 앉아 양손을 비비며 먹을 것도 남겨놓지 않은 파괴에 망연자실하여 울부짖고 있었습니다."

토리당원들의 바람과는 달리 위그당의 강력한 지지를 받은 필은 1846년 6월에 곡물법 폐지를 밀어붙이는 데 성공했고, 며칠 후 사임했다. 그러나 존 러셀 경이 이끄는 새로운 위그 정부는 커져가는 불행을 무덤덤한 눈으로 바라보았다. 사실 러셀은 아일랜드 지주들의 무자비한 착취 습관에 대해 몇 년 동안 가장 혹독한 비판을 가했던 사람 중 한 명이었다. 그러나 바로 그렇기 때문에 그는 런던의 국가 원조를 사용하여 그들의 이기심과 탐욕의 결과에 대한 책임을 면제해 주고 싶지 않았다. 전능하신 분이 그들의 등에 재앙을 내리신다면(아일랜드 지주들이 자국민을 굶주리게 내버려두지는 않을 것이라고 가정하셨었기에), 누가 그분의 손을 막을 수 있겠는가? 이것은 러셀뿐만 아니라 그의 재무 장관인 찰스 우드 경이 생각하고 말하는 방식이기도 했다. 그리고 그것은 찰스 트리벨리언의 귀에 들리는 음악이기도 했다. 그는 줄곧 필이 유약하다고 의심했고, 곡물 시장의 "자연적"이고 상업적인 운영에 대한 간섭에도 늘 어떤 방식으로든 반대했다. 트리벨리언은 정부가 나서서 곡물을 사들이는 것은 옳지 않다고 생각했다. 가격이 적정하다면, 그리고 실제로 그렇게 된다면 민간 기업들은 자연스럽게 곡물을 가장 필요로 하는 시장으로 보낼 것이다. 잘못된 자비심으로 시장을 조작하는 것은 하느님의 자연스러운 경제 질서에 대한 주제넘은 간섭이었다. 예를 들어 귀리의 수출을 중단하는 것은 상상도 할 수 없는 일이었다. 구호위원회 책임자 랜덜프 루스Randolph Routh가 트리벨리언에게 "이 수출에 간섭하는 것에 대해 크고 심각한 반대가 있다는 것을 알고는 있지만, 그것은 가장 심각한 악입니다"라고 편지를 썼을 때 트리벨리언은 이렇게 대답했다. "우리는 수출을 금지하자는 아이디어는 어떤 식으로든 고려하지 않기를 간청합니다. 그러한 절차로 인한 무역에 대한 실망과 불안감은 즉각적인 이익조차도 방해할 것입니다. … 아일랜드의 간접적인 영구적 이익은 희소성에서 발생할 것입니다. … 아일랜드에서 일어날 수 있는 가장 큰 개선은 국민들이 자국의 자원을 개발하기 위해 스스로에게 의존하도록 가르치는 것입니다."

　기적을 기다리는 사람들은 절망에 빠져들고 있었다. 러셀의 대응책은 필의 야외 구호 프로그램을 계속 진행하되, 공공사업 프로젝트를 인성 시험으로 만들자는 것이었다. 공공사업부board of public works장관인 해리 데이비드 존스Harry David Jones가 트리벨리언에게 보고한 것처럼 "정부가 가능한 한 많은 사람을 뽑는 것이 공정한 게임이라고 모두가 생각하기 때문에", 이 사업에서의 노동에 대한 임금(하루 평균 9펜스)은 다른 곳에서의 노동을 기피하지 않도록 고의적으로 매우 혹독하게 만들었다. 이 적은 금액이라도 수령하기 위해서는 등이 부서지도록 바위를 파야 했다. 클레어 카운티의 하이 버런High Burren에서는 바위가 시간당 3펜스를 지불할 수 있을 만큼 작은 조각으로 부서졌는지 여부를 판단하기 위해 황동 고리를 사용하여 측정했다. 이 길은 그 어디로도 가지 않는 것처럼 보였다. 헨리 오브라이언Henry O'Brien 대위는 클레어 카운티에서 "노동자들은 임금을 받기 위해 일하지만, 그들이 하는 일이 아무런 가치가 없다는 것을 확실히 알고 있기 때문에 그들은 이 일에 마음을 두지는 않는다"고 기록했다.

　잔인할 정도로 가혹한 노동 착취였지만 절박한 사람들에게는 이것이 굶주림에 대한 유일한 대안이었다. 런던 정부의 실망스러운 반응에도 불구하고 아일랜드 구호 당국은 일자리를 구하는 여성과 어린이 무리를 더 이상 외면할 수는 없다고 생각했다. 유난히 혹독한 겨울이었던 1846년 12월까지 44만 1000명이, 이듬해 3월에는 71만 4000명이 일자리를 구했다. 클레어와 같이 최악의 피해를 입은 서부 카운티에서는 전체 인구의 20% 이상이 고된 노동을 통해 간신히 생계를 유지하고 있었다. 가혹한 환경으로 인해 일부가 사망했는지 여부는 재난을 기록하는 사람들에게는 통계적 각주에 불과해 보였다. 이 무렵 영국 언론에서는 더욱 끔찍한 광경이 생생하게 보도되고 있었다. 1846년 10월부터 1847년 1월까지 266명의 수감자가 사망한 스키버린Skibbereen 구빈원의 생사 여부는 부검 결과와 함께 빅토리아 시대의 모든 신문 독자들에게 알려졌다. 굶주림을 막기 위해 사람들은 채소 찌꺼기와 풀을 섭취했다. 1월에 더블린의 신문 《더 네이션The Nation》은 메이요 카운티의 부검 기록을 재인용했다. "브리짓 조이스Bridget Joyce와 네 명의 아이들이 글레니다Gleneadagh의 작은 들판에 있는 작은 양 우리에서 사망했다. … 고인과 그녀의 가족은 극도의 빈곤 상태에 있었고, 아이들 중 한 명은 죽어가는 부모의 입술을 적셔줄 물 한 방울과 약간의 눈밖에는 갖고 있는 것이 없었다. 시신은 관을 만들기 위해 판자 몇 개를 구할 수 있기까지 8일 동안 누운 상태로 방치되어 있었는데, 이 지역이 그 정도로 빈곤한 상태에 처해 있었기 때문이다. 부검 결과 — 굶주림으로 인한 사망."

어린 소녀들은 생존을 위해 머리카락을 팔았다. 도니골Donegal의 어머니들은 가족을 먹일 식량을 사기 위해 양털을 팔려고 몇 마일을 걸어 다녔지만, 식량을 들고 있는 여성은 절망적인 사람들의 주요 표적이 되었다. 들갓charlock—야생 양배추—이 거의 주식이 되다시피 해서 가족들은 어린잎을 뜯어 집에서 삶아 먹기 위해 들갓이 자라는 습한 들판으로 몰려들었다. 이것이 전부가 아니었다. 공동 매장 구덩이가 가득 찼고 일부 가족은 구호를 계속 받기 위해 사망 사실을 숨기기도 했다. 마을 사제들이 너무 많이 사망하는 바람에 신생아들도 죽기 전에 미처 세례를 받지 못해 정식으로 축성 받은 묘지에서는 거부되는 경우가 많았다. 어머니들이 죽은 아이를 등에 업고 외딴 매장지로 가는 모습이 목격되기도 했다. 대서양 연안의 코너매러Connemara에서는 죽은 아기를 바다 가장자리에 있는 고대의 중립지대limbo—물과 땅과 하늘의 공간—로 데려가 절벽에서 잘라낸 거친 돌로 표시된 작은 무덤을 파는 것이 아버지들의 업무가 된 듯했다. 바람에 긁히고 이끼로 뒤덮인 30~40개의 돌로 이뤄진, 울퉁불퉁한 회색 가장자리가 여기저기로 향해 있는 이 동그란 무덤들은 아일랜드 역사상 가장 슬픈 작은 무덤들로, 아직도 거센 파도 곁에 서 있다.

대중의 반응이 걱정되긴 했지만 이 모든 것이 변장을 한 축복이라고 확신한 트리벨리언은 빅토리아 시대 자선 활동의 강력한 엔진을 가동했다. 1847년 1월에는 아일랜드와 스코틀랜드의 극심한 고통 구호를 위한 영국 협회British Association for the Relief of Extreme Distress in Ireland and Scotland가 설립되었고(당시 스코틀랜드 고지대에도 심각한 감자 병충해가 발생했기에), 여왕은 첫 기부금 1000파운드를 기부했으며; 설립자인 용감한 스티븐 스프링-라이스Stephen Spring-Rice가 더 큰일을 해달라고 요청하자 여왕은 기부금을 두 배로 늘렸다. 앨버트도 500파운드를 기부했고, 베어링 가문Brings과 로스차일드 가문Rothschilds, 런던 주교, 댈하우지 백작, 벤저민 디즈레일리, 윌리엄 글래드스턴, 오스만 술탄 등 부유한 사람들이 기금을 47만 파운드(오늘날 돈으로 약 2000만 파운드)로 늘리기 위해 동참했다. 트리벨리언, 필, 우드, 러셀도 아낌없이 기부했다. 이 기금으로 무료 급식소를 운영할 수 있었다.

빅토리아 시대 자선의 우유가 흐르는 동안 고통을 완화하기 위해 무엇을 할 수 있는지에 대한 휘그 정부의 태도는 오히려 더 완고해지고 있었다. 도로 및 항만 공사에 투입되는 인원이 너무 많아져서 특정 작업에 대해서만 보수를 제공한다는 원래의 명분은 거의 무너졌고, 그러자 트리벨리언과 찰스 우드는 자신들이 하는 일에 대해 깊은 불안을 느끼기 시작했다. 엄청난 수의 사람들이 도시로 몰려들면서 시골 마을의 인구도 고갈되었다고 그들은 생각했다. 결국 이 사업은 폐기하기로 결정했다. 그 대신, 자선기금으로 운영되는 무료 급식소

(퀘이커교도들이 이미 주도적으로 운영해 왔던 곳)와 1838년 아일랜드 구빈법에 의해 설립된 130개의 구빈원이 들어서다. 물론 구빈원의 형벌 체제(제복, 가족 구성원의 분리, 감옥과 같은 식단 등)와 기아 중 하나를 선택해야 했던 상황을 고려하면, 구호 사업의 경우처럼 너무 많은 인원이 이리로 몰려들지는 않을 것이라고 생각할 이유는 전혀 없었다. 그래서 더블린 지역구의 토리당 평민원 의원 윌리엄 그레고리William Gregory는 0.5에이커 이하의 농지를 가진 농민만 구빈원 구호를 받을 수 있게 제한하는 개정안을 통과시켰다. 그레고리가 삽입한 조항의 실질적인 결과는 완전히 새롭고 끔찍할 정도로 비인간적인 비극의 국면을 열었다. 아무리 가난한 농민이라도 가족을 가장 원시적인 형태의 석조 오두막에라도 거주시키며 생계를 유지하려면 적어도 4분의 1 에이커 이상의 땅이 필요했다. 이제 감자도 없고 돈도 없는 그들은 구빈원 구제를 받기 위해 집주인에게 한두 에이커를 넘기거나, 아니면 그대로 남아 굶주리고 임대료를 내지 못해 강제 "퇴거"를 당할 수도 있는 선택에 직면해 있었다. 선택의 여지가 전혀 없었다.

가장 가난한 소작농들이 자발적으로 항구나 구빈원으로 이주하거나 쫓겨나는 것, 이것이 바로 트리벨리언이 추구했던 "사회 혁명"이었다. 두 경우 모두 경제적으로 수익성 없는 수많은 땅뙈기들을 그가 보기에 탄탄한 경제적 미래를 가진 임대 농장으로 통합할 수 있는 길을 열어주었다. 이는 가슴 아픈 일이었지만, 아일랜드 요먼리yeomanry[30]의 탄생을 알리는 신호탄이었다.

찰스 트리벨리언은 ― 그리고 그와 같은 생각을 가진 우드, 러셀 등 정부 대다수 인사는 ― 이 거대한 사회적 격변이 관련자 모두에게 일종의 교훈을 줄 것이라고 믿었다. 수년간의 방치와 착취로부터 영국 재무부가 자신들을 구제해 줄 것이라고 생각했던 이기적인 지주들은 이제 구빈원 구호 기금 마련에 필요한 비용

---

[30] 대규모 토지에서 각종 사업을 벌이는 젠트리(gentry)보다는 규모가 작은 경우의 계층을 일컫는다.

을 자신의 세수입에서 부담해야 한다는 말을 들었다. 이것은 구빈원에서의 수용 기간, 뉴질랜드로의 이주 또는 새로운 "요먼리"를 위해 일하는 토지 없는 노동자로서의 일자리가 농민들을 불법적으로 주조된 밀주와 감자에서 벗어나게 해주는 것처럼 지주들 역시 "자립self-reliant"하게 만들어준다는 것이었다. 물론 실제로 발생한 일은 생존을 위한 거의 동물과도 같은 투쟁이었고, 가장 약한 사람이 가장 빨리 벽으로 달려가서 부딪치는 격이었다. 집주인들은 정부에 대고 비명을 질렀지만 아무 소용이 없었다. 만약 그들이 구빈원 비용을 부담해야 한다면(1847년 말이 되면 10만 명이 거주했다), 그곳으로 가기 위해 집을 떠난 사람들이 다시는 돌아오지 못하도록 확실한 조치를 취하고자 했다. 오두막을 부쉈고 지붕을 허물었다. 그것들의 처참한 폐허는 클레어, 메이요, 골웨이Galway의 낮은 언덕에 여전히 남아 있다. 1849년에 클레어 카운티의 킬러시Kilrush에서는 콜레라로 고통받던 주민 1200명이 단 2주 만에 자신들의 집이 철거되는 것을 목격했다. 메이요 카운티의 에리스Erris에서 퀘이커교도 운동가 제임스 핵 튜크James Hack Tuke는 군 병력으로 보강된 경찰이 사람들의 집에서 가구와 부엌 냄비를 집어던지는 것을 목격했다:

이 오두막은 자신들이 지었거나 과거 대대로 살아온 조상들이 지었기 때문에 세입자들은 저항을 한다. 오두막이 철거되면 가장 가까운 곳에 있는 도랑이 그들의 집이 되어 외부로 노출되기 때문에 죽음이 곧 아내와 어린아이들에게 엄습할 수밖에 없다는 것을 너무나도 잘 알고 있기에 경찰의 총검에 맞서서라도 이의를 제기하곤 하는 것 같다. … 6700명이 이곳에서 쫓겨났고, 젊은이와 노인, 엄마와 아기 모두 생계 수단 없이 쫓겨났다! 소수의 특혜를 받은 사람들은 자발적으로 곧 떠난다는 조건으로 남을 수 있었다. … 그날 저녁 파티에서 지주는, 참가자 중 한 명으로부터 내가 전해 들었는데, 그가 자신의 토지를 직접 보거나 세입자들을 방문한 것은 이번이 처음이라고 자랑했다고 한다.

가장 의지가 강한 생존자들은 부서진 오두막터에 "스칼핀scalpeen"(게일어 스카일프scalip에서 유래한 은신처라는 뜻) 오두막을 짓고 잔해 속에서 쪼그리고 앉아 지냈다.

땅을 잃는 것을 체념해 버린 사람들에게조차 대부분의 아일랜드인이 혐오스럽게 바라보던 구빈원은 확실한 구원이 될 수 없었다. 아무리 가난하고 굶주려 보여도 "가장"이 하루 9펜스(가족을 먹여 살리기에는 턱없이 부족한 금액)를 벌고 있다는 사실이 입증되면 엄마와 아이들은 입소를 거부당할 수 있었다. 꽉 찬 구빈원은 치명적인 콜레라, 발진티푸스, 결핵의 번식지였기 때문에 입소 거부는 차라리 자비로운 조치였을지도 모른다. 하지만 구빈원은 "야외 구호"라는 이름으로 수프나 "오트밀죽stirabout"과 같은 음식이라도 공급해 줬다. 그러나 이것을 받은 사람들은 종종 건강이 좋지 않은 상태에서 너무 멀리 여행해야 했기 때문에 곡물이 다 소진될 때까지는 미국산 곡물 가루도 더 자주 얻어야 했다.

재난에 재난이 끊임없이 이어지던 어느 시점에, 잉글랜드인과 스코틀랜드인은 그 소식을 듣는 것에 질리기 시작했다. 1848년이 되면, 그리고 1849년에는 확실히, "연민 피로"가 쌓이기 시작했다. 아일랜드인 스스로도 가난하고 굶주린 자국민을 돌봐야 하는 큰 짐을 지고 있었지만, 영국 언론은 식량보다는 무기를 위해 돈을 구걸하는 유인원과 같은 semi-simian, 교활하고 고칠 수 없는 쓰레기, 위험한 혁명가로 종종 묘사되는 패디Paddies[31]의 절망에 대한 불평으로 가득 찼다. 1846년 12월에 ≪펀치Punch≫에 실린 전형적인 카툰에는 한 아일랜드인이 무심한 존 불에게 "불쌍한 아일랜드 청년이 … 나팔총을 살 수 있도록 사소한 일이라도 도와줍쇼"라고 부탁하는 장면이 등장한다.

절망에서 벗어날 수 있는 마지막 방법은 이민뿐이었다. 1845년에서 1851년

---

31 아일랜드 수호 성인 패트릭(Patrick)에서 기원한 것으로, 아일랜드인들을 경멸조로 부르는 말.

사이에 거의 150만 명이 이민을 떠났다. 1846년에는 특히 서부 및 남서부 카운티에서 10만 명 이상이, 1847년에는 20만 명 이상이, 1851년에 기근이 진정된 후에도 25만 명이 아일랜드를 영원히 떠났다. 최소 30만 명은 영국으로 건너가 리버풀과 같은 항구 도시나 버밍엄, 맨체스터와 같은 산업 중심지에 모여 일자리를 찾았고, 1851년 인구 조사에 따르면 이들 중 3분의 1 이상이 영국에서 숙련공 또는 전문 분야 노동자로 일자리를 찾은 것으로 보인다. 로즈코먼Roscommon 카운티 스트로크스타운Strokestown의 데니스 매헌Denis Mahon 소령과 같은 일부 지주는 세입자 1000명이 캐나다로 항해할 수 있도록 4000파운드를 마련할 정도로 이민을 주요 해결책으로 여겼다. 이 여정은 휴가용 크루즈와는 거리가 멀었고, 선박이 "운구선coffin ships"이라고 불린 것은 괜한 일이 아니었다. 마혼Mahon의 이민자 중 4분의 1이 상륙 전에 질병으로 사망했고, 결국 그는 1847년에 자신의 소작농 중 한 명에게 살해당했다. 아일랜드의 젊은 시인이자 정부에서 임명한 구호 위원회 책임자 중 한 명인 몬티글 경Lord Monteagle의 조카인 오브리 드 베어Aubrey de Vere는 아일랜드 이민자들이 겪은 고초를 직접 목격하기 위해 조타수를 맡아 캐나다로 여행했다. "위생 시설은 거의 전무했고, 물과 침대는 더러웠으며, 음식은 제대로 선택되지 않았고 충분히 조리되지도 않았으며 … 요리하기에 충분한 물이 공급되지 않아 씻을 수도 없었다. 상당수의 배에서 모든 혐오스러운 것들로 가득 찬 더러운 침대는 갑판으로 올라와서 공기를 쐴 기회도 갖지 못했다"고 그는 보고했다. 더 심각한 것은 (익명을 사용하던 이 경건한 프로테스탄트 아일랜드 귀족에게는) 기도도 없었고, 선장 자신이 그로그grog[32]를 팔아 돈을 벌었기 때문에 주취나 "무례한 타락"을 억제하려는 그 어떤 시도도 없었다는 점이다. 목적지에 도착하면 이주자들은 퀘벡 하류의 세인트 로렌스St Lawrence강에 있는 그로스 아일Grosse Isle과 같은 역에서 긴 격리 기간을 거쳐야 했는데 이들 사이에서 또 다른 대량 사망자가 발생할 확률이 높았

---

32 물을 섞은 럼주.

기 때문에 이를 막아야만 했다.

물론 이 모든 고난에서 살아남은 사람들은 자신들이 가까운 거리를 여행했든 긴 거리를 이용했든 그 여정을 잊지 않고 기억했다. 예를 들어 변호사이자 언론인이었던 존 미첼John Mitchel은 자발적인 이민자가 아니었다. 1848년 5월에 그는 ≪유나이티드 아이리시맨United Irishman≫이라는 자신이 발간한 신문에 선동적인 견해를 게재한 혐의로 14년 징역형을 선고받고 태즈메이니아Tasmania로 유배되었다. 5년 후 그는 탈출하여 미국으로 건너갔고, 그곳에서 대기근을 추모하는 사람들 중 가장 전투적이고 분노에 찬 사람이 되었다. 그는 기근이 자연의 탓이 아니라 영국인이 저지른 인재라고 주장했다. 유럽 전역에서(이것은 그의 과장이긴 했다 — 네덜란드에서는 수백만 명이 아니라 수천 명이 사망했다) 병충해가 발생했지만 기근은 유독 아일랜드에서만 발생했다: "전능하신 신께서 감자 역병을 보내셨지만 기근을 발생시킨 것은 영국인이다. … 150만 만 명의 남성, 여성, 어린이가 영국 정부에 의해 조심스럽게, 신중하게, 평화롭게 살해당했다. 그들은 자신의 손으로 만든 풍요 속에서 굶주림으로 죽었던 것이다." 캐나다, 오스트레일리아, 뉴질랜드, 그리고 특히 미국에서는 기근의 심각한 비극이 신화적 기억에 의해 역병, 슬픔, 절멸과 함께 아일랜드의 쓰라린 출애굽기Irish Exodus로 번역되었다. 보스턴, 뉴욕 또는 포킵시Poughkeepsie에서도 아일랜드 이민자들을 환영하는 분위기는 전혀 없었고, 그들은 "토착" 양키 엘리트의 손에서 계속해서 소외와 착취를 당했으며, 항상 가장 형편없는 저임금에 신체적으로 위험한 직업군에 집중되어 있었기에 그들은 게토 세계에서 단결력을 강화하고 "스키버린의 복수"를 위한 맹렬한 부족적 결의를 강화하게 되었다.

무심하고 무자비한 영국인 중 특히 한 인물이 형언할 수 없을 정도로 불필요한 불행을 초래했다는 이유로 다른 그 누구보다도 악마화되었다: 찰스 트리벨리언이었다. 미첼은 그를 아일랜드의 미래를 위험하는 살인자로 묘사하며 분위기를 몰아갔다: "나는 그 아이들의 장기들에 트리벨리언의 붉은 발톱이 박혀 있는 것을 보았다. … 그의 붉은 테이프33가 그들을 죽음으로 이끌 것이었다." 트리벨리언에 대한 비난은 여러 세대에 걸쳐 반복되어 왔으며, 특히 영국 정부가 거의 고의로 대량 학살을 자행했다는 비난에 가장 근접한 세실 우덤-스미스Cecil Woodham-Smith의 저서 『대기아The Great Hunger』(1962)에서 가장 강렬하게 묘사되었다. 하지만 실제로는 그렇지 않았다. 찰스 트리벨리언은 물론 그의 편견, 도덕적 우월감, 그리고 아일랜드는 엄청난 사회적 고통 없이는 결코 근대로 이행할 수 없을 것이라는 암울한 신념을 공유한 정부 구성원들 중 그 누구도 기근의 고통으로부터 만족감을 얻지는 않았다. 그러나 강력한 감정에 대한 혐오감을 과도하게 사용할 수는 있었다 — 비극이라는 현실을 멜로드라마라는 허구로 착각하여 민족주의 악마론이라는 목욕물과 함께 그 안에 있는 죽은 아기들(물론 이들은 감상적인 허구는 아니었지만)까지 모두 함께 내버릴 수도 있었던 것이다. 트리벨리언과 정부의 경우엔, 이들에게 무죄를 선고하거나 유죄를 선고하는 것 모두 지나친 측면이 있다. 실제로 트리벨리언은 수많은 아일랜드인을 죽이고 쫓아내기를 원했던 것도 아니지만, 그들이 사라져버린 것에 대해 지나치게 곤혹스러워한 것도 아니었기 때문이다. 만약 그가 자신의 악행에 대해 무죄를 선고받을 수 있다면, 자신의 둔감함에 대해서는 유죄 판결을 받을 수 있다: 신의 뜻에 대한 터무니없는 확신과 "나태하고 자립하지 못하는" 아일랜드인은 트라우마를 제대로 겪지 않으면 결코 스스로를 도울 수 없으리라는 뿌리 깊은 확신이 결합되자, 이러한 둔감함은 실제로 치명적인 결과를 낳고 말았다.

여하튼 영국의 모든 사람들이 개입에 대한 그의 방관하는 태도에 공감한 것은 아니었다. 로버트 필은 트리벨리언만큼이나 자유무역주의자였지만 위기 상황에서는 기꺼이 그 교리를 내려놓았다. 그의 미국산 곡물 선적은 1846년에 의심할 여지 없이 수많은 생명을 구했다. 트리벨리언과 러셀이 추가 수입이 필

---

33   영국 관공서의 공문서를 묶는 끈으로서, 여기서는 "붉은 발톱"과 대구를 이루어 아일랜드에 재앙을 불러온 형식적 관료주의를 비판하는 뜻으로 쓰였다.

요하다는 사실을 깨달았을 때는 이미 너무 늦었다. 장기적으로 아일랜드가 사회 변혁의 "자연스러운" 혜택을 누림으로써 영국에 더 가까워질 것이라는 트리벨리언의 그 잘난 낙관론에 반해, 다른 많은 사람들은 정반대의 결론을 내렸다: 궁극적으로는 아일랜드와 영국의 연합에 피가 나서 죽음에 이르게 할 상처가 터져버렸다. 한 저널리스트는 ≪더 타임스≫에서 앞으로 무슨 일이 일어나든 아일랜드의 여러 세대는 다음과 같은 사실을 기억할 것이라고 썼다. "그들의 끔찍한 고통 속에서, 일시적으로 큰 재난을 당한 그 상황에서, 그들은 가진 것을 포기하지 않으면 구제받을 수 없었다. 법 또한 그들을 퇴거시키는 양식을 규정함으로써 그들을 박멸하기 위한 법적 제재와 격려를 제공했다. 침착하고 조용히, 그러나 매우 무식하게 ― 우리는 당사자들이 어떤 악의를 갖고 있었다는 혐의는 제기하지 않겠지만; 그들[정부]은 … 엄청난 실수, 끔찍한 실책을 저질렀는데, 이는 입법의 측면에서 보면 범죄보다도 더 나쁜 것이다."

트리벨리언은 증오에 대해 전혀 의식하지 못했거나, 아니면 마치 빅토리아 시대의 교장이 자신들을 위해 자작나무 회초리로 때린 것을 어린 학생들은 엇갈린 감정으로 기억하는 것처럼, 감각을 배제한 자신의 경제적 현실주의에 대한 피할 수 없는 분노로 치부해 버렸다. 그는 기근 구호 활동의 공로를 인정받아 기사 작위를 받았으며 잉글랜드에서 그의 명성은 그 어느 때보다 높았다. 처남인 머콜리가 1850년대에 잉글랜드가 의회를 통해 발전시킨 자유의 장대한 역사를 집필하기 시작하는 동안 찰스 트리벨리언은 재무부 차관보에 불과했지만 제국의 가장 강력하고 권위 있는 보이지 않는 손인 제국 정부의 운명을 상징하는 인격체가 되었다. 트리벨리언은 스태퍼드 노스코트Stafford Northcote와 함께 정부 관리들Civil Service(또는 공무원)에 대한 조사위원회를 이끌었다. 1854년의 조사위원회 보고서로 인해 공무원 채용에 처음으로 경쟁시험이 도입되었고, 영국 정부는 (물론 하루아침에 바뀐 것은 아니지만) 귀족의 후원을 받던 목초지에서 진정한 능력주의 집단으로 탈바꿈했다. 혈연이나 토지와 재산의 영향력이 아닌 재능을 시험함으로써 최고의 제국이 필요로 하는 식민지 관리자들

proconsuls을 배출할 수 있게 되었다.

그리고 1850년대에 이 새롭고 정화된 정부가 중앙 집중식이지만 넓은 새 구역에 수용되어야 한다고 결정한 사람도 찰스 트리벨리언이었다. 그가 염두에 둔 것은 단지 더 큰 사무실 공간이 아니라 가상의 정부 도시였다. 한 푼이라도 아끼려는 재무장관의 반대를 피하기 위해 트리벨리언은 비용의 효율성을 근거로 자신의 비전 있는 프로젝트를 변호했다: 인접한 부서들을 연결하면 해크니 캡hacknay-cab[34] 요금을 절약할 수 있을 것이다. 그러나 그의 진짜 동기는 명백히 제국주의적인 것이었다. 1856년에 트리벨리언은 다음과 같이 주장했다:

> 우리가 수행해야 할 매우 중요한 국가적 의무가 있다. 이 도시는 예술과 웅변의 어머니 그 이상이다. 그녀는 국가의 어머니다; 우리는 두 개의 대륙에서 살고 있다. … 그리고 우리는 아프리카와 아시아라는 두 고대 대륙의 상당한 부분을 조직화하고 기독교화하고 문명화하고 있다; 그리고 그 나라의 주민들이 이 대도시에 올 때 고대로부터의 명성에 부합하는 것을 목격할 수 없다면 이는 옳지 않다. 이제 내가 고안한 이 계획이 … 우리가 희망하는 그 절제된 자유를 세계에 퍼뜨릴 것이다.

위원회의 규정에 따라서 외무장관 혼자만 하더라도 욕실이 딸린 다섯 개의 응접실을 사용하게 되어서 한 번에 방문객 1500명을 수용할 수 있게 되었고; 50인용 국빈실도 갖추게 되었으며; 티 룸tea room과 넓은 도서관도 추가되었다: 사실상 제국 정부의 궁전이라고 해도 과언이 아니었다.

수정궁이 제국의 기술적·상업적 힘을 구현했다면, 배리와 퓨진의 의회 건물(곧 완공될 예정)은 신고딕 양식의 웅장함을 통해 "고대 헌법"의 연속성을 나타냈다. 이제 의도적으로 웨스트민스터궁 가까이에 위치한 와이트홀Whitehall에

---

[34] 전세 마차. 오늘날 블랙캡 택시의 기원.

새로운 외교부 공관을 중심으로 펼쳐질 각 부서 건물들이 산업, 자유 및 현명한 행정의 삼위일체를 완성할 것이다. 재정 낭비라는 비난을 사전에 방지하기 위해 고안된 재치 있는 홍보의 일환으로, 1857년 5월에 218개의 건축 설계안들이 출품된 박람회가 개최되었다; 2000개의 그림이 다름 아닌 웨스트민스터 홀Westminster Hall에 전시되었는데, 일반적으로 이곳은 국왕 알현이나 주요 인물 유해의 정장 안치에 사용되는 곳이다.

같은 주의 5월 5일에 델리의 한 공무원은 런던에 있는 그의 특파원에게 다음과 같은 편지를 보냈다. "여느 때와 마찬가지로 당신에게 제공할 새 소식은 없어요. 모두 조용하고 지루할 뿐이에요. 확실한 건 우리가 이 계절이면 아주 훌륭해지는 날씨를 지금 즐기고 있다는 거죠. 아침과 저녁은 맛있는 느낌이 날 정도로 선선하네요. … 사실 펑카 왈라는 거의 사용할 일이 없어요." 그로부터 엿새 후, 제54 원주민 보병대 소속 장교들의 절단된 시신들이 카슈미르 게이트Kashmir Gate에서 달구지에 던져졌다. 그 지역의 학교 교사들은 교실에서 살해되었다. ≪델리 가제트Delhi Gazette≫의 편집장은 아내, 어머니, 아이들과 함께 그의 교정쇄 옆에서 사망했고, 델리 은행의 매니저인 버리스퍼드Beresford 씨는 가족과 함께 경작지에서 살해당했다. 유럽 제국에 대한 아시아 최초의 반란이 시작되었다.

6

선한 의도의 제국: 배당금
The Empire of GOOD Intentions: The Dividend

1857년 5월 9일, 벵골군 제3경기병대 소속 인도 세포이 85명은 군대식 수모를 당하기 위해 델리 북동쪽 미루트Meerut의 퍼레이드 그라운드로 행진했다. 이들의 죄목은 우지牛脂(소기름) 또는 돼지비계로(각각 힌두교도와 이슬람교도에게 금기시되었던), 또는 둘 다 사용해서 기름칠을 했다고 그들이 믿었던 리엔필드Lee-Enfield 소총 탄약통을 갖고 훈련하기를 거부한 것이었다. 캄캄한 하늘 아래 군복을 벗고 군화를 벗고 발목에는 족쇄가 채워졌다. 그들은 불복종으로 인해 선고받은 10년 형을 시작하기 위해 철컹철컹 소리를 내며 군교도소로 호송되었다. 젊은 소위cornet 존 머크냅John McNabb은 처벌이 너무 가혹하다고 생각했다. "이것은 사형보다도 훨씬 더 나쁘다. 그들은 아내와 가족을 결코 볼 수 없을 것이며, 40년 동안 연대에서 복무했고 이제 곧 연금을 받기로 되어 있던 한 노병에게는 이제 그동안의 군 복무가 허사가 된 셈이다."

다음 날 제3보병사단과 제11보병사단, 제20보병사단 병사들이 감옥을 부수고 포로들을 풀어주었다. 그들은 진흙 막사에 불을 지르고 여성을 포함해서 영국 장교와 민간인 50명을 살해하고 전신선을 끊었다. 반란군은 밤새 강행군을 벌인 끝에 다음 날인 5월 11일 아침에 델리에 도착해 무굴제국의 복원을 선언했다. 이로 인해 황실의 마지막 계승자인 "델리의 왕" 바하두르 샤Bahadur Shah는 고통스러운 곤경에 처했다. 특히 그는 이러한 복원의 최종 결과에 대해 별로 환상을 갖고 있지 않았기 때문에 그냥 우아한 페르시아 궁정시를 쓸 수 있도록 혼자 남겨지는 것을 훨씬 더 선호했을 것이다. 그러나 반란의 선동적인 위세로 인해 궁지에 몰린 바하두르 샤는 반쯤은 당황스럽고 반쯤은 감동적인 지도자들의 헌신에 기가 눌려 자신의 이름을 그 권위에 빌려주는 것 외에는 선택의 여지가 없게 되었다. 페링히feringhi, 즉 외국인의 통치를 종식시킬 것을 요구하는 선언문이 발표되었다. "여자든 남자든, 노예 소녀든 노예든 모든 사람들이 앞으로 나와서 총, 카빈총, 권총을 쏘고 … 화살을 쏘고 돌, 벽돌 … 그리고 손에 들 수 있는 다른 모든 물건으로 영국인을 죽이는 것이 모든 사람들의 의무가 되었다. … 세포이, 귀족, 상점 주인 및 도시의 다른 모든 사람들은 한마음으로 그들을 동시에 공격해야 한다. … 일부는 몸싸움을 벌이고 일부는 계략을 통해 적을 산산조각 내고, 일부는 곤봉으로 치고, 일부는 때리고, 일부는 눈에 흙먼지를 던져야 한다. …"

반군 세포이들이 델리에 도착하기 전부터 제38벵골 원주민 보병대의 로버트 티틀러 대위는 뭔가 나쁜 일이 일어나고 있다는 것을 알았다. 11일 새벽에 반란의 첫 번째 지도자를 교수형에 처하라는 명령이 배럭포어에서 원주민 병사들에게 모범을 보이기 위해 낭독되었다. 시위는 잘 진행되지 않았다. 명령이 낭독되는 동안 로버트는 대열에서 들려오는 소리를 들었다. 뱀이 꿈틀거리는 듯한 중얼거림이 병사들의 대열을 따라 내려오는 것이었다. 힌두스타니어(우르두어)에 능통했던 그는 그것이 무슨 뜻인지 정확히 알아들었다. 나중에 그는 한 무리의 남자들이 햇볕 아래 서 있는 것을 보고 그늘로 이동하라고 말했다. 화씨 138도였다. "우리는 햇볕이 좋습니다"라고 그들은 대답하면서 움직이지 않았다. 그는 잠시 후 아내 해리어트에게 "내 부하들은 오늘 악명 높은 행동을 했어요. 그들은 내가 명령을 읽는 동안 쉿 소리를 내고 발을 질질 끌며 처형된 세포이에 대한 동정심을 행동으로 보여주었어요." 얼마 지나지 않아 남편이 최악의 상황에 대비해 탄창을 확보하려고 뛰어다니고 아내가 안전한지 확인하기 위해 방갈로를 들락날락하는 모습을 보며 셋째 아이를 임신한 지 8개월이 된 해리어트는 "뭔가 큰 문제가 있다는 것을 알 수 있었다"고 한다. 하인들이 거칠게 뛰어다니고, 대포(야전 경포)가 소가 달리는 속도만큼이나 빠르게 큰길을 무너뜨리고, 판사 부인 허친슨Hutchinson은 모자도 쓰지 않고 머리카락을 어깨에 늘어뜨린 채 아이 하나를 품에 안고 다른 아이는 업은 채 대포의 반대 방향으로 급히 걸어가고 있었다. 1848년에는 파리에서 살았던 해리어트의 프랑스 가정부 마리는 이 모든 것이 무엇을 의미하는지 정확히 알고 있었다: "부인, 이건 혁명입니다." 여성과 아이들은 국기 게양대에 모이라는 지시를 받았다. 로버트는 그녀에게 집에서 움직이지 말라고 당부했었지만 그녀는 새로운 명령에 순종하여 가족을 학살로부터 구할 수 있었다. 탑 안에는 계단에 앉거나 서 있는 다소 과한 빅토리아 시대 옷을 입은 여성, 어린이, 하녀들이 조용하고 겁에 질린 채 크리놀린을 입은 채로 땀을 흘리고 있었다(그늘조차 기온이 100도나 되었기 때문이다). 불과 수백 야드 떨어진 카슈미르 게이트에서 54연대 대령이 부하들에게 총검에 맞아 사망했다는 나쁜 소식도 들려왔다. 네 살배기 소년 프랭크는 "엄마, 이 못된 세포이들이 아빠를 죽일까요?"라고 물었다. 해리어트는 나중에 "그는 매우 파란 눈을 가진 하얀 피부의 아이였다"고 썼다. "나는 그의 작고 하얀 목을 바라보며 '불쌍한 아이야, 그 작은 목은 곧 잘릴 거야, 내가 널 구할 힘도 없이'라고 혼잣말을 했어요. 끔찍한 순간이었지만 저는 마음을 다잡고 '아니야, 얘야, 겁먹지 마렴. 아무도 널 해치지 않을 거야. 엄마 곁에 꼭 붙어 있어.'" 그녀는 더 많은 장교들이 학살당하고, 여성과 아이들 40명이 은신처에서 끌려나와 도살당하고, 여기저기 화약이 터져 델리 상공에 거대한 폭발과 흰 구름이 떠다닌다는 등 더 나쁜 소식들도 전해 들었다. "프리티비라지 키 자이*Prithiviraj ki jai*", 즉 "세계의 주권자에게 승리를"이라는 외침이 도시 곳곳에서

6. 선한 의도의 제국: 배당금   339

들렸다.

　로버트는 세포이들의 언어에 익숙했기 때문에 적어도 델리에서 북서쪽으로 120마일 떨어진 움발라Umballa에 있는 큰 군사 기지로 가족을 탈출시키기 위해 그들 중 몇몇을 설득할 수 있을 만큼 그들과 친분 관계가 있었을 것이다. 그가 그들에게 솔직하게 말해 달라고 부탁하자 몇몇 남자들이 다가와 그의 이마를 만졌다: 좋은 징조였다. 위험할 정도로 밝은 달빛 아래서 그들은 처음에는 또 다른 부부인 가드너Gandner 부부(부인은 임신 8개월이었다)와 함께 버기를 타고 이동했으나, 바퀴가 빠지자 걸어서 길을 재촉했다. 해리어트는 두 아이와 자신의 무거운 몸을 이끌고 도로와 기찻길을 따라 걸었다. 해리어트는 불타고 있는 주둔지의 방갈로를 돌아보며 "사랑하는 죽은 아이의 머리카락, 남편이 언젠가 출판할 책의 원고와 그림, 내 모든 그림, 책, 옷 등 우리가 소중히 여겼던 모든 것을 영원히 잃어버린 것을 알기에 가슴이 아팠다"고 회상했다. 마침내 움발라에 도착했을 때 그들은 황소 수레에서 살면서 사람 다리에 자기 발을 한두 개만 푹 꽂으면 설령 잘라내더라도 혈액 중독을 일으키는 9인치 길이의 검은 지네를 조심하며 지냈다. 모두의 머릿속은 피 생각으로 가득했다. 해리어트는 두 살배기 딸 이디스Edith의 주의를 돌리기 위해 자신의 발에 작은 구멍을 뚫어 피를 흘리게 한 후 손수건으로 지혈을 하며 "소꿉놀이"를 하기도 했다. 상처가 아물면 해리어트는 어린 소녀의 놀이를 위해 다시 상처를 열어주곤 했다. 소달구지 짚 위에서 아들이 태어났다. 티틀러 부부는 이 시련을 기념하기 위해 스탠리 델리-포스Stanley Delhi-Force라는 이름을 지어주었고, 이질에 걸린 채 태어난 아기였기 때문에 자신의 중간 이름을 부끄러워하거나 자랑스러워할 수 있을 때까지 생존할 수 없을 것이라고 생각했다. 실제로 해리어트는 자신의 생존 가능성에 대해서도 비관적이었고, 최악의 상황이 닥쳤을 때 아이들과 자신을 죽이기 위해 항상 큰 아편팅크 병 두 개를 가지고 다녔다고 한다. 하지만 스탠리 델리-포스는 살아남았다. 더 좋은 점은 그가 일부 충성스러운 병사들에게 좋은 징조로 보였다는 것이다. 그는 부대에서 첫 번째로 태어난 아기이기 때문에 지원군이 곧 도착할 것이라고 그들은 그녀에게 말했다. 지원군은 바로 다음 날 움발라에 도착했다.

델리와 미루트에서 반란군이 가장 먼저 선택한 목표물 중 하나는 최신 전기 전신이었다. 전선을 절단하고 운영자를 살해한 것은 반란의 적절한 시작이었다. 이는 단순히 영리한 전술일 뿐만 아니라, 머콜리와 트리벨리언이 인도와 영국을 상호 이익이 되는 제국적 관계로 긴밀하게 묶어줄 것이라고 확신했던 서구의 기술, 과학, "문명"의 전체 패키지를 거부하는 상징적인 의미이기도 했다. 인도와 영국에서 자주 반복되는 단어인 원주민의 "배은망덕"은 1840년대와 1850년대에 "불활성화"되어 있고 후진적이었던 이 나라에 많은 축복이 주어졌다는 점을 고려하면 특히 더 죄악을 범한 것처럼 보였다. 그 수십 년 동안 최초의 철도 노선, 서양 의학의 도입, 모국어로 된 출판물에 적합한 석판 인쇄기의 도입이 있었고, 젊은 댈하우지 후작과 같은 총독은 "퇴폐적인" 법정과 정부, "나태와 사치에 빠진" 정부라는 표현을 동원하며 곧 발생할 병합을 알리는 표준 문구처럼 개혁에 대한 충동을 가속화하는 것을 목격할 수 있었다. 이러한 병합의 구실은 남성 후계자가 없으면 통치 계보가 끝나는 것으로 간주되는 "소멸의 교리"였다. 그러나 누구나 기억할 수 있을 만큼 오랫동안 남성 후계자가 없는 원주민 통치자는 후계자를 입양하여 후계를 이어갈 자격이 있었고, 또 그렇게 될 것으로 기대했다. 이 고대의 원칙을 무시하는 것은 애초에 지역 통치자들이 영국의 패권에 복종하며 양해를 얻었던 사항에 대한 또 다른 위반으로 보였다. 라자스탄 북동부의 라지푸트Rajput 마라탄Marathan주 잔시Jhansi에서 18세의 라니 락슈미 바이Rani Lakshmi Bhai는 1853년에 남편 라자가 자식 없이 죽자 댈하우지에게 개인적으로 항의했지만 경멸적인 태도로 무시당했다. 4년 후에 반란이 일어났을 때 그녀는 인도 중부에서 가장 강력한 기마 게릴라 지도자 중 한 명이 되었다.

소외된 원주민 통치자들은 바보가 아니었다. 그들은 병합이 "개선된" 정부를 만들기 위한 높은 수준의 의지보다는 영국의 전략적·재정적 이해관계에 의해 추진되는 경우가 더 많다는 것을 알고 있었다. 인도의 대규모 삼각 측량 Great Trigonometric Survey of India과 같은 거대한 데이터 수집 훈련은 애초에 군사 정보 제공을 위한 것이었다. 철도와 간선 도로 확장은 인도 시장으로의 침투뿐만 아니라 병력 배치를 더 쉽고 빠르게 하기 위한 것이기도 했다.

선교사들의 압력도 문제가 없진 않았다. 1848년부터 1856년까지의 임기 내내 지나치게 독단적이었던 댈하우지의 감독 아래에서 새로운 석판 인쇄술은 그 어느 때보다 적극적으로 선교 출판물을 발행하는 데 사용되었다. 1838년의 기근으로 고아가 된 무슬림과 힌두교 어린이들을 데려다가 기독교인으로 키우려는 영국의 정책으로 인해 새로운 개종 캠페인이 진행되고 있다는 의심은 과장된 것이든 아니든 가라앉지 않았다. (하필 운 나쁘게도 크리스천 씨Mar Christian라고 불리던 한 민간인이 시타푸르에서 반군에 의해 아내와 함께 가장 먼저 무참히 총살당한 것은 우연이 아니었다.) 1858년 12월, 영국에 대항하는 반란군을 규합하기 위해 아와드(우드)의 무슬림 부인 하즈라트 마할Hazrat Mahal은 이 반란이 성전, 즉 이슬람 지하드일 수밖에 없었던 이유를 열거했다. 그는 영국인들이 힌두교와 이슬람 세포이들에게 소와 돼지 지방을 바른 탄창을 물게 함으로써 그들을 더럽혔을 뿐만 아니라; 특정 직업의 조건으로 유럽인들과 함께 식사를 하게 함으로써 의도적으로 인도인들의 카스트를 없애려고 했다고 주장했다. 영국인들은 도로를 넓혀야 한다는 명분으로 사원과 모스크를 오만하게 파괴했고; 성직자들이 거리와 골목, 시장으로 들어가 기독교를 전파하도록 허용했으며; 힌두교와 무슬림 소년들을 신앙의 길에서 벗어나게 하기 위해 영어 학교를 설립했다는 것이다.

1858년 델리의 라자 페로즈 샤Feroze Shah는 영국이 전통 의사의 출산 참여를 금지하고 서양 의사의 참석을 의무화할 것이며, 기독교 성직자의 주례 없는 결혼을 불법화하고, 이슬람과 힌두교의 성서를 불태울 것이라고 경고하며 반란을 정당화하는 포고령을 발표했다. 물론 이 긴 분노의 목록은 환상에 불과했지만 선교사들과 기독교 문학이 비교적 최근에 눈에 많이 띄기 시작했다는 점과 아유르베다 의학에 대한 체계적인 조롱이 시작되었다는 점은 그들의 주장에 신빙성을 부여하기에 충분했다. (서구의 천연두 예방 접종 캠페인에 대해 힌두교 의사들은 제너Jenner 박사가 태어나기도 전에 이미 마을의 가난한 사람들에게 우두 면봉을 보급했다고 맞받아쳤다.)

    인도 현지 문헌에 따르면 이 반란은 19세기 중반 수단 서부에서 인도 북부에 이르는 전 지역에 걸친 이슬람 와하비Wahabi(이슬람 순수주의자) 메시아 부흥 운동의 일환인 지하디jihadi 반란의 성격이 뚜렷이 드러난다. 자신을 태운 가마 앞에 큰 북을 위치시켰기에 "다우카 샤Dauk Shah" 또는 "북을 든 마울비Maulvi"로 불리던 수피Sufi교 순회 설교자 아마둘라 샤Ahmadullah Shah가 1856년 11월 초에 럭나우Lucknow에서 지하드를 설파했다. 찬송하는 제자들 1000명과 함께 이 성자가 거리를 행진할 때면 그중 일부는 불타는 석탄을 삼켰고, 성전의 메시지는 수많은 군중에게 전달되었다. 1857년 2월에 파이자바드Faizabad에서는 와하비 메시아 전사의 전형이었던 아마둘라Ahmadullah가 방화범으로 몰려 체포되어 투옥되었다. 6월 8일에 반란군이 그를 풀어주었을 때, 그가 가장 먼저 한 일은 무장한 제자들을 데리고 럭나우로 가는 것이었다. 아마둘라는 혼자가 아니었다. 알라하바드의 리아캇 알리Liaqat Ali와 델리의 파잘 후크 카이라바디Fazal Huq Khairabadi도 거의 같은 선동적인 메시지를 전했고, 추종자가 1만 1000명에 달한다고 알려진 자칭 이맘imam[1] 카디르 알리 샤Qadir Ali Shah는 봉기 날짜를 가장 성스러운 날인 무하람Muharram 달의 10일로 정할 만큼 자신감이 넘쳤다 — 이 날은 양력으로 9월 11일이었다! 아와드의 부인은 전쟁이 "종교에서 시작되었다"고, 그리고 — 그녀는 당연히 알고 있었을 것이다 — "종교 때문에 수백만 명이 죽었다"고 단호하게 말했다. 그러나 1856년 가을부터 1857년 봄까지 무슬림 공동체를 사로잡은 종교적 소요는 탄창의 기름 문제만이 유일한 관심사였던 영국 당국에 의해 완전히 무시되거나 오해되었던 것 같다.

---

1   예배를 이끄는 성직자.

소외된 것은 종교적 감수성만이 아니었다. 교육을 받고 도시화된 인도인들은 영국 근대화가 가져다준 경제적 이득을 바라보면서 피지배자의 이익보다는 지배자의 이익을 위해 설계된 것처럼 보이는 것들을 목격했다. 예를 들어 인도에서 철도 건설이 시작되면서 영국의 곡물 가격을 안정시키기 위해 인도의 곡물을 (풍년에는 물론이고 흉년에도) 더 쉽게 수출할 수 있게 되었다. 인도에서 영국 "공학"이 이룩한 업적 중 하나는 오리사의 소금이 체셔Cheshire에서 수입된 소금과 경쟁하기 위해 벵골로 밀수되는 것을 막기 위해 설계된 1500마일에 달하는 가시나무와 아카시아로 이루어진 거대한 장벽인 "거대 울타리Great Hedge"를 건설한 것이었는데, 이를 통과하는 모든 소금에는 징벌적 관세가 부과되었다. 런던과 맨체스터에서 자유무역을 외치던 당시에도 이 차별적인 관행을 지속하기 위해 세관 경찰이 고용한 인원은 1만 3000명에 달했다.

1851년의 대박람회에서 제국 무역의 진열장은 상호 이익이라는 아이디어를 홍보하기 위한 것이었지만, 이를 즐긴 사람들은 대부분 백인이었다. 캐나다, 오스트레일리아, 뉴질랜드, 남아프리카의 케이프 식민지에서는 식민지 생산자와 본국 제조업체 간의 교류에 대한 자유주의적 비전과 함께 어느 정도의 자치권이 실현되기 시작했다. 물론 이 제도에 따라 "개량"된 "원주민"은 진정한 원주민이 아니라 — 질병으로 인한 강제 퇴거와 사망을 개량으로 간주하지 않는 한 — 전과자든 자유 이민자든 상관없이 백인 정착민이었다. 이들 국가에서 자유무역 식민주의가 성공적으로 운영되었다고 설명하려면 원주민 문화의 엄청난 쇠퇴를 불행한 부수적 사건이 아니라 그 성공의 전제 조건으로 보아야 한다. 오스트레일리아 메리노 양을 방목할 수 있는 광활한 목초지를 확보하기 위해서 원주민 부족을 이주시키거나 학살해야만 했다면 그렇게 했다. 케이프에서는 소떼 방목장 조사에 대한 저항을 극복하기 위해 피비린내 나는 장기간의 "카피르Kaffir" 전쟁이 벌어졌다. 일찍이 파머스턴이 손을 맞잡고 평화와 번영의 행진을 함께 하자고 말했던 것이 무슨 소용이 있었을까?

오스만튀르크와 라틴 아메리카처럼 영제국의 공식 구성원은 아니었지만 근대화가 자신들의 국익에 부합한다는 논리에 정부가 설득을 당한 "주변부peripheries"도 있었다. 일단 설득을 당하면 배링즈Baring's나 로스차일즈Rothschild's 같은 영국계 은행에서 자본이 유입되기 시작했다. 모국을 오가는 신형 증기기관 강철선체 선박을 수용하기 위해 항구가 건설되거나 개선되었고, 미들랜즈에서 제작된 철도 차량이 설치되고 공급되었으며, 창고와 가공 센터가 건설되었고, 생산자와 화주를 연결하거나 현지 당국에 압력을 가해 관세 장벽을 낮추고 상인에게 현지 법원에서 면책 특권을 부여하기 위해 전략적 장소에 상업 담당 영사와 대리인을 배치했다. 얼마 지나지 않아 숙녀용 아카데미, 오페라 하우스, 경마장이 생겨났고; 5시에는 차를 마시고 7시에는 셰리를 마시기 시작했으며; 스미르나Smyrna에서 몬테비데오Montevideo에 이르기까지 흰색으로 칠한 부엌에 커다란 구리 푸딩 틀이 등장하기 시작했는데 이것은 다소 불길한 징조였다.

1830년부터 1851년까지 15년 동안은 외무부 장관으로, 그리고 1855년부터는 다우닝가 10번지에서 총리로서 매우 열성적으로 일했던 파머스턴은 상업적 독창성과 에너지 덕분에 전 세계 시장이 영국의 굴이 되었다고 뽐냈다. 그러나 사실은 전쟁부의 파머스턴과 그레이 경이 서아프리카나 버마(영국은 이곳의 티크 숲을 탐냈다)에서 주저하지 않고 칼을 휘둘러 굴을 열어젖히고 진주를 노린 것이었다. 예를 들어 중국은, 뚜렷한 이유 없이, 영국과의 무역에 항구를 개방하지 않거나 영국 상인들이 안전하고 효과적으로 활동하는 데 필요하다고 주장하는 — 그들의 재고는 거의 전적으로 마약으로 구성되어 있었지만 — 비관세 치외 법권 지역을 제공하지 않음으로써 세계 경제의 논리를 무시하고 있었다. 예를 들어, 스코틀랜드의 자딘Jardine과 매서슨Matheson 가문은 족쇄나 머리 조아리기와 같은 중국의 이교도적 사법 처리의 잔인함에 분노하여 성경을 탕탕 치던 사람들의 후예였지만, "영국의 정의"와 "공정하고 자유로운 무역"이라는 수사를 뻔뻔하게도 마약 제국주의의 이익을 위해 사용했다. 청 제국이 어떤 이유로든 수백만 명을 아편 중독자로 만들기에 바쁜 상인들을 위해 상류로 가는 강을 막으려 한다면 함포를 동원해 상업 윤리에 대한 교훈을 주어야 했다. 1839~1842년과 1856~1861년에는 프랑스와 연합을 맺은 영국 육군이 베이징의 이화원을 불태운 두 차례의 전쟁을 통해 중국인들에게 뼈아픈 교훈을 주었는데, 이는 부분적으로는 상업적 협력의 기쁨을 저버렸을 때 치러야 할 대가를 설득력 있게 보여주기 위한 것이기도 했다. 1차 아편전쟁의 결말은 홍콩을 점령하고 조차를 강압한 후 중국의 치안으로부터 그들만의 자유로운 지방정부와 사법 체계를 갖추는 것이었는데 이는 마치 세상에서 가장 당연한 일인 것처럼 간주되었다. 아편은 몽매한 "만다린" 중국을 개방해 서구 근대성의 품으로 끌어들이기 위한 쐐기의 뾰족한 날에 불과하다는 명분이 있었다. 오늘은 중독이지만, 내일은 존 스튜어트 밀이다. 수억 명의 사람들이 자신들도 깨닫지 못한 사이에 브로드 정장을 하고 셰필드 나이프와 포크로 식사를 하고 있게 될 것이다 – 이는 행운이다. 물론 영국인들이나 다른 유럽인들은 중국 제국의 파괴를 막기는커녕 오히려 가속화했고; 이 세기가 끝을 향하면서 그 결과로 초래된 "무정부 상태"를 군사적·정치적 개입의 구실로 삼고 있었다. 마치 애당초에 병에 걸리게 한 의사들이 나중에 나타나서는 착한 사람 행세를 하면서 치료약을 – 대가를 요구하면서 – 주는 것처럼 말이다.

인도는 아편의 주요 공급국이었다. 대박람회가 열리던 해에 아편은 인도 수출의 40%를 차지했고, 영제국 내에서 거래되는 상품 중 아편만큼 수익성이 높은 상품은 없었다. 트리벨리언과 머콜리가 인도 전역에 자비로운 서구 문화를 평화적으로 확산시키겠다고 구상한 지 불과 20년 만인 댈하우지 치하에서 영국은 팽창을 멈출 줄 모르는 군사 강국이 되어 있었다. 물론 노이로제에 가까운 러시아 혐오증과 중앙아시아의 코카서스 칸국들Caucasian khanates을 거쳐 아프가니스탄으로, 그리고 키베르 고개Khyber Pass를 넘어 무방비 상태의 인더스-갠지스강 계곡으로 무리를 지어 내려오는 코사크족Cossacks에 대한 환상으로 인해 고조된 두려움이 늘 "불안정한" 국경 방어에 대한 정당성을 부여했다. 완충 지역이라는 취약성에 대한 불안과 영국령 인도에 편입되면 더 안전해질 것이라는 약속을 이용해 북서쪽 국경의 신드Sind(1843)와 펀자브의 시크Sikh 왕국(1849)을 합병했는데 만약 이 방법이 아니었다면 이 지역에서는 더욱 노골적인 제국주의 모험이 펼쳐졌을 것이 확실하다.

펀자브의 경우는 특히 심각했다. 강력한 군주였던 런짓 싱의 죽음으로 인해 영국이 러시아의 영향을 받고 있는 페르시아와 아프가니스탄에 대항하여 신뢰할 수 있는 마지막 토착 통치자가 사라졌기 때문이다. 댈하우지의 전임자인 하딘지 자작은 이용하기 편한 꼭두각시 군주를 임명하는 일반적인 방법을 사용했지만, 결국 군대가 반란을 일으키자 본격적인 군사작전이 시작되었다. 이후 댈하우지는 이 징벌적 전쟁을 시크교 국가를 완전히 말살하는 전쟁으로 전환했다. 처음에는 당황스럽게도 실패를 경험했지만 벵골 군대의 막강한 타격 능력은 곧 예측 가능한 결과를 가져왔다. 이제 펀자브의 거대한 산악 영토를 직접 통제하게 된 영국은 라호르Lahore[2]의 전설적인 보물 창고도 함께 접수하여 소장품을 쓸어갔다. 댈하우지는 가장 멋진 상품인 거대한 코히누르Kohinoor 다이아몬드를 몸소 안전하게 봄베이까지 운반할 수 있도록 맞춤형 벨트를 주문했고, 그곳에서 잉글랜드로 보내 빅토리아 여왕에게 개인적인 경의를 표했다. 런짓 싱의 가문에서 유일하게 살아남은 소년 군주 둘리프 싱Duleep Singh은 영국의 침탈에 대한 비난을 막기 위한 조치로 왕조의 혈통을 조심스럽게 부정당한 채 퇴위 당한 후 다이아몬드와 함께 잉글랜드로 보내졌다. 둘리프는 "자신의" 다이아몬드를 몰수당했다는 사실에 불만을 품었지만(실제로는 전쟁과 약탈의 역사 속에서 페르시아에서 빼앗아온 다이아몬드), 여왕에게 개인적으로 선물하겠다는 조건으로 잠시 다이아몬드를 보관할 수 있었다. 그 대가로 그는 궁정의 애완동물이 되어 독일의 초상화가 프란츠 제이버 윈터홀터가 터번을 쓴 그의 초상화를 그려줬는가 하면, 신사의 삶과 수입을 약속받았으며, 기독교로 개종할 것도 권유받아서 결국 그렇게 했다.

---

2   펀자브의 수도.

따라서 탐욕스러운 합병주의자 댈하우지가 영국의 독려로 1819년에 독립 왕국을 선언한 갠지스와 히말라야 사이의 넓고 풍요로운 영토 아와드에도 눈독을 들인 것은 놀라운 일이 아니었다. 아와드는 18세기에 무굴제국에 소속되어 각지에서 세금을 징수하는 총독 역할을 하던 무슬림 귀족들nawabs이 통치하고 있었고, 비옥한 계곡에 위치해 있으면서 많은 인구가 거주하는 도시로서 인도 전역에서 가장 번영하고 성공적인 지역 중 하나였다. 인구 약 65만 명의 수도 럭나우는 정원의 울창함, 공작새의 울음소리, 궁전의 화려함, 황금빛 지붕의 모스크와 첨탑, 섬세하게 양념이 된 풍성한 요리, 정교하게 세공된 은제품과 보석, 싸움용 숫양ram의 강력한 힘, 시인들의 관능성, 궁중 여인들의 경악스러울 정도의 영향력 행사로 유명했다. 초창기 세대의 개방적인 영국 여행자들과 공식 요원들—거주자들Residents—은 이곳을 좋아했지만; 무슬림 귀족 여성을 연인으로 삼았다가 결국 아내로 맞은 제임스 어킬리즈 커크패트릭James Achilles Kirkpatrick의 악명 높은 스캔들에서 보듯, 신중함과 예의에 대한 회사의 기준에 비춰보면 종종 너무 과한 면이 있었다. 1850년이 되면 24만 명에 달했던 벵골 군대 병력의 거의 4분의 3을 차지했던 아와드의 병사들 중 영국군은 4만 명에 불과했다. "약하고soft" 기력 없이 중성적인 벵골인들과는 대조적으로 "남자답다"는 평가를 받았던 아와디족은 특히 신드와 펀자브에서의 활약으로 토착 부대 중 가장 강인하고 믿을 수 있는 부대로 간주되었다. 공식적으로 아와디 세포이는 아직 표면상으로는 독립되어 있는 왕국과의 계약에 따라 회사 군대에 파견되었는데, 이는 "외국 영토"에서 복무하는 만큼 두 배의 바타batta, 즉 전시 수당을 받을 자격이 있다는 것을 의미했으며, 더 중요한 것은 파이자바드, 살롱Salon, 시타푸르Sitapur 또는 럭나우로 돌아갔을 때 두 배로 특별한 지위를 누리고 아와디 관료의 일상적인 약탈로부터 면제받는다는 것을 과시할 수 있었으며 주홍색 코트를 입고 돌아다닐 수 있다는 것을 의미했다.

댈하우지 시대에 럭나우는 한때 인도에서 가장 사교적이고 사회적으로도 혼합된 도시 중 하나였지만, 이제 원주민 지역과 서양인 지역이 점점 더 분열되고 있었다. 하지만 정원이 있는 하얀 강변 빌라들과 "흑인 마을"이 명확한 대조를 이루고 있는 캘커타, 또는 마드라스처럼 극명하게 분리된 곳은 아니었다. 곰티Gomti강을 중심으로 남쪽으로 뻗어 있는 럭나우의 구시가지에는 간지 시장 바자회가 열리고 있었고, 각 지역에는 오늘날과 마찬가지로 은세공인, 제빵사, (무두질공) 등 여러 장인들의 커뮤니티가 형성되어 있었다. 귀족과 귀족들의 저택, 모스크와 유원지는 주로 남쪽과 서쪽 가장자리에 위치해 있었다. 그리고 북쪽 가장자리에는 작은 평지와 아름다운 카이저바흐Kaisebach 정원으로 분리된 34에이커 규모의 레지던시the Residency³가 소규모의 고원 위에 자리 잡고 있었다. 그 중심에는 탁한 장미색의 두꺼운 벽돌로 지어진 레지던시 자체와 도리아 양식 기둥, 베란다, 작은 깃발이 꽂힌 탑, 시원한 지하 수영장이 있었다. 정원 주변에는 교회, 우체국, 재무부, 금융위원장의 집, 한때 나왑nawab의 유럽 출신 부인이 숙소로 사용했던 베굼 코티Begum Kothi가 분산되어 있었다. 막사와 방갈로, 경마장을 갖춘 주둔지는 곰티와 파이자바드 도로에서 북쪽으로 몇 마일 떨어진 곳에 있었다. 서쪽에는 프랑스 군인이자 열기구 제작자인 클로드 마탱Claude Martin이 설계해서 기부한 라 마르티니에르La martinière라는 신바로크 양식의 학교가 나왑들과 동인도회사를 위해 지어졌다. 이 학교는 이제 투키디데스Thucydides, 밀튼, 그리고 사격술을 가르치는 머콜리 교육 사명의 전형이 되었다.

이러한 구역 구분은 명확했지만 영국인들이 생활하는 중심인 레지던시는 여전히 도시 외부가 아닌 내부에 배치했다. 거주자들은 역사적으로 항상 원주민 커뮤니티 속에서 살면서 특별한 수준의 편안함을 누려왔기 때문이다. 1850년대 초에 윌리엄 슬리먼 총독대리Resident 치하에서는, 아무런 문제도 일으키지 않는 동시에 많은 세포이를 많이 모집할 수 있을 것으로 영국인들이 기대했

---

3 인도 전체가 아닌 해당 지역을 관장하는 'Resident'의 관저. 'Resident'는 관례에 따라 '총독대리'로 번역한다.

던 아와드에서의 친숙하고 다소 느긋한 협력이 여전히 잘 작동하고 있었기 때문에 급격한 변화는 불필요한 것처럼 보였다. 위그 정부가 리처드 콥든Richard Cobden 같은 자유주의자들로부터 비용이 많이 들고 "잔인하며" 불필요한 제국주의 모험을 조장한다는 비난을 받던 남부 아프리카, 중국, 버마, 크림반도에서 전쟁이 진행 중인 상황에서 인도에서 또 다른 전쟁을 시도하는 것은 영국이 원하는 것과는 거리가 멀었기 때문이다.

그러나 댈하우지는 위험이 다가올 것이라는 것을 거의 알아채지 못하다가 후계자 찰스 캐닝Charles Canning에게 재앙을 물려주게 된다. 엉터리 나왑인 와지드 알리 샤Wajid Ali Shah(한쪽 날개는 흰색, 한쪽 날개는 검은색의 비둘기를 사육하는 데 성공한 것을 자랑하는가 하면, 보석을 끼고 시를 쓰고 매주 바뀌는 첩과 노닥거리는 것으로 악명이 높았던)가 제대로 통치하지도 못하는 가짜 독립국 아와드는 그가 보기에 사치일 뿐 아니라 위험 요소였다. 총독 자문위원회의 외무장관이었던 H. M. 엘리어트가 사후 출판된 그의 『인도의 역사가들이 말하는 인도의 역사 The History of India, As Told by Its Own Historians』(1867)에서 이처럼 악독한 행정을 용인하는 것이 얼마나 "사악"한 일인지 지적하지 않았던가? 엘리어트는 이렇게 썼다. "보라, 왕이란 작자들은, 우리가 그 자리에 올려준 경우에도, 나태와 방탕에 빠진다". 그렇다면 이제 그들을 제거할 시간이다. 댈하우지는 "악으로 가득 찬 행정부가 수백만 명을 통치하도록 영국 정부가 계속해서 돕는다면 신과 인간 모두에게 죄를 짓게 될 것"이라고 썼다. 게다가 댈하우지는 펀자브에서의 군사적 모험으로 인해 발생한 800만 파운드의 적자를 줄이는 데 그들의 수입을 사용할 수 있을 것이라는 사실에 기뻐했다. 그는 나왑과 그의 장관들이 "호사스럽다"는 말을 듣자 "내가 떠나기 전에 그를 삼켜버리는 것이 나에게 만족감을 줄 것"이기 때문에 그 말이 사실이기를 진심으로 바란다고 사석에서 고백했다. 1856년 2월에 와지드 알리 샤와 그의 수석 장관들이 총독에게 직접 간청하기 위해 캘커타로 찾아갔음에도 불구하고 아와드는 결국 정식으로 합병되었다. 댈하우지는 합병의 결과로 "우리의 자애로운 여왕은 어제보다 500만 명의 신하와 130만 파운드의 수입을 더 갖게 되셨다"고 기쁨을 감추지 못했다.

벵골에서는 관료주의적으로 보였을 수도 있는 이 결정은 아와드의 도시와 시골 모두에 즉각적인 충격파를 발생시켰다. 왕국의 궁정과 귀족을 위해 봉사하던 주민 전체가 하룻밤 사이에 지위가 강등되면서, 사브들은 제대로 인지하지 못했지만, 수치심을 느꼈다. 시골 지역으로 가면 영향력 있는 또 다른 계급인 아와디족—라자라고도 불리던 탈루크다르_taluqdar_—도 위기에 처한 것을 목격할 수 있었는데, 이들은 원래 인도 북부의 다른 지역들과 마찬가지로 토지세를 걷을 수 있는 관할 지역의 세습 소유자여서 그 지역 장원들에 대한 권리와 의무를 함께 갖고 있었으나 이제는 마을, 토지, 직위를 일시에 박탈당했다. 영국의 공식적인 입장은 — 신드와 펀자브에서는 이미 시행되었다 — 토지세(거대한 군대를 유지하기 위해 필요)처럼 중요한 것은 영국이 직접 관리해야 하고, 농민들은 피를 말리는 동안 자신들의 이익과 특혜를 챙기는 데만 혈안이 되어 있는 마을의 유지들, 즉 "중개자"라는 이름으로 (부정확하게) 묘사되던 자들에게 맡기면 안 된다는 것이었다. 이러한 "중개자"는 영국 관리들의 관료주의적 사고방식에 따라 마을과 무관한 존재로 분류되었지만, 사실 그들의 직책, 지위 및 권한의 기원은 라지푸트 전사들이 자신들을 지원하기 위해 각 구역과 마을에 배정되던 무굴 왕조 시기로 여러 세대를 거슬러 올라간다. 어떤 경우에는 "라자"가 마을의 농부에 지나지 않았으며, 씨족이나 카스트의 연결을 통해 농민 공동체와 매우 가깝게 지내며 살았다.

영국인들은 많은 경우에 그들이 가져가는 수입이 이전의 탈루크다르 제도 하에서보다 적을 것이기 때문에 농부들로부터 진심 어린 감사를 받을 것이라고 가정했다. 그러나 아와드의 시골 지역은 고통과 구호를 실용적으로 측정하기 위한 실험적 연구에는 적합하지 않은 것으로 판명되었다. 탈루크다르와 라자는 늘 세금 징수원 그 이상의 존재였다. 그들은 장원 전체의 대부와도 같은 후원자였고, 개인 민병대에 둘러싸여 있었으며, 주민들은 그 민병대에 합류하는 것을 영광으로 여겼다. 정글 깊은 곳의 쿠차_kutcha_[4] 진흙 또는 파카_pakka_[5] 자갈과 시멘트로 만든 참호 요새에 소총과 경전차포를 갖춘 그들은 그 지역의 권력자였다. 그리고 그 힘은 영국 조사단의 피상적인 생각처럼 일방적인 착취가 아니었다. 농민들로부터 금전과 현물로 받은 세금에 대한 대가로 탈루크다르는 마을의 생활을 감독하고, 흉년이 들었을 때 가난한 사람들을 도왔으며, 결혼을 중개하고 분쟁을 원만하게 해결하는가 하면, 그 지역의 모스크와 사원도 후원했다. 때때로 그들은 수확을 직접 돕기도 했다. 따라서 이들의 강제 퇴거는 명백한 시대착오를 제거한 것이라기보다는 지역 시장, 모스크, 마을 전체에까지 파급된 문화적 충격을 가하는 것이었다. 이 자리에 침입한 바하두르 *bahadur*(총독)는 거칠고 잔인하며 명백히 이질적인 존재로 보였다. 1857년에 반란의 연기가 걷히자 많은 영국인들은 수만 명의 농민들이 영국에 충성하거나 최소한 중립을 지키는 대신 라자와 탈루크다르를 따라 저항에 나섰다는 사실에 놀라움을 금치 못했다고 고백했다. 하지만 무슬림과 힌두교를 믿는 아와디족 모두에게 그것은 세상에서 가장 자연스러운 일이었다.

물론 탈루크다르와 농민 가족 중 상당수에게는 세포이 형제나 아들이 있었는데; 아와드가 사라지자 이제 바타는 말할 것도 없고 "조력자"로서 누렸던 지위마저 잃어버렸다. 탄창 기름과 관련된 사태가 터지기 훨씬 전부터 군대 내에서는 군인들의 충성심에 악영향을 끼치는 무례한 행위가 빈번하게 발생했다. 해상 여행을 금기시하던 고위 카스트 출신 병사들은 댈하우지의 끝없는 전쟁 중 하나인 버마 전선으로 파병 명령을 받으면 카스트를 상실할 수 있다는 위협을 느꼈다. 병사들이 이에 반대하며 버마까지 육로로 행군하겠다는 의지를 보인다는 것에 대해 알게 된 총독의 대답은 "아, 걔들이 걷는 것을 좋아한다고? 그렇다면 다카까지 걸어가서 개처럼 죽어라"라는 대답이었다. (그리고 그들은 그렇게 되었다.) 굴욕적인 체벌은, 특히 채찍질은, 존경심을 잃는 것이 가장 치

---

4   가공되지 않아서 내구성이 떨어지는 인도산 건축 재료.

5   쿠차보다 조금 더 단단한 인도산 건축 재료.

욕스러운 일이었던 남성들에게 공개적인 수치심을 주지 않으려는 초기 수십 년 동안의 조심성과는 극명한 대조를 이뤘다. 댈하우지는 무시하기로 했었지만, 신임 총독인 캐닝 자작은 문제를 예고하는 것으로 인식했던 험악한 분위기 속에서, 칸푸르(칸푸어) 근처에 새로 지은 공장에서 제분하여 배급하는 밀가루 아타attah에 갠지스 강변에서 수거한 시체의 뼛가루가 들어 있어서 무슬림과 힌두교도 모두의 순결을 더럽히려는 또 다른 사악한 음모가 진행 중이라는 소문이 퍼져나갔다. 이 충격적인 이야기가 완전히 환상이었던 것은 아니다. 잔시에서 독립국가 하나가 소멸된 후 요새 도시인 괄리오르Gwalior 인근에서 봉기가 발생했는데, 가축의 대량 도축이 그 직접적인 이유였던 것이다.

총열에 삽입하기 전에 기름칠 된 카트리지의 끝을 잘라내야 했던 신형 리엔필드 소총을 배급한 것은 고의적인 도발은 물론 아니었다. 댈하우지 시대의 전형적인 도발은 늘 우발적이고 의도하지 않은 방식이었다. 사실 아무도 그 기름이 돼지기름인지 우지인지 아니면 두 가지를 섞은 것인지 알지 못했고 무슬림과 힌두교도가 모두 분노하리는 것도 예상하지 못했다. 실수를 인지하자마자 카트리지를 식물성 기름으로 윤활하는 것으로 바꿔 문제는 해결했다. 하지만 이미 피해가 커진 후였다. (5월 9일에 미루트에서는 카트리지에 동물성 기름을 바르지 않았음에도 세포이들은 오염될 위험이 없을 것이라고 확신하지 못했다; 장교와 병사 간의 신뢰가 무너지는 순간이었다). 영국인들은 전신telegraph으로는 포착할 수 없는 정보, 즉 소문과 예언을 무시하는 경향이 있었다. 그중 하나는 럭나우와 델리의 시장에서 떠돌던 것으로, 회사의 통치가 플라시Plassey 전투가 발생한 날짜인 1757년 6월 23일부터 정확히 한 세기 이상으로는 지속되지 않을 것이라는 예언이었다. 주둔지의 원주민 연대에게 보내는 비밀 메시지는 찢어진 차파티chapattis빵과 연꽃잎을 통해 전달되었다.

미루트와 델리에서 봉기가 발발한 지 몇 주 만에 갠지스 계곡에서 영국의 병력은 궤멸된 것처럼 보였다. 잉글랜드의 통치가 끝났다는 소식은 벵골 군대의 불길을 북서부 아와드와 북부 라자스탄 지방의 마을들로 퍼뜨렸다. 럭나우에서는 5월 30일에 세포이들이 반란을 일으켰다. 이 도시에서 북쪽으로 80마일 떨어진 곤다Gonda 군 기지에서 부대의 보조 외과의였던 남편 로버트, 15개월 된 아들 바비와 함께 방갈로 생활을 하던 바스Bath의 은세공인의 딸 케이트 바트럼Kate Bartrum은 하인들의 태도에 불길한 변화가 발생하고 있다는 것을 알아차리기 시작했다. 펑카 왈라, 정원사, 집사, 요리사, 초키다르chokidar 파수꾼, 아야ayah[6]가 하나둘씩 사라지기 시작했고, 케이트 바트럼이 남은 인도 생활 동안 지속될 것이라고 생각했던 세상도 함께 사라졌다. "우리 모두 무서울 정도로 긴장하게 된 것 같아요"라고 그녀는 아버지에게 불안한 내용의 편지를 보냈다. "모든 비정상적인 소리에 놀라게 되는데, 유럽인의 피에 목말라하는 듯한 원주민들을 누가 믿을 수 있겠어요? … 여러 날 밤 동안 우리는 감히 눈도 감을 수 없었어요. 저는 베개 밑에 칼을 보관했고, 나의 사랑하는 R.은 작은 소리만 나도 권총을 장전하여 발사할 준비를 하고 있었지만, 우리가 공격을 받았다면 탈출할 기회는 적었을 거예요. …"

상황이 급작스레 악화되고 럭나우에서 반란이 일어나고 미루트와 델리에서는 대학살이 벌어졌다는 소식과 함께 영국군이 즉각적으로 증원될 가능성이 희박하다는 소식이 전해지자 로버트는 케이트와 아기를 상대적으로 더 안전한 레지던시 시설로 데려가는 것이 생존을 위한 최선의 방법이라는 것을 깨달았다. 럭나우에서 65마일 떨어진 세크로라Secrora에 소규모 군부대가 자신들을 비롯해 이 나라에 발이 묶인 다른 여성과 아이들을 레지던시로 데려다줄 것이라는 소식을 들었다. 하지만 일단 그곳에 무사히 도착해야 했다. 로버트, 캐서린, 아기는 클라크 부인과 남편, 그들의 어린아이와 함께 코끼리 등에 올라타고 출발했지만 막상 세크로라에 도착하자 시간에 쫓긴 군 호위대는 이미 떠난 뒤였다. 남자들은 연대에 합류해야 했기에, 두 여성은 괴로운 심정을 억누르고 충성파 세포이들과 함께 100도가 훨씬 넘는 기온 속에서 최근에 갑자기 적대국

---

6 가정부.

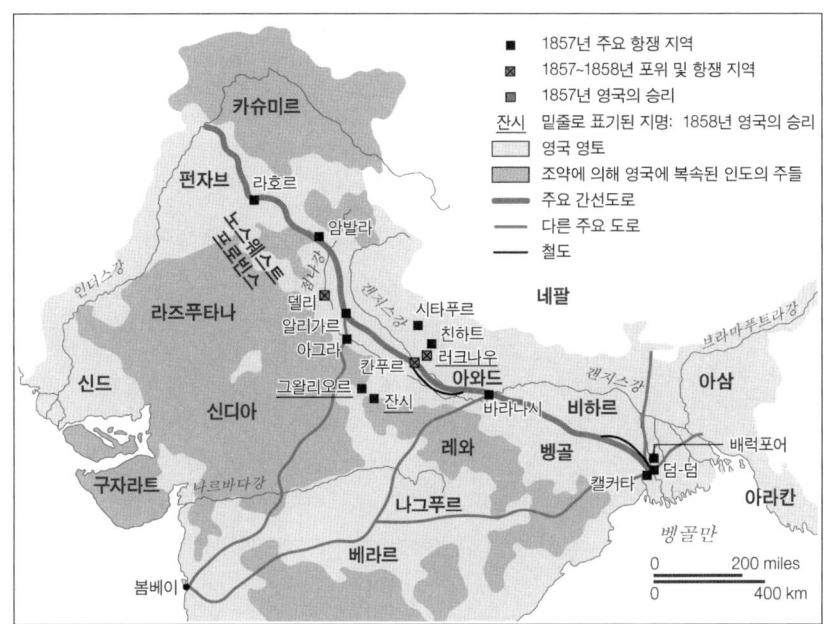

인도 항쟁(1857~1858)

이 되어버린 곤다의 라자 왕국(가장 전투적인 반군 세력)을 통과하여 "황금 도시"의 돔과 첨탑으로 향했다.

그들은 6월 9일에 레지던시의 안전지대에 도착했지만, 그럼에도 불구하고 구원받기가 여전히 쉽지 않다는 것은 분명했다. 그달 말까지 기병 700~800명을 포함한 8000~1만 명의 세포이가 레지던시의 방어선을 공격했다. 곧이어 2파운드 대포로 무장한 군대가 본격적인 작전에 돌입했고, 12개의 야전 포대가 배치되어 레지던시에 대한 포격을 계속했다. 포 바로 뒤에는 얕은 참호를 파서 포수들이 누워서 대포를 조작하면서도 반격에는 거의 노출되지 않도록 방어했다. 성벽 안에는 영국군 800명과 충성파 세포이 700명, 그리고 라 마르티니에르의 소년 사관생도 50명을 포함한 민간인과 상인 식민지에서 뽑은 나머지 1700명의 남성 수비병 정도만 있었다. 아와드 최고 사령관인 베테랑 군사령관 헨리 로렌스Henry Lawrence 준장은 이미 중병에 걸려 있었고, 레지던시에 있는 세포이들을 계속 머물게 할 것인지, 아니면 무기를 주지 않고 내보낼 것인지에 대해 재정 위원 마틴 거빈스Martin Gubbins와 다투고 있었다. 비관론자였던 거빈스는 세포이를 없애야 한다고 주장했다.

6월 30일에 헨리 로렌스의 지휘 아래 반격을 시도하던 영국군은 친하트Chinhat로부터 퇴각 중인 영국군을 발에 부상을 입은 채로 추격해 오던 이슬람 법률학자Maulvi 아마둘라 샤가 이끄는 반군에게 처참하게 매복 공격을 당했다. 대패한 군대가 집중 포화를 받으며 레지던시로 돌아온 이후, 어떤 식으로든 구원받을 수 있을 때까진 최소 2주가 걸릴 것으로 예상되었기 때문에 향후 전개될 포위 공격은 암울하고도 긴 시간 동안 지속될 것이 분명했다. 실제로 그런 구원이 실현되기까지는 87일이나 걸렸다. 아마둘라가 레지던시 서쪽의 오래된 마치 바완Machi Bahwan 요새를 포격하자 이들은 결국엔 탈출할 수밖에 없었던 것이다: 영국군 118명이 사망했고, 부상자 54명은 레지던시로 옮겨져 쓰레기더미에 누워 마취제나 알코올을 투여받아서 감각을 둔화시킨 후 팔다리를 절단해야만 했다. 붕대가 떨어져서 찢어진 옷을 사용해야 했다. 헨리 자신도 숙소 안에서 포탄에 맞아 전사했다.

7월 2일이 되면 반군은 구시가지를 장악했다. 성스러운 예언자 아마둘라 샤는 어느 문시munshi(브라만 교사)의 방갈로에 자신의 본부를 구축해서 가난한 사람들에게 엄청난 인기를 끌기 시작했고, 어린 아들을 델리의 바하두르 샤의 명령한 듣는 새로운 나왑으로 옹립하려 했던 아와드의 부인 하즈라트 마할Hazrat Mahal의 권위에 도전하고 있었다. 도시는 무정부 상태에 가까웠다. 럭나우 상층계급 엘리트의 한 신경질적인 구성원은 거리가 무장 갱단에 의해 어떻게 운영되고 있는지 묘사했다:

> 그들은 부유한 사람들의 집을 돌아다니며 위협을 가하고 돈을 요구했다. … 그들은 상점에서 할라halwa[7]와 푸리puri[8]와 과자를 가져갔고 온갖 종류의 사람들에게 욕설을 퍼부었다. 그들은 불꽃놀이 업자로부터 돈도 제대로 지불하지 않고 화약

과 여러 폭발물을 가져왔다. 코티Kothi 학교 정원에 건초 더미가 있었는데, 여기에 불을 질러 도시를 밝히는 모닥불을 만들었다. 그들은 파카 풀Pakka Pul에 살던 미르 바카르 알리Mir Baqar Ali를 데려와서는 바라 이맘바라Bara Imambara 성문에서 검으로 그를 조각조각 잘랐다. 아무도 그들이 왜 그런 희생을 저질렀는지 말할 수 없다. … 그들은 검을 손에 들고 돌아다녔다.

레지던시의 감시탑에서 바라본 황금빛 럭나우는 연기와 소음, 공포에 휩싸인 듯했다. 내부 상황도 급속도로 악화되고 있었다. 캐서린과 보비는 수많은 여성들과 함께 노부인 구역인 베굼 코티에 살고 있었다. 여름의 무더위는 도저히 견딜 수 없을 정도였고, 폭우는 상황을 더욱 악화시켰다. 오물이 넘쳐나는 화장실에서 풍겨 나오는 악취는 구토를 유발했다. 건초와 물이 부족한 상황에서 황소와 기병대 말들은 갈증으로 비틀거리다 결국 죽어 나갔다. 썩은 시체가 너무 많이 쌓여 까마귀와 솔개 떼를 헤치고 잔해를 찾아내 땅에 묻어야 했다 ─ 그곳에는 수백만 마리의 거대한 파리들이 번식하고 있어서 작업이 더욱 힘들었다. 캐서린 바트럼Katherine Bartrum의 속을 뒤집어 놓았던 "기름기 많은 검은 달"(렌틸 콩)을 포함한 어떤 음식이라도 꺼내자마자 끓어오르는 윙윙거리는 덩어리로 뒤덮여버렸다. 포위 공격 초기에 프랑스 상인 데프라Deprat는 트러플을 곁들인 소시지 통조림을 나눠주었다. 거빈스의 집에 머물던 운 좋은 사람들은 소테른 와인과 샴페인은 물론 연어 통조림, 당근, 라이스 푸딩까지 먹을 수 있었다. 그러나 곧 모두 사라졌다. 샴페인은 절단 수술을 앞둔 환자들을 위해 사용되었는데, 이 불행한 환자들은 몇 모금 만에 한 병을 다 마셔버렸다. 담배 한 모금이 절실한 사람들은 옷가지나 금시계를 전당포에 맡겨 시가 한 개비와 맞바꾸었고, 죽은 자들의 옷가지와 소지품 경매는 열띤 입찰 경쟁의 현장이었다. 식량

---

7   각종 곡물과 채소에 설탕을 넣고 요리하는 디저트.
8   빵을 튀긴 것으로서 커리나 감자 등과 함께 먹는다.

을 보호하려던 애완견이 총에 맞기도 했다.

한 달이 지나자 빅토리아 시대의 존엄성이라는 가면이 깨졌다. 상처, 콜레라, 이질, 천연두로 인한 사망률이 하루 10명꼴로 증가했다. 병맥주를 마시고 취하는 건 다반사였다. 결투와 자살이 발생했고 비명 소리가 자주 들렸다. 아무도 더 이상 외모에 신경 쓰지 않았다. 많은 사람들의 얼굴에 종기와 부스럼이 생겼다. 점잔 빼는 자들이 보기에는 충격적이게도 아내와 어머니들은 코르셋을 벗어 던지고; 머리를 풀어헤치고; 더위와 공포 때문에 미쳐버리지 않을 만큼 헐렁하고 시원한 옷을 입고 돌아다니기도 했다. 역설적이게도, 수개월 동안 이런 상황을 견디다 보니 이곳에 갇힌 사람들은 포탄과 총알에 내성이 생겼다. 결국 직접적인 타격은 신의 손에 달려 있었다. 전염병으로 천천히 죽는 것이 더 나빠 보였다. 캘커타에서 온 영국 상인 리스L. E. Rees가 다음과 같이 회상한 것도 단순한 자랑은 아니었을 것이다: "포탄이 머리카락을 스쳐도 우리는 아무 말 없이 대화를 계속하고, 총알이 머리카락 위를 지나가도 우리는 그것에 대해 말하지 않는다. 아슬아슬하게 피하는 경우는 너무 흔해서 여성이나 아이조차도 신경 쓰지 않는다." 훨씬 더 무서운 것은 레지던시 아래에 땅굴이 매설되어 한밤중에 세포이들이 밑에서 올라와 기지 안으로 들어오는 것을 발견할 가능성이었다. 캐서린의 여행 동반자였던 클라크 부인은 세포이가 레지던시에 침입하려던 날 출산을 했고, 이제 그녀와 아기 모두 죽어가고 있었다. 그녀가 콜레라에 걸린 아들 바비가 있는 캐서린에게 자신이 긴 여정을 떠날 테니 짐을 챙겨달라고 부탁하자 사람들은 그녀가 죽기 전에 짐을 깔끔하게 정리해 줬고, 아기는 그로부터 얼마 지나지 않아, 큰 아이는 2주 후에 엄마를 따라갔다.

9월 하순이 되어서야 두 개의 비교적 소규모 구출 부대가 당도하여 총격전을 벌여서 럭나우로 향하는 길목을 터줬다. 하나는 아와드의 신임 최고 사령관 제임스 아우트럼James Outram이 지휘했고 또 다른 하나는 헨리 해브록Henry Havelock 소장이 이끌었다. 그는 끔찍한 영국인 학살이 벌어졌던 칸푸르를 경유해 오고 있었다. 마라타Mahratta⁹의 페슈와Peshwa(통치자)이자 이 봉기의 정치적·전략적 지도자였던 나나 사브Nana Sahib는 그의 야전 사령관 탄티아Tantia(아빠라는 뜻) 토피Topi와 함께 칸푸르에서 포위된 영국인들을 강 아래로 안전하게 대피시키겠다고 약속했었지만, 대부분의 여성과 아이들이 배에 타자마자 총살당하고 검에 베여 산산조각 났다. 생존자 200여 명은 칸푸르로 다시 끌려가 감금된 후 차례로 살해당했고, 시신은 우물에 던져졌다. 해브록이 칸푸르를 탈환하고 떠난 후, 이 마을을 책임지기 위해 남은 포악한 제임스 닐James Neill 대령은 포로로 잡힌 세포이들을 모두 처형하라고 명령했고, — 그중 일부는 대포에 맞아 죽었다 — 시신으로 우물을 메워 앨비언Albion¹⁰의 첫 "순교자"들에게 바치는 성지로 만들었다. 그러나 해브록 부대는 세포이족이 점령한 영토의 중심부를 관통해 럭나우로 진격하면서 많은 사상자를 냈다. 그중 한 명은 캐서린 바트럼의 남편이자 외과의사인 로버트였는데, 그는 부상자를 치료하러 가던 중 레지던시 방어벽 문턱에서 머리에 총을 맞았다고 한다.

그러나 이 거대한 반란은 진압되었다. 반란은 성장하거나 소멸할 수밖에 없는 것이었고 아와드의 심장부인 북서부 지방과 라자스탄 북부를 넘어서는 데는 성공하지 못했다. 이 지역은 매우 방대한 거대한 지역이었으나 — 영국이 완전히 진압하는 데는 1858년 말, 경우에 따라서는 1860년까지 시간이 걸렸다 — 동부 벵골, 특히 양 끝에 위치한 캘커타와 최근에 정복한 펀자브가 모두 충성을 유지한 것이 제국의 운명에 결정적인 영향을 미쳤다. 1857년 9월에 비교적 빠른 속도로 델리를 탈환한 것도 미처 태도를 결정하지 못한 농민과 마을 사람들이 중립을 유지하도록 설득하는 데 결정적인 역할을 했다. 네팔의 구르카족뿐만 아니라 1845~1846년과 1848~1849년의 시크교 전쟁에서 아와디 세포이들에게 당했던 처벌을 되갚아주고 싶어 하는 시크교도 등을 비롯해 실제로 반군과 싸

9　힌두교 전사 부족.
10　도버(Dover) 해안의 하얀 절벽들을 일컫는 고어로서 잉글랜드를 가리킨다.

우고 싶어 하는 토착 군인들도 있었다. 힌두교도와 무슬림 세포이(바하두르 샤가 세심하게 다듬은)는 비교적 서로 좋은 관계였음도 불구하고, 일부 민족 또는 지역 간의 전통적 불화는 어떤 종류의 태생적 반anti-식민주의 범pan-인도 연대보다 훨씬 더 강력한 힘으로 작용했다.

제임스 닐은 칸푸르에 도착하기 전에 베나레스Benares에서 발생할 수 있는 심각한 문제를 미리 예방하기 위해 캘커타로부터 전광석화 같은 행군을 감행했다. 마을을 불태우고 반군에 협력한 것으로 의심되는 사람들을 대량 처형하라는 닐의 야만적인 명령은 제대로 먹혀들었다. 공포에 휩싸인 베나레스 주변의 시골은 잠잠해졌고, 이 성스러운 도시는 알라하바드와 칸푸르로의 진격을 위한 전진 기지가 되었다. 전신telegraph이 불만의 조기 신호를 제대로 포착하지 못하는 청취 장치였다면(물라mullah,[11] 토착인 우체부, 시장의 험담과 점쟁이의 말을 듣는 것이 더 중요했을 것이다), 케이블은 이제야 비로소 피해를 억제하는 데 있어서 상당한 차이를 만들었다. 캐닝 총독은 본국 정부에 심각한 인력 부족을 신속하게 알릴 수 있었고, 파머스턴은 중국(영국 국기를 모욕한 청나라의 해안경비대를 처벌할 예정이었음)으로 향하던 연대 병력을 인도의 전장으로 돌릴 수 있었다.

9월에 델리가 탈환된 후 불쌍한 도망자 바하두르 샤는 기병대 장교 윌리엄 호드슨William Hodson 소령에 의해 그의 두 아들, 손자와 함께 도시 중심에서 16마일 떨어진 조상 후마윤Hummayyun의 아름다운 무덤 안에서 숨은 채로 발견되었다. 수감되어 있는 동안 그는 자신의 이름으로 행해진 일들에 대해 용서받지 못한 채 구경거리가 되고, 사진 찍히고, 조롱당하는 등 불쌍한 시대착오적 인물이 되어버렸다.

해브록과 아우트럼의 도착을 환대한 레지던시 내부의 행복감은 오래가지 못했다. 세포이 군대가 다시 한 번 그들 주위를 둘러싸자 안도감이 아니라 새로운 감금 단계가 시작되었다는 것이 분명해졌기 때문이다. 마울비들이 감행

---

11 이슬람교 율법학자.

한 베일리Baillie 게이트 공격은 거의 성공할 뻔했다. 11월에는 「캠블 가문이 온다The Campbells Are Coming」[12]를 연주하며 포위망을 뚫으려는 두 번째 탈환 시도가 콜린 캠블의 지휘 아래 이루어졌는데, 그는 민간인들을 대피시킬 수 있을 만큼 탈출로를 열어두는 데 성공했다. 캐서린과 보비 바트럼 부부를 비롯한 400명의 생존 여성, 어린이, 남성 민간인과 1000명의 병자와 부상병이 6개월간의 극심한 궁핍 끝에 마침내 이 감옥에서 벗어났다. 그러나 겨울이 지나자 이번에는 탈루크다르taluqdars[13]가 동원한 새로운 반군 병력이 다시 몰려들었다. 아마둘라가 12월부터 2월 말까지 성벽으로 둘러싸인 방어진에 대한 일련의 공격을 지휘했다. 1858년 3월 캠블이 2만 5000명의 대규모 군대를 이끌고 와서야 마침내 도시를 점령하고 레지던시에 남아 있던 사람들이 모두 해방되었다. 1858년 6월 15일에 아마둘라 샤는 전투에서 전사한 후 참수되었고 그의 재는 강에 버려졌다. 갠지스 계곡의 모든 주요 도시가 영국의 통치 아래로 돌아온 후에도 반군 라자들은 작지만 중무장한 요새 안에서 버텼으며, 일부는 실제로 끝내 진압되지 못했다. 1859년 11월에는 네팔의 구르카족과 싸우다 칸푸르 학살의 주동자인 나나 사브와 함께 사망했다는 소문이 돌았던 라자 베니 마도Beni Madho의 비정규군에 소속된 기마 부대들이 고립된 전초 기지들을 습격했다. 이미 전설적인 인물이 된 잔시의 라니Rani(여왕) 락슈미 바이는, 말을 쉬게 하고 샤베트를 마시던 중에 깜짝 놀라서, 양손에 칼을 들고 조랑말의 고삐를 이빨로 문 채로 다시 돌격하던 중 등에 총을 맞았다. 그녀는 괄리오르의 마하라자maharajah에게서 빼앗은 금 발찌와 진주 목걸이를 병사들에게 건네준 후 망고 숲에서 사망했다.

캐서린 바트럼이 캘커타에서 영국으로 돌아가기 직전에 아들 보비가 중병에 걸렸는데, 의사들은 4개월간의 바다 항해 동안 치료할 수 있는 병이 절대로

---

12   스코틀랜드의 전통적인 군가.
13   인도의 몇몇 자치 지역에서 세금 징수를 담당하던 지주계급.

아니라고 그녀에게 말했다. 출항 전날 보비는 결국 히말라야호 선상에서 사망했다. 캐서린은 홀로 집으로 돌아가 재혼하여 세 명의 자녀를 더 낳고 1866년에 결핵으로 사망했다.

전투가 차츰 잦아들면서 반군 지역, 더 나아가 인도 전체를 어떻게 다뤄야 할지에 대한 논쟁이 가열되었다. 영국에서는 델리, 칸푸르, 럭나우의 피비린내 나는 드라마가 이미 윌리엄 하워드 러셀William Howard Russell과 같은 기자들에 의해 이미 보도되긴 했지만, 그 후로는 출판사들의 선정주의적인 욕구에 맞춰 이야기가 가학-피학 성향적으로sado-masochistically 꾸며졌다. 그 후로 수년간, "앨비언의 천사"로 불리던 백합 같은 피부의 빅토리아 시대 여성들이 강간당하고 성적으로 훼손당했다는 믿음이 퍼졌지만 그러한 학대에 대한 증거는 전혀 없었다. 1858년에 왕립 아카데미 전시회에는 조지프 노엘 패튼Sir Joseph Noel Paton이 그린 〈추모*In Memoriam*〉라는 그림이 전시되었는데, 이 그림에는 "피를 갈망하는 미친 세포이"를 럭나우의 여성 영웅들과 아기들이 창백한 분홍색 눈빛으로 보며 고통스러워하는 모습(그러나 이 모습 외에는 놀라울 정도로 훌륭한 외모)이 담겨 있다. 일부 비평가들은 이 그림이 대중의 시선을 끌기에는 너무 섬세하지 않다고 생각했으나; 다른 비평가들은 이 그림이 기념 예배당 안에 따로 보관해야 할 정도로 가치가 있는 근대의 아이콘이라고 생각했다. 그러나 항의를 받은 패튼은 결국 먼지를 뒤집어 쓴 이 공격자들을 킬트 차림의 하이랜더가 구출하러 오는 모습으로 덧칠하여 변경해야 했다.

사진작가들 역시 매우 빠르게 반응했다. 사진에 관심이 많았던 로버트 티틀러와 해리어트 티틀러는 럭나우의 여러 장면을 사진으로 찍어 해리어트의 이야기를 보충했다. 그러나 상업적으로 가장 영리한 사진 기자는 이탈리아 출신의 펠리체 베아토Felice Beato였다. 그는 델리가 물리적으로 안전해지기도 전에 그곳으로 달려가 60장의 사진을 촬영한 후 럭나우로 가서는 콜린 캠블의 공격 현장을 따라가서 60장의 사진을 더 찍었는데, 그중 일부는 1850년대에 가장 뛰어난 알부민 은albumen silver 인화 사진 중 하나가 되었다. 델리의 카슈미르

게이트, 칸푸르의 순교자 우물, 헨리 로렌스에게 치명상을 입힌 럭나우의 폐허가 된 방, 럭나우 레지던시의 거대한 움푹 패인 벽 등, 캘커타와 영국의 열렬한 반란 관련 애독자들에게 친숙한 장소들이 촬영 장소로 선택되었다. 베아토는 캠블의 첫 공격 당시 2000명의 반군이 학살된 럭나우의 전설적인 벽으로 둘러싸인 정원들 중 하나인 세쿤드라 바그Secunda Bagh의 안뜰을 정교하게 복원하는 데 충격적인 방식을 동원했다. 베아토는 이 장면을 재구성하기 위해 뼈를 발굴하여 마당에 흩뿌렸는데, 일부는 사람이 아닌 말과 황소의 뼈였던 것으로 보인다. 이 모든 장소는 반란을 열정적으로 묘사하는 연극에서 '고난의 길Via Dolorosa'[14] 역할을 했다. 인도 럭나우의 광범위한 지역이 지나치게 큰 대형 도로를 건설하는 과정에서 (특히 군대가 쉽게 접근할 수 있도록) 수많은 오래된 정원, 궁전, 이슬람 사원과 함께 잔인하게 파괴되었지만, 반쯤 파괴된 레지던스의 잔해만큼은 제국의 후손들을 위해 보존되어야 했기에 그 산산이 부서지고 검게 변한 폐허 위에는 유니언 잭이 (1947년 8월 14일 자정까지) 휘날렸다.

이 모든 이미지가 보복의 불을 지폈다. 케임브리지 학생회에서 찰스 트리벨리언의 아들 조지 오토George Otto는 한 학부생 연설가가 "히말라야 산맥에서 코모린Comorin에 이르기까지 모든 반란군이 진압되고, 모든 교수대가 피로 물들고, 모든 총검이 그 끔찍한 고통 아래서 삐걱거리고, 모든 대포 앞의 땅에 누더기와 살점과 부서진 뼈가 흩어진 후에야 자비에 대한 이야기(를 할 수 있을 겁니다). 지금은 그럴 때가 아닙니다"라고 선포함으로써 관용에 대한 의견에 반박하는 것을 들었다. 그는 학부생들의 뜨거운 박수를 받았다. 장군들이 끄는 영국군의 첫 번째 파병 부대가 세포이를 절대로 용서하지 않고 대포로 날려버림으로써 복수에 대한 이러한 요구를 충족시켜 줄 준비를 갖췄다. 그러나 강렬한 열정, "저주받은 깜둥이"에 대한 인종차별적 증오, 칸푸르, 델리, 럭나우에서 실제로 영국인들이 겪어야 했던 끔찍한 일들을 고려하면 더 많은 사람들이 그

---

14   예수가 십자가를 지고 걸어간 길.

토록 야만적이고 가학적인 징벌을 받지 않았다는 것은 놀라운 일이다. 이 중 상당 부분은 무차별적인 복수의 본능을 통제하려는 캐닝 자신의 믿음직한 결단력 덕분이었다. 예를 들어 그는 비정규 시크교 기병 부대를 지휘하던 윌리엄 호드슨이 자신에게 항복한 바하두르 샤의 두 아들과 손자를 살해했다는 사실을 알고는 경악을 금치 못했다. 그는 캘커타와 런던에서 해당 지역 장교들에게 자의적 즉결 처형과 마을 방화를 중단하라고 명령했던 탓에 "관대하신 캐닝 Clemency Canning"이라는 조롱을 받기도 했지만, 이것이 도덕적으로나 실용적으로나 올바른 대응이라고 믿었다. 이 트라우마를 겪는 내내 그는 대체 무엇이 잘못되었는지; 꼭 그 지경까지 일이 진행되어야 했는지; 좀 더 주의를 기울였더라면 학살을 피할 수도 있지 않았을지에 대해 공문서 상자 뒤에 앉아서 고뇌를 거듭했다. 일단 사건이 발생하자 그의 관심사는 갠지스강 유역에서 더 이상 반란이 번지지 않도록 억제하는 것이었고; 실제로 그렇게 했다. 이제 그는 인도 전체를 소외시켜 제국의 미래 안정을 위태롭게 할 의도가 전혀 없었다. 예를 들어 아와드 전체를 몰수 토지로 선포하는 등 가혹한 처벌을 내린 것은 제때에 복종한 탈루크다르들에게 그들의 땅과 작위, 관할구역을 다시 돌려주겠다고 약속하기 위해서였다. 처벌은 안심과 회복을 위한 서곡이었다. 공교롭게도 그는 앨버트 공과 빅토리아 여왕이라는 두 명의 동맹을 얻었는데, 이들은 그에게 이렇게 편지를 보냈다. "캐닝 경은 대중이 인도인들 전체와 세포이를 구별하지 않고 그들에게 드러내고 있는 비기독교적인 정신에 대해 그가 느끼고 있는 슬픔과 분노를 여왕도 전적으로 공감할 것이라고 안심하고 믿어도 좋다!"

1858년 11월에 동인도 회사의 존재를 종식시키고 영국령 인도를 총독, 의회, 장관으로 구성된 여왕의 정부가 직접 통치하겠다고 공표한 선언문은 인도의 종교와 전통을 존중할 것을 약속하는 특별한 내용을 담고 있다. 캐닝은 이 선언을 진지하게 받아들여 웅장한 군사 수행원을 대동하고 아대륙 곳곳에서 장거리 행진을 벌였고, 카노피 아래에서 공식 접견을 주최했으며, 새로 제작한

'인도의 별 훈장Star of India'을 현지 저명인사들에게 수여했고 라자, 니잠nizam,[15] 마하라자들과 개인적인 친분을 쌓기 위해 모든 노력을 기울였다. 더 중요한 것은 자녀가 없는 원주민 통치자가 후계자를 입양할 수 있는 권리를 회복시켜 줬으며, 심지어 마이소르의 마하라자에게도 즉시 그렇게 하도록 요청했다.

반란은 제국에서 가장 중요한 식민지에 대한 영국의 공식적인 태도에 놀라운 변화를 가져왔다. 인도를 '서양화'하겠다는 꿈 대신에 인도가 한두 세대 안에는 근대화되지 않을 것이며 그럴 수도 없다는 것을 인정하고; 정부의 첫 번째 의무는 이곳 사회와 제도를 건강하게 만들고 무엇보다도 선동이 없는 곳으로 만들겠다는 좀 더 솔직하고 보수적인 원칙을 세웠다. 이러한 생각의 변화는 경증의 정신분열증 그 이상이었다. 1859년에 인도로 돌아온 트리벨리언은 마드라스 총독으로 부임하자마자 새로운 중앙정부가 소득세를 부과하려는 시도에 항의함으로써 곤경에 처했다. 그는 인도의 공무원 직위는 인종 구분 없이 경쟁에 개방되어야 한다는 원칙을 세우기도 했었다. 물론 현실은 머콜리의 환상처럼 "갈색 잉글랜드인"이 되려고 아무리 노력해도, 밀튼과 셰익스피어를 아무리 잘 배워도, 사법, 경찰, 재정 분야의 책임 있는 자리에 오를 수 있는 인도인은 앞으로 여러 세대를 거치더라도 나올 수 없다는 것이다. 교육만 제대로 받으면 모든 사람이 똑같이 될 수 있다는 계몽주의의 보편적 가정은 "비교할 수도 없는 차이"라는 더 엄격하고 "과학적인" 사실로 대체되었고, 이는 1890년대에 엘긴 백작Earl of Elgin이라는 한 총독이 "열등한 인종들 사이에서 사는 것이 얼마나 끔찍한 일인지"에 대해 유쾌하게 불평함으로써 가장 잔인하게 받아들여졌다.

세기 후반에 영국이 인도에서 성공한 사례는 대부분 도시에서 발생했지만, 캐닝 이후의 역대 총독(자유주의자 리펀Ripon 경을 제외하면)부터 각 구역의 세금 징수원에 이르기까지 지배자들은 전반적으로 캘커타, 봄베이, 마드라스 같은

---

[15] 하이데라바드(Hyderabad)의 군주를 부르는 칭호.

도시들이 사무원, 상인, 의사, 그리고 불필요하게 문자 해독률은 높지만 일자리를 찾지 못한 지식인들이 몰려들어 그 어느 문화에도 속하지 않는 혼종적인 장소가 되었다고 인식했다. 반면에 "진정한" 인도는 물소와 함께 시골에 있었다. 인도의 도시들은 시계에 의해 돌아가기 시작하고 있었다. 습하고 땀 흘리게 하고 몬순으로 인해 진흙탕이 되어버리곤 하는 봄베이와 캘커타에서 안경을 쓰고 회중시계를 차고 우산을 들고 시간표, 우편, 기차, 페리에 대해 늘 고민하며 너무나도 바삐 움직이는 "작은" 남자들(사브들은 그들을 항상 "작은" 사람들이라고 불렀다)로 들끓으며 똑딱똑딱 인도가 되어가고 있었다 ─ 이들은 항상 지각을 했고; 사무원들의 옷깃은 지저분했고; 의사들은 자신과 환자를 위해 지나치게 많은 것을 알고 있고; "작은" 기자들은 자만심에 가득 차서 제3자의 자유주의적 의견을 앵무새처럼 늘어놓고; 책만 많이 읽어서 우쭐대고 멋이나 내는 변호사들은 스스로를 치안판사 법정의 지독한 골칫거리로 전락시켜 버렸다. "저 바깥에 있는", "시골에 있는", "언덕 위에 있는" 것이 "변하지 않는" 인도였다(사실 인도는 한 번도 변하지 않은 적이 없지만). 인도는 "태곳적부터의primordial", "끝없는immense", "장대한magnificent"이라는 단어로 표현되기도 했다 ─ 이 마지막 표현은 마하라자의 콧수염에 대한 차분한 열정이나 심라Simla에서 바라본 히말라야 산맥을 묘사할 때에도 똑같이 사용되었던, 많은 사람들이 애용했던 표현이다.

그 유명한 본 앤 셰퍼드 스튜디오Bourne and Shepherd의 지칠 줄 모르는 새뮤얼 본Samuel Bourne과 같은 상업적 사진가들에게 가장 큰 기회는 포탄에 박살이 난 도시의 다큐멘터리 기록이 아니라 18세기 후반에 잉글랜드인들이 영국의 외딴 구석들에 남아 있는 고귀한 민족적 유적을 "발견"한 것과 매우 유사한 "인도의 그림 같은 풍경"을 만들어내는 것이었다. 이 열대의 그림 같은 지형에는 헤브리디스Hebrides제도와 피크 디스트릭트에서와 마찬가지로 드라마틱한 폭포와 고대로부터 침식된 절벽, 폐허가 된 수도원 터에 자리 잡은 정글과 같은 사원들이 자리 잡고 있었으며, 삐쩍 마른 현지인들의 모습은 낭만주의적 이상에 부응하지는 못했으므로 대개는 편집을 통해 삭제되었지만 가끔씩은 그곳의 규모를 보여주는 비교 대상으로서 포함시키는 경우도 있긴 했다. 한때 인도의 "야만인" 종족은 문명화 및 기독교화 선교의 대상으로 여겨졌지만, 이제 인류학자들ethnographers은 그들이 야생 상태로 그리고 안다만Andaman섬 주민들의 악명 높은 사례처럼 벌거벗은 순수함의 상태로 보존되어야 할 보물이라고 여기게 되었다. 1880년대부터 부족 여성들의 사진에 가슴이 드러나기 시작했다. 보석으로 장식한 터번을 쓴 소년 왕자, 거무스름한 라지푸트 전사, 향수를 뿌린 채 비단에 기대어 뽐내고 있는 통통한 쾌락주의자 등 인도 귀족의 초상 사진은 대부분 극적으로 표현되어 눈길을 끌었다. 이들 중 상당수는 절대 충성을 조건으로 자신들의 지위를 보존해 줄 것을 약속한 여왕과 맺은 계약의 상징인 인도의 별 휘장을 달고 있었다. 한두 세대 전에 영국의 개혁가들이 "나태"와 "무기력"에서 깨어나게 해주겠다고 선언했던 인도가 바로 이런 모습이었다. 반란의 에너지를 느낀 이후엔 약간의 "무기력"은 그렇게 나쁘지 않은 것으로 보였다. 인도가 자신의 템포로 맞춰 움직이게 하자: 코끼리가 걷는 속도로. 분주하게 움직이는 것은 우리에게 맡겨라.

한 세기 반이 지난 시점에서 차분하게 돌이켜보면, 신봉건제적neo-feudal인 이국적 취미로 선회했던 사브의 놀라운 자기기만을 쉽게 발견할 수 있다. 인도에서 영국의 권력은 티크teak, 마호가니mahogany, 차, 그리고 항상 유혹적이긴 하지만 좀처럼 신뢰할 수 없는 인디고indigo(화학 염료를 사용하면 완전히 퇴색되기 때문)를 획득하기 위해 아삼Assam과 버마의 플랜테이션 경제를 무자비하게 착취하고, 인도 기업가들과 수출입 사업을 원활하게 꾸려가는 영국의 은행가, 선주, 보험업자들을 하나로 묶어주는 연결망을 유지하는 것에 현실적으로 점점 더 의존하게 되었다. 사브들이 불쾌하거나 우스꽝스럽다고 여기던 "우쭐대는" 도시의 바부스babus와 바드라록bhadralok이 이제 영국이 수출 사업의 호황을 유지하기 위해 의존하게 된 사람들이었다.

그러나 이러한 자기기만은 빅토리아 시대 말기 영국이 ─ 또는 이 시대 영국의 가장 강력한 대변자들이 ─ 자신들의 산업사회에 반응하는 방식과 정확히 일치하는 것이었다. 영제국의 경제 설계에 필수적인 요소로 구상되었던 제국은 이제 그 막대한 투자가 성과를 거두기 시작한 바로 그 순간에 문화적으로는 그 반대 역할을 하게 되었다. 경제적 현실과 사회적 인식 사이의 이러한 단절은 근대 영국의 특징 중 하나였다. 제국을 운영하는 사람들, 특히 이 새로운 인도의 라지[16]는 포트 윌리엄이나 헤일리버리에서 온 오리엔탈리스트나 지식 기술자와 같은 1세대와는 전혀 달랐다. 그들은 럭비Rugby[17] 교장 토머스 아널드Thomas Arnold 박사가 창시한 근대적 이타주의의 "남자답고"(제국 엘리트들이 가장 많이 사용하는 용어), 기사도적인 결과물로서 융통성 없는 정의와 군사적 자기희생에 맹세한 자들이었다. 지나친 지성주의는 그들 부류Their Own Sort 사이에서는 물론 (특히) 피지배 종족 사이에서도 경멸과 의심의 눈초리를 받았다. 그들의 기풍은 아버지나 교장 선생님처럼 엄격한 것이었다.

아버지나 교장은 아니었지만 영국에 대한 현실적인 비전보다는 환상적인 비전을 영속화하는 데 가장 큰 공헌을 한 정치인은 벤저민 디즈레일리Benjamin Disraeli였다. 흔히 디즈레일리는 냉소주의자라고 말하는데, 이게 사실이라면 아주 무시무시한 냉소주의자로서 그는 자신이 조작한 환상을 절반 이상 믿었다. 그의 버킹엄셔 장원 저택인 휴인든Hughenden을 보면 지나치게 장식이 많이 되어 있어서 오스본 하우스Osborne House를 연상시키고; 공작새로 가득한 테라스를 떠올리면 마법사sorcerer 디즈레일리, 또는 그의 친구와 적들이 즐겨 불렀던 "마술사magician"라는 별명이 더욱 그럴듯하게 느껴진다. 그의 정적 윌리엄 글래드스턴이 디즈레일리에 대해 생각해 낸 최악의 말 중 하나는 그를 "아시아계Asiatic"라고 부르는 것이었는데, 이는 헌법적으로 무책임하고 부도덕하며 쾌락, 방종, 치장에 뻔뻔스럽게 몰두한다는 의미였다. 그러나 디즈렐리의 공적·사적

---

16 이제부터는 영국령 인도, 또는 영국의 인도 직접통치를 가리키는 말로 사용.
17 영국 사립학교 중 하나. 당시의 사립학교 중에서도 특히 더 남성성을 중시했던 학풍이 있었다.

영역 모두에서의 성격이 지닌 진정한 마법은 이러한 인간적 연약함과 불완전함을 외국인이 아닌 철저한 잉글랜드인의 표식으로 만들어낸다는 점이었다. 그의 이국적 취향을 고정관념으로 과장하기는 쉽다. 아무튼 그의 아버지 아이작Isaac은 문학적 경력을 추구하는 시골 신사의 삶을 살았고 벤저민의 형제들 중 한 명은 신사-농부gentleman-farmer였다. 디즈레일리는 도시에서의 삶에서도 행복을 느꼈지만, 휴인든의 경내와 정원을 거닐며 칠턴 구릉지대the Chilterns의 경치를 즐기는 것에서도 행복을 느꼈다. 그는 귀족들에게 다정다감하게 대했는데, 단지 영리하고 유쾌한 애완용 유대인으로서만 그렇게 했던 것은 아니다. 그는 자신이 "국가들의 난파선"이라고 불렀던 것들 사이에서 잉글랜드의 귀족적 헌법이 살아남을 수 있었던 것은 그것이 "열망과 탁월함을 추구하는 우리 사회의 원칙"에 따라 살고자 하는 사람들에게 항상 스며들어 있었기 때문이라고 (현재 우리가 역사적 진실로 알고 있는 것과는 반대로) 진정으로 믿었다.

세례를 받은 한 유대인이 시골 젠트리와 잉글랜드 국교회를 대표하는 정당을 이끈다는 것이, 세례를 받은 한 유대인이 낭만주의 소설 『탱크러드Tancred』를 집필하는 것보다 더 대단한 일일까? 디즈레일리는 이 둘을 모두 해낼 능력이 있는 사람이었다. '젊은 잉글랜드Young England'로 알려진 토리당 불만 세력의 젊은 멤버였던 디즈레일리는 1870년에 출간된 이 소설의 서문에서 영국 정부에 "상상력"이 필요하다고 썼는데, 그는 이것이 "이성" 못지않게 중요한 자질이라고 주장했다. 하지만 "상상력"은 부정적으로 정의될 때만 의미가 있었다. 인간 사회를 감각 수용 기계로 보는 공리주의에 반대하는 것이었고; 상업적-산업적 물질주의, 자유무역 자유주의의 핵심인 개인주의와 평등주의의 단조로운 "평준화"에도 반대하고; 자유주의의 대가들이 늘 이야기하던 도덕적-시민적 자기 계발에 대한 끊임없는 캠페인에 반대하는 것이었다. 디즈레일리는 아직 아무것도 시작하지 않았다; 하지만 영국인의 삶 속에 스며들어 있던 풍부하고도 견고한 정서의 맥을 제대로 짚어냈으며 이는 빅토리아 여왕도 적극 공유하는 것이었다. 저 모든 것 대신 역사적 기억과 과거의 질감 있는 감성을 소중히 여졌고, 미래를 위해 그 일부를 재활용하고자 했다 — 고딕 부활 양식의 교회 외관을 통해, 그리고 예식과 의식을 보존하고 장식하는 것을 통해. 세계 시장의 압력 앞에서 빠르게 사라져가는 시골 생활, 그리고 영주와 소작농 간의 오래된 장원 관계를 이상화했으며, 공예 작업장과 컬리지 합창단을 존중했다. 앞으로 디즈레일리가 나아갈 길을 위해 다음과 같은 것들이 이미 준비되어 있었다: 에드먼드 버크의 낭만적인 수사학; 엄청난 인기를 끈 월터 스콧Walter Scott의 소설; 폴 들라로슈Paul Delaroche의 〈레이디 제인 그레이Lady Jane Grey〉처럼 향수를 불러일으키는 "음유시인troubadour" 역사화historical paintings; 퓨진Pugin의 놀랍도록 풍성한 귀족원 의사당 인테리어; 라파엘전파Pre-Raphaelites의 신기사도neo-chivalric적 화풍; 옛 계관시인 워즈워스Wordsworth의 기독교적 부성애와 현 계관시인 테니슨Tennyson의 아서왕에 대한 서사시 등. 디즈레일리는 미소를 띤 칼라일이자; 흰 실크 손수건을 든 찰스 디킨스였다.

디즈레일리는 1840년대 슈루즈버리 평민원 의원 시절 면화 제조업자인 로버트 필을 끌어내리며 이름을 알린 바 있다. 필은 토리당의 미래가 영국의 자유방임주의적 국제 산업주의 물결 속으로 합류하는 것에 달려 있다고 생각했다. 디즈레일리는 이를 격렬하게 공격하면서 당의 진정한 미래는 위그주의나 자유주의와 스스로를 구별될 수 없게 만드는 것이 아니라 왕관, 교회, 나라(나중에 제국을 추가할 것임)와 같은 정반대의 가치에 대한 믿음을 유지하는 데 있다고 주장했다. '젊은 잉글랜드' 분파는 디즈레일리가 자랑해야 한다고 주장하는 제도에 대해 오히려 죄를 지은 것 같은 태도를 취하고 있던 토리 지도층을 불안하게 만드는 것을 목표로 삼았다; 특히 영국 자체의 배타적 이해관계에 대해서. '젊은 잉글랜드'는 옛 잉글랜드Olde England를 위한 생명의 키스가 되고자 했다.

처음에는 허무맹랑한 주장으로 보였으나 결국에는 천재적인 전략으로 드러났고; 사회에 퍼져 있던 광범위한 자기부정은 이제 정치적 광맥으로 변모했다. 밀과 머콜리뿐만 아니라 마르크스에 이르기까지 진보에 관한 19세기의 거의 모든 이론을 혼란에 빠뜨린 정치 행동에 관한 이론이 되었다. 선거권이 점차 확대되면서 이것의 혜택을 받은 노동계급이 정치적 평등주의보다는 사회 개선에 더 많은 관심을 갖게 될 것이라고; 자칭 해방자라 주장하는 자유당과 정치적으로 연대하는 대신 더 깨끗한 물, 덜 시끄러운 빈민가(맥을 제대로 짚지 못한 글래드스턴은 이를 "하수도의 정치"라고 조롱했다)와 라라ra-ra[18] 영제국주의를 원할 것이라고 누가 상상이라도 할 수 있었겠는가? 그러나 디즈레일리는 평민원의 지도자로서 1867년에 2차 선거권 개혁법을 통과시키며 자유당 의원들을 압도했을 때 이미 이런 일이 전개될 것을 알고 있었다고 주장했다. 그는 노동계급은, 일단 투표권을 획득하기만 하면, 혁명의 트로이 목마가 되지 않을 것이며, 오히려 "이 위대한 국가에 제대로 속하게 된 것을 자랑스러워하고 그 위대함을 유지하기를 원하며, 제국을 거느린 국가에 소속된 것을 뿌듯해하고, 가능하다면 이 제국을 유지하기로 결심하며, 잉글랜드의 위대함과 제국이 이 땅에서 예로부터 유지되어 온 제도 덕분이라고 전반적으로 믿는", "가장 순수하고 고상한" 의미에서의 보수당 지지자가 될 것이라고 말했다.

냉소적이든 아니든, 글래드스턴이 마치 무슨 대중 집회인 것처럼 여왕을 호칭한 것에 대해 그녀가 항의했을 때 이는 농부부터 선술집 주인에 이르기까지 수백만 명의 백성들이 느끼는 짜증을 대변하는 것이라고 느꼈던 디즈레일리 직관에는 최소한 한 톨의 진실은 있었다. 글래드스턴이 완벽하게 의인화한 자유주의라고 하는 종교는 영국인들에게 매일 또 향상되고, 더 열심히 노력하고, 더 순수하게 살 것을 요구했다. 그러나 타락한 여성을 찾아내 구원하기 위해 모든 사람이 거리를 배회하고 싶어 하지는 않았고, 깨어 있는 시간 내내 모두가 항상 복된 일을 할 수 있는 것은 아니었다. 빅토리아 시대 정치계의 두 거인이 여가 시간을 어떻게 보냈는지를 보면 두 사람의 성격이 얼마나 대조적인지 알 수 있다. 글래드스턴은 공문서를 읽거나 호머 작품의 번역을 하다가 쉬는

---

18 노골적이고 열광적이라는 뜻.

시간이 생기면 플린트셔Flintshire의 하워든Hawarden에 있는 자신의 저택에서 소매를 걷어붙이고 나무를 베었다. 그가 만든 도끼는 지금도 하워든에 있는 그의 "평화의 사원" 도서관에 보관되어 있다. 반면에 디즈레일리는 아침 7시 30분에 일어나 신문을 읽고 약간의 정부 업무를 처리한 후 공작새(디즈레일리에게 완벽하게 어울리는 새)와 함께 테라스를 산책하거나 도서관에서 가서 "나는 책 제본에 비치는 햇빛을 바라보는 게 좋다"는 식의 공상을 즐기며 몇몇 문서를 더 정독했다. 글래드스턴에게 제본이란 것은 단지 중요한 것—즉 내용—을 하나로 묶어주는 용도였다.

정책의 도덕적 의무에 대한 디즈레일리의 회의론은 그를 정치적으로 게으르게 만들지는 않았다. 글래드스턴이 자신의 개혁주의 정부를 옹호하던 1874년 선거를 앞두고 디즈레일리는 적의 심장부까지 직접 찾아가 싸웠다. 그는 자유주의의 성전인 맨체스터의 자유무역 홀과 런던의 수정궁을 의도적으로 연설 장소로 선택한 후 교회, 왕실, 제국의 전통에 대한 노동계급의 열정과 정치적 평등보다 사회 개선에 대한 선호(사실상 근대 토리주의의 생존 헌장)에 대해 선언했다. 국민들 간의 화합, 기업가적 노력의 도덕성, 평화를 사랑하는 국제주의 경전의 기풍을 오랫동안 상징하던 건물들이 이제 디즈레일리 수사에 의해 영국의 자기 과시를 위한 요새로 재탄생했다. 이어진 선거에서 보수당은 잉글랜드에서만 110석의 압도적인 과반수를 차지하며 디즈레일리의 낙관론을 입증했다. 그 후 정부는 조금씩이지만 공약들을 이행하기 시작했다. 지금까지는 정부에서 전혀 알려지지 않았던 인물인 리처드 크로스Richard Cross 내무장관은 식품과 의약품에 대한 규제 강화, 하천 오염에 대한 법안을 통한 깨끗한 물의 공급, 최초의 빈민가 철거 법안(하지만 이 법을 실행에 옮긴 지자체는 거의 없음), 노동조합 활동의 합법성 확대 등 도시 노동계급의 삶을 측정 가능하고 구체적으로 개선하는 일련의 개혁을 도입했다.

빵 다음엔 서커스였다. 디즈레일리는 배불리 먹이는 것만큼이나(그 이상은 아니더라도) 인민의 "상상력"을 충족시키는 데 전념했고, 대중을 위한 볼거리의 회복은 군주제라는 최상층에서 시작해야 한다는 것을 알고 있었다. 1868년에 처음으로 총리가 되면서 은둔 중이던 빅토리아 여왕에 대한 정교하고 대담하며 뻔뻔한 구애를 시작하여 그녀를 감싸고 있던 슬픔의 고치에서 다시 바깥으로 나오도록 설득했는데 이는 왕실의 미래를 확보하려는 장기적인 전략의 일환이었다. 디즈레일리는 1860년대 말과 1870년대 초에 공화주의가 급성장하여 인기가 절정에 달한 것은 군주의 악명 높은 부재에 힘입은 것이라고 생각했기 때문에 타이밍이 시급하다고 생각했다. 스스로 공무에 신경 쓰지 않기로 한 여왕을 왜 굳이 신경 써야 하는 것일까? 그러나 디즈레일리가 빅토리아를 은둔에서 끌어내는 데 성공한 것은 점점 더 괴팍해지고 감정적으로 괴로워하며 고집스럽고 완고하게 변해가는 이 작고 통통한 여성 가장에게 진정으로 감동을 받았기 때문이다. 그의 용감함은 계략이었을지도 모르지만 깊고 진정한 따뜻함과 애정이 이것을 가동시켰다. "그는 매우 독특하지만 … 매우 영리하고 현명하다"라고 빅토리아는 초창기의 접견 이후에 기록했다. 기사도적 헌신과 뻔뻔스러운 비공식성을 편안하게 잘 혼합한 디즈레일리의 큰 도박은 1848년에 사망한 멜번 경Lord Melbourne에 대한 소녀 같은 기억을 되살려내는 놀라운 효과를 발휘했다. 멜번과 마찬가지로 디즈레일리도 빅토리아에게 정치인들의 행적(과 어리석음)에 대해 기발하고 험담이 섞인 긴 편지를 썼다. 멜번과 마찬가지로 그는 빅토리아에게 헌법상 특권에 대해 강력하고 (사실 비현실적으로) 단호한 견해를 갖도록 독려했다. 디즈레일리는 영국 정부를 왕실의 영향을 받는 행정 스타일에 가깝게 만들려 했던 앨버트 공의 야망에 대해 강력히 반대했고, 스탠리 경Lord Stanley이 전한 바에 따르면 공의 사망이 "새로운 통치의 시작"이 될 것이라고 기대했었기에 이 편지 내용은 솔직하지 못한 것이었다. 실제로는 그 반대의 일을 하면서도 자신은 고인이 된 분과 유사한 업무 방식을 장려하고 있다고 여왕을 설득할 수 있었던 것은 그의 재치가 돋보이는 대목이었다. 그러자 여왕은 디즈레일리에게 특별한 친밀감으로 화답했다. 그는 그녀의 면전에 앉아 온화하고 반짝이는 눈빛으로 그녀에게 농담을 던지기도 했다. 1866년 2

월에 빅토리아는 이제 5년이 거의 다 되어가는 1861년에 앨버트가 사망한 이후 처음으로 직접 의회를 개원했다. 하지만 빅토리아는 집안일에 대해 투덜대며 의례복 착용을 단호하게 거부하는 등 심술궂게 행동했다. 그러나 빅토리아는 자신이 절대적으로 신뢰하는 총리와 함께 대중의 시선에 자신을 노출시킬 준비가 되어 있었다. 디즈레일리가 자신의 정당을 근대에 맞는 새로운 정체성으로 이끌었던 것처럼, 그는 군주제를 대중적 앞에 다시 등장시키는 데 앞장섰다.

제국적 볼거리는 이 모든 것에서 중요한 요소였다. 마지못해 여왕으로서의 의무를 다했지만, 본인이 여제가 될 것이라는 기대는 웅장함에 대한 빅토리아의 욕구를 자극했다. 1876년에 디즈레일리는 로스차일드 가문의 도움을 받아 이집트의 수에즈 운하 지분을 매입하는 거대한 쿠데타를 일으켰고, 이를 통해 이제 유럽이 인도에 대한 접근을 통제할 수 있게 함으로써 영국령 인도의 전략적·경제적 전망을 바꾸어 놓았다. 그러나 이러한 권력의 숨겨진 배선 장치에는 위엄의 과시가 동반되어야 했다. 영국 국민 대다수가 도덕적 자기 계발을 끝없이 강요받기보다는 자신들에게도 좋은 일이 일어나기를 원한다고 디즈레일리가 확신하게 만든 그러한 심리는, 인도의 통치부가 반란 이후에 갖게 된 가부장적 기질과도 잘 맞아떨어졌다. 캐닝의 후임 총독 엘긴 경Lord Elgin은 "모든 동양인orientals은 외형적인 덧과 의식, 작위에 즐거워하고 만족하며, 제대로 흉내만 낼 수 있다면 진정한 존엄성의 상실도 감내할 준비가 되어 있는 어린아이"라고 냉소적으로 주장하기도 했다.

캐닝이 각지를 순방한 이후 총독들은 여러 지역에서 더르바르를 개최하거나 청중을 모아놓고 그 지역 인도 군주들에게 빅토리아 시대의 품위와 "유사한 것"을 부여하는 데 공을 들였다. 이 정책은 댈하우지의 잔인한 "소멸" 합병주의와 정반대되는 것이었다: 디즈레일리식 신봉건주의가 열대지방에 투영된 것으로서 바로다Baroda의 개크와르Gaekwar나 자이푸르Jaipur의 라자가 케이스니스Caithness와 케임브리지셔Cambridgeshire의 겉만 번지르르한 토지 귀족을 대체하는 것이었다. 무굴제국하에서 더르바르는 지방 수령이 황제에게 공식적인 복종을 선언하고 그 대가로 "선물 교환과 작위 및 공식 임명장 수여"로 상징되는 황제의 개인적 아우라의 품에 안기기 위한 의식이었다. 그러나 의식을 훨씬 더 도구적으로 바라보는 영국인들은 더르바르를 자신들이 잘 이해하고 잘하는 의식, 즉 잘하는 소년은 서열을 올리고 못하는 소년은 강등하거나 무시하는 서열 매기기와 메달, 리본, 휘장 등의 장신구 수여로 바꾸어버렸다. 무굴 왕조의 개인적인 분위기에 비해 영국 버전은 더 화려하고 휘황찬란했지만 다소 쌀쌀맞았다. 그러나 반란 이후 인도군과 영국군의 비율이 6 대 1이 아닌 4 대 1이 되도록 신중하게 강화된 무소불위의 무력이 이를 뒷받침했기 때문에 효과가 있었다. 마하라자들은 훈장을 받기 위해 줄을 섰다.

  빅토리아 자신이 더르바르에 참석하는 것은 불가능했지만, 자식들이 인도에 가서 당당한 기운을 전파하는 것은 매우 기뻐했다. 1869년에는 에딘버러 공작 앨프리드(애피Affie)가 호랑이, 마하라자, 폴로, 사격을 위한 구멍이 설치된 기차역 등을 둘러보았다. 1876년에는 왕세자 버티의 차례가 되었는데, 이 여행(위의 모든 것 외에도 거대한 군악대, 코끼리를 위해 맞춤 제작한 은색 호다howdah,[19] 터번 쓴 인도인들의 충성스러운 퍼레이드)은 이제 공식적으로 변화된 빅토리아 스타일에 맞춰 조율되었다. 이후 빅토리아는 여왕이면서 동시에 전 인도 전체의 여제(카이저-이-힌드Kaiser-i-Hind)라는 칭호를 얻게 된다. 이 칭호는 라호르에 있는 펀자브 유니버시티 컬리지Punjab University College의 동양어학 교수인 헝가리 태생 G. W. 라이트너G. W. Leitner가 구상한 것으로, 그는 유럽어와 아시아어가 분리된 "인도-아리안" 언어의 뿌리를 믿는 사람이었다. 회의적인 사람들에게는 "카이저-이-힌드"가 너무나 순진한 오페레타operetta처럼 들렸지만, 디즈레일리가 제안했듯이, 오페레타를 좋아하지 않는 사람이 누가 있겠는가? 어쨌든 여왕이 자신의 대가족 구성원 중에 누군가 우연히 "카이저"라는 용어를 사용하더

---

[19] 코끼리 등에 얹는 커다랗고 화려한 안장.

라도 이제 무례하게 자신보다도 격상되는 프로토콜에 맞닥뜨려 당황하게 될 위험은 없어졌다.[20] 게다가 훗날 초대 리튼 백작이 되는 에드워드 불워-리튼 Edward Bulwer-Lytton을 본 디즈레일리는 빅토리아의 여왕-여제 승격을 공식적으로 선포할 때 화려한 의상을 입고 더르바르를 소환할 완벽한 총독을 찾았다고 상상했다.

보는 관점에 따라 44세의 리튼은 영감을 주는 선택이었을 수도, 파멸적인 선택이었을 수도 있다. 그의 아버지인 에드워드 불워-리튼 시니어는 『폼페이의 마지막 날 The Last Days of Pompeii』과 같이 역사적으로 이국적인 소재를 전문으로 하는 소설가로 큰 인기를 누렸기 때문에 디즈레일리와 친근한 사이였다. 아버지로서의 애정도 불워-리튼이 재능이 별로 없다고 간주하던 아들을 표절 혐의로 고발하는 것을 막지는 못했다. 젊은 리튼은 "오언 메러디스 Owen Merrdith"라는 가명으로 형편없는 시를 썼고(하지만 여왕은 그의 시를 좋아했다고 한다), 포르투갈 대사를 지냈으며, 전반적으로 잘생기고 혼자 잘난 맛에 고상한 취향을 가진 남자로 살면서 정치와 정부에 발을 들여야 할지 말아야 할지 확신하지 못하는 삶을 살아왔다. 원래 그는 후보자 명단에서 기껏해야 4위 정도 순위는 아니었다. 그러나 넵워스 Knebworth 저택의 리튼 가문은 하트퍼드셔 지역에서 인도부 장관인 솔즈버리 경의 이웃이기도 했고, 아마도 리튼의 "상상력"에 대한 디즈레일리의 잘못된 자신감이 그의 순위를 끌어올린 것일지도 모른다. 사진으로도 많이 남아 있는 이 귀족의 오른쪽으로 구부정한 자세는 당시 다시 유행하던 로마 시대에 대한 애정 표현이라기보다는 만성 치질 또는 치질을 치료하기 위해 아편에 중독된 습관 때문이었을 가능성이 높지만, 여하튼 리튼이 요청에 잘 맞춰 세련된 포즈를 취할 수 있었다는 것은 의심할 여지가 없었다. 정부의 부름에 당황한 리튼은 "인도에 관한 모든 사실과 질문에 대한 절대적인 무지"로 인해 자신이 정말로 그 직책을 원하는지 전혀 확신할 수가 없었다.

---

20   독일 황제를 겨냥한 이야기.

반면에 데이비드 캐너다인David Cannadine이 보기에는 잘생긴 얼굴을 가진 이 2류 시인이야말로 의식의 주역을 맡기에 적합한 장식주의자ornamentalist였다.[21] 1876년 4월 인도에 도착한 후 리튼의 관심은 대부분 디즈레일리가 꿈꾸던 장대한 더르바르를 완성하는 데 집중되었다. 부지도 신중하게 선택했다. 캘커타 마이단Maidan의 넓은 녹지가 아니라 반란의 생존자들이 4개월 동안 후퇴하여 버텼던 델리에서 북서쪽으로 1마일 반 떨어진 높은 산등성이, 칸푸르의 우물이나 럭나우의 레지던시처럼 라지에 새로 온 사람들이 의무적으로 순례하는 장소가 된 곳이었다. 이제 장대한 행사가 이 학살과 굴욕의 기억을 쫓아낼 것이다. 어린아이와 같은 동양인들을 기절시킬 정도로 전율을 느끼게 할 이 임무에 리튼은 유쾌하게 임했다. 디즈레일리의 온정주의를 반영하는 그의 가장 중요한 통치 개념은 소수의 관리가 아니라 인도의 토착 군주들과 "젠트리"(그들이 무슨 출신이든)를 통해 통치가 느껴지게 해야 한다는 것이었다. 신봉건주의neo-feudalism는 이를 표현하는 적절한 용어였다. 라지의 전능함과 위엄은 토착 군주들에게 무조건적인 충성을 바치도록 설득했고, 라지의 지배를 받는 수백만 명의 백성은 라지를 진정한 인도의 제도로 간주했다. 리튼은 "정치적으로 말하자면, [인도는] 불활성 덩어리이지만, 만약 그것이 조금이라도 움직인다면 영국인 후원자가 아니라 토착 추장과 군주에게, 그들이 아무리 폭압적일지라도, 복종하는 방향으로 움직일 것이다"라는 전형적으로 진부한 표현을 사용했다.

1877년의 더르바르는 리튼이 "부정적인 태도의 언론에 선동적인 기사를 쓰도록 우리가 교육시킨, 그리고 자신들의 애매한 사회적 지위를 대변하는 개코원숭이들"이라고 묘사한 바 있는, 서양식 교육을 받은 인도인 계급을 자유주의적 순진함을 통해 만들어낸 머콜리의 원죄에 대한 일종의 속죄의 의미로 고안

---

21 역사가 캐너다인은 각종 장신구와 의식과 의례를 통해 인도 지배층을 영국에 동화시키는 시도를 "장식주의(ornamentalism)"라고 표현한 바 있다.

된 것이다. 그 대신 "법정 관리"는 다른 종류의 인도인, 즉 리튼의 열등한 관료 조직을 바지선 삿대로도 건드리고 싶어 하지 않을 토착 군주 가문 출신의 젊은 이들을 임명할 것이다. 역설적이게도 더르바르는 실제로는 연극적 환상에 불과했지만 군주와 농민, 군인과 브라만이 존재했던 고대 인도의 "실제 구현"인 양 표현되었다. "인도인 캠프에는 귀족들 중의 꽃이라 할 수 있는 300명과 그 후견인들이 모여 있었고, 이들은 캠프 내에 깃발(캘커타의 문장 전문가가 디자인한), 화려하게 장식한 말, 두터운 양단을 씌운 코끼리 등으로 구역이 구분된 각각의 미니어처 "영토"를 할당받았다. 라자와 마하라자는 혈통-, 가문의 역사 및 준quasi-, 반semi- 유사pseudo- 등으로 차등화된 독립의 정도에 따라 매우 세심하게 차별화되었다(이는 이미 와이트홀의 장관실에서 제도적 통설로 자리 잡은 것이었는데, 완전히 동등한 계급rank의 왕자들은 동시에 맞이할 수 있도록 두 세트의 문이 설치되어 있었다!). 1877년 더르바르에서의 서열은 예포의 수준에 반영되었으며, 측근의 참석 규모 역시 서열에 따라 규정되었다. 따라서 17회 예포를 받는 군주(예를 들어 바로다의 개크와르와 하이데라바드의 니잠과 같은 진정한 대군)에게는 500명의 측근 참석이 허용된 반면, 11회 예포 군주에게는 300명의 측근만 허용되었다. 이러한 숫자는 전부 합치면 "인도 캠프"의 인원만 해도 5만 명이 넘었다. "제국" 캠프, 즉 백인 진영 인원은 1만 명이었고 자체의 우체국, 전신국, 경찰서까지 갖추고 있었다. 여기에 1만 4000명의 퍼레이드 군인까지 합치면 더르바르는 총 8만 4000명의 인원을 수용할 수 있었으니 그 자체로 상당한 규모의 도시인 셈이었고 리튼을 위해 아프간 참전을 준비 중이던 프레드릭 로버츠 소장Frederick Roberts이 질서 유지를 위해 소환될 정도였다.

이 봉건적인 공치사 중에 역사적 사실에 충실한 것은 거의 없었다. 문장들; 5평방피트의 무겁고 다루기 힘든 깃발; 특별하게 주조된 장식물은 모두 오리엔탈리즘과 19세기 고딕 부활 양식을 "인도-사라센" 건축 양식처럼 독특하고 인위적으로 합성한 영국의 문장학에 대한 열정이 만들어낸 것이었고, 패션도 공통된 전통의 회복을 상징하는 것으로 여겨졌다. 펀자브는 아무튼 가장 "남자답고 무예를 중시하는" 지역으로 간주되었기 때문에 동서양의 이 그럴싸한 혼종에서 큰 역할을 했다. 라호르에 있는 메이요 미술학교의 교장이었던 러디어드Rudyard의 아버지 록우드 키플링Lockwood Kipling은 220평방피트 규모의 총독 단상을 장식하는, 남들이 부러워할 만한 임무를 맡았다. 라파엘전파의 영향을 받은 화가 발 프린셉Val Princep은 머콜리의 오랜 정적이었던 오리엔탈리스트의 아들로, 이 행사를 그림으로 묘사해 줄 것을 의뢰받았지만 (일을 수행하는 동안에도) 그 혐오스러운 모습에 움찔했다. "오, 공포스럽다! 내가 뭘 그려야 하는 거지? 혐오스러움에 있어서 수정궁을 능가하는구나. … 총독의 연단은 80피트 높이의 일종의 진홍색을 띤 사원이다. 이토록 화려한 싸구려 장식은 본 적이 없고 … 이 규모는 마치 거대한 서커스처럼 광대한 외관을 제공하는구나."

리튼은 덜 까다로웠다. 연단에 오르기 일주일 전, 그와 리튼 부인은 왕세자를 위해 만든 은색 코끼리 호다를 타고 델리를 거쳐 인도 캠프까지 3시간에 걸쳐 이동했다. 피곤에 찌든 총독에게는 불편한 여정이었을 것이다. 1877년의 새해 첫날 정오가 되자 그는 중세 복장을 한 트럼펫 연주자들이 울려 퍼뜨리는 바그너의 「탄호이저 행진곡」에 맞춰 행진대에 입장했다. 국가 제창에 이어 101발의 예포가 울렸는데, 놀란 코끼리 몇 마리가 쿵쿵대고 지나가면서 꽤 많은 관중이 사망했다. 이에 동요하지 않고 80피트 높이에 올라 선 총독은 신성한 기운마저 풍기며 여왕-여제의 이름으로 연설하면서 신의 섭리가 쇠락한 무굴제국을 계승하기 위해 영국을 선택했다고 주장했다. 인도 관리들은 "역사상 타의 추종을 불허하는 공적 미덕과 자기 헌신"에 감사했고, 군주와 추장은 그들의 충성심에 대한 감사 인사를 받았으며, 최종적으로 인도 국민 전체에게는 "이 제국의 영구적 이익은 잉글랜드의 관리들에 의한 최고의 감독과 행정 지시를 요구한다"는 명령이 (매우 명확한 표현을 통해) 하달되었다. 자유주의적 비전에 대한 유일한 양보는 토착인들도 행정부에 참여할 수 있다는 것이었지만 그들의 "태생적인 지도자들", 즉 이 천막에 모인 귀족 대부호들이 주로 그런 역할을 맡게 될 것이라고 알렸다. 마지막으로 새로 즉위한 여제의 메시지가 낭독되

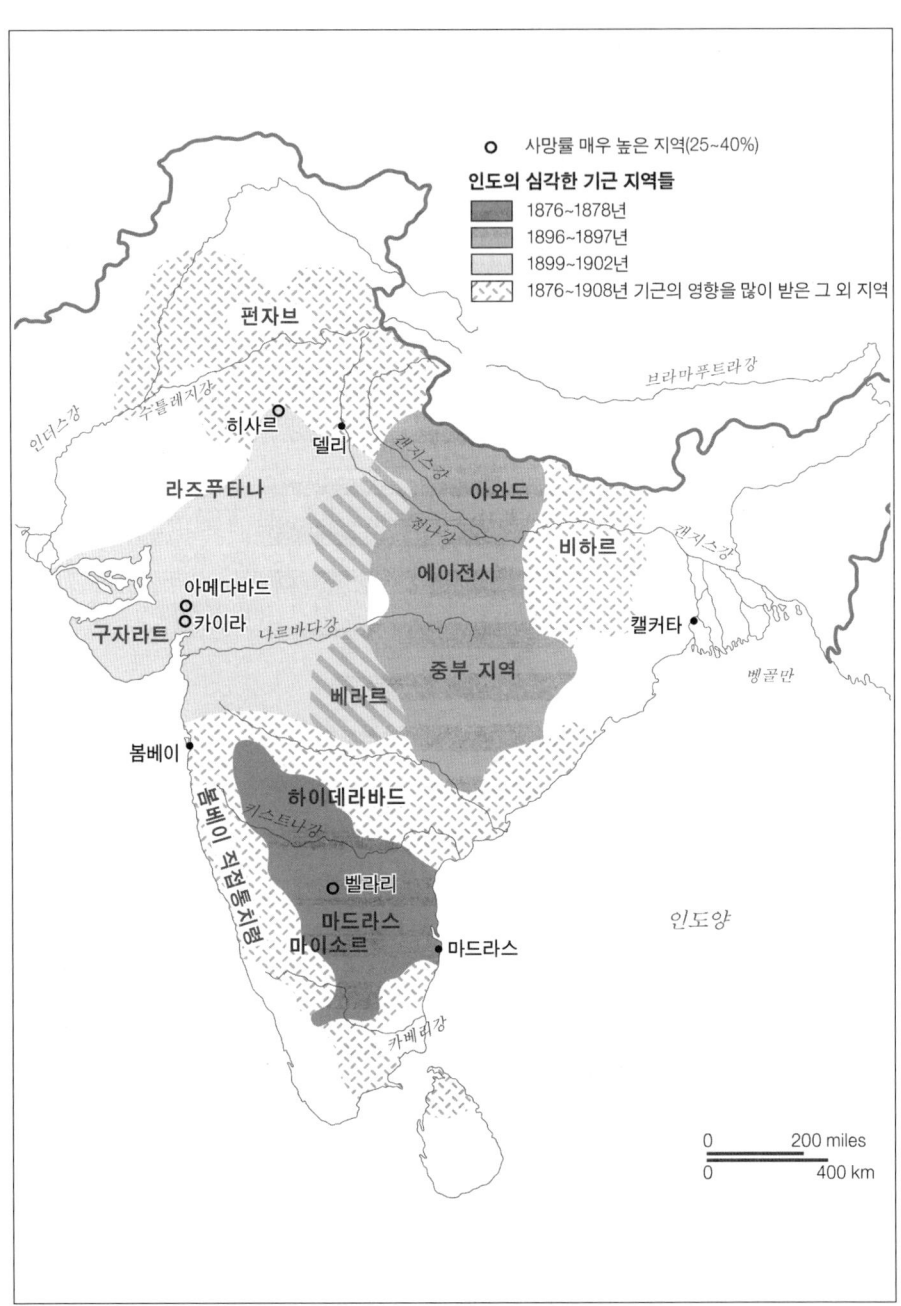

인도의 주요 기근 지역(1876~1908)

었는데, 평소와 마찬가지로 자유와 정의를 통해 통치할 것이고 "번영과 복지 증진"을 약속한다는 내용이었다.

1877년의 첫 주에 델리에 머무르고 있는 것을 매우 불편해했던 영국 관리가 한 명 있었는데 그는 마드라스 총독인 버킹엄 및 찬도스Chandos 공작 리처드 그렌빌Richard Grenville이었다. 인도 남동부에는 몬순이 거의 오지 않았고 기근이 이미 이 지역을 휩쓸고 있었기 때문이다. 상황이 이렇기에 그렌빌은 총독에게 자신이 불참해도 되는지 물어보았다. 그러나 리튼은 장기적으로 볼 때 몬순의 실패보다 더르바르의 "실패"가 인도에 더 큰 피해를 줄 것이기 때문에 그의 참석은 필수적이라고 짧게 대답했다. 그는 할 수 없이 참석했지만; 어느 잉글랜드 기자에 따르면 바로 이 주에 마이소르와 마드라스에서는 기아와 콜레라로 10만 명이 사망한 것으로 추정되었다.

반란 이후 인도에서 영국의 통치가 제공한 암묵적인 약속은 충성심에 대한 대가로 더 나은 시대를 제공하겠다는 것이었지만, 10년을 주기로의 인도 몇몇 지역은 엄청난 기근으로 인해 피해를 입었다. 1860년에는 펀자브주에서 200만 명이 사망했다. 1866년에는 오리사 인구의 약 27%인 80만 명이, 1868년에는 아지메르Ajmere 인구의 4분의 1이 사망했다. 리튼의 재임 기간 중인 1877~1878년에는 기근으로 인해 700만 명 이상이 목숨을 잃은 것으로 추산되고 있다. 이에 당연히 분노한 한 인도의 어느 초기 민족주의자는 1845~1849년의 대기근 기간 동안 아일랜드 인구의 8분의 1이 사망한 것에 대해 영국인들에게 1877~1878년에 아일랜드 전체 인구의 거의 절반에 해당하는 숫자가 인도에서 사망했다는 사실을 상기시켜 주었다. 라지 왕국의 통치자들도 이 재앙에 무관심하지는 않았다. 그러나 아일랜드에서와 마찬가지로 대부분의 통치자들은 비개입주의 정설에 따라 이 재앙을 "자연적" 또는 "신이 내린" 사건으로 간주하고 정부가 개선할 수 있는 범위를 넘어섰다고 판단했다. 그러나 물론 정부가 소극적으로나마 도움을 줄 수 있는 경우도 있었다. 예를 들어, 정부 관리들은 종종 토지세를 일시적으로 유예하거나 최소한 연기할 것을 권고했다. 그러나 1866년 오리사에서 이 제안이 나왔을 때 캘커타의 세무부Board of Revenue 위원들은 이 아이디어를 일축했다. 그 대신 1846~18469년에 아일랜드에 전달된 조언과 놀랍도록 비슷한 말을 했다: "사람들이 낙담하지 않도록 … 오리사에서는 다소 어려운 문제이긴 하겠지만 사람들이 스스로 도울 수 있도록 하십시오. 노력하는 것만큼 좋은 것은 없습니다." 차별적인 관세를 통한 지나치게 높은 세율과 법적인 금지 조치들을 통해 오리사의 소금 생산을 체계적으로 파괴함으로써 물가가 천정부지로 치솟는 해에 가난한 사람들이 스스로를 먹여 살릴 수 있게 해줄 지역 소득을 완전히 제거해 버린 바로 그 정부에서 이런 사치스러운 말을 늘어놓은 것이다. 물론 정부가 곡물을 수입함으로써 물가 상승을 최소한 안정시키거나 되돌릴 수도 있었다. 이 역시 1866년에 버마 쌀의 사례에서 제안된 바 있다. 2월에 답장이 돌아왔다: "귀하의 메시지를 받았습니다. … 정부는 쌀 수입을 거부합니다. … 시장이 선호한다면 수입된 쌀은, 해만 끼치게 될 정부의 간섭 없이도, 푸리Pooree 지역으로 유입될 것입니다."

1873~1874년에 벵골과 비하르에서 심각한 기근에 이어 발생한 악명 높은 재앙을 떠올린 리처드 템플Richard Temple은 버마에서 쌀을 구입하여 가장 가난한 사람들에게 무료로 배급했다. 그러나 이를 자유 시장에 대한 비양심적인 간섭이라고 판단한 트리벨리언 추종자들로부터 템플은 격렬한 공격을 받았다. 리튼도 그중 한 명으로, 템플이 자신의 실수를 만회해야 한다고 판단하여 그를 기근 특사로 남쪽의 마드라스와 마이소르로 파견했는데, 이 두 지역 총독 모두 의심스러울 정도로 지출을 많이 하는 공공 구호 및 민간 자선 활동에 노력을 기울이고 있었다. 영국이나 인도의 도시 지역으로부터의 원조를 막기 위해 자선 기부 금지법(빅토리아 시대의 보편적인 자선 활동에 대한 우리의 가정을 수정할 만한 법)이 명시적으로 통과되었는데, 이러한 원조가 "나약한" 인도인들이 스스로 자립할 수 있을 때까지 걸리는 시간을 지연시킨다고 간주했기 때문이다. 버킹엄 공작으로부터, 그리고 봄베이 총독 필립 워드하우스Philip Wodehouse로부터의 격렬한 반대에 직면한 템플이 새로운 제도를 도입했는데 이는 1840년대의 아

일랜드 구호보다 더 가혹한 제도였다. 주로 도로를 만들기 위해 바위를 깨거나 철로를 놓는 등의 노역(또다시!)에 대한 대가로 하루 1,2파운드의 쌀과 약간의 달dal을.²² 지급하는 것이었다. 하지만 이조차도 수백만 명의 노동자들을 구타하고, 성인 장애인에 대한 구호를 금지하고, 노동 수용소로부터 10마일 이내에 사는 사람에게는 어떤 것도 줄 수 없다고 선언한 리튼에게는 너무 관대한 처사였다. 결국 영양실조에 걸린 사람들도 먼 거리를 걸어서 가혹한 육체노동을 해야 하게 되었고, 템플의 새로운 규칙에 따라 하루에 1파운드의 쌀만 배급되고 렌틸콩은 전혀 제공되지 않았다.

결과는 예측 가능했다. 어느 관리는 봄베이 데칸의 도로 공사를 "죽은 자, 죽어가는 자, 최근에 공격당한 자들이 널려 있는 전쟁터"와 비슷하다고 묘사했다. 가난하고 굶주린 직공들은 감옥이 어느 정도 생계가 보장되는 몇 안 되는 장소 중 하나라는 말을(사실과도 부합했다) 들었기 때문에 제발 체포해 달라고 간청했다. 같은 시간에 마드라스와 봄베이의 곡물 창고에는 수입 쌀이 가득 쌓여 있었고, 도난이나 폭동을 막기 위해 군대와 경찰이 삼엄하게 경비를 서고 있었다. 윌리엄 딕비William Digby(기근에 관한 두 권의 책을 출간한 저널리스트)와 같이 겁에 질린 기자들이 증언했듯이, 기근에 시달리던 사람들은 울타리가 처진 비축 창고 앞에서 죽어갔다. 씁쓸한 아이러니는, 세기말에 이르러 인도에서 철도를 가장 많이 보유하고 있고 경제가 가장 발달한 지역이 기근으로 인해 가장 큰 고통을 겪었다는 점인데, 이곳이 가격 상승으로 인한 이익을 극대화하기 위해 곡물을 비축해 둘 수 있는 시장으로 곡물을 가장 쉽게 운송할 수 있는 지역이었기 때문이다.

1877년 8월에 인도 중남부의 많은 지역이 납골당으로 변해가는 가운데 총독은 며칠 동안 시원한 심라Simla에서 내려와 버킹엄 공작과 함께 마드라스 주변의 가장 큰 피해를 입은 지역을 둘러보기로 결심했다. 총독부 숙소로 돌아온

---

22   병아리콩이나 렌틸콩을 말린 식재료로서 각종 향신료와 섞어서 스튜를 끓이는 데 사용.

그는 리튼 부인에게 이 지역의 구호 캠프에 대해 "당신은 그런 '인기 있는 피크닉'을 본 적이 없을 것"이라고 썼다. "그 안에 있는 사람들은 어떤 종류의 일도 하지 않고 터질 듯이 뚱뚱하기만 해요. … 버킹엄 공작은 마치 버킹엄 지역의 한 영주가 자신의 모범 농장을 방문하여 토실토실 살쪄가는 소와 돼지에 깊은 관심을 보이는 것처럼 이 수용소들을 살펴보고 있어요." 선교사들과 겁에 질린 현지 관리 및 기자들은 콜레라 희생자들이 공동묘지로 기어가는 모습, 까마귀와 솔개가 날아다니는 무덤 사이에 누워 있는 모습, 영국령 인도를 빠져나가 니잠이 무료 배급을 준비하는 독립 하이데라바드와 같은 지역으로는 향하는 대규모 군대 등을 목격하며 다른 시각을 갖게 되었다. 어느 선교사는 "최근 얼굴 일부를 개가 먹어치운 한 여성의 시체가 짐승처럼 기둥에 매달린 상태로 길을 따라 운반되었다. 얼마 전에는 굶주려서 미친 여자가 우리 방갈로 근처에서 죽은 개를 가져다가 먹었다"고 기록했다. 이러한 장면은 여왕-여제의 인도에서 흔한 일이 되어가고 있었다. 그러나 이조차도 옥스퍼드 대학 학부생이었던 젊은 세실 로즈Cecil Rhodes가 같은 해에 "우리가 세계를 더 많이 점령할수록 인류에게는 더 좋은 세상"이라며 새로운 제국주의의 메시아와 같은 목소리로 글을 쓸 정도로 자신감을 갖는 것을 막지는 못했다.

　모두가 같은 생각을 한 것은 아니다. 영국에서 여왕 다음으로 가장 존경받는 여성인 플로렌스 나이팅게일은 딕비와 같은 선교사와 언론인의 보고서를 읽고 "세계가 한 번도 본 적이 없는 끔찍한 인간 고통과 파괴의 기록"이라고 평했다. 하지만 수백만 명의 사망자를 애도하는 것 외에 앞으로 비슷한 규모의 불행을 막기 위해 무엇을 할 수 있을까? 실제로 물 저장에 대한 예산을 삭감하고 "관개 광신자"라고 부르는 사람들의 계획을 조롱했던 리튼은 이제는 그들을 지원하는 모습을 보였다. 그는 또한 기근 기금을 설립하기 위해 움직였는데, 물론 아일랜드에서와 마찬가지로 피해 당사국이 자금을 조달해야 했다. 리튼의 농업부 장관이었던 앨런 옥테이비언 흄Allan Octavian Hume(스코틀랜드 급진당 창시자 조지프 흄Joseph Hume의 아들)은 누진 소득세를 부과해 가장 여유 있는 사람들이 구호 기금 재원에 가장 많이 기여할 수 있도록 해야 한다고 강력하게 주장했다. 총독이 이미 부담을 많이 발생시키고 있는 소금 등에 대한 세금을 인상하는 것을 선호하며 거부권을 행사하자 흄은 사임해 버렸고, 인도에서 영국의 경제 정책에 대한 가장 설득력 있는 비판자 중 한 명이 되어 결국 인도 국민회의Indian National Congress의 창설자가 되었다! 사실 국민회의에 대한 초기 지지자들과 의회 지도자들(일부는 영국인, 일부는 인도인)은 기근 정책이 군사력과 노골적인 경제적 이기심에 늘 희생되는 것처럼 보였기 때문에 선의의 제국주의에서 손을 뗐던 것이다. 기근의 역사를 가장 끔찍하게 기억하는 윌리엄 딕비는 아시아인은 자치에 부적합하다는 "인도의 손"이라는 일상적인 고정관념에 대항하기 위해 저널 ≪인도India≫를 창간했다. 1892년에 영국 최초로 아시아계 평민원 의원(핀즈버리 센트럴Finsbury Central 지역구에서)이 되고 세 차례나 평민원 의장으로 선출되는 봄베이 출신 파시Parsi교도 다다바이 나오로지Dadabhai Naoroji는 이제는 고전이 된 『인도의 빈곤과 영국답지 못한 지배Poverty and UnBritish Rule in India』(1901)에서 씁쓸한 환멸을 드러냈다.

나오로지와 다른 많은 사람들이 인식했듯이(그리고 아마르티아 센Amartya Sen이 지적하듯이 오늘날에도 전 세계적으로 기근이 발생했을 때 이 문제는 여전히 남아 있다), 문제는 식량 공급이 아니라 소득에 있었다. 식량이 부족하더라도 식량을 구할 수 있는 수준으로 인도인의 생계를 향상시킬 수 있는 수단에 대한 논의가 이어졌다. 제국이 남겨온 훌륭한 기록을 옹호하는 사람들은 고전적 경제 시스템—즉, 시장 자체와 인도에 대한 그것의 자극—이 결국에는 효과를 발휘할 것이라고 주장했다. 흄이나 나오로지와 같은 비판자들은 자유무역을 표방하지만 실제로는 부도덕한 개입주의 정책의 위선을 지적했다. 관세가 노골적으로 조작되어 영국산 수입품에는 유리하고 인도산에는 불리하게 작용했으며, 1877~1878년에는 영국의 집값을 안정시키기 위해 수백만 톤의 곡물이 수출된 반면, 봄베이와 마드라스에서는 기아를 확실하게 발생시킬 수준까지 인도의 물가가 치솟도록 방치했다. 심지어 리튼은 구자라트의 직공들이 인도 대부분의 도시 인구보다 더 큰 고통을 겪고 있던 바로 그 시기에 영국산 수입 면화에 대한 관세를 인하하는 법을 제정했다. 그리고 여전히 고대의 신성한 콧노래를 불렀다: 그들이 자신의 두 발로 서게 하라.

호혜적 번영은 원래 자유주의의 공리였지만 이제는 이것이 완전히 무너지는 과정에 있었다. 영국 본토의 번영은 인도에서의 부의 축적을 희생하는 대가로 얻어지는 것처럼 보였다. 곡물 운송업자와 직물 수입업자와 같이 제도화되고 법제화된 경제적 불평등에 협력한 인도인들만이 정당한 보상을 받았다. 1870년대와 1880년대에는 세 가지 특별한 상황으로 인해 이러한 상황이 바뀌기 어려웠다. 첫째, 영국 자체가 경기 침체에 빠져 있었기 때문에 자국의 경기 회복을 희생하거나 물가를 상승시키거나 자국 내 노동계급의 불안을 가중시키면서까지 인도에 자선을 베풀 가능성은 매우 낮았다. 둘째, 국내 경제가 미국 또는 독일과 같은 유럽 경쟁국과의 경쟁으로 어려움을 겪고 있었고, 수출은 줄어들고 있었기에, 영국은 장기적인 경제 성숙을 위해 제국의 시장을 희생할 것 같지 않았다. (세기말까지 인도는 영국 수출 시장 중 가장 큰 시장이었으며, 전체 수출의 10%를 차지할 정도로 압도적으로 저렴한 랭커셔산 면화가 인도 섬유 산업을 파괴했다). 영제국주의의 "자비로운 개발" 논리를 반박하는 모든 사실 중에서 이것은 아마도 가장 부인할 수 없는 사실일 것이다. 마지막으로, (수출입 상인이 아닌) 인도의 농민 생산자들에게 실질적으로 도움이 될 인프라 투자에 사용할 세수는 리튼과 같은 총독에게는 가장 중요하고 최우선적인 이익인 코사크 무리가 키베르 고개를 넘어 몰려오는 것을 막기 위한 북서쪽 국경의 전략적 군사 확장과 경쟁해야 했다. 인도의 납세자들은 영국의 전략적 편집증에 대한 대가를 전부 지불해야 했다.

설상가상으로 이런 편집증은 종종 실패로 직결되어 또 다른 징벌적인 과세로 이어지기도 했다. 1878년레 리튼은 총독 재임 초기부터 준비해 온 아프간 전쟁을 마침내 성공으로 이끌었다. 이 전쟁의 구실은 리튼이 러시아의 즉각적인 군사 위협이라고 주장한 것을 격퇴하는 데 있어 영국의 "도움" 요청을 왕

emir이 거부한 것이었지만, 그 실상은 단지 카불에 러시아 외교 사절단이 등장한 것에 지나지 않았다. 오랫동안 반복되어 온 영국의 침공은 똑같이 오랜 역사를 자랑하는 그 지역에서의 봉기와 영국 외교사절단mission의 대량 학살을 발생시켰으며, 결국 여느 때와 같이 두 번째 징벌적 군사작전이 필요해졌다. 이로 인해 영국은 인력과 자금 모두에서 손실을 입었다. 경건하게 조성된 기근 구호 기금이 이 작전을 위해 전용된 사실이 드러나면서 너무 많은 희생을 치르고 얻어낸 아프가니스탄에서의 승리는 더 이상 만끽할 수도 없게 되었다.

　디즈레일리는 처음부터 아프간 전략에 반대해 왔지만, 신임 인도부 장관이자 리튼의 신봉자인 크랜브루크 경Lord Cranbrook의 설득에 못 이겨 아프간 전략을 지지하기로 결정했다. 막대한 비용만 소진해 버린 재난의 소식이 전해졌을 때 총리는 경악했지만 용감한 표정을 지었다. 같은 해인 1879년, 또 다른 영제국군은 이산들와나Isandhlwana에서 줄루족 왕 케치웨이오Cetawayo에 의해 산산조각이 났다. 남아프리카에서 피해가 수습될 때까지 또 다른 500만 파운드가 낭비되었고, 영국은 인도에서 종종 그랬던 것처럼 평화와 안보를 가져다준다는 명목으로 독자 생존이 가능한 아프리카의 몇 안 되는 국가 중 하나를 파괴한 셈이 되었다. 비컨스필드 경Lord Beaconsfield(1876년에 디즈레일리가 받은 작위)이 귀족원에서 "우리의 군사적 영향력(강요에 대한 완곡한 표현)에 묶여 있는 수백만 명은 질서와 정의를 위해서는 그것에게 빚을 질 수밖에 없다는 것을 알기 때문에"라고 말한 것도 아마도 그런 의미였을 것이다. 그러나 글래드스턴은 점점 더 이렇게 반박할 수밖에 없었다. 무슨 "질서"요? 무슨 "정의"요? 그리고 그는 "자유"를 외치는 것에는 정말 화가 났다: 비컨스필드는 "우리 자신을 위한 자유"와 "나머지 세계를 위한 제국"이라고 말했을지도 모른다. 제국의 무절제에 대한 글래드스턴의 짜증과 경멸은 자유주의 정치의 새로운 전환을 의미했다. 물론 자유주의자들, 특히 존 브라이트나 리처드 콥든 같은 정통 자유주의자 중에는 제국주의의 사치스러운 모험주의에 의구심을 품는 사람들이 항상 존재했다. 그러나 1870년대 후반에 이르러서야 확신에 찬 반-징고주의anti-jingoism[23]

운동이 글래드스턴의 가장 강력한 활동이 되었다. 디즈레일리가 상원에서 활동하기 시작하며 자신의 과거 그림자 속으로 들어가자, 이제 한동안 글래드스턴이 – 비록 야당 소속 평민원 의원에 불과했고 당의 지도자도 아니었지만 – 이 시기의 정치 무대에서 도덕을 강조하며 주연배우로 떠올랐다; 1876년부터 1880년 총선까지 빅토리아 시대 정치 역사상 가장 위대한 원맨쇼를 펼쳤다.

글래드스턴의 정치적 십자군 활동은 도덕적 열정뿐만 아니라 혹독한 자기 성찰과 철저한 독서와 성찰에서 그 힘을 얻었다. 1869년 총리 취임 초기에 그는 인도 출신 공무원 조지 캠블이 아일랜드 토지 문제에 대해 심도 있게 논의한 글을 읽었다. 피니언Fenian(공화주의)의 무장 투쟁이 심각해지자 캠블은 아일랜드를 방문했다가 소작농 문제가 인도 일부 지역의 문제와 매우 흡사하다는 사실에 깜짝 놀랐다. 영국의 법적 소유권 계약서를 작성할 수 없던 소작농은 아일랜드에서도 "임의로 소작인"으로 분류되어 그동안의 개선에 대한 보상 없이 임대료 인상과 채무 불이행에 따른 강제 퇴거를 당했다. 대대로 같은 땅에서 농사를 짓던 경작자들은 땅을 빼앗기고는 땅 없는 가난한 노동자로 전락했다. 영국인들은 인도의 토지 관습에 대해 더 많은 교육을 받으면서 인도의 많은 지역에서 여러 세대에 걸친 점유는 농민들이 단순한 소작인 취급을 받지 않도록 보호하는 일종의 "도덕적 공동 소유권"과 같다는 것을 인식하게 되었다. 캠블은 (같은 맥락에서 글을 썼던 존 스튜어트 밀과 함께) 아일랜드에서도 마찬가지가 적용되어야 한다고 생각했다. 캠블은 트리벨리언 학파 속에서 성장했지만, 그럼에도 불구하고 정부가 무방비 상태에 처한 사람들의 보호자 역할을 할 수 있다고 믿었다. 진정한 자유주의는 그러한 간섭에 의해 침해되는 것이 아니라 존중될 것이다. 그렇지 않으면 또 다른 참혹한 폭력이 되풀이될 것이다.

글래드스턴은 하워든에 있는 그의 평화의 사원에서 책을 읽으면서 자신과 영국 자유주의 역사에 대해 결정적인 사실을 깨닫기 시작했다: 제국 내에는

---

23   징고이즘(Jingoism)은 맹목적이고 지나치게 열광적인 애국주의.

— 인도와 아일랜드, 그리고 산업화된 영국도 어두운 지역에서는 — 순수한 자립이라는 오래된 복음이 이제 파산한 미사여구가 되어버린 곳이 있다는 사실이다. 이러한 새로운 인식이 글래드스턴을 급진주의적인 개입주의자로 만든 것은 아니다. 그가 이끈 첫 번째 행정부에서 아일랜드 개혁의 주요 추진력은 여전히 국가기관의 설립이 아니라 해체, 특히 아일랜드 국교회Church of Ireland[24]의 해체에 있었다. 그러나 급진주의자가 아닌 실용주의자였던 그는 영국의 산업 도시에서 훌륭한 지방정부란 종종 적절한 주택, 교통 및 의료 복지와 같은 시민의 기본적인 사회적 요구를 제공하기 위해 공권력을 적극적으로 행사하는 것을 의미한다는 버밍엄 자유주의 운동가 조지프 체임벌린Joseph Chamberlain의 주장이 얼마나 강력한지 이해하기 시작했다. 따라서 근대 영국에서 정의로운 자유주의의 시험대는 단순히 무역과 재산의 자유가 될 수 없었다. 오히려 이러한 자유가 살아남으려면 사회정의에 대한 관심으로 보완되어야 했다. 캠블이 말했듯이 데칸Deccan 제도의 구호 캠프에서, 영국의 조선소에서, 특히 아일랜드 서부 시골에서 사람들을 분노와 폭력으로 몰아넣은 것은 바로 정의를 빼앗겼고 느꼈기 때문이다. 글래드스턴은 평민원에서 전형적인 예언자적 태도로 "아일랜드가 여러분의 문 앞에 있습니다"라고 말하며 임대료 체납 이외의 이유로 세입자를 퇴거시킬 수 없게 만드는 법 제정으로 나아가는 소극적인 조치를 취한 토지 법안을 소개하면서 이렇게 말했다. "신의 섭리가 그것을 그곳에 두었습니다. 법과 입법부가 여러분과 계약을 맺은 것이며, 여러분은 이제 이러한 의무를 마주해야 합니다."

글래드스턴은 오랜 경력의 모든 단계에서 (그의 추종자들이 종종 그를 모세와 비교했듯이) 계시의 순간에, 특히 엉덩이와 허벅지를 때려주라는 소명을 받은 "파라오의 무리"와 같은 적수들을 대적하는 순간에 참된 길을 발견했다. (때때로

---

[24] 잉글랜드 국교회(Church of England)의 아일랜드 지부와 비슷한 성격으로서 프로테스탄트 교회였기 때문에 가톨릭이 다수였던 아일랜드에서는 갈등을 유발했다.

그 상대는 자기 자신이었으며, 옥스퍼드 시절부터 그가 구원해야 한다고 느낀 수많은 타락한 여인들을 만난 후 자신의 육체에서 불순물을 채찍질해서 쫓아냈다.) 그의 정치적·신학적 정적들은 그의 언어적·문학적 수사로 이뤄진 채찍질만 받았다. 그의 첫 번째 적들은 1832년에 부당한 개혁자들과 동맹을 맺은 유니테리언Unitarian과 같은 "이성적 기독교인"이었는데, 이들은 젊고 엄숙한 고교회파High Church[25] 글래드스턴이 보기에, 워즈워스, 콜리지와 함께 영국을 신 없는 평등주의의 길로 이끌고 있었다. (1832년 선거법 개혁[26]에 대한 그의 적대감은 1860년대의 선거권 개혁가들에게 심각한 당혹감을 안겨주었지만, 그는 나중에 이를 과도한 젊은 열정과 "망상"으로 치부했다). 두 번째 악당 집단은 그가 추앙하던 필Peel을 십자가에 못 박은 사악한 사람들 — 특히 글래드스턴이 처음부터 자기만 미화하는 기회주의자로 혐오했던 디즈레일리를 당연히 포함—로 구성되었다. 제조업자 출신인 글래드스턴에게는 필의 말도 안 되는 솔직함, 자타가 공인하는 청렴성, 개인의 권력이나 당리당략보다 진실을 위해 헌신하는 고뇌에 찬 모습은 정치적 미덕의 전형이었다. 디즈레일리에게는 터무니없는 주장일지 모르지만, 영국의 "전통적인" 토지 이해관계를 대변한다고 주장하면서 그를 파괴한 사람들은 어리석고 사악한 가면극을 벌인 죄인들이었다.

특히 글래드스턴의 심기를 건드린 것은 디즈레일리와 같은 사람들이 진정한 영국과 참된 교회를 대표하는 척하는 것이었다. 진정한 교회! 디즈레일리! 윙크와 고개 끄덕이는 순수한 모습을 제외하고는 무릎을 꿇은 적이 없는 사람(자신에게 참회의 채찍을 가하는 경우는 훨씬 적었다). 그리고 대체 그는 무슨 권리로, 전체적으로 불명예스럽기만 했던 파머스턴처럼, 자기가 마치 영국 노동자들의 진정한 친구이자 보호자인 것처럼 그들을 소유하려 하는 것인가? 실제

---

25   잉글랜드 국교회에는 고교회파(High Church)와 저교회파(Low Church) 성향으로 나눌 수 있다. 전자가 격식과 의례를 더 중시하는 경향이 있다.
26   재산을 기준으로 '중간계급' 이상에게 선거권을 부여한 개혁법.

로는 그들의 호전적인 허영심이라는 최악의 본능에만 호소하면서. 진정으로 도덕적인 영국을 대표하는 것은 콥든과 브라이트 같은 진정한 하느님의 군인들과 함께 글래드스턴이었다. 글래드스턴은 스코틀랜드, 랭커셔, 옥스퍼드, 공장과 신학교, 대학과 직조기 등 진정한 영국의 섬유를 견습생 시절을 포함한 자신의 경력 안에서 엮어냈다. 노동계급을 속여 완전한 민주주의가 임박했다고 기대하게 하는 것이 아니라 인내를 권유하고, 산업, 교육, 힘들게 벌어들인 재산을 통해 진정으로 자질을 갖추고 지혜와 절제심을 통해 그것을 발휘할 수 있는 사람들에게만 선거권이라는 보상을 제공하는 등 그가 해온 모든 일은 책임감 있게 이루어졌다고 그는 생각했다.

그리고 1876년에, 비컨스필드주의라는 영역이 생길 만큼 성장한 그의 오랜 정적이 총리가 되어 장난과 죄악을 저지를 수 있게 된 지금, 글래드스턴은 디즈레일리의 "유대교" 책략에 현혹되어 "아시아계 제국"을 위한 정책―터키를 지원하고; 이집트 운하를 사들이고, 아편에 중독된 리튼 같은 악명 높은 미치광이를 인도 제국의 운명을 책임지게 하는 등―을 믿게 된 대중을 깨어나게 하기 위해 다시 한 번 소명을 받았다고 느꼈다 ― 이 모든 이국주의exoticism가 과연 기독교 영국의 위대함에 합당할 수 있겠는가! 1876년 봄에 동부 루멜리아Roumelia(현재의 불가리아)에서 일어난 봉기 이후 오스만 제국이 감행한 민간인에 대한 공격―마을 불태우기, 강간과 남색, 여성과 어린이의 팔다리 절단―은 영국 언론을 강타했고, 디즈레일리 총리의 친터키 외교 정책에 대한 즉각적인 항의를 촉발시켰다. 전국 각지에서 수백 건의 회의가 소집되었다. 글래드스턴은 (공식적으로는 위그당 지도자인 그랜빌 경과 하팅턴 후작Marquis of Hartington의 지시를 따라야 하는) 당내 갈등에 뛰어들지 않고 연말까지 버티기로 했다. 그러나 열정적인 미덕의 정치에 대한 기회는 결국 저항하기에는 너무 큰 것으로 판명되었다. 그의 평화의 사원에서 작성한 '불가리아의 공포Bulgarian Horrors' 팸플릿은 즉각 베스트셀러가 되었고, 며칠 후 글래드스턴은 비바람이 몰아치는 런던의 블랙히스Blackheath의 나무 그루터기 위에 서서 추종자들에게 감동적인 연설을 했다. 이 연설이 영국 정치에 어떤 영향을 미쳤든, 급진주의 저널리스트 W. T. 스테드W. T Stead처럼 그 자리에 있었던 사람들은 이때를 개종의 순간으로 기억했다.

불타오르는 선지자의 카리스마 넘치는 재등장은 글래드스턴 자신을 속여 자신은 절대로 그릇된 일을 할 리 없다고 생각하게 만들었을지도 모른다(하팅턴과 그랜빌은 얼마나 많은 잘못을 저지르든). 그는 틀렸다. 러시아가 터키와 전쟁을 벌일 때 이 나라를 분쟁의 끝자락으로 몰고 간 디즈레일리에 대한 그의 비판은 디즈레일리의 참전 노력에 의해 이미 호전적인 징고이즘에 휩싸여버린 대중의 분위기를 오판한 것이었다. 1878년 베를린 회의에서 러시아와 터키 양측의 양보를 얻어내고 돌아온 디즈레일리는 돌팔매질을 당하는 대신 왕관을 쓸 수 있을 정도의 영웅이 되었다. 그러나 1879년 말, 줄루랜드Zululand와 아프가니스탄에서 값비싼 재앙이 발생하면서 대중의 분위기는 다시 바뀌었다. 영국인과 토착민 모두 헛된 모험주의의 이름으로 무고하게 피를 흘렸다고 글래드스턴은 통탄했다. "아프가니스탄의 언덕 마을에 있는 생명의 신성함"은 고국에 있는 모든 영국인의 생명과 마찬가지로 "전능하신 하느님의 눈에는 신성불가침한 것"이었다.

그리고 국내에서는 자유당에게 심각하고 갑작스러운 불황이라는 정치적 선물이 주어졌다. 글래드스턴은 전능하신 하느님이 보수당 통치자들의 사악함 때문에 육욕에 탐닉하는 사람들을 벌하고 있다고 암시했다. 당시 영국은 파산, 실업률 급증, 농산물 가격 폭락, 무역 중단, 심지어 아일랜드 남서부의 감자 마름병 등 온갖 재앙이 닥쳐오고 있었다. "명예로운 평화"를 가져온 인물로 인기를 누리고 자유당의 분열을 즐기던 디즈레일리는 글래드스턴을 지루한 괴짜로 치부했다. 그러나 그는 자신의 오랜 적수를 강타하여 연설에 불을 붙여준 짜릿하면서도 거의 메시아적인 에너지를 품은 특별한 화살에는 미처 주목하지 못했고 비컨스필드주의의 호화로운 사치를 말려 죽이는 그의 공격을 널리 알리는 데 사용한 놀랍도록 현대적인 수단에 대해서도 미처 생각하지 못했다. 1879년 11월 24일에 글래드스턴은 아내 캐서린과 함께 그의 정치 중심지 중 하나인 리버풀에서 기차를 타고 저지대 스코틀랜드로 향했다. 위건Wigan, 세인트 헬렌스St Helens를 거쳐 칼라일Carlisle, 갤라쉴즈Galashiels를 거쳐 마침내 에딘버러에 도착한 이 나이 든 소년은 스스로 정치 기관차가 되어; 웅장한 독선의 피스톤을 힘차게 돌리고, 연단에서 포효하고, 열차 창문에서 손을 흔들고, 열광적인 군중의 호위를 받으며 호텔로 향해서는 발코니에서도 연설을 했다. 글라스고에서 글래드스턴은 대학 총장 취임 연설을 하고 횃불 퍼레이드의 장관을 연출하며 마치 자신이 위대한 복음주의 부흥의 예언자라도 된 것처럼 대접받았는데 ― 실제로 글래드스턴은 자신이 그렇다고 생각했다. 2주 동안 15개 장소에서 약 8만 5000명이 그의 설교를 들었다. 미들로디언Midlothian 캠페인은 영국 역사상 가장 미국적인 캠페인이었으며, 의심할 여지 없는 승리였다.

1880년 3월에 총선을 소집했을 때 디즈레일리는 보수당이 과반수를 확보하는 데 아무런 문제가 없을 것이라고 생각했다. 하지만 이는 엄청난 오산으로 판명되었다. 자유당은 토리당보다 100명 이상의 의원을 더 확보하고 의회로 돌아왔다. 글래드스턴은 "비컨스필드주의"가 "이탈리아 로망스에 나오는 거대한 성처럼 사라졌다"고 기뻐하는 글을 썼다. 이탈리아 로맨스는 글래드스턴에게 어울리지 않았다.

그러나 1880년 의회에는 자유당 351명, 토리당 239명과 함께 아일랜드 자치Irish Home Rule를 지지하는 의원도 65명이나 있었다. 아직 권력의 균형을 잡을 수 있을 정도는 아니었지만, 아일랜드계이자 아일랜드 지역구 소속 토리당원인 아이작 버트Isaac Butt를 대신한 새로운 지도자 찰스 스튜어트 파넬Charles Stewart Parnell이 당의 규율을 정비하여 제대로 된 세력으로 성장하고 있었기 때문에 무시할 수는 없었다. 그들의 존재가 수적으로 그리 많지는 않았지만 글래드스턴도 "아일랜드 문제"라는 벌어진 상처에 대해 냉담할 수는 없었을 것이다. 무엇보다 아일랜드는, 특히 서부 지역은 '토지 연맹Land League'이 주도한 퇴거 반대 운동으로 인해 무법천지로 변해가는 듯 보였다. 토지 연맹의 창립자인 강력한 아일랜드 활동가 마이클 대빗Michael Davitt은 1798년에 발생한 친프랑스 봉기의 중심지이자 기근으로 가장 큰 피해를 입은 메이요 카운티 출신이었다. 열한 살에 산업재해로 팔을 잃고 총기 밀수로 투옥된 후 일자리를 찾기 위해 랭커서로 떠났던 그는 아일랜드 빈민의 삶과 국가의 운명을 바꾸기 위해 무엇을 해야 하는지에 대한 의식을 고취하고 기금을 마련하기 위해 미국으로 건너갔다. 1870년대 후반, 그는 무장한 동지들과 함께 서부에 메이요 토지 연맹을 설립했고, 이는 아일랜드 토지 연맹으로 확대되어 아일랜드 전역으로 빠르게 퍼져나갔다. 이 연맹의 적은 "지주주의landlordism"였으며, 필요한 경우 협박을 통해 임대료를 인하하고 퇴거에 저항하는 것이 목표였다. 실제로 아일랜드의 퇴거 속도는 1850년대의 전면적인 강제 퇴거에 비해 현저히 둔화되었다. 서부의 목축업자든 동부의 경작자든 상업적 마인드를 가진 대농이 지배하는 근대화된 아일랜드 농업에 대한 찰스 트리벨리언의 비전은 실현의 길로 나아가고 있었다. 하지만 자본주의 농업이 사회적으로 아름다운 것은 아니었다. 아일랜드 농업의 수익성이 높아질수록 수익의 분배는 더욱 불공평해졌다. 1870년대 말과 같이 불황이 닥치는 시기에는, 농업에 의존해 임금을 받던 사람들이 가장 먼저 일자리를 잃었고, 소작에 매달리던 사람들이 가장 먼저 높은 임대료로 압박을 받았다.

다시 말해, 분노한 군대를 모집할 수 있는 충분한 근거가 있었다. 공식적인 토지 연맹의 전술은 공격적이지만 비폭력적인 것으로서, 즉결 퇴거를 강요한다고 알려진 지주들에 대한 사회적 배척이었다. 아일랜드 부재지주 귀족인 언리 경Lord Ernle으로부터 땅을 빌렸지만 자신과 지주의 임대료를 모두 챙겼던 잉글랜드 출신 농부 찰스 보이콧 대위Captain Charles Boycott가 이러한 배척의 모범적이고 충격적인 성공 사례로 선정되었다. 실제로 언리는 살해당했다. 연맹은 결백하다고 항변했으나 가축의 사지 절단, 방화, "경고"라는 명목으로 집에 총을 쏘는 행위 등이 만연했고 드물지만 암살도 발생했다. 이러한 고질적인 무법 사태에 직면한 글래드스턴 내각의 많은 동료들, 특히 윌리엄 에드워드 포스터William Edward Forster 신임 아일랜드 장관은 필요한 경우 인신보호를 선별적으로 중단하고 재판 없이 구금하는 등 "질서"를 위해 똑같이 강력한 조치를 취하자는 데 찬성했다. 그들은 또한 파넬이 폭력을 개탄하는 척하면서 폭력을 묵인하고 있다고 믿었기 때문에 그를 깊이 의심했다.

글래드스턴에게 이 문제는 소극적인 대응과 탄압 사이의 선택처럼 단순한 것이 아니었다. 아직까지는 파넬과 개인적으로 아무런 접촉이 없었지만, 그는 토지 동맹이 더 이상 불만을 품은 소작농들의 단순한 운동이 아니라는 것을 이해했다. 보수 성향인 위클로Wicklow 카운티의 구릉지(경마, 오이 샌드위치, 축제 등으로 유명) 출신이자 어머니는 미국인이었고 케임브리지에서 교육을 받았으며 표면적으로는 프로테스탄트교 신자(실제로는 불가지론자)였던 신사-지주 파넬은 대빗이 교사, 상점 주인, 선술집 주인, 의사, 변호사 등 모든 종류의 아일랜드인을 끌어들여 아일랜드의 민족적·사회적 열망을 대변하는 데 성공했다는 증거였다. "우리가 파넬을 만들었고 그가 우리를 만들었다"라고 또 다른 연맹원인 팀 힐리Tim Healy는 다소 뽐내는 투로 말했지만 부정확한 묘사는 아니었다.

글래드스턴은 공식적으로 자치 문제에 전념하기 몇 년 전부터 이미 아일랜드의 위기를 영국 역사 자체의 갈림길, 즉 아일랜드가 필요로 하는 토지 개혁 및 좀 더 독립적인 지방정부에 관한 연합Union 관련 헌법이 그러한 부담을 감당하고도 살아남을 수 있는지를 시험하는 것으로 이해했다. 찰스 트리벨리언과 같은 이전 세대의 자유주의자들은 과거의 역사적 슬픔이 무엇이든 간에 세계 역사상 가장 위대한 제국의 일원이 되는 것보다 더 큰 행운은 없다고 생각했다. 그러나 트리벨리언의 아들인 조지 오토George Otto(역사학자이자 정치가)는 글래드스턴 정부에 몸담고 있었기에, 총리처럼 아일랜드가 연합에 계속 소속되어 이기 위해서는 어느 정도의 토지 개혁이 필요하다는 것을 알게 되었다. 글래드스턴은 1870년에, 쫓겨난 소작인들에게 토지를 개선한 것에 대해 보상해 줘야 한다는 법안을 의회에 제출했다(로이 포스터Roy Foster가 지적했듯이 실제로 "개선자"인 소작인들은 쫓겨날 가능성이 가장 낮은 사람들이었지만). 어쨌든 이 소박한 제안은 평민원에서 통과되었지만 사유재산에 대한 비양심적인 간섭이라는 이유로 귀족원에서는 부결되었다. 전술적 실패에 당황한 글래드스턴은 (농촌에서의 폭력이 증가함에 따라) 토지 개혁에 앞서 강압 조치가 선행되어야 한다고 주장하는 내각 동료들의 말에 더 주의 깊게 귀를 기울이기 시작했다. 1881년 1월에 예방적 구금을 승인하는 '인명 및 재산 보호법안Protection of Persons and Property Bill'이 평민원에 상정되었다. 분노한 아일랜드 의원 세력Irish bloc은 밤새도록 필리버스터를 하며 평민원의 업무를 완전히 중단시켰고, 2월 3일에는 정상적인 입법 절차를 "우회하자"는 결의안이 통과되었다. 파넬을 포함한 격분한 아일랜드 의원들은 강제로 퇴장당해야 했다.

채찍 다음에는 당근. 강압법Coercion Act이 시행되자 글래드스턴은 압박에 굴복한다는 비난을 걱정할 필요 없이 4월에 토지 법안을 자유롭게 상정할 수 있었다. 공정한 임대료fair rent, 자유로운 매각free sale, 임차 기간의 고정fixity of tenure 등 "세 가지 F"에 문제가 없는 것은 아니었고, 특히 이것들이 사유재산의 신성함과 양립할 수 있는지에 대해 걱정했던 글래드스턴 자신에게는 더더욱 그러했다. 그러나 가장 중요한 것은 아일랜드의 소작농들에게 형평성을 제공하고 토지 연맹의 폭력적인 날개를 제거하는 것이었다. 이 법에 의하면 임대료를 지불한 세입자는 쫓아낼 수 없었다(예를 들어 소규모 토지들을 대규모 토지로 통합하기 위해). 더 급진적인 것은 정부가 지정한 토지 법원과 '토지 위원회Land Commission'가 임대료의 "공정성"을 중재하게 하는 것이었다. 글래드스턴은 이 법안이 법으로 제정되기까지 의회에서 총 58회의 연설을 해야 했다.

그러나 이 법안이 토지 연맹을 만족시킬 것이라고 생각했다면 그는 다시 생각해야 했다. 법안을 지지했던 파넬은 임대료 인하와 연체료 사면을 요구하며 계속해서 공격을 이어갔다. 더욱 불길하게도 그는 영국과 아일랜드의 관계가 단절될 것처럼 이야기하기 시작했다. 글래드스턴은 영국과 아일랜드의 연합을 해체하려는 시도가 있으면 정부의 모든 힘을 동원해 대응하겠다고 위협했다. 10월에 그는 더 나아가 파넬과 다른 토지 연맹 회원들을 체포하여 더블린

외곽의 킬메이넘Kilmainham 감옥에 수감했다.

내각과 당의 강경파들로부터 환호가 터져 나왔다. 마침내 이 노인Old Man이 아일랜드에서 법을 제정하는 데 필요한 것이 무엇인지 이해했구나(거만하고 선동적인 인도 언론에 재갈을 물린 리튼의 1878년 토착어 언론법Vernacular Press Act을 연상케 한다). 글래드스턴은 한 만찬에서 "어떤 사람이 어머니를 죽여야 하는 고통스러운 상황에 처한 자신을 발견했다고 (자신 있게) 말할 수 있는 것처럼" 강압에 익숙해졌다고 농담했지만, 사실 그는 무력에 의한 통치에 대해 깊은 불안을 느꼈고 그것이 아일랜드의 고통과 분노에 대한 단기적인 해결책이 될 수 있다고 생각하지도 않았다. 1850년대 초 나폴리에서 그는 전제적인 부르봉 왕정의 정치범 처우에 대해 듣고는 속이 뒤집혔고, 그러한 정권은 자연의 권리와 신의 질서를 위반하는 것이라고 썼던 적이 있다. 그는 진정으로 합법적인 정부는 국민의 "애정"에 기반을 두어야만 살아남을 수 있다고 믿었다. 포함과 개틀링 기관총의 시대에 자유주의가 의미하는 바가 무엇이든 간에, 적어도 이것만큼은 분명했다.

그래서 총리는 다른 아일랜드 평민원 의원의 아내이자 파넬의 정부이자 그의 자녀의 어머니인 캐서린 오셰이Catherine O'Shea의 중재를 통해 투옥된 파넬과 비밀 협상을 시작했다. 너무나도 이상한 커플이었던 이 두 남자는 서로를 필요로 했거나, 적어도 1882년에는 특히 서로가 필요하다고 생각했다. 글래드스턴은 민족주의 폭력의 지도자들을 잘 다루기 위해서, 그리고 더 많은 자치권을 원하는 아일랜드 의원들의 소망이 연합을 유지하면서도 충족될 수 있다고 설득하기 위해서 파넬이 필요했다. 파넬로서는 글래드스턴이 보다 급진적인 토지 개혁(특히 체납세 징수 제한)을 추진하고 강압을 폐지하거나 최소한 완화할 수 있도록 도와줄 필요가 있었다. 비밀리에 "킬메이넘 조약Kilmainham Treaty"이라는 합의가 이루어졌다. 파넬은 풀려날 것이고, 글래드스턴은 체납 법안을 상정할 것이다. 그런데 파넬의 부재 기간 동안 그의 투옥에 분노한 열혈 지지자들은 냉철해지기는커녕 더욱 격렬해졌다. 1882년 5월에 신임 아일랜드 장관 프레드릭 캐번디시 경Lord Frederick Cavendish과 그의 상임 차관 토머스 버크Thomas Burke가 더블린의 피닉스 공원을 산책하던 중 스스로를 '무적the Invincibles'이라 칭하며 암살을 계획한 테러리스트들에게 살해당했다. 글래드스턴에게는 이 잔혹한 사건이 두 배로 끔찍했다. 긴 수술용 칼이 희생자의 목을 귀에서 귀까지 잘랐고, 버크의 머리는 몸에서 거의 잘려나간 상태였다. 캐번디시는 단순한 정치적 임명자가 아니라 글래드스턴의 아내의 조카이자 하워드에도 자주 드나들며 "프레디Freddie"라는 애칭을 부르던 사이였다. 킬메이넘에서 합의한 조건에 따라 방금 석방된 파넬은 겁에 질린 채 아일랜드 당의 대표직을 사임하겠다고 제안했다. 그러나 바로 이런 상황에서 글래드스턴의 기독교적 관용의 본능이 빛을 발했다. 그는 파넬의 제안을 거절했을 뿐만 아니라 긴밀한 협력을 약속했으며 사건 발생 일주일 만에 체납 법안을 상정했다. 그의 몇몇 동료들에게 이것은 이 노인이 미쳐버렸다는 또 다른 증거였다. 피닉스 파크 살인 사건에 대한 직접적인 대응으로서 수색, 체포 및 구금 권한을 확대하고 아일랜드 배심원이라는 불편을 끼치는 존재 없이 판결할 수 있는 특별 재판소를 만드는 또 다른 '강압법'을 통과시킴으로써 반란도 예방했다.

이 두 가지 조치는 서로 상쇄되었음에도 불구하고 파넬과 글래드스턴은 아직 은밀한 협력을 중단하지 않았다. 캐서린 오셰이는 계속해서 메시지와 아기를 실어 날랐다. (이 무렵 글래드스턴은 이전에는 몰랐던 그녀와 파넬의 관계를 확실히 알게 되었다.) 총리가 생각한 탈출구는 지방정부 위원회를 통한 것이었다. 조지프 가스-앤-워터 체임벌린Joseph gas-and-water Chamberlain이 애지중지했던 프로젝트인 지방정부 위원회는 분할 주권이라는 헌법 원칙을 위배하지 않으면서 아일랜드인들이 구성원을 직접 선출할 수 있었다. 그러나 이 계획에 의하면 영국 정부가 임명하는 아일랜드 전체 사업을 위한 중앙위원회도 더블린에 설치되어야 했다. 중앙 위원회는 지방으로의 권력 이양devolution이 결국엔 더 큰일로 이어지는 시작이라고 의심하는 사람들을 달래기 위한 것이었다. 그러나 보수당과 연합주의자들은 이것을 정반대의 의미, 즉 진정한 자치 정부의 태동으로 받아들였다. 적신호가 켜졌다. 법안은 부결되었다.

파넬은 글래드스턴이 이 법안을 추진하기 위해 최선을 다했다고 믿지 않았고, 설사 그랬다고 해도 그가 진정으로 원했던 실질적인 자치 법안은커녕 이를 실현할 정치적 힘도 더 이상 없다고 생각했다. 노인은 자주 아프기 시작했고, 하필 위기가 최고조에 달했을 때 눈 속에서 넘어져 머리를 심하게 다치고는 두개골 안에서 피가 나는 것이 느껴진다고 말하기도 했다. 심각한 손상이 있었을지 누가 알았겠는가? 그는 더 이상 내각의 주인이 아닌 것 같았다: 위그당과 급진주의자들은 서로의 목을 조르고 있었고 양쪽 모두 총리가 악의를 품고 있다고 의심했다. 체임벌린은 — 진정한 권력 이양에 대한 그의 충성심이 세월이 흐르면서 점점 더 약해졌다 — 지도력을 장악하기 위해 초조하게 기다리고 있었다. 게다가 제국주의자들에게는 재앙이었던 글래드스턴이 이제는 남아프리카에서, 자만심 강한 비컨스필드가 이집트에서 그랬던 것만큼이나, 총포 외교와 성급한 군사 원정에 몰두하는 모습을 드러냈다. 1881년에 수에즈 운하 지분을 영국에 매각한 후에도 막대한 부채를 떠안고 주권자의 시늉만 하던 케디브 Khedive 정부에 대항하는 군 장교들의 봉기가 일어났다. 물론 이곳의 법정관리인은 영국과 프랑스라는 서구 열강이었고, 이들은 부채를 제대로 관리하기 위해 이집트의 수입을 통제했다. (사실 이것은 18세기 인도에서 영국이 통치를 시작했을 때 유럽 식민주의자들이 애초에 자신들이 초래한 혼란을 수습하기 위해 개입해야 한다고 주장했던 상황을 아프리카에서 거의 그대로 재현한 것이었다.)

군부와 무슬림의 소요가 뒤섞인 이집트 반란으로 인해 두 강대국은 손실을 줄이거나 장기전을 벌여야 하는 입장에 처했다. 후자가 비용이 너무 많이 드는 것은 말할 것도 없고 논리에도 맞지 않는다고 프랑스가 판단했을 때, 글래드스턴은 놀랍게도 대포를 쏘며 뛰어들었다. 영국 해군은 알렉산드리아를 포격했다. 40일 만에 파견된 육군은 이집트 반군을 전멸시켰다. 반제국주의자 글래드스턴이 전국에 승리의 모닥불을 피우라고 명령했다. 글래드스턴이 여느 식민지의 지방 총독처럼, 아니 실제로 디즈레일리처럼, "평화"와 "안정"을 위해 원정을 시작한 것이지 이집트에 영국 식민지를 세우려는 것이 아니며, 단지 케디브의 "합법적인" 통치를 회복하기 위해 원정대를 파견했다고 거듭 강조하자 그의 오랜 친구들은 그 배신에 경악을 금치 못했다. 물론 그는 예측 가능한 미래까지는 영국 통치의 정당성을 유지하고 베어링 가문과 같은 사람들에게 빚진 자금을 갚기 위해서라도 한동안 한두 명의 영국 군인이 필요하긴 했다. 글래드스턴이 제국주의에 발을 디딘 것에 대해 그의 오랜 동지였던 존 브라이트보다 더 괴로워했던 사람은 없었다. 적어도 디즈레일리는 자신의 제국주의에 대해 솔직했다. 반면 글래드스턴은 한심할 정도로 착각에 빠진 것처럼 보였다고 브라이트는 다음과 같이 썼다. "그는 나에게는 명확하게 잘못된 것으로 보이는 것이 분명히 옳다고 자신을 설득시키는 힘이 있는 것 같고, 많은 사람들이 죽어야 한다는 것을 유감스럽게 생각하지만 더 나은 질서를 확립하기 위한 정책이 발생시킨 사건 중 하나이기 때문에 비난할 수 없는 사건이라고 그는 간주한다."

글래드스턴은 이집트에서 "더 나은 질서"를 확립했지만 하르툼Khartoum에서는 고든 장군 참사를 겪었다. 고든 장군은 수단 남부에서 몰려오는 마흐디Mahdi(선택받은 자)의 거대한 지하디 군대와 마주한 상황에서 하르툼에서 퇴각하라는 현명한 명령을 받았지만, 결국 거기 남아 순교를 택했다. 고든에게 분노한 글래드스턴은 개인적으로는 그의 바람을 들어줄 준비가 되어 있었지만, 정치적으로는 이것은 상상할 수 없는 일이었다. 울즐리 경Lord Wolseley은 1885년 1월 말에 나일강을 따라 구호 원정을 떠났고, 고든을 구하기에는 며칠 늦은 1885년 1월 말에서야 도착했다. 글래드스턴은 영웅을 "희생"시켰다는 죄책감에 시달렸고, 특히 빅토리아 여왕은 윌리엄 유어트 글래드스턴William Ewart Gladstone에 관한 모든 것에 혐오를 더욱 강화했다.

이러한 모든 문제로 인해 파넬은 글래드스턴의 권력이 약화되고 있으며 적어도 단기적인 목표를 달성하기 위해서는 다른 곳을 찾아야 한다고 설득당했다. 돌이켜 보면 보수당으로의 전술적 전환이 비뚤어진 것처럼 보이지만, 사실 파넬은 토리당의 거물인 카나번 경Lord Carnarvon의 구애를 끊임없이 받고 있었으며, 그의 아일랜드 블록이 자유당으로부터 탈당하면 글래드스턴의 당내 반체제 인사들과 힘을 합쳐 정권을 무너뜨릴 수 있다고 믿게 될 정도였다. 이를 위해 그가 솔즈버리 경에게 지불해야 하는 대가는 토지 법안에 덧붙여 글래드스턴이 의회에서 통과시키지 못했던 범죄 관련 법안의 철회였다. 그의 바람은 이뤄졌다. 1885년 6월, 자유당 정부는 의회 표결에서 다수 의원의 기권과 아일랜드 의원들의 반대로 인해 부결되었다. 그러나 파넬은 외교 정책을 제외한 모든 것을 아일랜드 의회가 결정하는 본격적인 내각제를 추진 중이었기 때문에 파넬-토리 동맹은 계속 유지되기에는 너무 부자연스러운 것이었다.

이것은 솔즈버리뿐만 아니라 점점 더 제국주의적이 되어가던 조지프 체임벌린을 포함한 많은 자유당원들에게도 지나친 조치였으며, 그들에게 자치에 대한 이야기는 탈퇴 및 연방의 종말과 같은 것이었다. 그러나 글래드스턴은 또 한 번의 놀라운 심정의 변화를 겪었다. 그는 다시 자신의 평화의 신전에 쌓여있는 자료들 속에 깊이 빠져들었고, 집중적인 역사 연구를 통해 아일랜드 국민 대다수가 연합의 결실에 의문을 제기하는 것은 사실 그들에게 많은 죄악과 불의가 가해진 결과라고 믿게 되었다. 지금 당장은 아니더라도 미래의 어느 불가피한 단계에서 선택해야 할 것은 강압과 자치 중 하나가 아니었다. 진정한 자유주의 영국에서 강압은 영속될 수 없기 때문이다. 그것은 자치와 전면적인 분리독립 사이의 선택이었다. 자치를 인정하는 것이 훨씬 더 과감한 분리를 예방할 수 있는 최선의 방법이었다. 일단 확신을 얻은 그는 여왕에게 아일랜드 자치가 진정한 의미에서 보수적인 조치라고 설득하고, 파넬(캐서린 오세이를 통해)에게 아일랜드 의회가 앞으로 나아갈 길이라는 데 동의한 다음, 하워드의 다비 경에게 연합은 "실수이며 아일랜드 전체 국민의 삶을 빼앗는 데 적절한 명분이 제시되지 않았다"고 말하면서 자신의 생각을 당원들에게도 알렸다.

글래드스턴이 당원들을 끌어들이기 위해 택한 전술은 기껏해야 임시방편에 불과했다. 선거운동이 한창이던 1885년 12월 중순, 글래드스턴이 헌신하고 있다는 자치에 관련된 원칙을 명시한 신문 기사 형태의 연이 날아올랐다. 글래드스턴은 즉시 이를 부인하고 자신이 염두에 둔 것은 지방정부에 관련된 계획일 뿐이라고 주장했지만; 자유당 내부에 퍼진 충격파는 막대한 피해를 끼쳤다. 휘그당원들과 체임벌린과 같은 제국주의 급진주의자들은 협의나 동의 없이 정책을 추진한다는 사실에 경악했고, 정치적 짐을 꾸리기 시작했다. 가장 심각했던 것은 체임벌린이 급진주의자 친구들과 동료들에게 국내 사회 개혁이라는 명분과 아일랜드의 자치라는 명분을 상호 배타적인 것으로 제시하기 시작했으며; 아일랜드의 유사-반역자에게 홀려버린 한 노인의 집착에 "잉글랜드의 상태"를 개선하기 위한 노력이 인질로 잡혀버렸다고 주장하기 시작했다는 것이다.

총선은 86명의 의원으로 구성된 아일랜드 블록을 만들어냈고, 이는 산술적으로 두 정당 간의 균형을 정확하게 유지했다. 글래드스턴은 토리 정부가 제안하면 자치를 지지하겠다고 제안했다. 그러나 토리당의 젊은 스타인 랜덜프 처칠Randolph Churchill과 아서 밸포Arthur Balfour는 반semi-독립적인 "무지한" 가톨릭 아일랜드에 장악당하고 여러 세대에 걸친 이 지역에서의 프로테스탄트교 우세에 대한 대가를 치를 것을 두려워하던 얼스터 프로테스탄트 교도들의 이미 호전적으로 발전한 편집증을 이용하여 자치를 정면으로 공격했다. 밸포는 아일랜드의 연합주의자들Unionists에게 자치는 "수적으로는 당신들보다 많지만 정치적 지식과 경험에서는 의심할 여지 없이 당신들보다 열등한 다수의 지배를 받게 될 것이며, 아일랜드의 부유하고 질서 있고 근면하고 진취적인 당신들은 덜 질서 있고 덜 근면하고 법을 덜 준수하는 아일랜드의 일부를 위해 돈을 공급해야 한다"는 것을 의미한다고 말하며 불만을 토로했다. 이 옥스퍼드 철학자-학자의 세련된 입술에서 얼스터 레드핸드 유니온주의Ulster Redhand Unionism의 진정한 기질이 튀어나왔던 것이다.

토리당이 당연히 강압을 선택하자 글래드스턴은 직접 나서서 해결의 실마리를 찾았다. 제국 내에 아일랜드 의회를 설치하는 법안이 서둘러 마련되었는데, 파넬과 글래드스턴이 합의한 내용을 거의 그대로 따르고 있었다. 얼마 지나지 않아 아일랜드에서의 소작은 사실상 소유권을 가져다준다는 밀과 캠블의 주장을 뒷받침하는 또 다른 토지 법안이 상정되었다. 세입자에게 땅을 판 집주인은 이제 정부 기금에서 보상을 받을 수 있는 기회를 얻게 되었다. 이는 글래드스턴이 자신의 이름을 건 가장 혁명적인 일이었다.

1886년 5월 27일, '의회 방청석Strangers' Gallery'은 일찍부터 꽉 들어찼고 평민원 의원들은 자치 법안의 2차 독회를 위해 원내를 가득 메웠다. 글래드스턴은 자유당 내 반체제 인사들에게 극적인 양보의 제스처로 자치 원칙에 따라서만 표결할 것을 제안했고, 여기서 통과될 경우 3차 독회는 다음 총선거 이후에 실시할 것을 제안했다. 이어서 글래드스턴은 3시간 반 동안 자신의 인생에서 가장 고귀한 동시에 가장 파멸적인 연설을 했다. 그는 평민원 의원들에게 지금이 "우리 역사의 황금 같은 순간 중 하나이며, 왔다가 사라질 수도 있지만 거의 돌아오지 않는 기회 중 하나"라고 말했다. 그리고 그 이후 벌어진 모든 일을 돌이켜보면 그가 틀렸다고 누가 말할 수 있을까? 그의 웅변은 마치 자신을 노려보던 반대파의 역공을 웅변의 힘으로 극복한 것처럼 키케로의 경지에 올랐고, 진정한 웅변가는 말을 잘하는 선한 사람이라는 퀸틸리아누스Quintilian의 정의를 구현했다. 그날 글래드스턴은 훌륭한 연설을 했고, 아마도 그의 길고 화려한 경력을 장식했던 모든 신성모독, 모든 격렬한 모순, 충동과 편협함의 모든 행위는 그가 말하는 깊은 진실과 선함 앞에서 아무것도 아닌 것이 되어 사라져버렸을 것이다. 영국의 역대 총리 중 (처칠 전까지는) 가장 역사에 관심이 많았던 이 총리가 의회에서 이 순간만큼은 영국의 역사를 잊어달라고 요청했을 때보다 더 다급하고 더 가슴 아픈 순간은 없었다. 아일랜드는 "과거에 대한 축복받은 망각"을 요구하고 있다고 그는 말했다. "그녀(아일랜드)는 또한 미래에 받을 혜택을 요청하고 있는데, 그 혜택은 … 그녀의 명예와 관련하여 우리에게도 혜택이 될 것이며 행복, 번영 및 평화와 관련하여 그녀에게도 혜택이 될 것입니다. 이것이 그녀의 기도입니다." 그는 이렇게 간청했다. "이 법안을 거부하기 전에 잘 생각하고, 현명하게 생각하고, 당장이 아니라 앞으로 다가올 세월을 생각하십시오."

그 기도는 응답을 받지 못했다: 341명의 의원이 반대표를 던졌고, 311명이 찬성표를 던졌다. 글래드스턴의 당원 중 91명이 반대표를 던졌는데, 이는 총리의 가장 비관적인 예상보다 많은 숫자였으며, 여기엔 체임벌린과 자유주의 양심의 투사 존 브라이트도 포함되었다. 체임벌린은 자유당 충성파로부터 "유다!"라는 외침을 들었다. 6개월 만에 두 번째로 치러진 총선은 글래드스턴의 표현대로 "대참사"였다. 자유당은 191석을 얻는 데 그쳤고, 보수당은 316석, 파넬의 당은 85석을 얻었다.

글래드스턴이 마지막으로 다시 집권하기까지는 6년이 걸렸고, 이제 노인이 된 글래드스턴은 자치를 다시 이 국가에 가져올 기회를 얻었다. 그러나 모든 것이 변했고, 특히 아일랜드 당과 지도자의 운명도 바뀌었다. 1889년 오셰이 대위는 파넬과의 간통을 이유로 아내와 이혼 소송을 제기했다. 글래드스턴을 포함한 자유당은 충격을 받았다고 고백했다. 자치를 위한 그의 리더십을 결정적으로 지지했던 가톨릭교회는 이제 그를 사악한 음행을 행한 자로 비난했다. 더블린을 제외한 아일랜드에서 그의 대중적 지지는 소수의 열성 지지자들로 축소되었다. 킬케니Kilkenny에서 사람들은 그에게 진흙을 던졌다. 2년 후인 1891년 10월 6일, 그는 브라이튼에서 이제 그의 아내가 된 캐서린의 품에 안긴 채 45세의 나이로 세상을 떠났다. 그러나 1893년이 되자 제국의 해체와 영제국의 "리틀 잉글랜드"로의 축소를 인정할 수 없게 된 것은 이제 보수당원이 된 체임벌린뿐만이 아니었다. 체임벌린은 이렇게 말했다. "모든 유럽이 무장을 하며 이를 갈고 있다. 반면에 우리의 이익은 보편적이다. 우리의 명예는 태양 아래 거의 모든 땅과 관련이 있다. 그러한 조건에서 약자는 공격을 시도하기 때문에 영국은 강해질 필요가 있다." 게다가 캐나다인과 뉴질랜드인은 말할 것도 없고, 굳건히 충성스러운 웨일스인과 스코틀랜드인, 또는 런던과 맨체스터의 시민의 사회적·경제적 이익이 아일랜드 민족주의 협박에 굴복하라는 강박에 왜 희생되어야만 하는가? 자치주의자들은 얇은 변장을 한 테러리스트에 불과했고 — 그들은 그를 속이지 못했다 — 게다가 파넬이 피닉스 파크 살인 사건의 배후에 항상 있었다는 것이, 그가 충격적으로 주장했듯이, 이제는 상식이 되었다. 체임벌린은 자치의 패배가 주는 교훈은 "대다수 영국 국민은 영광스럽고 단결된 영제국을 자랑스럽게 여긴다는 것"이라고 선언했다. 외무장관 로즈버리 경과 같은 글래드스턴 당의 떠오르는 스타들 중 상당수가 제국주의에 열광했고, 그들은 마주바Majuba 언덕의 글래드스턴과 이집트를 그들의 선례로 들었다. 아일랜드 자치정부 법안의 3차 독회를 용인하는 것은 (평민원에서의 패배가 확실했기 때문에) 지도부에서 밀려나 머지않아 무덤에 묻힐 위대한 노인Grand Old Man을 농담거리로 만들 뿐이었다. 그러나 모든 사람이 그를 평화롭게 보내줄 준비가 된 것은 아니었다. 토리당원이었던 체임벌린은 글래드스턴에 대해 악의적인 인신공격을 퍼부었는데, 아일랜드 정치인 T. P. 오코너T. P. O'Connor에게는 이것이 마치 지옥에 있는 ""잃어버린 영혼"의 목소리처럼 들렸다: 총리가 "검정색"을 외치면 그들은 "좋다"고 하고, 총리가 "백색"을 외치면 그들은 "더 좋다"고 한다. 그것은 항상 신의 목소리다. 헤롯 시대 이후로 그토록 노예적인 숭배는 없었다".

 그는 신은 아니었지만, 이 문제에 대해서만큼은 제대로 예언한 선지자였다. 1911년과 1917년에 아일랜드가 한편으로는 강경한 공화주의적 분리주의와 다른 한편으로는 똑같이 강경한 연합주의 사이에서 절망적으로 짓밟혔을 때, 영국 역사에서 아일랜드의 자치권이 평화적으로 실현될 수 있는 기회는 다시 오지 않을 것이 분명했다. 아일랜드와 영국 모두를 아끼는 사람이라면 우리가 여전히 그 기회를 놓친 결과를 안고 살아가고 있다는 사실에 어느 정도 아쉬움(물론 감상적일 수도 있지만)을 느낄 수 있을 것이다. 사실 자치의 실패는 아일랜드와 영국 역사에서 전환점 이상의 의미를 가졌다. 또한 반세기 전에 머콜리가 진지하고 심각하게 주장했던 점진적 자치라는 훨씬 더 오래된 자유주의적 이상의 묘비이기도 하다. 조지프 체임벌린은 자치라는 신성한 소를 도살하고 얼려서 가두면 제국이 실제로 더 강해질 것이라고 믿고 싶었지만, 장기적으로 볼 때 그것은 엄청나게 틀린 생각이었다. 온건한 아일랜드 민족주의가 제국 내에서 일종의 자기표현을 시도하던 바로 그 순간, 온건한 인도 민족주의자들도 똑같은 일을 하고 있었다. 1885~1886년은 자치의 진실이 드러나는 순간이었을 뿐 아니라 인도 국민회의가 출범한 해이기도 했다. 이 의회는 리튼 정부의 기근 반대론자였던 앨런 흄에 의해 설립되었는데, 흄은 제국의 건설과 막강한 군사력을 정당화하는 명분으로 내세웠던 선한 의도가 실제로는 결코 실현될 수 없다고, 적어도 자발적으로는 결코 실현될 수 없다고 마침내 판단한 것이다.

　인도와 아일랜드 모두에서 자유당은 자치와 경제 및 사회정의에 대한 약속을 이행하지 못했고 보수당도 마찬가지였다. 식민지의 교육받은 계급이 스스로 정의와 정부를 책임지도록 하는 대신 영제국주의 권력은, 저 멀리 런던에 있는 이상주의자들보다 더 우월하고 강력한 지혜를 갖고 있다고 주장하는 '현지 사람Man on the Spot'이 실천한 것처럼, 그들을 배제하기 위해 그 어느 때보다 결연한 의지를 다지고 있었다. 글래드스턴이 임명한 진정한 자유주의자였던 리펀 경Lord Ripon은 인도에서 가장 품위 있는 총독이었지만 유럽인이 인도인 치안판사의 재판을 받을 수 있도록 하는 일버트Ilbert 법안을 그가 통과시키려 하자 캘커타에서 마드라스까지 백인들의 분노의 외침이 터져 나왔다. 결국 정부는 후퇴할 수밖에 없었고, 이 주제넘은 법안은 철회되었다. 조지 오토 트리벨리언은 반란 이후 영국인들의 매너와 관습을 스케치한 『올라 경쟁The Competition Wallah』(1864)에서 "앵글로색슨족의 강렬한 자기 칭찬 정신은 국내에서는 잠자고 있지만 각 대륙의 저속한 영국인들 사이에서는 불쾌하게 인식되고 있으며, 인도에서는 만연하고 있다"고 비난했다. 사브의 속물근성과 인종차별, 위선에 구역질이 났던 그는 1830년대에 아버지가 바랐던 고상한 이상에 어떤 일이 발생했는지 너무도 분명하게 보았다. "보글리포어Boglipore의 판사 부인이 그곳에서 여동생인 갸의 콜렉트릭스Collectrix of Gya를 만나기를 몇 달 동안 고대"하던 수나푸르Sunapur(원래는 인도의 정화 축제)에서 열린 연례 경마 대회에서 트리벨리언은 크로켓과 내기가 벌어지는 가운데 "키 크고 깡마른 짐승"이 잘 차려입은 부유한 인도인들이 모인 곳으로 돌진하여 그들이 울타리 밖으로 도망갈 때까지 두 줄로 된 사냥 채찍으로 때리는 것을 목격했다. "한두 명의 민간인이 서로에게 '부끄러운 일'이라고 말했지만 아무도 놀라거나 겁에 질린 표정을 짓지 않았고, 아무도 끼어들지 않았으며, 아무도 비난하지 않았고, 저녁 식사 때 그 불한당을 만나는 데 반대하지 않았다." 19세기 후반 라지에서 점진적 자치주의에 대한 립서비스가 시작되고 토착민들이 시민으로서의 책임에 대해 "준비되지 않았다"는 원색적인 표현이 쏟아지던 바로 그 시기에 이런 장면들이 문학에서 점점 더 흔하게 등장했다. 설상가상으로 가장 노골적인 인종 편견은 국내에서 표출되고 있었다. 빅토리아 즉위 60주년 시대의 영국 정치에서 가장 부끄러운 것은 아마도 영국의 하층계급을 대표하여 가장 설득력 있는 연설을 했던 찰스 딜크Sir Charles Dilke나 체임벌린 같은 급진주의자들이 백인의 명백한 우월성과 영제국의 자명한 이타주의에 대해 가장 강렬한 신념을 가졌었다는 점이다.

세기 전환기가 되면 여왕 즉위 60주년이나 팍스 브리태니커—위풍당당하게 독선적이고, 건축적으로는 으스대고, 군사적으로는 맥심 총으로 무장한—의 수사와 피지배 백성에 대한 씁쓸한 환멸 사이에 엄청난 간극이 생겼다. 충성스러운 전사자들의 무덤을 바라보는 보어 전쟁Boer War 후의 체임벌린과 제1차 세계대전 후의 커즌에게는 제국이 그 어느 때보다 단결된 것처럼 보였겠지만(심지어 실제로 그렇게 믿었을 수도 있다), 이 둘은 모두 깊은 착각에 빠져 있었다. 20세기 초반의 20년 동안 머콜리, 디즈레일리, 커즌의 약속을 지키지 못한 결과는 그런 약속을 했던 사람들이 전혀 예상하지 못했던 방식으로 돌아왔다. 인도와 아일랜드의 민족주의자들은 영국 헌정사에서 도출된 의제를 발전시키기 위해 자유주의라는 고전적 언어를 사용하는 대신, 헌정사 전체를 거부하고 자신들의 전통으로 돌아갔다(심지어 재창조해야 할 때에도). 아일랜드 민족주의는 게일족 운동Gaelic movement에 의해 채색되었는데, 퍼드리그 퍼스Padraig Pearse와 같은 이 운동의 문학 및 정치 지도자들은 예의를 지나치게 중시하고 합리성에만 집착하여 서로를 "나의 친애하는 벗이여"와 같이 어색하게 부르는 식의 자유주의에서 가능한 한 멀리 멀리 떨어지기 위해 의도적으로 농민들의 신비주의 숭배를 발전시켰다. 이와 함께, 불행하게도, 폭력과 피의 희생에 대한 숭배도 발전해서 1916년 부활절 봉기에서는 마치 신화와 같은 절정에 도달했는데, 퍼스도 그 많은 희생자 중 한 명이었다.

인도에서도 똑같은 연대기가 이어졌다. 수렌드라나트 바네르지Surendranath Banerjee, 푸나Poona 지역 브라만인 고팔 크리슈나 고칼레Gopal Krishna Gokhale 등 서구화된 입헌주의 성향의 국민회의 지도자들은 역시 치트파반Chitpavan의 브라만이지만 마하라슈트라 마라타족Maharashtra Maratha이 라지에 저항한 역사에 훨씬 더 많은 관심을 가졌던 발 강가다르 틸락Bal Gangadhar Tilak 같은 카리스마 넘치는 신전통주의자들에게 자리를 빼앗겼다. 그 부족의 군주인 시바지Sivaji에 대한 숭배를 조율하면서 틸락이 그의 역사를 미화했을 수는 있지만, 평화를 사랑하는 클라이브와 웰슬리가 등장하기 전까지의 인도를 어둠과 빈곤, 무정부 상태의 대륙으로 묘사하는 영국의 터무니없는 역사 신화로부터 인도를 해방시키고자 했던 것이다. 틸락은 존 스튜어트 밀을 인용하는 대신 영제국주의자들이 정치적으로 미개하다고 여겼던 힌두교 문화 요소 간파티Ganpati 축제를 정확하게 활용하여 대중을 동원했다. 그는 옥스브리지 영어를 사용하는 대신 마치 시타르sitar[27]를 연주하듯이 토속 언론을 활용했다. 틸락은 서양 예술을 "개선"하는 대신 가네쉬Ganesh와 칼리Kali의 근대 도상학에 빠져들었다. 그는 심지어 결혼 적령기를 높이려는 선의의 시도에 저항함으로써 벤팅크 경이 무덤 속에서 탄식하게 했다.

무엇보다도 틸락은 라지의 가장 아픈 곳, 즉 주머니를 어떻게 공격해야 하는지 정확히 알고 있었다. 스와라지 치하에서 인도 자치(틸락은 아일랜드 혁명가 에이먼 드 벌레러Eamon de Valera처럼 자치령dominion 지위를 받아들일 준비가 되어 있었

---

27   인도의 전통 현악기.

다)에 대한 요구는 힌디어로 "신 페인Sinn Fein(우리끼리)"에 해당하는 스와데시 swadesh, 즉 아일랜드에서는 보이콧이라고 불렸던 수단을 통해 매우 훌륭하게 압박을 가했다(사실, 제1차 세계대전 전 국민회의의 일부 예민한 사람들은 "보이콧"이라는 용어가 아일랜드의 협박을 연상시킨다는 이유로 이 용어를 사용하는 것에 대해 우려하기도 했다!). 상점 폐쇄(예를 들어 1906년 10월 16일에 커즌이 벵골 분할령을 시행한 것에 대한 반응으로), 대규모 파업, 그리고 무엇보다도 영국 제품 구매금지 조치는, 본국의 불평등한 상업적 이득뿐만 아니라 체임벌린과 같은 사람들이 여전히 외치고 있던 뻔뻔하게 위선적인 상호 번영의 구호에도 치명타를 입혔다. 더욱 심각한 것은, 약 75년에 걸쳐 스패츠[28]와 풀 먹인 빳빳한 옷깃을 차려 입은 우스꽝스럽게 서구화된 바드랄록bhadralok을 비웃어온 사람들이 마침내 국내에서 생산된 옷감을 사용하자는 캠페인에서 성과를 거두었다는 점이다. 자와할랄 네루Jawaharlal Nehru의 아버지 모틸랄Motilal은 서구화된 자유주의자로 정치 경력을 시작했고 아들을 해로우와 케임브리지에 보냈지만, 재킷과 넥타이를 전통적인 긴 코트와 모자로 바꿔 입은 이유는 편안함 때문이 아니라 민족주의자로서 자신의 정통성을 상징하는 옷이라는 것을 알았기 때문이다.

영국 통치에 대한 저항의 한 형태로 신전통주의를 받아들인 것은 라지의 창시자들에게 충분히 놀라운 일이었을 것이다. 하지만 영국의 급진주의자들이 — 특히 여성 급진주의자들이 — 국가적 대의를 위해 서양이 아닌 동양의 지혜를 채택하는 광경에 그들은 훨씬 더 불안하고 당황했을 것이다. 이제 라지는 점잖은 영국인 대신 골치 아픈 백인 힌두교도, 불교도, 기타 신비주의자들을 상대해야 했다. 1877년, 노동계급의 피임 장려를 위해 1875년에 음란물을 출판한 혐의로 재판을 받던 찰스 브래들러(국민회의의 또 다른 열성 지지자)와 공동 피고인이자 1888년에 그 유명한 성냥팔이 소녀들의 파업을 조직했던 애니 베전트는 복수를 위해 동양으로 건너갔다. 1893년에 인도에 갔을 때 애니는 여전히

---

[28] 몸에 달라붙는 바지.

헬레나 블라바츠키Helena Blavatsky 부인의 종교인 신지학Theosophy을 신봉하고 있었다. 그러나 그녀는 베나레스에 힌두교 대학을 설립하여 힌두교 종교와 정치에 훨씬 더 깊이 뛰어들었고, 이로써 벤팅크와 머콜리가 쓸모없는 시대착오적인 대학을 폐쇄하기로 결정하면서 시작된 연쇄 고리를 끊어냈다. 그리고 1916년에 스와라지의 추진을 가속화하는 가장 전투적인 목소리 중 한 명이었던 애니는 '인도 자치 연맹Home Rule for India League'을 설립하고 1917년에는 국민회의의 의장이 되었다.

더 예상치 못한 결과도 있었다. 고인이 된 백작 총독의 딸이자 여성 참정권 운동가 콘스탄스의 여동생인 에밀리 리튼Emily Lytton은 1896년에 켄싱턴에서 야심 찬 27세의 건축가 에드윈 러티언즈에게 청혼을 받았다. 그의 열정적인 러브레터 중 하나에는 "세계"를 정복하기 위해 제국주의 스타일의 기사가 된 자신의 그림이 그려져 있다. 그는 잠시 에밀리를 정복했지만 결혼 생활은 재앙이었다. 에밀리는 섹스를 중단하고 대신 인도인 크리슈나무르티Krishnamurti의 지도 아래 신지학을 받아들였다. 에드윈은 뉴델리를 건설하기 시작했는데 이 도시는 죽어가는 제국의 진원지가 될 예정이었다.

제1차 세계대전의 무덤은, 1918년의 인플루엔자 대유행으로 사망한 수백만 명은 말할 것도 없고, 제국의 기념비와 전쟁 무덤의 경건함에도 불구하고 제국의 유대를 더 긴밀하게 만드는 데 아무런 역할을 하지 못했다. 갈리폴리Gallipoli의 죽음의 함정에서 살아남은 오스트레일리아와 뉴질랜드 부대ANZAC, 비미 릿지Vimy Ridge의 대학살에서 기어 나온 캐나다 군인들, 메소포타미아에서 터키에 항복했다는 이유로 비난을 받은 인도 병사들이 자신의 군 복무 경험을 영국 장교-신사 계급의 지혜나 무오류성에 대한 중요한 증거로 여기는 경우는 거의 없었다. 전쟁 기간 동안 최소 100만 명에 달하는 아프리카인이 징집되어 온갖 종류의 노동자와 짐꾼으로 동원되었으나, 실제로 독일군을 상대하는 일은 백인 남성에게 맡겨졌다. 재치에는 소질이 없던 조지 5세는 느리지만 필수적인 지원 역할을 맡아 그들의 튜턴족Teutonic 적을 향해 "창을 던져준" 이들에게 감사를 표했다. 아일랜드에서는 "잉글랜드의 불리함"이 민족주의자들에게 기회로 여겨졌다. 1914년에 수십만 명의 아일랜드인이 자원했지만 이 대량 학살로 인해 수많은 통합주의자 애국자들이 전쟁터에서 사라졌고, 신페인Sinn Fein은 제국주의와의 관계를 유지하지 않고 끊는다는 명분으로 수만 명을 더 모집했다. 인도에서는 오스만튀르크의 술탄이 칼리파Khalifa(모든 무슬림의 보호자라는 자칭)를 선언하면서 반제국주의에 있어 힌두교 공동체보다 다소 뒤처졌던 (그리고 힌두교의 전투적 성향을 채택하면서 소외된) 무슬림 인구의 충성심에 큰 파장을 일으켰다. 제1차 세계대전 전후로 영국 정부는 라지의 인적·재정적·군사적 자원을 동원하기 위해 마침내 정치적 양보를 하게 되는데, 인도인의 선거에 의해 선출되고 필요한 경우엔 무슬림을 보호하기 위해 가중치를 부여하는 방식을 통해 다양한 형태의 지방정부들이 만들어졌다.

하지만 너무 늦은 감이 없지 않았다. 영국 정부가 이에 대한 보답으로 충실한 감사의 표현을 기대했는지는 분명하지 않다. 만약 그렇다면 그들은 크게 실망해야 했다. 1918년에 스와라지는 대중운동이 되었고, 파업과 불매운동, 그리고 상점과 공장 노동자뿐만 아니라 우체국부터 중무장한 기차역에 이르기까지 인도의 모든 기관이 이들 없이는 운영이 불가능한 사무원들이 파업을 벌이는 등 비협조적인 행동을 일삼아 전능한 라지가 사실상 통제를 할 수 없게 만들었다. 1919년에 펀자브주의 암리차르Amritsar에서 레지널드 다이어Reginald Dyer 장군이 마이클 오드와이어Michael O'Dwyer(아일랜드의 강경 충성파) 총독의 지시에 따라 비무장 군중에 대한 발포 명령을 내려 379명이 사망한 가장 끔찍한 사건이 발생했고 인도인들의 좌절감은 종종 유혈 폭력으로 번져나갔다. 그 후 다이어는 더 강력한 무기를 사용하지 못한 것을 후회할 뿐이었다.

카리스마 넘치는 인도 국민회의당의 지도자 간디Gandhi는 암리차르의 맹목적이고 동물적인 잔인함에 대해 피해자뿐만 아니라 가해자도 동정하는 천재적인 면모를 보였다. 간디는 폭력에 대항하여 폭력이 아닌 진리—또는 사랑—의 힘인 사트야그라하satyagraha[29]를 제시했다. 이 마하트마Mahatma[30]와 함께 서구화를 통한 자기 계발이라는 100년간의 환상은 마지막 반전bathos의 순간에 도달했다. 마하트마는 고된 학습을 통해 런던 이너 템플Inner Temple[31]의 법정 변호사barrister가 된 힌두교 바이샤 카스트 출신의 "갈색 영국인"으로서 머콜리가 염두에 두었던 것과 정확히 일치하는 인물이었다. 하지만 변신은 거기까지였다. 남아프리카에서 민권운동을 시작한 간디는 1914년에 인도로 돌아와서는 정반대의 모습으로 변신했다. 집에서 만든 도티만 입는 성스러운 사람으로서 마을 단위의 자급자족 생활로 돌아가자고 주장하면서 인도의 자유가 정치적·사회적 변화뿐 아니라 무엇보다도 도덕적 변화의 신호탄이 되기를 바랐다. 간디는 이러한 변화가 동족은 물론이고 이익과 무자비한 권력만을 아는 것처럼 보이는 제국의 주인들에게까지 확대되기를 희망했다. 따라서 신중하게 계산된 그의 모든 행동은 서구의 권력에 대한 반박을 분명하게 의미했다. 제국의 권위를 의례적으로 표현한 것이 더르바르 행렬이었고, 그 의전의 세세한 부분과 화려한 대중의 환호, 보석과 연회의 향연에 온갖 관심이 쏠린다. 간디의 대응은 단식, 불가촉천민the Untouchables[32] 포옹하기, (정부의 소금 독점을 타파하기 위해) 순례자가 반나체로 바다로 행진하기, 그리고 무차별적으로 뒤섞인 수백만 명이 느리게 행진하기 등이었다. 라지의 마지막 메시지는 그것이 인도에 "서구 문명"을 가져왔다는 것이었다. 하지만 그 문명에 대해 어떻게 생각하느냐는 질문에 간디는 "좋은 생각이라고 생각한다"라고 비꼬는 그 유명한 답변을 남겼다.

그러나 물론 간디는 인도의 자유가 실현되려는 바로 그 순간에 동족에 의해 암살당했으며, 그 당시는 물론 그 이후로도 인도와 아일랜드 모두에서 오늘날까지 계속되는 종파 간 유혈 사태에서 수백만 명이 더 죽게 된다. 신전통주의neo-traditionalism는 차이를 해소하는 것보다는 차이를 만들고 영속시키는 것이

---

29 비폭력 무저항 운동.
30 바라문교의 성자.
31 영국의 법조인 양성 학교들 중 하나.
32 인도의 최하층 카스트.

더 쉽다는 것을 발견했다. 이제 제국 통치를 위한 언어로서의 역할에서 해방된 영어가, 또는 적어도 미국식 영어Ameringlish가 이러한 종파 갈등을 해소하는 역할을 미래에 할 수 있을까? 봄베이에서든 브래드퍼드에서든 주인 행세를 하지 않는 근대화의 대리인으로서? 이 역사에서 우리가 확신할 수 있는 한 가지는, 머콜리가 자신의 지역구인 리즈에서 유권자들에게 그들이 생산한 산업 제품을 동쪽에서 다시 보게 되면 기쁠 것이라고 자신 있게 외쳤을 때 그 말이 리즈 동부에 사리saris[33]가 등장하리라는 것을 의미하지는 않았을 것이라는 점이다. 그러나 또다시, 그것이 제국의 운명이다.

---

[33] 인도 여성 복장.

A History of Britain

The Fate of the Empire

1776-2000

7

블레이즈오버의 최후?
The Last of Bladesover?

윈스턴 처칠이 역사에 흠뻑 빠지기 시작한 것은 방갈로르Bangalore[1]에서였다. 오후의 "반짝이는 긴 시간 동안" 동료 장교들은 거한 점심 식사와 가벼운 폴로 경기 사이의 지루한 시간을 코를 골며 흘려보낼 때 그는 기번Gibbon 과 함께 후기 로마 제국의 화려한 잔해를 조사하거나, 머콜리 덕분에 1688년으로 돌아가 신교도의 바람the Protestant wind을 타고 네덜란드의 윌리엄과 함께 항해했던 것이다. 그는 1896년에 행동에 목마른 채 제4여왕 친위 경기병대 소속 하급 장교로 인도에 왔다. 그는 그 시대의 젊은이들이 특히 그렇게 생각했듯이 영제국은 다르다는 그 당시 특유의 확신으로 가득 차 있었다. 실리Seeley 교수가 1883년에 확언한 것처럼, "영국에게는 다른 제국들을 무너뜨렸던 약점, 즉 이질적인 국적들을 기계적으로 강제 연합시켜 놓은 것에나 존재하는 약점이 없었다". 모래빛 머리에 장밋빛 얼굴을 하고 있는 22세의 왜소한 이 남성은

---

1 현재의 벵갈루루(Bengaluru). 인도 남서부 카르나타카(Karnataka)주의 주도.

"강제 결합" 따위의 성공 여부에 그 존재를 의존하는 제국을 위해 맥심Maxim 총을 들고 기병대를 이끌고 "제멋대로인 파탄족Pathans"[2]에게 (또는 그가 파견되는 어느 곳이든) 돌진할 생각은 해본 적이 없었다.

강제? 그토록 영국답지 않은 말을 들으면 얼마나 움츠러들겠는가. 이제 힘은 다른 무언가를 뜻했다. 제국의 힘, 제국의 매력은 무자비한 강압이 아니라 평화, 안보, 자유, 번영 등 제국이 가져다준 자명하고 다양한 축복이었다. (이때는 1897년이었다. 방갈로르 주둔지의 향기로운 장미 정원에서 그리 멀지 않은 곳에서 솔개가 시신을 수습하고 있었다.) 자신의 연대를 예로 들어보았다. 그들은 하이데라바드의 니잠에게 어떻게 통치해야 하는지 지시하기 위해 그곳에 와 있는 것일까? 전혀 그렇지 않았다. 다른 연대가 독립 왕국의 영토에 배치되어 독립을 유지해 줬던 것처럼, 그들은 합의에 따라 "평화를 유지"하기 위해 그의 축복을 받아서 그의 초청을 받은 후 그곳에 온 것이다. 그리고 북서쪽 국경이나 나이지리아 북부 또는 이집트 남부에 더 많은 군대가 있다면, 그것은 이 지역이 일종의 무정부 상태에 빠져서 영국보다 훨씬 덜 문명화되고 훨씬 덜 우호적인 세력—러시아인이나 데르비시 물라dervish mullah[3]와 같은 부류의 사람들—에 의해 이용당함으로써 진보로 향하는 길을 차단당하는 것을 막기 위해서였다. 처칠은 제국의 사명이 다음과 같다는 것을 의심한 적이 없었다. "전쟁하는 부족에게는 평화를 주고, 폭력이 난무하는 곳에서는 정의를 구현하고, 노예의 사슬을 끊고, 상업과 학문의 씨앗을 심는 것 … 인간의 노력을 고무하는 데 이보다 더 아름다운 아이디어가 있을까."

하지만 이 위대한 목표를 달성할 때까지는 클럽에서 많은 시간을 보냈다. 두 명의 형제 장교들과 함께 사용하는 분홍색과 흰색의 방갈로에서 지극 정성의 시중을 받는 것은 매우 즐거웠다. 그는 매달 방갈로로 돌아와서 은화 한 봉

---

2   오늘날의 이란 지역 거주민.
3   이슬람 율법학자.

지를 남성 하인 우두머리에게 던져주고 "제복과 옷들은 모두 옷 시중을 드는 소년에게, 조랑말은 시스syce(마부)에게, 돈은 집사에게 넘겨주기만 하면 더 이상 아무런 고생을 할 필요가 없었다. … 약간의 삯만 받으면 그들이 하지 못하는 일이라곤 없었다. 그들의 세계는 옷장 안의 평범한 물건으로 둘러싸이게 되었다. … 지나치게 힘든 일도 없었고 시간이 너무 느리게 가지도 않았다. … 이곳 군주들조차도 우리보다 더 잘 살 수는 없을 것이다". 그러나 이 아대륙의 모든 공간에 비하면 조랑말과 펀치 음료 그릇으로 이루어진 이 세상은 얼마나 좁았겠는가. 활기찬 젊은 윈스턴은 장교에겐 어울리지 않는 일들을 하며 지냈다. 화려한 나비를 쫓아다니고, 다육 난초를 수집하고, 방갈로르에서 교배한 장미 표본 150개를 모두 외웠는데, 이는 평생 그와 함께할 열정이었다. 하지만 그것만으로는 충분하지 않았다.

그렇다면 뭘 했을까? 그는 항상 성급했기에 종종 그 대가를 치르기도 했다. 이제 그는 현명해지려고 애썼지만, 그의 아버지는 이건 그가 할 수 없는 일이라고 생각했다. 처칠은 베란다의 낮은 지붕 아래에서, 또는 펑카punkah가 왔다 갔다 하는 실내에서 인도에서 배운 약한 위스키와 소다 한잔을 곁에 두고 플라톤의 『공화국*Republic*』, 애덤 스미스Adam Smith, 그리고 심지어는 쇼펜하우어Schopenhauer의 철학을 읽는 모험까지 감행하는 등 등 스스로 고안해 낸 교양 교과과정을 이수했다. 그러나 그가 반복적으로 다시 돌아온 곳은 언제나 역사였다. 이건 낭만적인 오락을 위해서도 아니었고, 문서로 기록된 먼 과거의 진리에 대해 수도승처럼 헌신하고 싶어서는 더더욱 아니었으며, 오로지 신념을 추구하기 위해서였다. 그에게는 안일한 병영 생활보다도, 검둥이들은 모두 그곳에 있는 것에 감사해야 한다며 티핀tiffin[4]에서 주고받는 무지한 비아냥거림보다도 이것이 훨씬 더 위대하고 더 나은 삶의 방향을 제시해 주는 것이었다.

그래서 그는 헨리 할람Henry Hallam의 잔인할 정도로 공정한 『잉글랜드 헌정

---

4 인도식의 간단한 점심 식사.

사*Constitutional History of England*』(1827)도 다시 읽었고; 특히 머콜리도 다시 읽었다. 이 고귀한 귀족은 이제 죽은 지 30년이 되어 웨스트민스터 사원에 유해가 안치되어 있었다. 옥스퍼드 학자들은 이제 그의 연구를 극단적인 위그식 자화자찬 중에서도 최악의 경우라고 일축했다. 처칠 자신도 훗날 머콜리가 자신의 선조인 말버러 공작Duke of Marlborough에 대한 기억을 전유했다고 힐난했지만, 여러 권으로 구성된 1897년의 『잉글랜드의 역사*History of England*』(1849~1862)와 그것들보다 훨씬 더 눈부신 에세이는 머콜리를 역사가의 전형, 즉 활발하게 참여하는 시민이자 시대를 위한 공공의 교사, 무엇보다도 흠잡을 데 없는 베스트셀러 작가의 전형으로 우뚝 세웠다. 머콜리는 문장을 마치 연설문처럼 썼다. 감히 자서전까지 출판하는 뻔뻔함을 보인 전직 자코뱅 베르트랑 바레르Bertrand Barère에 대해 머콜리는 "거짓이 무엇이든, 부정직이 무엇이든, 불의가 무엇이든, 불결이 무엇이든, 증오가 무엇이든, 악의적인 선전이 무엇이든, 악덕이 있다면, 불명예가 있다면, 우리가 아는 이 모든 것들이 바레르 안에 섞여 있었다"고 분노했다. 이처럼 빙글빙글 돌아가면서 힘을 모아 비판하는 반복 어법의 힘에 처칠은 푹 빠져서 이것들을 모두 기록해 놓았다. 인쇄된 페이지 위에 나타난 머콜리의 유령은 말을 더듬는 이 젊은 귀족에게 사실상 첫 번째 연설 선생님이었던 셈이다. 그러나 『잉글랜드의 역사』는 대중 연설, 문학, 수사학에 대한 강좌 그 이상이었다. 처칠은 이 책을 통해 세계사라는 거대한 기획에서 조국이 차지하는 위치와 자신의 역할에 대해 아주 강력한 감각을 지니게 되었다. 처칠은 머콜리를 읽으면서 영국 역사가 독특하다는 주장이 허황된 과장이 아니라고 확신하게 되었다. 그의 스승이 19세기 영국이 유럽 국가 중 유일하게 독재와 혁명적 내전이라는 두 가지 악을 겪지 않았다고 강조한 것은 의심의 여지 없이 옳았다; "모스크바에서 리스본에 이르기까지 대륙의 모든 지역이 피비린내 나는 파괴적인 전쟁의 장이었지만 이 나라에서는 적대적 기준이 목격된 적이 없었고 그 덕분에 순수하게 정의를 펼치는 행정이 있었으며 … 모든 사람이 자신의 근면을 통해 벌어들이고 금욕을 통해 비축한 것을 소유하는 과정에서 국가가 자신을 보호해 줄 것이라는 전적인 신뢰를 느꼈다. 평화와 자유의 선한 영향력 아래 과학은 번성했다" 등등. 머콜리가 이러한 행복한 상태의 조건과 원인이 가톨릭 왕관에 맞서 프로테스탄트교 영국을 보존하고 이를 입헌군주제 국가로 기적적으로 전환시킨 것에 있다고 주장한 점 역시 틀림없이 옳았다. 그 이후에 발생한 모든 일은, 자유의 제국을 세계의 외딴 지역들로 확장하려는 사심 없는 소망을 포함하여, 이 중대한 사건을 보존하고 자연스럽게 발전시킨 결과일 뿐이다.

머콜리는 영국인들에게 근대의 역사를 알려줌으로써 국적; 공동의 충성을 맹세해야 하는 이유; 필요하다면 페샤와르Peshawar나 페낭Penang에서 싸워야 하는 이유를 제공한 것처럼 보였다. 이런 의미에서 머콜리는 두 번이나 역사를 새로 쓴 셈이었다. 그의 글은 군인과 행정관, 기술자, 심지어 선박회사 사무원과 역장까지 감동시켰고, 그들이 하는 일은 또 다른 역사를 쓰게 만들었다. 처칠은 자신도 제국에 대해서 쓸 수 있고 제국도 그에 대해 쓸 것이라고 느꼈을 것이다. 투키디데스도 은둔형 기록자가 아니라 투사, 사상가, 연설가, 그리고 사람들을 움직이게 하는 연극 배우였다. 세상에 대한 그의 깊숙한 경험은 그의 업적을 더 오래 지속시켰다.

머콜리의 최고 걸작은 확실히 잉글랜드에 대한 역사였다. 그러나 병영이나 법원에서 근무하거나; 철도를 부설하고 관개 운하 굴착을 명령하거나; 오스트레일리아의 오지에서 가축을 방목하고 아삼에서 차 농장을 번창시키거나; 의회에 진출하거나; 은행, 보험, 해운 회사를 소유한 스코틀랜드인, 아일랜드인, 웨일스인 등도 이제 그레이트 브리튼Great Britain이 진정한 하나의 국민a nation이 되었음을 증명하는 것이었다.[5] 머콜리도(칼라일은 말할 것도 없고) 원래는 스코틀

---

[5] 이 당시 영국의 공식 명칭은 United Kingdom of Great Britain and Ireland였고, 이 중 아일랜드를 제외한 그레이트 브리튼 섬에 거주해 온 주요 국민은 잉글랜드인, 스코틀랜드인, 웨일스인으로서 각각의 역사적·문화적 정체성을 보유하고 있었지만 이 시기가 되면 제국의 번영에 모두 함께 이바지하면서 이제 이 셋을 아우르는 "Great Britain"이라는 용어도 독자적으

랜드 출신이 아니었던가? 실리Seeley는 심지어 잉글랜드인들은 도저히 "알아들을 수 없는" 언어를 사용하면서도 자신들이 그들과 같은 국가에 속해 있다고 느꼈던 "켈트족"을 비교 대상으로 삼으면서, 이는 네덜란드 출신인 보어족Boers이나 깜둥이Kaffirs,[6] 호사족Xhosa[7]과 같은 훨씬 더 다양한 민족들을 진정으로 지속적이고 "강제되지 않은" 방식으로 제국 연합에 통합할 가능성을 보여주는 유망한 선례라고 했다.

물론 처칠도 머콜리와 마찬가지로 국가와 제국의 평행하고 상호 보완적인 결합은 이기적으로 형성되는 것이 아니라 자연스러운 과정이라고 믿었다. 이 둘이 지속적인 번영을 조건으로 잠정적으로만 결합했다는 생각, 언젠가는 그 과정이 스스로 끝날 수도 있다는 생각, 제국이 해체되고 국가의 해체도 뒤따를 것이라는 생각은 전혀 상상할 수 없는 것이었다. 프로테스탄트교의 자유를 지키기 위해 1688년에 스코틀랜드의 컬러든Culloden을 연합으로 합치는 와중에는 아마도 유감스러운 강압도 있긴 했을 것이다. 그러나 일단 그렇게 단결된 연합은 공동의 이상과 공동의 이해관계로 굳건히 결속되었다. 보니 프린스 찰리Bonnie Prince Charlie[8]의 보호자였던 플로러 맥도널드Flora MacDonald도 미국 독립전쟁 당시에는 노스캐롤라이나에서 가장 열렬한 하노버 왕실의 충성파로 결국 변신하지 않았던가?

반면에 적어도 말년의 처칠에게는 영국의 번영이 제국의 영속에 의존하고 있는 것으로 보였을 수도 있다. 그래서인지 그는 1942년 말까지도 자신은 영제국의 해체를 관장하기 위해 총리가 된 것은 아니라고 외치며 영제국의 생존 가능성에 대해 강박증이 있는 것은 아닌지 오해를 받을 정도로 영제국의 방어

    로 하나의 국민으로 간주할 수 있게 되었다는 뜻이다.
6   아프리카나 인도의 유색인종을 피부색을 차별하여 부르는 말.
7   남아프리카의 부족.
8   찰스 에드워드 스튜어트(Charles Edward Stuart, 1720~1788)의 별명. 명예혁명으로 퇴위당한 제임스 2세의 손자. 1745년에 영국 왕위를 노리고 자코바이트의 난을 일으켰으나 실패했다.

에 집착했다(물론 미국과의 동맹 관계에서 주니어 파트너십을 수락하는 조건이 이를 보장하긴 했지만). 1965년에 사망할 무렵의 처칠은, 비록 생의 마지막 10년 동안엔 시사에 무관심했음에도 불구하고, 영국의 제국주의 역사가 종말 자체는 아니더라도 종말의 시작 단계는 훨씬 넘어섰다는 것을 알고 있었을 것이다. 1956년의 수에즈 위기 당시 영국과 프랑스의 이집트 침공은 처칠이 마지못해 뒤늦게 외무장관 앤서니 이든Anthony Eden에게 권력을 넘긴 지 1년도 되지 않아 실패로 돌아갔고, 수에즈로부터의 굴욕적인 철수로 이어졌다. 이든 이후 두 명의 해럴드Harold, 즉 맥밀런Macmillan과 윌슨Wilson은 더욱 단호하게 퇴거의 행보에 전념했다. 한때 라지였던 지역이 이제는 소련의 친구이자 동맹국이 되기도 했다. 위인들을 기념하던 델리 전역의 동상과 흉상들은 받침대에서 철거되어 더르바르 들판 가장자리에 있는 난간이 쳐진 울타리로 옮겨져서 근대의 희생자들을 위한 으스스한 야외 감옥을 형성했다. 이제 영제국은 지브롤터와 영국령 온두라스, 앵귈라, 홍콩, 그리고 해가 지는 제국을 암시하는 몇몇 섬들만 이따금 지협을 사이에 두고 여기저기 흩어져 있는 것이 전부였다. 영연방Commonwealth은 항복을 가려주는 무화과나무 잎사귀에 불과했으며, 공동의 가치를 표방하는 정치 공동체로서보다는 크리켓 경기를 통해 더 강력하게 살아남았다.

하지만 1965년 1월 말의 추운 한 주 동안 수십만 명이 처칠의 관에 조의를 표하고 웨스트민스터 홀에서 세인트 폴 대성당으로, 그리고 템즈강으로 운구되는 과정을 지켜보기 위해 거리에 줄을 서자, 영국(잉글랜드뿐만 아니라)의 역사는 거대한 애도와 기억의 집합체로 재구성되는 듯했다. 이는 모든 이에게 강렬한 충성의 표시로 느껴졌다. 그러나 처칠과는 물론이고 그가 의인화했던 영국다움—무엇보다도 역사에 의해 정의되는 영국다움—의 공리적인 의미와도 이제는 고별을 할 수밖에 없다는 생각이 그 당시에는 물론이고 그 후로도 상식적인 것이 되었다. 세인트 폴 대성당에 모인 인파를 바라보고 있던 프랑스 대통령 샤를 드골Charles de Gaulle은 영국은 전통과 개성으로 인해 진정한 유럽인이 될 수 없는 "고립된" 해양 국가라는 이유로 2년 전에 맥밀런 정부의 유럽경제공동체European Economic Community(당시의 명칭) 가입 신청에 거부권을 행사함으로써 영국에 대한 처칠의 정의를 이상한 방식으로 칭찬했던 인물이다. 그러나 상당수의 관찰자들에게 이 장례식은 리처드 딤블비Richard Dimbleby의 마지막 방송이 되리라는 예측만큼이나 영국다움에 대한 마지막 환호가 될 확률이 높아 보였다. 린든 B. 존슨Lyndon B. Johnson 대통령이나 행정부의 주요 인사들이 이 장례식에 참석하지 않은 것은 제국주의 전쟁들을 통해 태어나 제국의 이익으로 유지되던 이 나라가 이제는 미국의 법정관리 상태에 놓였다는 사실, 즉 진정한 독립국가라는 처칠의 환상이 그의 프로메테우스적인 시신과 함께 묻히고 있다는 사실을 더욱 극명하게 보여줄 뿐이었다.

그렇다면 이제 영국의 이 특유한 종류의 역사(기록으로도 남고 법에도 반영된)는 더 이상 가능지도 않게 된 것이고; 그 수명도 정직한 자기 인식의 차원보다는 감상적인 차원에서 훨씬 더 길게 느껴지게 된 것이며; 역사학자이자 지도자인 처칠이 그런 환상을 영속시킨 주범 중 하나였다는 의미일까? 이제 가부장이 마침내 세상을 떠났으니, 이 나라는 성장해서 현실을 직시하고, 섬나라 왕국의 찬양sceptred-isle pageantry이라는 목발을 걷어차고 1963년에 해럴드 윌슨Harold Wilson이 제안했던 것처럼 제2의 산업-과학 기술 혁명을 위해 "하얗게 타오르는 정렬white heat"을 키우기 시작해야 할지도 모른다. 국가의 성숙이라는 조건이 영국 역사에 단숨에 변화를 가져오고 있는 것이었을까?

아니면 그 이상의 무언가가 있었거나 지금도 있는 것일까? 위대하든 그렇지 않든 하나의 영국이라는 것이 여전히 존재할 수 있을까? 그렇다면 그런 영국은 자신의 역사를 반성하기보다는 소중히 여길까?

설령 윈스턴 처칠이 역사의 손아귀에서 벗어나고 싶었다 해도 그럴 가능성은 없었을 것이다. 그가 태어난 옥스퍼드셔의 블레넘궁Blenheim Palace이 극작가에서 건축가로 변신한 존 밴브러Sir John Vanbrugh가 18세기 초에 설계한 화려한 바로크 양식의 건물로, 전쟁에서 승리를 거둔 말버러 공작에게 앤 여왕과 국민들이 감사의 표시로 선물한 것이었기 때문이다. 30만 파운드(현재 가치로 약 2400만 파운드)라는 엄청난 비용이 들었기 때문에 감사를 표시하기 위해 준비된 자금이 모두 소진되었고, 나중에는 공작 부인이 이 저택은 거주하기에 부적합한 곳이라며 무섭게 화를 내며 불평하기도 했다. 이 건물은 주거지로서의 의미뿐만 아니라 절대주의 프랑스를 제국의 지배 세력으로 대체하려는 영국의 의지를 석회암으로 표현한 건축적 선언이기도 했다. 블레넘에서 발표된 이 선언의 언어는 명확하다. 건물 정면의 외부 의식용 계단 밑에는 돌로 만든 대포, 포환, 북, 깃발이 놓여 있다. 주방 쪽 뜰의 개선문 꼭대기에는 그린링 기븐스Grinling Gibbons가 조각한 날카로운 이빨을 가진 영국 사자가 프랑스 수탉을 점심거리로 먹고 있다. 말버러 공작이 점령한 요새 도시 투르나이Tournai에서 가져온 그의 숙적 루이 14세의 흉상은 남쪽 벽면의 지붕 라인에서 경고와 책망의 의미로 가시에 박힌 범죄자의 참수된 머리처럼 튀어나와 있다. 내부의 그레이트 홀Great Hall에는 프랑스에서 빼앗아온 국기들의 퍼레이드가 펼쳐지고, 말버러의 화려함과 전리품을 내려다보는 4대륙을 의인화한 루이 라구에르Louis Laguerre의 응접실 벽화들 속에는 베르사유 궁의 대사단 계단이 착시 그림 기법을 통해 반복적으로 등장한다.

윈스턴은 1874년 11월 30일에 블레넘에서 태어났는데 그 과정은 마치 2연속 산탄총의 격발과도 같았다. 윈스턴은 부모인 랜덜프 처칠 경과 20세의 아름다운 미국인 신부 저넷("제니") 저롬Jeanette ('Jennie') Jerome이 결혼한 지 7개월 반 만에 갑작스럽게 미숙아 상태로 출생했다. 제니는 임신으로 몸이 무거운 상태였지만 블레넘에서의 사냥 기회를 놓칠 수는 없었다. 총을 쏘고 난 뒤 그녀는 말에서 떨어졌다. 제니를 집까지 데려다준 조랑말 마차의 덜컹거리는 충격으로 인해 진통이 시작되었고, 여덟 시간의 힘겨운 진통 끝에 윈스턴을 낳았다. 7대 말버러 공작의 손자인 그는 블레넘에서 성장하지는 않았지만, 긴 생애 동안 몇 번이고 우울하거나 환희에 차거나 절망에 빠진 기분으로 그곳을 찾았다. 1930년대에 권력에서 소외된 채로 가장 추운 겨울 나날들을 보내야 했던 처칠은 4권으로 구성된 방대한 전기(1933~1938)를 통해 말버러 공작의 공적을 평가함으로써 자신의 손상된 명성을 회복했다.

윈스턴 처칠에게 역사는 늘 부르기만 하면 닿을 수 있는 곳에 있었다. 그가 기억하는 첫 어린 시절은 더블린의 피닉스 공원 근처에 있는 "리틀 로지Little Lodge"였고, 그곳에서 아버지는 한동안 아일랜드 총독Lord-Lieutenant of Ireland의 비서로 살았다. 두 부모 모두 초연한 동시에 황홀할 정도로 화려했다. 랜덜프는 반짝이는 눈과 작지만 강렬한 얼굴을 감추고 있는 커다란 수염 때문에 완고한 미니어처 슈나우저를 닮았었고, "사랑하는 엄마darling Mummy"는 아들에게 "진흙이 아름답게 뿌려진" 두 번째 피부처럼 꽉 끼는 승마 재킷을 입거나 쌓아 올린 까마귀 빛 머리카락에 다이아몬드 핀을 꽂은 모습으로 기억되는 또 다른 멋진 광경이었다. 처칠 부부가 어지러울 정도로 빠르게 권력과 명성을 쌓아가는 동안 자식들의 애정에 대한 갈구는 부모에게 어떤 종류의 인상도 남기지 못했다. 같은 반 남자아이들과 마찬가지로 윈스턴도 엘리자베스 에버레스트Elizabeth Everest라는 이름의 보모에게 맡겨졌는데, 그녀는 이 말의 아이러니를 의식하지 못했는지 "움Woom"[9]이라는 별명을 사용했다. 윈스턴은 유모 에버레스트를 통해 블레님 또는 랜덜프가 혈통 좋은 말에 관심이 많던 시기에 구입한 뉴마켓Newmarket 근처의 밴스테드 저택Banstead Manor 너머로 희미하게만 느낄 수 있던 잉글랜드라는 세계에 대해 아주 많이는 아니지만 그래도 무언가를 배울 수 있었다. 움에 따르면 영국의 진수는 딸기, 앵두, 자두가 풍성한 "잉글랜드의 정원" 켄트Kent였다. 와이트섬Isle of Wight의 벤트너Ventnor에서 에버레스트 유모는 어린 소년을 데리고, 교도소 간수 출신 남편과 살고 있는 자매를 만나러 가곤 했는데, 그는 여왕의 이름으로 통쾌하게 진압한 감옥 반란에 관한 끔찍한 이야기들을 윈스턴에게 들려주었다. 그는 유모와 가족들과 함께 오스본

---

9   단순히 '여성(woman)'의 줄인 말로 볼 수도 있지만 '자궁(womb)'과도 발음이 같기 때문에 오해의 여지가 있었다는 뜻.

의 빅토리아 여왕 저택에서 멀지 않은 곳에 있는 산길을 걸으며 토끼를 쫓고 절벽들을 기어오르기도 했다.

상류계급이 치러야 하는 의례 절차는 오랜 계획과 관습에 따라 진행되었다. 8세가 된 윈스턴은 1000명으로 구성된 장난감 병정 군대와 놀이용 요새, 실제로 작동하는 증기기관을 빼앗기고 당시 기준으로도 잔인한 애스콧Ascot의 예비학교prep school로 보내져 교장으로부터 자작나무로 15대를 맞는 어린 소년들의 비명소리를 들으며 지내야 했다. 1910~1911년에 애스퀴스Asquith의 자유당 정부 시절 내무장관으로서 교도소 개혁의 임무를 맡게 된 처칠은 자신의 수감자들에 대한 동정심이 "잉글랜드의 사립학교들에서 보낸 시간" 덕분이라고 말했다. 제니는 자주 겁에 질리고 종종 병에 걸리는 이 어린 소년을 불쌍히 여겨 톰슨 자매가 운영하는 브라이튼의 학교로 전학시켰다. 1888년 봄에 해로우에 입학한 그는 머콜리의 조카이자 찰스 트리벨리언의 손자이며 처칠에 버금가는 인기를 누리게 될 20세기의 몇 안 되는 역사가 중 한 명인 조지 머콜리 트리벨리언보다 두 학년 선배가 되었다. 해로비언Harrovian 청년 윈스턴에 대한 출처 불명의 어느 기록은 그를 멍청한 녀석으로 묘사하고 있지만, 사실은 전혀 그렇지 않았다; 그는 장차 정치적 거물로 성장할 아이들의 예측 지표인 고전에 매우 능통했다. 글래드스턴이 재미로 호머를 읽었다는 말을 들었을 때 처칠은 "그분이라면 충분히 그럴 수 있었을 것이라고 생각했다". 그러나 그는 (트리벨리언과 마찬가지로) 재능 있는 교사 조지 타운젠드 워너George Townsend Warner에게 역사를 배웠고, 윈스턴이 "평범한 영어 문장의 본질적인 구조를 뼛속 깊이 새기게 해준" 로버트 서머벨Robert Somervell에게 영어를 배웠다.

해로우는 랜덜프가 다녔던(물론 아버지는 윈스턴에게 이 사실을 숨겼지만) 토리당 이튼에 맞서는 위그의 인재 양성 학교였다. 그러나 1888년이 되면 평민원의원 랜덜프 처칠 경과 토리당은 더 이상 손을 잡을 수 없는 사이가 되었다. 처칠 가문 특유의 혀 짧은 발음에도 불구하고 교묘하게 독설적인 랜덜프의 민중 선동은 상층계급에게는 항상 의심의 대상이었다. 교회와 왕실, 귀족에 대한 넘처나는 경외심을 표현하면서도 의심스러운 포퓰리즘의 균형을 맞추는 벤저민 디즈레일리에게 그들이 익숙해지는 데에도 시간이 꽤 걸렸다. 반면 랜덜프 처칠은 "토리 민주주의"라는 것을 꿈꿨던 것 같은데, 이는 당의 이익은 말할 것도 없고 그 자체로도 너무 모순적인 것처럼 보였다. 하지만 미들랜즈와 북부의 산업지대 선거구에서는 통하는 것 같다고 그들은 인정했다. 랜덜프는 말버러 가문의 영향력하에 있던 우드스톡의 포켓 선거구pocket borough[10]를 확보했지만, 자신에게 충분한 유명세를 가져다줄 수 있는 와자지껄한 싸움을 망치고 있었다. 1885년 총선에서 그는 꽤 기발하게도 노쇠한 자유당의 거물 존 브라이트John Bright를 목표로 삼고 그에 맞서 싸웠다. 그는 선거에서 패배하기 전에 버밍엄에서, 이제는 낡아버린 급진주의적 자유주의를 토리당이 약속하는 사회 복지로 대체할 수 있을 것이라고 효과적으로 주장했다. 군중은 그를 사랑했다; 심지어 그의 쉰 목소리까지도. 하지만 당의 원로들은 신음과 탄식을 내뱉으며 자기 수염을 신경질적으로 잡아당겼다. 솔즈버리 경, 스태퍼드 노스코트, 마이클 힉스-비치Sir Michael Hicks-Beach 등 노심초사하는 걱정꾼들이 모인 정당에서 아직 30대에 불과한 랜덜프 경은 위험할 정도로 헐거워진 대포처럼 보였다. 그는 당의 개혁가 존 고스트John Gorst가 디즈레일리 총리를 위해 구축한 토리당의 조직 체계를 겁도 없이 비난하는가 하면; 얼스터와 아일랜드 문제를 이용하는 데 있어서는 더욱 뻔뻔했다. 날카롭게 문제를 제기한 뒤에는 늘 재치 있는 경구를 덧붙였는데, "얼스터는 싸울 것이고 얼스터는 옳을 것이다"라는 발언보다 그에게 더 큰 장기적 피해를 입힌 것은 없었을 것이다.

그러나 랜덜프는 기적적으로도 — 특히 강압적인 "범죄 법안Crimes Bill"에 대해 부드러운 태도를 보였기 때문에 — 파넬은 물론 벨파스트 연합당Belfast Unionists과도 좋은 관계를 유지할 수 있었고, 아일랜드 의원들이 글래드스턴 정부를 무너뜨리는 데 결정적인 역할을 할 수 있었다(자기 자신의 발등을 찍는cutting off a nose to spite

---

10   인구가 급감한 지역의 입후보자를 경매를 통해 선출하는 부패 선거구의 일종.

a face 전형적인 사례). 1886년 7월에 자치의 폐허 위에 토리당이 정권을 잡았을 때, 솔즈버리는 이를 악물고는 랜덜프 처칠과 권력을 공유하는 것 외에는 선택의 여지가 없겠다고 결심했다. 37세의 나이에 그는 평민원의 여당 원내총무 겸 재무장관이 되었다. 그러나 그럴수록 욕심은 더욱 커졌다. 처칠은 총리의 전유물로 알려진 외교 정책에 심하게 간섭하기 시작했다. 육군과 해군의 예산 책정 문제를 놓고 솔즈버리 총리와 다툼이 벌어졌다. 자신의 필요성을 치명적으로 과대평가한 랜덜프는 자신의 뜻을 관철시키지 못하자 사임하겠다고 협박했다. 허풍을 친 것이었지만 사의는 받아들여졌다. 재무장관 직을 맡은 지 불과 4개월밖에 되지 않은 시점이었다. 솔즈버리와 노스코트는 큰 안도감을 느끼며 개인적으로 축배를 들었을 것이다.

랜덜프 경이 권력을 맛보던 시기는 대부분의 정치인들은 권력을 잡아보기도 전에 이미 끝나버렸다. 권좌에서 멀어진 것보다 더 큰 문제는 다시는 권좌를 되찾지 못할 것이라는 정확한 확신이었다. 그는 처칠-말버러 가문 전체를 재를 뒤집어쓴 듯한 침울하고 쓸쓸하고 무뚝뚝한 암울함에 빠트렸다. "사랑하는 엄마"가 연인들과 놀러 다니느라 부모의 날에 참석하지 않는 동안 윈스턴이 그녀에게 보낸 편지는 이런 궁핍한 상황을 더욱 한심하게 만들었다. 아첨하는 하인들이 촛불 불빛 속에서 미끄러지듯 움직이는 가운데 늙은 패니 공작 부인 Duchess Fanny이 주선했던 블레넘의 여름날은 특히 더 암울했다. 아버지와 아들의 만남은 드문 일이었는데, 이는 윈스턴이 신체적으로 매력적이지도 않았고 말도 더듬었기 때문에 랜덜프가 생각하기에는 가망 없이 멍청해 보여서 성질 급하고 날카로운 성격의 그에게 참을 수 없는 짜증을 불러일으켰기 때문이었다: "나는 네가 학창 시절과 그 후 몇 달 동안의 게으르고 쓸모없는 무익한 삶을 영위하는 것을 멈추지 못한다면, 너는 단순한 사회적 낭비가 될 것이고, 수백 명의 사립학교 실패자 중 하나가 될 것이며, 초라하고 불행하며 무익한 존재로 퇴화할 것이라고 확신한다." 혀로 내리치는 아버지의 채찍질이 두려웠음에도 윈스턴은 항상 사소한 범죄와 실수를 저질러서는 벌을 자초했다. 해로우에서 그는 자신의 서투름(세발자전거에서 떨어져 뇌진탕을 일으키기도 했다)을 의식해서 외롭게 지냈고, 자신의 출생과 계급이 주는 차별성을 유감스러운 짐처럼 여겼다. 그는 나중에 "차라리 벽돌공의 견습공이 되었거나 심부름꾼이 되어 심부름을 다니거나 식료품점의 창문을 장식하는 아버지를 돕는 편이 훨씬 더 좋았을 것이다"라고 썼다. "이것이 나에게는 더 자연스러웠을 것이고, 더 많은 것을 배웠을 것이고, 훨씬 더 잘할 수 있었을 것이다. 또한 아버지를 더 잘 알게 되었을 것이고, 이는 나에게 큰 기쁨이었을 것이다."

나중에 윈스턴은 랜덜프와 평생 서너 차례 밖에 긴 대화를 나눠보지 못했다고 기록했다. 하지만 그중 한 번의 대화는 그의 인생을 바꿔놓았다. 놀라울 정도로 예리한 전술적 안목을 가지고 흑연으로 만든 병사들의 대규모 부대를 지휘하며 노는 윈스턴을 본 랜덜프는 그에게 군대에나 가는 것이 어떻겠냐고 물었다. 물론 아버지는 윈스턴이 정치인은커녕 변호사나 성직자 같은 탄탄한 직업을 갖기에는 너무 멍청하다는 맥락에서 던진 말이었다. 하지만 아들은 역사적 정당성이 부는 나팔 소리를 들었다. 그는 이제 아버지의 부러진 칼을 들고 적을 향해 돌격할 것이다. 그것은 그가 어떤 사람인지 보여줄 것이다.

해로우에서 "육군반"(미래의 또 다른 글래드스턴을 양성하기 위한 것은 결코 아님)에 다닌 후에 그는 샌드허스트Sandhurst에 입학했다(입학시험에 세 번이나 도전한 끝에). 제대로 조정되지 않던 윈스턴의 에너지는 이곳에서 마침내 일종의 출구를 찾게 되었고; 장군과 전투의 위대한 시대가 끝났다고 한탄하면서도 점점 더 사교적이 되었고 총을 든 기마병이 되는 꿈을 꾸었다. 그는 기병 연대에 들어가기를 바랐지만 랜덜프는 윈스턴이 타면 떨어질 게 뻔한 말에 돈을 투자하는 것을 주저했다. 이에 주눅 들지 않고 어머니의 도움을 받아 지역 마구간에서 말을 임대한 윈스턴은 여우를 쫓아 여러 곳을 돌아다녔다. 결국 랜덜프의 분노를 사게 되는 일들이 또 발생하긴 했지만, 그는 이제껏 알려져 있던 것과는 달리 매독이 아니라 일종의 신경 소모성 질환으로 보이는 불치병에 걸리게 되었다. 윈스턴은 아버지에게 선물로 받은 금시계를 다른 생도와의 충돌로 인해 망가뜨린 후 몰래 수리했다. 하지만 그로부터 2주 후, 그 운명의 시계는 윈스턴의 시계 주머니에서 떨어져 나와 커다란 연못으로 흘러 들어가는 개울 속에 빠졌다. 이 재앙에 겁에 질린 윈스턴은 처칠 가문 사람이 가장 잘할 수 있는 일을 했다: 23명의 보병으로 구성된 소규모 부대와 소방차를 동원해 연못 물을 퍼냈고, 결국 시계는 진흙으로 뒤덮여 수리가 불가능할 정도로 망가진 채 발견되었다. 사고 소식을 접한 아버지에게는 "제가 시계를 아주 어리석고 서툴게 다루었기 때문에 이 시계를 잃어버려도 마땅합니다"라고 인정하는 것 외에는 달리 방법이 없었다. "너무나도 어리석고 부주의해서 정말 죄송합니다. 하지만 저에게 화를 내지 않으셨으면 좋겠습니다. … 다시 한 번 화나게 해서 죄송하다는 말씀을 드리며, 저는 항상 당신의 사랑하는 아들로 남아 있습니다. … 시계의 힘을 갖고 저를 전적으로 판단하지는 말아주세요." 19살 소년이 아버지에게 한 이 호소는 헛된 것이었다. 그는 자신의 무책임함과 무가치함에 대한 따끔한 비난을 되돌려 받았다(훨씬 더 신뢰할 수 있고 성숙한 동생 잭과는 달리; 너는 왜 자꾸 나를 귀찮게 하냐 등등).

1894년 11월, 샌드허스트 대학을 무사히 졸업할 무렵에 윈스턴은 처음으로 대중 앞에 모습을 드러냈다. 그러나 이때 그와 그의 친구들이 벌인 시위의 목적은 위태로운 상황에 처했다고 처칠이 간주했던 고귀한 헌법적 원칙을 수호하는 것만큼이나 유쾌함을 얻는 것에 있었던 것 같다. 극장의 바에서 창녀들tarts을 발견하고는 충격을 받은 '순결 연맹Purity League'의 로라 오미스턴 챈트 부인Mrs Laura Ormiston Chant은 레스터 광장Leicester Square에 위치한 '엠파이어 극장' 소유주에게 극장 통로에 악과 선을 구분하는 캔버스 스크린을 설치하도록 강요했다 — 처칠은 이것이 청교도적 간섭이며 자유롭게 출생한 잉글랜드인의 자유에 대한 간섭이라고 주장했다. 존 햄든John Hampden[11]의 그늘(그가 매춘부를 좋아해서 유명해진 건 아니지만)을 연상시키는 연설문을 작성했지만 스크린이 이내 철거되었

---

11 17세기 잉글랜드 내전에서 부당하게 선박세를 징수하려는 왕실에 대항했던 정치인.

기 때문에 읽지는 않았다. 윈스턴은 대신 그 잔해 위에 서서 처음으로 군중을 향해 연설했다: "나는 헌법적 논거를 완전히 버리고 이렇게 말하면서 정서와 열정에 직접 호소했다. '여러분은 오늘 밤 우리가 바리케이드를 무너뜨리는 것을 보았습니다. 다가오는 총선에서 이 바리케이드에 책임이 있는 사람들을 끌어내리는 것을 보십시오.'" 수많은 환호가 이어졌다. 윈스턴은 소란스럽게 레스터 광장으로 향하면서 바스티유 성벽의 함락을 떠올렸다. '순결 연맹' 소동은 정치보다는 장난에 가까워서 젊은 피가 흥겨움과 떼땡져Taittinger 스파클링 와인으로 녹아드는 것으로 이어졌고, 결국엔 샌드허스트로 돌아가는 막차를 놓치고는 한밤중에 낄낄거리면서 ("튼튼한 요먼 사나이여, 우리에게 마차를 빌려주시게나"라고 외치며) 아무 문이나 두드리는 것으로 마무리되었는데 청소년의 가출 비슷한 이 소동 역시 결국 랜덜프의 분노를 유발했다. 하지만 랜덜프는 완쾌 가능성이 없어진 상태로 병의 마지막 단계로 접어들었다. 아이러니하게도 제니와 함께 세계 여행을 떠나기 전 마지막 몇 달은 여전히 겁에 질린 큰아들과 가장 친근한 시간을 보낸 시기였다. 랜덜프는 아들이 조금은 더 똑똑해진 것 같다고 생각했고, 윈스턴이 멋 부리기를 물려받은 것에 대해서보다는 그것을 더 칭찬해 주고 싶었다. 어쨌든 그는 토리당 정치가 아서 밸포와 자유당 제국주의자 로즈버리 경을 소개받을 만큼 똑똑했고, 정치적 적대자가 만찬 클럽에서는 친구가 될 수 있다는 것도 알게 되었다.

그러나 잃어버린 기회를 만회하기에는 너무 늦었다. 거의 마비 상태로 런던으로 돌아온 랜덜프는 1895년 1월에 45세의 나이로 사망했고, 윈스턴이 해로우의 하이 스트리트High Street를 따라 산책시켜 주기도 했던 "움" 에버레스트도 이듬해 7월에 사망했다. 이제 윈스턴에게는 소탈하지만 결코 친밀한 관계는 아니었던 동생 잭과 아직 40살에 불과하지만 여전히 아름답고 거부할 수 없는 매력을 지닌 엄마만 남았다. 뉴욕 사교계의 암컷 호랑이는 아들에게 사회로 나가는 문을 열어줘야 하는 당면한 과제를 수행하기 위해 털과 발톱을 다듬고 다시 등장했다. 윈스턴에게 아버지는 추억으로 다루는 것이 훨씬 쉬웠다. 비난의 시선에서 해방된 그는 전장에서든 집회에서든 아버지의 명예를 위해 헌신할 수 있었고, 랜덜프가 상상할 수 없을 정도로 훌륭한 후계자가 될 수 있었다. 윈스턴의 효도 여정은 오해를 받아 제대로 된 평가 내려지진 않았던 천재 아버지에 대한 거의 성인 숭배 수준의 전기를 1905년에 집필하면서 절정에 달했다.

전통적인 군사-제국 경력을 쌓는 것이 가능했다. 제4경기병대의 사령관이자 아일랜드의 작위귀족 존 브라바전John Brabazon 대령이 귀족답게 "r"을 발음하지 않는 것을 윈스턴은 잘 기억했다. "런던행 귀차는 어디에 있는가?Where is the London Twain?" "출발했습니다. 대령님." "갔다고? 그럼 다른 귀차를 가쥬와Bwing another!"[12] 그는 샌드허스트와 올더숏Aldershot에서 윈스턴을 알아봄으로써 그가 자신을 기억해 주는 것에 보답했다. 그러나 21세의 나이에 이미, 방갈로르에서 기번이나 머콜리와의 만남을 경험하기도 전에, 윈스턴은 부대 식당이나 퍼레이드 장소에서 벗어나 다른 종류의 삶을 개척해야 한다는 것을 알고 있었다. 그는 어머니에게 군대라는 직업이 자신에게 정말 맞는지 전혀 확신하지 못하겠다고 고백했다. 하지만 펜과 칼을 함께 휘두르며 두 가지 종류의 제국 역사를 동시에 만들어 나간다면 그야말로 대단한 일이 될 것이다.

그래서 랜덜프 여사는 이블린 워Evelyn Waugh의 소설에 등장하는 '메트로랜드 부인Lady Metroland'[13]과 같은 역할을 충실히 수행했다. 중절모를 쓴 채 태머니 홀Tammany Hall[14]의 수완을 발휘하여 돈과 사람을 조종하던 아일랜드계 미국 정치

---

12 영국식 영어에는 다양한 계급 방언이 있는데 그중에서도 RP(Received Pronunciation)는 상층계급이 사용하는 발음과 억양을 가리킨다. 어미에 오거나 자음 앞에 오는 'r'은 발음하지 않는 것이 그 특징 중 하나다. 지금 이 경우엔 RP를 사용하는 계급도 'r' 발음을 하는 경우에 해당하지만 이 귀족은 그 발음 자체가 경박하다는 듯이 다소 불필요하게 묵음 처리했다는 뜻이다. 그래서 '트레인(train)'을 '트웨인(twain)'으로, '브링(bring)'을 '브윙(bwing)'으로 발음한 것.

13 낭비와 위선과 애매한 도덕관을 갖춘 전간기 영국 상층계급 여성의 전형.

14 부정한 정치조직.

인 윌리엄 버크 코크런William Bourke Cockran의 뉴욕 연설을 어머니의 소개를 통해 듣게 된 윈스턴은 그 연설이 꽤 좋다고 느꼈다. 스페인과 게릴라전을 벌이고 있던 쿠바에서 그는 ≪데일리 그래픽Daily Graphic≫에 자신의 첫 전쟁 기사를 투고했다. 그들은 신문 판매 부수를 올려줄 모닥불 저널리즘, 즉 지금의 텔레비전 방송 현지 특파원의 조상이라 할 수 있는 새로운 모험주의 저널리즘에 대한 그의 재능을 확인했다: "우리는 제복을 입고 말을 타고 있습니다; 리볼버는 장전되어 있습니다. 어스름한 땅거미의 어둠 속에서 무장한 채 짐을 짊어진 긴 행렬이 적을 향해 천천히 다가가고 있습니다. 적은 매우 아주 가까운 곳에 있을 수도 있고, 1마일 떨어진 곳에서 우리를 기다리고 있을 수도 있습니다. 우리는 알 길이 없습니다."

윈스턴은 처음으로 총에 맞았다. 그의 뒤에 있던 말은 갈기갈기 찢겨 죽었다. 그는 총알이 자신을 겨우 몇 피트만 비켜가도 아드레날린이 솟구치는 위험을 느꼈다고 회상했다. 제국주의 모험의 퍼레이드가 이어졌고, 이 초기의 육체적 두려움에 대한 감각(결코 잊을 수 없는)은 그를 저돌적인 군인으로 만든 동시에 역사를 만드는 데는 글과 싸움이 모두 필요하다는 것을 직감한 뛰어난 전쟁 특파원으로 만들었다. 윈스턴은 제국의 활동이 가장 활발히 전개되는 곳으로 본능적으로 향했다. 우리가 살고 있는 이 시대까지 한 세기 동안 전쟁이 계속될 인도 북서쪽 국경 지대에서 그는 빈든 블러드Sir Bindon Blood의 지휘하에 복무했다(물론 처칠은 이 장군이 런던 타워에서 찰스 2세의 왕관을 훔치려다 실패한 블러드 대령의 직계 후손이라는 점과, 그의 무모함에 대한 보상으로 인자한 국왕으로부터 참수형 대신 아일랜드의 영지를 받았다는 사실도 잘 알고 있었다). 윈스턴은 이처럼 절도와 관련된 고귀한 가문의 역사가 빈든 경으로 하여금 적군인 아프가니스탄 국경의 파탄족이나 파슈툰Pashtoun 부족에 대해 건전한 동정심을 갖게 했다고 평했다.

소규모 분쟁들은 기사를 위한 소재가 되었다. 기사들은 책을 위한 원고가 되었고, 제니는 머콜리의 저서를 출판한 롱맨스Longmans 출판사에 이 원고를 보냈다. 홍보 활동은 어떤 문은 열었고 어떤 문은 닫았다. 아버지의 오랜 숙적이었던 솔즈버리 경은 실제로 『말라칸드 야전군 이야기The Story of the Malakand Field Force』(1898)의 젊은 작가를 찾아가서 그를 칭찬하며 악의가 없는 척했다. 그러나 수단에서 이슬람 근본주의자 마흐디 무하마드 아메드Mahdi Muhammad Ahmed를 상대로 작전을 수행하던 키치너Kitchener 소장은 그들에게 거의 끝까지 저항함으로써 처칠로부터 혐오를 받았다(이러한 의심은 둘 모두의 책임인 1915년의 갈리폴리 참사까지 계속되었다). 그럼에도 불구하고 윈스턴은 1898년에 옴두르만Omdurman 전투에 파견되어, 그가 연출할 수 있는 가장 멋진 모습인 짙은 청색 군복을 착용한 제21창기병Lancer 소속 군인의 모습으로, 기병대가 영국군 역사상 가장 위대하고도 허무한 돌진을 감행하여 "데르비시Dervish" 군대와 격돌하면서 "살아 있는 두 벽이 서로 부딪치는" 장엄함을 연출하는 장면을 목격했다. 이 경험은 처칠에게 "기수 없는 말들이 평원을 가로질러 질주했습니다"와 같이 모험을 거듭할수록 점점 더 영화처럼 흥미진진해지는 그의 언어적 채색에 완벽한 소재를 제공했다: "군인들은 안장에 매달린 채 수십 군데의 상처로 피를 흘리며 힘없이 뒤뚱거리고 있었습니다. 끔찍한 부상을 입은 말들은 피를 흘리고 절뚝거리며 기수와 함께 비틀거렸습니다. 불과 120초 만에 장교 5명, 병사 66명, 말 119마리가 죽거나 부상을 입었습니다."

처칠은 1899년에 『강의 전쟁: 수단 정복의 역사적 기록The River War: An Historical Account of the Reconquest of the Sudan』을 출판할 당시에도 용맹스럽지만 타락하고 어두운 피부를 가진 적군에 대한 동정심이 훌륭한 이야기ripping yarn를 위한 중요한 요소라는 것을 알고 있었다. 그래서 무함마드와 이슬람의 탄생을 동정적인 시선에서 거의 영웅화해서 묘사한 기번의 시각을 이어받아 처칠 역시 수단에서 영국-이집트 정부가 구현하고 있던 이상을 왜곡하려던 "탐욕스러운 상인, 시기를 잘못 택한 선교사, 야심 찬 군인, 거짓말쟁이 투기꾼"이라는 사악한 무리들을 공격했다. 무함마드 아메드는 제국을 풍자하는 그의 글에서 "미친 물라the mad Mullah"가 아니라 실제로는 매우 엄격하고 금욕주의적인 개혁가로 등장하여 그가 혁명을 일으킬 수밖에 없었던 이유를 납득시켰다. 이 때문에 처칠은 "애국적인 종교적 반란의 따뜻하고 관대한 피가 군사적 제국의 어두운 피로 응고되었다"고 한탄하게 된다(다시 한 번 기번의 스타일로). 그러나 그는 "데르비시" 육군의 사지가 절단된 기병과 보병에 대한 가장 강렬한 집필 작업을 남겨두고 있었으며; 키치너가 마흐디의 무덤을 모독하도록 허용하고 성스러운 전사의 두개골이 장군의 책상에서 대화 소재로 사용된다는 소식을 듣고는 진정으로 끔찍해했다.

그는 장군들에 대해서는 의구심이 있었지만 전투의 결과에 대해서는 의심하지 않았다. 완곡한 표현으로 "영국-이집트령 수단Anglo-Egyptian Sudan"이라는 이름의 국가가 탄생하면서 케이프에서 카이로까지 철도를 따라 이어지는 영국령 아프리카의 연속적인 벨트의 생성이 가능해졌다. 처칠은 인도로 가는 생명선인 이집트가 케디브의 전횡과 프랑스의 군사적 팽창주의, 이슬람 근본주의에 의해 세 차례나 위협을 받자, 이를 선제적으로 봉쇄하기 위해 아프리카 분할을 단행했다는 방어적 합리화에 대해 수긍했다. 물론 한 세기 전에 영국이 인도에서 거대한 영토 제국을 건설할 수 있었던 것은 바로 이렇게 고의적으로 수단과 목적을 혼동했기 때문이라는 사실은 신경 쓰지 말라. 그리고 인도의 신드롬은 이미 여기서도 반복되고 있어서, "현상 유지"에 필요한 정부의 군사 및 행정 비용을 충당하기 위해 관리들은 완벽한 노다지(서 아프리카의 팜유와 남아프리카의 금)를 찾기 위해 더 많은 모험에 뛰어들고 있고, 장부의 균형을 맞추기 위해 유럽의 경쟁자들, 특히 프랑스를 막아내기 위해 고생하고 있다는 사실도 신경 쓰지 말라. 영제국의 상징인 붉은 색은 영제국의 지도 제작뿐 아니라 이제 만성 적자인 재무제표를 작성하는 데에도 필수적인 색깔이 되었다.

남아공에서는 부와 명성이 함께 따라왔다. 랜달프는 랜드Rand 광산 주식에 투자했었는데, 이 주식은 액면가의 최소 50배 이상으로 상승했다. 어느 정도의 재산이 되긴 했지만 제니와 윈스턴에게는 불행하게도 고인이 된 랜달프의 막대한 부채로 인해 이마저 대부분 소진되었다. 그러나 처칠은 식민지 장관 조지프 체임벌린과 제국 건설자 세실 로즈와 마찬가지로 트랜스발Transvaal에서 영국 정착민들이 어떤 정치적 권리를 누릴 수 있는지 자기 멋대로 결정하는 네덜란드 농부들의 고집 때문에 영제국의 힘이 제지당하고 있다는 사실에 분노를 느꼈다. 그러나 보어 전쟁은 윈스턴이 자신의 트레이드마크로 삼았던 군사 문학 모험을 할 수 있는 또 다른 기회이기도 했다. 또다시 어머니의 너무나도 당당한 속임수 덕분에 그는 경기병대에서 전출된 뒤 ≪모닝 포스트Morning Post≫의 수석 전쟁 특파원이 되었다. 그는 원정대 총사령관 레드버스 불러Sir Redvers Buller와 함께 그곳으로 항해했다; 보어인의 공격에 맞서 장갑 열차를 방어하다가 포로로 잡혔는데; 프레토리아Pretoria의 포로수용소에서 탈출해(함께 탈출하기로 약속한 두 명의 동료를 남겨둔 채) 석탄 마차에 숨었다가 그 후 수백 마일을 걸어 자유를 찾았고; 마침내 레이디스미스Ladysmith 수복 시점에 맞춰 남아프리카 경기병대로 현역 복귀했다. 사실이라고 믿기에는 너무 멋진 이 탈출담은 처칠을 국경 지대에서 모험 이야기를 실어 나르던 사람에서 전국적으로 알려진 진정한 전쟁 영웅으로 만들어주었다. 영국, 캐나다, 미국(뉴욕에서는 영광스럽게도 마크 트웨인Mark Twain이 그를 소개해 줬다)을 돌아다니며 보어 전쟁에 대한 글도 쓰고 슬라이드 영사기를 틀고 강연도 하는 동안 그의 은행 계좌에는 1만 파운드가 들어왔다. 수입 못지않게 중요한 것은 이 귀족이 군중을 손바닥 위에 올려놓는다는 것이 어떤 의미인지에 대한 실제 경험을 얻었다는 점이다. 게다가 그는 아직 20대 중반이었다.

1900년에 처칠은 바쁘고 대담하게 벌어들인 이 모든 재산을 정치적 성공으로 전환하여 아버지가 절망적이라고 생각했던 경력을 쌓기 시작했고, 올덤Oldham에서 토리당 후보로 출마하여 당선되었다. 그의 두 번째 시도였다. 1899년에는 그는 다른 두 명의 토리당 의원들의 지역구이기도 했던 이 산업화된 선거구(아버지가 추구했던 노동계급 보수주의의 실례이기도 했던 곳)에서 보궐선거 기회를 얻었지만 패배한 바 있다. 선거운동 기간 동안 윈스턴은 연설 과외 선생님들조차 포기한 바 있는 처칠 가문 특유의 말투와 가끔씩 말을 더듬는 습관이 그의 약점이 아니라는 것을 깨닫게 되었다. 오히려 이것은 극적인 효과를 발휘하도록 훌륭하게 연출될 수 있었다 — 연설 도중에 생각이 잠긴 듯이 잠시 말을 멈췄다가 장난스럽게 다시 재치 있는 말을 이어갔다. 그는 옥스브리지 학생회의 모의 평민원보다는 합승마차, 극장, 시청 등과 같은 더 척박한 환경에서 토론에 박차를 가하는 데 능숙했기 때문에 더 좋은 결과를 얻을 수 있었다.

그러나 전의 "카키 선거"[15] 기간에 랜도 마차landau를 타고 올덤을 행진하며 방앗간 소녀들에게 둘러싸였던 처칠이 예를 들어 부와배전Bwabazon[16] 대령이나 빈든 블러드보다 영국을 더 잘 이해했다는 것을 의미하는가? 제2차 세계대전 중 그의 아내 클레멘타인은 윈스턴을 이해하려면 그가 평생 버스를 타본 적이 없다는 사실을 알아야 한다고 — 친절하지만 정확하게 — 말하게 된다. 그러나 처칠이 영국 국민과는 동떨어진 귀족적인 삶을 살았다는 것을 지나치게 과장할 필요는 없다. 커즌의 경우엔 태생뿐 아니라 기질에 있어서도 귀족의 전형이었다 — 평범한 사람들과 접촉하기 전엔 마음을 단단히 먹고 대비해야 했던 사람이다. 반면에 처칠은 그들에게 활달하게 다가가서 그 안에서 소란을 즐겼다. 표를 얻기 위한 일종의 속임수로 아버지가 발명한 "토리 민주주의"를 아들이 나름대로의 방식으로 실천했던 셈이다.

처칠은 블레넘으로 돌아왔지만 자신의 계급에 대해 양면적인 태도를 보였고, 평민원에서 예상대로 불복종적인 평의원으로 활동하기 시작한 후로는 자신의 당에 대해서도 양면적인 태도를 보였다. 제국 관세에 대한 집착과 자유무역에 대한 거부는 그를 당에 대해 냉담하게 만들었고, 그의 내면에 있던 정치적 실용주의자는 이제 권력이 빅토리아 시대 잉글랜드의 대토지 보유 지배자들로부터 벗어나 사업, 전문직업, 산업을 통해 축적한 재산과 개성 있는 재능을 결합한 사람들, 즉 리버풀의 변호사 F. E. 스미스F. E. Smith나 웨일스의 변호

---

15   군복 색깔이 '카키'라는 점에 착안해, 전쟁에서의 성과를 선거에 이용했다는 뜻.
16   저자가 그의 이름(Brabazon)을 그 자신의 발음(Bwabazon)에 따라 불러준 재치 있는 표현.

사 데이비드 로이드 조지David Lloyd George와 같은 사람들로 이동하고 있다는 것을 느꼈다.

1905년에 자유당이 집권할 때까지도 내각의 대다수는 여전히 지주계급 출신이었지만, 평등주의 민주주의의 진전보다는 길고 가파른 농업 불황으로 인해 정부를 거의 독점했던 그들의 지위가 흔들리기 시작했다. 1870년에서 1910년 사이에 영국은 더 이상 농업 생산국이 아니게 되었다. 식민지 및 미국으로부터의 수입품과 경쟁할 수 없었기 때문에 300만 에이커의 경작지가 사라졌다. 1911년에는 영국 인구 4500만 명 중 8%만이 농사를 지으며 생계를 유지했다. 같은 기간 영국의 농업 소득은 25%나 감소했다. 시골 저택에서의 주말, 계절별로 즐기는 도시 생활, 잘 갖춰진 마구간과 지하 창고, 세련된 식탁과 옷장, 그리고 점점 더 지출이 늘어나는 딸들을 위한 지출의 재원인 모기지를 갚기에는 턱없이 부족한 수준까지 임대료가 떨어졌다. 1894년에 도입된 후 1907년에 훨씬 더 징벌적인 방식으로 부과되기 시작한 사망세(상속세)의 압박이 더해지자 토지의 매각은 피할 수 없었다. 제1차 세계대전 전후로 땅값이 회복될 기미가 보이지 않았기 때문에 이러한 매각 사례는 조만간 급증할 것이었고, 그 과정은 가속화하여 눈사태로 변해갔다. 데이비드 캐너다인에 따르면 영국 개인 소유 토지의 거의 4분의 1이 1870년대와 1930년 사이에 시장에 매물로 나왔다고 한다. 그가 "왕관을 쓴 사상자들coroneted casualties"이라고 부르는 이 사람들이 내놓은 부동산 중 상당 부분은 산업, 해운, 광업, 보험 또는 출판 분야에서 재산을 모은 비교적 최근에 부유해진 사람들이 구입했으며, 종종 언론계 거물들의 아버지 격인 비버브루크 경Lord Beaverbrook처럼 자치령에서도 구입했다. 이제 호주와 캐나다 억양이 크로스컨트리 경마장과 뇌조 사냥터에서 들렸으나, 옛 귀족 잔당도 위축되지 않으려고 노력했다. 처칠의 사촌인 제9대 말버러 공작(1909년의 "인민 예산" 캠페인에서 귀족에 대한 윈스턴의 수사적 공격을 결코 용서하지 않았던)은 "옛 질서는 파괴될 운명이다"고 한탄했다.

물론 블레넘은 곧 몰락하지 않을 것이기에 이것은 지나친 종말론이었다. 특정한 삶의 방식이 갑자기 사라지기보다는 서서히 가라앉고 있었으나 여하튼 사라지고 있는 것은 확실했다. 프로 크리켓 선수이자 볼링 코치였던, 브롬리Bromley라는 작은 마을의 번화가에 있는 유리 및 도자기 가게 주인의 아들이자 페이비언 협회의 회원으로 활동하던 젊은 사회주의자 H. G. "버트" 웰스H. G. 'Bert' Wells는 1909년에 그의 걸작 『토노-벙게이Tono-Bungay』를 출판하면서 켄트에 위치한 웰스 가문의 "블레이즈오버 하우스Bladesover House"가 잉글랜드의 사회적 세계의 변함없는 중심지였던 그리 멀지 않은 과거를 되돌아보았다. 웰스는 아버지가 포도나무를 다듬다가 넘어지면서 다리가 부러져 운동선수로서의 경력을 망치고 어머니 새러Sarah가 햄프셔에 있는 "큰 집"인 업파크Uppark의 하녀가 되어야 했기 때문에 자신이 무슨 얘기를 하고 있는지 정확히 알고 있었다. 웰스는 무한히 등급이 매겨진 위계질서와 저택 아래층의 터널들을 따라 몰록Morlock[17]처럼 생긴 하인들이 주인의 명령을 수행하느라 분주히 움직이는 모습을 생생하게 기억하는 동시에 이에 대해 매우 예민했다. 하지만 엘로이Eloi[18] 종족은 여전히 최상부에 있었다:

… 교회와 마을과 시골을 지배하는 그 넓은 공원과 엄청나게 큰 집이 불가피하게 암시하는 바는 그것들이 세상에서 가장 중요한 것을 대표하며 다른 모든 것은 그들과의 관계에서만 의미가 있다는 것이었다. 그것들은 젠트리와 품격을 대표했고, 그들에 의해, 그들을 통해, 그리고 그들을 위해 세상의 나머지, 즉 농사짓는 사람들과 노동하는 사람들, 애쉬버러Ashborough의 상인들, 상층 하인들, 하층 하인들, 영지의 하인들이 숨 쉬며 살 수 있으며 그렇게 하도록 허락을 받았다.

하지만 1909년이 되면 이러한 자신감은 이미 사라져버렸다. 비록 시골의 외관

17　웰스의 공상과학 소설에 등장하는 인간을 씹어 먹는 원숭이처럼 생긴 괴물.
18　소설 속에서 몰록의 노예가 된 인종.

은 똑같이 보였지만 말이다 — "큰 집들은 여전히 공원에 서 있고, 오두막들은 처마가 덩굴에 뒤덮인 채로 그 경계에 정중하게 모여 있다. … 10월 초의 어느 화창한 날인 것 같다. 변화의 손길이 그 위에 얹어져 있지만 아무도 느끼지도 보지도 못한다. … 서리가 한 번 내리면 모든 풍경의 표면이 벗겨져 드러나고, 연결 고리는 끊어지고, 인내심도 끝날 것이며 진흙 속에 묻혀 있던 우리의 찬란한 가식도 드러날 것이다."

물론 이것은 단지 웰스의 조금은 성급한 희망에 불과했을 수도 있다. 여하튼 그는 영국의 미래를 짓누르는 과거의 무게에 대해 분명히 인식했다. 그리고 위대한 다윈주의자 T. H. 헉슬리T. H. Huxley의 제자였던 과학자로서 웰스는 자신과 우리 모두가 관심을 가져야 할 것이 미래라는 점을 여러 차례 분명히 했다. 국가와 민족에 대한 역사는 시대착오적인 부족적 발상이다. 진정한 역사는 터무니없이 자의적인 영토와 언어의 미시적 구분이 아니라 인류라는 한 종의 역사였다. 그 미래를 구하려면 지구적 관점이 필요했다.

이러한 견해는 1919년에 출판된 『역사의 개요Outline of History』를 통해 잘 드러나는데, 이 책이 처칠의 섬나라에 대한 서사시와는 매우 다른 성격이라는 것은 누구라도 알 수 있다. 하지만 당시 웰스의 미래는, 그의 미래 역사와 마찬가지로, 여전히 공상과학 소설이었다. 업파크/블레이즈오버의 대가들과 같은 부류는 이제 정원사들에게 수표를 지불할 때 사업 계좌를 이용하게 되었더라도 여전히 영국다움이 무엇인지를 결정하는 사람들이었다.[19] (예상대로 웰스는 결국 "루벤 리히텐슈타인Reuben Lichtenstein"이 블레이즈오버를 인수하게 한다.) 사회민주주의는 페이비언들의 지평선 바로 너머까지 가까이 와 있는 것이 아니었다. 변화에도 불구하고 영지를 유지했던 사람들은 훨씬 더 배타적인 엘리트였다: 1914년까지 잉글랜드와 웨일스 전체 면적의 절반이 단 4500명의 소유주에게 돌아갔다.

그러나 모든 갑부가 공원, 마구간, 뇌조 사냥터에 돈을 투자하며 예전의 혈

---

[19]   토지에서부터 나오는 수입보다는 사업에서 나오는 수입이 더 커졌다는 의미.

통 귀족을 흉내 내지는 않았다. 버밍엄 지역구의 평민원 의원으로 취임할 때 모자를 쓰는 용서받지 못할 결례를 저지른 나사 제조업자 조지프 체임벌린처럼 많은 사람이 이 새로운 영국의 부호가 되어 교외에 자신들만의 저택을 세웠다. 체임벌린이 어린 시절을 보냈던 런던 북부 지역의 이름을 따서 하이버리Highbury라고 불린 그의 저택은 예전 귀족 주택의 전형적인 경우와는 달리 수천이 아닌 겨우 18에이커의 대지에 둘러싸여 있었다. 이 저택은 또 다른 체임벌린(버밍엄의 학교, 공공 건물, 시립 분수대 건축가로 명성을 쌓은 존 헨리John Henry Chamberlain)이 설계했으며, 이탈리아식 산업 스타일이 선호하는 재료인 석재 장식이 있는 단단한 주황색 산업용 벽돌로 지어졌다. 내부의 모든 것은 짙은 색이었지만 매우 반짝였다. "새틴으로 덮인 가구의 억압적인 풍요로움을 덜어주기 위해서인지 책도, 일도, 음악도 없다"고 귀족적 사회주의자 비어트리스 웹은 비웃었다. 바깥에는 크로켓, 테니스, 빅토리아 시대 후반의 그림 같은 습지, 늪지, 시냇물, 아직 풍화가 시작되지 않은 다리가 있었다. 체임벌린은 종종 자신의 난초, 진달래, 시클라멘을 관찰했는데, 각 종마다 자체 유리 온실이 있었다.

당시 도시 외곽에서 남쪽으로 4마일 떨어져 있던 하이버리로부터 그리 멀지 않은 곳에는 퀘이커교도이자 코코아와 초콜릿의 거물 조지 캐드버리George Cadbury가 자신의 저택인 우드브루크Woodbrooke을 지었고, 테니스와 크로켓 경기장, 그리고 7홀 골프 코스까지 갖추고 있었다. 하지만 캐드버리는 자신의 저택이 대해 단순히 저속한 자기 과시보다 훨씬 더 야심찬 사회적 비전을 품게 했다. 공장 산업주의가 공동체를 파괴한다는 존 러스킨John Ruskin과 윌리엄 모리스William Morris 같은 사회 비평가들의 비판에 응수하기 위해 캐드버리는 본빌Bournville의 잔디밭 주변에 건축된 반half목조 오두막집에 노동자들이 거주할 수 있는 새로운 전통식 마을을 건설했다. 버밍엄에서 체임벌린이 사회 개혁을 시작하기 이전 시기부터 캐드버리가 잘 기억하고 있던 끔찍한 빈민 거주지에 대한 해독제는 즐거운 잉글랜드의 온정주의를 부활시키는 것이었다. 런던 이스트엔드와 같은 최악의 빈곤의 늪에서 여전히 지속되고 있던 상황은 찰스 부스Charles Booth의 『런던 인민의 삶과 노동Life and Labour of the People in London』 (1892~1897)에 적나라하게 기록되어 있다. 1900년까지 캐드버리는 140개의 중세풍 노동자 주택을 만들었고, 이를 완성하기 위해 13세기에 지어진 민워스 그리브스Minworth Greaves와 튜더 셀리Tudor Selly 저택 두 채를 구입해 본빌로 옮긴 후 정성스럽게 복원했다. 칼라일, 퓨진, 러스킨이 중세 시대에 존재했다고 주장한 상상 속의 "유기적" 공동체를 재현하려는 이러한 시도는 어색하게 배치된 마을들을 신흥 부자들의 시야에서 제거하려는 하노버 왕실의 소멸 정책과 정반대되는 것이었다. 캐드버리는 본빌에서 장원 축제의 오래된 전통을 재창조하여 버밍엄 지역의 다른 노동자들이 새로운 산업 영주의 삶이 어떤 것인지 볼 수 있도록 축제와 연극, 당일 여행을 조직하기도 했다.

리버풀 인근 머지Mersey 강변의 포트 선라이트Port Sunlight에서 식민지의 원자재(그의 경우 팜유)를 가공해 큰 부를 쌓은 볼튼Bolton 태생의 윌리엄 헤스케스 레버William Hesketh Lever는 비누 공장 노동자들을 위해 똑같은 일을 했다. 약 30명의 건축가가 자코비안 플랑드르Jacobean-Flemish 양식의 박공, 수많은 장식용 석고 부조, 그리고 여기저기 노출된 목재와 납으로 된 창틀 등 "오래된 영국" 스타일로 완벽한 "정원" 마을을 만들라는 의뢰를 받았다. "비누의 영혼"을 통해 다시 태어난 옛 영국의 모습을 완성하기 위해 앤 해서웨이Anne Hathaway의 집을 "정확히" 재현한 두 개의 별장이 지어졌다. 포트 선라이트 오두막은 기본적인 "주방" 타입과 좀 더 고급스러운 "응접실" 타입이 있었지만, 본빌과 마찬가지로 두 곳 모두 자체 수도와 실내 욕실을 갖추고 있었으며, 임대료는 평균 주급인 22실링의 5분의 1 수준으로 자비롭게 책정되었다. 산업화된 영국을 비판하는 사람들이 공장 노동으로 인해 파괴되었다고 주장한 가정생활을 유지하기 위해 포트 선라이트에 아이들 500명을 위한 학교가 세워졌고, 소녀와 일하는 아내와 어머니를 위해 요리, 양재, 속기 등 특별 수업도 제공되었다. 1909년에는 700개의 오두막, 콘서트홀과 극장, 도서관, 체육관, 야외 수영장이 들어

셨다.

본빌과 포트 선라이트의 산업지대 주민들은 의심할 여지 없이 운이 좋았지만, 20세기에 접어들면서 인구 10만 명 이상의 도시에 거주하던 영국인 40%의 상황은 이것과는 거리가 멀었다. 이스트엔드에 대한 부스의 조사나 1901년 요크의 빈곤에 대한 시봄 라운트리Seebohm Rowntree의 연구와 같은 빅토리아 시대 후기 빈민가에 대한 조사는 당시 사회 비평가들에게 대도시에서 일하는 사람들의 삶이 지옥과 같았을 것이라는 인상을 주었다. 미숙련 노동자들이 여전히 연립주택의 한 블록에서 방 하나 또는 기껏해야 두 개에 모여 살아야 했던 악명 높게 지속되는 인구 과밀 빈곤 지역 중에서 세기말의 글라스고보다 더 나쁜 곳은 없었을 것이다. 그 좁은 공간에서 한 가족이 잠자고, 먹고, 어떻게든 씻으며 지내야 했다. 1911년이 되어도 글라스고 숙소의 85%는 방이 세 개 이하로 구성되어 있었다.

그러나 진정한 빈민가 거주자는 전체 도시 노동 인구의 10%를 넘지 않았다. 무역 환경이 석탄, 섬유, 중공업 등 전통적으로 영국이 수출을 주도하던 산업에 덜 유리하게 변하는 바람에 고용이 불안정하고 예측할 수 없게 되긴 했지만, 대다수의 사람들에게는 식생활, 건강, 주거, 범죄율 등 삶의 물리적 조건이 1851년의 대박람회와 1887년의 여왕 즉위 50주년 기념을 계기로 크게 변했다. 웨일스 남부의 석탄 수출 붐에 힘입어 인구 12만 8000명의 카디프Cardiff 같은 도시는 19세기 중반 이후 일곱 배나 성장했다. 맨체스터나 셰필드와 같은 오래된 도시에서는 가장 역겨운 공동주택들이 철거되고, 때로는 약간의 돌이나 치장 벽토로 마감된 벽돌집이 건축되었다. 이 집들은 위층에 방 두 개, 아래층에 두개, 총 네 개 또는 다섯 개의 방(미들랜즈와 남동부에는 여섯 개)을 갖춘 연립주택이 들어서서 영국과 웨일스의 산업 도시에 전형적인 모습을 부여하게 되었다. 인구 과밀을 막기 위해 지역 조례를 제정하여 도로 폭이나 천장 높이에 대한 규정도 마련했다. 물론 오늘날 이러한 거리는 사라진 산업 제국의 우울한 유물처럼 보인다(물론 제2차 세계대전 이후 이 거리들을 대체한 고층 건물들보다는 20

세기 영국의 역사를 더 잘 견뎌낸 것은 사실이지만).

유럽과 미국 등 다른 산업 세계의 주택과 달리 영국의 연립주택은 핵가족 단위를 기반으로 삼았다. 어떤 경우엔 때때로 삼촌, 숙모, 할머니와 같은 확대 가족을 포함하기도 했다. 이웃들은 뒷마당에서, 아니면 거리와 지역 상점, 교회, 선술집에 모였다. 방은 부엌, 거실, 침실, 그리고 부유하거나 사회적인 야심을 품은 집에서는 특별한 날이나 피아노와 찬장 같은 집안의 보물을 전시하는 용도 외에는 거의 사용하지 않는 응접실 등 기능별로 구분되었다. 조명과 취사용 가스와 마찬가지로 물도 이제 도시에서 공급하며 실외 펌프 대신 수도꼭지를 통해 싱크대로 직접 전달되었다. 화장실은 거의 항상 야외에 있었지만, 수세식이 매립식을 빠르게 대체했고, 배설물과 인분은 마을 하수도를 통해 제거되었다. 엑시터Exeter에서는 1896년부터 시의회가 8만 8000파운드라는 막대한 금액을 들여 지역 하수도 시스템을 건설했고, 장티푸스, 발진티푸스, 콜레라 같은 전염병의 위험과 발병률을 낮추는 등 마을에 가져온 변화를 자랑스럽게 여겼다. 러스킨은 "좋은 하수도는 가장 존경받는 성모 마리아 그림보다 훨씬 더 고귀하고 거룩한 것"이라고 선언한 바 있다.

수도가 연결된 욕조는 여전히 중간계급과 상층계급의 사치품이었지만, 세기가 바뀌면서 시립 목욕탕의 혁명으로 인해 광산 가정에 필수품인 양철로 제작한 슬리퍼 모양 욕조가 없던 영국 노동자들도 처음으로 정기적으로 몸을 깨끗하게 씻을 수 있게 되었다. 런던 이스트엔드에 위치한 보Bow에서는 운영 첫해인 1892~1893년에 7만 3000명의 사람들이 목욕탕을 이용했다. 1897년 런던 남부의 램버스Lambeth에는 세 개의 수영장과 97개의 슬리퍼 모양 욕조를 갖춘 멋진 목욕탕이 생겼다. 앤서니 월Anthony Wohl의 기록에 따르면 1912년 런던에서는 500만 명이 넘는 사람들이 공중목욕탕을 방문했으며, 그중 상당수는 바닥과 벽을 반짝이는 타일로 장식하는 등 화려하고 이국적인 디자인을 선보였다. 공중 세탁소의 사용과 함께 대중 위생의 도래(포트 선라이트의 자비로운 권력자에게 더 많은 돈을 벌어다 주었다)는 정치체제body politics에 투표가 도래한 만큼이나 사회체제social body에 큰 변화를 가져왔다.

식단도 많이 바뀌었는데 대부분 더 나은 방향으로 바뀌었다. 19세기 후반의 두 번째 산업혁명으로 마가린, 겨자, 상업적으로 생산된 잼과 같은 가공식품과 값싸게 판매되는 식품이 노동 인구의 식단에 등장했다. 그리고 시골의 불행이었던 농업 불황은 도시 소비자에게는 기회였고, 1870년에서 1914년 사이에 차, 베이컨, 밀가루, 빵, 라드lard, 설탕 등 대부분 식민지 생산이거나 아일랜드산인 주식 가격이 4분의 1에서 3분의 1까지 떨어졌다. 냉장육이 수입되면서 빈곤층 사이에서 "슬링크"(조산한 송아지)나 "브록시broxy"(병든 양) 시장은 자비롭게도 위축되었지만, 양(소의 위 내막)을 포기할 수 있는 가정은 거의 없었다.

그렇다고 해서 영국의 사회민주주의가 눈앞에 다가왔다는 의미는 아니었다. 제국의 부는 엄청난 부의 불평등을 줄이는 데 거의 기여하지 못했다. 사회사학자 호세 해리스José Harris에 따르면 제1차 세계대전 직전 영국 인구의 10%가 전체 부의 92%를 소유하고 있었다. 반면에 사망자의 90%는 문서화된 자산이나 재산을 전혀 남기지 않았다. 에드워드 시대에는 전례 없이 많은 사람들이 스스로를 상대적으로 부유하다고 생각했을지 모르지만, 새로운 세기 영국의 경제 전망은 이러한 부를 유지하는 것을 더 어렵게 만들었다. 석탄, 금속, 섬유 등 전통적인 노동 집약적 수출 주도산업에서 이미 압력이 가중되고 있었다. 영국에서 수입하던 국가들, 특히 미국과 독일은 이제 경쟁국이 되었고, 경우에 따라서는 자국 관세를 통해 보호받고 있었다. 예를 들어 웨일스산 양철의 4분의 3이 미국으로 수출되었다. 그러나 1890년 미국 국내 산업을 육성하기 위해 고안된 맥킨리McKinley 관세 부과 이후, 이러한 수출 가치는 불과 7년 만에 3분의 2 가까이 폭락했다. 석탄, 선철, 기관차 레일도 마찬가지였다.

영국 산업 패권의 종말이 시작되었다는 불길한 징후에 대응하기 위해 반드시 상호 배타적이지는 않은 두 가지 선택이 가능했다. 영국은 조지프 체임벌린이 원했던 대로 독자적인 제국주의 관세 제도를 도입하여 경제적 요새 브리태니어를 건설하고, 그 뒤에 관세 장벽을 세워 식민지를 독점적인 원자재 저장고와 제조업 시장으로 보존할 수 있었다. (식민지들이 장기적으로 어떤 이득을 얻을 수 있을지는 차후에 논의할 문제였다.) 머뭇거리고 분열되어 있던 보수당을 이끌고 있던 체임벌린은 섬유의 운명에 많은 투자를 한 지역구였던 올덤의 윈스턴 처칠에게 이것이 미래의 큰 정치적 이슈가 될 것이라고, 이 비밀을 공개하기 전에 미리 털어놓을 정도로 이 전망에 대해 흥분하고 있었다. 1905년 선거에서 그는 20년 전 아일랜드에서 자유당을 무너뜨렸던 것처럼 이 이슈를 강행하여 토리당을 무너뜨릴 것이다.

두 번째 옵션은 법적인 보호의 형태로 도움을 기다리지 않고 산업가들이 스스로 선택한 것으로, 제품의 단가를 낮추는 것이었다. 이는 노동력을 절감하는 기계에 투자하여 노동력의 규모를 줄이거나, 현재 노동력에게 지급하는 임금 비용을 줄이거나, 더 많은 시간의 노동력을 투입하여 생산량을 늘리거나, 또는 이 세 가지를 모두 결합하여 달성할 수 있었다. 이러한 변화를 압박하기 위한 공동 시도의 결과로 1840년대 이후 파업과 직장 폐쇄를 포함한 가장 격렬한 노동분쟁이 발생했다. 경영진의 합리화-경제화 추진은 노동력을 동원할 수 있을 만큼 단련된 노동조합의 저항에 부딪혔고, 노동조합은 단순히 저지 투쟁에 그치지 않고 최저임금, 하루 8시간 근무제(특히 광부의 경우), "비정상적" 또는 특히 위험한 작업에 대한 특별 임금(다시 광산에서) 등을 쟁취하기 위해 싸웠다. 거대 노조는 압도적으로 많은 노동자를 조직원으로 끌어들이는 데 성공했지만, 1890년대와 1900년대의 대결 결과는 엇갈렸다. 1897년 '기술자통합협회 Amalgamated Society of Engineers'가 반드시 필요한 기술과 노동자 수의 감소, 그에 따른 임금 하락을 의미하는 새로운 "자동 작동" 기계의 도입에 저항하기로 결정했을 때, 그들은 단호한 작업장 폐쇄에 직면하게 되었다. 7개월이 지난 후 산업가들의 조건에 따라 굴욕적인 업무 복귀가 이루어지면서 사태는 절정에 달했다. 더 심각한 것은 1901년 법원이 파업으로 인한 수익 손실에 대해 철도 노동조합에 손해배상(이 경우 2만 3000파운드라는 막대한 금액)을 청구할 수 있는 태프-베일 Taff-Vale 철도의 권리를 지지하는 판결을 내린 것이었다.

특히 토리당 집권 시기에는 의회가 그런 종류의 결정을 취소할 가능성이 거의 없어 보였기 때문에 노조가 스스로를 대표할 필요성이 절실해졌다. 1889년 런던 부두 파업의 주역인 전직 부두 노동자 존 번스John Burns는 자유당과 동맹을 맺었지만 노동자의 이익을 대변하는 의제를 가지고 평민원 의원이 되었다. 그러나 1890년대와 1900년대의 훨씬 더 양극화된 환경에서 번스는 금시계와 양복 조끼, 반짝이는 구두, 중절모를 쓴 "늙은" 노조원이라는 의심을 받았으며, 산업 행동을 동원하는 것만큼이나 노동계급의 존중심에 관심이 많았다. 예를 들어 1893년에 파업을 벌인 웨일스 남부 광부들은 두 주요 정당에 휘둘리지 않는 정치인을 원했다. 그해 스코틀랜드 사회주의자 제임스 키어 하디James Keir Hardie는 최초의 독립 노동당Independent Labour 의원이 되어 웨스트햄 사우스West Ham South 지역구 의석을 차지했지만, 1895년에 의석을 잃은 후 1900년에 다시 머서 티드빌Merthyr Tydfil에서 의원으로 선출되었다. "독립"은 이런 식으로 노조 대표의 대의에 타협하지 않겠다는 하디의 거부를 선언한 것이었다. 1900년에 '노동자 대표 회의Labour Representation Committee'가 설립되었고, 6년 후 노동당Labour party으로 당명이 변경되었다. 제국의 다른 쪽 끝 봄베이와 캘커타에서 인도 민족주의자들이 자치에 대한 자유당의 약속과 자비롭고 확고한 행정에 대한 보수당의 약속을 모두 거부한 바로 그해인 1906년 의회에 선출된 노동당 의원은 29명에 불과했다.

처음부터 영국 사회주의의 진정한 목소리라고 주장하는 세 그룹, 즉 혁명적 마르크스주의자, 당을 자신의 창조물로 여기는 노동조합주의자, 그리고 페이비언 협회의 비혁명적 지식인 사이에서 노동당의 영혼(그리고 실제로는 몸통)을 차지하기 위한 투쟁이 벌어졌다. 필연적으로 H. M. 힌드먼H. M. Hyndman의 사회민주주의연맹SDF에 속한 마르크스주의자들에게 영국은 국제 노동계급의 혁명적 연대에 이어 두 번째로 중요한 요소에 불과했다. 실제로 SDF는 영국의 비잉글랜드계 산업 지역인 클라이드사이드와 런던 이스트엔드에 몰려든 유럽에서 온 이민자들과 정치적 난민들 사이에서 가장 강세를 보였다. 노동조합원들은 스스로를 차티스트와 심지어 남북전쟁의 급진주의자까지 거슬러 올라가는 오래된 노동계급 자조 전통에 속해 있다고 여길 수 있었고, 실제로 그렇게 생각했다. (스코틀랜드의 파업가들은 노동계급 연대를 촉구하기 위해 1637년의 '국민 서약National Covenant'을 여러 번 다시 썼다.) 그러나 페이비언들 역시 밀튼, 존 릴번John Lilburne, 톰 페인, 코벳Cobbett, 칼라일로 이어지는 혈통을 강조했다. 이 모든 민중의 가부장들의 공통점은 대립적 수사에 능통했다는 점이었으며, 1883년 창립된 페이비언 협회는 그중에서도 가장 뛰어난 목소리를 내기 시작했다.

스코틀랜드 양치기의 사생아로 태어난 카리스마 넘치는 창립자 토머스 데이비슨Thomas Davidson은 1881년 산업사회의 비참함에 대한 강연으로 급진주의적인 런던을 강타한 순회 강연가이자 신비주의자, 사회주의자였다. 2년 후 그 꿈꾸는 듯한 눈을 가진 자들과 사회주의자들은 (자연스럽게) 갈라졌고, 후자는 한니발을 공격할 순간을 선택하기 전에 성급한 사람들을 격분시키기 위해 "참을성 있게 기다린" 로마 장군 퀸투스 파비우스 막시무스Quintus Fabius Maximus의 이름을 따서 모호하지만 의미심장한 명칭의 협회를 결성했다. 페이비언주의는 섣부르고 성급한 혁명을 지양하고 정치 엘리트와 노동계급을 재교육하는 장기 캠페인을 통해 전자는 사회적 책임에 대한 새로운 감각을, 후자는 정당한 사회적 권리에 대한 새로운 감각을 심어주기 위해 노력했다. 이들은 폭력 또는 자유의 희생 없이 현대적이고 정의로우며 자비로운 산업사회를 만들어야 했다. 근대에는 더 나쁜 이데올로기도 있었다. 하지만 이보다 더 눈부신 선동가도 드물었다. 1884년 초, 아일랜드의 젊은 저널리스트 조지 버나드 쇼는 지주계급과 돈 많은 계급의 무분별함을 비난하는 페이비언 에세이를 정기적으로 기고하고 있었다. 또한 쇼는 1887년 한 해에만 67회의 강연을 진행하고 불꽃처럼 타오르는 붉은 수염을 휘날리며 직장인 클럽, 공원, 시청, 술집, 길거리에서 거의 항상 즉석에서 연설하는 등 지칠 줄 모르는 대중 연설가였다. 메시지는 늘 같았다. 정치가들과 귀족들이 자신들의 악명 높은 농노제도가 영속하는 것을 깨닫지 못하면 언젠가는 농노들이 그들을 잡으러 올 것이고, 그러면 경찰

국가나 소유 계급에 대한 유혈 봉기라는 두 가지 대안만 남게 될 것이라는 것이었다. 쇼는 마침내 연설에 지쳐 이를 "악덕"이라고 표현하며 윌리엄 스테드의 ≪팰 맬 가제트≫에 에세이를 기고하면서 빅토리아 시대의 신성한 암소들을, 가장 크고 가장 신성한 암소를 포함해서, 도살되지 않은 상태로 남겨두지 않았다. 쇼는 여왕 통치 기간을 성인화해서 쓴 역사를 읽고 나서 이렇게 썼다:

> 우리는 그녀가 모든 아내 중에서 가장 훌륭하고, 모든 어머니 중에서 가장 사랑스럽고, 모든 과부 중에서 가장 충실하다는 것을 알고 있다. 우리는 그녀가 높은 지위에도 불구하고 기근, 탄광 폭발, 난파선, 철도 사고로 인해 감동하는 모습을 자주 보았다. … 우리 모두는 그녀가 어떻게 곡물법을 폐지하고 증기 기관차를 발명하고 … 1페니 우편제penny post를 고안했으며 … 간단히 말해서 이전의 어떤 권력자도 꿈꾸지 못했던 그러한 프로그램들을 거쳤는지 기억한다. 지금 우리에게 필요한 것은 『빅토리아 여왕: 그녀를 싫어하는 개인적인 지인이 작성』라는 제목의 책이다.

쇼가 시드니 웹Sidney Webb과 그의 아내 비어트리스를 만나면서 페이비언 에세이 쓰기에는 불이 붙기 시작했다. 비어트리스는 사업가이자 자유당 정치인 집안 출신이었다. 그녀의 아버지 리처드 포터Richard Potter는 그레이트 웨스턴 철도Great Western Railway의 이사였으며 웨일스 남부 석탄 수출의 주요 출구인 배리Barry 부두를 개발해 큰돈을 벌었다. 그녀의 할아버지는 리처드 포터로 벤섬주의 개혁가이자 개혁법 운동가였으며 위건Wigan 지역구의 첫 평민원 의원이었다. 비어트리스는 급진주의적인 가족 전통을 이어받아 찰스 부스의 연구원으로 일하면서, 다소 어이없게도 이스트엔드 유대인 소녀로 변장하여 노동 착취 실태를 취재했다. 조지프 체임벌린에 대한 뜨겁지만 운명적인 열정이 식어갈 무렵, 그녀는 그의 정반대인 키가 작고 둥근 전직 무역상이자 공무원인 시드니 웹을 만났는데, 그의 머리는 몸집에 비해 엄청나게 큰 비율을 차지했다. 그는 사회정의에 대한 흥분된 이야기로 그녀를 유혹했지만, 비어트리스에게 전신사진을 보내는 실수를 저질러서 공포에 질려 반발하게 만들었다. 시드니는 그녀가 자신과의 결혼에 동의한 것은 오로지 자기의 머리에만 관심이 있었기 때문이라는 사실을 확인할 수 있었다.

웹 부부의 전략은 "침투permeation"였고, 그들이 침투하고자 했던 대상은 빅토리아 시대와 에드워드 시대 후기 사회의 위대하고 선한 사람들이었다. 처음에는 수만 권, 그다음에는 수십만 권이 팔린 페이비언 에세이는 사무원과 사서부터 변호사, 의사에 이르기까지 중간계급에게 현대 사회의 불평등과 불공정, 그리고 이를 바로잡아야 할 국가의 책임에 대해 설득하는 수단이었다. 시드니와 비어트리스는 또한 페이비언 교리를 정치 생활의 위대함과 선함에 스며들게 하기 위해 집중적인 디너파티 캠페인을 진행했다. 그들은 쇼나 웰스(두 사람은 종종 다투기도 했지만), 리처드 홀데인Richard Haldane이나 허버트 헨리 애스퀴스Herbert Henry Asquith 같은 동정적인 자유주의자, 심지어 총리 "프린스" 아서 밸포를 포함하여 의심과 경멸에도 불구하고 적어도 경청할 준비가 되어 있는 것처럼 보이는 토리당원들까지 같은 테이블에 모이게 했다.

무엇보다도 그들은 부스와 다운트리의 방대한 저서를, 비어트리스가 대부분은 부유한 자신과 비슷한 사회적 지위의 동료들로부터 들었을 빈민에 대한 편견을 재고하고 결국엔 이를 뒤집는 열정적인 논거로 삼았다. 빅토리아 시대 개혁가들이 주장했던 것처럼 마을과 도시의 극심한 빈곤 문제는 도덕적 인격 문제와 거의 관련이 없다는 명백한 증거가 있었다. 물론 무절제하거나 술에 취해 있거나 범죄를 저지른 유능한 사람들도 있을 수 있다(웹 부부는 빅토리아 시대의 강경한 자선 활동의 가장 혐오스러운 측면 중 하나가 알코올 중독자라는 이유로 자선을 거부하는 것이라고 생각했지만). 그러나 극빈층의 대부분은 경기 순환의 변덕스러움, 즉 계절적 고용의 극심한 변동과 (예를 들어 부두에서) 넘쳐나는 이민 노동력을 착취하여 임금을 낮추는 무자비한 행위로 인해 희생된 남성과 여성으로 구성되었다. 생계비만 겨우 충당하거나 그것에도 못 미치는 임금으로 인해 남성과 여성은 터무니없이 긴 시간 동안 일하고, 과밀하고 불결한 쪽방에서 잠을 자고, 그런 곳을 감염의 온상으로 만들거나, 일자리가 없어지면 거리로 나와 사소한 범죄나 매춘 또는 둘 다의 삶을 살게 된다. 웹스 부부와 시드니 올리비에Sydney Olivier, 그레이엄 월러스Graham Wallas 등 다른 페이비언들은 이런 비참한 상황이 사라지지 않을 것이라고 주장했다. 실제로 양복이나 부츠 제작, 양말 제작의 경쟁이 더욱 치열해지면서 규제되지 않은 환경에서 불안정한 노동에 대한 의존도가 높아질 가능성이 높았다. '신체악화 조사위원회Commission on Physical Deterioration'에 제출된 증언에 따르면, 인격적 결함보다는 낮은 임금이 빈민들을 불결하고 질병에 시달리는 삶으로 내몰고 제국을 지키기에 부적합한 "발육 부진stunned" 아동을 양산하는 주요 요인이라고 했다.

정부가 이런 종류의 빈곤으로부터 선한 노동계급을 보호하고, 그들이 통제할 수 없는 수년간의 어려움을 겪을 때 실업보험, 직업소개소 및 노령연금 도입을 고려하는 책임을 져야 할 때였다. 페이비언들은 이런 접근 방식이 (특히 웰스의 짜증을 유발하긴 했지만) 감히 사회주의라고 내세울 수도 없는 입에 발린 사회주의 버전이라고 생각했다. 혁명으로 가는 길을 트기보다는 혁명을 예방하는 가장 좋은 방법이 될 것으로 보았다.

비어트리스는 비록 그를 거만하고 이기적인 반동주의자라고 판단했으나 윈스턴 스펜서 처칠은 사실은 좀 더 주의 깊게 웹 부부의 말을 경청했다. 처칠이 내성적인 사람이 아니었던 것은 확실하다. 그는 인생이 기병대의 돌격과 같다는 자신의 관찰을 진지하게 받아들인 듯했다 ― "안장에 단단히 앉아 말을 손에 쥐고 무장을 잘하기만 하면 수많은 적들이 당신에게 넓은 공간을 내어줄 것이다". 의심스러운 상황이라면 윈스턴은 화끈하게 돌격했다. 애스퀴스의 딸 바이얼리 보넘 카터Violet Bonham Carter는 "어깨가 약간 구부러져 있고 머리가 곧 발사될 총구처럼 앞으로 튀어나온 그의 모습"을 기억했다. 그러나 1903년 무렵 애스퀴스의 정적은 야당인 자유당 의원들보다 평민원의 자기편에 있을 가능성이 더 높았다. 그는 체임벌린의 황실 보호 정책에 대한 거부 의사를 분명히 밝혔는데, 이는 포위당한 섬유 제조업체들이 모두 찬성했던 그의 선거구 올덤에서는 잘 받아들여지지 않았다. 그는 육군과 해군의 병력 추계를 부풀렸다는 이유로 자신의 참모진을 공격했다. 그러나 무엇보다도 그는 지적 정신과 아이디어의 에너지가 모두 반대편에 있다는 것을 감지했다. 당시 페이비언 사회주의자였던 H. G. 웰스H. G. Wells는 처칠의 "다른 클럽Other Club" 만찬의 단골이 되어 둘은 친구가 되었지만, 웰스는 윈스턴이 그토록 애착을 갖고 있던 머콜리의 역사 서사시를 경멸하는 태도를 숨기지 않고 드러냈다. 웰스는 영국을 몰락시킨 것은 역사라고 주장했다. 과거에 얽매이는 대신 미래, 특히 영국이 어떻게 하면 다가올 미래를 지배하는 기술 과학 사회가 될 수 있을지 생각해야 했다. 처칠이 아버지의 명예 회복을 위한 역사 집필에 몰두하는 동안 웰스는 『인간의 삶과 사상에 대한 기계 및 과학적 진보의 반응에 대한 기대Anticipations of the Reaction of Mechanical and Scientific Progress upon Human Life and Thought』(1902)를 집필하고 있었다.

그러나 계급 없는 영국, 과거의 혼탁한 부조리를 깨끗이 지워버릴 웰스의 방부제 유토피아도 윈스턴 처칠의 정당에 대한 충성심은 결코 바꾸지 못했을 것이다. 1904년 5월 마침내 그리 놀랍지 않게도 평민원 바닥을 가로질러 자유당에 합류했을 때, 그는 1832년의 휘그당, 1867년 개혁법을 후원한 디즈레일리, 그리고 아버지의 "토리 민주주의" 재창조로 대표되는 선제적 진보 개혁의 오랜 전통에 자신을 맞추게 된다. 모두가 그 효심에 주목하게 하기 위해 그는 야당 의원들이 앉아 있던 한가운데로 들어가 랜덜프의 옛 자리에 앉았다. 그는 이제 맨체스터에서 자유당 소속으로 첫 선거운동을 하면서 청중들에게 "대중의 대의"를 위해 헌신하겠다고 말했다.

비록 처칠이 현재 토리당에 대한 증오에 대해 너무 자주 그리고 너무 많이 항의했더라도, 자유당원들 중 누구도 처칠의 혼합된 감정을 의심하거나 충성심을 의심할 이유가 없었다. 그는 1904년 5월에 맨체스터 청중에게 "강력한 연합으로 뭉친 거대한 기득권 정당, 국내에서는 부패, 해외에서는 이를 은폐하기 위한 침략 … 수백만 명에게는 소중한 식량, 백만장자에게는 값싼 노동력"이라고 말했다. 1906년 선거에서 보수당이 권좌에서 물러나고 평민원 의석수가 137석으로 줄어든 후 처칠은 보수당의 몰락을 기뻐했고, 데이비드 로이드 조지 같은 새 정부의 급진파 의원들에게 밸포가 평민원의 토리당 다수파를 이용해 입법을 좌절시키겠다는 위협을 감행한다면 이 블레넘의 아이는 반격의 한 축이 될 것이라는 분명한 인상을 주었다. 새로운 멤버인 처칠은 운 좋게도 인도의 전임 총독 엘긴 경이 책임지고 있던 식민지부 차관보라는 작은 행정부 직책을 맡게 되었다. 이 직책을 통해 처칠은 급진적인 자세와 제국의 허세를 겸비하는 것이 모순이 아닐 수 있다고 깨달았다. 그는 또한 엘긴과 함께 아프리카를 여행하며 옴두르만 전장을 다시 방문하고, 코뿔소를 포획하고, 수집용 나비를 그물로 채집하고, 하마처럼 욕조에서 몇 시간 동안 뒹굴며 《스트랜드 매거진Strand Magazine》에 기고문과 기사를 투고했다. "지금-까지는-꽤-괜찮-구만So-far-is-so-goody"이라는 구절이 자신에 대한 그의 유명한 평결이다. 정부 장관으로 취임했을 때도 마찬가지였다.

그러나 이 모든 것은 앞으로 닥칠 본격적인 업무의 전주곡이었다. 1908년 봄에 헨리 캠블-배너먼Henry Campbell-Bannerman이 사망하자 처칠과 개인적 친분이 두터웠던 애스퀴스가 총리직을 승계했지만, 다른 사람들과 마찬가지로 처칠은 애스퀴스의 진짜 속내를 잘 이해하지 못했다. 로이드 조지가 애스퀴스의 재무장관 자리를 물려받았고 처칠은 로이드 조지가 맡았던 상무부로 자리를 옮겼다. 처칠은 솔즈버리 정부에 들어갔을 때의 아버지보다 훨씬 어린 33세의 나이로 입각했다.

애스퀴스의 내각에는 인재가 풍부했고 과거와 현재를 아우르는 자유주의의 역사를 보여주는 종합적인 초상화 갤러리 같았다. 글래드스턴의 전기 작가이자 빅토리아 시대의 도덕적 개선에 대한 규범을 옹호하는 데 앞장섰던 건방지지만 고상한 존 몰리John Morley, 1889년 파업을 주도했지만 "존경할 만한respectable" 노동자의 화신이었던 존 번스도 내각에 포함되었다. 하지만 처칠이 보기에 애스퀴스를 포함한 내각 전체는 데이비드 로이드 조지의 불처럼 타오르는 빛에 가려져 있었다. 처칠은 웨일스의 흘래너스팀드위Llanystumdwy 마을 출신의 전직 변호사와 같은 사람은 만나본 적이 없었을 것이다 — 이 마을은 (로이드 조지가 꾸며낸 얘기와 비교하면 훨씬 덜 가난한 지역이었다) 아무리 봐도 날카로운 지성, 정치적 잔인함, 위험하고 교활한 농담으로 가득 찬 수은처럼 재빨리 움직이는 웅변을, 겉으로 보기에는, 모자 한 번 뒤집는 것만으로도 쉽게 만들어낼 수 있는 이런 "마법사"를 배출할 수 있는 곳으로는 보이지 않았다. 두 사람의 배경은 이보다 더 다를 수 없었지만, 둘 다 불타는 개인적 야망에 사로잡혀 적과 싸우고 싶어 하는 동족으로 서로를 빠르게 인식했다. 의회에서의 전술과 대중 연설에서 로이드 조지는 스승과 같은 존재였고 처칠은 제자였다. 윈스턴은 으르렁거리며 고함을 지르는 경향이 있었고 로이드 조지는 사람들을 자멸로 이끌었다. 처칠은 평민원에서 목소리를 높였고, 로이드 조지는 합리성을 가장하는 척하면서 목소리를 부드럽게 만들었다. 그러나 정치적 듀엣으로서는 무적이었다: 망치와 단검.

1908년에는 두 사람 모두 제국 방어의 필요성에 대해 거의 동일하게 느꼈다. 로이드 조지는 캠블-배너먼과 함께 보어 전쟁의 공공의 적이었으며 처칠은 보어 전쟁의 지지자였다. 그러나 두 사람 모두 전쟁으로 인해 역대 정부가 막대한 부채를 떠안게 되었으며, 영국 해군이 자신의 주요 라이벌인 제국주의 독일보다 우월한 전력을 유지해야 할 필요성이 커졌다는 점을 인식하고 있었다. 그러나 이 시기에는 제국을 방어하는 것이 단순히 군사적 장부 관리의 문제가 아니었다. 페이비언들은 제국의 생존이 드레드노트Dreadnought 전함만큼이나, 아니 그 이상으로, 영국의 사회적 건강에 달려 있다고 주장했다. 독일은 사회주의 국가가 아니었음에도 불구하고 정부가 직업소개소와 실업보험의 필요성을 인정했다. 근대적 사고방식을 가진 총리와 상무부 장관에게 독일은 조직화된 국가의 모델처럼 보였지만 영국은 습관과 편견이 뒤섞여 있었다. 이들에게 노령연금과 함께 이와 유사한 개혁을 도입하는 것은 사회정의만큼이나 효과적인 자기방어의 문제였다. 그러나 문제는 연금과 전함 건설에 필요한 자금을 어디서 조달할 것인가 하는 것이었다. 보수주의자들의 해답은 항상 일상생활의 필수품에 간접세를 부과하는 것이었다. 그러나 이러한 세금의 본질적인 역진적 성격과는 별개로 1907~1908년은 특히 석탄 채굴과 같은 가장 어려운 산업 부문에서 경제 침체의 시기였다. 경제적으로 가장 어려운 사람들에게 세금을 부과하여 연금을 지급할 시기는 분명 아니었다.

이러한 심의 과정에서 1628~1629년에 있었던 권리청원과 1832년에 있었던 개혁법에 대한 논쟁과 함께 영국 정치사에서 가장 위대한 대립 중 하나가 발생했다. 1908년과 1911년 사이에는 그 어느 때보다 더 많은 문제가 걸려 있었는데, 바로 영국 국가의 합법적인 임무에 대한 가정이 바뀌고 귀족원의 권력이 약화되는 이중 혁명이었다.

1909년 로이드 조지는 노령연금을 지급하고, 당면한 사회 개혁을 시행하는 데 필요한 나머지 연간 1600만 파운드의 추가 수입을 사망세를 대폭 인상함으로써 조달할 것을 제안하는 예산안을 제출했다. 그는 5000파운드 이상의 소득에 대해 파운드당 6펜스의 부가세를 도입하는 것을 선호했으며, 전통 귀족들에게 가장 큰 충격을 줄 조치로서, 토지 가치의 불로소득에 대해 20%의 세금을 부과하여 부동산을 매각, 상속 또는 양도할 때마다 납부해야 한다고 주장했다. 또한 미개발 토지와 광물 자원에 대해 파운드당 0.5페니의 세금을 부과하고 주류에 대한 세금을 상당히 가파르게 인상했다. 존 번스가 말했듯이 "열아홉 명의 걸레 줍는 사람이 진흙 더미를 돋고 있는 것 같다"고 표현할 정도로 전통 지배계급에 대한 일격은 너무도 명백해서 가장 열성적인 내각 구성원조차 숨을 죽이게 만들었다. 무엇보다도 그 실행을 위해서는 영국 전체의 토지에 대한 완전한 조사가 전제되어야 했다.

밸포가 지휘하는 귀족원은 지금까지도 방해꾼이긴 했지만 재무 관련 법안에 관해서 방해한 적은 없었다. 이번에는 달랐다. 그들은 낚싯바늘에 걸린 송어처럼 로이드 조지가 던진 미끼에 달려들었다. 로이드 조지와 처칠은 현재 예산 연맹Budget League(예산 항의 연맹Budget Protest League에 대항하여 결성된 단체)의 회장이었던 처칠이 가장 좋아하는 일, 즉 고리타분한 자들을 혼내주기 위해 그루터기에 올라갔다. 1909년 5월, 처칠은 평민원을 통과한 직업소개소법을 보고 이제 자신을 국민의 챔피언으로 내세울 자격이 있다고 느꼈다. 게다가 역사가 고귀한 영주의 권한에 부여한 것과 부여하지 않은 것을 판단하는 데 블레넘의 아이보다 더 나은 사람이 누가 있을까? 7월에 노리치에서 그는 반은 에드먼드 버크처럼, 반은 톰 페인처럼, 귀족원을 "시대정신과 사회 전체의 움직임에 절대적으로 이질적인 기관"이라고 선언했다. 전통에 집착하는 국가가 "봉건적 지위를 가진 사람들의 모임"을 유지하는 것은 지극히 당연한 일이었지만, 그들은 오래전부터 환영받지 못했다. 만약 영주들이 장식적인 지위에 만족했다면, 부드러운 황혼을 맞을 수 있었을 것이다: "세월이 지나면 그것〔귀족원〕은 그것이 속한 곳으로 더 완전히 사라져서 잭 인 더 그린Jack-in-the-Green과 펀치와 주디Punch and Judy처럼 독특하고 적절한 여운이라도 남겼을 것이다."[20] 하지만 그들은 국민의 뜻을 거스르겠다고 고집했다. 그들은 계급 전쟁을 시작했다. 그 결과는 그들 스스로 감당하게 되리라. 12월에는 번리Burnley의 빅토리아 오페라 하우스Victoria Opera House에서 처칠은 커즌이 인근의 올덤에서 혈통과 전통에 의한 "우월한 계급"이 "우리 아이들을 다스릴 권리"를 물려받았다고 주장한 것에 큰 흥미를 느꼈다. 그 귀족 영주는 대체 무슨 말을 한 것일까? "그는 '모든 위대한 문명은 귀족들의 작품이었다'고 말했다는군요. 올덤에서는 그 말을 좋아했답니다(웃음). … 대체 왜 그런 걸까요? 귀족이 유지되고 있는 것은 모든 문명이 힘들게 노력해 준 결과였다고 말하는 것이 차라리 훨씬 더 사실에 가까운데 말입니다(큰 환호와 외침, '한 번 더 말해 주세요')."

그러나 인민 예산People's Budget이라는 로드쇼에서 윈스턴은 워밍업 연기를

---

20 잭 인 더 그린은 잉글랜드의 5월 봄 축제에서 봄을 알리는 나무 정령의 모습으로 분장하고 등장하곤 하는 캐릭터이고, 펀치와 주디는 유원지 등에서 우스꽝스러운 모습으로 등장하는 인형극의 주인공들이다. 이 맥락에서는 모두, 잊혀가는 문화적 유산을 가리킨다.

한 것에 불과했고, 주인공은 로이드 조지였다. 사악한 코미디언, 그들을-톱으로-반쪽-내자고 외치는 일루셔니스트 겸 저글링 기술자, 비극적 오페라의 대가로 변신한 이 위대한 마술사가 노래를 부르며 가장 활발히 활동한 곳은 바로 고향 웨일스 지역이었다. 1908년 10월에 스완지에서 그는 부유층을 대상으로 실업보험의 필요성을 역설했다:

빈곤이란 무엇일까요? 직접 느껴보셨나요? 그렇지 않다면 그 고통과 유혹을 피할 수 있게 해주신 하느님께 감사해야 합니다.
… 지금 내가 빈곤이라고 하는 것은 진짜로 심각한 가난을 얘기하는 것이지 그저 여러분의 기득권이 줄어든다든가 사치품 사용이 제한된다거나 하는 걸 뜻하는 게 아닙니다. 얼마나 오랫동안 머리 위에 있는 지붕을 유지할 수 있을지, 생계와 보호를 위해 자신만을 바라보는 초췌하고 굶주린 어린 자식들을 위한 식사를 찾기 위해 어디에 의존해야 할지 모르는 사람이 처한 가난을 말하고 있는 겁니다. 이것이 바로 실업이 뜻하는 바입니다.

런던 조선소의 라임하우스Limehouse에서 행한 연설에서 그는 공작duke과 드레드노트 전함을 유지하는 데 들어가는 비용을 조롱하듯 비교하면서 더욱 강력한 연설을 행하고 나서는, 처칠은 갈 수 없었던 장소인 광산 속으로 청중을 데려갔다.

우리는 0.5마일 깊이의 갱도 속으로 내려갔습니다. 그리고는 산 밑으로 걸어갔습니다. … 땅이 우리를 깔아뭉개려고 — 우리 주변과 위에서 — 짓누르는 것 같았습니다. 갱도를 유지하는 버팀목들이 구부러지고 뒤틀리고 찢어져 있었고 압력을 견디다 못해 섬유질이 갈라지는 것도 볼 수 있었어요. 결국 종종 무너져서는 절단과 사망을 불러온답니다. 가끔은 불꽃이 튀어 갱도 전체가 불길에 휩싸이고 수백 명의 가슴에서 생명의 숨결이 불길에 그을려 사라지기도 하고요. … 하지만 총리와 나는 이 대단하신 지주들의 문을 두드리며 이렇게 말해봅니다: "여기, 이 불쌍한 친구들은 목숨을 걸고 수익금을 파내려고 왔는데, 그들 중 일부는 늙었고 … 일부는 몸이 망가져서 더 이상 돈을 벌 수도 없습니다. 그들이 구빈원에서 나올 수 있게 어떻게든 도와줘야 하지 않겠습니까?" 그들은 이렇게 대꾸합니다. "야, 이 도둑놈들아!" 그리고는 우리에게 개를 풀어버리네요. … 이것이 이 잘난 지주들이 취하고 있는 견해의 표시라면 … 나는 그들에게 심판의 날이 가까웠다고 말하겠습니다.

처칠의 오랜 친구인 휴 세실 경Lord Hugh Cecil은 라임하우스의 로이드 조지를 일부러 웅덩이에 빠져 바지를 더럽히는 어린 소년에 비유했다. 그러나 그것은 연설과 연설자에게 불의를 행하는 것이었다. 이 연설은 교묘하게 조작되었지만 영국 정치 역사상 가장 위대한 연설 중 하나로 남아 있으며 한 편의 완전한 단막극이다. 그리고 이 연설은 총리, 처칠, 애스퀴스가 원했던 바를 정확히 해냈고, 귀족원이 마지막까지 저항하도록 만들었다. 그들은 예산안을 300표 대 75표로 부결시켰다. 정부는 사임하고 1910년 1월에 총선을 치렀지만, 이러한 선동에도 불구하고, 또는 그 선동 때문에, 심한 역효과가 발생해 오히려 과반수 획득에 실패했다. 자유당은 이제 아일랜드 자치당과 노동당 의원들의 도움을 받아 입법 절차를 진행해야 했다. 그날의 첫 번째 명령은 귀족원이 그들의 경솔함에 대해 대가를 치르게 하는 것이었다. 애스퀴스는 귀족원을 완전히 폐지하고 선출직 귀족원으로 대체하는 의회 법안을 제안했지만, 그 최후의 날을 기다리는 동안 우선은 귀족원의 예산안에 대한 거부권을 폐지하고 세 차례 연속으로 평민원을 통과한 법안은 더 이상 귀족원에서 거부할 수 없도록 하는 등의 미미한 조치에 만족해야 했다. 귀족원은 할 수 없이 이 약을 삼키거나 아니면 600여 명에 달하는 귀족 의원들이 순식간에 생겨나 자신들을 압도하는 것을 지켜보거나 선택해야 했다. 에드워드 7세는 새로운 귀족을 창출할 수 있는 왕실의 특권이 이런 식으로 사용되는 것에 대해 불안해했지만, 1910년에 그가 사망한 후 후계자인 조지 5세는 많은 고민 끝에 동의할 수밖에 없겠다고 느꼈다. 그래도 싸움은 계속되었다. 애스퀴스는 고함을 지르는 토리당 평민원 의원들을 맞받아치며 소리를 지르다가 쓰러졌고, 밸포는 앞쪽 의석front bench에서 나른하게 몸을 뻗고 앉아 손톱을 응시했다. 귀족원 토론에서 랜즈다운 후작Marquis of Lansdowne 같은 온건파 "울타리파Hedgers"는 갑옷을 입고 죽기로 결심한 윌러비 드 브루크 경Lord Willoughby de Broke과 홀즈워스 경Lord Halsworth 같은 "(마지막) 도랑파Ditchers"에 반대했다. 표결에서 울타리파가 소수의 표 차이로 승리했고, 의회 법안이 통과되어 독립된 정치 세력으로서의 귀족원은 영국에서 역사에만 남게 되었다.

이 전쟁은 윈스턴 처칠이 정말 좋아했고, 영국 역사상 가장 훌륭한 전통, 즉 진보의 힘이 승리하고 피를 흘리지 않는 원칙에 기반한 전쟁과 잘 어울린다고 생각했던 싸움이었다. 그러나 의회법이 귀족원을 통과할 무렵, 1910년 총선 이후 내무장관으로 재임하던 처칠은 두 가지 매우 다른 종류의 전쟁도 치르고 있었는데, 두 전쟁 모두 추악할 뿐만 아니라 그의 생각대로 혁명적으로 변할 수 있는 잠재력을 지니고 있었다. 결국 그는 사회주의나 혁명을 진전시키기 위해 자유주의자가 된 것이 아니라 시기적절하고 인도적이며 합리적인 개혁으로 두 가지를 모두 예방하기 위해 자유주의자가 된 것이다. 그리고 그는 정부가 1906년에 태프-베일 판결을 뒤집고 파업에 대한 노조의 재정적 책임을 제거하는 노동쟁의법Trades Disputes Act을 의회에서 통과시킴으로써 노동조합과의 신의를 지켰다고 믿었다. 그렇다면 특히 웨일스 남부와 랭커셔처럼 가장 전투적인 지역의 노조는 조합원들을 진정시킴으로써 정부에 보답했을까? 전혀 그렇지 않았다. 1910년 여름, 정부의 친구이자 광산 소유주였던 D. A. 토머스D. A. Thomas의 론다Rhondda 지역은 산업 분쟁으로 끓어오르고 있었다. 나중에 아서 스카길Arthur Scargill과 마거릿 새처Margaret Thatcher[21] 사이에 최후의 대결이 벌어

---

21 '대처'로 표기하는 것이 관례이나 이는 명백히 잘못된 발음 표기이므로 이 책에서는 발음에

질 때까지 이 대결의 원인은 늘 과거와 같았다. 수출 수요 감소에 직면한 기업주들은 감축이 필요했고, 노동자들은 최저임금 인상과 "비정상적인 노동"에 대한 특별 수당을 요구했다. 로이드 조지가 인민 예산을 추진할 때 자신들의 사례를 집요하게 사용했다는 사실 때문에 노조는 소유주들이 양보하도록 압력을 가하거나, 그렇지 않을 경우 법안이 통과될 것이라고 믿게 되었다. 두 가지 일 모두 발생하지 않자 심각한 무장 세력과 그들의 간행물인 ≪더 플레브 The Pleb≫가 온건한 노조에 침투하기 시작했다. 글래모건Glamorgan 경찰서장이 경찰을 동원해 일부 갱도를 지키게 할 정도로 상황은 심각해졌다. 폭동으로 확산될 조짐이 보이자 그는 처칠에게 군대를 요청했다. 그의 신중한 대응은 런던 경찰을 토니팬디Tonypandy로 보내는 것이었다. 이는 추가 도발을 부추기기에는 충분했지만 폭동을 제지하거나 진압하기에는 충분하지 않았다. 11월 8일에는 광부 한 명이 사망하고 60개의 상점이 약탈당하는 등 심각한 폭동이 발생했다.

폭동 이후 처칠은 토니팬디에 군대를 보내기로 결정하여 노동운동의 악마학demonology에서 자신의 자리를 확보했다. 처칠은 긴박한 상황에서도 기지를 발휘하는 것으로 명성을 얻었고 인내심은 그의 강점이 아니었다는 것은 의심할 여지가 없지만, 1910년 가을과 1911년 탄광촌의 상황은 사실 매우 심각하게 불타오르는 분위기였다. 노아 애블릿Noah Ablett이 이끄는 강력한 무정부주의자이자 혁명주의 핵심 세력은 전통적인 노조 전략에 대한 경멸을 숨기지 않았고, 의회 로비에 대해서는 더더욱 그러했던 반면, 급진주의적 혁명을 추진하기 위해 임금과 노동조건에 대한 불만을 이용하는 것에 대해서는 매우 적극적이었다. 1911년의 무더운 여름, 카디프와 트레데거Tredegar에서 철도 노동자들의 폭동이 잇달아 발생했는데, 두 곳 모두 인종차별적인 성향을 띠었다. 카디프에서는 파업 중인 선원들이 중국인 상점주들을 공격했고, 트레데거에서는 소규모 유대인 공동체에 대한 인종차별 사건이 벌어졌다. 토니팬디가 아닌 라

충실하게 표기한다.

넬리Llanelli에서 군대가 파업 참가자(이 경우에는 철도원)에게 발포하여 두 명이 사망하자 또 다른 폭동이 발생해 트럭 96대가 파괴되었고 폭발로 인해 네 명이 추가로 사망했다.

이 일을 처리해야 하는 내무장관을 부러워할 사람은 아무도 없었을 것이다. 게다가 에멀린 팽크허스트Emmeline Pankhurst와 그녀의 딸 크리스터벨Christabel이 주도한 과격한 여성 참정권 운동suffragette movement[22]이 점점 더 전투적인 성향으로 발전하면서 처칠의 입장은 더 어려워졌다. 광부들과 마찬가지로 처칠은 원칙적으로 여성 참정권 운동에 미지근하나 동정심을 보였고, 특히 아내 클레멘타인이 열정적 지지자였기 때문에 더욱 그랬다. 그러나 애스퀴스가 여성 부동산 소유주에게 투표권을 부여하는 "조정 법안Conciliation Bill"을 내놓을 정도로 미루고 미루다가 절차적 지연으로 법안 처리가 무산되자 여성사회정치연합 WSPU의 인내심도 기어이 바닥을 드러냈다. 그동안 평민원에서 엄청난 로비를 받았던 내각의 장관들은 이제 스토킹과 괴롭힘을 당했다. 여성 참정권 운동가 터리사 가닛Theresa Garnett으로부터 채찍 공격을 받은 지 1년이 지난 1910년 7월에 처칠은 의회에서 여성에 대한 참정권 부여를 지지하지 않겠다고 선언했다.

국회의사당 광장에서 대규모 시위가 벌어지자 처칠은 경찰에게 시위대를 체포하지 말라는 지시를 내렸지만, 다른 한편으로 의회 출입을 허용하지도 않았다. 신중을 기하기 위한 의도였지만, 군중을 다루기 위한 이 지침은 사실상 재앙을 보장하는 것이었다. 수천 명의 여성과 남성 동조자들은 극도로 잘 통제된 상태에서 경찰을 향해 거세게 밀고 나갔다. 헬멧은 당연히 벗겨졌다. 무례한 말들이 오갔다. 군중들은 웃음을 터뜨렸다. 이것은 경찰이 좋아하는 것이 아니었다. 1910년 11월 18일 "피의 금요일", 밀고 밀리는 싸움은 여섯 시간 동안의 싸움으로 이어졌고, 경찰은 손에 잡히는 대로 많은 참정권자들을 붙잡고

---

22 좀 더 온순한 다른 여성 참정권운동자들(suffragists)과 대조를 이뤘다.

구타했으며, 그 과정에서 긁힌 상처와 잘 조준된 발 차기의 힘과 고통이 목격되었다. 결국 체포된 사람은 0명이 아니라 280명이었다.

이것은 불길에 기름을 부을 뿐이었다. 홀러웨이Holloway 감옥에서는 팬커스트Pankhurst 부인과 에멀린 페식-로렌스Emmeline Pethick-Lawrence 부인의 주도로 참정권 수감자들이 단식 투쟁을 벌였고, 이에 대한 보복으로 금속 집게와 고무 튜브를 통해 구토를 유발하는 액체 음식을 잔인하게 강제로 먹여서 이들이 결국 다시 토하게 했다. 일부 감방에는 6인치 깊이까지 얼음처럼 차가운 물이 주입되었다. 감옥 외부의 WSPU 캠페인은 특히 여성 행동의 이미지에 대한 남성의 고정관념과 연관되어 있는 건물들을 공공연하게 표적으로 삼았다. 저 조그만 여자들은 쇼핑이나 좋아하잖아, 그렇지? 마셜 앤 스넬그로브Marshall & Snelgrove, 스웨어스 앤 웰스Swears & Wells, 리버티Liberty와 같은 상점의 큰 유리창들이 깨졌다. 와이트홀의 관공서, 팰 맬의 클럽가 등 런던의 화려한 거리도 깨진 유리 카펫이 되어버렸다. 영국인의 삶의 방식에 관련된 다른 성역도 충격적으로 침해당했다. "여성을 위한 투표Votes for Women"는 밸모럴을 포함한 골프장 그린을 염산을 뿌려 태우는 것으로 입장을 표명했다.

여성 참정권 운동가 중 가장 전투적이었던 에밀리 와일딩 데이비슨Emily Wilding Davison은 여성 게릴라전을 존경받는 계급의 심장부로 가져가기 위해 끊임없이 새로운 전술을 고안해 냈다. 처음에 그녀는 파라핀에 적신 리넨 조각을 들고 국회의사당 우체통 옆에 서서 불을 붙이려다 붙잡혔다. 감옥에 간힌 후 그녀는 서리의 월튼-온-더-힐Walton-on-the-Hill에 있는 로이드 조지의 새 가옥을 공격하여 절반을 파괴하는 데 성공했지만, 현장에서 체포되지는 않았다. 가장 유명한 마지막 일화는 1913년에 엡섬 다비Epsom Derby에서 가장 먼저 눈에 들어오는 말 아래로 몸을 던져 순교의 소원을 성취한 것이다. 공교롭게도 에밀리가 레일에서 뛰어내렸을 때 선두에 있던 말은 왕의 말이었다. 1913년이 되자 영국을 쇄신하기 위해 내놓은 자유당의 프로그램은 그 자체의 권력 기반과 함께 빠르게 해체되는 것처럼 보였고, 당시의 고전적인 서술인 조지 데인저필드

George Dangerfield의 『자유당 영국의 이상한 죽음The Strange Death of Liberal England』 (1936)에서는 이를 장기적인 자멸 운동으로 간주할 정도였다. 특히 데인저필드는 자유당이 존 레드먼드John Redmond의 아일랜드 자치 블록에 기꺼이 몸을 맡긴 것은 미래의 슬픔을 보장하는 것으로 보았다. 그러나 이것은 집권 유지를 위한 전술적 의무였던 동시에 자유당에게는 원칙의 문제이기도 했다. 얼스터의 저항을 강화하는 데 있어서 아버지의 역할을 생생하게 기억하고 있던 처칠은 제국 내에 아일랜드 의회를 출범시키려는 자신의 열렬한 열망과 어떻게든 조화시키고 싶었다. 이 목표가 궁극적으로 실현 불가능한 것으로 판명되면 이 위대한 개혁 행정부는 타격을 입을 것이었다. 초창기 처칠의 많은 정책이 그러했듯이, 이 정책들은 개념은 엉성하고, 제대로 된 헌신을 끌어내지도 못했으며, 결과는 근시안적인 것이었다고 평가절하 되고 있다. 그러나 이러한 모든 판단은 생산수단의 공유화를 약속했던 "예전의" 노동당과 함께 이제는 사회주의가 거의 사라져버린 영국의 시각에서 내려진 것이다. 역설적이게도, 1940년대 후반의 복지국가에 대한 정설보다 더 오랜 세월을 버텨온 것은 조지 데인저필드가 뉴욕의 《베니티 페어Vanity Fair》 편집부에서 훌륭하게 설명한 바 있는 자유주의 — 즉 사회적 양심을 가진 자본주의이다. 한 세기가 지난 지금, 신노동당New Labour은 신자유주의New Liberalism의 손자인 것처럼 보인다.

로이드 조지는 실업보험을 살펴보기 위해 독일을 방문했지만 처칠은 카이저의 초대를 받아 군사작전을 직접 목격한 경험이 있었다. 그는 독일 측의 무력 과시가 전쟁을 촉진하기보다는 전쟁을 막기 위한 것을 잘 알고 있었고, 특히 1907년에 체결된 영불 협상 및 영국·프랑스·러시아 간의 삼국협상을 방해하기 위한 것임을 알 정도로 억지력에 대해 잘 이해하고 있었다. 그러나 1911년 여름에 독일 정부가 해군력을 과시하기로 결정한 것은 협상을 깨뜨리기보다는 오히려 더 긴밀하게 만드는 역효과를 가져왔다. 독일은 대서양 아가디르Agadir 항구에 군함 판터Panther호를 파견하여 만약 프랑스가 그곳에서 보호령을 선포할 경우 독일 해군이 개입할 것이라는 경고를 보냈다. 아가디르 사건은 독일에 대한 해군력 우위를 유지하려는 영국 정부의 결의를 가속화하는 효과를 가져왔다. 처칠은 특유의 재치 없는 말투로 독일 함대를 "사치품"이라고 표현했다(독일은 막강한 육군을 보유하고 있었지만 영국은 제국 방어의 필수 수단으로는 해군만 보유하고 있었다는 뜻이다). 하지만 이는 군비 경쟁의 속도를 늦추는 데 아무런 도움이 되지 않았다.

그래서 처칠은 1911년 가을에 해군 참모총장이 되자 해군 조직에 들러붙어 있는 따개비들을 면도칼로 긁어서 떼어버렸다. 이론적으로는 내무부에서 강등된 것으로 볼 수 있지만, 애스퀴스나 처칠 자신은 이 일을 그렇게 생각하지 않았다. 총리는 이것이 내각에서 때때로 과도하게 발휘되는 처칠의 피스톤 운동 에너지를 건설적으로 사용할 수 있는 완벽한 방법이라고 생각했다. 그리고 처칠은 해군에 대해 "럼주, 남색, 채찍"이라는 편견을 갖고 있었음에도 불구하고, 해군은 역사적 소명을 완수하게 해주는 것이었다. 그의 새로운 빗자루는 순식간에 해군 조직을 휩쓸었다. 소화불량에 걸린 선각자이자 전임 해군 총사령관이었던 존 재키 피셔Sir John Jacky Fisher가 70대의 고령에도 불구하고 (내각에 놀라움을 안기며) 자문을 위해 소환되었고, 처칠은 피셔가 제안한 가장 중대한 변화 중 일부를 실행에 옮기기 시작했다. 고속 함선에 중화포를 장착했고, 무엇보다도 가장 중요한 것은 이제 고속 함선에 석탄이 아닌 석유를 연료로 사용하는 것이 비용 측면에서 더 효율적이라는 제안이었다. 돌이켜보면 앵글로-페르시아 석유 회사Anglo-Persian Oil Company를 설립하겠다는 이 결정은 — 너무나도 명백하게 순진한, 그리고 최소한 너무 지나치게 병참의 측면만 고려한 (그래서 처칠의 전기들도 별로 중요하게 다루지 않는) — 1940년 5월 이전에 처칠이 한 다른 어떤 일보다도 영제국의 운명은 물론 세계사에 지대한 영향을 미쳤다. 이 전쟁은 영제국의 생존을 인도와 이집트의 중간 지점인 중동 주둔에 의지하게 만들었다. 1921년에 식민부 장관 처칠은 팔레스타인에 영국 신탁통치령을 설립하고 이라크(구 메소포타미아)와 요르단에 대한 보호국 역할을 할 것을 강력히 지지하게 된다. 이것이 수에즈를 낳았다. 그리고 수에즈는 이슬람 근본주의를 낳았다. 1914년에 처칠의 노력으로 영국 정부가 51%의 지분을 확보하게 된 앵글로-페르시아 석유 회사는 이란에 대한 영미 공동의 석유 이권을 낳았고, 이는 CIA가 모사데크Mossadeq 민주주의를 전복하고 팔레비Pahlavi 왕조를 복원하여 아야톨라 호메이니Ayatollah Khomeini를 탄생시킨 계기로 만들었다. 이러는 와중에 영국의 탄광은 정리해고 사태로 내몰렸다. 아무튼 제1차 세계대전 발발 직전에는 전함들이 연료 탱크를 가득 채우고 출격 준비를 마칠 수 있었다.

그러나 내각은 함대의 필요 시기와 필요 여부에 대해서 의견이 분분했다. 처칠은 특히 로이드 조지로부터 해군력 증진을 위한 엄청난 견적으로 인해 많은 비난을 받았다. 로이드 조지는 처칠이 과연 자유주의자였는지 궁금해졌다. 그러나 소수이긴 하지만 처칠은 외무장관 에드워드 그레이Sir Edward Grey와 마찬가지로 발칸반도에서 전쟁이 발발하면 오스트리아, 헝가리와 동맹을 맺은 독일이 서쪽으로 군대를 보내 프랑스를 공격할 것이며 벨기에를 관통할 가능성이 높다고 확신했다. 이 시나리오를 저지할 수 있는 가장 좋은 기회는 프랑스와 어깨를 맞대겠다는 문서상의 약속이 아니라 실질적인 약속에 있으며, 벨기에에 대한 공격을 영국에 대한 직접적인 위협으로 간주하는 데 주저하지 않는 데 있다고 그는 믿었다. 물론 그는 1793년에 소小, younger 윌리엄 피트가 취했던 비슷한 입장을 떠올리기도 했다. 그러나 그는 공허하고 시대착오적인 역사주의자라는 비난을 받지 않기 위해 이데올로기적 반공화주의와는 별개로 피트와 그의 동료 헨리 던더스가 혁명 프랑스의 통제할 수 없는 팽창주의에 대해 올바른 대처를 했다고 뼛속 깊이 믿었다. 하지만 사실 그는 서부와 동부의 두 전선에서 동시에 전쟁을 벌여야 한다는 슐리펜 계획Schlieffen Plan 또는 동유럽의 대부분을 노예 식민지로, 서유럽 지역(예를 들어 네덜란드)을 더 큰 제국Reich의 위성국가로 전환하려는 더욱 공격적인 독일의 정책(1916년에 공식화)에 대해서는 전혀 알지 못한 채로 제국주의 독일에 어떻게 대처할지 고민했다.

1914년 여름 대부분의 기간 동안 전쟁은 보스니아보다는 아일랜드에서 발발할 가능성이 더 높아 보였다. 얼스터 연합당과 민족주의자들은 각각 무장 진영을 형성하고 있었고, 1912년에 벨파스트를 방문해 온건화를 호소했던 처칠은 이제 세 번째 상정되는 자치 법안이 통과할 것이라는 높은 확률의 희망을 갖고 있었다. 그러나 얼스터에서 이 계획에 반대하는 프로테스탄트 교도들의 직접적인 반란의 위협에 직면하여 법안은 무너지고 말았다. 제1차 세계대전은 자치의 마지막 가능성을 끝내버렸다.

바로 이 순간 역사가 윈스턴 처칠에게 다가왔다. 1914년 8월 초에 역사는 이 해군 참모총장에게 엇갈린 신호를 보냈다. 교전이 시작되기 직전에 그는 포틀랜드 빌Portland Bill에서 함대가 지나가는 것을 보러 갔다. 거대한 철탑들이 안개 속에서 모습을 드러내자 처칠의 낭만적인 상상력은 "나폴레옹과 그의 세계 정복 사이에 서 있던 … 그 시절에 저 멀리 폭풍우에 휩싸인 배들의 행렬"로까지 거슬러 올라갔다. 그러나 처칠은 이미 충분히 훌륭한 역사가였고 대량 학살도 충분히 목격했기에 그의 적을-향해-돌격하라 식의 희열은 불길한 예감에 의해서 절제될 수 있었다. 결국 그는 더 이상 무모한 창잡이가 아니었다. 그는 아내와 어린 자녀를 두고 있었고 고위직에 있었다. 1914년 7월 28일에 그는 클레멘타인에게 편지를 보냈다:

나의 사랑하고 아름다운 이여,
모든 것이 재앙과 붕괴로 향하는 경향이 있네요. 나는 지금 흥미롭고, 준비되어 있고, 행복합니다. 이런 성향이라는 게 끔찍하지 않나요? 무언가를 준비한다는 것은 나에게 끔찍할 정도의 매력이 있어요. 나의 그런 두려울 정도의 경박함을 용서해 달라고 신께 기도합니다. 그러나 나는 평화를 위해 최선을 다할 것이며, 그 어떤 것도 내가 부당한 타격을 가하도록 유도하지 않을 겁니다. 나는 이 섬에 사는 우리들이 기독교 정신을 휩쓸고 있는 이 광기의 물결에 대해 심각한 책임이 있다고 느끼지 않아요. 아무도 그 결과를 예측할 순 없겠죠. 그 어리석은 왕과 황제들이 함께 모여 국민들을 지옥에서 구함으로써 왕의 권위를 부활시키지는 않을까 궁금했지만 결국 이제 우리 모두는 일종의 둔한 카타르시스적 황홀경에 휩쓸려 버렸네요. 마치 이것이 다른 누군가의 작전인 것처럼!

　세인트 제임스 파크 호수에 있는 두 마리의 검은 백조가 회색의 푹신푹신하고 귀엽고 독특한 새끼를 낳았어요. … 우리의 고양이 새끼들(처칠 부부의 아이들)에게 키스해 주고 나의 영원한 사랑을 받아요.

당신만의 W

　전쟁이 실제로 시작되자 처칠의 조바심과 장기간의 학살을 피하고자 하는 그의 완벽하게 선한 소망은 고문을 받기 시작했다. 정치 및 군사 지휘를 맡은 다른 많은 사람들과 함께 그는 묘한 행복감으로 전투의 시작을 맞이했지만 그와 동시에 자신의 반응에 대해서는 당혹감을 느꼈다("끔찍하지 않은가"). 전쟁이 인간을 잡아먹는 끔찍하고 교착 상태로 발전하면서 처칠은 병력이 "철조망을 먹는"[23] 전략이 아닌 다른 무언가를 절실히 원하게 되었다. 행동에 나서야 한다는 강박관념에 따라 처칠은 1914년 10월에 외무장관 그레이와 전쟁부 장관 키치너 경과 상의한 끝에 앤트워프Antwerp로 향했다. 그곳에서 그는 방어 지휘권을 맡았고, 정부가 자신을 정치 지휘관보다는 군사 지휘관으로 더 잘 활용할 수 있다고 생각한다면 해군 참모총장직에서 사임하겠다는 놀라운 제안을 하기도 했다.

　플랑드르Flanders 전투는 처칠에게 장군들과 키치너가 내각에 계속 건의했던 서부 전선의 중요성을 깨닫게 해주었다. 그러나 처칠은 이 전선에서 돌파구를 찾을 수 없을 것이라는 비관론에 빠져 완전히 다른 전략을 추진하게 된다. 독일 동맹의 가장 취약한 지점인 오스만튀르크 제국을 공격하는 것은 어떨까?

　피셔의 지지를 받은 처칠의 계획은 지중해와 흑해를 가르는 좁은 해협인 "다다넬즈Dardanelles를 뚫고 지나가" 콘스탄티노플을 점령하는 것이었다. 이렇

23　참호전으로 인한 교착 상태를 일컫는 말. 서로의 진군을 막기 위해 수많은 철조망이 설치되어 있었다.

게 하면 페르시아와 메소포타미아의 유전은 물론 이집트를 독일의 공격으로부터 보호하고, 아직 방관하고 있던 루마니아 등 발칸 국가들이 동맹군 편에 굳게 서도록 설득할 수 있다는 두 가지 이점이 있었기 때문이다.

계획대로 되지는 않았다. 최적의 전략은 육군이 대규모 원정군을 상륙시키기 전에 군함이 터키 요새를 약화시킨다는 해군과 육군의 연합 작전이었다. 그러나 키치너는 병력 투입을 주저했고, 1915년 2월 19일에 처칠은 단독으로 해상 공격을 감행했다. 그 어떤 목표도 달성하지 못했다. 기뢰 제거선은 제대로 기능하지 못했고, 전함의 함포는 터키 요새의 포를 제거하지 못했다. 프랑스 전함 한 척을 포함한 세 척의 함선이 기뢰에 의해 침몰당했다. 키치너가 마침내 작전 승인을 내렸을 때 오스트레일리아-뉴질랜드-프랑스-영국 연합군(윈스턴의 동생 잭도 포함) 7만 명이 갈리폴리Gallipoli라는 바위 반도에 상륙을 시도했지만, 터키군의 견고한 포진지로 인해 수천 명이 전사했다. 해변 하나와 언덕 하나를 겨우 점령했지만 그곳에선 모래나 수심 얕은 바다에 누워 있는 시체들만 더 잘 보일 뿐이었다.

1915년 초 갈리폴리에서의 학살은 처칠의 경력을 파괴할 뻔했다. 재키 피셔가 사임하면서 애초에 다다넬즈 공습을 지지한 적이 없다고 부인했지만 아무 도움이 되지 않았다. 누군가는 책임을 져야 했고, 강력한 당 기반도 없는 상황에서 그 누군가는 필연적으로 처칠이 될 수밖에 없었다. 1915년 5월에 애스퀴스가 보수당과 연립정부를 구성했을 때, 그들의 쇼핑 목록 중 하나는 1904년에 그들을 배신하고 인민 예산 캠페인을 통해 그들을 야만적으로 만드는 데 큰 즐거움을 느꼈던 사람을 퇴출시키는 것이었다. 처칠은 전시에는 별 의미가 없는 랭커스터 공작령 상서chancellor of the duchy of Lancaster로 강등되었다. 그해 8월 터키에 병력을 상륙시키려는 또v다른 시도가 실패로 돌아가자, 이 작전은 철회되고 정부 핵심 내부에서 운영되던 군사작전 위원회도 해체되었다.

인기도 잃고 권력도 잃은 처칠은 "검은 개" 우울증에 빠졌다. 한동안 클레멘타인은 그의 정신 상태를 걱정했는데, 그럴 만한 이유가 있었다. 동생의 정원을 산책하던 처칠은 동생의 부인 "구니Goonie"(그웬덜린Gwendeline)가 수채화를 그리고 있는 모습을 발견했다. 그녀는 그의 손에 붓을 쥐어주었다. 그것은 그의 마음을 구해주고, 자멸하는 우울함에서 벗어나게 해주었으며, 무엇보다도 이 작전만큼은 승리할 수 있다는 확신을 주었다: "나를 허약하게 만들던 주저함이 굴러떨어졌다. 나는 가장 큰 붓을 잡고는 광폭한 분노로 나의 희생자에게 내리꽂았다." 그러나 그는 죄책감에서 벗어날 수 없었고, 지칠 줄 모르는 에너지를 가장 중요한 승리를 위해 사용할 기회를 박탈당했다는 소모적인 좌절감도 떨쳐버릴 수 없어 보였다.

이를 극복하기 위해서는 현역 복무라는 단 하나의 길만 남았고 윈스턴은 그 길을 택했다. 그는 이제 40대 초반이었지만 여전히 자신이 군인이라고 주장했다. 물론 노병은 아니었지만 준장으로서 연대를 지휘할 수 있으리라 생각했던 군인이었다. 이것은 아무리 전직 장관이었다고는 해도 다소 높은 목표치였다. 그래서 처칠은 (결국) 으르렁대면서 대령 계급과 스코틀랜드 보병 대대의 지휘를 맡는 것으로 만족해야 했다. 복무 기간은 총 6개월로 그리 길지 않았고, 중간중간 휴가와 참모 본부에서 지내는 시간도 있었다. 1916년 1월에 그가 보병대에 할당된 전장인 플뢰그슈테르트Ploegsteert에 도착했을 때 받은 명령은 독일군 전선에 대한 정면 공격이 아니라 현 지점을 사수하라는 것이었다. 어쨌든 그것은 실제 복무였다. 윈스턴은 1915~1916년 겨울 동안의 참호 체험을 통해 참호전을 제대로 경험했다. 쥐가 들끓는 널빤지과 반쯤 얼어붙은 진흙탕을 쿵쿵 밟고 다니고, "윙윙대는 폭탄"이 날아오면 다른 사람들과 함께 몸을 숨기고, 반쯤 묻힌 시체를 슬프게 바라보고, 심지어 실수로 '노 맨스 랜드No Man's Land'[24]를 헤매다가 돌아왔더니 자신이 지내던 참호 속 기지가 직격탄을 맞은 것을 발견하기도 했다. 이러한 모든 불편과 공포 속에서도 처칠은 자신의 신체적 안전을 무시하는 모습을 자주 보이면서 평소와 같은 활기찬 기운과 다소 절제되지

24　교전 중인 적군 사이에 설정된, 아무도 들어갈 수 없는 지역.

않은 열정을 유지했다. 물론 그가 클레미Clemmie[25]를 포트넘&메이슨Fortnum & Mason과 같은 사치품처럼 이용한 것도 도움이 되었다. 1915년 11월에 부드빌Bout-de-Ville에서 그는 아내에게 편지를 썼다:

나의 사랑,

우리는 참호에서의 첫 48시간을 보냈어요. … 나는 아침을 내 변기와 뜨거운 목욕과 함께 보냈죠 – 꽤 어렵게 설계한 거예요. … 참호 전선은 … 독일군으로부터 빼앗은 다른 오래된 전선의 폐허를 따라 지어졌어요. 사방에 오물과 쓰레기가 널려 있고, 방어선에는 무분별하게 흩어져 세워진 무덤들이 있는데, 발과 옷가지가 흙을 뚫고 나와 있고, 사방에 물과 진흙탕이 있고, 눈부신 달빛 배경 아래 소총과 기관총의 끊임없는 반주에 맞춰 그리고 머리 위로 지나가는 총알의 독한 울음소리와 윙윙거리는 소리에 맞춰 거대한 박쥐 떼가 기어다니거나 미끄러지고 있어요. … 이제 일주일에 한 번씩 정기적으로 식량을 보충할 수 있는 작은 상자를 보내줄래요? 정어리, 초콜릿, 통조림 고기 같은 거요. … 가능한 한 빨리 시작해 줘요. … 소령이 얼마나 중요한 사람인지 알아요? 이 군대 100명 중 99명은 나를 보면 모자를 만지며 인사를 해요. 영감을 주는 감상문에 내가 직접 서명하리다. … 랜덜프, 다이애나, 그리고 우리의 황금빛 새러에게 나를 대신해 키스해 줘요.

이제 대령 계급장을 달고 스코틀랜드 보병대를 지휘하게 된 처칠은 그들이 루스Loos 전투의 충격적인 경험으로 사기가 저하된 상태임을 단번에 알아차렸다. 플랑드르의 플뢰그슈테르트 전선에 배치된 이들을 다시 전투태세를 갖추게 하는 데 처칠에게는 불과 2주밖에 주어지지 않았다. 하급 장교들, 특히 부사관들은 중년의 건장한 체격에 시끄러운 VIP가 자신들에게 강요하는 것에 당연히 불만을 품었고, 일반적으로 일반 장교들과는 잘 어울리지 않는 행진과 훈련에

---

[25] 클레멘타인의 애칭.

대한 그의 비정상적으로 열광적인 접근 방식에 놀라움을 감추지 못했다. 그러나 곧 윈스턴은 위험과 고난을 함께 나눌(정어리는 나눠주지 않았다) 준비가 되어 있었고, 부하들에 대한 진정한 충성심과 불필요한 사상자가 발생해서는 안 된다는 결단력을 가지고 있다는 것이 분명해졌다. 처칠 대대가 받은 명령은 제자리만 지키라는 것이었기 때문에 헤이그Haig 육군 원수의 치명적인 '밀어붙이기 작전Big Pushes' 중 하나에서 도를 넘는 군사행동을 할 필요가 없었다는 점을 감안하더라도 처칠 대대의 사망자 및 부상자 비율은 일반적인 경우보다 훨씬 낮았다. 하지만 그렇다고 해서 클레멘타인이 남편의 운명에 대해 걱정하는 것을 막을 수는 없었고, 남편이 이미 유언을 남겼다는 사실도 불안감에 도움이 되지 않았다.

하지만 클레멘타인이 처칠과의 사별을 걱정했다면, 1916년 3월에는 너무 빨리 돌아온 처칠을 보고서 더더욱 놀랐다. 아무리 훌륭하고 확고한 군인이 되려고 노력했더라도 정치를 완전히 포기하는 것은 처칠에게 맞지 않았다. 1914년부터 계속해서 제복을 입고 있었다는 듯이 군 복무를 자랑하던 그는 잘못된 충고를 듣고는 갑작스럽고 매우 이례적인 방식으로 평민원에 출석해서 자신의 퇴역 이후 해군의 전쟁 수행을 비난하더니 ─ 사람들을 놀라움과 불신 속으로 빠트리면서 ─ 극도로 불안정한 상태의 노병 재키 피셔의 복귀를 촉구했다. 그의 연설은 납 풍선이 떨어지듯이 순식간에 망해버렸다. 그러나 이 연설이 처칠이 총선에 출마하는 것을 막지는 못했고("다다넬즈는 어쩌고?"라는 외침이 이어졌다), 토리당의 증오에도 불구하고 신임 총리 로이드 조지는 그의 조언을 진지하게 듣고 결국 1917년 7월에 그를 신임 군수부 장관으로 임명했다. 결과적으로 이것은 탁월한 선택이었다. 고질적인 "포탄 부족" 문제를 해결하기 위한 강력한 추진력, 정부 내 그 누구보다 먼저 징병을 불가피하다고 생각할 만큼 용감하고 현실적으로 상황을 받아들이는 솔직한 수용력, 교착 상태를 타개할 수 있는 근본적으로 새로운 무기인 지상 철갑 또는 탱크의 옹호 등 처칠이 제2차 세계대전에서 할 일의 대부분은 1916~1918년에 그가 한 일에서 예견된 것이었다(처칠이 인정한 것처럼 이 아이디어는 그의 친구 H. G. 웰스의 예언적 환상에서 나온 것이었다). 키치너는 예상대로 전차를 "기계 장난감"이라고 일축했고, 웰스와 처칠은 이 새로운 전투 기계를 처음에는 기병대의 개념이 아닌 방어용의 신기한 기계로만 사용하도록 했다. 하지만 1917년 11월에 캉브레Cambrai 전투에서는 공격 차량으로 활용되면서 영국군의 전선을 5마일이나 전진시키는 등 그 진가를 입증했다.

약 800만 명의 전사자와 2500만 명의 추가 사망자가 발생한 후 전쟁은 종식되었다. 웰스의 묘사에 의하면 휴전일인 1918년 11월 11일에는 런던 곳곳에서 군용 트럭이 어디든 태워달라는 사람들을 태우고 있었고, 학생, 중장년층, 노년층, 재향 군인들로 구성된 "광대한 공허한 군중"이 거리를 가득 메우고 있었다: "모든 사람들은 일종의 긴장되고 아픈 안도감과 함께 목적이 사라졌다고 느꼈다." 트라팔가 광장의 "훈Hun"[26] 전리품 모닥불에는 독일군 총포 마차도 던져 넣었다. 그러나 웰스는 적어도 "사람들은 웃고도 싶고 울고도 싶었지만 둘 다 할 수 없었다"며 피로와 슬픔이 기쁨을 압도한다고 생각했다. 간호사가 되기 위해 옥스퍼드 대학을 떠난 비어러 브리테인Vera Brittain은 "믿을 수 없다는 듯이 서로의 얼굴을 바라보던 남녀가 환희에 겨워 울지도 못하는 것"을 발견했다: "'우리가 전쟁에서 이겼어요!' 그들은 단지 이렇게 말했다: '전쟁이 끝났어요.'" 이러한 안도감마저도 그녀의 가장 친한 남자 친구들이 거의 모두 죽었기 때문에 곧 충격적이고 싸늘한 우울함으로 바뀌었다: "전쟁은 끝났고 새로운 시대가 시작되었지만 죽은 자들은 죽었고 다시는 돌아오지 못할 것이다."

처칠은 늘 기운이 넘치는 사람이었지만 이 기묘한 감정의 혼합을 잘 이해했다. "전쟁과 공군"을 담당하는 새 장관으로(그리고 사고로 인해 클레미가 윈스턴에게 조종석에 앉는 것을 금지하기 전까지는 열성적인 비행 훈련병이었던) 취임하기 전에 그는 지옥에서 살아남은 모든 사람들에게 엄청난 분노와 고통의 원천이 되었

---

26 독일군을 비하해서 부르는 말.

던 징집 해제 문제를 처리해야 할 책임이 있었다. 그들은 산업 및 경제적 필요성의 우선순위에 따라 제대해야 했기 때문에 이 과정은 필연적으로 느릴 수밖에 없었다. 이를 비인간적이라고 판단한 처칠은 제대의 속도를 높이고 대신 부상, 나이, 복무 기간을 우선순위의 기준으로 삼았다.

그것은 할 수 있는 최소한의 일이었다. 제1차 세계대전에서 최소 70만 명의 영국 군인이 사망했고 100만 명 이상이 부상을 입었다. 1918~1919년의 인플루엔자 대유행으로 15만 명이 목숨을 잃었다. 부모를 한 명 이상 잃은 어린이도 약 30만 명에 달했다. 한 세대의 젊은 남성 10명 중 1명이 소멸한 셈이다. 그중 한 명은 러디어드 키플링Rudyard Kipling의 외아들이었고, 그 슬픔은 제국의 위대한 비극을 더욱 깊은 우울함으로 몰아넣었다. 1916년에 출간된 그의 멋진 작품 『브리틀링 씨는 그것을 꿰뚫어본다*Mr Britling Sees It Through*』에서 웰스는(비록 자신의 아들들은 너무 어려서 군 복무를 하지 않았지만) "어린 브릿little Brit"이 느꼈을, 그와 똑같은 고통에 빠졌을 어느 독일인 아버지와 마찬가지로, 사별로 인한 상실감에 대해 상상했다: "인간은 현재는 그를 짓밟고 곧 다시 삼켜버릴 시간의 번식하는 어둠으로부터 허둥대고 상처받고 고통받은 채로 나왔다." 예측 가능하고 완벽하게 인간적인 반응은 "다른 사람들과 함께 허둥대는 것"이며, "체스터턴과 같은 유쾌함이나 사물을 ≪펀치≫처럼 바라보는 것에 다시 빠져드는 것이다.[27] 인류가 버둥대며 들어갔던 진흙과 피에서 이제 버둥대며 나오도록 하자"는 것이다. 그러나 웰스와 쇼, 아널드 베닛Arnold Bennett 등 같은 생각을 가진 작가들에게 지금이야말로 대량 학살을 낳은 조건을 제거할 수 있는, 어쩌면 마지막이 될지도 모를 순간이었을 것이다. 터무니없는 제국과 군주, 교회와 영토에 대한 부족적 환상이 사라졌다. 그 대신 쇼, 베닛, 철학자이자 평화주의자인 버트런드 러셀Bertrand Russell이 주장한 '자유국가연맹League of

---

[27] 체스터턴(G. K. Chesterton)은 재치와 유머로 유명했던 작가이고, 『펀치』는 시사 풍자 삽화로 유명한 잡지였다.

Free Nations'이 창설될 것이다. 과학에 기반하고 인류 공동의 운명에 대한 냉철한 후견인이 될 동기를 부여받은 이 가상의 국제 정부는 새로운 역사를 시작해야 한다. 그렇지 않으면 수백만 명의 희생은 완전히 헛된 것이었을 것이고, 웃는 해골의 끔찍한 농담이 되어버릴 것이다. 웰스가 『근대의 유토피아 The Modern Utopia』(1905)에서 "새로운 사무라이"라고 불렀던 이 사람들은 전쟁의 책임과 비용을 독일에 부과한 베르사유 조약의 보복에 몹시 실망해야만 했다. 웰스는 또한 국제연맹이 제한된 권한만 부여받은 데다가 미국 의회가 조약을 거부하는 바람에 그 권한이 더욱 약해진 것을 보고 좌절감을 느꼈다.

영국에서는 평범한 남성과 여성의 운명이 통치자들의 진정한 관심사가 되는 새로운 시대가 실제로 도래할 수 있다는 잘못된 신호가 있었다. 1920년의 휴전 기념일에 웨스트민스터 사원 본당에서 무명용사의 장례식이 열린 것은 적어도 상징적으로는 그러한 민주주의의 도래를 예고하는 것처럼 보였다. 이 아이디어는 아르망티에르Armentières에서 군목으로 복무한 켄트주 마게이트 Margate의 교구 목사 데이비드 레일튼David Railton이 웨스트민스터 주임사제에게 편지를 보내 제안한 것이었다. 물론 전장에도 표식이 없는 즉석 무덤이 흩어져 있었으나, 이것은 러티언즈가 설계해서 와이트홀에 세워진 전몰자 기념비인 세노태프Cenotaph에 대응하는 일반 병사들의 무덤이 될 것이었다. 국왕도 이에 반대했고 일반인에 대한 동정심이나 지식으로는 결코 유명하지 않았던 커즌 경을 위원회 위원장으로 임명한 것도 좋은 징조는 아니었다. 그러나 연립 내각을 이끌고 있던 로이드 조지는 이 계획의 선전 가치를 간파했고, 계획은 의도적으로 고양된 대중의 관심 속에 진행되었다. 플랑드르에 있는 여섯 개의 공동묘지에 여섯 개 팀을 파견하여 각 묘지에서 시신 한 구씩을 발굴했고, 최종 선택을 하는 장교가 눈을 가리는 방식을 취함으로써 선택된 병사의 익명성을 보장했다. 잉글랜드산 참나무로 관을 준비하고 수도원에 있는 검은 벨기에 대리석 명패에는 "왕과 국가를 위해 1914~1918년 제1차 세계대전에서 전사한 영국의 전사"라는 문구를 최대한 간결하고 묵직하게 새겼다. 6척의 구축함이 관을 호위하며 해협을 건너 도버성에서 예포를 발사한 후 기차로 런던 빅토리아역으로 이동했고, 11월 11일에는 국왕이 걸어서 수도의 거리를 행진했다. 운구대에는 헤이그 육군 원수, 비티Beatty 제독, 트렌처드Trenchard 공군 원수 등 세 명의 참모총장이 포함되었다. 유명하고 강력한 인물들의 동상 발치에 있는 무덤에는 이 군인과 함께 전쟁의 각 주요 전장에서 가져온 100개의 모래주머니가 묻혔다. 안장 후 첫 몇 주 동안 100만 명이 넘는 사람들이 조문하러 왔고 새로 지어진 기념비에는 10만 개의 화환이 놓였다.

그렇다면 전후 영국은 로이드 조지가 약속했던 것처럼 "영웅이 살기에 적합한 나라"가 될 수 있을까? 1918년에 마침내 30세 이상의 여성에게 투표권이 부여되고 21세 남성이 투표권을 행사할 수 있는 성인으로 간주되면 아무튼 2700만 명을 거느린 민주주의 국가가 될 것이다; 하지만 신여성 선거권flapper franchise[28]은 아직 없었다. 전후의 짧지만 강력한 경제 호황은 적어도 정부의 약속 중 일부에 자금을 지원했다. 재건부 장관이었던 크리스토퍼 애디슨Christopher Addison은 20만 채의 주택 건설을 감독했는데, 이제 사실상 영국에서 지방정부 주택council-house의 건설이 시작된 셈이었다. 자유주의 역사가이자 교육위원회 위원장이었던 H. A. L. 피셔H. A. L. Fisher는 학교 졸업 연령을 14세로 낮췄는데, 이는 매우 중요한 의미를 지닌 작은 조치였으며, 임금과 봉급도 전국적으로 표준화했다. 노령연금은 두 배로 인상되었고 실업보험은 사실상 영국 전체 노동 인구를 대상으로 확대되었다.

따라서 일부 역사가들이 주장한 것처럼 "재건"이 사기였다는 것은 사실이 아니다. 그러나 중공업 경제 분야에서 특히 눈에 띄던 "전투적 사회주의"는 로이드 조지가 항상 의도했던 대로 실제로 사라졌고, 적어도 노동운동 안에서는 활동적인 정권이 등장해서 낡은 산업 시스템의 불평등을 완화하기 위해 무언가를 할 것이라는 기대도 사라졌다. 정부를 운영한 사람들은 결국 빅토리아 시

---

28 Flapper는 20대 여성을 가리키던 말.

대 태생이었으며 원자재, 제조업, 통신, 임금 및 임대료에 대한 국가 통제를 가능한 한 신속하고 완전하게 해체하겠다는 결심에 주저하지 않았다. 그리고 로이드 조지가 총리이긴 했지만 의석의 다수를 여전히 지배적인 세력인 토리당과 얼스터 연합당과의 동맹에 전적으로 의존했기 때문에 정부의 정치적 색조는 강한 파란빛이었다.[29]

따라서 특히 노조 사이에서는, 석탄 산업, 부두 또는 철도를 국유화하자는 주장은 억제되었다. 1920~1921년에 호황이 침체로 돌아섰을 때 스탠리 볼드윈Stanley Baldwin이 "전쟁 덕분에 혜택을 입은 것처럼 보이는 근엄한 표정의 사람들"이라고 불렀던 자들이 세기 초반에 채택했던 임금 삭감과 작업장 폐쇄라는 강경한 전술을 재개하는 것을 막을 수 있는 방법은 아무것도 없었다. 어쨌든 로이드 조지는 "전투적 사회주의"의 종식이 중요한 목표이며 통화 안정성의 회복이 영국 재건"의 필수 불가결한 요소라는 점을 보수당의 지도자 앤드루 보나 로Andrew Bonar Law나 스미스, 커즌 경 등 정부 내 다른 강경 우파 인사들에게 설득할 필요가 없었다. 재건의 의미에 대해 사회민주주의 또는 토리당 전통주의라는 두 가지 모순된 해석이 있을 수 있다고 지적하는 사람이 있었다면, 총리는 분열시켜 통치하는 것divide-and-rule이 요점이라는 것을 그 순진한 멍청이가 이해할 때까지 지긋이 노려보기만 했을 것이다. 이해했든 이해하지 못했든 상관없었지만, 이해하지 못했다면 로이드 조지의 매혹적인 서클 안으로는 들어갈 수 없었다. 이제 그는 그 어느 때보다 강력한 정치적 힘으로 강화된 카리스마를 통해 통치할 수 있다고 확신했다. "전쟁에서 승리한 사람"으로 스스로 만든 대좌에 올라선 그는 자신과 다른 많은 사람의 마음속에 더 이상 당을 이끄는 단순한 정치인이 아니라 없어서는 안 될 "정치 거물statesman"로 인식되었다. 미국 대통령 우드로 윌슨Woodrow Wilson의 권위가 증발해 버리고 전후 평화를 추구하던 프랑스의 전시 총리 조르주 클레망소Georges Clemenceau의 임기가

---

29   보수당을 상징하는 색깔.

짧아지면서 유럽, 그리고 세계의 중재자로서의 공백을 메운 것은 로이드 조지였다. 이런 사실이 명확해질수록 로이드 조지는 더욱 위풍당당하고 사악한 미소를 날리며 의무에 충실하려는 언론을 자신이 그토록 즐기던 고분고분한 정부들처럼 대하는 것을 즐겼다. 연립여당은 59명의 노동당 의원들이 주축이 되어 1916년에 로이드 조지에게 쫓겨난 후유증을 극복하지 못한 채 술에 자주 취하고 머리가 희끗희끗한 H. H. 애스퀴스가 이끄는 "순수한" 자유당과 함께 야당 세력을 형성한 의회에서 사실상 아무런 위협에도 직면하지 않았다. 자신에게 도전할 상대가 많지 않았던 총리는 평민원에 거의 모습을 드러내지 않았고, 대신 다우닝가에서 화려한 측근들로 구성된 정권을 주재했다. 디너파티를 통한 통치, 교묘하게 표적이 정해진 루머, 은밀한 비즈니스 감미료, 때로는 장난스럽게 때로는 장난스럽지 않게 갈비뼈를 쿡 찌르는 위협이 그 무기였다. 훈장은 매수의 대상이 되었고; 측근들은 상업적 이익도 기대했다. 로이드 조지의 통치 스타일이 점점 더 독단적이 되어갈수록 그와 그의 유일한 라이벌인 윈스턴 처칠 사이의 사랑은 점점 줄어들었다.

스코틀랜드의 파업과 폭동, 아일랜드의 잔혹한 전쟁, 인도의 보이콧, 파업, 학살 등 1918년 커즌이 그 어느 때보다 전능하다고 자랑하던 제국주의 국가는 무너질 위기에 처했다. 노골적인 반란이 벌어진 변방에서 가장 거칠게 균열이 생겼다. 아일랜드에서는 연합군뿐만 아니라 존 레드먼드의 자치주의자들에 의해 소집된 자원자들이 플랑드르에서 충성스럽게 복무한 덕분에 자멸했다. 이들이 패션데일Passchendaele과 메닌 로드Menin road에서 유령으로 변해가는 동안, 1914년만 해도 미미한 무장 세력이었던 치명적인 라이벌 아일랜드공화국군IRA이 실제 군대 수준으로 급성장했다. 가장 파렴치하고 호전적이었던 에드워드 카슨Edward Carson을 연립정부에 끌어들이려는 편법적인 제스처는 1916년의 더블린 부활절 봉기를 촉발했을 뿐만 아니라, 영국 정부는 이제 강요당하지 않는 한 아일랜드 독립을 절대 허용하지 않을 것이라는 인식이 확산되는 계기가 되어버렸다. 1918년 선거에서 자치주의자 잔존 세력은 즉각적인 자유 공화국을 약속한 신페인(IRA의 정치 분파)에 의해 정치적으로 몰살당했다.

또한 전쟁에서 스코틀랜드인 사상자가 놀라울 정도로 불균형적인 비율로 발생하면서 스코틀랜드에서도 자치 운동이 처음으로 활발해졌는데, 참전한 55만 7000명의 스코틀랜드인 중 26.4%가 목숨을 잃은 반면 나머지 영국군은 11.8%의 비율로 사망했다. 아이러니하게도 미국 독립혁명부터 인도 반란에 이르기까지 제국 군대의 중추 역할을 해온 스코틀랜드의 오랜 전통 때문에 스코틀랜드군은 특히 더 위험한 전장에 배치되거나 헤이그 또는 헨리 윌슨Henry Wilson 육군 총사령관과 같은 지휘관의 명령에 따라 미친 자살과 다를 바 없는 "저 위로 돌격over the top"[30] 전술의 선봉에 서게 되었다. 그러나 글라스고에서는 인구의 8분의 1이 여전히 단칸방에 살고 있었고, 지역 경제는 특히 조선소의 감원 조치에 취약했다. 남성들이 제대하자 실업률이 증가했다. 노조는 주당 근무 시간을 단축하고, 가용 자금을 최대한 폭넓게 분배하고, 임금 및 임대료 통제를 유지해 달라는 요구로 대응했다. 노조는 별다른 성과를 얻지 못하자 40시간 총파업에 돌입했고, 조지 광장George's Square에서 10만 명이 모인 시위는 그 정점을 찍었다. 붉은 깃발을 흔들며 경찰을 자극했다. 이 시위는 처음에는 폭동으로, 그다음에는 "볼셰비키" 봉기로 선언되었다. 1916년의 부활절 봉기 당시 더블린에서 기습을 당한 것을 염두에 둔 정부는 병력 1만 2000명과 탱크 6대를 보내 붉은 글라스고를 점령했다.

제국의 다른 곳에서는 커즌의 자기만족에도 불구하고 좋은 일이라곤 없었다. 지역 간 불균형으로 인해 곧 두 개의 영국이 존재하게 될 것처럼, 고전적 산업 경제의 노후화로 인해 매우 다른 방식과 다른 정도로 영향을 받은 두 개의 제국이 존재하게 되었다. 거의 15만 명에 달하는 영제국의 백인 군대가 전쟁에서 목숨을 잃었다. 비미 릿지의 캐나다인, 갈리폴리의 ANZAC 부대,[31] 델

---

30 참호에 숨어 있다가 밖으로 뛰쳐 올라가 무작정 적진을 향해 돌진하는 작전으로 기관총, 대포, 지뢰 등으로 인해 수많은 사상자를 발생시켰다.

빌 우드Delville Wood의 남아프리카인 등 영연방 백인들의 엄청난 희생은 개인적인 손실을 입은 가족들로 하여금 아들의 희생을 자랑스럽게 생각하게 만들었을 수도 있겠지만, 아들을 앗아간 제국에 대해 감정이 뒤섞이지 않은 것은 아니었을 것이다. 1915년의 갈리폴리 사태 이후 오스트레일리아에서 자원봉사에 대한 열정이 급격히 사그라들고 징병제에 대한 반대가 거세게 발생했던 것은 충분히 이해할 수 있는 일이었다. 이들 국가가 전쟁을 제국 내에서 모국과 동등한 지위를 인정받는 데 박차를 가할 수 있는 기회라고 생각했다는 것은 부인할 수 없는 사실이지만, 캐나다의, 그리고 특히 남아프리카 보어족과 같은 비영국계 주민은 이를 훨씬 덜 열렬히 지지했다는 것 역시 사실이다. 퀘벡에서는 신병 모집 폭동이 일어났다. 1915년의 남아프리카 선거는 얀 스무츠Jan Smuts 장군의 충성스러운 노력에도 불구하고 보어족의 절반 이상이 아프리카너Afrikaner[32] 민족주의에 대해 지원해 주던 독일과의 전쟁에 협조하지 않겠다는 뜻을 보여주었다.

교육받은 자와 자치권을 가진 자의 연맹이라는 머콜리의 비전은 백인, 영어를 사용하는 농부, 은행가, 농장주에게만 실현되었다. 백인이 거의 없는 제국에서는 이러한 감사와 공유된 이해관계의 상호주의가 훨씬 덜 분명했다. 거의 100만 명에 달하는 인도군이 서부 전선의 "동쪽의 병영"인 아시아에서 복무하고 있었고, 전쟁 동안에는 1916년에 쿠트 엘 아마라Kut el Amara에서 포위된 찰스 타운젠드Sir Charles Townsend의 군대가 터키에 항복했던 메소포타미아에서의 비참한 작전에도 참전했다. 공식적인 인도인 사망자 수는 5만 4000명, 부상자 수는 6만 명으로 추산되었다. 최소 4만 명의 아프리카 흑인이 프랑스에 주둔하던 영국군의 짐꾼과 노동자로 복무했으며, 식민지 아프리카 전장에서는 더 많은 병력이 싸웠기 때문에 이들의 사상자 비율을 확인할 수는 없지만 매우 높

---

31 오스트레일리아와 뉴질랜드 연합 부대.
32 아프리카에 거주하는 백인.

앉을 것으로 추정된다.

어쨌든 아프리카-근동 지역의 제국은 전쟁이 끝난 후 이전보다 충성심이 훨씬 더 흔들렸다. 칼리파 이후 무슬림 민족주의의 확산과 오스만 제국의 붕괴로 인해 이집트 지식인과 정치인들은 1918년에 대표단—와프드_wafd_—[33]을 구성하여 영국 당국에 1914년부터 시행된 보호령의 종식 시기를 결정해 줄 것을 요청했다. 이집트의 고등판무관 high commissioner[34] 레지널드 윙게이트 Reginald Wingate는 이들의 요구를 일축하지는 않았지만 긍정적인 답변을 내놓지도 않았다. 이 정도 수준의 협력에 대해서도 런던에 있는 커즌과 같은 사람들은 매우 현명하지 못하다며 비웃었다. 거부 사실이 알려지자 이집트 정부는 사임했고 파업과 폭동이 발생했다 — 인도에서와 똑같은 시기에 발생한 똑같은 종류의 시위였지만 훨씬 더 비극적인 결과를 낳았다. 영국군과 민족주의자 간의 전투로 두 달 동안 약 1500명의 이집트인이 사망했다. 이라크에서와 마찬가지로 이집트는 수에즈 운하와 함께 영국군에 의해 "보호"될 것이라는 약속하에 반-대표단 anti-_wafd_ 왕정이 수립되었다. 이 환멸과 분노의 순간으로부터 수많은 악이 튀어나왔다.

1921년 2월에 식민부 장관이 되기 전, 처칠은 그가 타부시 tarbooshes[35]를 쓴 IRA라고 간주했던 와프드 _wafd_ 와 타협하는 자들의 비겁함을 공격했다. 바로 이런 모습의 처칠—턱을 치켜들고 탁자를 두드리는 호전적인 제국의 수호자, 싸움을 멈출 줄 모르는 호전주의자, 아일랜드에서 정부 측 진압군 Black and Tans의 잔혹성을 옹호하는 자, 볼셰비즘을 국제적 감염이라고 말하는 망상적이고 강박적인 반공주의자—이 본인의 특성과는 잘 어울리지 않는 사회 개혁과 같은 것들을 만지작거리며 잠깐의 시간을 보낸 후 자기 본연의 유형으로 돌아간 "진정한" 귀족적 반동주의자 처

---

33 "대표" 또는 "사절단"을 의미하는 아랍어.
34 영국의 식민지 중 자치령 등 일부 지역은, 오늘날의 영연방 국가들도 마찬가지로, 영국 대사를 '대사(ambassador)'가 아닌 '고등판무관'이라고 불렀다.
35 터키 모자.

칠이라는 평가가 많다. 연합주의가 아버지의 피와 함께 그의 혈관 속에 흐르고 있었다거나, 러시아혁명을 시작 단계부터 목 졸라 죽이자는 그의 외침은 러시아 귀족이나 차르와의 뿌리 깊은 정서적 계급 유대감으로부터 나왔다는 등의 평가도 있다.

그러나 제1차 세계대전 직후의 처칠에게 적용되는 이처럼 뻔한 평가들은 20세기의 나머지 기간에 발생한 논쟁의 여지 없이 냉엄한 진실들에 의해 오류로 입증된다. 2002년의 시점에서 보면 러시아, 아일랜드, 중동, 심지어 독일의 배상 문제나 그들의 동의를 강요하기 위해 밸포가 시행한 봉쇄 조치 등에 대해 처칠이 취한 거의 모든 입장은 예언적이거나 낙관적이었던 것으로 보인다. 그는 강경한 노선에서 유화적인 노선으로 종종 선회하곤 했는데, 이러한 변화는 본능적인 호전성을 우선 성찰로 바꾸고, 그다음에는 관대하게 다시 생각한 결과였다. 로이드 조지와 마찬가지로 독일의 코를 납작하게 만들겠다고 호언장담했었던 그는 결국 더 큰 유연성과 관용을 호소하기 시작했고 봉쇄에도 반대했다. 아일랜드에서 신페인의 지도자 마이클 콜린스Michael Collins와 아서 그리피스Arthur Griffith를 만나서 '두 국가' 해법을 협상한 것도 처칠이었으며, 이들과 맺은 개인적 관계는 놀라울 정도로 긍정적인 것이었다. 그 결과 프로테스탄트교가 지배하는 북아일랜드만 영국의 일부로 남게 되었고 남부 아일랜드에는 새로운 국가가 탄생했다. 아일랜드 자유국Irish Free State이 자치령dominion 지위를 갖고 독립했다는 것은 이제 영국 내에서 자치Home Rule를 한다는 의미는 아니었지만 적어도 어떤 종류의 연결성은 지속된다는 것을 의미했다. 1922년에 아일랜드에서 발생한 가톨릭교도끼리의 내전은 이러한 연결고리를 끊고 희망을 없앴으며 마이클 콜린스의 목숨을 앗아갔다.

처칠은 친pro-차르주의 '백군'(민주주의를 위한 세력은 확실히 아니었다)을 지원함으로써 러시아의 공산주의 혁명을 되돌리기 위해 무모하게 인력과 돈을 투입할 것을 촉구했을 뿐만 아니라 지칠 줄도 몰랐던 것 같다. 이처럼 볼셰비키를 독재를 음모하는 자들로 몰아붙인 것은 영국의 사회주의자들을 의도적으로 선동하기 위한 것이었지만, 1917년 10월에 러시아에서 발생한 사건에 대한 그의 진단은 매우 정확했다는 것이 드러났다. 새로운 소비에트 연방에서는 자유의 운명에 대해 우울하게 느낄 충분한 이유가 있었다. 전쟁의 지속은 혁명 지도자인 블라디미르 레닌Vladimir Lenin에게 경찰국가를 제도화할 완벽한 구실을 제공했고, 결국 1919년이 되면 러시아에서는 제헌의회Constituent Assembly뿐만 아니라 다당제 민주주의의 일말의 흔적도 사라졌음을 누구나 알게 되었다.

 1921년 3월에, 당시 식민지 장관이었던 처칠은 아라비아의 로렌스라 불리는 T. E. 로렌스T. E. Lawrence, 동양학자 거트루드 벨Gertrude Bell과 함께 이집트로 낙타를 타러 갔다. 3월에 카이로에서 열린 중동 회의에서 처칠은 아랍과 유대 공동체가 나란히 발전하는 신기루에 사로잡혔을지도 모른다. 그는 국제연맹이 팔레스타인에 대해 영국에 부여한 임무에는 에드먼드 앨런비Edmund Allenby 장군의 육군이 터키로부터 예루살렘을 수복하기 한 달 전인 1917년 11월의 밸포 선언에서 약속한 대로 "유대인 국가"를 건설하는 것이 포함될 것이라고 말했다. 그러나 처칠은 순진하게도 이것이 아랍 인구에 대한 "강요"가 아닐 것이라고 강조했다. (1921년 3월 가자 지구에서 처칠은 영국을 지지하는 팔레스타인 군중을 보고 기뻐했지만, "유대인에게 죽음을"과 같이 열광적으로 외치는 구호를 번역하는 일은 하지 않았다). 처칠은 시간이 지나면 아랍인들이 유대인 정착을 이 지역 전체의 근대적 변화의 싹으로 인식하게 되기를 간절히 바랐다. 처칠은 반anti-유대주의에 가득한 증오심에 대한 해답은 (적절한 시기가 되면) 유대 국가를 건설하는 것이며, 유대 국가가 있어야 할 유일하게 합법적인 장소는 그 민족과 종교 모두에게 정체성을 부여한 곳뿐이라고 믿었다는 점에서 명백한 시온주의자였다. 그는 인도에서 벵골, 봄베이 등 영국이 직접 통치하는 근대의 중심지와 토착 군주국들 사이에 존재했던 사실상의 파트너십 또는 최소한 묵인과 유사한 것을 이라크와 요르단의 횡단 지역에도 왕국들을 세움으로써 재현할 수 있기를 희망했다.

 그러나 물론 이러한 계산은 이미 인도에서부터 어긋나고 있었다. 처칠은 피서와 함께 영국 군함의 연료를 석탄에서 석유로 전환하기로 하면서 두 번째 판도라의 상자를 열었다(첫 번째는 1882년 글래드스턴이 이집트를 점령하기로 결정한 것이었다). 이제 중동에 꼭 붙어 있어야 할 온갖 이유들이 생겼다 — 석유에 대한 투자; 거대한 새 군사 기지가 건설된 수에즈 운하의 전략적 보호; 오스만 제국 이후 아랍 왕국들이 인도로 가는 생명줄을 끊거나 그곳에 "불온 세력"을 지원할 수 있는 민족주의자들의 손에 넘어가지 않도록 하기 위한 신중한 관리; 그리고 영국이 "정복의 권리"로 팔레스타인을 차지했으므로 계속 머물 권리가 있다는 로이드 조지의 조잡한 불한당 같은 주장 등. 이 지역이 신탁통치령이 되면서 이러한 주장들은 받아들여졌지만 40년간의 영국 지배는 행복하지도, 특별히 영광스럽지도 않은 것으로 판명되었다.

1922년, 오랫동안 갈등을 빚어온 연립정부는 마침내 무너졌다. 그해 11월 선거에서 자유당, 특히 로이드 조지파는 사실상 사라졌다. 처칠 자신도 던디Dundee에서 1만 표 차이로 낙선했다. 그는 용감한 표정을 지으며 클레미를 데리고 리비에라Riviera로 떠났다. 전쟁 회고록 집필에 대한 선금으로 4만 2000파운드를 받은 그는 칸 근교에 있는 레브 도르Rêve d'Or라는 별장에서 6개월 동안 머물 수 있었다. 그곳에서 그는 지중해를 바라보며 그림을 그리고 『세계의 위기The World Crisis』(1923)를 집필했다. 그에게는 정치적 동맹도 없었고, 당의 기반도 없었으며, 이제는 지역구도 없었다. 하지만 왜금송umbrella pines 아래서 황금 꿈을 꾸다 보니 웨스트민스터 밖에서의 삶도 결국 그렇게 두려운 것은 아니었다.

"버트" 웰스는 매우 다른 물줄기를 바라보며 매우 다른 역사를 쓰고 있었다. 1918년에 그는 연인인 작가 리베커 웨스트Rebecca West와 그들의 아기 앤서니Anthony를 위해 방문하곤 했던 에식스의 리-온-시Leigh-on-Sea에서 열리는 해양 퍼레이드에서 종종 목격되었다. 웰스 역시 물가를 산책하는 것을 좋아했지만, 이곳은 요오드 향이 나는 물이 탁한 템즈강 하구로, 경단고둥이 통발과 엉키고 더러운 바닷물이 썰물처럼 빠져나가 녹갈색 진흙이 드러나는 곳이었다. 웰스는 이 물과 그것이 흘러 들어간 시원한 회색 바다의 수평선을 사랑했다. 그러나 그의 생각과 그의 역사는 브리태니어의 끝자락을 넘어 광활한 대양의 시공간을 향해, 그가 집필할 가치가 있다고 생각한 유일한 역사, 즉 지구상의 인간 종의 역사로 흘러갔다. 1919년부터 연재하기 시작한 『역사의 개요』는 이후 한 권으로 묶여 전 세계 대부분의 언어로 번역되어 20세기에 가장 많이 팔린 역사서가 되었을 뿐만 아니라 성경과 코란 다음으로 많이 팔린 책이 되었다. 1921년 말까지 영국에서는 1300쪽에 달하는 이 조밀하고 상세한 책이 15만 부, 미국에서는 50만 부가 판매되었다. 처칠이 회고록을 검토하던 1922년 말, 웰스는 슬로베니아어와 일본어 등 다른 언어로 이미 100만 부를 판매했다.

『개요』는 저자를 부자로 만들었지만, 더 중요한 것은 그를 세계적인 인물로 만들어주었다는 점이다. 『개요』를 세계사에 대한 서술 못지않게 선교적 선언문으로 만들려고 했던 웰스에게 이는 매우 만족스러운 일이었을 것이다. 카이사르의 배에 하얀 절벽들[36]이 윤곽을 드러내기 위해 해협 위에서 갈라지는 안개에서 이야기를 시작하는 대신, 깊은 우주에서 회전하는 작고 하찮아 보이는 공 모양의 물질에서 시작한 웰스는 생물학, 지질학, 고고학으로 역사를 다시 쓰려고 했지만, 머콜리나 처칠처럼 문명화된 인류가 계속 발전하고 그 축복을 전 세계로 퍼뜨리는 것을 가정하지는 않았다. 오히려 이러한 학문들은 그러한 이야기들을 종, 문화, 그리고 특히 제국의 출현과 소멸이라는 훨씬 더 큰 서사시로 속으로 묻어버렸다. 지질학과 고고학이 들려주는 이야기는 암석 지층이나 변화하는 모래 퇴적물 아래에 묻혀 있는 불멸의 환상에 관한 것이었다. 스승 올더스 헉슬리를 통해 다윈과 직접적으로 연결된 과학자 웰스에게 전쟁의 대재앙 이후 호모 사피엔스의 생존 또는 적어도 통치의 연장 여부는 그들의 한계를 깨닫게 해주는 역사에 결정적으로 의존했다. 웰스는 유럽과 대서양에서 한 발짝 물러나 히타이트와 몽골, 마야와 오스만 제국을 똑같이 냉정한 시선으로 바라봄으로써 더 늦기 전에 "공통의 역사 사상 없이는 공동의 평화와 번영

---

[36] 잉글랜드 남부 해안의 하얀 절벽들, 즉 앨비언(Albion)을 뜻한다.

은 있을 수 없다"는 공동 운명체 의식을 전달하고자 했다. 따라서 이러한 글로벌한 관점에서 무함마드와 그의 후계자들은 30쪽에 달하는 분량을 할당받았지만, 머콜리의 책 전체를 채우고 위그 전통에서 영국 정체성의 핵심과 목적을 정의한 1688년의 영광스러운 혁명에 대한 이야기는 그다지 흥미롭지 못한 하나의 단락으로 축소되었다.

웰스는 지금 절실히 필요한 것은 새로운 계몽주의, 즉 왕, 국가, 민족 등 지엽적이고 자축적이며 신화적인 역사를 초월할 수 있는 과학에 기반하고 보편적으로 인정받는 공통의 지식 저장소라고 생각했다. 이 새로운 보편적 백과사전에는 "종교 자체, 더럽혀지지 않은 … 천국, 형제애, 창조적 봉사, 자기 망각"과 같은 일반화된 유신론적 종교도 포함될 것이다(사람들이 필요로 하는 것 같았기 때문에). 이 참되고 보편적인 종교는 진리의 독점을 주장하는 기독교와 이슬람교와 같은 종교들이 서로에게 가했던 잔인함과 야만성을 무의미하게 만들 것이다. "전 세계적으로 사람들의 사고와 동기는 교육과 모범, 그리고 그것들에 대한 일련의 생각에 의해 자아에 대한 집착에서 인간의 지식, 인간의 힘, 인간 단결을 위한 쾌활한 봉사로 바뀔 것이다." 이러한 합의된 원칙에 기초하여 권력을 축적하는 사람들이 아니라 그들에 저항하겠다고 맹세한 사람들, 즉 웰스가 고의적으로 부적절하게 "새로운 사무라이"라고 불렀던 (그와 같은) 냉철하고 플라토닉한 지식인 계급에 의해 창출된 새로운 세계 정부가 등장하게 될 것이다. 그는 『역사의 개요』를 이렇게 끝맺는다:

> 전쟁은 끔찍한 일이며, 끊임없이 더 끔찍하고 무서운 일이기 때문에 전쟁이 끝나지 않는 한 인류 사회는 확실히 끝날 것이다. … 세계 질서와 하나의 보편적인 정의의 법칙이 인간의 모험을 끝낼 것이라고 상상하는 사람들이 있다. 그것은 단지 그것을 시작할 뿐이다. … 지금까지 인간은 다툼과 복수, 허영심, 수치심과 오명, 뜨거운 욕망과 다급한 식욕 속에서 빈민가에서 살아왔다. 그는 아직 달콤한 공기와 과학이 그를 위해 확대한 세상의 위대한 자유를 거의 맛보지 못했다.

영국인이면서 이토록 성급하고 국제주의적인 생각을 한다는 것이 가능할까? 그의 아버지가 참여했던 마을 크리켓 경기와 그 경기가 펼쳐졌던 잔디밭은 웰스의 새로운 세계 질서에서는 어떻게 될까? 아마도 젊은이들은, 최소한, 신경 쓰지 않을 것이다. 웰스의 옛 페이비언 협회 동지 중 한 명인 그레이엄 월러스는 자신이 할 수 있는 최고의 칭찬을 그에게 선물했다. 만약 웰스가 지금 "거의 60년 전의 내 나이인 15세의 6학년sixth form[37] 소년이었다면 그것『역사 개요the Outline』은 내가 아는 세상을 통째로 뒤바꿔 놓을 것이다".

그리고 적어도 한 명의 이튼 학교 6학년생, 에릭 블레어Eric Blair(미래의 조지 오웰)가 실제로 이 시기에 살고 있었다. 그는 웰스의 작품 중 구할 수 있는 모든 책을 읽었고, 마을 잔디밭에 무슨 일이 일어날지에 대해서는 — 적어도 당분간은 — 아무런 관심이 없었다.

---

37 영국 교육제도에서 6학년은 우리나라의 고등학생 1~2학년 정도에 해당.

A History of Britain

The Fate of the Empire

1776–2000

8

인내심
Endurance

조지 오웰George Orwell의 역사는 윈스턴 처칠의 역사와 절대로 똑같을 수 없었겠지만, 그의 역사 선생님은 그랬을 수도 있다. 이스트번Eastbourne에 있는 초등학교 세인트 사이프리언즈St Cyprian's에서 5년 동안의 기숙 생활을 한 마지막 해에 그는 고전학 상Classics Prize을 수상했으며 해로우 역사 대회Harrow History Prize에서는 최종 1위 후보까지 올랐다. 그 상을 시상하기 위해 변함없이 세인트 사이프리언즈에 온 사람은 처칠(그리고 G. M. 트리벨리언)의 은사인 조지 타운젠드 워너였다. 워너는 에릭 블레어가 상을 받은 해인 1916년에 세상을 떠났지만, 에릭은 이 노년의 대가가 책을 나눠주면서 제국의 운명이 소년들의 역사 지식에 의존하고 있다고 떠들어대곤 했던 모습을 이전에 여러 차례 봤을 것이다.

에릭은 이에 대해 별로 생각하지 않았다. 세인트 사이프리언즈의 다른 모든 수업과 마찬가지로 역사 수업은, 학교의 시련에 대한 어른의 복수인 『그런, 그런 기쁨들이었네Such, Such were Joys』(1947~1948)에서 훨씬 더 나중에 쓴 것처럼,

학교의 명성과 돈을 벌어들이는 사립학교 입시를 위해, 소년들을 훈련시키기 위해 고안된 사실 암기식 루틴일 뿐이었다. 세인트 사이프리언즈에서도 블레어가 "나쁘지 않은 재미"라고 생각했던 이 섬에 대한 서사시는 "날짜들의 난교에 불과하고, 제자리에서 위아래로 뛰면서 정답을 외치는 데에만 열중하는 소년들이 막상 그 정답들이 명명하는 신비한 사건의 의미에 대해서는 조금도 흥미를 느끼지 못하는 상황"으로 축소되었다. 블레어의 머릿속에 남아 있는 것은 이름과 문구, 또는 이름과 날짜의 임의적인 결합뿐이었다. "명예로운 평화를 가져온" 디즈레일리, "그의 온건함에 놀란" 클라이브 등 그 의미를 설명하려는 시도도 없이 말 그대로 "이름과 날짜"를 임의로 연결한 것이다. 예를 들어 "흑인 네그레스는 내 이모였고 헛간 뒤에 그녀의 집이 있다A black Negress was my aunt, there's her house behind the barn"의 첫 글자는 장미전쟁의 주요 전투 이름을 나타내는 순수한 연상기호mnemonic였다.

에릭의 실제 세인트 사이프리언즈 역사 교사는 워너처럼 학식 있고 자비롭고 영감을 주는 인물이 아니라, 플립Flip(그녀가 움츠리고 있는 건방진 놈을 향해 다가갈 때 축 늘어진 가슴이 플립플롭 샌들처럼 퍼덕퍼덕 흔들린다고 해서 붙여진 별명)이었다. 오웰의 기억에 따르면 플립은 학교의 가학적인 사디스트였으며, 여덟 살짜리 오줌싸개들을 교장인 남편 샘보Sambo에게 보내 잔인하게 구타를 당하게 했다고 한다. "야 이 더-러운 쬐-그만 놈아"라는 리드미컬한 노래에 맞춰 오줌싸개를 구타하는 것은 또 다른 범죄를 저지르는 것에 대한 불안감을 증폭했다. 조지 오웰은 『그런, 그런 기쁨들이었네』에서 그런 공포에 떨었던 한 오줌싸개의 경험을 이렇게 묘사한다. "밤마다 나는 전에 없던 열정으로 기도했다. '하느님, 제발 내 침대를 적시게 하지 마세요! 제발 하느님, 침대에 오줌을 싸게 하지 마세요!'라고 기도했지만 별다른 변화는 없었다." 이 가망 없는 신드롬—오줌 싸고 맞고; 오줌 싸고 맞고—은 이 어린 소년이 "착해지는 것은 불가능"한 악몽의 세계에 떨어졌다는 증거였다.

오웰의 기억력과 『그런, 그런 기쁨들이었네』에 나타난 그의 솔직함은, 무서웠지만 어머니 같기도 했던 같은 플립을 부당하게 풍자한 것이며, 세인트 사이프리언즈의 체제는 "인성"을 가르치는 것이었다고 주장하는 그의 동창들에 의해 문제를 제기당했다. 과장된 것이든 아니든, 매일 아침 미끈거리고 차가운 수영장에 뛰어들고 나서는, 어제의 찌꺼기와 오늘의 찌꺼기가 대체로 털이 많고 딱딱한 종류의 식별할 수 없는 이물질을 가려주면서 테두리에 묻어 있는 백랍 그릇에 담긴 죽을 먹으러 뛰어가야 하는 생활로부터 형성되는 인성이라면 에릭 블레어는 그것을 습득하는 데 별로 관심이 없었을 것이다. 어둠 속에서도 밝은 빛을 볼 수 있었는데 이것은 주로 자기 혼자 영국 시골(가장 아름다운 서식스 다운스Sussex Downs)에서 주황색 배를 가진 도롱뇽이나 나비를 채집하는 순간이었으며, 이는 처칠의 경우와 마찬가지로 평생의 열정으로 남게 된다. 잉글랜드에는, 사실 잉글랜드의 역사에는, 오웰은 언제나 펄쩍 뛰는 마음으로 반응했다. 11살 때 그는 전쟁 모병을 위한 시 「깨어나라! 잉글랜드의 젊은이들」(1914)이라는 시를 헨리-온-템즈Henley-on-Thames에 있는 지역 신문에 발표할 정도로 꼬마 애국자였다. 그러나 세인트 사이프리언즈는 "비이성적인 공포와 광기 어린 오해" 속에서 집으로부터 분리된 아이들이 수감되어 있는 또 다른 영국이었다. 반바지를 입던 어린 시절의 이 사이프리언을 가장 불쾌하게 했던 것은 기독교, 크리켓, 원주민 문명화 등 지배계급의 독선적인 이상과 강압을 일삼는 현실 사이의 간극이었다. 이것이 제공할 수 있는 최선의 것은 제국의 통치자들이 마치 백인 원주민인 척하고 살 수 있는 기회와, 선과 악이 절망적으로 뒤얽혀 있는 체제의 수용을 체험할 수 있는 기회 정도였다.

사실 에릭 블레어는 1903년에 벵골의 모티하리Motihari에서 마약 제국narco-empire의 일원으로 태어났다. 그의 아버지 리처드는 아편 부서의 3급 부차관보로서 중국으로(그리고 전 세계로) 마약을 공급하여 중독을 확산시키는 것을 목표로 삼는 대규모 사업에서 작은 톱니바퀴 역할을 맡았다. 20세기의 첫 10년간 아편 수출로 벌어들인 수익은, 연평균 4000톤을 공급하여, 인도 정부 총수입의 6분의 1에 해당하는 650만 파운드에 달했다. 마약 이 사업이 없었다면 커즌은 빅토리아 기념비를 세울 수 없었을 것이다. 리처드 블레어의 임무는 양귀비 밭을 돌아다니며 수확량이 만족스럽고 품질이 깨끗한지 확인한 다음, 제품이 선적 창고로 제대로 운송되는지 확인하는 것이었다. 이 교역의 미래가 불투명하고 국내외에서 비판의 목소리도 커지고 있었기 때문에 블레어와 이 부서는 최대한 많은 수익을 올려야 한다는 압박감이 컸을 것이다. 그는 마치 아삼의 차나 파트나Patna의 쌀을 감독하는 것과 다를 바 없이 양심적으로 자신의 일을 수행했을 것이다.

외딴 시골 지역으로 파견된 블레어는 1904년에 아내 아이다Ida(프랑스계 혼혈)와 딸 머조리Marjorie, 황갈색 머리털에 통통한 볼을 가진 아기 에릭 아서Eric Arthur를 잉글랜드로 돌려보내기로 결심한다. 그는 제국의 다른 수많은 일벌들처럼 혼자서 언덕 위의 어느 근무지에서 시간을 보낸 후 집으로 돌아오곤 했다. 블레어 부부는 그리 부유하게 살지는 못했다. 조지 오웰은 『위건 부두로 가는 길The Road to Wigan Pier』(1937)에서 블레어 가족이 연간 소득이 수천 파운드가 아니라 수백 파운드에 불과한 "초라한 신사" 또는 "중상층 계급"이었다고 정확히 묘사했다. 덕분에 레스토랑에서 식사를 주문하는 방법, 어떤 나이프와 포크를 사용해야 하는지 등 신사적인 삶에 대한 취향과 지식은 얻었지만 — 이를 즐길 수 있는 수단은 없었다. 세인트 사이프리언즈에서 플립과 샘보는 그에게 다른 부유한 소년들과 달리 "소중한 기회"를 낭비할 여유가 없다는 사실을 끊임없이 상기시켰다.

그들의 "집"은 영원한 잉글랜드라고 할 수 있는 헨리-온-템즈의 비커리지 로드Vicarage Road였는데, 오웰의 멋진 소설 『밖으로 나오기Coming Up for Air』(1939)에서 "로워 빈필드Lower Binfield"라는 이름으로 등장하는 바로 그곳이다: 강가에 늘어진 버드나무, 길가의 카우 파슬리cow parsley 꽃, 물질하는 백조, 벽돌로 지어진 양조장, 뱃놀이용 재킷regatta blazers, 크림 티, 펀트 배, "마을 주변의 커다란 푸른 초원" 등이 있었다. 비커리지 로드에 있는 아이다의 집은 상아와 오리엔탈 러그 등 이국적인 소품으로 꾸며져 그녀의 "차별성"을 대변했다. 나중에 블레어 부부는 쉬플레이크Shiplake의 스테이션 로드Station Road에 있는 로즈 론 Rose Lawn으로 고급스럽게 이사하면서 약 1에이커에 달하는 정원을 얻었고 에릭과 그의 누이는 진정한 시골의 즐거움을 잠시나마 맛볼 수 있었다. 그러나 리처드 블레어가 마침내 3급 (정)차관보로 승진한 후에도 주거 비용은 너무 많이 들었다. 비판에 굴복한 아편 사업은 조용히 축소되고 있었고 1913년에는 중국과의 조약으로 인해 완전히 중단될 위기에 처했다. 1912년에 리처드는 조기 퇴직을 하고 연간 400파운드의 연금을 받았지만, 가족을 부양하기에는 턱없이 부족했다. 제1차 세계대전이 끝날 무렵 아이다가 공공 서비스 일을 하는 동안 블레어 부부는 런던 서부의 얼스 코트Earl's Court에 있는 크롬웰 코트Cromwell Court에서 살기 시작했다. 반면 처칠 부부는 크롬웰 로드에 살고 있었다. 이 두 지역의 이름 차이는 미미했지만 사회적 차이는 엄청나게 컸다.

하지만 랜덜프 처칠의 모교 이튼에 진학한 것은 윈스턴이 아니라 에릭이었다. 물론 그는 장학금을 받고 갔고, 고학년이 관장하는 그 흔한 구타 입문 의식에도 불구하고 세인트 사이프리언즈에서보다는 훨씬 더 즐거웠던 것 같다. 이튼에서 그는 전후 영국에서 유행하던 간결한 반항 스타일의 영향을 받았고, 이로 인해 속물 반항아로 변모했었다고 스스로 인정했다. 쇼와 웰스의 사회주의에 대한 논쟁을 즐겼고 군사 교련단에는 야유를 퍼붓기도 했다. 학생 17명으로 구성된 어느 학급은 영웅을 추천해 달라는 요청을 받자 15명이 레닌을 선택했다. 블레어는 학교를 떠날 때 학교 도서관에 쇼의 희곡집 한 권을 선물했는데, 그 서문인 "부모와 자식"은 영국 학교를 젊은이들의 포로수용소라고 맹렬히 공격한다 – 실제로는 더 끔찍해서 이 학교들은 신체뿐만 아니라 정신까지 고문했다.

어쩌면 교사들은 에릭의 조용한 무례함이 지적 둔함의 반영이라고 착각했을지도 모른다. 어쨌든 그의 아버지는 자신의 고전학 스승인 "할머니" 고Gow로부터 아들이 옥스포드나 케임브리지 대학으로부터 장학금을 받을 가능성은 조금도 없다는 말을 들었다. 리처드의 연금으로는 모두가 꿈꾸는 그 첨탑들

속에서 교육받는 것을 지원할 수 없다는 데 의문의 여지가 없었기에 이트니언들이 "육군, 해군, 교회, 법"을 외치며 미래의 경력을 선택하던 자두 씨 게임plum-stone game¹은 에릭에겐 적용될 수 없었다. 비록 그 게임에서 아무도 "경찰"을 떠올리진 않았지만, 그는 아버지의 발자취를 따라 식민지에서 직업을 구하는 것이 가장 확실한 대안이었다.

1922년 11월, 런던의 음악당에서 지친 테너들이 여전히 「맨덜레이로 가는 길에서On the Road to Mandalay」를 부르고 있을 때 에릭은 인도 제국경찰Indian Imperial Police 훈련학교로 향하는 자신의 모습을 발견했다. 버마 경찰은 영제국의 가장 열악한 식민지에서 가장 힘들기만 하고 보상은 형편없는 직업이라는 평가를 받고 있었다. 버마는 영국이 티크와 차, 루비 등의 농장을 오랜 기간 운영하며 부를 축적해 온 약탈의 대명사였고, 이제는 20세기 최고의 노다지라 할 수 있는 이라와디Irrawaddy 삼각주의 석유가 더해졌다. 이 자원은 너무나 귀하고 이곳 불교 승려들의 저항도 너무 거셌으며 옛 버마 왕실은 신뢰할 수 없는 협력자였기 때문에 1885년에는 국가 전체를 병합하는 군사작전이라는 일반적인 해결책이 적용되었다. 그러나 버마 인구는 1300만 명에 달했고 영국 관리와 토착 인구의 비율은 아시아 제국의 다른 지역보다 훨씬 더 낮았기 때문에 경찰은 질서를 유지하는 데 핵심적인 무기가 되었다. 블레어는 이곳에서 근무할 당시에 경찰이 치안 유지나 무방비 상태의 마을을 습격하는 도적의 소탕 등 선한 일을 하기 위해 존재한다는 공식적인 이상주의를 공유했을 가능성이 높다. 하지만 영국령 버마의 "숨 막히고 답답한 세상"에서 5년을 보내면서 그는 그런 생각을 버리게 되었다.

조지 오웰이 경찰 복무 시절에 대해 아이러니하게도 감사하게 생각한 이유

---

1   제비뽑기나 동전 던지기처럼 자두 씨를 던지는 등의 방법을 통해 자신의 미래의 경력을 게임을 통해 예측해 보는 게임인데, 당시 대부분의 이튼 졸업생들은 이 네 개 분야 중 하나를 택했다는 뜻. '자두'는 영어에서 종종 질이 좋다는 뜻의 수식어로 사용된다; 예를 들면 "근사한 일자리(plum job)".

는 적어도 그 복무 기간 동안 제국주의 권력의 기반이 되는 강압을 적나라하게 목격했기 때문이다. 그 경험의 정수를 담은 에세이 「코끼리에 총 쏘기Shooting an Elephant」(1936)의 서두에서 그는 "저지대 버마Lower Burma[2]의 마울메인Moulmein 에서 나는 수많은 사람들로부터 미움을 받았다 — 내 인생에서 이런 일을 발생시킬 만큼 내 자신이 중요한 인물이었던 적은 그때가 유일했다"고 냉소적으로 말한다. 헬멧을 쓰고 카키색 반바지를 입은 이 젊은 경관은 애당초엔 경범죄자들을 검거하고 그들이 구타를 당할 때 외면하는 등 자신이 맡은 일을 성실하게, 열정적이지는 않지만, 수행하려고 노력했다. 그러나 팍스 브리태니커(랑군Rangoon의 사창가에 서는 폭스 브리태니커Pox Britannica(영국에 의한 매독)로 더 정확하게 알려져 있었다)를 지 키기 위한 모든 고상한 말에도 불구하고, 그는 거대한 경제적 이익을 위해 고 용된 근육에 지나지 않는다는 것을 이해하는 데에는 그리 오랜 시간이 걸리지 않았다. 이라와디강에 위치한 시리아에서 그는 버마 석유 저장 탱크에 대한 경 비를 감독했다. 북부 카타Katha에서는 티크 농장의 중심지에서 근무했다. 식목 업자들의 인종차별적 폭언과 버마인들의 음침한 적대감 사이에서 그는 권력에 흥분하기보다는 오히려 그것의 행사에 몸서리쳤다.

    클럽에서 어쩔 수 없이 마주치게 되던 영국인들은 지루하고 지긋지긋한 넋 두리로 그를 질리게 했고, 이는 그의 초기 소설 『버마의 날들Burmese Days』(1934) 에 충실히 기록되어 있다: "오늘날 우리는 이 모든 끔찍한 '개혁'과 그들이 신문 을 통해 배우는 무례함 탓에 원주민들에 대한 권위를 잃은 것 같다. … 불과 얼 마 전까지만 해도, 심지어 전쟁 직전까지도 그들은 정말 친절하고 존경스러웠 다! 길에서 그들을 지나칠 때 그들이 경의를 표하며 인사하는 방식은 정말 매 력적이었다. 집사에게 한 달에 12루피만 주면 되던 시절이 기억나는데, 정말이 지 그 사람은 애완견처럼 우리를 사랑했다." 에릭은 구식 이트니언Old Etonian이 라고 비웃음을 당했을 때 비로소 해가 지는 제국주의 세대의 편집증, 즉 그들

---

2   버마의 서해안 지역.

대부분의 실제 출신인 허름한 신사 계급으로 강등되는 것에 대한 공포를 이해하게 되었다. 그들에게 제국의 핵심은 영국에서는 감당할 수 없는 말과 하인을 얻을 수 있는 기회였다. 이것이 간디나 "볼셰비키 같은Bolshie" 언론인들과 조용히 저항하는 불교 승려들이 그들에게 제기하는 진정한 모욕이자 위협이었다: 저임금 집사들을 빼앗아가겠다는 것.

에릭은 소설가 E. M. 포스터가 "분홍회색pinkogrey"으로 묘사한 이 계급들을 경멸하는 동시에 버마인들로부터 스스로를 철저히 소외시켰다. 지식인으로서의 그는 범죄자로 분류되던 수많은 사람들이 사실은 외국의 정복과 점령의 희생자라는 것을 알고 있었다. 하지만 그는 때때로 원주민들을 인간 이하의 존재로 취급하며 발길질을 하거나 막대기로 폭행을 가하는 자신을 발견하고는 경악을 금치 못했다. 메스꺼움이 쌓였다: "악취 나는 감옥 철창에 쪼그리고 앉아 있는 비참한 죄수들, 회색빛 소처럼 변한 장기 수감자들의 얼굴, 대나무로 채찍질을 당한 남자들의 상처 난 엉덩이, 체포되어 끌려갈 때 울부짖는 여자와 아이들, 이런 것들은 당신이 어떤 식으로든 직접적인 책임을 지고 있다면 견딜 수 없는 일들이다." 교수형을 참관하던 그는 갑자기 교수대 사형수를 동료 인간으로 인식하는 충격을 받았는데, 발판으로 걸어가던 한 죄수가 웅덩이를 피하기 위해 본능적으로 옆으로 비켜났기 때문이다. "희한하게도 그 순간까지 나는 건강하고 의식이 있는 사람을 파괴하는 것이 무엇을 의미하는지 전혀 깨닫지 못했었다. … 그의 눈은 노란 자갈과 회색 벽을 바라보았고 그의 뇌는 여전히 기억하고 예견하고 추론했다 – 그 웅덩이에 대해서도. 그와 우리는 함께 걷고, 보고, 듣고, 느끼지만 … 2분 뒤에는 갑자기 뚝 부러지는 소리와 함께 우리 중 한 명이 사라질 것이다."

에릭은 할리 오토바이를 타고 시골길을 달리고; 카타의 집 안팎에서 닭과 염소, 돼지를 키우며 괴짜 아웃사이더의 분위기를 연출하고; 가끔 랑군 해안가의 사창가에 드나들기도 하면서 자기혐오를 극복했다. 하지만 그는 강렬한 죄책감에 시달렸다. 어느 순간 그는 주먹으로 호통을 치며 끓어오르는 사브의 얼굴을 내리치고 싶다가도; 다음 순간에는 자신의 일을 견딜 수 없을 정도로 어렵게 만드는 "황인", 갈색 또는 흑인 남성들에게도 똑같이 하고 싶어졌다. 무엇보다도 그는 영국의 법과 질서의 수호자라는 직업으로 인한 자유의지의 상실을 가장 싫어했다. 그는 어느새 비열한 폭군이 되어버렸고 예상치 못하게도 이 시스템의 주인이 아니라 노예가 되어버렸다; 가장 하찮은 쿨리coolie³처럼 무력한 존재가 되었다.

흑인 드라비다Dravidian⁴ 쿨리를 죽인 병든 코끼리를 쏴달라는 요청을 받았을 때, 그는 이처럼 기대감에 갇혀 있는 자신의 모습과 가장 고통스럽게 마주했다. 차라리 이 동물이 날뛰고 있었다면 총을 쏘는 것이 더 쉬웠을 것이다(더 무섭긴 했겠지만). 하지만 코끼리는 평화롭게 풀과 죽순을 입에 물고 가만히 서 있었다. 블레어는 그곳에 모여든 수많은 군중이 그가 코끼리를 쏠 것이라고 기대하고 있다는 것 외에는 그 짐승을 죽일 이유가 전혀 없다는 것이 너무나도 분명했다:

갑자기, 나는 여하튼 그 코끼리를 쏴야 한다는 것을 깨달았다. 사람들이 나에게 그것을 기대했기에 나는 그것을 해야만 했다; 나는 2000명의 의지가 도저히 거부할 수 없는 압박을 내게 가하는 것을 느낄 수 있었다. 소총을 손에 들고 서 있던 그 순간, 나는 동양에서 백인의 지배가 얼마나 허무하고 부질없는 것인지 처음으로 깨달았다. 총을 든 백인이 비무장한 토착민 군중 앞에 서 있다 — 겉으로는 연극의 주연 배우처럼 보였지; 실은 뒤에 서있는 노란 얼굴의 사람들의 의지에 따라 이리저리 떠밀리는 어리석은 꼭두각시에 불과했다. 나는 이 순간 백인이 폭군으로 변할 때 그가 파괴하는 것은 바로 자신의 자유라는 것을 깨달았다.

---

3 막노동꾼.
4 이 지역에 살던 비(non-)아리안계 종족.

블레어는 총을 쐈다.

방아쇠를 당겼을 때 나는 탕 소리도 듣지 못했고 반동도 느끼지 못했지만 — 총알이 명중하면 원래 그렇다 — 군중으로부터 악마와 같은 환희의 함성이 들려왔다. 그 순간, 총알이 그곳에 도달하는 시간 치고도 너무 짧은 순간에, 기이하고 끔찍한 변화가 코끼리를 덮쳤다. 코끼리는 꿈적도 하지 않았고 쓰러지지도 않았지만 몸의 모든 선이 변해버렸다.

서 있는 채로 변신을 하는 이 동물을 보고 겁에 질린 그는 다시 총을 쐈고 코끼리가 쓰러진 후에는 코끼리의 목과 심장에 남은 총알을 쏟아부었지만 "결국 더 이상 참을 수 없어 떠나버렸다. 그가 죽는 데는 30분이 걸렸다고 나중에 전해 들었다. … 나는 내가 단지 다른 사람들이 나를 바보처럼 보는 걸 막기 위해 이렇게 했다는 것을 그들이 알아챘는지 종종 궁금했다".
 제국주의를 증오하려면 제국주의의 일부가 되어봐야 한다고 그는 나중에 썼다. 의사, 간호사, 산림 관리원들이 아무리 선한 의도를 가지고 있다 해도, 또는 그들이 실제로 좋은 일을 하고 있다고 인정한다 해도 외국의 지배로 인한 악을 보상할 수는 없다는 사실이 그의 내면에서는 분명했다. 그는 쇠퇴해 버리고 전투에 시달리고 있는 이 제국 곳곳에 이와 같은 생각을 가진 사람들이 있긴 하겠지만 모두 침묵의 음모에 갇혀 있을 것이라고 종종 의심했다. 기차를 타고 여행하던 어느 날 밤, 너무 더워 잠을 이루지 못하던 그는 교육 부서Educational Service 소속의 한 남자와 같은 칸을 사용하고 있다는 것을 알게 되었다. 서로의 이름을 교환하지도 않은 채 서로의 직업에 대한 증오를 고백했고, "몇 시간 동안 기차가 칠흑 같은 밤을 천천히 달리는 동안 우리는 침대에 앉아 맥주 한 병씩을 들고 영제국을 저주했다 — 지적이고 친밀하게 속마음을 털어놓으며 저주했다. 우리 모두에게 좋은 일이었다. 하지만 우리는 금지된 주제에 대해 이야기하고 있었고, 기차가 맨덜레이로 들어오는 어스름한 아침 햇살 속에서 불륜 커플처럼 죄책감을 느끼며 헤어졌다."

5년간의 복무 후 1927년에 블레어는 휴직을 신청하고 영국으로 돌아갔고, "일단 영국의 공기를 맡으니" 더 이상은 단 하루도 "사악한 전제정"의 일부가 될 수 없겠다는 확신이 들었다. 그는 약자를 괴롭히는 강자의 편에, 힘없는 자를 협박하는 깡패의 편에 섰었던 것이다. 다시는 그러지 않겠다. 1921년에 그의 부모님은 헨리를 떠나 서퍼크Suffolk 해안의 사우스월드Southwold로 이사했는데, 이곳은 원래 어촌 마을이었지만 1920년대에는 은퇴한 인도인들이 소유한 별장들로 붐비면서 "바닷가의 심라Simla"로 알려지기 시작했다. 그곳에서 에릭의 어머니는 브리지 게임을 했고, 여동생 애브릴Avril은 찻집을 운영했으며, 아버지는 바다를 바라곤 했다. 초췌한 외모에 콧수염을 기른 에릭이 연봉 660파운드의 경찰을 그만두고 작가가 되겠다고 발표했을 때, 리처드 블레어가 느꼈을 불신과 실망은 충분히 상상할 수 있다. 설상가상으로 에릭은 휴직 시작일부터 퇴직일까지의 미지급 급여를 경찰에 반환하기로 결정했다. 그 돈은 피가 묻은 돈이었기 때문이다.

버마에서의 그의 실패는 고의적인 것은 아니었다. 하지만 이제 그는 고의적으로 실패하려고 작정했던 것이다. 아버지 같은 사람들의 눈에 이제 그는 실패하는 데만 성공할 수 있는 사람으로 보였다. 그가 버마에서 협력했던 억압은 영국에서뿐 아니라 사회에 대한 지배라는 전 세계에 만연한 증상일 뿐이었다. 그는 기왕 글을 쓴다면 노숙자와 실직자에 대해 쓰고 싶었다. 그리고 1920년대 중반에는 그 어느 세기보다 노숙자와 실업자가 많았다.

제1차 세계대전 이전에 영국 경제를 괴롭혔던 구조적 문제의 심각성은 전시 호황으로 인해 일시적으로 가려졌지만 1920년대에 들어서면서 경기 침체는 심각한 규모로 다시 찾아왔다. 문제는 여느 때와 마찬가지로 수요 감소였다. 국내 인구는 약 4000만 명 수준으로 고정되었다. 인도가 공산품을 강제로 삼켜주고 있었지만, 자치령들은 자체 산업을 시작하고 있었다. 1920년대 후반의 섬유 수출은 전쟁 전의 절반 수준이었다. 1913년 영국은 7300만 톤의 석탄을 수출했지만 1921년에는 그 수치가 2500만 톤으로 떨어졌다. 세계 시장에서 차지하는 비중은 20세기의 나머지 기간 동안 계속 줄어들었다. 영국의 제조업 생산량은 감소하는 반면 미국과 일본의 생산량은 눈부시게 증가하고 있었다. 광산 소유주, 조선업체, 제조업체는 경쟁력을 유지하기 위해 생산성을 높이는 대신 임금 삭감이나 근무 시간 연장을 원했고, 1920년대 내내 10%를 밑돌지 않았던 실업률이 급격히 상승했기 때문에 이를 달성할 수 있다고 믿었다. 전쟁 직전과 전쟁 직후의 작업장 폐쇄와 파업은 더욱 빈번해지고 더욱 혹독해졌다.

1925년 당시 50세였던 보수당 총리 윈스턴 스펜서 처칠Winston Spencer Churchill이 이 말벌집에 발을 들여놓았다. 산업화된 영국이 처한 사회적 고통은 그의 뜨거운 반사회주의를 누그러뜨리는 데 별다른 도움이 되지 못했다. 처칠은 무엇보다도 사회주의가 제국은 물론 민주주의를 집어삼킬 국제 공산주의 음모의 시작이라고 본 『세계의 위기』(1923~1927)를 집필하면서도 사회주의에 대한 자신의 강박관념을 떨쳐버릴 수 없었다. 이러한 집착은 그를 터무니없는 방향으로 이끌었다. 1927년 로마에서 그는 볼셰비키의 위협에 맞선 무솔리니의 장엄한 저항에 대해 열변을 토했다. 국내로 돌아온 그는 자신을 "독립적인 반anti-사회주의자" 후보로 내세우려 했다. 1924년 1월에 자유당 잔류파[5]가 램지 맥도널드Ramsay MacDonald가 이끄는 최초의 노동당 정부 구성을 지지하겠다고 선언했을 때 처칠은 자유당에는 미래가 없다고 판단했고, 그 대열에 섞여 있다가는 자신에게도 미래가 없을 것이라고 생각했다. 그 엄숙하고 냉정한 자들(자유주의의 기둥인 그 선대 찰스 트리벨리언의 손자인 찰스 트리벨리언, 이제 패스필드 경Lord Passfield이 된 상무부 장관 시드니 웹을 포함해)이 궁정 복장을 하고 왕궁에서 임기 시작 선서를 할 때 영국에서 곧 볼셰비키 혁명을 일으키리라는 징후는 거의 없었다. 그럼에도 불구하고 처칠은 나중에 1945년에도 그랬던 것처럼 "사회주의 정부의 집권은 대개는 전쟁에서 패한 날에만 위대한 국가에 닥쳤던 것과 같은

---

5 아일랜드와의 연합주의자들이 대거 탈당하고 난 뒤의 자유당.

심각한 국가적 불행이 될 것"이라고 경고했다. 처칠은 무소속으로 선거에 임했다가 또다시 실패한 후 (새로운 토리당 지도자 스탠리 볼드윈이 그를 보호해 주려 했음에도 불구하고 보수당 후보에게 43표 차이로 패했다) 결국 에핑Epping의 안전한 지역구 공천을 수락했다. 그는 램지 맥도널드가 소련에 제공한 차관을 보고 "볼셰비키 뱀을 위한 우리의 빵; 모든 나라의 외국인을 위한 우리의 원조; 조국은 안중에도 없는 전 세계 사회주의자들을 위한 우리의 호의; 그러나 영국 섬과 국민의 미래가 달려 있는 바다 건너 우리의 속국들daughter States에게는 오직 무관심과 혐오와 방치의 차가운 돌만 던지는 것"이라며 격렬한 반대 캠페인을 벌였다.

1924년 10월 보수당의 압승 덕분에 ─ 비록 노동당은 151석 의석을 유지했지만 ─ 처칠은 마침내 20년 전에 떠났던 당으로의 복귀를 선언했다. 볼드윈은 (공식 발표가 있기 전에, 그리고 많은 충성스러운 토리당원들을 놀라게 하며) 그에게 재무장관직을 수여했다. 그의 아버지는 4개월 동안 재무장관직을 맡았었지만 처칠은 이제 4년 동안 재무장관직을 맡게 된다. 그러나 그것은 독이 든 성배였다. 처칠은 보수주의를 재발견했음에도 불구하고 자신이 항상 지지해 온 사회적 책임을 중시하는 자본주의에 친근한 제스처를 취하고 싶었다. 실제로 그의 첫 예산안에는 연금 수급 연령을 65세로 낮추고, 과부를 위한 연금을 도입하고, 납세 인구 중 최저 소득자에 대한 소득세율을 10% 인하하는 방안이 포함되어 있었다. 그러나 1914년에 중단된 금본위제로의 복귀를 결정한 처칠의 결정은 경제학자 존 메이너드 케인스John Maynard Keynes(1925년에 『처칠 총리의 경제적 결과The Economic Consequences of Mr Churchill』를 집필)가 주장했듯이 필연적으로 실질임금의 평가절하를 초래하는 등 거시경제에 큰 영향을 미칠 통화적 재앙이었다. 처칠은 자신이 금값을 기준으로 다른 통화에 대한 파운드화의 가치를 다시 한 번 고정시키자고 주장하는 것은 통화에 있어서는 보수적인 입장을 취하고 있던 노동당의 그림자[6] 재무장관 필립 스노든Philip Snowden의 결정을 자신도 따르는 것뿐이라고 항변했다. 실제로도 그는 그렇게 하고 있는 것이었다(군축에 대한 주장을 받아들여 군사 예산을 삭감하는 것과 함께!). 사실 임기 초반 처칠은 금본위제에 대한 스노든의 헌신을 좌절시키려 했었고, 심지어 자신의 주장에 힘을 실어주기 위해 케인스를 영입하기도 했었다. 그러나 결국 영란은행Bank of England의 현명한 자들과 총리가 승리했는데, 영란은행은 원래 재무부보다 높았던 자신의 권위를 금본위제가 회복시켜 줄 수 있었기에, 볼드윈은 영란은행의 말에 귀를 기울였기 때문이다. 케임브리지의 경제학자 휴버트 헨더슨Hubert Henderson이 "올해 안에 금본위제로 복귀하면 무역 불황과 실업률의 심각한 악화라는 끔찍한 위험이 뒤따를 것"이라고 단호하게 경고했으나, 볼드윈은 이것이 정부의 결정이라고 처칠에게 말했다. 이 시점에서 윈스턴이 선택할 수 있는 것은 마음을 바꾸거나 아버지의 모범을 따라 황야로 사라지는 것이었다. 아마도 처칠이 볼드윈과 은행과 함께 하기로 결심하게 된 것은 패배로 인해 촉촉해진 눈빛과 점점 늘어져가던 콧수염에 대한 그의 슬픈 기억 때문이었을 것이다.

위대하고 견고한 파운드 스털링pound sterling[7]의 귀환과 영국 경제의 현실로의 "속박"에 대해 승리의 나팔 소리가 울려 퍼졌다. 그러나 헨더슨과 케인스가 경고했던 바가 제국의 파운드화에 대한 물신숭배를 넘어서서 현실로 닥쳐오자 큰 충격이 발생했다. 4.86달러로 과대평가된 파운드화의 영향으로 노동 집약적 산업의 상품과 서비스의 수출 시장에서의 경쟁력이 더욱 떨어졌다. 물가와 실업자 수는 급등했고 임금은 하락했다. 조선업과 같이 가장 큰 타격을 입은 산업에서는 이미 실업률이 30%에 육박했고, 배로-인-퍼니스Barrow-in-Furness에서는 실업률이 무려 49%에 달했다. 독일 탄광의 생산 재개로 인해 더욱 심화된 위기에 처한 광산 소유주들의 대응은 임금 삭감과 노동시간 연장에 대한 요구였다. 반면에 노조는 임금 인상과 석탄 가격 할인을 요구했다.

총파업의 실현 가능성을 우려한 스탠리 볼드윈은 정부 보조금이라는 뇌물

---

6   "그림자(shadow)"는 정부의 각 부서에 맞서는 야당 고위급 의원들을 가리키는 말.
7   영국 본국의 파운드화를 일컫는 통화 단위.

을 받은 소유주들에게 최소한 왕립 위원회가 석탄 산업의 문제를 연구할 때까지는 급격한 조치를 연기해 달라고 부탁했다. 휴전은 성사되었지만 1926년 3월에 새뮤얼 위원회Samuel Commission가 보고한 첫 번째 권고안은 임금 삭감이었다. 광부들의 지도자 A. J. 쿡A. J. Cook이 대변한 노조의 반응은 "임금에서 단 한 푼도, 노동시간에서 단 1분도 안 된다"는 것이었다. 양측의 입장은 강경화되었다. 처칠의 오랜 친구이자 이제 버큰헤드 경Lord Birkenhead이 된 F. E. 스미스는 광산 소유주를 만나기 전까지는 광부 지도자들이 가장 어리석은 사람이라고 생각했다고 평소의 재치 있는 말투로 푸념했다. 그의 말을 증명이라도 하듯 광산주들은 1926년 5월 1일에 노조원들의 출입을 통제했고, 노동조합회의TUC는 3일 총파업을 촉구했다. 더럼 주교는 양손을 비튼 후 주먹을 불끈 쥐며 "영국은 입헌군주제를 폐지하고 프롤레타리아 독재를 향해 첫발을 내딛고 있다"고 선언했다.

파업은 겨우 9일 동안만 지속되었다. 약 150만 명의 노동자(90%가 광부)가 TUC에 호응하여 파업에 나섰다. 대중적 이미지에는 버스를 운전하는 옥스브리지 학부생들이 등장했지만 실제로 파업 분쇄에 참여한 대부분의 노동자들은 파업 참가자들과 마찬가지로 노동계급이었다. 결국 TUC는 분노한, 그 심정이 충분히 이해가 되는, 광부들을 저버린 채 타협안에 합의했다. "5월의 9일" 동안 처칠은 마치 전쟁을 치르듯 자원을 동원했다. 군대가 식량을 배달하고, 《영국 공보British Gazette》를 창간해 정부 선전지로 운영했으며, 더 많은 군인이 인쇄기를 지키고 있었다. 식량 수송과 《영국 공보》 배달 모두 탱크의 호위를 받기도 했다. 그러나 1922년에 개국한 리스 경Lord Reith의 BBC로 하여금 정부 공보와 의견을 방송하도록 압력을 가하려는 시도는 처칠의 강력한 저항에 부딪혔고, 이는 BBC를 정치적으로 독립시키기 위한 투쟁의 전환점이 되긴 했지만 그렇다고 해서 그것이 처칠의 덕은 아니었다.

공식적인 파업은 5월 12일에 끝났지만 극심한 계급 양극화는 여전히 남아 있었다. 광부들은 홀로 투쟁을 이어가려 했지만 결국 사측의 조건에 따라 다시 일터로 돌아갈 수밖에 없었다. 임페리얼 케미컬 인더스트리Imperial Chemical Industries의 회장 앨프리드 몬드Sir Alfred Mond가 소집한 노조와 경영진 간의 원탁 회담에 참석한 사람들은 차와 샌드위치를 먹으며 선의와 상식을 가진 사람들이 합의에 도달할 수 있는 척했지만, 실질적인 행동은 강경파가 주도했다. 1927년의 노동쟁의 및 노동조합법Trade Disputes and Trade Union Act에 따라 정부를 압박하기 위한 파업은 모두 불법이 되었다. 노동당을 지지하고자 하는 노조원들은 이제 명시적으로 "참여 선언"을 해야 했다. 예전에는 빠지고 싶은 사람만 "탈퇴 선언"을 하는 방식이었다. 당은 즉각적으로 운영 수입의 상당 부분을 잃었다. 템즈 임뱅크먼트Thames Embankment에서 에릭 블레어는 가벼운 정치 만화를 전문으로 그리는 보조Bozo라는 "스크리버screever"(거리의 예술가)를 만났다. 그중 하나는 "예산안이 상정되었을 때의" 처칠을 그린 것이었다. "제가 윈스턴이 '부채debt'라고 적힌 코끼리를 밀고 있는 그림을 그리고는 그 밑에 '그가 코끼리를 움직일 수 있을까?'라고 적었어요. 보이시죠?'" 에릭은 그림을 쳐다봤다. 보조는 경찰이 사회주의를 지지하지 않을 것이기 때문에 사회주의를 지지하는 그림은 그릴 수 없다고 말했다. 예전에 그가 그린 그림들 중 하나는 "자본"이라고 적힌 보아뱀이 "노동"이라고 적힌 토끼를 삼키는 만화였다. "그거 빨리 문질러서 지워버려"라고 경찰이 말하며 날카로운 표정을 지었다. 보조는 시키는 대로 했다. 복종하지 않으면 거기서 쫓겨나거나 거리 배회자로 분류되어 감옥에 갈 위험이 있었기 때문이다.

1927년 겨울, 에릭 블레어가 『위건 부두로 가는 길』을 통해 하층계급 속으로 뛰어든 것은 5년 동안 영제국의 치안을 맡은 것에 대한 보상의 의미가 될 것이었다. 그는 노팅힐Notting Hill의 공예 공방 옆에 있는 값싼 원룸을 빌려 작가로서의 새로운 삶을 시작했다. 너무 추워서 손가락이 마비되어 글을 쓸 수 없을 때면 블레어는 촛불로 손가락을 녹였다. 하지만 한 달에 30실링에 불과한 열악한 방세를 고려하면 이 정도로 자신의 정체성 변화를 완성할 수 있는 것만 해도 다행이라고 생각했다. 물론 그보다 더 낮은 곳에 있던 사람들도 있었다. 이튿에서 그는 잭 런던Jack London의 런던 이스트엔드 연대기인 『심연의 사람들People of the Abyss』(1905)을 읽었고, G. K. 체스터턴G. K. Chesterton의 신간 『가장 어두운 런던에서In Darkest London』(1926)에서는 더 최근의 이야기를 읽고 감동을 받았던 것 같다. 체스터턴의 동생의 부인인 에이더 엘리자베스 체스터턴Ada Elizabeth Chesterton은 《데일리 익스프레스Daily Express》 기자로 피카딜리Piccadilly에서 성냥을 팔거나(그녀를 알아본 친구들은 공포에 떨었다) "스파이크spike"(노숙자 쉼터)에서 잘 수 있는 권리를 얻기 위해 3시간 동안 똑같은 문손잡이를 닦아야만 했다.[8] 여기서 그녀는 여성은 남성이 마신 차의 찌꺼기만 받았고, 그것도 차를 끓인 지 한 시간 이상 지난 후에야 받을 수 있다는 것을 관찰했다. 스파이크에서는 하룻밤만 지낼 수 있었고 스파이크는 의도적으로 멀리 떨어져 있었기 때문에 체스터턴 부인은 첫날 밤에 유스턴Euston에서 해크니Hackney까지 걸어갔다: "난 살짝 돌아버렸다. 런던이 불타 없어져야 한다고 느꼈다."

오웰은 잭 런던과 에이더 체스터턴의 발자취를, 거의 그대로, 따라갔다. 램버스에서 그는 자신의 옷을 1실링에 팔고 그 대신 "단순히 더럽고 형태가 없는 것이 아니라" "단순한 허름함과는 차원이 다른, 엄청 오래된 오물로 뒤덮인" 부랑자용 장비를 받았다. 부르주아 제국주의자의 옷을 벗고 가난을 구원하는 프란치스코 수도사가 되는 순간이었다. 신사라고 알아볼 수 없을 정도로 더러워진 자신을 느꼈을 때, 그는 이미 길을 걷고 있는 자신을 발견했다. 길거리에서 "그 새 옷은 나를 순식간에 새로운 세계로 안내했다. 모든 사람들의 태도가 갑자기 달라진 것 같았다. 나는 한 행상인이 넘어진 수레를 일으키는 것을 도왔다. '고마워, 친구mate.'[9] 그가 웃으며 말했다. 내 인생에서는 여태 아무도 나를

---

[8] 빈곤 구제를 위해서는 의미 없이 힘들기만 한 노동을 해야 했던 당시의 사회 제도 때문.
[9] 이 맥락에서는 정말로 친구가 아니라 하층계급이 자기들끼리 사람을 부를 때 관습적으로 쓰는 표현.

친구라고 부른 적이 없었는데…"

그는 같은 날 밤 워털루 로드Waterloo Road에 있는 쪽방촌에서 "아편과 더러운 리넨" 냄새가 진동하는 방에서 다른 여섯 명과 함께 지냈다. 시트에서는 오래된 땀의 끔찍한 냄새가 났다. 한 노인은 20분마다 기침에 시달렸고, "마치 창자가 속에서 휘젓고 있는 것처럼 지독한 기침과 트림"을 하곤 했다. 아침 햇살은 비참한 광경을 가려줄 만큼 친절하지 않았다. 블레어는 세탁한 지 3주가 지난 시트가 "날것 그대로의 엄버umber색"[10]을 띠고 있고 세면대는 "장화 닦는 약처럼 검고 끈적끈적한 오물"로 덮여 있는 것을 볼 수 있었다. 그는 일반 숙박업소에서 스파이크로 옮겨 갔는데, 스파이크는 오히려 더 지저분했다. 하지만 그는 이런 상황을 불평하지 않았다. 청결에 대해 그보다 더 까다로운 동시에 끔찍한 냄새의 세계를 그보다 더 정확하게 감지하는 코를 가진 위대한 영국 작가를 생각해 내기는 어렵다. 그러나 혐오스러운 경험이 많아질수록 그는 인간적인 그 어떤 것도 자신보다 천한 것은 없다는 것을 보여주기 위해 고름 한 그릇을 마시는 성 캐서린St Catherine처럼 제국의 죄책감에서 더 깨끗해졌다.

특히 악마적이었던 한 곳에서 스파이크의 성 프란시스는 마침내 적나라한 진실에 도달했다:

그 변소는 역겨운 광경이었다. 속옷의 모든 음란한 비밀이 다 드러나 있었다. 때가 묻고, 찢어지고, 단추 역할을 하는 끈 조각, 겹겹이 쌓인 조각난 옷들, 불결로 인해 구멍이 뚫린 옷들이 함께 모여 있는 곳도 있었다. 방은 김이 모락모락 피어오르는 나체로 가득 찼고, 부랑자들의 땀 냄새와 스파이크에서 나는 역겨운 배설물 악취가 뒤섞였다. 몇몇 사람들은 목욕을 거부하면서 그들의 발을 둘둘 말고 있는 끔찍한 모습의 기름기 많은 천 덩어리인 "발가락 싸개"만 닦았다.

---

10   암갈색 천연 안료.

2년 동안 블레어는 쿡Cook의 빈곤 투어를 경험했는데, 그중에는 파리에서 약 3개월 동안 식당에서 잡일이나 설거지를 하는 것과 런던을 드나들며 부랑자 생활을 하는 것도 포함되어 있었다. 런던에 있는 친구의 집에 하루나 이틀씩 머물기도 하고, 사우스월드에 그 어느 때보다 음침하고 초췌한 모습으로 나타나서 사람들을 당황시키기도 했다. 그는 뜨내기 노동자와 함께 홉[11]을 따라다니며 손이 찢어질 때까지 일하는가 하면; 크리스마스를 감옥에서 보내고 싶다는 소망을 이루기 위해 체포될 때까지 맥주와 위스키를 마셔대기도 했고; 부랑자들의 속어를 수집했으며, 제방Embankment의 벤치(8시까지 도착)로부터 시작해서 "2페니 행오버Twopenny Hangovers"[12]와 "관Coffin"이라고 불리던 4페니짜리 나무 상자를 거쳐 1실링을 지불해야 하는 로튼Rowton 주택과 구세군 숙소라는 나름 고급스러운 잠자리에 이르기까지 취침의 세분화된 계서제를 파악해 나갔다. 어느 날 아침, 그는 아일랜드의 부랑자—그의 이름은 너무나 당연히도 패디Pady였다—와 함께 길을 출발해서 올드 켄트 로드Old Kent Road를 따라 브롬리를 향해 남쪽으로 갔다. 흙 묻은 신문지 조각과 녹슨 깡통, 낡은 풀을 보면 "부랑자들이 주기적으로 모이는 곳"이라는 것을 금방 알 수 있는 그 초원에서 블레어는 쑥국화 옆에 앉아 그 톡 쏘는 향기와 부랑자들의 향기를 번갈아 맡으며 두 마리의 마차용 망아지가 뛰노는 것을 지켜보다가 어떤 남자들이 자신들이 지나온 여정에 대해 이야기하는 것을 들었다: 옥스퍼드는 "구걸mooching"하기에 좋았고; 켄트는 깐깐했다. 그들이 주고받는 소문은 자살 이야기부터 단편적인 역사 이야기들—반은 제대로 기억하고 반은 지어낸 "위대한 반란Great Rebellion", 즉 곡물법—까지 다양했고, 오래된 담배꽁초와 옥소Oxo[13] 깡통을 늘 들고 다녔다.

체면을 중시하는 사람들의 진부한 선입견과는 달리, 오웰은 모든 부랑자가

---

11 맥주의 원료로 사용되는 열매.
12 2페니를 지불하고 방에 들어가서 벽에다 끈으로 매다는 주머니 속에서 거의 서 있거나 기대는 자세로 자야 하는 매우 저렴한 숙소.
13 깡통 소고기 죽의 상표.

알코올 중독자는 아니며 범죄자는 더더욱 아니라는 사실을 알고 있었다. 한곳에서 하룻밤 이상 머무는 것을 금지하는 융통성 없는 규칙이 아니었다면 그들은 이동하지도 않았을 것이다. 부랑자들은 영국의 근대와 함께 시작되었던, 그리고 1920년대와 1930년대에 부활하고 있었던 낭만적인 걷기 문화와는 정반대되는 존재였다. 그러나 조지 오웰이나 "부랑자의 목사" 프랭크 제닝스Frank Jennings와 같은 유사-부랑자, 그리고 패션데일에서 부상당한 참전용사이자 전기공으로서 일거리를 찾아 글라스고에서 런던으로, 다시 반대 방향으로 걸어 다녔던 테렌스 호슬리Terence Horsley 같은 정말로 가난했던 회고록 작가에게 걷기는 고상한 경험이 아니었고 맥주와 희롱을 즐기는 즐거운 시골 휴가도 아니었다. 떠돌이 생활은 무자비한 고단함의 연속이었으며, 그런 삶을 살아야 했던 이들은 몸과 마음이 지칠 대로 지쳤다.

1933년에 『파리와 런던의 밑바닥과 길거리Down and Out in Paris and London』가 출간되었을 때 책 표지에 적힌 이름은 에릭 블레어가 아니라 "조지 오웰"이었다. "H. 루이스 올웨이즈H. Lewis Allways"와 같은 다른 이름도 고려되었다. 그러나 오웰Orwell강은 사우스월드에서 멀지 않은 서퍼크에 있는 강이기 때문에, 어쨌든 시골을 지독한 열정으로 사랑했던 블레어는 잉글랜드의 물리적 자연과 자신을 동일시하고 싶었을 가능성이 높다. 그의 마음속 어딘가에는 잭 런던뿐만 아니라 고독한 산책과 가난한 사람들과의 만남을 통해 진정한 잉글랜드와의 교감을 추구했던 윌리엄 워즈워스 역시 있었던 것이 분명하다. 따라서 조지 오웰의 논픽션 책은 거의 모두 여행기였고, 1930년대 초에는 여행기 출판이 큰 유행을 일으켰다. 하지만 아무도 그의 여행을 이러한 "여행하기"의 유행을 주도한 작가의 여행과 혼동하지는 않았다: H. V. 모튼H. V. Morton.

모튼의 『잉글랜드를 찾아서In Search of England』는 오웰이 의상과 인생을 모두 바꾼 해인 1927년에 출판되었다. 이 책의 첫 문장에서 밝힌 전제는 "자동차를 타고 영국을 일주한 여행"에 대한 기록이라는 것이었다. 지역 간 자동차 분포(케임브리지셔는 1000명당 27대, 더럼Durham 카운티는 1000명당 5대)가 극도로 고르지 않았기 때문에, 이는 사실상 자전거나 자기 다리Shank's pony를 타고 다니는 계급을 검사하는 전동화된 고위층을 의미했다. 작가는 발가락이 드러나는 헝겊 장화를 신고 걸어서 영국을 보는 대신 자동차 앞 유리를 통해 영국을 보았다. 그는 영국(스코틀랜드(1929), 아일랜드(1930), 웨일스(1932))를 다룬 책이 연이 출판되었기 때문에 사실상 영국을 가리킨다)을 돌아다니며 정작 본인은 영국령-페르시아나 버마에서 제공하는 값싼 휘발유를 탱크에 채우고 있으면서 도시의 저속함이 시골에 물드는 것에 대해 경고하곤 했다.

그의 책은 '잉글랜드의 약속의 땅'을 위한 비가였다; 러곤더Lagonda[14]를 모는 본 윌리엄스Vaughan Williams[15]였다: "나는 잉글랜드를 앞에 두고 초록색 터널을 질주했고, 매서운 공기는 내게는 포도주 같았으며 어린잎의 초록색은 음악과도 같았다." 시골의 견딜 수 없는 완벽함이 모튼을 종교적 황홀경에 빠져들게 해서 그를 자동차 계급의 러스킨이 되게 하려다 실패하는 순간이 있다: "낮은 구름은 남색으로 폭풍우가 몰아치고, 높은 구름은 부드러운 살구색이었다. 서쪽은 금빛으로 타오르고 있었고 먹구름의 가장자리에는 가느다란 불의 선이 새겨져 있었다. 대회가 움직이고 바뀌었다. … 태양을 향한 강은 칠흑 같은 오리가 소리 없이 움직이는 흐릿한 은색 시트였고, 검은 종이를 잘라낸 것 같은 실루엣의 백조가 물속에서 목을 들고 헤엄쳤고, 바람이 강을 초조하게 하여 한 줌의 창백한 꽃을 풀에 날려 보냈다." 이 오리는 좀 딱하다.[16]

그는 "잉글랜드를 찾아서" 여행 중이었지만 (단 하나의 간단한 예외를 제외하고는) 공장이나 오염된 산업 운하가 없는 곳, 그리고 첨탑이나 7페니짜리 여인숙이 적은 곳만 찾아다녔다. 모튼이 가장 좋아하는 장소는 언제나 대성당 마을(캔터버리, 링컨, 노리치, 요크York, 일리Ely, 엑시터)이나 시장 마을이었으며, 그중에

---

14 영국의 자동차 회사 애스턴 마틴즈(Aston Martins)가 생산한 고급 자동차.
15 영국의 유명한 작곡가(1872~1958). 잉글랜드의 시골 풍경을 모티프로 삼은 곡을 많이 썼다.
16 다른 멋진 풍경에 비해 너무 초라하게 묘사되어서.

서도 웰스처럼 시장 마을이면서 대성당 마을("오래된 집들의 계단 사이로 배수로를 따라 음악처럼 흘러가는 물의 속삭임을 어떻게 설명할 수 있을까?")이기도 한 곳을 가장 선호했다. 백랍이 "고요한 물 위에 달빛처럼 반짝이고" 수도꼭지에서 "마호가니 양조주"가 흘러나오는 아늑한 선술집에서 그의 영혼은 편안해진다. 무엇보다도 가장 좋은 장소는 유령이 폐허를 떠돌아다니는 추억이 깃든 이끼 낀 곳이다. 불리 사원Beaulieu Abbey에서 그는 폐허가 된 수도사 기숙사 위에 "700년 동안 홀로" 살고 있는 체셔Cheshire 양을 만난다. 윈치스터Winchester에서 그는 "긴 시간의 터널을 따라 웨식스Wessex의 왕들이 아직 잉글랜드가 아니었던 나라를 지나가는 모습"을 보게 된다. 실제로 그는 마치 잉글랜드 전체가 야외 마담 투소Madame Tussaud 박물관으로 바뀐 것처럼 끊임없이 보고 듣는다. 모튼은 들판에서, 혹은 들판 근처의 길가에서 장엄한 조명이 비추는 순간마다 자신이 가진 모든 것을 이 향수에 쏟아붓는다.

그러나 물론 새싹에는 벌레가 있다: 무례한 20세기. 두 무리의 야만인들이 낙원을 파괴하기 위해 몰려들고 있다: 양키와 망나니yobbo. 모튼의 페이지에서 목가적인 황홀경에 떨거나 혐오감에 코를 찡그리기를 번갈아 되풀이하는 미국인들은 저속하고 유치찬란한 존재감으로 끊임없이 풍경을 망치고 있다. 데븐Devon의 클러벨리Clovelly에서 모튼은 앨러배머Alabama 여대생이 모든 것이 "말로 표현하기엔 너무 귀엽다"고 외치는 소리를 듣지 않기 위해 귀를 손가락으로 막고 싶어 한다. 모튼의 놀림감인 양키들은 기괴한 언어를 구사하는데, "우와"와 "당연하지"로만 가득 찬 들어주기 힘든 영화 속 엉터리 말투다. 그래도 그는 "평범한 미국인 여행자를 나보다 더 존중하는 사람은 없다"고 설득력 없는 주장을 하는데, 이는 마치 그와 동시대에 살았던 사람들이 그들의 가장 친한 친구 중 몇몇은 유대인이라고 열렬하게 항변했던 것과도 비슷한 것이었다. 하지만 잠깐만! 이 시끄럽고 우스꽝스러운 원시인들에게도 희망이 있으며, 그 희망은 바로 역사라고 불린다. 에드거 왕King Edgar과 헨리 8세의 유령과 최초의 필그림 순례자들(아직은 미국인이 아닌 상태)이 이곳의 영혼에 의해 소환되어 미국인들을 놀라게 하고, 과거의 모든 것에 대해 경외심을 갖게 하며, 그것을 경멸하는 척하면서도 실제로는 전통을 정말 사랑한다고 고백하도록 만든다.

그러나 이 목가시의 국내의 적인 "산업화된 대도시에서 온 유람 관광단"―잭Jacks, 베릴Beryls, 더그Dougs, 모린Maureens 등등의 이름을 가진 이들―등등에게는 희망이 거의 없다. "오래된 질서가 사라지고", 눈사태처럼 증가하는 토지의 매도, "인건비와 외국과의 경쟁으로 인해 곡물 재배가 불가능"해지면서 시골은 이제 제대로 씻지도 않고 예의도 모르는 사람들이 마차를 타고 침입하는 것에 제대로 저항할 수가 없다. (1926년에 설립된 영국 농촌보존 협의회Council for the Preservation of Rural England는 이런 한탄을 전투 슬로건으로 삼기도 했다). 모튼은 시골에 그토록 헌신적인 사람치고는 농업 노동자들의 불쌍한 처지, 일자리를 구할 수 있더라도 평균 임금이 주당 42실링에서 30실링으로 삭감된 상황; 수많은 버려진 농장; 쓰러져가도록 방치된 축사; 빗장이 관리되지 않아 잡목림으로 변해 버린 산울타리; 잡초가 무성한 들판 등에 대해서는 언급하지 않았다. 적어도 대량 실업은 이 사람들을 악취 나는 작은 골목과 곳간 같은 집에 머물게 하고, 실업수당dole을 기다리며 서성거리게 하는 의도치 않은 이득을 가져다줬을 수는 있다. 하지만 모튼도 산업이라는 적을 피할 수는 없다. 모튼이 맨체스터와 리버풀 사이를 오갈 때 "오른쪽 하늘에는 맨체스터를 의미하는 불길한 회색 안개가 끼어 있었다"고 한다. '시커먼 시골Black Country'에서 그는 잠시 높은 굴뚝을 보고 "열광"하지만 자세히 들여다보면 그렇지 않다. 랭커셔에서 그는 아랍인처럼 쪼그리고 앉는 유일한 잉글랜드인, 즉 위핏whippet[17]을 데리고 다니는 탄광 노동자들을 보게 된다. 그리고 그는 "'위건Wigan'이라고 적힌 지명 표지를 본다. 누가 위건을 보고 싶지 않을 수 있을까?"

물론 아주 잠깐만 들여다본다. 수집가 모튼은 "청중이 웃음을 터뜨리게 만들기에 충분한" 뮤직 홀의 단골 레퍼토리 "위건 부두" 농담도 언급한다.[18] 이

---

17 잉글랜드의 경주용 개. 북부 잉글랜드의 광부들은 이들을 키워서 경주를 시키곤 했다.

지역의 로마식 이름인 코키움Coccium은 그를 두 배로 웃게 만든다. 하지만 위건은 그가 믿어왔던 것처럼 지옥 같은 곳은 아니었음이 밝혀졌다(그리고 그는 이것을 제대로 기록하고 싶었다고 고백한다). 그는 반half-목조로 지어진 튜더 양식을 모방한 건물들을 보고는 20년 정도 지나면 위건이 (제조업 도시치고는) 완벽하게 괜찮은 곳이 될 것이라고 믿게 된다. 이 지역이 내전 당시 왕당파가 득세했던 곳이었다는 사실을 알게 되면서 그의 전망은 더욱 확고해진다. 세상에, 그렇다면 이곳은 단순한 탄광 지대가 아니었구나. 모튼은 "위건에서 짧은 휴가를 보내는 것도 괜찮을 것 같다 — 물론 짧게"라고 인정하면서 스스로 놀란다.

9년 후인 1936년 1월, 조지 오웰은 위건을 방문하여 두 달간 머물렀고 그곳은 전혀 웃을 수 없는 곳이라는 것을 알게 되었다. 그는 운하 길이 잿가루와 얼어붙은 진흙으로 뒤덮여 있었고 그 위로는 무수히 많은 나막신 자국이 교차하고, 저 멀리 광재slag[19] 더미까지 사방으로 '섬광들flashes'[20]—오래된 갱도의 침하로 인해 생긴 구멍으로 물이 스며들고 고여서 생성된 웅덩이들—이 뻗어 있었다고 기록했다. "초목이 사라진 세상처럼 보였고 연기, 셰일, 얼음, 진흙, 재, 더러운 물 외에는 아무것도 존재하지 않았다."

오웰은 『파리와 런던의 밑바닥과 길거리』로 소소한 성공을 거두었지만(영국에서 약 3000부 판매), 역설적이게도 영국의 부랑자들에 대한 글을 쓸 때 자신이 램지 맥도널드와 스탠리 볼드윈의 영국에서 진정한 미제라블misérables[21]이 된 미들랜즈와 북부의 수백만 산업 노동계급이 아니라 수만 명의 소수에 대해 기록했다는 사실을 깨달았다. 코벳이나 엠스워스 경Lord Emsworth처럼 돼지에

---

18   위건 부두(Wigan Pier)라고 하는 명칭은 고급 레저 타운의 화려한 선착장을 떠올리게 하지만 그것의 실체는 석탄을 실어 나르는 평범한 광산촌 부두였기 때문에 화려한 명칭과 시시한 실체 사이의 간격을 묘사하는 용도로 농담에 많이 사용되었다. 모튼은 코키움이라고 하는 더 웅장한 이름을 듣고는 더 크게 웃었던 것.

19   광석의 제련 과정에서 나오는 찌꺼기.

20   이 지역 주민들이 사용하던 표현.

21   프랑스 소설 『레 미제라블』을 연상시키고자 저자가 사용한 표현.

대한 열정을 가진 평범한 농부로 자신을 표현하기를 좋아했던 볼드윈은 여느 때처럼 언덕을 넘어오며 쟁기질을 하는 사람들과 소 떼를 소재로 한 하우스먼풍sub-Houseman[22]의 서정시 「잉글랜드에 대해서On England」를 직접 썼다. 그러나 이 시기는 바로 농장주들이 (전체 노동 인구의 5%에 불과한 농업 노동자와 함께) 살아남으려면 트랙터와 콤바인 수확기를 몰아야 할 때였다. 그리고 언덕에는 황금빛 잉글랜드 밀이 아니라 1930년대의 몇 안 되는 확실한 환금 작물 중 하나였던 사탕무가 심어질 예정이었다.

모튼은 곡물 밭이 탄광으로 변한 것에 대해 공포를 느꼈다고 표현했다. 노섬벌랜드를 여행하면서 마치 그런 일은 벌어지지 않았던 것처럼 행동하는 것을 즐겼고, 산업 도시는 "역사의 거대한 배경과 진정한 북부 잉글랜드의 대자연의 녹색 광활함에 비하면 검은 얼룩에 불과하다"고 생각했다.

모튼의 소박한 감상주의와는 완전히 다른 경향도 있었다. 1933년에 『잉글랜드 여행English Journey』을 쓴 사회주의 작가이자 양모 제조 도시 브래드퍼드 출신인 J. B. 프리스틀리J. B. Priestley와 같은 작가들은 산업화된 영국의 재앙을 정면으로 응시하고 그것이 "진짜"라고 간주할 준비가 되어 있었다. 사실 영국의 많은 지역에서 산업 노동은 유일한 현실이었으며, 공장 바닥과 연립주택이 늘어서 있는 거리의 암울한 모습에도 불구하고 그렇게 나쁜 것만은 아니었다. 프리스틀리가 마차의 안락함이라는 기적에 이끌려 여행을 시작한 런던 그레이트 웨스트 로드Great West Road의 하얗고 반짝이는 타일과 유리로 된 "새로운" 공장들은 그가 보기엔 생산의 주체가 아니었고, 오히려 "철을 구부리고 철과 철을 이어 붙이는" 인간의 활동이 "진정한 것"이었다.

잉글랜드 북부에서 프리스틀리에게 찾아온 것은 끔찍한 고요함이었다: "암울하고 추악하지만, 그럼에도 불구하고 만약 이 강변(타인Tyne강)이 검게 변하고 공공복지와 그들 자신의 품위 있는 안락함과 자존심을 위해 열심히 일하는

---

22 하우스먼(A. E. Housman)은 잉글랜드의 전원시로 유명한 시인.

수만 명의 사람들의 연기와 소음으로 인해 산산이 부서졌더라도, 나는 그것이 매우 고무적이라고 생각했을 것이다.…"

그는 제철소와 조선소가 있는 "분주한 마을(주민 3만 5590명)"이라는 가이드북의 설명을 "한가하고 폐허가 된 마을(주민 3만 5590명이지만 앞으로 그들이 어떻게 될지 궁금한 마을)"로 바꾸고 싶었다. 프리스틀리는 이곳이 비드Bede[23]의 수도원 마을이자 자의식이 강한 잉글랜드 역사의 요람이었다는 사실을 기억하고 있었다. 이제 그곳은 무덤처럼 보였다. "마을 전체가 마치 영원히 무일푼의 암울한 안식일에 들어간 것처럼 보였고 수천 명의 남자들이 아무것도 하지 않고 서 있는 것처럼 보였다"고 그는 기록했다. 근처의 헤번Hebburn에서는 무모한 투기의 결과물인 폐허가 된 조선소가 이제 "썩어가는 창고, 기묘한 흙더미와 갱도, 녹슨 철, 오래된 콘크리트, 새 풀로 뒤덮인 환상적인 황야"로 변한 것을 보며 지나갔다. 강둑에 도착한 프리스틀리는 줄줄이 늘어서서 녹슨 선체가 썩어가는 유휴 선박들을 볼 수 있었다. 블랙번Blackburn의 면화 공장이 경매에 부쳐졌을 때와 마찬가지로, 물론 인수자는 없었지만, 그는 자신이 산업 제국의 죽음을 목격하고 있다고 느꼈다. 그리고 웨스트 브로미치West Bromwich의 소년들이 창고에 던지는 돌멩이 소리를 들었을 때는 ― "그들이 돌을 계속 던져 유리창을 모두 깨뜨린다고 해도 나는 그들을 비난할 수 없을 것이다" ― 그것은 죽어가는 자의 신음 소리였다.

오웰은 프리스틀리를 진부한 일화와 아늑한 강론을 늘어놓는 감상적인 작가로만 생각하지 않았다. 그는 산업화된 영국이 처한 암울한 현실을 직시하고 "무엇이라도 하라"고 외치는 사회주의적 충동을 공유했다. 1932년에 250만 명에 달했던 전체 실업률은 4년 후 150만 명으로 감소했다. 그러나 미들섹스Middlsex에서는 4%, 배로우Barrow와 재로우Jarrow에서는 30~50%에 달하는 등 그 분포는 충격적일 정도로 불균등했다. 프리스틀리가 지적했듯이, 실제로는 세

---

23 초기 앵글로색슨 시대의 역사를 짐작할 수 있게 해주는 교회사를 집대성한 중세의 성직자.

개의 잉글랜드가 존재했다(그가 영국이라고 말했어도 상관없다): 오래된 산업 중심지의 폐허; 종달새가 달콤한 창공으로 날아오르듯 벨벳 같은 계곡 사이에 둥지를 튼 석회암 마을들이 있는 모튼-앨비언Morton-Albion[24]; 그리고 립스틱과 자동차 조립 라인, 베니 굿맨Benny Goodman[25], 얇고 투명한 스타킹, 금요일 밤 영화관이 있는 새로운 잉글랜드가 바로 그것이었다.

영국의 모든 사람이 어쩌다 보니 같은 배를 타고 있다는 상징적인 인식은 오웰에게는 충분하지 않은 것 같았다. 가장 큰 상징적 제스처는 왕실에서 왕세자를 광산 마을에 보내 고통에 대한 우려를 표명하는 것이었는데 이는 홍보 효과를 톡톡히 발휘했다. 1935년 말의 조지 5세 즉위 25주년 기념식은 민주적 군주제의 정신에 따라 조율되었으며, 왕과 왕비는 엔진이 달린 지붕 없는 랜도landau를 타고 런던의 이스트엔드를 순회하는 등 진정으로 대중적인 인기를 누렸다. 대중의 열광에 깜짝 놀란 조지는 자신이 "그저 평범한 사람"이었기 때문에 그 이유를 궁금해했는데 — 어느 궁중 관리가 재빨리 그에게 확신시켜 주었듯이 바로 그 점이 핵심이었다. 왕·황제의 아버지 같은 이미지는 바리톤의 차분한 목소리로 진행된 최초의 왕실 라디오 방송과 함께 완전히 새로운 차원으로 접어들었다. 조지 5세는 또 다른 기발한 제스처로 영국 어린이들에게 "어린이 여러분, 지금 여러분에게 얘기하고 있는 사람은 국왕이에요"라고 말했는데, 이는 어린이들이 자리에 앉아서 귀를 쫑긋 기울이게 만들었을 것이다. 그리고 평소에는 무뚝뚝하고 과묵했던 이 군주는 이후 몇 달 밖에 남지 않은 여생 동안엔 기쁜 마음으로 말을 하고 또 말을 했다: 특히 웨스트민스터 홀에서는 G. M. 트리벨리언이 자신을 위해 쓴 연설문을 통해 제국을 하나의 위대한 "가족"으로, 위대하고 영광스러운 불멸의 영국 헌법의 궁극적인 후손으로 표현했다.

그러나 오웰이 보기에 이 고대의 헌법은 최근의 랭커셔에는 별로 도움이 되

---

24 모튼이 묘사한 것과 같은 예전의 모습을 간직한 잉글랜드.
25 스윙 장르로 유명한 미국의 재즈 뮤지션.

지 않았다. 그래서 출판업자 빅터 골랜츠Victor Gollancz가 북쪽으로 가서 위건에서 본 것에 대해 글을 써보라고 제안했을 때, 그는 즉위식에서 멀리 떨어진 영국을 폭로하고 민속적인 것을 모두 제거한 여행기를 쓸 수 있는 기회에 기꺼이 뛰어들었다. 그는 『위건 부두로 가는 길』로 큰 성공을 거두었지만 우파와 좌파 모두에게 미움을 받았다. 보수주의자들은 이를 당연히 볼셰비키 선전으로 치부했고, 노동조합원들과 오웰이 거주하면서 일하고 서점도 운영하던 햄스테드Hamstead의 사회주의자들은 노동계급의 영웅에 대한 그의 묘사가 너무 암울하고 비관적이며 매력적이지 않다고 생각했다.

그러나 오웰에게 『위건 부두로 가는 길』은 강렬하고 솔직하게 정치적이면서도 페이비언 에세이나 노동당 입장 발표문처럼 건조하지도 않고, D. H. 로렌스D. H. Lawrence처럼 신비주의적으로 지나치게 흥분하고 공상적이지도 않은, 그가 쓰려고 했던 문학의 첫 번째 시연이었다. 무엇보다도 이 글은 에서Esher(또는 사우스월드)의 안락의자에 앉아 있을 독자들을 광재 더미에서 조약돌 크기의 석탄 덩어리를 찾아 헤매는 "기어다니는 광부scrambler"와 같은 외계 광경의 세계로 안내하기 위한 것이었다; 운하를 뒤덮은 노란 연기 속에서 피어오르는 냄새(오웰의 냄새에 대한 특별한 감각을 기억하는가?), 그리고 양tripe 파는 가게 위층의 하숙집 침대에 누워 있는 그를 동이 트기도 전에 깨웠던 나막신의 달그락대는 소리. 디킨스(문학적 영웅)가 『황폐한 집Bleak House』의 시작 부분에서 안개를 통해 표현했던 것처럼, 오웰은 모든 사람과 모든 사물을 뒤덮은 광산 마을의 매연과 그을음을 통해 표현했다: 하얀 아침 식사용 빵을 굳이 자기가 자르겠다고 고집해서 부드러운 흰색 표면에 검은 지문을 남긴 집주인의 손가락, 희끄무레한 노란색 양(차와 함께 제공하기에는 상업적인 가치가 너무 많은) 위로 기어 다니는 검은 딱정벌레, 오웰이 갱도에 내려갔다 왔을 때 미지근한 물로도 씻어낼 수 없었던 두꺼운 그을음의 두 번째 껍질 등 말이다. (뜨거운 물은 당연히 없었다.)

갱도에 내려가자마자 오웰은 위건에서 실직하는 것이 지옥이라면 취업하는 것은 연옥이라는 것을 깨달았다. 하루 근무를 시작하는 기상 시간은 오전 3시 45분이었고, 광부들과 함께 4피트 높이의 통로를 반쯤 벗은 채로 구부정한 자세로 또는 기어서 석탄층 표면으로 향했는데, 때로는 ― 어느 날 그가 계산해 보니 런던 브리지London Bridge에서 옥스퍼드 서커스Oxford Circus까지의 거리에 해당하는 ― 몇 마일이나 되는 거리를 하루 일과가 실제로 본격적으로 시작되기도 전에 그렇게 이동했다. 첫날, 키가 6피트 3인치이었던 오웰은 채탄 막장으로 가는 도중 갱도 받침목에 머리를 부딪혔고, 마침내 그곳에 도착했을 때는 너무 지쳐버려서 평소에는 강인했던 그가 결국 기절하고 말았다.

광부들은 근무를 마친 오후 2시 30분에, 비난받아야 마땅하다고 오웰이 이미 오래전에 생각했던 연립주택으로 돌아왔다. 싱크대에는 항상 더러운 접시가 놓여 있었다. 데운 생선 통조림이나 스튜, 삶은 감자, 약간의 빵, 잼, 그리고 오웰이 특별히 싫어하는 마가린(오늘날의 불포화지방산 다이어트용 스프레드와는 전혀 다르다)이 지저분한 기름종이로 덮인 테이블 위에 놓여 있었는데, 이 종이는 우스터소스Worcester sauce 얼룩이 여기저기 묻은 신문 더미 위에 마치 지질학적 지층처럼 얹혀 있었고 수많은 기름진 차의 부스러기가 묻어서 빠드득빠드득 소리가 났다. 그러나 오웰은 광부들이 견뎌야 했던 상황에 대한 공포로 인해 노동계급 가족이 실제로 가정을 꾸려 나가는 방식에 대해 더 감탄하게 되었다 ― 물론 이것도 "아버지"가 직장이 있다는 가정하에서 가능한 것이었다. 그리고 그는 위건에서 발견한 진정한 관대함과 개방성에 감동을 받았다. 그것은 자신처럼 낯설고 기웃거리는 이방인에게까지 확대되었던 것이다. "흥미롭게도 근대적 공학의 승리나 라디오, 영화 촬영기, 매년 출판되는 5000권의 소설, 애스콧 승마나 이튼-해로우 경기의 고상한 관중이 아니라 노동계급의 인테리어에 대한 기억이 … 지금 우리 시대가 살아가기에 완전히 나쁜 시대는 아니라는 것을 상기시켜 준다."

『위건 부두로 가는 길』에서 오웰의 임무는 서로 다른 잉글랜드들이 서로를 정면으로 마주보게 만드는 것이었다. 이 책은 빅터 골랜츠의 '좌파 북클럽Left

Book Club'에서 출판되고 있었기 때문에 그는 페어 아일Fair-Isle[26] 스웨터를 입고 모튼의 여행기를 읽는 자동차 소유자 그룹을 그을음에 찌들고 베이컨 기름을 덮어 쓴 위건의 부엌으로 데려갈 수 있을 거라는 희망을 별로 갖지 않았을 것이다. 그러나 시티the City,[27] 의회, 법원 등 권력을 가진 "전통 잉글랜드old England"는 물론 신문사 종사자, 교외 통근자; 자동차 서비스 운영자, 백화점 판매원 등 재산을 가진 "새로운 잉글랜드"도 자신들이 똑같은 하나의 국가에 속해 있다고 느끼게 되기를 바랐다. 그렇지 않다면 영국 헌법의 축복, 불멸의 자유 제국에 대한 그 모든 찬사는 무엇으로 귀결될까? 최저생계비 조사관이 어떤 사람의 할머니가 "하숙인"이기 때문에 미안하지만 그 사람의 실업수당을 삭감해야 한다고 말했을 때 삭감된 수당을 수용하거나 할머니를 내쫓는 것 중 하나를 선택할 수 있는 자유 정도로 만족해야 하는 것인가?

조지 오웰에게 가장 큰 충격을 준 것은 불만의 화살에 대해 잘사는 영국이 잘난 척하는 것이었다. 1929년 선거에서 승리한 램지 맥도널드의 두 번째 노동당 정부는 스노든을 재무장관으로, 노동조합 지도자 J. H. 토머스J. H. Thomas를 왕실 상서Lord Privy Seal로 임명하면서 금본위제, 디플레이션, 균형 예산, 공공 절약 등 빅토리아 시대 경제의 모든 규범을 준수하는 데 열을 올렸다. 피할 수 없는 파운드화 폭락이 발생하고 정부가 적자 재정을 선언하자 맥도널드와 스노든은 JP 모건 등이 차관 대출 조건으로 요구한 예산 삭감을 요청한 데 매우 충실하여 1931년 8월에 노동당 정부를 끝내고 볼드윈의 토리당과 자유당과 함께 3당 "거국 행정부national administration"를 구성할 준비가 되어 있었다. 노동당 장관 중 랭커스터 공작령 상서인 오즈월드 모즐리Oswald Mosley만이 과감한 적자 재정을 통해 실업률을 낮추고 인프라에 투자하는 케인스주의적 해법을

---

26 여러 가지 색의 기하학무늬가 있는 옷감. 페어 아일은 스코틀랜드 북쪽의 셰틀랜드(Shetland) 제도의 최남단 섬.
27 런던의 금융가.

주장할 용기를 갖고 있었다. 뜻대로 되지 않자 1930년 5월에 그는 내각에서 사임하고 평민원에서 정부를 공격하여 추방당한 후 "신당New Party"을 결성했다.

1936년 3월, 오웰은 요크셔의 광산촌 반슬리Barnsley에서 모슬리Mosley의 연설을 들으러 갔다. 이 무렵 "신당"은 검은 셔츠를 입은 영국 파시스트 연합British Union of Fascists이 되어 있었다. 비판하는 사람에게는 맹렬하게 야유를 퍼붓는 100명의 검은 셔츠에 둘러싸인 모슬리는 여전히 케인스주의적 공공 지출에 전념하고 있었고, 같은 일을 한 무솔리니와 히틀러에 대한 찬양심으로 가득 차 있었으며, 애초에 공황을 발생시킨 것도 모자라 이제는 노동당에 자금을 지원하여 사실상 노동자들을 두 번 배신한 "이해할 수 없는 국제 유대인 갱단"에 대한 독설로 가득 차 있었다. 오웰은 모슬리에게 큰 야유를 퍼붓던 청중이 결국 그에게 박수를 보내는 것을 보고 경악했다.

그해 말, 처칠만큼이나 섬나라 특유의 고립된 역사의식을 갖고 있던 오웰은 한편에 있는 사회주의 및 자유와 또 다른 한편에 있는 파시즘 사이의 피할 수 없는 싸움이 다가오고 있으며, 조만간 그 싸움에 직면해야 한다고 결심했다. 볼드윈 정부가 영국 빈민층의 비참한 현실을 외면한 채 다가올 위기에 대해 매우 둔감한 상태였기 때문에 이는 더욱 시급해 보였다. 오웰은 1936년 12월에 독립노동당Independent Labour Party의 후원을 받아 무정부의 민병대인 POUM[28]의 장교로 스페인 내전에 참전했을 때 작가로서가 아니라 투사로서 참전한 것으로 이해되기를 바랐는데, 이는 그가 보기에는 성스러운 말만 하고 행동은 거의 하지 않는 런던의 커피하우스 사회주의자들과 적극적으로 거리를 두고 싶었기 때문이다. 하지만 이튼의 군사 교련단과 버마 경찰대학에서 생도들을 훈련시키며 쌓은 경험은 그가 공화파 신병들을 훈련시킬 때 큰 힘이 되었다. 변형된 바라클라바와 누구도 본 적 없는 가장 긴 양털 스카프를 두르고 큰 키에 눈에

---

28 마르크스주의 통합 노동자당(Partido Obrero de Unificación Marxista; Workers' Party of Marxist Unification).

띠는 옷을 입은 오웰은 결국 우에스카Huesca 외곽에서 목에 총알을 맞았다. 총알은 기적적으로 경동맥과 척추를 모두 비껴갔지만, 초보적인 치료만 받을 수 있는 상황에서 이런 종류의 상처로 인한 사망률은 거의 80%에 달했다. 그러나 오웰은, 성대 손상으로 인해 이제 소리를 지르는 것이 불가능하지는 않더라도 매우 어렵게 되었지만, 그래도 살아남았다. 하지만 "인민전선"이라는 이름으로 가장무도회를 하는 사회주의 연대에 대한 그의 믿음은 살아남지 못했다. 바르셀로나에서 그는 공화당의 대의가 좌파의 격렬한 불화로 인해 방해받는 것을 직접 목격했다. 공산주의자들은 모스크바의 지시에 따라 프랑코Franco 장군의 파시스트들을 상대하는 것보다 아나키스트와 같은 이단자들을 사냥하는 데 훨씬 더 관심이 있는 것 같았다.

고향으로 돌아온 그는 소련에 대한 좌파의 공식적인 광시곡에 대한 혐오감이 더욱 깊어졌다. 파시즘과 공산주의가 대부분의 사람들이 생각하는 것보다 더 많은 공통점을 가지고 있으며, 사실 공산주의는 "우파에 가장 가깝다"는 진실을 쓰려고 했을 때, 그의 작품은 ≪뉴 스테이츠맨 앤 네이션New Statesman and Nation≫과 같은 주요 좌파 소식지에 의해 거부당할 수밖에 없었다. 공산당 총서기 해리 폴릿Harry Pollitt과 같은 공산주의 작가와 비평가들은 오웰을 사회주의에 하루아침에 빠져들었지만 결국 그 반대편에서 서서 그의 원래 모습인 제국주의 반동주의자로 돌아온 "작은 중간계급 소년"으로 묘사하며 욕설을 퍼부었다. 『카탈로니아에 대한 오마주Homage to Catalonia』는 1938년 출판 당시 마치 그가 좌파의 내부 분쟁을 부추긴 것처럼 비춰져 어려움을 겪었다. 그런 이유로 오웰은 자신의 경고 메시지를 어떻게 하면 확실하게 대중적인 형태로 전할 수 있을지 고민하기 시작했을 것이다. "스페인에서 돌아오자마자 나는 거의 모든 사람이 쉽게 이해할 수 있는 이야기로 소비에트 신화를 폭로할 생각을 했다. … 그러나 이야기의 구체적인 요소들은 어느 날 아마도 열 살 정도의 어린 소년이 좁은 길을 따라 거대한 수레 말을 운전하고 회전하려고 할 때마다 채찍질을 하는 것을 보기 전까지는 한동안 내 머릿속에 잘 떠오르지 않았다. 그런 동물들이 자신의 힘을 깨닫기만 한다면 우리는 동물을 지배할 힘이 없을 것이며, 부자들이 프롤레타리아를 착취하는 것과 똑같은 방식으로 인간들이 동물을 착취한다는 생각이 들었다." 『동물농장Animal Farm』(1945)의 싹은 아내 아일린Eileen과 함께 하트퍼드서 볼덕Baldock 근처의 월링턴Wallington 마을의 추운 별장에 정착했을 때 이미 오웰의 머릿속에 자리 잡고 있었다. 결핵의 초기 증세인 기침을 떨쳐버릴 수 없었고, 작은 농장을 돌아다닐 때마다 기침이 그를 괴롭혔다. 줄담배도 당연히 이것에 도움이 되지 않았을 것이다. 하지만 그는 여전히 이렇게 편지를 시작할 수 있었다: "친애하는 제프리에게. 편지를 보내주어서 정말 고맙다. 덴마크는 내가 한 번도 방문하고 싶지 않는 몇 안 되는 나라 중 하나이지만, 네가 덴마크에서 즐거운 시간을 보내고 있다니 기쁘구나." 1937년 8월에 《뉴 스테이츠맨 앤 네이션》에 실린 어느 군사 회고록에 대한 리뷰에는 "크로지어Crozier 장군은 전문 군인이며 1899년부터 1921년까지는 스스로의 결단에 의해 거의 끊임없이 동족을 학살했었다; 따라서 이제 자칭 평화주의라는 그는 구세군 집회에서 연설하는 개과천선한 절도범처럼 매우 인상적인 인물이다"라고 적기도 했다.

오웰이 염소와 닭을 돌보며 사람들에게 전쟁의 무익함을 알리려고 애쓰는 동안 윈스턴 처칠은 켄트에 있는 감당할 수 없을 정도로 비싼 시골 저택을 돌아다니며 자신의 집에 제국을 건설함으로써 정치적 무력감을 조금이나마 보상받고 있었다. 웨스터럼Westerham 근처에 있는 차트웰Chartwell은 처칠이 『세계의 위기』의 집필을 위한 지원금 덕에 비교적 여유가 있었던 시기에 헐값에 매입한 곳이었다. 처칠은 건축가 필립 틸든Philip Tilden을 불러 이 집에 신자코뱅neo-Jacobean풍의 존재감을 더했고(더 커졌다는 의미), 멋진 부지를 활용하여 큰 식당에서 굽이치는 켄트 시골의 남쪽을 바라볼 수 있도록 했다. 9개의 응접실, 18개의 침실, 8개의 욕실, 그리고 윈스턴이 확장에 열중하던 시기에는 온수 실외 수영장이 있어 즐겁게 물놀이를 즐길 수 있는 등 처칠이 의도한 대로 일종의 대안적 정치 궁정이 될 수 있을 정도로 차트웰은 웅장하게 완성되었다; 관상용 잉어를 키우는 연못, 매일 홈부르크 모자를 쓴 남자가 직접 요상한 소리를 내며 먹이를 주는 연못, 그리고 정원 테라스 구석에 있는 작은 정자에는 말버러 전투의 승리 장면을 그가 직접, 조금은 아이처럼, 그려 놓았다.

그 정자는 윈스턴이 앉아서 과거와 미래, 그리고 그 둘 사이의 어렵고도 중요한 관계에 대해 고민하는 중요한 장소였을 것이다. 윈스턴은 "망명자"였던 30대를 "광야의 시기"라고 불렀다. 에핑 지역구 평민원 의원으로서 의회에 앉아 있긴 했지만, 노동당 정부가 집권한 1929년부터 전쟁 발발과 함께 네빌 체임벌린Neville Chamberlain에 의해 해군으로 소환된 1939년 9월 3일까지 10년간 행정부의 공직에서는 물러나 있었다. 그 긴 10년 동안 처칠은 보수당의 권력이나 직접적인 영향력으로부터 확실히 고립되어 있었지만, 한가하거나 특별히 고독하지도 않았다. 처칠이 "교수the Prof"라고 불렀고 앞으로 닥칠 끔찍한 상황에 대한 통계에 그가 많이 의존했던 옥스퍼드의 철학자 프레드릭 린더먼Frederick Lindemann, 그의 추종자이자 젊은 언론인이자 변호사이자 토리당 의원인 브렌든 브래큰Brendan Bracken, 언론계 거물인 비버브루크 경Lord Beaverbrook, 국방부 산업정보국장 데즈먼드 모튼Desmond Morton 등 인근에 살면서 처칠의 재무장 캠페인을 위해 탄약을 더 공급한 것으로 보이는 충실한 친구와 추종자들이 늘 차트웰을 찾아왔다.

이 외에도 처칠은 엄청난 양의 샴페인과 클라레트claret[29], 푸짐한 점심 식사, 시끌벅적한 대화, 농담 섞인 투정 등 환대를 아낌없이 베풀었다. 차트웰 시절이 실제로 망명이었다면, 오랫동안 인내해 준 클레미가 고생을 하며 깨닫게 된 것처럼, 참으로 놀라울 정도로 사교적이고 비용이 많이 드는 망명이었다. 처칠의 집필을 도운 개인 비서와 연구 보조원은 말할 것도 없고 아홉 명의 실내 하인, 세 명의 정원사, 두 명의 유모, 운전기사를 부양하는 데는 적지 않은 비용이 들었다. 이 특별한 운명의 남자를 모시는 것이 항상 즐거운 것만은 아니었

---

29 프랑스 보르도산 적포도주.

다. 처칠은 무례하고 짜증스러울 때가 많았고, 때로는 졸라대거나 모욕적이거나 또는 두 가지가 동시에 나타나기도 했다. 익숙하지 않은 사람들이 보면 그가 하루를 지내는 시간은 악몽과도 같았다: 녹색과 금색의 중국식 드레싱 가운을 입은 채 침대에 누워 긴 아침 시간 동안 마멀레이드와 멜론이 뒤섞인 서류 읽기; 매일 아홉 번의 시가 흡연 중 첫 번째 흡연; 아침과 점심 사이의 자투리 시간에 집필을 위한 받아쓰기(시가 한 개비; 온종일 여러 잔 마시게 될 물 섞은 위스키 한잔); 엄청나게 기름진 점심; 그리고 의무적으로 1~2시간 낮잠 자기; 그러고 나서 처칠은 분홍색 아기 천사와 같은 모습으로 일어나 경내를 산책하고 돼지, 푸들 두 마리, 검은 백조, 물고기 등 많은 애완동물에게 둘러들Doolittle[30] 박사처럼 생동감 있게 이야기하고; 방문객들의 팔을 붙들고 걸어가서 저택의 최근 개선 사항을 보여주거나; 아니면 너도밤나무, 소, 흐릿한 수평선이 내려다보이는 말버러 정자에 가기. 그런 다음엔 매일 두 번 하는 목욕(수온이 98도가 아니면 짜증을 낸다) 중 두 번째 목욕을 하고, 저녁 식사를 위한 옷을 차려 입고; 샴페인과 클라레트를 더 많이 곁들인 저녁 식사를 하고 나서야; 처칠은 대부분의 인간을 비틀거리게 할 방식으로 깊은 밤중에 진짜 일을 하기 시작해서는 새벽 두세 시에 마무리하곤 했다. 1930년대 내내 그리고 전쟁이 끝날 때까지 이런 식이었다.

그리고 그는 거의 항상 눈부신 역사를 쓰고 있었다: 과거의 정치 지도자들에 대한 에세이집인 아주 재미난 『나의 초기 생활My Early Life』(1930); 4권으로 구성된 말버러 공작의 전기; 그리고 1939년에는 빌 디킨Bill Deakin 같은 옥스퍼드 출신 연구 조교들의 도움을 받아 50만 단어로 구성된 『영어권 민족들의 역사The History of the English-Speaking Peoples』(1951~1956)를 집필했다. 파산을 막기 위해서도, 양보할 생각이 전혀 없는 화려한 삶과 함께 여행하는 측근들을 부양하

---

[30] 휴 로프팅(Hugh Lofting)의 동화 시리즈에 나오는 동물 의사 캐릭터. 동물 언어를 구사할 줄 안다.

기 위해서도 돈이 필요했지만, 처칠에게 1930년대의 역사는 단순한 수입 이상의 의미를 가졌다. 그것은 처칠에게 흔들리지 않는 항해 감각을 제공했다. 뉴스가 매일 반갑지 않은 놀라움을 예고하고 발밑의 양탄자가 끌어당겨지는 것처럼 불안했던 시기에 처칠의 자기 주도적 행보는 친구와 정적들 모두에게 경탄을 불러일으켰다. 정치적으로 올바른 생각을 가진 사람이라면 이 불안정한 땅을 매우 조심스럽게 밟고, 움직이기 전에 주어진 위치의 장단점을 매우 신중하게 계산할 것이다. 처칠도 다른 정치인들과 마찬가지로 늘 유불리를 따져보는 경향이 있었고, 권력의 중심에서 벗어나는 것을 달가워하지 않았다. 하지만 시간은 그의 친구가 아니었다. 처칠의 나이에 차트웰에서 더 파낼 수 있는 연못은 많지 않았다.

그러나 때때로 정치적 무력감을 위한 만병통치약으로 오해받기도 했던 그의 역사 쓰기는 정반대로 그의 야망과 확신에 찬 엔진과도 같은 것이었다. "섬나라"와 제국의 오랜 역사를 되돌아보는 것은 처칠의 마음을 낭만적 환상에 빠지게 하지 않았다. 오히려 처칠에게 해야 할 일을 명확하게 파악할 수 있는 힘을 주었다. 처칠이 로즈버리에 대해 쓴 글은 자신에게 더 그럴듯하게 적용될 수 있다. "과거는 항상 그의 팔꿈치 곁에 있었고 그가 가장 의지하는 조언자였다. 그는 학문과 역사에 매료되어 고대의 장엄한 분위기를 현재의 사건들로 가져오는 것 같았다."

『말버러*Marlborough*』의 "아프리카의 햇볕에 구릿빛으로 타서"라는 부분은 가장 순수한 자서전이었다. "말버러는 자신의 가족을 일류로 키우는 일을 영국을 유럽에서 일류로 키우는 일 다음으로 중요하게 생각했고, 이 두 가지 과정을 결합하지 않을 이유가 없다고 생각했다. 그의 지칠 줄 모르는 근면과 노력, 심오한 현명함과 계산력, 전쟁 또는 신중하게 선택한 전투들의 위험성에 자신의 목숨뿐만 아니라 명성과 부를 통해 모은 모든 것을 걸고 끊임없이 해온 준비는 국가를 위한 봉사에 충실하게 제공되었다."

그러나 한발 물러서서 영국 역사의 큰 흐름, 특히 연합왕국과 제국의 역사가 본격적으로 시작된 앤 여왕 시대를 바라보면 처칠은 어려운 역설을 마주하게 된다. 특히 처칠이 태어난 빅토리아 시대에는 섬나라 제국의 운명과 유럽에 대한 관여가 서로 배타적인 것으로 여겨졌기 때문이다. 그러나 처칠의 역사에 따르면 실제로는 그렇지 않았으며 오히려 그 반대였다고 한다: 잉글랜드가, 그다음엔 영국이 유럽에서 가장 활발하게 활동했던 시기는 영제국이 가장 번영했던 시기였다: 말버러 전쟁들; 대大 피트the Elder Pitt의 프랑스와의 국제적 투쟁, 프랑스 공화국의 팽창주의에 저항하는 그의 아들의 결단; 심지어 1870년대에 디즈레일리가 위험한 동방 외교에 뛰어들었을 때 등. 처칠은 '작은 잉글랜드주의Little Englandism'는 제국의 자멸을 의미하며; 제국을 잃으면 브리튼Britain에서 "그레이트Great"를 빼는 것과 다를 바 없다고 처칠은 굳게 믿었고, 결국 통합된 섬나라 왕국 자체도 붕괴될 운명에 처할 것이라고 생각했다.[31]

처칠이 1930년대에 재무장과 인도에서 제국주의 통치 강화라는, 겉으로 보기에는 양립할 수 없거나 적어도 비현실적인 입장을 취하게 된 것은 바로 이러한 역사에서 비롯된 신념 때문이었다. 제국에 대한 그의 반동적인 태도는 유럽의 미래에 대한 권위자로서의 그의 신뢰도를 떨어뜨렸다. 그러나 1930년대 초 처칠의 머릿속에서는, 그리고 제2차 세계대전 중에도, 이 두 가지는 떼려 해도 뗄 수 없는 관계였다. 클라이브와 헤이스팅스에 관한 머콜리의 에세이에 너무 오랫동안 상상력을 담그고 있었든, 빈든 블러드 경과 말라칸드 전쟁에 대한 자

---

[31] 1장의 주석에서도 설명했듯이 엄밀히 말하자면 "그레이트 브리튼(Great Britain)"은 오늘날의 "United Kingdom of Great Britain and Northern Ireland", 이 당시엔 "United Kingdom of Great Britain and Ireland"의 일부로서 잉글랜드, 웨일스, 스코틀랜드가 있는 그레이트 브리튼 섬만을 가리키는 것이어서 영국 전체를 가리키는 약어인 "브리튼(Britain)"과는 차별해서 사용해야 한다. 하지만 처칠은 이 당시에 영국과 제국의 운명을 동일시하는 입장을 취했고, 이에 반대하는 자들의 생각을 '작은 잉글랜드주의'라고 표현했기 때문에 그에 상응하는 위대한 영제국, 위대한 영국이라는 뜻으로 '그레이트(great)'라는 단어를 사용한 것. 그리고 이 당시엔 지금에 비해 잉글랜드, 영국, 그레이트 브리튼 등을 별다른 문제의식 없이 혼용하는 사례도 훨씬 더 빈번했다.

신의 기억에 여전히 머물러 있었든, 인도 국민회의가 주도한 민족주의의 성장에 대한 처칠의 대응은 시대착오적이면서도 부적절했다. 궁극적으로는 자치령 지위(제국 내에서의 자치권을 의미)의 부여를 암시함으로써 인도 국민회의의 호전성을 약화시키려는 노동당 정부의 노력은 처칠에 의해 선동에 대한 처절한 항복으로 공격받았다. 처칠은 자유국가들의 진정한 영연방 연합, 군주에 대한 충성의 공동 맹세는 오스트레일리아와 캐나다처럼 민족적ethnic 혈통과 언어라는 진정한 유대감이 있을 때만 가능하다고 믿었다 ─ 즉, 제국의 백인 아들들만을 위한 것이었다.

영국의 힘(사실상의 "폭력")이 어떻게든 친밀감으로 진화할 수 있다는 생각, 특히 위험에 처한 상황에서 진정한 공동의 충성을 이끌어낼 수 있을 만큼 강하다는 생각은 처칠이 인간 본성에 대해 알고 있는 모든 것과 모순되는 것으로 느껴졌다. 그러나 물론 그것은 1833년에 머콜리가 연설에서 했던 위대한 약속, 즉 언어와 법과 문학이 시간이 지나면 실제로 그러한 변화를 이룰 수 있을 것이라는 약속이었다. 사실 머콜리는 더 나아가 그러한 유대가 결국에는 칼보다 더 강력한 힘을 발휘할 것이라고 상상했다. 비록 머콜리가 예상했던 방식은 아니었지만 21세기에 이르러 인도 영문학의 모든 책 페이지에서 그 약속이 실현되고 있다. 그러나 처칠은 문화적 유대가 압도적인 힘의 자리를 대신할 수 있으리라 상상할 수 없었다. 그렇게 되면 제국뿐만 아니라 영국 자체가 사라질 것이다. 1930년에 처칠은 이렇게 말했다. "인도의 상실은 영제국의 몰락을 의미하고 그 과정을 완성시킬 것이다. 그 위대한 유기체는 단숨에 역사 속으로 사라질 것이다. 그런 재앙으로부터 회복은 불가능할 것이다." 말의 힘을 그토록 열정적으로 믿었던 처칠이 문화 패배주의자가 될 수밖에 없었던 것은 그의 가장 슬픈 실패 중 하나이다.

1931년 에드워드 우드Edward Wood와 마찬가지로 처칠 밑에서 일했고 훗날 핼리팩스 자작Viscount Halifax이 되는 어윈 남작Baron Irwin이 간디와 다른 국민회의 지도자 30명을 석방해 인도의 미래에 대한 회담에 참여하도록 했을 때 처칠은 경악을 금치 못했다. "선동적인 미들 템플Middle Temple 출신 변호사였던 간디가 이제 동양에서 잘 알려진 유형의 고행 수도자의 모습으로 변장하고 총독 관저 계단을 반나체로 걸어 올라가 … 국왕-황제의 대표와 동등한 조건으로 협상하는 것을 보는 것은 놀랍고 구역질 나는 일이다"라는 인도에서 결코 잊히거나 용서받지 못할 모욕적인 표현으로 간디를 일축한 것으로 유명하다.

방갈로르에서 머콜리를 읽긴 했지만 처칠은 영제국 역사상 가장 영광스러운 순간이 책임 있는 자기청산의 날일 것이라는 그의 1833년의 연설은 읽지 않았거나 잊어버린 것 같았다. 그는 1919년 암리차르 학살 사건과 다이어Dyer 장군의 행적에 대한 조사 이후 1920년에 자신이 한 발언, 즉 "영국은 무력만으로 인도를 통치할 수도 없고, 그렇게 하려고 해서도 안 된다"는 말을 잊어버린 듯했다: "우리가 무력에만 의존하려 한다면 영제국에 치명적일 것이다. 영국의 방식은 … 항상 인도 국민과의 긴밀하고 효과적인 협력을 의미하고 암시해 왔다. 사실 처칠은 빅토리아 시대 후기에도 인도 국민 대다수가 영국의 통치에 만족하고 있으며, 대표성이 없는 "선동가" 집단에 의해 불명예스럽게 오도되고 있다고 생각했다. 필요한 경우 구금을 통해 그들을 행동에 나서지 못하도록 하면 그 조직은 곧 사라질 것이다. 물론 이 말은 원래 아일랜드 민족주의자들에 대해서도 마찬가지였는데, 결국 처칠은 이 이론의 허구성을 인정하고 화해했었다.

프리스틀리처럼 블랙번에 가서 "두티 면"(인도의 샅바나 헐렁한 바지에 사용되는 거친 회색 천)을 내다 팔던 인도 시장이 사라지는 것을 한탄하는 공장 노동자들의 이야기를 들었다면 처칠도 간디가 가진 대중 동원의 힘을 더 존중했을지도 모른다. 그리고 그는 간디의 상징적인 "반나체"가 수입 옷감 불매 및 국내 생산품 선호 운동이나 인도의 다른 공산품 생산의 거침없는 성장과 함께 오랫동안 불평등했던 영국과 인도 간의 무역 조건을 근본적으로 변화시킨 이유를 이해할 수 있었을지도 모른다. 이 역시 오래된 역사의 교훈이었지만 처칠은 어떻게 된 일인지 이를 놓치고 있었다: 인도는 영국이 아대륙에 오기 훨씬 전부터 날

염 면화를 생산하고 있었다. 사실 영국이 처음 인도에 온 이유도 바로 이 "캘리코calico"를 사기 위해서였다. 경제적 복원이 불가피했지만 영국이 그동안 힘을 통한 억압으로 막고 있었을 뿐이다.

라지에서 잠시 복무했던 많은 사람들과 마찬가지로 처칠도 간디와 같은 진정한 대중운동에 직면했을 때 영국의 행정, 경찰, 군사력의 힘을 과대평가했을 것이다. 그는 영국의 "협력" 방식에 대해 입발림 소리를 했지만, 국민회의의 지시에 따라 사무실에서 나와 거의 하룻밤 사이에 인도 정부를 폐쇄할 수 있었던 수백만 명의 사무원, 세금 징수원, 우편 노동자들보다는 "책임감 있는" 토착 군주와 거물들을 염두에 두고 있었을 것이다. 1930년대 영국 정부는 모든 종류의 참정권을 인구의 10% 이하로 제한함으로써 사실상 공식 채널 밖에서 의사 표현을 하도록 강요했다. 제국주의 권력에 내재된 경제적 차별은 여전히 불만의 원동력이었다. 간디가 영국의 소금 독점을 깨기 위해 바다로 행진하던 1930~1931년에 처칠이 인도에 있었다면, 소금 문제가 불평등한 제국주의 관계의 핵심이라는 사실을 조금이라도 이해했다면, 마이클 콜린스에 대해 그랬던 것처럼 간디에 대한 생각이 달라졌을지도 모른다. 하지만 처칠은 점심시간에 먹는 사슴 고기에 뿌려 먹을 때를 제외하면 소금에 대해서는 거의 생각해 본 적이 없었다. 그 대신 그는 웨스트민스터의 연립정부를 비판했고, 인도에 있는 어윈Irwin은 선동가들에게 약하게 굴복했다는 이유로 더욱 비난했다: "과거에 그토록 사납고 용맹스러웠으며 아마겟돈의 모든 고통 속에서도 용감하고 정복할 수 없었던 영국 사자는 이제 과거의 영광을 누렸던 모든 들판과 숲에서 토끼에게 쫓기고 있다. 우리 자신의 힘이 심각하게 손상된 것이 아니다. 우리는 의지의 질병을 앓고 있다. 우리는 신경 쇠약의 희생자인 것이다."

1935년의 인도법India Act이 약속한 인도 각 지방의 자치에 대한 약속에 맞서 싸우겠다는 처칠의 반동적인 결심은 노조에 대해서든 인도 반군에 대해서든 "친애하는 교구목사dear vicar" 스탠리 볼드윈의 타협적인 태도를 항상 의심했던 강경 우파 사람들과 같은 편에 서게 만들었다. 인도 법안이 400 대 84의 과반

수 찬성으로 2차 독회를 통과했을 때 처칠은 평소와 같은 관대함과 약간의 실용적 자기 보호를 보여주며 이 문제는 이것으로 종결하겠다고 선언하는 센스를 발휘했다. 그러나 그의 아들인 랜덜프는 여전히 인도법 반대 후보로 선거에 출마하여 패배했다. 윈스턴의 장기간에 걸친 격렬하고 대대적인 반대의 효과는 인도 자체에서 자치를 약속했던 영국의 진정성에 대해 심각한 의구심을 불러일으켰다. 결국 처칠이 언젠가 다시 정권을 잡는다면, 아니면 심지어 외무장관 정도로 복귀한다 하더라도 이 문제는 과연 어떻게 되겠는가?

물론 허벅지를 물기 위해 이빨을 드러내고 정부를 공격하겠다고 나선 윈스턴의 불테리어는 대다수 보수당원들 사이에서 그의 입지를 높이는 데 큰 도움이 되지 않았다. 그는 이제 60대였고 대부분의 사람들은 그를 너무 화려하고, 너무 시끄럽고, 리비에라의 좋은 삶과 감당할 수 없는 시골 저택의 사치를 너무 사랑하며, 무엇보다도 자신의 목소리에 너무 매료된 사람으로 보았다. 그의 성격에 대한 볼드윈의 별로 관대하지 않은 묘사는 많은 사람이 느끼고 있던 방식을 잘 요약했다: "윈스턴이 태어났을 때 많은 요정이 상상력, 웅변, 근면, 능력과 같은 선물을 가지고 그의 요람에 급습한 다음 '한 사람이 그렇게 많은 선물을 받을 권리는 없다'고 말한 요정이 와서 그를 데리고 흔들고 뒤틀어서 이 모든 선물 중에 판단력과 지혜는 갖지 못하게 했다. … 그렇기 때문에 우리는 의사당에서 그의 말을 듣고 기뻐하긴 하지만 그의 조언을 받아들이지는 않는다."

제국의 운명에 대한 처칠의 날카로운 경고에 신물이 난 평민원 의원 대부분은 그가 독일의 위협에 대해서도 비슷한 목소리를 내자 그냥 볼륨을 낮춰버렸다. 모든 의원이 제3제국Third Reich[32]의 잔인한 성격에 무감각한 것은 아니었다. 1933년에 히틀러가 집권했을 때, 적어도 일부 의원들은 베를린 주재 영국 대사였던 호리스 럼볼드Sir Horace Rumbold가 느꼈던 경악을 공유했으며, 그는 새

---

32 나치 독일 정권이 스스로를 칭하던 말.

로운 정권이 평범하고 하찮은 독재가 아니라는 것을 즉시 인식했다. 럼볼드는 히틀러의 자서전 『나의 투쟁Mein Kampf』(1924)을 읽은 적이 있었다. 그는 그 내용을 믿었다. 그는 히틀러가 독일에서 유대인 전체를 추방할 의도가 있다고 정부에 말했다. 럼볼드는 은퇴하기 전에(아마도 유화책이 부상하는, 보이지 않는 전환점 중 하나였을 것이다) 외무부가 사용할 수 있는 가장 강력한 어조로 와이트홀Whitehall[33]에 독일이 완전히 "정상적"이지 않은 사람들에 의해 운영되고 있다는 의견을 전달하려고 했다: "우리 중 많은 사람들은 실제로 터무니없는 훌리건과 괴짜들이 우위를 점한 나라에 살고 있다는 느낌을 받고 있다".

그러나 ≪더 타임스≫의 편집자 제프리 도슨Geoffrey Dawson을 포함한 지배계급의 많은 사람에게 히틀러는 씹기 힘든 질긴 고기이긴 하지만 정상적인 인물이었고 — 일단 자기 나라가 제대로 대우받으면 더욱 그렇게 될 사람이었다. 유럽 역사에 대한 권위 있는 책을 집필한 존 윌러-베넛Sir John Wheeler-Bennett은 독일 총리가 "독일을 다시 존경받을 만한 나라로 만들고 싶어 했고, 그 자신도 존경받고 싶어 하는" 합리적인 사람이었다고 주장했다. 선전가 율리우스 슈트라이허Julius Streicher나 플레이보이 헤르만 괴링Hermann Goering과 같은 훨씬 더 "괴상한" 유형과 비교할 때 히틀러는 의심할 여지 없이 "당내에서 가장 온건한 의원"이었다. 그리고 그가 때때로 흥분했다면 그것은 국내에서 대중에게 보여 주기 위한 것이었고, 게다가 독일이 정당하게 흥분할 만한 일이 과연 별로 없었던가? 독일은 제1차 세계대전에 대한 책임을 혼자서만 짊어지고 있었고, 유럽과 아프리카에서 영토를 빼앗기는 처벌을 받았으며, 경제 붕괴를 초래한 막대한 배상금을 부담해야 했고, 일반 독일인들은 말할 수 없는 고통을 겪었으며, 주권 국가의 기본권인 군대를 보유할 수 있는 권리도 박탈당했었다. 하지만 그 주변에는 군사적 하드웨어로 무장한 국가들이 있었다. "포위된" 느낌이 드는 것은 당연했다. 1933년에 독일이 군축 회담Disarmament Conference과 국제연

---

33   영국 중앙정부 관청들이 모여 있는 런던의 거리.

맹League of Nations에서 모두 탈퇴했을 때도, 이 조치는 수년간의 굴욕 끝에 정당한 주권을 회복하고자 하는 한 국가의 당연한 정책으로만 여겨졌다. 1936년 3월에 독일이 베르사유 조약을 정면으로 위반하고 라인란트를 다시 점령했을 때, 이 역시 단순히 아주 예전부터 논란의 여지 없이 독일의 영토였던 곳의 주권을 회복한 것으로 간주되었다. 유대인에 대한 나치의 적대감에 대한 반응은 몇 가지 예외를 제외하고는 어깨를 으쓱하는 무관심부터 독일 정책에 대한 노골적인 동정까지 다양했다. 나중에 반anti-유화주의자가 될 옥스퍼드대학 그리스학 흠정 교수Regius Professor 길버트 머리Gilbert Murray는 그럼에도 불구하고 이때는 "경험에 비추어 볼 때 유대인은 서구의 어느 나라에서나 독특하고 예외적인 방식으로 해로운 요소라는 것을 나는 알게 되었다"고 밝혔다. … "나는 이들에 대한 독일의 태도를 완벽하게 이해하고 전적으로 찬성한다"고 말했다.

히틀러는 혐오감보다는 매혹과 열광의 대상이었다. 베를린이나 베르히테스가덴Berchtesgaden을 방문한 수많은 방문객은 그가 독일에서 이룩한 아우토반, 폭스바겐Volkswagens, 깨끗해진 도시 등의 기적에 대한 열광으로 가득 차서 돌아갔고, 히틀러에 대한 찬사가 끊이지 않았다. 가장 우울한 것은 데이비드 로이드 조지가 그를 "현존하는 가장 위대한 독일인"이라고 선언하고 ≪데일리 메일≫ 독자들에게 히틀러를 "타고난 지도자 … 사람들을 매혹시키고 역동적인 성격 … 신비주의자와 선각자의 혼합 … 정신적 재충전을 위해 세상으로부터 물러나기를 좋아하는 사람", 게다가 영제국에도 최고만을 바라는 영국 예찬자Anglophile라고 극찬했다는 사실이다. 로이드 조지가 유일하게 아쉬워한 것은 영국에는 그와 같은 수준의 지도자가 없다는 것이었다. 역사학자 아널드 토인비Arnold Toynbee가 보기에 히틀러는 마하트마 간디와 구별할 수 없을 정도로 금주와 채식주의를 실행하는 평화의 인물이었다. 신문업계의 거물 로더미어 경Lord Rothermere은 히틀러를 "완벽한 신사"라고 선언했다. 런던 주재 독일 대사였던 요아힘 폰 리벤트로프Joachim von Ribbentrop가 내각 비서관 토머스 존스에게 총통Führer은 수줍음이 많고 겸손하며 온화한 예술가인 볼드윈 씨를 꼭 닮았다고 말했을 때 존스는 웃음을 터뜨리지 않고 정말로 그렇다고 느꼈다. 1930년대 내내 무솔리니의 "온화하고 소박한 태도, 차분하고 초연한 자세"를 칭찬하며 총통Duce을 열렬히 추종했던 처칠조차도 1932년에, 역사적으로 보면 무자비한 방법으로 권력을 잡은 강자들이 많았기 때문에, 히틀러도 나중에는 독일 애국자의 훌륭한 표본으로 판명될 것이라고 생각했다. 1932년에 말버러의 전기를 집필하기 위해 바이에른Bavaria으로 연구 여행을 떠났을 때 그는 뮌헨Munich에서 히틀러를 거의 만날 뻔했다. 하지만 처칠의 친유대주의적 태도에 대해 경고를 받은 히틀러가 그를 만나는 것은 나쁜 생각이라고 결정했다.

하지만 그렇다고 해서 영제국에 대한 히틀러의 존경심이 근거 없는 얘기는 아니었다. 그는 핼리팩스에게 자신이 가장 좋아하는 영화 중 하나가 〈벵골 창기병의 삶The Lives of a Bengal Lancer〉(1935)이라고 말했는데, 그 영화는 소수의 백인 남성이 흑인 무리를 막고 대륙 전체를 그 칼 아래 두는 장면을 묘사했기 때문이었다. 새빌 로우Savile Row[34] 복장을 한 신사들이 히틀러의 공관을 행진하며 감탄사를 연발하는 모습을 보고 히틀러는 영국 정부와 제3제국 사이에 실제로 합의가 이루어질 수도 있겠다고 믿게 되었다. 결국 두 나라의 근본적인 이해관계는 상충되지 않았기 때문이다. 폰 리벤트로프가 핼리팩스에게 말했듯이 독일은 동유럽에서 "자유로운 손"을 갖고 싶었고, 영국은 아시아와 아프리카에서 제국을 보호하고 홍보할 수 있기를 원했다. 이보다 더 깔끔하고 조화로운 조화가 어디 있을까? 런던에서 폰 리벤트로프는 마치 음악의 거장처럼 이런 분위기로 계속 잘 연주하여 영국인이 민감한 양심을 갖고 있는 이슈를 악용했다. 1938년에 오스트리아가 합병되기 훨씬 전부터 정부 및 당의 많은 사람들은 프랑스가 동유럽의 작은 국가들과 잘못된 동맹을 맺은 것을 개탄했고, 독일이 주도하는 동유럽의 "재편"을 불가피하고도 무해한 것으로 여겼다. 결국, 동유럽에서 독일의 강력한 존재는 자유에 대한 진정한 위협인 볼셰비키의 위협에 대

---

34 런던 메이페어(Mayfair)의 유명한 맞춤 정장 가게.

한 비용 없는 완충 장치가 될 것이다.

독일의 동유럽 전략 계획이 무엇이든 간에 범유럽 전쟁의 위험을 감수할 만한 가치가 있는 것은 아니었다. 볼드윈과 체임벌린 정부는 1930년대 내내 대다수 영국인의 의견과 일치하는 정책을 펼쳤다. 지난 전쟁의 기억은 여전히 생생하고 충격적이었다. 육체적 상처에 흉터 조직이 형성되었다면 정신적 상처는 치유하기가 훨씬 더 어려웠다. 참호의 공포를 경험한 많은 참전용사들은 이제 어떤 대가를 치르더라도 평화를 위해 가장 열성적인 사람들이 되었다. 『수달 타르카*Tarka the Otter*』(1927)와 『연어 살라*Salar the Salmon*』(1935)의 저자 헨리 윌리엄슨Henry Williamson처럼 참전용사 중 일부는 파시스트가 될 정도로 결연한 의지가 있었다. 그러나 평화에 대한 열정적인 열망은 우파도 좌파도 독점할 수 없는 것이었다. 스태퍼드 크립스Stafford Cripps와 H. G. 웰스 같은 사려 깊은 사람들은 분쟁의 치안은 국제연맹이 운영하는 국제 안보군에 맡기고, 가능하다면 보편적인 군축을 믿었다.

처칠은 히틀러에 의해 전쟁광이라는 낙인이 찍혔지만, 물론 자신을 전쟁광이라고 생각한 적은 없다. 그 역시 지난 전쟁을 직접 목격했고, 전쟁의 피해 규모와 성격을 완벽하게 이해했으며, 핼리팩스나 체임벌린만큼이나 또 다른 전쟁을 막고 싶었다. 제2차 세계대전이 끝난 후 그는 회고록에서 반복해서 말했듯이 유럽 역사상 가장 쉽게 막을 수 있었던 전쟁이었다고 말하며 깊은 슬픔에 빠졌다. 그러나 그는 나치 정권의 실체가 드러난 1933년, 아마도 호리스 럼볼드의 보좌관이었던 사위 덩컨 샌즈Duncan Sandys의 보고를 통해 나치 정권이 죄책감에 시달리는 포용 정책으로는 결코 막을 수 없다는 것을 이미 알고 있었을 것이다. 영국이 독일과 제대로 협상을 할 수 있으려면 강자의 위치에서 협상을 하는 것이 좋았다.

따라서 처칠은 재무장의 대의를 위해 꾸준하고 끊임없는 북소리를 계속했다. 처칠은 제3제국 초기부터 그 잔혹한 성격을 분명히 드러내기로 결심했고, 특히 이 체제가, 이해해 주기 힘들긴 하지만, 국가 운영에 대한 일반적인 관례를 따르고 있다고 간주하는 척하는 사람들에게는 더욱 그러했다. 이견을 표명하는 처칠의 언어는 연극 공연처럼 극적이어서 청중들이 눈을 동그랗게 뜨고 "저 늙은이 윈스턴 또 시작이네"라고 서로 속닥거리게 할 정도였다. 그러나 처칠의 "야만 시대 이후 유례없는 방식으로 젊은이들에게 피의 욕망에 대한 철학이 주입되고 있다"고 한 말은 전혀 과장된 것이 아니었다. 그는 나치, 특히 청년 운동과 엘리트 민병대가 자신들에 대해 사용하기를 좋아했던 컬트적 언어를 아주 충실하게 되풀이하고 있었다. 게슈타포Gestapo의 수장 하인리히 히믈러Heinrich Himmler는 스스로를 학식 있는 민족지학자-고고학자로 여겼다. 처칠은 나치 치하에서 독일인들이 민족적 자존심을 배우는 것 외에는 아무것도 하지 않는다는 견해는 한심할 정도로 순진하다고 생각했다. "조국을 위해서는 기꺼이 고통받겠다는 욕망의 빛을 눈에 담고 독일의 거리와 도로를 행진하는 이 건장한 게르만족Teutonic 청년 무리는 … 지위를 원하는 것이 아니다. 그들은 무기를 찾고 있다". 평민원에서 다루기엔 다소 무례하고 이 이슈와는 별로 관련도 없다고 간주되던 또 다른 주제인 유태인에 대해서도 처칠은 똑같이 단호해서 유태인에 대한 "끔찍하고 차갑고 과학적인 박해"를 언급하면서 "풍요에서 파멸로 떨어지고 그 위치에서조차 일용할 양식을 얻을 기회를 거부당하고 가난한 사람들이 겨울을 나도록 구제하기 위한 보조금에서 차단된 사람들, 학교에서는 어린 자녀들이 … 그들의 피와 인종은 더럽혀지고 저주받은 것으로 선언되었으며, 압도적인 힘과 사악한 폭정에 의해 모든 형태의 집중된 인간 악이 이 사람들에게 던져졌다".

해럴드 니콜슨Harold Nicolson 노동당 평민원 의원과 외무부 차관 밴시타트 경Lord Vansittart처럼 처칠의 견해를 공유하고 때때로 자신의 소신을 밝혔던 영향력 있는 인사들이 정부에 분명히 있었다. 그러나 정부의 공식 정책이 유화책인 한, 그들은 어떤 종류든 권력에 더 가까워질수록 입을 더 다물 수밖에 없었다. 그리고 처칠이 군비 증강을 진지하게 받아들이는 것이 국익을 위한 것이라고 끊임없이 주장하지 않았다면 처칠의 도덕적 비난은 조금도 영향을 미치지 못했을 것이다. 그 국익은 우선 기초적인 자기방어였다. "교수"로 불리는 린더먼과의 친밀한 우정에 영향을 받은 처칠은 다음 전쟁은 민간인에 대한 대규모 공중 폭격으로 시작될 것이라고 믿게 되었다. (내전 중 스페인에서 게르니카Guernica에 대한 포화 폭격과 같은 루프트바페Luftwaffe[35]의 실험은 처칠에게서 그런 인상을 지우는 데 아무런 도움이 되지 못했을 것이다.) 런던에 대한 지속적인 공습이 어떤 결과를 가져올지에 대해서 린더먼의 안내를 받아 그가 내놓은 예상은 묵시록적이었다. 60일간의 공습으로 최소 6만 명의 사상자(실제로 전쟁 동안 사망한 전체 민간인의 수에 해당)가 발생하고 수십만 명이 노숙자가 될 것이다. 수백만 명이 혼란스러운 시골로 피난을 떠나야 할 수도 있다. 처칠 자신의 비행 경험도, 비록 짧은 것이었지만, 이러한 신념에 더욱 힘을 실어주었다. 정작 드레스덴Dresden, 도쿄, 히로시마에서 이런 규모의 불 폭풍을 일으키는 것은 연합군이 될 것이었다.

그러나 처칠은 그러한 사태를 피할 수 있는 최선의 방법은 이미 영국 공군의 항공기 생산량을 빠르게 앞지르고 있는 독일의 항공기 생산량을 따라잡는 것이라고 믿었다. 독일이 영국보다 약 2.5배 많은 비행기를 생산하고 있다는 처칠의 추정은 거의 사실에 가까웠기 때문에 외무부나 중앙정보기관의 정보원, 아마도 유화책에 크게 반대했던 데스먼드 모튼Desmond Morton으로부터 이 정보를 일부 제공받았을 가능성이 높다. 볼드윈은 항상 자신도 재무장에 전념하고 있다고 생각했지만, 끝없는 확전으로 이어질 수 있는 히틀러에게 군비 중강을 가속화할 구실을 주지 않으면서 조용한 방식으로 재무장을 하고 싶었다. 반면 처칠은 평시와 실제 전쟁 사이의 "반쪽 상태"를 공식적으로 인정함으로써 잠재적인 적국이 재무장에 주의를 기울이게 하기를 원했다. 그는 정부 정책의 특징인 미루기와 부정의 혼합이 치명적이라고 생각했다. 그는 평민원 연설에서 정부가 "결정하지 않기로 결정하고, 단호하지 않기로 결심하면서, 표류하기

---

[35] 독일 공군.

위해서는 단호하고, 유동적이기 위해서는 굳건하며, 모든 면에서 무능하기 위해서는 강력합니다"라고 말했다. "우리는 영국의 위대함을 위해서 필수적인 시간을 몇 달째 몇 년째 준비만 한답시고 허비해 버리고 있습니다. 이대로 앉아만 있다가는 메뚜기들이 작물을 다 먹어 치울 것입니다"라고 말했다. C. F. 앤더슨C. F. Anderson 비행 중대장 등 RAF[36] 내부의 정보원을 포함한 여러 정보원으로부터 정부의 오류를 드러내는 자료를 제공받은 처칠은 볼드윈을 계속 곤경에 빠트려서, 결국 더 낙관적이었던 이전의 공군력 격차에 대한 예측을 번복하게 했다. 볼드윈의 방어적 태도가 나락에 빠진 것은 1935년 11월의 총선 이후였다. 총리는 평민원에 가서 자신이 근거 있는 "끔찍한 솔직함"이라고 표현한 태도를 취하면서 독일이 급속히 재무장하고 있다는 사실을 국민들에게 알렸다면 이 "평화 지향 민주주의"는 결코 자신을 재집권시키지 못했을 것이며, 그렇다면 우리 모두가 지금 어떻게 되었겠냐고 되물었다. 이에 놀란 입들이 겨우 다물어지자 처칠은 그에게, 총리의 정책을 결정하는 것은 총선 시기가 아니라 국가를 이끌 수 있는 리더십이어야 한다고 사뭇 부드럽게 지적했다.

1936년에 독일군이 저항 없이 라인란트를 재점령한 후, 볼드윈의 추측대로 독일이 아직 공습 사이렌을 울릴 준비가 되지 않았음에도 불구하고 처칠의 견해는 점점 더 탄력을 받고 있는 것처럼 보였다. 그해 가을 앨버트 홀에서 대규모 재무장 집회가 계획되었다. 재무장관, 내무장관, 외무장관을 각각 맡고 있던 새뮤얼 호어Sir Samuel Hoare와 앤서니 이든이 방어에 나섰다. 그러나 이 절체절명의 순간에 처칠은 거의 용서받을 수 없는 엄청난 방해 행위를 저질렀다. 조지 5세가 그해 초 사망했는데, 윈스턴은 이제 심슨 부인과 결혼하고도 왕으로 남으려는 에드워드 8세의 캠페인에 대대적으로 지지를 보냈던 것이다. 윈스턴의 반유화정책에 동조하던 친구들과 동맹들에게 이것은 메인 이벤트에서 벗어나는 기괴한 산만함을 넘어 극심한 당혹감을 안겨주는 것이었다. 하지만

---

36 영국 공군(Royal Air Force).

처칠은 군주제에 대한 낭만적인 애착과 에드워드 8세와의 오랜 친분으로 인해 구출에 나서게 된 것이었다. 물론 그 자신도 반half-미국인이었고 부유하고 유명한 사람들의 바람기는 대개는 그저 멍하니 바라보고 말았지만, 이혼녀와 결혼한 왕을(게다가 그녀는 이 정사가 시작될 당시에는 이혼하지도 않은 상태였다) 모순으로 간주해야 하는 답답함을 느낄 시간이 거의 없었을 수도 있다. 결국 처칠은 에드워드 자신보다도 국왕의 대의에 더 열성적이 되었다. 이 위기는 볼드윈에게 모든 정치적 자산을 되찾을 수 있는 기회를 주었고, 그는 헌법적 위기 속에서도 침착한 정치가로서 한 왕에서 다른 왕으로 주권이 넘어가는 고통스러운 과정을 신중하게 관리하면서 감사하는 마음으로 이 기회에 뛰어들었다. 이와 대조적으로 처칠은 터무니없고 일관성 없는 허풍쟁이로 보였다. 볼드윈이 심슨 부인과 헤어지거나 아니면 퇴위하라는 선택을 국왕에게 강요하는 것을 비판하기 위해 자리에서 일어났을 때, 그는 수십 년 만에 처음으로 자신의 목소리가 안 들릴 정도로 야유를 받았다. 1937년 5월에 네빌 체임벌린이 지친 "친애하는 교구목사"를 대신해 총리로 취임했는데, 그가 볼드윈보다 훨씬 더 열성적이고 원칙적인 유화주의자라는 것을 정확히 감지한 처칠은 다시 기력을 회복했다. 볼드윈, 체임벌린, 핼리팩스는 모두 처칠이 잘 알고 있고 심지어 좋아했던 토리주의를, 즉 영국성을 각기 다른 방식으로 의인화했다(체임벌린의 경우 조금 과장된 표현이긴 하지만). 볼드윈은 약간 졸린 듯한 마을의 미덕, 즉 든든하고 총명하며 관대하고 아량 있고 느릴 뿐 아니라 화도 거의 내지 않는 미덕의 화신이었다. 그의 세대의 많은 사람들과 마찬가지로 그는 1914~1918년 전쟁으로 인한 고통에 대해 내적으로 계속 피를 흘렸으며 그러한 악이 결코 반복되게 하지 않을 것이라고 자신과 조국에 약속했다. "그 기억"은 "우리를 아프게 한다"고 그는 말했다. 영국의 토양이 파시즘과 공산주의와 같은 극단주의의 성장에 비옥하지 않았기 때문에 그들의 공격으로부터 영국을 보호해야만 국가의 "유산"인 영국적 차이를 자녀와 손자 세대에게 물려줄 수 있었기 때문이다.

핼리팩스는 키가 크고 건장한 체격에 앵글로 가톨릭 신자이며 요크셔에 대한 충성심이 강했고, 여우 사냥Lyttelton hunt의 대가이자 한쪽 팔을 제대로 쓰지 못했음에도 불구하고 유명한 기수였으며, 친구와 적 모두 쉽게 인정할 만큼 매우 영리했다. 그는 평생을 어떤 종류든 공직에 몸담아 왔으며, 허황된 수사의 이면을 꿰뚫어보고 권력의 수레바퀴에 언제 어떻게 기름을 칠해야 하는지 정확히 알고 있다는 자부심을 갖고 있었다. 인도에서 그는 자신을 현실주의자라고 생각했고, 자신이 가장 먼저 점령한 러티언즈가 지은 총독 관저의 엄청난 화려함에도 관심을 두지 않기로 결심했으며, 제국, 또는 근대인들은 연방Commonwealth이라고 불렀던 것과의 관계를 유지하기 위해 필요한 일을 할 준비가 항상 되어 있었다. 반면 체임벌린은, 비록 아버지의 저택인 하이버리는 자신을 정치에 입문시킨 나사 제조나 가스 및 수도 사업을 중심으로 한 지방 도시의 급진주의와는 거리가 먼 곳이었지만, 중간계급 비즈니스와 도시 미덕의 제국을 대표했다. 그의 귀족적인 의붓형 오스틴Austen이 해외 및 제국주의 사업을 전문으로 했기 때문에 보수당을 이끌 가능성이 오랜 세월 동안 더 높아 보였던 것은 네빌이 아니라 형이었다. 반면에 네빌은, 본인이 생각하기엔, 자신의 뿌리에 충실했다. 무엇보다도 지방정부, 특히 교육 개선에 전념했으며, 변호사든 은행 관리자든 변화가의 사람들이 제대로 된 보수당 총리에게 바라는 것이 무엇인지에 대한 강한 본능적 감각을 가지고 있었다. 그리고 볼드윈과 마찬가지로 체임벌린에게 중요한 것은 평화를 지키는 것이었다.

처칠은 비록 개인적인 경험은 아니었지만 마장마술대회, 마을의 기관들, 작은 마을 예배당, 브라스 밴드로 구성된 이러한 잉글랜드, 이러한 영국을 잘 이해하고 있었다. 그러나 그는 헤게모니를 쥔 자의 비위를 맞춰주며 그것이 영국을 건드리지 않기를 바라는 것만으로는 결코 살아남을 수 없다고 주장했다는 점에서 그들과 달랐다. 그의 제자였던 보수당 평민원 의원 더프 쿠퍼Duff Cooper가 말했듯이, 그것은 250년 동안 영국이 유럽에서의 일국 지배에 반대해 온 전통으로부터 벗어나는 것이었다. 처칠은 1934년 11월에 BBC 방송에서 이를 더욱 생생하게 표현했다: "이렇게 말하는 사람들이 있어요. '유럽 대륙을 무시하자. 유럽 대륙이 스스로 증오를 키워서 무기를 들게 놔두고, 자업자득으로 고생하게 놔두고, 자기들끼리 다툼을 벌여서 스스로 파멸을 선언하도록 내버려 두자. …' 우리가 영국 섬들을 암반 기초에서 떼어낸 후 대서양을 가로질러 3000마일을 견인해 갈 수만 있다면 그런 계획도 꽤 괜찮은 게 될 수 있겠지요. …"

그러나 체임벌린은 자신을 고립주의자로 생각하지 않았고, 오히려 히틀러와 적극적으로 협력하여 유럽의 평화적 "재배치"를 촉진함으로써 그가 합리적으로 판단하게 할 수 있다고 생각했다. 핼리팩스는 이미 1937년 말에 베를린에서 열린 괴링의 대규모 사냥 및 사냥 전시회를 계기로 정부의 여우 사냥꾼 자격으로 독일을 방문한 적이 있었다. 영국이 쿠두kudu와 일런드eland[37] 등 해외의 트로피를 이미 휩쓸었다는 사실 때문에 핼리팩스는, 이미 폰 리벤트로프가 지적한 대로, 독일은 유럽에서 원하는 대로 하고 영국은 제국에 홀로 남겨두는 협상이 실제로 성사될 수 있다는 믿음에 가슴이 벅찼음에 틀림없다. 1938년 3월의 오스트리아 합병 이후 독일 탱크가 비엔나를 질주하며 열광하는 군중들의 환호성을 자아냈을 때, 특히 히틀러가 체코슬로바키아 북부 주데텐란트Sudetenland 지역에 있는 약 300만 명의 독일 민족이 처한 곤경에 대해 시끄럽게 떠들고 있었기 때문에 이 계약의 필요성은 더욱 긴박해 보였다. 이러한 소음이 주데텐란트를 독일에 병합해야겠다는 요구로 바뀌면서 군사적인 위협까지 더해지자 체임벌린은 위기를 해소하기 위해 일련의 비행 방문을 시작했다. 즉, 주권이 침해되더라도 영토를 양보할 수밖에 없다고 체코인을 설득하고; 제1차 세계대전 후 체코슬로바키아가 독립 공화국이 되었을 때 주권을 공동 보증했던 프랑스가 이 계획에 동참하도록 설득하고; 군사행동에 의존하지 않고도 원하는 것을 얻을 수 있다고 히틀러 자신을 설득하는 것이었다.

1938년 9월에 베르히테스가덴에서 의미 없는 환담을 나눈 후 체임벌린과

---

37   아프리칸산 영양의 종류들.

히틀러는 서로 원하는 것을 얻은 것처럼 보였다. 그러나 라인란트의 바트 고데스베르크Bad Godesberg에서 열린 두 번째 회의에서 히틀러는 갑자기 헝가리와 폴란드 인구가 있는 체코슬로바키아 지역도 공화국에서 떼어내야 한다는 등 추가적인 영토 요구를 하기 시작했다. 히틀러의 거친 혀끝을 두려워했던 베를린 주재 신임 대사 네빌 헨더슨Sir Nevile Henderson은 히틀러를 자극하거나 화나게 하거나 분노하게 할 수 있는 어떤 행동도 하지 말라고 주의를 주었지만, 체임벌린은 여전히 히틀러의 비위를 맞춰줄 준비가 되어 있었다. 그러나 핼리팩스는 조심스럽게 용기를 내어 상식적으로 이젠 더 이상 참을 수 없다고 판단하고는 체임벌린에 대한 내각 반란을 주도하여 히틀러가 베르히테스가덴 협정의 내용을 존중하도록 해야 하며 독일이 체코슬로바키아를 공격하는 것을 영국과 프랑스는 자신들에 대한 공격으로 간주해야 한다고 주장했다.

1938년 9월 말의 일주일 동안 히틀러의 총성이 잦아들지 않자 실제로 전쟁이 일어날 것만 같았다. 대규모 대피를 위한 잠정 계획이 가속화되었다. 27일에 체임벌린은 불안에 떨고 있는 국민들을 달래기 위해 전국에 방송을 내보냈다. 하지만 이제 그들의 지도자가 적대 행위를 시작하기 위해 칼을 휘두르겠다고 정확히 암시하지는 않았다: "얼마나 끔찍하고, 환상적이고, 믿을 수 없는 일인가"라고 하면서 "우리가 먼 나라의 전혀 모르는 사람들 사이의 싸움 때문에 참호를 파고 방독면을 써야 한다는 것이"라고 그는 희망을 버리지 않고 읊조렸다. 한때 노동당 의원이자 전투적인 반유화론자였던 조사이어 웨지우드Josiah Wedgwood 대령은 체임벌린이 악마와의 거래를 마치고 돌아와서는 기껏해야 할머니들로부터 강인한 침묵의 영웅으로 환영받기 위해 그러는 것일 뿐이라고 말했다. "전쟁이 일어날까, 여보?" 실리어 존슨Celia Johnson은 영화 〈우리가 복무하는 곳에서In Which We Serve〉(1942)에서 구축함 함장 노엘 카워드Noël Coward에게 이렇게 묻는다. 그는 "전쟁은 일어날 것 같네"라고 하면서 "전쟁이 일어나기 전까지는 걱정할 필요도 없고, 전쟁이 나면 걱정한들 어쩌겠어"라고 그는 대답한다.

아니나 다를까, 28일에 평민원에서 상황을 설명하던 체임벌린은 새뮤얼 호어로부터 쪽지를 받고 연설을 중단한 채 히틀러 총통의 뮌헨 방문 초청을 수락했다고 발표했다(또는 그렇게 주장했다). 누군가 백 벤치back-bench[38]에서 "세상에, 총리님 감사합니다!"라고 외쳤다. 의원들은 환호성을 내지르며 의정 목록서를 들고 흔들어댔다. 보수당은 물론 노동당 의원들도 모두 자리에서 일어나 체임벌린에게 박수를 보냈지만, 처칠과 그의 친구 리오 애머리Leo Amery, 그리고 몇 달 동안 동료들을 저격하다 정부에서 사임한 앤서니 이든은 눈에 띄는 예외였다. 하지만 처칠은 나중에 체임벌린에게 가서 행운을 빌어주었다. 체임벌린은 독일로 떠났고, 놀랍게도 그는 히틀러를 설득하여 불쾌한 일을 하지 않고도 원하는 모든 것을 가질 수 있다고 설득했다. 놀라운 외교적 성과로 환영을 받았지만, 이것은 충치 뽑는 것처럼 간단한 일이 결코 아니었다. 10월 1일에 체코는 피할 수 없는 현실에 굴복하고 주데텐란트에서 국경방위대를 철수시켜야 했으며, 그 시점이 되면 독일군이 자유롭게 들어올 수 있다는 말을 듣게 될 것이다. 물론 그는 체코인들이 "단단히 화가 나서" 저항한다면 총통이 나머지 체코슬로바키아를 침공할 수밖에 없다는 것을 완벽하게 이해한다고 덧붙였다. 하지만 설마 프라하에 폭격을 가한다면? 그럴 리가요, 히틀러는 나는 항상 민간인을 살리기 위해 최선을 다한다고 말하며 — 어린 아기들이 가스 폭탄으로 죽는다는 것은 생각만 해도 싫다고 덧붙였다. 그렇겠지, 그렇겠지. 체임벌린은 영국과 독일이 다시는 서로 전쟁을 일으키지 않겠다고 선언하고 향후 모든 어려움을 협의를 통해 해결하겠다고 약속하는 잊을 수 없는 성스럽고 허무맹랑한 문서, 즉 유화책을 만들어냈다. 히틀러는 서명을 하기 위해 손을 펜으로 향하면서 자신의 눈을 믿을 수 없었을 것이다.

---

[38] 의사당 안쪽 양편에 마주보고 설치되어 있는 벤치(의석)들 중에 뒤쪽에 위치한 것으로서 경력이 짧거나 당의 핵심 권력부에서 멀어져 있는 의원들이 주로 앉는다. 앞쪽의 프런트 벤치(front-bench)에는 여당 지도부(총리를 비롯한 내각을 포함해서)와 야당 지도부(그림자 내각)가 가까운 거리에서 서로 마주보고 앉는다.

체임벌린은 유럽 평화의 구세주로서 호산나 합창에 맞춰 귀국했다. 그는 헤스턴Heston 비행장에서 노동당 정치인 휴 달튼Hugh Dalton이 나중에 "『나의 투쟁』에서 찢어진 종잇조각"이라고 불렀던 종이쪽지를 흔들며 환호를 받았다. 버킹엄 궁전 발코니에서 왕과 왕비가 양옆에 선 채로 「그는 유쾌하고 좋은 친구니까for he is a good jolly fellow」를 합창하는 수많은 군중을 마주했다. 다우닝가 10번지 밖에서도 마찬가지였다. 열린 위층 창문 앞에 나타난 체임벌린은 한 참모에게 환호하는 군중에게 무슨 말을 해야 할지 물었고, 1878년에 베를린에서 돌아온 디즈레일리가 했던 말을 하라는 조언을 받았다. "친애하는 여러분, 우리 역사상 두 번째로 영국 총리가 독일에서 명예롭게 평화를 가지고 돌아왔다"라고 체임벌린은 선언했다. 나는 이것이 우리 시대의 평화라고 믿는다. 그런 다음 그는 군중들에게 "집에 가서 조용히 잠을 청하라"고 말했다. 대다수 여론이 전쟁의 유예에 대해 똑같이 기뻐했던 프랑스에서는 ≪파리-수아르Paris-Soir≫ 신문이 전쟁의 공포에서 나라를 구해준 데 대한 감사의 표시로 프랑스의 송어 낚시터 한 구역을 선물하겠다고 했다. ≪선데이 그래픽Sunday Graphic≫에서 베벌리 백스터Beverly Baxter는 "네빌 체임벌린 덕분에 내 아들이 살아갈 세상은 완전히 다른 곳이 될 것이다. 우리 시대에는 유럽의 군대들이 야만적인 곰처럼 공격하기 위해 모이는 것을 다시는 볼 수 없을 것이다"라고 썼다.

이 모든 행복감에는, 특히 런던 외곽에서, 외로운 예외가 있었다: C. P. 스콧C. P. Scott의 ≪맨체스터 가디언Manchester Guardian≫과 ≪글라스고 헤럴드The Glasgow Herald≫는 뮌헨을 "딕타트diktat"[39]라고 불렀다. 더프 쿠퍼는 자신의 재무장 요구가 기각되었기에 해군 참모총장직에서 물러나면서 체임벌린은 히틀러에게 달콤한 이성의 언어로 말해야 한다고 믿었지만 주먹을 날리는 것이 더 나은 전술이라고 생각한다고 썼다. 역사학자 A. J. P. 테일러A. J. P. Taylor는 "이 국가적 굴욕의 시간에도 한때 위대한 이름으로 불렸던 우리의 명예와 원칙에

---

[39] 강권.

충실한 잉글랜드인이 한 명이라도 있다는 사실을 증명해 준 쿠퍼에게 감사한다"는 편지를 보냈다. 반면에 볼드윈(특히 볼드원의 시골에 대한 열정을 좋아했던)을 존경했던 G. M. 트리벨리언은 이제 "전쟁의 광란"을 개탄하고 "보헤미아"를 위해 영국을 희생하는 것은 미친 짓이라고 믿으며 체임벌린과 뮌헨을 전폭적으로 지지했다. 체코슬로바키아가 이미 무방비 상태로 전락한 상태에서 처칠은 평민원 토론 마지막 날인 10월 5일, 그의 연설 중 지금까지 가장 깊은 인상을 남긴 비극적인 연설을 했다. 처칠은 히틀러가 바트 고데스베르크에서 한 주장을 체임벌린이 "철회"하도록 했다는 주장을 조롱하면서 냉소적으로 이렇게 말했다, "총을 겨누면서 1파운드를 요구했다. 1파운드를 받자 다시 총을 겨누면서 2파운드를 요구했다. 마침내 독재자는 1파운드 17실링 6펜스를 받고 나머지는 미래에 대한 선의의 약속으로 남겨두기로 동의했다." 그는 (물론) 『앵글로색슨 연대기 Anglo-Saxon Chronicle』에 나오는 '준비되지 않은 왕' 에설레드Ethelred the Unready가 데인족Denes을 매수하려고 시도하는 안타까운 장면을 인용한 것이었고, "우리는 이제 엄청난 규모의 재앙에 직면하게 되었다"는 불편한 진실을 털어놓았다. 프랑스가 의존하던 동유럽 동맹 체제가 무너진 것이다. 체임벌린은 영국과 독일 국민 사이의 평화를 원했고, 그 목표 자체에서는 어떤 잘못도 찾을 수 없었지만,

영국 민주주의와 나치 권력 사이에는 결코 평화가 있을 수 없습니다. … 침략과 정복의 정신을 과시하고, 박해로부터 힘과 변태적 쾌락을 얻고, 우리가 보았듯이 살인적인 무력의 위협을 무자비하게 사용하는 나치 세력. … 내가 견딜 수 없는 것은 우리나라가 나치 독일의 권력과 궤도, 영향력 속으로 빠져드는 느낌, 그리고 우리의 존재가 그들의 선의나 쾌락에 의존하게 되는 느낌입니다.

이를 막기 위해 적시에 재무장을 촉구하려고 노력했다고 그는 말했다. 그러나 "모든 것이 헛수고였습니다." 처칠은 독일이 이제 "만족"했고 더 이상 영토 요

구를 하지 않을 것이라는 체임벌린과 핼리팩스의 주장을 부정하면서 몇 달 안에 독일 정부로부터 더 많은 영토와 자유를 포기하라는 요구를 받게 될 것이라고 예언했다. 그런 요구에 양보하고 하면 그다음엔 아무도 독일의 결정에 이의를 제기할 수 없게 될 것이기 때문에 그것은 곧 영국에서의 검열을 의미하게 될 것이라는 종말론적 예측을 내놓았다.

어떤 해결책이 있을까? 유일한 방법은 그가 주장해 온 공중에서의 패권을 확보하여 "옛 섬의 독립을 되찾는 것"이었다. 처칠은 이제 귀족이 된 볼드윈 경 Lord Baldwin이 "내일부터" 관련 산업을 동원하겠다고 말했던 것에 주목했다. 그는 전직 총리를 그냥 내버려두지 않을 생각이었다. 다 좋다고 치자. "하지만 볼드윈 경이 2년 반 전에 그렇게 말했더라면 훨씬 더 좋았을 것 같습니다"라고 비꼬았다. 그는 영국의 "용감한 국민"이 재앙에서 벗어난 것처럼 보이는 것에 안도하고 기뻐하는 것을 원망하지 않았다. 그러나 처칠은 마지막 말에서 그들은 진실을 알아야 한다고 말했다:

> 그들은 우리가 전쟁도 하지 않고 패배했으며, 그 결과는 우리의 길을 따라 멀리 함께 갈 것이라는 사실을 알아야 합니다. 그들은 유럽의 전체 균형이 깨진 상태에서 우리 역사가 끔찍한 이정표를 막 지났으며, 그러는 동안 서구 민주주의 국가들에 대해 끔찍한 말들이 내뱉어졌다는 사실을 알아야 합니다: "너를 저울에 달아 보았더니 부족함이 보이는구나."[40] 그리고 이것이 끝이라고 가정하지 마십시오. 이것은 심판의 시작일 뿐입니다. 이것은 도덕적 건강과 군사적 활력의 완벽한 회복을 통해 우리가 다시 일어나 예전처럼 자유를 위해 우리의 입장을 관철시키지 않는 한 해마다 우리에게 제공될 쓴 잔의 첫 모금, 첫 번째 맛일 뿐입니다.

1938년 체임벌린의 크리스마스카드에는 뮌헨으로 향하는 총리 전용기가 구름

---

40   성경의 한 구절.

위를 날고 있는 사진이 실렸다. 3개월 후인 1939년 3월 14일, 처칠의 끔찍한 예언을 증명이라도 하려는 듯 독일 탱크가 무방비 상태의 프라하로 몰려들었다. 처음에 체임벌린은 여전히 평화를 말했지만, 토리당원들의 갑작스러운 반발을 감지하고 ≪데일리 텔레그래프Daily Telegraph≫에서 날카로운 비판을 읽은 그는 마침내 전면에서 지휘하기로 결정했다. 3월 17일에 버밍엄에서 열린 연설에서 그는 충격과 실망에 대해 이야기했다. 31일에 그는 평민원에서 영국과 프랑스 정부가 히틀러의 쇼핑 목록에서 가장 최근 항목인 폴란드에 대한 보증을 제공한다고 발표했는데, 표면적인 주장은 지금은 그단스크Gdansk로 알려진 단치히Danzig항에 대한 것이었다(제1차 세계대전 이후 폴란드에서 발트해로 나가는 길을 확보하기 위해 독일의 대부분과 동프로이센을 가로지르는 길인 이른바 폴란드 회랑Polish Corridor의 끝에 건설한 항구). 폴란드가 공격을 받으면 영국과 프랑스가 폴란드를 지원하러 올 것이다. 물론 병력이 로츠Lodz나 바르샤바Warsaw로 바로 투입되는 것은 불가능했기에 이는 곧 서부에서 전쟁이 일어난다는 것을 의미했다. 그러나 체임벌린은 겉으로는 확고한 동맹 정책으로 전환한 것처럼 보였지만, 이 보증 발표가 히틀러를 억지할 수 있을 것이라 믿었고, 실제로 전쟁을 일으킬 필요는 없을 것이라고 생각했다는 사실을 숨겼다.

8월 23일에 발표된 전례 없는 나치-소련 불가침 조약은 이러한 가정을 완전히 무너뜨렸다. 소련의 협조 없이는 프랑스-영국의 보증은 서류상의 위협에 불과한 것처럼 보였다. 히틀러는 이 협정이 허세라고 생각했고, 실제로 전쟁이 발발해도 두 국가 모두 전쟁에 나서지 않을 것이라고 생각했다. 1939년 9월 1일 새벽, 글라이비츠Gleiwitz의 독일 라디오 방송국에 대한 공격 혐의에 대한 대응으로 폴란드에 대한 잔인한 지상 및 공중 공격이 시작되었다. 베를린 주재 영국 대사는 독일군이 즉시 철수하지 않으면 프랑스와 영국이 의무를 이행할 것이라는 내용의 "메모"를 베를린 정부에 정식으로 전달했다. 다음 날 평민원은 암울하지만 단호한 분위기 속에서 전쟁이 선포되었다는 소식을 듣기를 기대했다. 하지만 체임벌린은 이탈리아의 중재를 통해 독일군이 후퇴하면 9월 1

일 이전의 현상 유지를 유지하면서 프랑스, 폴란드, 이탈리아, 영국, 독일 대표 회의를 소집할 수 있다고 제안했다. 히틀러는 처음에는 분노를 폭발시켰지만 그도 전쟁의 불편함 없이 뮌헨에서 원하는 것을 얻을 수 있을 것이라고 생각하게 되었다. 노동당과 일부 토리당 의원들은 경악을 금치 못했다. 보수당 평민원 의원 리오 애머리는 노동당 지도자 아서 그린우드Arthur Greenwood에게 세 마디를 외쳤다: "잉글랜드를 위해 말하시오!" 그리고 그린우드는 엄청나게 감동적인 효과를 거두었다. 그의 연설이 끝나자 큰 환호가 터져 나왔다. 언제나 그렇듯이, 체임벌린의 마지막 유화 시도를 마침내 무너뜨린 것은 자신의 동료들 사이에서 나온 반란에 대한 위협이었고, 그날 저녁 늦게 그는 "메모"를 9월 3일 오전 11시에 만료되는 최후통첩으로 바꾸기로 동의했다. 그러나 그의 가장 격렬한 반응은 상처 입은 이기심이었으며, "슬픈 날이지만 나보다 더 슬픈 사람은 없다"고 평민원에서 강조했다. 결혼하지 않은 이모의 사망을 알리는 듯한 슬픈 어조로 체임벌린이 11시가 지난 몇 분 후 공중파를 통해 "그런 약속을 받지 못했고 그 결과 이 나라는 독일과 전쟁 중"이라고 국민에게 알렸을 때, 그는 "이것이 나에게는 얼마나 쓰라린 타격인지 상상할 수 있을 것입니다"라고 다시 덧붙일 수밖에 없었다. 〈우리가 복무하는 곳에서〉에서 선원 역할을 맡은 쇼티 블레이크Shortie Blake는 이 소식을 듣고는 "내게도 공휴일은 아니지"라고 말한다. 거의 즉시 공습 사이렌이 울렸고, 2분 동안 울려 퍼졌다. 하지만 공습 해제 사이렌이 울렸을 때 상황은 달라진 게 없었다. 하늘에서 폭탄은 떨어지지 않았다. 1914년처럼 가슴을 뛰게 하는 애국적인 함성이 터져 나오지도 않았다. 가을의 히트곡인 로스 파커Ross Parker의 「잉글랜드는 항상 있을 거야There'll Always Be an England」는 라라ra-ra[41]에 비하면 매우 체념적인 느낌이었다. 모든 것이 그저 숨죽인 것처럼 보였다: 정전령이 내려졌고; 영화관과 극장은 문을 닫았다 (물론 전쟁 내내 문을 닫지 않고 소녀들이 영국을 위해 장식술을 흔들어대며 춤을 추게 내

---

41 열광적인 애국심. 6장의 옮긴이 주 참고.

버려뒀던 말썽꾸러기 극장 윈드밀Windmill은 제외). 은색, 금색, 심지어 이상한 라벤더색 풍선들이 마치 아무도 가고 싶지 않은 파티를 광고하듯 유쾌하게 하늘로 떠올랐다. 그리고 수십만 명의 어린 소년과 소녀들이 — 일부는 가장 좋은 플란넬 천으로 된 짧은 바지를 입고, 일부는 스테프니Stepney, 솔퍼드Salford, 스완지의 연립주택 거리에서 약간 콧물이 나고 지저분하며, 겁에 질린 피난처 호스트들이 목격한 것처럼, 아주 더 형편없는 몰골을 하고 — 위협이 없는 시골로 가기 위해 기차역과 버스 정류장에 줄을 섰다.

어린이뿐만 아니라 병원 환자, 중요 공무원, BBC 버라이어티(브리스톨로 이전), 심지어 빌링스게이트 수산시장Billingsgate Fish Market까지 우선순위가 높은 300만 명 이상의 영국인이 전국으로 재배치되었다. 제2차 세계대전이 프리스틀리가 파악한 세 가지 영국들—즉 고풍스러운 시골, 전기가 공급되는 근대적인 도시, 낙후된 산업—이 한데 어우러진 위대한 만남이었다면, 1939년의 대피는 국가 재건 운동의 첫 번째 실행이었다. 대중에게 처음 공개된 위풍당당한 저택 등, 처음에는 모두 약간 긴장하는 분위기였다. 이블린 워는 얼떨결에 코크니Cockney 지역 빈민들로부터 포위 공격을 받게 된 사람들이 정중한 태도를 취하는 모습을 완벽하게 묘사한 포니phoney(또는 "보어Bore")[42] 전쟁에 대한 그의 뛰어난 만화 소설 『깃발을 더 많이 내걸어라*Put Out More Flags*』(1942)를 출판했다. 상무부 장관 올리버 리틀턴Oliver Lyttelton은 노동계급이 기본적인 위생에 그토록 소홀한 줄은 미처 몰랐다고 고백했다. 어린 딸에게 숙녀용 소파에서 그 짓거리 좀 하지 말고 제발 시키는 대로 벽에 대고 하라고 호통을 쳤다는 글라스고의 분노한 어머니의 이야기는 많은 사람들이 좋아하는 외경apocrypha[43]이 되었다.

---

[42] '포니(phoney)'는 가짜라는 뜻으로, 대피하느라 난리법석만 떨고 실제의 무력 충돌은 발생하지 않았던 영국 참전 초기의 상황을 묘사하는 말이다. '보어(Bore)' 전쟁은, 남아프리카의 네덜란드계 백인인 보어인들(Boers)과 영국이 두 차례에 걸쳐 식민지 쟁탈전을 벌였던 보어(Boer) 전쟁의 발음을 패러디해서 아무 일도 발생하지 않는 지겨움(bore)의 전쟁이었다는 의미로 사용된 표현이다.

그리고 운 좋게도 부유한 계급의 양심에 찔린 아이들을 만난 아이들은 그것을 꽤 좋아하게 되었다. 케임브리지로 간 어느 14세 소년은 "여기에는 사슴 고기, 꿩, 토끼 등 아주 좋은 음식과 우리가 감당할 수 없는 많은 사치품이 있어요"라고 집에 편지를 썼다. 그러나 1939년이 1940년으로 바뀌고 템즈강이 얼어붙는 혹독한 겨울이 되어도 여전히 공습이나 침공이 없었고 최소 31만 6000명이 다시 집으로 돌아가자, 정부는 이제 공습이 실제로 시작되었을 때만 대피령을 내리겠다고 선언했다.

이 비현실적인 몇 달 동안 실제로는 별다른 일이 일어나지 않았지만 많은 영국인은 여전히 이 전쟁이 중단되기를 원했다. 9월 3일 이후 5주 동안 체임벌린은 이를 촉구하는 1860통의 편지를 받았다. 체임벌린도 같은 심정이었다. "이 전쟁이 얼마나 밉고 혐오스러운지. 나는 결코 전쟁 총리가 될 운명이 아니었다." 더 비관적이면서도 결연한 의지를 가진 사람들도 있었다. 조지 오웰은 놀랍게도 자신이 애국자라는 사실을 재발견한 사람 중 한 명이었다.

스탈린과 히틀러의 불가침 조약이 발표되기 전날 밤, 조지 오웰은 이미 전쟁이 발발하는 꿈을 꿨다(그보다는 상상력이 부족했겠지만 영국인이라면 누구나 꾸었을 꿈 또는 악몽). 스페인에서 돌아온 후 그는 전쟁이 어느 정도 불가피하다는 것을 알고 있었음에도 불구하고 수년간 전쟁 발발 가능성을 비난하는 데 시간을 보냈다. 1939년 6월에 출간된 그의 소설 『밖으로 나오기』는 아직 많이 읽히지 않은 작품으로, 주인공인 보험 에이전트 조지 볼링George Bowling(통통하고 대머리인 제1차 세계대전 참전 용사)이 고루한 삶에서 벗어나 어린 시절의 시골 마을인 "로워 빈필드"(헨리[44]를 대신하는 장소로서)로 돌아가 갓 구운 파이를 먹으며 강 속의 잡초가 우거진 깊은 곳에서 크고 검은 물고기가 낚이기를 기다리는 곳에 가고 싶어 하는 이야기를 담고 있다. 볼링은 "낚시"는 전쟁과 "반대되는 것"

---

43 출처가 불분명한 이야기라는 뜻.
44 오웰의 고향 마을.

이라고 말한다. 말할 필요도 없이, 그가 사는 로워 빈필드는 싸구려 카페, 주유소, 체인점, 플라스틱 제품으로 뒤덮인 지옥과도 같은, 거의 말 그대로 형체를 알아볼 수 없는 곳이다. 이러한 정서는 오웰의 가장 전통적인 목가적 정서로, 잉글랜드 시골 보존 위원회Council for the Preservation of Rural England의 설립자 클로프 윌리엄스-엘리스Clough Williams-Ellis가 편집한 『영국과 야수Britain and the Beast』 (1937)에서 윌리엄스-엘리스가 말했던 바와 거의 동일한 어조로 초기 영국의 쇠퇴에 한탄했다. G. M. 트리벨리언, E. M. 포스터, 존 메이너드 케인스 등도 모두 철탑으로 상징되는 근대성에 대해 동일한 우려를 표명했다.

그러다 갑자기 오웰은 이야기를 다른 방향으로 튼다. 뮌헨 주변의 좌파 북클럽 모임에서 한 젊은 이상주의자 반유화주의자가 일어나 처칠 스타일의 저항 연설을 한다. 볼링은 그에게 이렇게 충고한다: "이봐, 젊은이, 자네가 잘못 알고 있어. 1914년에 우리는 이 사업이 영광스러운 사업이 될 거라고 생각했어. 하지만 그렇지 않았지. 엉망진창이었다고. 또다시 그런 일이 생기면 자넨 그냥 손을 떼. 왜 자기 몸에 납을 가득 채워 넣어야 하지? 누가 될진 모르지만 여자 친구를 위해서라도 몸을 아껴야지. 자넨 전쟁이라고 하면 영웅주의만 떠올리겠지만 … 내 말 들어, 절대로 그렇지가 않아요. … 사흘 동안 잠도 못 자고, 긴털족제비처럼 냄새를 풍기고, 겁에 질려 침낭에 오줌을 싸고, 손이 너무 시려서 소총을 잡을 수도 없게 되지"라고 말한다. 나중에 또 볼링은 고결한 척하는 평화주의자의 말을 듣게 되는데 그의 말을 듣고 나서는 차분하게 구역질 나는 분노를 폭발시킨다. "히틀러? 그 독일 사람? 이봐요, 친구. 그 사람 생각은 할 필요도 없어요. 대부분의 선량한 사람들, 이를테면 이유 없이 스패너로 얼굴을 깨부수며 돌아다니고 싶어 하는 사람이 아니라면, 자신에게 다가오는 일이 코앞까지 와도 그것으로부터 스스로를 방어할 수가 없어요. 끔찍한 일이죠. 그들은 잉글랜드가 절대로 변하지 않을 것이고 잉글랜드가 세상의 전부라고 생각하는 거예요. 폭탄이 빗나간 건 그저 그들이 작은 구석에 있었기 때문에 운 좋게 간과되었을 뿐이라는 사실을 깨닫지 못하고 있는 거죠."

그러나 그것은 뮌헨이 점령되기 전, 프라하가 점령되기 전, 오웰이 꿈을 꾼 다음 날 아침 조간신문에서 읽은 나치-소련 협정이 체결되기 전의 일이었다. 1940년에 에세이 「좌파든 우파든 나의 조국My Country Right or Left」(1940)에서 고백했듯이, 그는 애국심은 보수주의와 아무 관련이 없다고 강조해서 말했지만 여하튼 신기하게도 자신은 애국자라는 것을 알게 되었다. "체임벌린의 잉글랜드와 미래의 잉글랜드(그가 꿈꾸는 사회주의 영국)에 모두 충성한다는 것은, 그것이 일상적인 현상이라는 것을 모른다면 불가능한 일처럼 보일지도 모른다." 그는 지금도 "'신이여 왕을 구하소서'가 연주되는 동안 일어서서 경청하지 않으면 희미하게 신성모독의 느낌을 받는다"고 고백한다. "이건 물론 유치한 얘기지만, 지나치게 계몽되어서 가장 평범한 감정을 이해하지 못하는 좌파 지식인들처럼 되느니 차라리 이런 식으로 자란 게 다행이라고 나는 지금도 생각한다." 폐, 상처 등 여러 가지 이유로 인해 아무도 그가 싸움에 나서는 것을 원하지 않는 것처럼 보였지만 조지 오웰은 히틀러에 저항하기 위해 자신이 할 수 있는 모든 것을 할 준비가 되어 있었다.

물론 처칠에게는 극복해야 할 이러한 망설임이 전혀 없었다. 독일이 체코슬로바키아를 점령하고 체임벌린이 마음을 바꾼 후, 처칠은 이제 전쟁 준비가 본격적으로 시작될 것이라는 가정하에 총리를 최대한 지원하게 된다. 봄이 지나고 차트웰에 도착했을 때, 반대파 해럴드 맥밀런Harold Macmillan은 이미 완전히 전투태세를 갖춘 처칠이 지도와 비서들, 긴급한 전화 통화, 휘갈겨 쓴 전략들에 몰두하고 있는 모습을 발견했다: "다른 사람들은 모두 주저하고 있을 때 그는 홀로 지휘권을 쥐고 있는 것 같았다." 그는 자신의 소원을 이루었다. 전쟁이 선포되던 날, 체임벌린은 여론과 비우호적인 신문, 특히 강경한 토리 ≪데일리 텔레그래프≫가 주도한 캠페인에 굴복하여 처칠에게 해군 참모총장직을 제안했다. 그 후 해군성은 함대에 "윈스턴이 돌아왔다"는 신호를 보낸 것으로 유명하다.

물론 처칠에 대해 여전히 냉담했던 정부 인사들은 제1차 세계대전에서 처칠이 훌륭하게 해냈던 것처럼 이번에도 그가 해군성에서 배를 불태우기를 바랐을 수도 있다. 그리고 그들의 예상은 크게 틀리지 않았다. 수병의 뾰족한 모자를 다시 쓰자 다다넬즈호에 대한 기억이 되살아났기 때문이다. "만약에"라는 말이 처칠의 머릿속에 떠올랐다. "만약에", 즉 "해군의 요새 공격에 적절한 군사적 지원만 있었더라면"이라는 말처럼 반복적으로 떠올랐기 때문이다. 사실 처칠은 적의 가장 강한 지점이 아닌 가장 약한 지점을 공격한다는 기본 전략 원칙을 결코 포기하지 않았다. 그리고 제2차 세계대전 대부분의 시간을 추축국의 아킬레스건인 북아프리카, 그리스, 시칠리아를 공격하기 위해 보냈지만 결과는 썩 좋지 않았다. 그의 첫 번째 본능은 바로 노르웨이 영해를 봉쇄하고 독일군의 군수 프로그램에 중요한 스웨덴의 마그네타이트 철광석을 빼앗는 것이었다. 하지만 이는 스웨덴과 노르웨이의 중립을 위반하는 것을 의미한다는 사실은 신경 쓰지 않았다.

작전이 성공했더라면 그 사실을 계속 간과했을지도 모른다. 하지만 1915년의 끔찍한 실수들 중 일부가 재현되면서 계획대로 진행된 것은 아무것도 없었다. 많은 지연 끝에 1940년 4월에 시작된 이 모험은 독일군을 저지하는 대신 히틀러가 이미 계획한 선제공격에 대한 구실을 제공했다. 프랑스가 계획을 수용하도록 설득하기 위해 파리를 방문한 처칠의 비행으로 노르웨이 해역에서의 채굴이 치명적으로 지연되면서 4월 7일까지 소규모 독일군이 자리를 잡을 수 있었고, 당황스럽게도 영국군의 상륙 시도를 좌절시킬 수 있었다. 처칠은 또한 전투 순양함이 공중 공격에 노출되는 것을 심각하게 잘못 계산한 것으로 밝혀졌다. 모든 것이 엉망진창이었고 6월이 되자 영국의 유일한 실질적인 교두보였던 나르비크Narvik는 버려졌다.

해군 참모총장으로서 처칠은 가장 큰 비난을 받을 것으로 예상되었지만 다행히도 채찍질에서 벗어났다. 이는 적어도 부분적으로는 그가 라디오 방송을 시작했기 때문일 수도 있고, 이미 정직하고 단호하며 격렬하게 참여하는 등 전쟁 기간 동안 대중의 사기를 높이는 데 도움이 되는 페르소나를 구축했기 때문일 수도 있다. 그는 여전히 평민원의 대부분의 토리당 의원들에게 전혀 인기가 없었고, 총파업과 심지어 토니팬디까지 거슬러 올라가는 기억을 가진 노동당 의원들에게는 더더욱 인기가 없었다. 평민원에서 그의 연설 중 일부는 해럴드 니콜슨과 같은 지지자들에게조차도 명확한 정보가 필요한 상황에서 오래된 웅변으로 피난처를 찾는 것처럼 비틀거리고 더듬거리는 것처럼 보였다. 그러나 국내에서는 처칠과 체임벌린의 대조가 더욱 분명해졌는데, 특히 위암 판정을 받은 체임벌린이 전쟁에 다시 뛰어들긴 했지만 개인적 패배에서 벗어나지 못하는 것처럼 보였기 때문이다. 반면에 처칠은 제3제국에 대한 무력 저항을 주장했던 터라 승리에 대한 확신이 넘쳤다.

노르웨이의 실패에 대한 토론이 5월 7일에 열릴 예정인 상황에서, 야당인 노동당은 불만에 휩싸여 있었다. 클레멘트 애틀리Clement Attlee는 토론에서 "노르웨이뿐만이 아니다"라고 말하며 "노르웨이 사태는 많은 불만의 정점"이라고 말했다. 사람들은 업무 수행에 가장 큰 책임이 있는 사람들이 왜 지금까지 거의 중단되지 않은 실패의 경력만을 가진 자들인지 묻고 있다. 소수이긴 했지만 점점 더 많은 토리당원들이 이 점을 지적하며 노동당이 연립정부 구상을 받아들일 수 있는지 알아보기 위해 접근했다. 처칠 자신은 정부에 대한 충성을 굳건히 유지하면서 로이드 조지가 사악하게 말했듯이 "파편이 동료들을 때리는 것을 막기 위한 공습 대피소로" 자신을 사용하도록 허용했다. 하지만 그의 옛 동료들은 포효할 준비가 되어 있었다. 평소 조용한 반유화론자였던 리오 애머리는 올리버 크롬웰의 유명한 잔류 의회Rump Parliament[45] 해산 발언을 인용하며 체임벌린의 전쟁 리더십을 맹렬히 비난했다: "당신은 여기에 너무 오래 앉아

---

[45] 크롬웰이 부하들을 시켜서 평민원에서 자기 말을 듣지 않는 의원들을 체포하거나 축출한 후 잔류한 의원들로만 구성한 의회를 가리킨다. "Rump"는 가축의 둔부를 가리키는 말로서 식재료로 잘 쓰이지 않기 때문에 버려지는 부위라는 뜻이므로 이 의회를 가리키는 별명이 되었다. 직역해서 "둔부 의회"라고도 표기하지만 현재 국내 학계에서는 "잔류 의회"로 표기하는 것이 대세이다.

있었기 때문에 어떤 좋은 일도 하지 못했습니다. 내가 말하건대, 떠나시오, 이제 우리는 당신을 처리해야겠소. 신의 이름으로, 가시오!" 토론회에는 다른 놀라움도 있었는데, 가장 놀라운 것은 해군 제독 로저 키즈Sir Roger Keyes가 정복을 입고 등장한 것이었다. 그는 육군이 아주 훌륭하게 임무를 수행하고 있다는 말을 들었기 때문에 해군은 노르웨이에서 제 역할을 할 필요가 없다고 판단했었다고 말하는 것 같았다. (그의 윗입술이 워낙 뻣뻣해서 말이 제대로 들리지가 않았다.)

다소 불편한 내용의 의회 성명서(체임벌린은 어차피 읽을 필요가 없다고 생각했지만)로 시작했던 회의가 갑자기 정부의 직무 태만을 질책하는 군사 재판으로 바뀌었다. 노동당 프런트 벤치는 단순한 휴회 요청으로 평민원을 분열시키기로 결정했다. 야당 로비[46]에 들어선 의원들은 제복을 입은 젊은 보수당 의원들과 뒤섞여 있었고, 토리당 의원 41명은 기권했다. 투표가 시작되고 정부의 과반수가 81명으로 줄어든 것이 확인되자 "가라! 가라? 가라!"이라는 외침이 평민원을 떠나는 체임벌린을 쫓아다녔다. 한 토리당 의원은 "브리태니어여 지배하라Rule Britannia"를 아주 큰 소리로 부르기 시작했다.

체임벌린의 예비 조사에 대해 아서 그린우드와 노동당 지도부는 거국 전쟁 연합에 참여하는 조건으로 체임벌린 밑에 있지 않을 것임을 분명히 했다. 핼리팩스와 처칠 두 사람만이 유력한 후보로 거론되었지만 노동당은 선호도를 명시하지 않았다. 처칠은 여전히 그들에게 깊은 의심을 받고 있었고, 많은 토리당원들도 그를 싫어했기 때문에 대부분의 사람들은 핼리팩스에게 그 자리가 돌아갈 것이라고 생각했다. 그들도 신경 쓰지 않았다. 5월 9일에 체임벌린은 영국 역사를 바꾼 놀라운 회의를 소집했다. 자신과 핼리팩스, 윈스턴이 참석했

---

46   영국 의회에서의 표결은 의사당 좌우에 위치한 복도 모양의 로비에서 진행된다. 법안에 찬성하는 사람은 여당이 주로 이용하는 오른쪽(의장석의 시각에서)의 찬성 로비로, 반대하는 사람은 야당이 주로 이용하는 왼쪽의 반대 로비로 들어가서 투표를 한다.

다. 체임벌린은 연립정부를 구성하는 것은 이제 자신의 권한을 넘어서는 일이라고 설명한 후, 자신의 사직서가 수리된 후 국왕에게 누구를 보내서 임명되게 하는 것이 좋을지 두 사람에게 물었다. 핼리팩스는 자신의 인생 최고의 결정을 내리기까지 매우 오랜 시간을 끌고 나서야, 그는 작위귀족peer이기 때문에 그 자리를 맡는 것이 불가능하다고 말했다. 귀족원에서 당을 통제하거나 작위귀족으로서 정부를 운영하기는 어려울 것이라는 의미였다. 그러나 그것은 정직하지 못했다: 귀족원이 정말로 장애물이었다면 그에게 평민원 의석을 찾아주는 것은 어려운 일이 아니었을 것이다. 핼리팩스 자신의 내면에 있는 무언가가 그를 막은 것이다. 아마도 그는 불만을 품은 노동당과 토리당 의원들을 위한 다음 희생양이 될 배짱이 없었을 것이다. 서유럽이 전복될 수도 있는 위험한 상황에서 이 제안을 받아들이는 것은 정치적 자살과 같다고도 생각했을 것이다. 체임벌린이 노르웨이에 대한 책임을 지는 것을 본 경험이 있었기 때문에 처칠이 전쟁을 지휘하는 동안 자기는 "명예 총리"로서 실질적인 책임은 지지 않고 그 나름의 역할을 할 수 있을 것으로 생각했다. 실제로 발생할 것이 분명한 재앙에 관련된 온갖 일과 힘든 책임은 처칠이 떠맡는 것이 더 낫다. 그리고 나서 핼리팩스가 나서서 혼란을 수습하고 합리적인 평화를 위해 합리적인 사람들을 결집시킬 수 있을 것이다.

그래서 체임벌린이 궁에 가서 조지 6세에게 누구를 후임으로 결정했는지 얘기하자 국왕은 자신과 왕비가 모두 좋아하며 밸모럴에서 단골로 사격하던 훌륭한 핼리팩스 경이 아니라는 말을 듣고 놀랐을지도 모른다. 다음 날인 5월 10일 오후에 국왕의 손에 키스를 한 사람은 처칠이었다. 총리 취임이 이보다 더 시험적인 시기에 이루어질 수 없었다. 같은 날 새벽 독일군은 네덜란드와 벨기에를 침공했다. 처칠과 같은 역사적 소명의식이 없는 사람이라면 움찔했을지도 모른다. 하지만 처칠은 회고록에서 "나는 깊은 안도감을 느꼈다"고 썼다. "마침내 운명을 만났고, 나의 모든 지난 삶은 이 시간과 이 시련을 위한 준비에 불과했다"고 회고했다. 성령강림절 월요일인 5월 13일에, 국왕 조지가 네덜란드의 빌헬미나Wilhelmina 여왕으로부터 직접 연락을 받은 후 처칠에게 도움을 요청하자(필요하다면 그녀의 망명 정부를 위해 난민 수용소를 설치) 처칠은 평민원에 가서 짧은 연설을 했는데, 조용하고 진실한 절제, 절대적인 도덕적 명료성, 도전적 낙관주의로 충격을 안겨주었다:

> 정부에 합류한 사람들에게 내가 말했듯이, 나는 평민원에 "피, 수고, 눈물, 땀 외에는 아무것도 제공할 것이 없다"고 말하고 싶습니다. 우리 앞에는 가장 비참한 종류의 시련이 놓여 있습니다. 우리 앞에는 길고 긴 투쟁과 고통이 기다리고 있습니다. 우리의 정책이 무엇이냐고 묻는다면? 나는 말할 수 있습니다: 그것은 우리의 모든 힘과 하느님이 우리에게 줄 수 있는 모든 힘을 다해 바다, 육지, 공중에서 전쟁을 벌이는 것입니다. 인간 범죄의 어둡고 한탄스러운 목록에서 결코 능가할 수 없는 괴물 같은 폭정에 맞서 전쟁을 벌이는 것입니다. 이것이 우리의 정책입니다. 우리의 목표가 무엇이냐고 묻는다면? 한마디로 대답할 수 있습니다: 승리, 어떤 대가를 치르더라도 승리, 모든 공포에도 불구하고 승리, 아무리 길고 힘든 길일지라도 승리, 승리가 없으면 생존도 없기 때문입니다.

그러나 환호성은 노동당 의석에서 압도적으로 터져 나왔다. 소규모 전쟁 내각의 클레멘트 애틀리, 애꾸눈 경찰관의 아들인 허버트 모리슨Herbert Morrison, 그리고 무엇보다도 노동부의 어니스트 베빈Ernest Bevin 등은 이제 처칠이 그들의 총리라고 인식했다. 체임벌린은 노동조합의 신임을 얻지 못하여 타격을 입은 바 있었지만, 지금은 베빈과 모리슨에게 막강한 권한이 주어졌기 때문에 이것은 더 이상 문제가 되지 않았다. 사실 이것은 이념에 얽매이지 않는 노동조합주의자 베빈의 진정한 노사 협력에 대한 열정이 실현된 것이었다. 전쟁은 두 영국을 다시 하나로 묶어주었다.

토리당이 처칠에 대해 어떻게 생각했든, 5월의 연설과 라디오를 통해 반복된 평민원 연설, 그리고 3일 전 독일군의 프랑스 침공을 발표하며 "영국의 모든 것, 영국의 모든 것을 위해" 앞으로의 전투에 대비해 국민을 단결시켜야 했던 5월 19일의 총리 방송은 그에 대한 국민들의 생각을 돌이킬 수 없이 바꾸어 놓았다. 1941년에 실시된 원시적인 여론 조사에 따르면 응답자의 78%가 처칠의 리더십을 지지했으며, 이러한 평가는 전쟁 기간 내내 크게 줄어들지 않았다.

수년 후 클레멘트 애틀리는 누군가 "윈스턴이 전쟁에서 승리하기 위해 정확히 무엇을 했느냐"고 묻는다면 "그것에 대해 말을 잘한 것"이라고 답할 것이라고 썼다. 미국의 뉴스 특파원 에드 머로우Ed Murrow도 처칠이 단어들을 동원하는 방식에 대해 쓸 때 거의 같은 말을 했다. 처칠의 연설이 영국인의 사기에 미친 영향은 헤아릴 수 없을 정도로 컸다 ― 물론 초기의 여론은 정확하게 측정할 수는 없었기에 실제로도 말 그대로 헤아릴 수가 없긴 했지만. 하지만 전쟁이 끝날 무렵 태어난 우리 세대 중에 부모님 세대의 사람들과 이야기를 나눠본 사람이라면, 최소한 몇몇 일화를 통해서라도, 그 연설이 영국을 변화시켰다는 점은 과장할 필요도 없이 확실하다는 것을 알 수 있다. 총리가 연설할 때마다 국민의 약 70%가 경청했다. 그리고 초기의 '가짜' 전쟁에서 벌어지고 있던 상황과는 완전히 대조적으로, 그의 말은 의회와 정당 간부들을 전시 정부war government에 확고하게 묶었다. 또한 이 연설은 애초에 의도한 대로 미국을 비롯해서 영어와 라디오를 사용하는 모든 국가의 정치인과 국민들의 관심을 끌었다. 이는 나치를 심하게 자극했고, 히틀러가 영국의 비행장에서 민간인 거주지로 폭격 대상을 바꾸는 등 잘못된 전략적 결정을 내리는 데 기여했다. 하지만 무엇보다도 이 전쟁은 잉글랜드뿐 아니라 영국을 다시 하나의 국가로 만들었다. 선동에 대해 깊은 우려를 가지고 있던 조지 오웰조차도 1940년 5월이 되자 마침내 영국에 "전쟁은 싸워서 이기는 것"이라는 것을 이해하는 지도자가 있다는 사실에 안도의 한숨을 내쉬었다.

물론 처칠은 1894년 11월에 레스터 광장에 있는 제국 극장의 오미스턴 챈트 부인의 연단 위에 섰을 때부터, 그리고 로이드 조지의 연설학교를 우등으로 졸업한 이후부터 평생 연설에 빠져 살았다. 때때로 그는 뻔뻔스러운 허세를 부리기도 했고, 셰익스피어의 어법과 완급을 너무 과하게 끌어올려 그 효과가 공허한 폭음에 그치기도 했다. 하지만 1940년 5월에는 이 모든 것이 바뀌었다. 처칠은 자신이 어떤 특별한 방식으로든 조국의 역사에 사로잡혀 있다고 느꼈다. 덕분에 그는 수백만 명의 영국인들이 자신의 연설을 들으면서 자신들도, 직접 특별한 일을 하지는 않더라도, 자유를 위해 인내하는 영국인의 의지의 화신이 되었다고 느끼게 할 수 있는 힘과 진정성을 갖게 되었다. 처칠은 파란 피[47]를 가졌든 아니든 대중이 듣고 싶어 하는 말을 거의 완벽하게 알아듣는 귀를 가졌다. 이는 무엇보다도 억양과 말투로도 사회적 분열이 뚜렷했던 영국에서는 결코 작은 성과가 아니었다. 그러나 처칠의 발음은 낭만적으로 거창하긴 했지만, 마장마술을 즐기는 최상층계급의 비음도 나지 않았고 학문적인 옥스브리지 영어처럼 섬세하게 다듬어지지도 않았기에 상층계급 특유의 발음은 결코 아니었다. 으르렁대기, 드르렁대기, 껄껄대고 웃기, 갑자기 목소리 바꾸기, 때로는 고함지르기 등 그의 목소리는 매우 독특했기 때문에 그 어떤 특정 계급과도 분리되어 있었고, 그 대신 인민을 위한 목소리, 인민의 목소리는 아니지만, 즉 웅장하면서도 친숙하고 귀족적이면서도 민주적인 목소리를 냈다. 처칠이 한 모든 행동은 도시 물정에도 밝고 사회적으로도 격의 없는 인물로 보이고자 계산된 것이었는데, 특히 승리의 상징인 유명한 그의 "V"자 모양은 원래의 불경스러운 제스처를 거꾸로 뒤집어 표면적으로는 깔끔하게 정리한 버전으로, 욕설을 통한 반항이라는 원래의 의미를 유지하도록 의도적으로 고안된 것이었다.

그가 행한 위대한 연설의 상당수는 정해진 구조를 따랐는데, 아무리 자주 반복되어도 효과가 감퇴되지 않았다: 오프닝 모티프는 비극적인 무게까지는 아니지만 엄숙하면서도 고백하는 투로 솔직하게 시작하고 ("오늘 밤 나는 여러분에게 말해야 합니다", "상황이 매우 심각합니다"); 느린 속도로 엄숙한 주제가 세부적

---

47   귀족 출신이라는 뜻.

으로 정교해지고; 히틀러와 "나아치이Nahzees"를 희생시키면서 구사하는 교활한 농담의 반짝이는 스케르초scherzo[48]("약간의 닭, 약간의 목Some chicken, some neck"[49]); 그리고 나서는 단호한 결의, 동지로서의 고집, 때로는 시적인 구원을 동원하며, 거의 즉흥적으로 목소리의 높낮이를 바꿔가며 화려하게 구사하는 코다coda[50]함께 드디어 위대한 피날레("그러나 서쪽을 향해, 보십시오〔성량 높이며〕. 그 땅은〔성량 낮추며〕밝습니다!").

충성심을 동원하는 이 특별한 도구는 저절로 작동하는 것이 아니었다. 처칠이 연설을 제대로 준비하는 데는 6~8시간이 걸렸고, 각 대사의 무게와 타이밍을 완벽하게 잡았다고 느낄 때까지 끊임없이 리허설을 반복했다. 다른 위대한 연설가들과 마찬가지로 처칠도 사람들을 안심시킬 수 있는 부드러움(인쇄된 텍스트에는 잘 드러나지 않는 그의 중요한 특기)과 영웅적인 감탄사 사이에서 균형을 맞추는 것이 중요했다. 의회와 BBC 모두를 위해 행해진 "우리는 해변에서 그들과 싸울 것이다we shall fight them on the beaches"라는 연설에서는 저항의 주문이 반복되는데, 자신은 단지 당연한 것을 말하고 있다는 듯한 차분한 느낌으로 매우 부드럽게, 거의 교회 비슷한 느낌을 내며 진행된다. "우리는 언덕에서 그들과 싸울 것이다"라는 구절은 따라서 누군가를 소집하려는 것이 아니라 단순히 자신감 있는 사실에 대한 진술이 된다.

물론 이것은 의심할 여지 없이 언덕이나 해변에서 싸우는 것을 기대하지 않았던 영국인들에게 엄청난 칭찬을 하기 위한 것이었다. 그러나 1940년 처칠은 연기가 자욱한 도시의 잔해에서 손을 흔들든, 허리케인 전투기의 조종석에서 내리든, 구식 산탄총을 들고 마을의 녹지대에 서 있든, 영국인답지 않은 강렬

---

[48] 유머레스크 음악.
[49] "누가 감히 우리를 닭이라고 했습니까? 닭의 목이라니요?"라고 말했다고 한다. 영국의 조기 패배를 예측하며 "영국도 곧 닭처럼 목이 비틀릴 겁니다"라고 했던 프랑스의 페탕(Philippe Pétain) 장군에 대한 면박.
[50] 종결부.

하고 정치와도 완전히 무관한 풍부한 열정으로 투명하게 사랑했던 국민에 대한 칭찬으로 가득 차 있었다. 이 사랑은 너무나 강력해서 정치에서 전례가 없는 다른 일을 하도록 그를 설득했고, 그것은 바로 진실을 말하는 것이었다. 물론 진실을 모두 말하는 것은 아니었지만(이곳이 동화의 나라는 아니었다), 상당한 정도의 진실을 말했다. 1940년에 행한 다섯 차례의 위대한 연설 대부분은 생존하고 있다는 기본적인 사실 외에는 알릴 만한 좋은 소식이 별로 없었고, 덩케르크Dunkirk 이후 행한 연설에서처럼 상대적으로 기쁜 일이 있을 때도 처칠은 성급한 자축을 경계했다. 1940년 6월 4일에 그는 "전쟁은 탈출하는 것으로는 승리할 수 없다"고 말하며 프랑스가 3만 명의 병력을 잃었고 이제 얼마나 많은 장비가 남았는지를 열거하는 데 주의를 기울였다. 영국 국민을 거짓 선전의 위로를 필요로 하는 어린아이처럼 대하지 않은 그의 태도는 또 다른 찬사를 받고 있다. 처칠은 상황의 심각성을 숨기지 않으면서도 패배주의에 양보하지 않음으로써 신뢰를 얻었다. 결국 좋은 소식을 전할 수 있게 되었을 때, 그는 헛된 희망에 빠지지 않았다는 신뢰를 얻을 수 있었다.

무엇보다도 처칠과 그의 정부는 영국 국민에게 할 일을 주었다. 1939년 10월, 처칠은 군대를 일상적인 보초 및 순찰 업무에서 해방시키기 위해 50만 명으로 구성된 향토 방위군을 창설해야 한다고 제안했다. 5월 14일의 "피, 수고, 눈물, 땀" 연설 다음 날, 앤서니 이든은 15세에서 65세 사이의 남성(실제로는 연령 제한이 엄격하게 지켜지지 않았지만)을 대상으로 지역방위 자원의용대Local Defence Volunteer Force(나중에 국토방위군Home Guard으로 불림)를 결성한다고 발표했다. 24시간 만에 25만 명이 지원했다. 1943년 중반까지 약 175만 명의 남성이 1100개 대대로 편성된 방위군에 지원했다. 1940년에 그들은 중절모나 챙 달린 모자를 쓰고 낡은 조류 사냥용 총이나 인도 반란 때 사용하고 남은 리엔필드를 들고 훈련을 받았으며, 3년 후에는 제복 비슷한 것을 차려 입고 최신식 무기는 아니더라도 쓸 만한 무기를 갖출 정도는 되었다.

그러나 의용 수비대나 연설만으로는 전쟁에서 승리할 수 없었다. 1940년 5

월 셋째 주에 이르러서는 전쟁 내각, 특히 체임벌린과 핼리팩스에게 전쟁에서 이길 수 있는 것은 아무것도 없는 것처럼 보였다. 프랑스 동쪽 국경의 견고한 방어선인 마지노선Maginot Line은 아직 유지되고 있었다. 문제는 독일군이 이 선을 간단히 우회해 버렸다는 것이었다. 절망에 빠진 프랑스 총리 폴 레노Paul Reynaud는 독일군이 프랑스 상공을 마음대로 비행할 수 있을 것 같으니 더 많은 공군 지원을 해달라고 처칠에게 간청했지만, 유럽 동맹국을 지원해야 한다는 본능과 자국 섬을 방어해야 한다는 두 가지 생각 사이에서 갈등하던 처칠은 해협 건너편의 위험한 제안을 위해 아직 취약한 영국 자체 방공망을 위험에 빠뜨리기를 꺼려했다. 프랑스인, 특히 드골 장군은 처칠과 다우딩Dowding 공군 원수가 프랑스가 패망하지 않도록 신중하게 행동함으로써 이를 보장할 것이라고 생각했을 것이다. 조상 대대로 적대국이었던 영국과 프랑스가 공동의 적과 싸우기 위해 "연합union"을 선언한 것은 말버러 후손의 특별한 상징적 제스처였지만 결국은 그 이상도 이하도 아닐 수 있었다.

뉴스는 계속 악화되었다. 처칠은 프랭클린 로저벨트Franklin Roosevelt[51] 대통령에게 미국에서 구입한 비행기를 싣기 위해 영국 항공모함의 미국 입항을 허용해 달라고 요청했지만, 대통령은 자국의 중립성을 위반할 수 있다는 이유로 이를 거절했다. 얼마 전까지만 해도 처칠 자신도 "무적"이라고 표현했던 프랑스 육군의 격멸은 핼리팩스에게 새로운 현실에 대한 혹독한 교육이었다. 우선, 마지막 남은 해협 항구 중 하나인 덩케르크를 향해 후퇴하던 30만 명에 가까운 영국 원정군 병력이 단절될 것이 확실해 보였기 때문이다. 네덜란드는 이미 포위된 상태였다. 벨기에는 항복하기 일보 직전이었다. 독일 공군이 영국 공군에 비해 수적으로 크게 우세할 것이라고 예측하고 있었기 때문에 해협은 갑자기 매우 좁아 보였다. 그는 1937년에 진행했던 폰 리벤트로프와의 회담과, 영국이 동쪽에서 독일을 자유롭게 놔둔다면 히틀러가 그토록 존경하던 영국과

---

51 잘못된 관례 표기 "루즈벨트"를 실제 발음에 맞춰 "로저벨트"로 바로잡고자 함.

그 제국을 건드리지 않겠다는 베를린의 제안을 떠올렸다. 이 시점에 와서, 독일이 "멀리 떨어진" 나라들에서 원하는 것이 무엇이든 다 수용하는 대가로 서유럽의 현상 유지를 보장해 달라는 제안, 또는 이와 유사한 제안이 여전히 테이블 위에 있다고 가정해 보라. 핵심은 그때까지는 영국이나 프랑스와 아직 전쟁 중이 아니었던 이탈리아였다. 핼리팩스는 무솔리니를 통해 영국의 독립을 지키기 위해 영국과 프랑스가 공동으로 어떤 조건을 제시할 수 있을지 탐색하는 것이 가능할 것이라고 믿었다. 처칠이 그런 접근법을 거부할 것이라고 충분히 예상했지만, 핼리팩스는 그의 연설이 때때로 단순한 사람들의 눈은 속일지라도 상황이 얼마나 절박한지 알고 있는 중요한 사람들, 즉 군인, 공무원, 윈스턴이 아쟁쿠르Agincourt[52] 앞에서 헨리 5세의 성대모사를 하는 것을 듣고도 여전히 비웃는 보수당 내 핼리팩스의 지지자들을 속일 수는 없다는 것을 알고 있었다. 핼리팩스는 친구 한 명에게 처칠은 "가장 끔찍한 헛소리"를 하고 있으며 앞으로 얼마나 오래 그와 함께 일할 수 있을지 모르겠다고 다소 장엄하게 말했다. 그러나 이것은 아마도 영국이 재앙으로부터 무엇이라도 구해내고 재앙적인 침략을 예방할 수 있는 마지막 기회였을 것이다. 6월에 핼리팩스는 요크 계곡으로 돌아가 시골의 영광을 바라보며 "프로이센의 군화"가 이곳을 더럽히지 못하도록 하겠다고 결심했다. 그것이 이길 수 없는 전쟁에서 벗어나는 것을 의미한다면 그렇게 해야 했다.

핼리팩스가 요크 계곡에서 깨달음을 얻은 것은 1930년대에 일종의 페티쉬가 된 영국 시골 숭배의 일부였다. 우파와 웰링턴[53] 부츠 군단이 유람 마차와 철탑을 막기 위해 함께 뭉쳤었고, 이제는 군화를 신은 훈족을 막기 위해 똑같은 일을 할 것이다. 영원히 이 완벽한 상태를 유지할 수 있을 것이다. 역사는

---

52   백년전쟁에서 잉글랜드가 프랑스에 대승을 거둔 지역.
53   워털루 전투에서 나폴레옹을 물리쳤던 잉글랜드의 장군. 늪지대였기 때문에 긴 부츠를 신었다.

양 떼와 목동들, 초가집과 방앗간 옆으로 흘러갈 것이다. H. V. 모튼의 유령체서 양Miss Cheshire은 불리 사원의 폐허가 된 기숙사 위에서 방해받지 않고 잠을 잘 수 있을 것이다. 모든 것이 괜찮을 것이다.

그러나 처칠은 영국이 패전한 프랑스와 손을 잡고 무솔리니를 통하든 통하지 않든 독일과 손을 잡으면 모든 것이 제대로 풀리지 않을 것이라는 것을 알고 있었다. 사실 처칠은 요크 골짜기, 켄트 숲 또는 영국을 단순히 경치 좋은 지형지물이라는 의미에서 구하는 데 전혀 관심이 없었다. 그는 차라리 화염에 휩싸여 쓰러지는 것을 보고 싶었다. 경치는 1~2년 안에 회복될지 모르지만 노예가 된 영국은 그렇지 않을 것이다. 그가 지키고자 했던 것은 영국의 이념, 즉 오늘날 학자들이 "문화적 구성물"이라고 부르는 공허한 이론이 아니라 살아 있는 인간 공동체, 그리고 영국 역사의 수많은 세대, 나아가 전 세계에 대한 위대한 선물이라고 믿었던 법치가 지배하는 자유로운 정치 사회라는 이념이었기 때문이다. 그는 단순한 생각으로 이런 믿음을 가졌을지도 모른다. 그는 도저히 바뀔 수 없는 "휘그" 역사가였기에 이렇게 믿었을 수도 있다. 하지만 그의 생각이 틀린 것은 아니었다. 아무리 "평화"로 치장하더라도 항복하는 영국은 살아남지 못할 것이기 때문이다. 나치 패권의 허락으로 영국의 자유가 존재한다면 요크셔를 가로지르는 것이 무슨 의미가 있을까? 꼭두각시 왕국에서 사냥개를 쫓아다니는 것은 무슨 의미가 있을까?

수정주의 역사학자들은 1940년 이후 영국이 미국에 의존하고 제국의 종말이 가속화되는 상황에서 처칠이 제국을 구하고 싶다고 그렇게 자주 그리고 군사적으로 주장했으니 1940년 5월에는 이를 실현시킬 수 있는 모든 협상을 받아들였어야 하는 것이 아니냐고 의문을 제기해 왔다. 그러나 히틀러와의 공존도 자체적이고 내부적인 이유로 이미 무너지고 있던 제국을 구하지는 못했을 것이다. 그리고 이후 비시Vichy 프랑스[54]의 경험에 비추어 볼 때, 아돌프 히틀러

---

54 나치 독일이 프랑스를 점령한 후 세운 일종의 꼭두각시 정부. 유대인의 수용소 이송을 비롯

가 특히 가장 중요하게 여겼던 유태인을 넘겨주는 문제에서 속국에게 부여된 제한된 자율성이 존중되었을 것이라고는 거의 보이지 않는다. 처칠은 이 역시 뼛속 깊이 느꼈다. 그가 여러 번 말했듯이 그토록 사악한 폭정과는 공존할 수 없다는 것이었다.

    5월 27일, 압박이 거세지자 처칠은 동유럽의 현상 유지를 전제로 한 독일의 제안(아마도 서쪽의 점령국에서 독일의 철수를 의미하는 것으로 추정됨)을 배제하지 않을 정도로 약간 흔들렸다. 그러나 그는 이런 일이 일어날 가능성은 낮다고 말했다. 다음 날 그는 벨기에의 항복으로 프랑스 주둔 영국군이 더욱 위험한 처지에 놓였다고 보고해야 했다. 그러나 그날 오후 소규모 참모진 다섯 명과 "우리의 독립을 보장받을 수 있다면" 최소한 이탈리아의 중재를 모색해 보자는 핼리팩스의 제안에 대해 이야기하면서 처칠은 자신의 입장을 굳혔다. 그는 지금이 전쟁을 멈추기에 최악의 시기라고 말했다. 전쟁에서 패한 국가들은 다시 일어섰지만 항복한 국가들은 끝이 났다. 전쟁 내각의 노동당 의원인 애틀리와 그린우드는 총리가 계속 싸워야 한다고 말한 상황에서 후퇴하면 애국적 대의를 위해 모든 것을 바치고 있는 산업도시 노동자들의 사기에 치명적인 영향을 미칠 수 있다고 덧붙였다. 체임벌린은 흥미롭게도 침묵했다.

    바로 그 순간, 5월 28일 늦은 오후에 영국 역사를 바꿀 중대한 사건이 일어났다. 처칠식 "쿠데타"로 묘사되기는 했지만 정치적이라기보다는 심리적인 것이었다. 그리고 그것은 단지 위원회 프로토콜의 효과일 뿐이었다. 5시경, 처칠은 토론이 자신에게 유리하지도 않고 결정적으로 불리하지도 않다고 판단하고는 전쟁 내각 회의를 정회했다. '주요 인사'들은 10번지를 나갔고, 처칠은 저항을 위한 논의로 인해 지쳤음에도, 남아 있던 내각 멤버들을 최대한 많이(약 25명) 다시 회의실로 불러들였다. 노동당 의원들 중 처칠이 잘 아는 사람은 많지 않았다. 그러나 이 대규모 그룹의 존재는 처칠에게 갑자기 용기를 불어넣었고,

---

해 나치의 정책에 협조했다.

긴장의 댐을 깨뜨렸으며, 지금이 역사적 전환점이라는 감각을 불어넣었고, 무엇보다도 금과옥조 같은 말을 쏟아내게 했다. 그는 방송에서 그랬던 것처럼 슬픔에 찬 솔직함으로 말을 시작했다. 프랑스는 패망할 것이고; 히틀러는 파리로 올 것이며; 이탈리아는 우리가 어떤 대가를 치르더라도 거부해야 할 조건만을 제시할 것이다. 핼리팩스가 제안한 것처럼 미국을 이용해 "비굴한 호소"를 하겠다는 생각은 꿈도 꾸지 말아야 했다. 이제 막 경제 복지 장관이 된 노동당 정치인 휴 달튼에 따르면, 처칠은 "장엄한" 표정을 지으며 덩케르크에서 10만 명만 탈출시켜도 "멋진 일"이 될 것이며, 누구도 영국이 끝장났다고 한 순간도 상상해서는 안 된다는 절대 불가항력적인 결의를 담은 연설을 이어갔다고 한다. 예비군도 있었고 제국도 있었다. 그리고 그는 계속해서 이렇게 말했다:

> 나는 지난 며칠 동안 그 남자와 협상을 시작하는 것이 내 의무의 일부인지 신중하게 생각했습니다. 그러나 우리가 지금 평화를 맺으려고 노력한다면 싸워서 이겼을 때보다는 더 나은 조건을 얻어야 한다고 생각했던 것은 한심한 일이었습니다. … 독일군은 우리 함대를 요구할 것입니다. … 그 밖에도 많은 것을 요구할 것입니다. 우리는 노예 국가가 되어야 할 것이고 히틀러의 꼭두각시가 될 영국 정부가 모슬리 또는 그런 부류의 인간 밑에 세워질 것입니다. … 그리고 나는 내가 잠시라도 협상이나 항복을 고려한다면 여러분 모두가 일어나서 나를 내 자리에서 끌어내릴 것이라고 확신합니다. 이 섬의 긴 이야기가 마침내 여기서 끝나는 것이라면 우리 각자가 자신의 피에 질식하여 땅바닥에 누워있을 때만 끝나게 하십시오.

달튼은 이 늙은 소년이 진심이라는 확신에 내각 전체가 감동을 받았다고 기록한다: "테이블 주변에서 큰 소리로 찬성의 외침이 터져 나왔다." 더 이상의 말은 없었다. 그들이 떠나기 전에 달튼은 내각 회의실 벽난로 앞에 어두운 표정으로 서 있는 처칠의 등을 두드리며 "잘하셨어요, 총리님! 우리 모두가 소매를 걷어붙이고 총리님 뒤로 정렬해 있는, 로우Low가 그린 그 만화를 구해서 액자에 넣어 벽에 걸어두세요"라고 말했다. 그러자 그는 활짝 웃으며 "네, 내 연설 꽤 좋았죠?"라고 대답했다.

좋은 것 이상이었다. 허리케인과 스핏파이어Spitfire[55]가 아니라 말과 열정, 역사로 싸워 승리한 제2차 세계대전의 첫 번째 위대한 전투 그 자체였다. 처칠은 25명의 장관들의 본능적인 반응이 곧 국민들의 반응이라는 것을 문득 느꼈고, 그가 옳았다고 생각했다. 7시에 소규모 전쟁 내각이 다시 소집되었을 때 그는 고위직에 있는 사람들이 그렇게 단호하게 자신을 표현하는 것을 평생 들어본 적이 없다고 말할 수 있는 입장이 되었다. 이번에는 체임벌린이나 핼리팩스 모두 그의 말에 반박하지 않았다. 어떤 이유에서인지 처칠은 회고록에서 ― 아마도 관대함 때문에 ― 전쟁 내각에서 실제로 일어난 일을 숨기고 "우리 섬을 끝에서 끝까지 관통하는 하얀 빛, 압도적이고 숭고한 빛"에 대해 쓰는 것을 선호했다. 이것은, 간단히 표현하자면, 낙관적인 견해였다. 그러나 모든 학생이 이 나라 역사상 가장 위대한 날짜 중 하나로 알아야 할 날이자 "우리는 결코 항복하지 않을 것"이라는 위대한 연설이 있었던 1940년 5월 28일 이후엔, 영국판 비시 정부에 대한 전망은 완전히 사라졌다는 것이 사실이다. 영국의 유대인들은 웸블리Wembley에서 체포되어 아우슈비츠로 이송되지 않을 것이다. 우리 중 누군가에게 이것은 사소한 일이 아니다.

명예롭고 용감하게 행동한 처칠은 스스로도 믿을 수 없을 정도로 기적적인 포상을 받았다. 정부가 덩케르크에서 살아남을 것으로 예상했던 5만 명 대신 33만 명의 군인이 구출되었고, 그중 20만 명이 영국군이었으며, 항구를 도는 유람선, 새우잡이배, 낚시배, 페리, 예인선 등 800척이 넘는 배로 구성된 소함대를 구성한 것은 지금까지 주요 전쟁에서 본 적이 없는 일이었다고 해도 과언

---

[55] 영국의 주력 전투기들로서 수적으로는 허리케인이 많았지만 성능 면에서는 스핏파이어가 더 뛰어나서 독일 공군에게는 공포의 대상이 되었다.

이 아니었다. 스투카스Stukas[56]의 폭격을 받은 그레이시 필드Gracie Fields호처럼 일부 선박은 대가를 치렀다. 그러나 그것은 최악의 상황에서도 볼드윈이 "평화 지향 민주주의"라고 묘사했던(그리고 1935년에는 틀린 말이 아니었던) 이 나라가 다시 한 번 진정한 국가 공동체가 되기 위해 필요한 것을 갖추고 있다고 상상할 수 있는 가장 분명한 증거였다. 그다음 해에는 새롭게 발견된 단결력과 상호 충성심에 대한 압도적인 증거가 나타나게 된다. 히틀러가 쉽게 공략할 수 있을 거라 생각했던 영국이 이제 완전히 고립되어 홀로 싸우는 것은 정확히 그 반대의 효과를 가져왔다. 처칠은 "섬나라"라는 수사를 사용했고, 극소수의 예외를 제외하고 모든 계층의 영국 국민은 이에 동조했다. 물론 그렇다고 해서 전쟁으로 사망한 6만 명의 민간인, 제1차 세계대전 사망자의 절반 수준인 30만 명의 전투병, 전쟁 말기의 대공습Blitz이나 V1 및 V2 로켓의 파괴로 집을 잃은 수백만 명의 서로 아끼던 친한 사람들 사이에 비통함과 소외감이 전혀 없었던 것은 아니다. 모든 사회적 분열이 애국심에 찬 환희로 해소된 것도 아니었다. 해럴드 니콜슨에 따르면 왕과 왕비가 처음으로 스테프니Stepney를 방문했을 때는 야유를 받았으며, 이것이 바로 9월 14일에 버킹엄궁이 첫 타격을 입은 후 엘리자베스 왕비가 "이스트 엔더들의 얼굴을 직접 볼 수 있게 된 것"이 큰 의미가 있었던 이유이다.

 이러한 모든 의문에도 불구하고 전쟁으로 인해 분열된 사회였던 영국이 가장 중요한 시기에 얼마나 단합했는지에 대해 놀라움을 금할 수 없다. 시키는 대로 하는 데 익숙한 사람들이 배급을 당연한 것으로 받아들였던 것과 오랫동안 극렬하게 대립했던 노조와 고용주가 국가를 위해 함께 일하게 된 것은 또 다른 문제였다. 베빈과 비버브루크(후자는 항공기 생산을 담당)이 같은 정부에서 함께 일하는 것은 다른 시기에는 거의 불가능했을 것이고, 허버트 모리슨이 공급 담당 장관이라는 중요한 역할을 맡고 있었던 것도 도움이 되었다. 그러나

---

56 독일의 급강하 폭격기.

공장을 짓는 데 과도한 압력을 가할 필요는 없었고, 당연히 수많은 공장에서 여성이 하루 24시간, 주 7일 근무했다. 이러한 협력적 노력은 군수품 생산 전반, 특히 전투기 생산에 결정적인 차이를 가져왔고, 이는 1940년 여름에 영국 전투Battle of Britain의 승패를 가른 결정적인 계기가 되었다. 수적 우위를 과대평가한 괴링이 지휘하는 루프트바페는 영국 공군의 부고를 계속 쓰긴 했지만, 스핏파이어와 허리케인이 잿더미에서 부활하여 그들의 잘못된 자신감을 조롱했다.

사실 여기에서 "소수"는 그리 적은 숫자가 아니었다. 영국 전투가 치열해지기 시작한 8월 중순, 영국 공군은 실제로 1032대의 전투기를 보유하여 독일 공군의 1011대에 비해 오히려 훨씬 많은 전투기를 보유하고 있었다. 독일군이 100여 대의 전투기를 제외하고는 모두 처리했다고 생각했던 9월 첫째 주 말에도 RAF는 736대의 전투기를 보유하고 있었으며, 256대가 추가로 작전 투입을 기다리고 있었다. 독일군은 다른 불리한 점도 겪었다. 독일 공군 전투기 중 적어도 2만 피트 이하에서 속도, 기동성, 집중 화력 면에서 영국 스핏파이어의 8문 포를 이길 수 있는 전투기는 없었다. (리처드 오버리Richard Overy는 영국 전투가 3만 피트 상공에서 벌어졌다면 영국이 패배했을 것이라고 주장한다.) 독일 전투기는 폭격기를 보호해야 했기 때문에 자유롭게 돌아다닐 수 있는 전술적 유연성을 잃었고, 기지와의 거리도 멀어 작전 시간이 심각하게 제한되었다. 항상 정확한 것도 아니었고 특히 내륙에서는 그다지 유용하지 않았지만, 레이더는 관측 부대에 배치된 3만 명의 병력과 함께 공습을 조기에 경고했다. 영국 영토에 떨어진 난파되거나 손상된 항공기는 회수하여 재건할 수 있었다. 탈출한 영국 조종사들은 같은 날 다시 비행할 수 있었고, 독일 조종사와 승무원들은 신속하게 생포되었다. 지상군은 24시간 내내 비행기를 정비했고, 민간인들은 더 많은 비행기를 만들 수 있게 하기 위해 1940년에 매달 약 100만 파운드를 자발적인 모금을 통해 스핏파이어 기금에 기부하는 등 영국은 비행사들의 특별한 희생에 나름의 방식으로 보답했다. 가을이 되자 영국의 거의 모든 마을에서 스핏파이어를 후원받을 수 있게 되었다. 비버브루크 경이 알루미늄 냄비와 프라이팬을 녹여 항공기 부품으로 재구성해 달라고 요청하자 영국의 부엌은 텅 비어 버렸다.

8월 12일부터 9월 6일까지 영국 비행장에는 53차례의 대규모 공습이 있었다. 13일에는 림Lympne에만 400발의 폭탄이 떨어지면서 착륙장을 쑥대밭으로 만들었다. 8월 15일, 루프트바페는 전투에 최대한의 전력을 투입했지만 영국 공군에 밀려 75대의 독일 전투기가 격추된 반면 영국 전투기는 34대만 손실되었다. 18일에도 비슷한 스코어가 나왔다. 20일에 처칠은 "인간 분쟁의 현장에서 그렇게 많은 사람이 그렇게 적은 사람에게 많은 빚을 진owe 적은 없었다"고 말했는데, 앵거스 콜더Angus Calder에 따르면 한 공군 병사는 "군대 식당의 비싼 청구서bill를 가리키는 말인 게 틀림없다"고 농담을 했다고 한다.[57]

이 끈질긴 교전으로 인해 치러야 했던 인명 피해는 심각했다. 8월의 조종사 사상률은 22%라는 충격적인 수치를 기록했고, 9월 초에는 조종사 133명이 전사했는데, 이로 인해 영국의 총 조종사 수는 괴링이 자랑하던 177명까지는 아니지만 600여 명으로 줄어들었다. 9월 8일 처칠이 파크Park 공군 부사령관에게 "우리에겐 또 어떤 예비 병력이 있습니까"라고 물었을 때, 그는 "없습니다"라는 반갑지 않은 솔직한 대답을 들었다.

9월 7일, 독일이 침공을 진행할 때 사용하는 암호어인 "크롬웰" 신호가 발신되었다. 잉글랜드 해협과 네덜란드 로테르담 항구에는 바지선과 평평한 바닥을 가진 배들이 밀집해 있다는 보고가 들어왔다. 국토방위사령부(남부사령부)의 수장이었던 얼스터 출신 청교도 앨런 브루크Alan Brooke 육군 총사령관은 침공에 대비한 영국군의 방어 능력에 대해 매우 비관적으로 생각했다. 80개 사

---

57 영어에서 'owe'는 '빚을 지다'라는 뜻도 있지만 '돈을 지불해야 한다'는 뜻도 있다. 이 공군 병사는 군대 식당에서의 식사비가 너무 비싸서 수많은 군인이 너무 많은 돈을 내야 한다고 처칠의 연설을 듣고 나서 말장난을 한 것.

단으로도 프랑스 전선을 지키기에는 역부족이었었기 때문이다. 영국의 병력은 22개 사단에 불과했고, 그중 긴 해안선을 방어하는 데 필요한 기동 작전을 수행할 수 있는 사단은 절반에 불과했다.

다행히도 독일 해군은 영국 해군에 비해 수적으로 열세인 데다 공중 우위를 보장할 수 없는 상태에서 침략군을 상륙시킬 수 있는 가능성에 대해 비관적이었다. 독일 제독과 장군들은 카이사르, 타키투스, 노르만 정복에 관한 기록 등을 읽으며 대비책을 세운 것으로 보이다.

그러나 '바다표범Sealion 작전'의 실행 가능성에 대한 독일의 의구심은 공습의 충격을 완화하는 데에는 아무런 도움이 되지 못했다. 오히려 히틀러는 해협을 건너기 전에 해상이 아닌 공중에서 영국 국민을 공포에 떨게 할 필요가 있다고 더 강하게 믿게 되었다. 영국 남서부의 민간인 거주지에 대한 폭격은 이미 영국 전투 훨씬 전에 감행되었었다. 8월 말에는 영국 공군이 베를린을 공습했고, 그 무례함으로 인해 히틀러는 기분이 매우 상했다. 하지만 리버풀, 뉴카슬, 사우스햄튼이 6월 말에, 잉글랜드 남서부 지역이 7월 말에 폭격을 당했다. 8월 28~29일에는 런던 교외 지역인 세인트팬크러스St Pancras에서 헨든Hendon(중요한 비행장이 있던 곳), 핀칠리Finchley, 웸블리 지역이 폭격을 받았고, 9월 2일에는 브리스톨, 리버풀, 버밍엄이 차례로 폭격을 당했다. 7일이 되면 루프트바페가 350대의 비행기를 보내 런던의 부두를 파괴하면서 규모가 크게 확대되었다. 울리치 무기고Woolwich Arsenal는 로열 빅토리아 앤 앨버트 부두, 이스트인디아East India 상업 부두, 서리 상업 부두와 함께 타격을 입었다. 거대한 불길이 솟아올라 서더크Southwark와 로더하이드Rotherhithe의 거리와 주택을 휩쓸었다. 템즈강 보조 순찰대의 하사관이었던 작가 A. P. 허버트A. P. Herbert는 강을 거슬러 올라가면서 라임하우스Limehouse에서 "지옥의 호수 같은 장면"을 목격했다. 불타는 바지선이 사방에 떠다니고 있었고 … 폭발음과 쉭쉭거리는 소리가 엄청난 소음을 발생시켰지만 연기가 너무 짙어서 제대로 볼 수 없었다.

다음 날 밤에는 목표 지역이 웨스트 엔드West End까지 넓어졌다. 양철 모자도 쓰지 않은 채 여전히 타오르는 대공포의 파편을 피하면서 브루크 장군은 한 시간 동안 동일한 좁은 지역에 60발의 폭탄이 떨어지는 것을 목격했다. 마담 투소 박물관, 자연사 박물관, 발전소, 병원 등이 모두 타격을 입었다. 이 대규모 공습이 있은 후 첫 번째 일요일에 총리는 기름과 유리, 부서진 목재와 초췌한 소방관들 사이에서 피해 현장을 둘러보러 나섰다. 그곳에서 그는 지팡이 끝에 모자를 걸고 빙글빙글 돌리며 "우리가 지금 낙담했나요?"라고 포효하는 놀라운 일상을 보냈다. 그러자 똑같이 놀라운 (예상 가능한 대답이었지만) 반응이 돌아왔다: "아니요!" 런던 시민들은 철도 다리 아래에서 잠을 자며 유명한 뮤직홀 듀오 플래너건Flanagan과 앨런Allen의 자장가를 들으며 적응해 나가고 있었다. 9월 15일에 158대의 독일 전투기와 폭격기가 스핏파이어-허리케인 방패를 뚫고 런던을 공격했을 때는 15만 명이 지하철역 지하에서 밤을 지새우고 있었다. 10월 15일에는 재무부에 폭탄이 떨어져 세 명이 사망했는데 다우닝가의 직원들은 처칠이 팰 맬 대피소로 대피하라는 명령을 내렸기 때문에 목숨을 건질 수 있었다. 그 결과로 총리는 충분히 깊지도 튼튼하지도 않다고 생각되는 10번지의 방공호를 떠나 독일이 폴란드를 침공하기 불과 일주일 전에 완공된 중무장한 내각 전쟁실의 지하로 이동해 달라는 간청을 받았다. 그러나 자신과 클레멘타인을 위한 특별한 주거용 별관이 지어질 때까지 그는 그곳에서 단 3일 밤만 지냈으며, 종종 10번지로 돌아와 잠을 자거나 옥상으로 올라가 불길을 바라보기도 했다.

조지 오웰 역시 지옥에 이끌렸다. 피가 섞인 기침 발작(아직 결핵으로 진단되지는 않은 상태)은 병역 면제를 받을 정도로 심각했는데, 대부분의 남자들이 기꺼이 병역 면제를 받았지만 오웰에게는 저주나 다름없었다고 한다. 언제나 그렇듯 그는 현장에 가까이 있어야 했다. 그래서 그는 베드퍼드셔의 별장을 떠나 런던 북서쪽에 있는 똑같이 좁고 엄격하기 짝이 없는 작은 아파트로 이사했다. 그곳에서("반은 매음굴, 반은 정신병원"이 2년 후 그가 내린 평가였) 그는 ≪옵저버Observer≫에 글을 기고하고, BBC를 위해 인도에 선전 방송을 내보냈으며 세인트 존스 우드St John's Wood의 나뭇잎이 우거진 거리와 판자 방어벽을 두른 저택들 사이를 오가며 국토방위군 하사로 복무했다.

특히 9월 초부터 10월 중순까지의 "크롬웰" 시기에 겨울 날씨가 다가오면서 히틀러가 침략에 대한 마지막 희망을 사실상 취소한 이후에는 오웰의 애국심은 전투적이 되었다. 스페인 내전과 나치-소련 불가침 조약으로 인해 이미 심각한 갈등을 빚었던 좌파 평화주의자들, 즉 망명 중인 시인들과 양심적 병역 거부자들, 자신들만이 진정한 반파시스트라고 주장하는 전쟁 반대 여단에 대해 오웰은 ≪평화주의와 전쟁: 논쟁Pacifism and the War: A Controversy≫ 7월호(1942)에 쓴 글에서 그러한 사람들의 태도를 언급하면서 가장 격한 경멸을 아끼지 않고 퍼부었다: "만약 [그들이] 어떻게 든 누워서 독일군을 이길 수 있다고 상상한다면, 상상을 계속하게 하되, 이것이 자신의 안위, 너무 많은 돈, 실제로 일이 일어나는 방식에 대한 단순한 무지로 인한 환상은 아닌지 가끔씩이라도 궁금해하게 하라." 그는 영국은 지식인들이 자신의 국적을 부끄러워하는 유일한 위대한 나라라고 썼다.

조지 오웰은 자신의 사회주의를 블림퍼리Blimpery 대령[58]과 같은 부류와 맞바꾸지 않았다. 오웰의 눈에 거슬린 것은 애국심을 갖기에는 스스로를 너무 선하고, 너무 훌륭하고, 너무 소중한 존재로 여기는 좌파들의 엘리트주의였는데, 그들은 애국심이 실제 살아 있는 인간 공동체에 연결된 가장 기본적인 정서 중 하나라는 사실을 이해하지 못했다. 그가 거부한 것은 애국심과 보수주의 사이의 혼동이었다. 오웰이 생각하는 국토방위군은 와이퍼Wipers[59]나 메닌 로드에 대해 끝없이 떠들면서 군인들에게 장난이나 치는 은퇴한 괴짜들이 아니라, 특히 블레어 하사의 입장에서 본다면, 인민의 군대를 방어하는 최전선이자 어쩌

---

58   극단적으로 군사 지향적인 민족주의자를 뜻하는 말. 로우의 만화에 등장하는 캐릭터이기도 한다.
59   제1차 세계대전 중의 격전지인 이프르(Ypres)를 영국 병사들이 발음하기 편하게 바꿔 부르던 별명.

면 사회 혁명의 선봉대가 될 수도 있는 조직이었다. 조지 오웰은 이 '아빠의 군대Dad's Army'⁶⁰를 훈련시키는 방법으로 시가전의 집중 연습을 생각했다.

그와 처칠은 영국이 끝까지 싸워야 하는 이유를 자신과 국민에게 설명하기 위해 영국 역사와 국가 공동체에 대한 서로 완전히 배타적이지는 않지만 매우 다른 비전을 그렸다. 처칠의 『영어권 민족들의 역사』는 전쟁이 끝난 후 곧바로 재개될 자유의 향연이었으며, 궁극적으로는 민주적인 영연방에서 완성된 의회 정부를 의미했다. 오웰 역시 영연방에 관심이 많았지만, 그의 버전은 농민 반란에서 차티스트에 이르는 대중 반란의 위대한 전통인 올리버 크롬웰과 수평파들levellers에게 더 많은 빚을 졌다. 처칠은 1942년에 루프트바페가 중세와 조지언Georgean 시대⁶¹의 영국에서 가장 위대한 건물들을 파괴하기 위해 의도적으로 "바데커 투어Baedeker tour"를 떠난 것이 우연이 아니라고 생각했다: 캔터버리, 노리치, 요크, 엑시터, 바스Bath. 그들은 최악의 적인 영국의 역사를 폭파하기 위해 나섰던 것이다. 그는 침략하는 폭군으로부터 "섬 종족"을 지킬 준비가 되어 있는 인기 있는 왕자와 영웅의 전통에 따라 1937년에 앨릭잰더 코더Alexander Korda가 제작한 드라마 〈잉글랜드를 덮친 불길Fire over England〉에서 레이먼드 매시Raymond Massey가 사탄 같은 스페인의 필립 2세를, 플로러 롭슨Flora Robson이 갑옷을 입은 처녀 여왕을 연기한 것과 같은 방식으로 자신을 설정했다. 처칠은, 1944년에 로렌스 올리비에Laurence Olivier가 주연을 맡은 셰익스피어의 〈헨리 5세Henry V〉 영화에서 나오는 "밤중의 해리의 손길"⁶²이라는 대사처럼 스테프니뿐만 아니라 폭격으로 폐허가 된 플리머스Plymouth와 맨체스터의 잔해를 돌아다니며 일반 병사들의 불평을 듣고 그들이 왜 싸우고 있는지,

---

60 국토방위군에는 나이 든 사람들도 많이 있어서 붙은 별명이고, 이것을 제목으로 한 텔레비전 시트콤이 큰 인기를 끌기도 했다.
61 18세기를 가리킨다.
62 해리는 헨리5세를 가리킨다. 아쟁쿠르의 전투 전날 밤에 왕이 병사들 속에 조용히 들어가서 그들의 사기를 진작시키고 고충을 들어주는 장면을 일컫는 것.

비참함과 공포 속에서도 왜 싸워야 하는지 설명하려고 애썼다.

사실 오웰은 처칠의 특별한 천재성, 즉 사회적으로 전혀 공통점이 없는 사람들과도 어떻게든 소통할 수 있는 능력을 인정했다. 그러나 오웰은 주위를 둘러보았고, 대공습 6주 만에 노숙자가 된 25만 명의 런던 시민들처럼 인정받지 못하고 꾸며지지 않은 수많은 영웅을 보았다. (폭격은 코번트리Coventry와 버밍엄 등 다른 산업 중심지로 이어졌고, 12월에는 런던으로 돌아와 시티the City를 공격했으며, 5월의 첫 2주간은 전쟁 중 그 어느 때보다도 많은 고성능 폭탄이 투하되어 평민원, 웨스트민스터 사원, 런던 타워, 영국 조폐국Royal Mint 등을 강타했다. 약 7만 6000명이 노숙자가 되었다.) 오웰은 공습 감시원과 여성 자원 봉사자, 그리고 제복을 입은 600만 명의 일반 군인 남녀를 포함해서, 이 "총력total" 전쟁이 이들에 의해 치러지고 있다면 그들을 위해서도 싸워야 한다고 생각했다. 그는 1941년에 쓴 에세이 「잉글랜드 너의 잉글랜드England Your England」에서 "아마도 워털루 전투는 이튼의 운동장에서 승리했었을 것이다. 그러나 이후 모든 전쟁의 개전 전투는 그곳에서 패했다"고 썼다. "인구의 80%가 폭격을 당한 브리스톨과 클라이드뱅크Clydebank의 노동자들은 영국을 세인트 사이프리언즈의 소년들을 위해 또는 시골 저택들을 위해 안전하게 만들려고 루프트바페로부터 턱을 두들겨 맞고 있지는 않았다. 이 모든 비탄과 파괴, 비참함은 위건의 광부들과 그와 같은 수백만 명의 사람들에게 해충이 들끓는 빈민가가 아닌 집, 병에 걸리지 않게 해주고 영양을 공급해 주는 기본적인 음식, 자녀를 위한 학교, 적절한 의료 서비스, 노약자를 위한 도움 등 삶의 기본적인 품위를 제공할 수 있는 국가가 만들어질 때만 가치가 있었다.

오웰은 같은 에세이에서 전쟁에 참전한 영국을 "머리를 조아리고 굽신대야 하는 부유한 친척들과 끔찍하게 깔려서 무시당하는 가난한 친척들 … 젊은이들은 거의 전부 좌절한 상태이고 권력의 대부분인 무책임한 삼촌과 침대에 누워 있는 숙모들의 손에 있는 … 잘못된 구성원이 통제권을 가진 가족"인 답답한 빅토리아 시대 가정과 닮았다고 말했다. 그러나 처칠만큼이나 많은 라디오

청취자를 보유한 또 다른 방송인 J. B. 프리스틀리의 말처럼 영국은 폭격으로 인해 민주주의에 불타고 있었다. 그리고 1942년에는 스태퍼드 크립스를 비롯한 노동당 장관들이 경제에 손을 대기 시작했다. 오웰은 그들이 경제를 포기할 가능성은 희박하고 바람직하지도 않다고 생각했다. 1941년의 에세이 「잉글랜드 혁명The English Revolution」에서 밝힌 바와 같이, 새로운 사회주의 영국을 위한 청사진에는 석탄, 철도, 은행, 공익시설 등 주요 산업의 국유화, 계급 없는 민주적 교육 시스템(세인트 사이프리언즈와는 거리가 먼!), 소득 제한, 전쟁이 끝나면 완전한 독립권을 가진 인도에 즉각적인 자치령 지위를 부여하는 것이 포함되어야 했다. 귀족원은 터무니없는 시대착오적 제도이므로 폐지되어야 하지만 군주제는 유지되어야 한다고 주장했다. 조지 오웰은 새로운 예루살렘의 이름으로 영국의 역사를 지워버릴 의도가 전혀 없었기 때문이다. 오히려 그는 그것이 "외국 관찰자들에게 충격을 주고 때로는 혁명이 일어났는지 의심하게 만들 정도로 과거에 동화되는 힘을 보여줄 것"이라고 생각했다.

정부 관계자 중 상당수는 조지 오웰의 개혁주의적 열정을 일부나마 공유했으며, 1918년의 영국처럼 빅토리아 시대 개인주의의 원초적 불평등으로 돌아가지 않는 전후 영국을 이미 꿈꾸고 있었다. 1942년 12월에 「베버리지 보고서Beveridge Report」가 발표되었는데, 표면적으로는 포괄적인 사회 보험과 완전고용에 관한 것이었지만 전후의 정부는 "각자에게 생계에 충분한 최소한의 소득을 보장함으로써 결핍으로부터의 자유"를 제공하기 위해 노력할 것이라고 약속했다. 다시 말해, 영국 국가는 요람에서 무덤까지 국민을 돌보겠다는 것이었다. 이러한 것들은 소수의 이익을 위한 것이 아니었다. 「베버리지 보고서」는 63만 5000부가 판매되었는데, 이는 정부 백서로는 기록적인 수치이다. 앤서니 이든, 해럴드 맥밀런, R. A. 버틀러 등 토리당의 "개혁 그룹"은 전후 여론의 큰 변화를 감지하고 전후 선거에서 패배하지 않기 위해 "사회 개혁을 위한 대대적인 프로그램"을 약속했다.

그러나 이 모든 것이 실현되기 전에 일단 전쟁에서 승리해야 했다. 그리고 결국 전쟁에서 어떻게 이겼는지와 관련된 맥락이 새로운 20세기 영국의 비전, 즉 궁지에 몰린 섬나라 역사의 낭만과 복지국가의 의무를 조화시키려는 비전에 문제를 일으켰다. 모두가 베버리지에게 매료된 것은 아니었다. 고용주 연맹Employers' Confederation은 이 전쟁이 사회 보험을 설립하기 위해서가 아니라 독일의 폭정으로부터 영국의 자유를 지키기 위한 것임을 명확히 해야 한다고 생각했다. 처칠조차도 영국의 외환보유고가 거의 사라진 상황에서 베버리지 개혁안이 어떤 결과를 가져올지 매우 궁금해하면서 이렇게 외쳤다: "4500만 명의 국민에게 힘에 부치는 일을 맡기고 감당할 수 없는 짐을 지우는 것은 아닌지 하는 의문이 스쳐 지나갑니다." 문제가 되는 것이 인내심뿐이라면 모든 모순을 제쳐두고 넘어갈 수 있다. 하지만 인내심만이 문제가 아니라면 앨비언-예루살렘까지 가는 길의 어려움, 특히 누가 재정 부담을 져야 하는지에 대한 어려운 문제가 이미 분명하게 드러났다.

 1940년은 전쟁 중 가장 힘들었던 해인 동시에 가장 쉬웠던 해이기도 했는데, 그 이유는 새롭게 태어난 영국의 국민 공동체가 너무나도 견고했기 때문이다. 1941년 12월 7일에 일본이 진주만을 폭격했을 때 처칠은 로저벨트에게 모든 슬픔과 진심 어린 동정을 보여줬음에도 불구하고 승리가 눈앞에 왔다는 것을 뼛속 깊이 알고 있었기 때문에 은밀히 기뻐했다. "결국 우리는 승리했다"고 그는 회고록에 적었다. "우리는 전멸해서는 안 된다. 우리의 역사는 끝나지 않을 것이다." 그러나 "잉글랜드는 살 것이다"라는 처칠의 생각이 옳았다면 ― 나아가, 그도 그런 뜻이었겠지만, "영국은 살 것이다"라는 처칠의 생각이 옳았다면, ― "영연방과 영제국(그에게 있어서는 서로 바꿔 말할 수 있는)은 살 것이다"라는 처칠의 똑같이 확신에 찬 가정은 잘못된 것이었다. 처칠은 영국의 미래가 제국의 부흥에 달려 있다고 생각했지만, 로저벨트는 그 반대의 것에 달려 있다고 믿었기 때문이다.

 물론 대서양 동맹을 앞두고 그는 이 모든 것에 대해 무지했다. 1941년 8월, 처칠과 프랭클린 D. 로저벨트가 플라센티아만Placentia Bay에 정박 중인 영국 함선HMS 프린스 오브 웨일스호 선상에서 만났을 때, 미국과 영국 수병들이 함께 서서 처칠이 선곡한 찬송가를 부를 때, 처칠에게는 자신의 피가 흐르는 진정한 대서양 민주주의 파트너십의 꿈이 영광스럽게 다가온 것처럼 보였다. 그러나 사실 그것은 꿈에 불과했다. 1942년 6월에 워싱턴을 방문한 처칠에게 로저벨트가 18세기 영제국에 일어났던 일에 비추어 인도와의 관계를 생각해 보라고 요청하는, 즉 영국이 인도가 독립을 위한 싸움에 나서기 전에 인도에 독립을 허용해야 한다고 말하는 순간이 있었다. 처칠은 제국적 분노로 끓어올랐다. 그는 그해 런던 시장 연회에서 자신이 영제국의 멸망을 관장하기 위해 총리가 된 것이 아니라고 단호하게 말했다. 로저벨트가 염두에 둔 것은 인도에 즉각적인 자치령 지위를 부여하여 수바스 찬드라 보스Subhas Chandra Bose의 친추축국 지원군인 벵골 타이거즈Bengal Tigers가 1857년의 대반란과 같은 더 큰 규모의 반란을 일으킬 가능성을 미리 차단하자는 것이었다. 말할 필요도 없이 처칠은 그런 소식은 듣지 않게 될 것이다.

그러나 홍콩이 먼저 함락되고 1942년 2월에는 싱가포르가 함락되면서 제국의 종말은 더욱 비극적으로 다가왔고, 동남아시아 총사령관인 아키볼드 웨이블Archibald Wavell은 처칠로부터 항구 도시의 폐허 위에서 끝까지 싸우라는 기괴한 명령을 받는다. 그 대신 일본군은 8만 5000명을 포로로 잡았고, 그중 5만 7000명이 사망했다. 두 정상이 만났던 HMS 프린스 오브 웨일스호는 일본을 겁주기 위해 지구 반 바퀴를 돌았지만 결국 중국해에서 불명예스럽게 침몰하고 말았다. 처칠이 상상했든 상상하지 못했든 태평양 전쟁에 등장한 영연방은 1940년에 존재했던 영연방과는 분명히 달랐을 것이다.

1941년 6월 22일에 소련을 상대로 시작된 히틀러의 바르바로사Barbarossa 작전은 처칠과 영국에게 또 다른 양날의 검이었다. 영국에서 가장 유명한 반anti-볼셰비키였던 처칠은 사탄 같은 공산주의 괴물에 대한 자신의 사나운 고정관념을 그대로 구현한 소련 지도자와 동맹을 맺게 되었다. 하지만 처칠은 스탈린에 대해서 전쟁에서 승리하는 데 도움이 된다면 악마와도 친구가 될 수 있다고 생각했다. 바르바로사는 제3제국의 천적이 될 것이었지만, 1943년 11월에 테헤란과 1944년에 얄타에서 열린 스탈린과 로저벨트 회담에서 두 사람이 보여준 친밀함은 처칠로 하여금 갑자기 축소된 영국의 입지를 우울하게 인식하도록 만들었다. 러시아 전선에 독일군의 병력을 묶어둔 덕분에 영국 제8군은 처음에는 이탈리아군으로부터 북아프리카를 수복할 수 있었고, 이후에는 3만 명의 연합군 포로가 잡혀간 토브루크Tobruk에서 롬멜Rommel에게 당한 초기의 참사 이후 독일군으로부터도 북아프리카를 수복할 수 있었다. 1942년 11월에 엘 알라메인El Alamein에서의 승리를 축하하기 위해 처칠이 종을 울리라고 명령했을 때나 1943년 1월에 카이로에서 터키로 가는 도중에 시와 오아시스Siwa Oasis에서 브루크와 함께 야자수 아래 앉아 대추를 먹고 민트차를 마시며 이탈리아군이 자신들의 당나귀를 먹는다고 불평하는 현지 족장sheikh들의 이야기를 들었을 때쯤 되면 야자수와 소나무의 제국에서는 모든 일이 잘 돌아가고 있는 것처럼 보였을 것이다.

하지만 엘 알라메인 전까지만 해도 1942년은 끔찍한 해였다: 홍콩, 싱가포르, 토브루크. 평민원에서 처칠은 더 이상 무적의 존재로 보이지 않았다. 사회주의자 어나이어린 베번Aneurin Bevan은 토론에서만 연이어 승리하고 전투에서는 연이어 패배하는 총리에 대해 "전쟁 같은 토론, 토론 같은 전쟁을 치른다고 국민들이 말하고 있다"고 했다. 그는 자신의 리더십에 대한 유일한 심각한 위협, 즉 스태퍼드 크립스로 교체될 가능성(지금 생각해 보면 이상하다)까지 경험했다. 70세에 가까운 나이에도 워싱턴에서 모스크바, 카이로, 페르시아에 이르기까지 험난한 교통수단을 타고 엄청난 거리를 이동하며 외교 출장과 심부름을 성실히 수행했지만, 전쟁에 대한 전망이 개선되자 역설적이게도 그는 점점 더 전쟁을 즐기지 않는 것처럼 보였다. 로이 젠킨스Roy Jenkins가 그의 최근 전기에서 언급했듯이 처칠은 거의 항상 방문객이었다. 결국 유럽 침공 시기가 되면 영국이 미군의 지휘에 따라야 한다는 사실에 괴로워한 그는 오킨렉Auchinleck, 먼트거머리Montgomery, 브루크 등 야전 사령관들과 전략적인 논쟁을 벌일 때면 자주 화를 냈다. 처칠이 1943년의 프랑스 침공 작전인 오버로드Overlord 작전을 개시하기에는 너무 이르다고 주장한 것은 분명 옳았지만, 그가 집착하던 이탈리아에서의 대체 작전인 토치Torch 작전(다시 다다넬즈 신드롬으로 회귀)은 로저벨트와 그의 장군들이 보기에는 그저 부수적인 것에 지나지 않았다.

1944년이 되자 그는 의심할 여지 없이 더욱 힘겨운 내각의 지도자가 되어가고 있었다. 그와 가장 가까운 사람들은 그가 술을 더 많이 마시고 생각을 덜 한다고 느꼈다. 수천 마일을 비행하는 야간 비행과 아침 식사 전 위스키 두 잔, 시가 두 개비, 와이트 와인 한 텀블러를 마신 후에도 브루크에게 "물감처럼 상쾌해 보이던" 시절은 더 이상 없었다. 그는 놀라울 정도로 정기적으로 폐렴에 시달리고 있었다. 그해 5월, 그는 브루크에게 "매우 늙고 피곤해" 보였다. 그는 로저벨트가 건강하지 않고 더 이상 예전의 그 사람이 아니라고 말했고, 이는 자신에게도 적용된다고 말했다. 그는 항상 잘 자고, 잘 먹고, 특히 잘 마실 수 있었지만 더 이상 예전처럼 침대에서 뛰어내리지 않았고 하루 종일 침대에서 시간을 보내는 데 만족하는 것처럼 느꼈다고 말했다. 그는 점점 더 내각 회의에서 허풍을 떨며 시가를 씹어대고 당면한 주요 업무와는 상관없는 사소한 세부 사항에 쓸데없이 집착하여 회의가 터무니없이 길어지곤 했다. 종종 그는 멤버들의 입을 다물게 할 수 없는 것처럼 보였기 때문에 모두가 한꺼번에 말을 하는 경우도 있었다. 특히 군사적인 결정은 그에게서 받아내기가 너무 힘들었다. 처칠이 기본 전략에 대한 이해가 전혀 없다는 결론에 도달한 브루크는 이러한 통제력 상실에 놀라서 여러 번 사임할 생각을 했다. 조용한 성격의 애틀리는 자신이 읽어야 할 서류를 전혀 숙지하지 못한 처칠의 모습에 크게 실망하여 1944년에 교장이 반에서 게으름뱅이를 꾸짖는 것처럼 엄한 질책의 각서를 작성했다. 평민원에서도 처칠의 연설은 한낱 공염불로 전락할 위험에 처한 듯했다. 연립정부는 이미 노동당과 보수당 장관들 간의 이견이 점점 더 커지면서 균열이 생기기 시작했다. 연정이 완전히 무너지지 않은 것은 아마도 베빈과 모리슨이 처칠을 싫어하는 것보다 서로를 더 진심으로 미워했기 때문일 것이다.

그러나 산업 불황의 오랜 중심지였던 웨일스 남부와 요크셔에서 다시 한 번 파업이 일어났다.

1944년 6월 6일 마침내 다가온 디데이D-Day에 대한 자부심과 그 후 이어진 영웅적인 노르망디 상륙작전, 그리고 1944년 여름부터 1945년 3월까지 남동부를 강타한 V2 로켓(9000명 가까이 사망하고 많은 부상자가 발생)으로 인한 갑작스러운 공포는 잠시 동안의 균열을 봉합하고 전쟁 지도자로서 처칠의 위상을 다시금 중요하게 만들었다. 5월 8일 유럽 전승 기념일VE Day에, 버킹엄 궁전 발코니에 왕과 왕비와 함께 섰을 때 처칠은 1940년 영국의 저항이 없었다면 폭정에 압도당했을 유럽 민주주의의 존재를 구했을 뿐만 아니라 자국을 구했다는, 극소수에게만 주어진 임무를 완수했다는 사실에 만족감을 느낄 수 있었다.

그러나 7월에 이어진 선거 캠페인은 처칠에게 진심 어린 박수와 표를 혼동하지 말라는 교훈을 주었다. 런던 북동부 월섬스토우Walthamstow에서 야유를 들었음에도 불구하고 자신감이 넘쳤던 처칠은 노동당의 복지국가 계획에 대한 거친 비방 캠페인을 벌였다. 그는 6월 4일의 방송에서 진정한 사회주의 정부의 계획을 실행하려면 (이상하게도 조지 오웰의 소설 『1984』의 일부 주제를 떠올리게 하는) "어떤 형태로든 게슈타포가 반드시 필요하며, 처음에는 매우 인간적인 지시를 받을 것"이라고 말했다. "그리고 이것은 의견의 싹을 잘라 버릴 것이고 … 더 이상 공무원도 아니고 더 이상 시민도 아닌 광대한 관료 조직 위에 위엄 있는 정점처럼 솟아오르는 최고 지위의 당과 당 지도자들에게 모든 권력을 모을 것입니다. … 친구 여러분, 사회주의 정책은 영국의 자유사상에 혐오감을 준다는 것을 말씀드려야겠습니다. … 자유로운 의회는 사회주의 교리에 혐오감을 느낍니다." 사회주의를 영국 역사의 주류에서 벗어난 것으로 악마화하려는 시도는, 전시 정부에서 그렇게 협력을 했음에도 불구하고, 「베버리지 보고서」에 요약된 많은 사회 개혁을 보수당의 일부가 수용 했음에도 불구하고, 1920년대의 논쟁으로 돌아가는 놀라운 회귀로 귀결되었다. 대부분의 사람들에게 여전히 그림자 같은 존재였던 클레멘트 애틀리는 조용히 파괴적이고 냉소적인 답변을 통해 처칠이 노동당 정책을 어설프게 따라 하는 목적이 무엇인지 깨달았다고 말했다. "그는 유권자들이 통일된 국가의 위대한 전쟁 지도자 윈스턴 처칠과 보수당의 당수 처칠 사이의 차이가 얼마나 큰지 이해하기를 원하고 있군요. 그는 전쟁에서 자신의 리더십을 인정한 사람들이 감사한 마음에 그를 더 따르고 싶은 유혹을 받을까 봐 우려하는 것 같습니다. 그들이 철저하게 환멸을 느끼게 해준 그에게 감사합니다"라고 말했다.

처칠은 전 세계에 흩어져 있는 군인들의 개표를 기다리는 동안 7월 15일에 스탈린과 로저벨트의 후계자 트루먼Truman과 포츠담Potsdam에서 정상회담을 할 정도로 결과에 확신을 가졌다. 그는 원래 군인들의 표가 변화를 가져올 것이라고 확신했었으나 공군 부사령관에게 공군 장병들이 어떻게 투표할 것으로 생각하느냐고 물었을 때 적어도 80%는 노동당에 투표할 것이라는 반갑지 않은 대답을 들었다. 국내로 돌아온 처칠은 7월 25일 새벽에 "온몸을 찌르는 듯한 육체적 고통"을 느끼며 잠에서 깨어났고, 자신이 패배했다고 확신했다. 그의 판단은 옳았다. 모든 투표가 개표되고 73%의 높은 투표율을 기록하자 노동당이 경이롭고, 지도자들조차도 예상치 못한 충격적인 승리를 거둔 것이 분명해졌다. 노동당은 393석을, 보수당은 213석을 차지했다. '체임벌린의 땅'이라고도 불리던 미들랜즈의 연합당Unionist 선거구처럼 전통적인 토리당 강세 지역에서도 전멸한 것이다. 처칠은 이 재앙에 대해 최대한 용감한 표정을 지었지만, 결과 발표 당일 점심 식사에서 클레멘타인이 패배가 오히려 축복이 될 수 있다고 말하자 윈스턴은 "이것이 축복이라면 아주 잘 위장한 것"이라고 으르렁거렸다. 총리 전용 휴양지인 체커스Chequers를 떠날 때가 되자 가족은 모두 방명록에 서명했고, 윈스턴은 가장 마지막에 서명하며 자신의 서명 아래에 "끝Finis"을 덧붙였다.

물론 이것은 끝이 아니었다: 처칠에게도, 그가 집이라고 생각했던 국가에게도. 처칠의 비참할 정도로 잘못된 판단과 잘못된 선거 캠페인은 첫째, 국민의 그에 대한 보은의 의무(처칠은 이에 대해 결코 만족하지 않았지만)가 그를 다시 집권하게 할 수 있다는 것, 둘째, 사회주의 영국은 여전히 영국으로 인정받을 수 없다는 것, 셋째, 국가의 지속적인 존재는 어떤 의미 있는 형태로든 제국의 생존을 조건으로 한다는 세 가지 가정을 바탕으로 진행되었다. 처칠은 세 가지 모두 틀렸다. 사실 복지국가의 청사진을 제시하고, 대중이 복지국가를 기대하도록 이끌었으며, 예전의 1924년과 1929년의 노동당 정권과는 달리 노동당 장관들에게 복지국가를 실현할 수 있는 자신감과 경험을 제공한 것은 처칠 자신의 전시 정부였다. 1945년 여름, 대다수의 유권자들은 자신들이 기대했던, 그리고 처칠도 공감하고 있었다고 믿었던, 더 나은 삶을 처칠이 외면한 것에 대해 처벌을 내렸다. 이든이 이미 사회개혁 프로그램에 대해 이야기해 주지 않았던가?

그 대신, 그들이 들었던 것은 적어도 그들 중 일부는 1920년대에 이미 들었던 것으로 기억하는 공산주의의 트로이 목마에 대한 것과 같은 소음이었는데, 이것은 이후 전개된 냉전의 가장 냉혹한 시기에도 그다지 말이 되지 않는 것처럼 보였다. 토리당이 아무리 노력해도 클레멘트 애틀리를 영국의 스탈린처럼 보이게 만드는 데는 실패했다. 어쨌든 노동당 정부는 집합주의collectivist[63] 경제 프로그램을 애국적으로 정당하게 보이게 하기 위해 고심했다. 경제의 20%를 공공 소유로 가져가는 것을 "국유화"라고 불렀다. 새로운 공기업에 애국적인 기업 정체성을 부여하는 것도 그런 이유에서였다: 영국 철강, 영국 해외 항공공사, 영국 철도. 영국인이라는 의미를 공동 소유, 공동 의무, 공동 혜택의 공

---

[63] 개인주의 및 자유주의에 상응하는 이념으로서 사회의 많은 문제를 개개인의 힘을 통해서가 아니라 집합적인 수준에서 해결해야 한다고 주장한다. 사회주의나 공산주의와 유사한 개념으로 사용되기도 하지만 이것들은 정치 및 사회적 과격함을 암시하고 주로 경제적인 측면에 집중하는 반면에 집합주의는 그보다는 온순한 동시에 포괄적인 개념으로 사용되며 보수당에서도 종종 집합주의 성격의 정책이나 사상을 포용하기 때문에 이 용어를 경제적인 측면에만 집중하는 "집산주의"로 번역하는 국내 학계의 관례에는 문제가 있다고 보인다. "집단주의"로 번역하는 것은 자칫 또 다른 의미를 지닌 "집단이기주의"와 혼동될 위험이 있기 때문에 "집합주의"로 번역한다.

동체, 즉 협동조합co-op 영국이라는 공동체의 일원으로 재조명하기 위한 노력이었다. 그리고 노동당이 웨일스, 스코틀랜드, 그리고 산업화된 영국에서 사회적으로 가장 큰 피해를 입은 지역에서 과반수를 차지했기 때문에 마침내 부유한 남부 잉글랜드가 가난한 지역 위에 군림하지 않는 영국이 될 것이다. 조지 오웰의 표현을 빌리자면, 이번에는 올바른 가족 구성원이 통제권을 갖게 될 것이다.

적어도 1945년에는 이처럼 이상주의적 에너지로 시작된 아이디어였다. 이전 세대는 영제국이 영원히 지속될 것이라고 배웠다. 복지국가와 함께 태어난 필자의 세대는 영국식 사회적 자선이라는 새로운 제국이 영원히 지속될 것이라고 배웠다. 이러한 확신은 1951년부터 1955년까지 처칠 정부, 1957년부터 1963년까지의 그의 옛 제자 해럴드 맥밀런(영국 광부들을 "이 땅의 소금"이라고 불렀고 1938년에 증권거래소의 폐지를 주장한 『중도The Middle Way』라는 작은 책을 출간했다)을 포함한 1950년대와 1960년대의 역대 보수당 정권들이 이 새로운 영국의 핵심 제도를 대부분 뒤집지 않기로 결정하면서 더욱 강해졌다: 1948년에 베번이 창설한 국민건강보험National Health Service, 철도, 제철소, 광산의 공공 소유권, 특히 공공 소유의 임대 전용 시립주택 건설에 대한 약속 등이 그것이다. 1970년의 관점에서 볼 때, 이렇게 재창조된 영국은 20세기를 넘어서까지 지속될 것이라는 것은 당연한 일처럼 보였다.

그러나 영국 복지국가는 런던 정경대학의 해럴드 라스키Harold Laski 교수와 같은 창립자와 지도자들이 상상했던 것보다 훨씬 더 일시적인 것으로 판명되었으며, 그 이유에 대한 답은 마거릿 새처Margaret Thatcher에게만 있는 것이 아니다. 노동당 정부는 처음부터 20세기 영국 정부의 고질적인 골칫거리이자 당면 과제인 통화정책, 과잉 산업생산, 특히 제국주의 또는 제국주의 이후의 세계 안보와 같은 문제에서 자유롭지 못했다. 이상한 점은 이러한 제약에서 벗어나고자 하는 기미가 전혀 보이지 않았다는 것이다. 결국 영국에겐 어떤 선택권이 있었을까? 익숙한 짐을 짊어지고 한숨을 쉬며 최선을 다해 새 예루살렘을 건설하는 것 외에 유일한 선택은 라스키와 같은 사람들이 진심으로 추천한 것처럼 훨씬 더 광범위한 집단화 프로그램, 케인스주의 적자 재정, 군축 및 글로벌 축소에 뛰어드는 것뿐이었다. 그러나 노동당 정부의 구성원들은 1906년 자유당 정부의 구성원들처럼 냉혈한 사회 혁명가가 아니었고, 레닌이 브레스트-리토프스크 조약Brest-Litovsk(제1차 세계대전에서 신생 볼셰비키 러시아를 철수시킨 조약)을 통해 실행했던 것처럼 판을 완전히 갈아엎겠다고 약속한 것도 아니었기 때문에 실제로는 이런 대안들이 실행되지 못했다. 영국의 경우에 그 판은 기억, 전통, 제도, 특히 군주제였다. 애틀리, 어니스트 베빈, 허버트 모리슨은 영국을 없애는 것이 아니라 보존하는 데 감정적으로 지적으로 헌신했다. 이들은 조지 오웰이 『사자와 유니콘The Lion and the Unicorn』(1941)이라고 불렀던 것의 충실한 지지자였다.

서머싯Somerset 농장 노동자의 아들로 태어나 외무장관이 된 어니스트 베빈은 처칠만큼이나 제국주의자였으며, 영국의 미국으로부터의 군사적 독립이라는 키메라chimera와 비현실적 희망에 헌신하게 되는 인물이다. 독자적인 핵 억지력을 유지하고 홍콩을 통해 아시아, 더 나아가 중동에서 영국의 힘을 유지하기로 한 결정에는 35억 달러라는 엄청난 대가가 따랐는데, 이는 정확히 말하면 미국의 차관 금액이었다. 영국은 전쟁으로 인해 약 7000억 파운드(미국 돈으로 105억 달러), 즉 경제의 4분의 1을 잃은 것으로 추산된다. 국방비가 다른 유럽 국가들과는 비교할 수 없을 정도로 높은 수준인 국내총생산의 10%까지 증가했기 때문에 미국의 도움이 절실히 필요했다. 따라서 미국으로부터 독립을 유지하려는 베빈의 목표는 실제로는 장기적인 의존도를 심화시키는 효과를 가져왔다. 그러나 크립스와 다른 사람들은 자본이 투입되면 경제를 활성화하고 새로운 인프라에 대한 투자 비용을 지불할 수 있으며, 그 후의 급격한 경제 성장이 부채 부담을 처리할 것이라고 생각했다. 가장 이상적인 가정은 주요 산업을 공유화하고 사적 이윤이라는 유인을 조합 형태의 기업으로 대체하면 어떻게든 생산성을 높일 수 있다는 것이었다. 1948년과 1950년, 수출 주도의 미니 호황기에는 이러한 예측이 인간 행동에 대한 비현실적인 진단이 아닌 것처럼 보였지만, 아쉽게도 장기적으로 증명되기는 어려웠다. 영국은 1918년 이후에 경험했던 것과 같은 종류의 전후 수요의 혜택을 누리고 있었으며, 수출 감소라는 현실의 도래는 구조적으로 막아낸 것이 아니라 단지 연기되었을 뿐이었다.

세계 금융의 중심지로서 런던의 지속적인 지배력을 유지하기 위한 필수 조건인 파운드화 안정에 대한 미국의 대출과 지원에는 여러 가지 조건이 붙었다. 영국은 대서양 동맹에서 계속해서 주도적인(즉, 엄청난 비용이 드는) 역할을 하는 동시에 옛 제국주의 지배 지역에서 공산주의 위협 또는 공산주의 위협처럼 보이는 민족주의 위협에 저항하는 데 드는 비용과 책임도 부담해야 한다는 조건이었다. 따라서 1950~1953년에는 한국전쟁에 참전해야 했고 1950년대에는 말라야에서 공산 반군과 싸워야 할 의무가 있었고, 무엇보다도 영국과 미국이 석유 개발의 동반자가 된 중동에서도 계속 활동해야 할 의무가 있었다. 1914년에 처칠이 영국 해군의 연료를 석탄에서 석유로 전환한 운명적인 결정이 이제 쓰라린 결실을 맺고 있었다.

어쨌든 베빈과 그의 뒤를 이은 앤서니 이든은 냉전에 맞서 싸우는 동시에 중동에서의 영향력 축소에 저항하는 데 있어 미 국무장관인 딘 애치슨Dean Acheson과 존 포스터 덜레스John Foster Dulles의 열렬한 파트너가 되었다. 중동의 석유 매장량 지도가 지중해와 인도 사이의 전략적 요충지를 표시한 이스라엘의 옛 지도와 얼마나 정확히 닮았는지, 그리고 베빈이 그 지도를 빨간색 또는 최소한 분홍빛으로 유지하려는 열정이 얼마나 대단했는지는 거의 기이할 정도였다. 페르시아만을 따라 이라크에서 아덴Aden에 이르는 아라비아 반도의 남서쪽 끝자락에 기지가 건설되거나 통합되었다. 1948년까지 팔레스타인은 제1차 세계대전 이후 수립된 영국의 신탁통치하에 있었고, 유럽의 유대인들에게 일어난 모든 일과 난민 캠프에서 살아남은 생존자들의 끔찍한 고통에도 불구하고 베빈은 아랍 세계의 산유국과의 전략적 유대를 강화하기 위해 유태인의 조국에 대한 처칠의 약속을 파기하기 위해 최선을 다했다. 그는 심지어 리비아와 소말리아의 옛 이탈리아 식민지를 영국의 신탁통치하에 두어 영향력을 확대할 것을 제안하기도 했다. 그리고 무하마드 모사데크Muhammad Mossadeq 이란 총리가 대부분 영국이 소유하고 있던 석유 산업을 국유화한 것의 영향을 조사하기 위해 "페르시아 위원회Persia Committee"를 만든 것도 애틀리 정부였다. 미국인들은 이 상황에 대한 방어 수단으로서 2년 후인 1953년에 CIA가 체제 전복 및 팔레비 "제국" 군주제의 복귀를 계획하여 성공시켰다.

따라서 노동당 정부는 뉴델리 총독의 관저 깃대에서 유니언 잭이 내려오는 것을 보면서 1947년 8월에 머콜리의 구원의 꿈처럼 러티언즈와 허버트 베이커의 의회와 사무국 건물을 자와할랄 네루와 그의 정부에 넘겨주는 의무를 다했지만, 복지국가 영국은 낡은 제국을 새로운 제국으로 대체하는 데 깊이 헌신하고 있었다. 베빈의 제국에서 멀리 떨어진 기지들은 해외 식량 공사나 식민지 개발 공사 같은 이름으로 불렸지만, 19세기 이전과 크게 다르지 않은 방식으로 영국 경제에 자금을 조달하기 위해 설계되었다. 모든 종류의 오일—서아프리카의 팜, 동아프리카의 땅콩, 걸프만과 이란의 석유 등—을 포함한 중요한 원자재의 흐름은 다음과 같은 것들을 받는 축복의 대가로 보장될 것이었다: 모리스 마이너 Morris Minors의 클래식 자동차, 샌더슨Sanderson의 벽지, 리버티의 부드러운 가구, 파운드화 지불 계좌; 각국의 "기함" 색을 칠할 수 있는 롤스로이스 엔진으로 윙윙거리는 항공기 편대; 족장들에게는 역시 롤스로이스 엔진으로 웅웅거리는 벤틀리; 영국 문화원의 후원을 받은 예후디 메뉴힌Yehudi Menuhin[64]의 초청; 1953년 대관식에서의 좋은 좌석 등. 찰스 트리벨리언도 이 모든 것을 인정하는 데 전혀 어려움이 없었을 것이다.

유사 강대국의 지위와 복지국가의 자선을 함께 유지하기 위한 비용이 늘어남에 따라 무장한 새 예루살렘에 자금을 지원할 수 있다고 생각했던 전제에 대한 의심과 불안도 커졌다. 한때 가장 열렬한 집합주의자였던 스태퍼드 크립스

---

64 미국에서 유태계로 태어난 전 세계적으로 유명한 바이올린 연주자.

도 1949년 이후에는 혼합 경제에 대한 확고한 옹호자가 되었다. 1951년에 파운드화의 가치를 안정화시키기로 한 결정은 전간기에 실시한 바 있는 하드 파운드hard pound 정책을 정설로 만드는 셈이었다. 차기 노동당 당수 휴 게이츠켈Hugh Gaitskell이 국유화에 반대하기로 결정하고 해럴드 윌슨이 일방적 군축을 옹호하던 베번파에서 단호한 반대파로 실용적으로 전환한 것은 1945~1948년의 사회주의 이상주의로의 회귀를 보류할 수밖에 없는 상황 때문이었다. 또한 제국주의 이후에 "핵심 이익"(영국과 20세기 후반의 현실 사이의 완충 장치)이 위협받을 때마다 공포에 빠지는 것을 막아주는 문턱이 훨씬 낮아졌다는 것을 깨닫게 되었다.

영국이 수에즈 운하와 같은 제국의 자산을 자국으로 송환하겠다고 위협하는 불편한 민족주의자와 마주할 때마다 보수당에게는 뮌헨 이후의 위대한 도전의 시절을 불러일으키고 싶은 유혹(애초에 그들이 뮌헨에서 했던 역할은 편리하게도 잊어버리고)이 거부할 수 없는 것이 되었다. 따라서 이집트의 대통령이 된 가말 압델 나세르Gamal Abdel Nasser 대령을 레반트 지역의 무솔리니로 터무니없게 묘사하면서, 그가 조약 협정을 위반하고 운하를 "점거"하는 것을 어떤 대가를 치르더라도 막아야만 중동에서 자유의 횃불이 꺼지지 않는다고 주장했다. 물론 그 결과는 1882년에 글래드스턴이 민족주의의 반란으로 촉발된 "무정부 상태"의 위협으로부터 자유무역과 문명을 보호한다는 명분으로 이집트를 점령한 최악의 순간을 희극적으로 재현한 가짜 제국의 가장 불명예스러운 실패로 이어졌다. 1956년에는 그러한 사기극이 더 추악해져서 영국과 프랑스는 애초에 계획한 대로 이스라엘과 이집트의 호전적인 군대를 대치 상황에서 고상하게 "분리"시킨다는 명목으로 붉은 베레모를 쓴 낙하산 부대를 투입시켰다. 영국 사자가 아직도 포효할 수 있다는 것을 보여주기 위해 독자적으로 계획했던 이 작전은 공화당의 아이젠하워Eisenhower 행정부를 경악시켰으며, 결국 미국이 주도하는 국제연합UN의 최후통첩에 굴복한 영국은 포효는커녕 쥐처럼 찍찍대며 후퇴할 수밖에 없었다.

수에즈 이후 두 명의 해럴드 총리, 즉 해럴드 맥밀런과 해럴드 윌슨 총리가 홍콩을 제외한 제국주의 이후의 잔재를 해체하기 위해 분주하게 움직이면서 영국은 지위와 자산, 무형의 국가적 자부심까지 잃어야 했다. 1966년 잉글랜드의 축구 월드컵 우승, 왕실 경축일과 결혼식, 심지어 마거릿 새처가 아르헨티나 독재에 대한 "자유와 민주주의"의 승리로 표현한 1982년 남대서양 포클랜드 전쟁과 같은 가끔씩은 행복한 이벤트도 실질적인 보상은 되지 못했다. 하지만 1960년대의 풍자 문화는 후퇴의 슬픈 운명론을 슬픔의 원인이 아닌 축하의 대상으로 바꾸어 놓았고, 어깨에 두른 낙담한 팔은 갈비뼈를 툭 치는 기쁨의 펀치로 바뀌었다. 양고기 모양의 구레나룻, 축 늘어진 콧수염, 신neo-빅토리아 풍의 철제 프레임 안경, 화려한 색상으로 자수 놓은 "네루 재킷", 비틀즈The Beatles가 대중화한 반쯤은 제국 군악대 같고 반쯤은 힌두교 스와미[65] 같은 스타일이 다시 유행하면서 이제 제국의 상실은 거대한 부정에서 애정 어린 수용으로 바뀌었다.

사실 아직 하나의 제국이 남아 있었다: 영국은 세계 금융의 지배적인 중심지로서 의심할 여지 없이 살아남았다. 그러나 이러한 이점조차도 영국을 지키기 위해 역대 정부, 특히 윌슨 정부가 미국이나 국제통화기금IMF의 굴욕적인 조건(주로 대폭적인 지출 삭감)을 받아들일 수밖에 없는 때가 되자 부담으로 바뀌었다. 그러나 주권 축소를 막기 위한 정책은 결국 주권 축소를 가속화할 뿐이었다. 1945년 이후에 영국을 실질적인 군사 강국이자 전폭적인 재정 지원을 받는 복지국가로 유지하겠다는 노동당의 가정이 유지되는 한, 노조와 경영진 또는 노조와 정부 간에는 점점 줄어드는 경제 파이의 일부를 놓고 점점 더 잔인한 싸움이 벌어질 것이었기 때문이다.

1960년대부터 1980년대까지 제기되고 시도된 모든 대안은 문제에 부딪혔다. 핵 방어를 미국에 전적으로 의존하는 것은 노동당과 보수당 모두에게 혐오

---

65   힌두교 종교 지도자.

스러운 일이었고, 이는 단지 강대국으로서의 지위뿐만 아니라 어떤 수준에서든 힘 자체를 상실하는 것이기에 대서양을 반대 방향으로 횡단하는 재식민지화에 해당하는 것으로 간주되었다. 드골 장군(이제는 대통령이 되었음)은 1963년과 1967년 두 차례에 걸쳐 영국의 고칠 수 없는 고립주의와 여전히 제국주의적인 사고방식(인도차이나, 알제리 등에서의 식민지 전쟁에 휘말렸던 프랑스가 할 말은 아니었지만)을 이유로 유럽경제공동체 가입에 거부권을 행사함으로써 이를 통해 유럽 문제의 해법을 도모하려던 영국을 좌절시켰다. 해럴드 맥밀런이 이 두 가지 태도를 모두 버리기로 결심한 바로 그 순간이었기 때문에 두 번째의 "거부권Non"은 특히 아이러니했다. 파리 폭동으로 인해 달걀이 자신의 얼굴에 날아오기 1년 전인 1967년에 드골은 "이 위대한 국민"에게 미국의 위성국이 아닌 진정한 유럽의 일원이 될 수 있는 경제적·사회적 변혁에 착수할 것을 강력하게 요구했다.

세 번째 방법은 1970년 에드워드 히스Edward Heath의 집권 당시 셀던 파크Selsdon Park 회의에서 앤서니 바버Anthony Barber, 에드워드 뒤 칸Edward du Cann, 키스 조지프Keith Joseph처럼 기업의 자유를 강조하고 반집합주의 성향을 가진 토리당 의원들이 시작한 것으로(히스 자신은 이에 대해 엇갈린 감정을 가지고 있었지만), 1980년대에 마거릿 새처가 복지국가의 잔재를 청산하려는 시도를 위한 길을 마련하는 것이었다. 빅토리아 시대 영국을 위대하게 만들었던 가치로 돌아간다는 명분을 내세웠지만, 사실 글래드스턴주의적 자유주의의 부활은 아니었고, 오히려 대륙에 반대하고 함선을 파견하고 가슴을 두드리는(또는 핸드백을 휘두르는) 파머스턴주의의 부활도 아니었다. 물론 수사학적으로는 유사한 부분이 있었지만. 1979년에 출범한 새처 정부는 오히려 호전적 사회주의를 과감하게 분쇄함으로써 살아남아 이윤을 남길 수 있는 산업은 살아남고 그렇지 못한 산업은 도태되었던 1920년대의 제국으로 회귀한 것이나 다름없었다. 1920년대와 마찬가지로 수익성 없는 기업의 폐쇄나 매각, 임금 또는 일자리의 감축을 통해 진행된 잔인한 합리화는 저항에 부딪혔고 특히 1984~1985년의 새처와 전국광산노동자노조 지도자 아서 스카길의 대결에서 가장 강력한 저항에 직면했지만, 결국 철의 여인이 석탄의 왕을 압도적으로 물리쳤다.

혁신을 가장한 이 복고적 자본주의의 문제점은 정책이 처음 시행된 지 60년이 지난 지금, 이 다원적 경쟁에서 약자였던 지역이 단지 가난한 정도가 아니라 아예 엎드린 상태가 되어버렸다는 점이다. 사우스 웨일스, 랭커셔, 웨스트라이딩West Riding, 타인사이드Tyneside, 클라이드사이드는 영제국이라는 기업의 일부로서 엄청난 번영을 누렸던 지역이었다. 이제 그들은 사실상 죽으라는 말을 들었고, 화재에 그을려 헐값에 급매물로 내놓는 물건 취급을 당했다. 웨일스인과 스코틀랜드인 입장에서는 여전히 이 회사의 구성원으로 남아 있는 것이 무슨 이득을 가져다주겠는가? (프로비저널-IRAProvisional IRA[66]의 활동이 연합주의자들로 하여금 영국 국기Union Jack를 세차게 흔들게 하지 않았다면 벨파스트의 조선소와 현재는 사라진 리넨 공장에도 같은 상황이 전개되었을 것이다.) 새처와 그녀의 정당이 세 번의 총선에서 연속으로 승리한 것에 대해 느끼는 행복감은 충분히 이해가 되기도 한다. 하지만 이러한 행복감은 그들의 다수당 지위가 영국의 사회 지형에 깊게 새겨진 균열을 영속시킨 대가로 획득한 것이라는 사실을 가려버렸다. 13세기의 에드워드 1세 이후 주도권을 확보한 잉글랜드가 영국 안의 다른 민족들을 제대로 통치한 적은 없다.

새처의 선거구에는 영국 남부의 부유한 중간계급과 전문직 계급이 압도적으로 많은 반면, 폐공장, 구덩이, 항구, 낡은 연립주택 거리로 이루어진 낙후된 북부 지역은 썩고 녹슬도록 방치되어 있었다. 당시 정부의 해결책은 글래드스턴의 오래된 자조 원칙에 따라 고용 시장이 문제를 해결하도록 내버려 두는 것이었다. 산업 붕괴로 인한 대규모 정리해고 지역에 거주하는 사람들은 미래의

---

[66] 아일랜드공화국 육군(IRA: Irish Republican Army)의 분파로서 북아일랜드의 영국으로부터의 완전한 독립을 군사행동을 포함한 모든 수단을 동원해서 달성하려 했던 단체. 1994년에 영국 정부와 협정을 맺어 군사행동을 중단했으나 이에 동조하지 않은 분파가 리얼 IRA(Real IRA)를 결성해서 군사행동을 지속하게 된다.

유망 산업에서 일할 수 있도록 "재교육"을 받고, 필요하다면 그러한 기회가 밀집된 밀튼 케인스Milton Keynes, 베이싱스토크Basingstoke 또는 케임브리지 같은 곳으로 이주하면 된다는 것이었다. 그러나 전직 용접공들이 컴퓨터 사용법을 배우기 위해 줄을 서는 이러한 비전은 공적 보조금을 받는 재교육 방식으로는 큰 도움이 되지 않았다. 설령 재교육을 받을 수 있다고 해도 재교육이 끝난 후의 일자리를 보장할 수는 없었다. 산업계에서 컴퓨터 혁명의 핵심은 노동력을 확대하는 것이 아니라 절약하는 것이었다. 결국 새처의 반혁명의 후폭풍은 새처의 책임도, 새처의 잘못도 아닌 "코로네이션 스트리트 신드롬Coronation Street syndrome"에 부딪히게 된다. 전통적인 영국의 산업 경제에 종사하는 수백만 명에게는 자신이 성장하고, 학교를 다니고, 결혼하고, 아이를 낳은 장소에 대한; 선술집, 공원, 축구팀에 대한 충성심이 깊게 뿌리 박혀 있었다. 그런 의미에서 적어도 베버리지-노동당의 사회 혁명과 그 뒤에 자리 잡고 있는 자유당-로이드 조지의 혁명은 모든 부침과 가난과 고통에도 불구하고 진정한 공동체로서의 도시를 만들어냈다. 따라서 리버풀과 리즈, 노팅엄과 다비를 기꺼이 포기하는 사람은 고용 기회의 순수한 법칙을 따르거나 철의 여인이 요구하는 바를 따르는 사람들보다 적었다.

하지만 새처 정부가 한 모든 일이 사회 현실과 동떨어진 것은 아니었다. 시립주택의 보급은 영국인들이 자신만의 작은 성에서 왕과 왕비가 되고자 하는 오랜 열정에 상응하여 소유자 계급을 창출했다. 국유화된 산업은 기회를 중시하는 분위기에서 성과를 내지 못했다. 반면에 이러한 국영 산업의 매각은 영국인의 습관에 아직 뿌리를 깊이 내리지 못한 지분 소유에 대한 갈망을 전제로 했는데, 그 후 주식시장에서 혼조세가 이어지자 이러한 습관은 좀처럼 바뀌지 않았다. 무엇보다도 가장 잘못된 결정은 주택 및 아파트 소유자에게 부과되는 인두세poll tax(새로 부동산을 소유한 계급이 삼켜야 하는 쓴 약)를 "공동체 부담금community charge"이라고 부르기로 한 것이었다. 새처 정부는 런던을 포함한 대도시의 지방정부, 특히 노동당이 장악한 지방정부의 청산에 특화되어 있었기 때문에 시민의 열정으로 위장한 퇴행적 세금에 속는 사람은 거의 없었다. 결국 새처 정부는 전후의 역대 정부들과 마찬가지로 집권 초기에 세운 계획의 역효과로 인해 권력을 상실하는 루틴을 반복한 셈이다. 그랜섬Grantham 출신의 식료품점 주인 딸과 정원용 난장이 인형gnome 판매원의 아들 존 메이저John Major (두 사람 모두 자신의 출신을 자랑스럽게 여겼다) 같은 중간계급 출신이자 반귀족적인 토리당 지도자들이 공격적으로 운영한 정부는 "가족의 가치"에 헌신한 동시에, 메이저의 악명 높은 형식적 문구에 따르면, 경제적 자립 능력에도 헌신했지만 결국 섹스 및 금융 스캔들과 실수(때로는 동일 인물이 모두 저지른)의 눈사태에 압도당하고 말았다.

1990년대 후반이 되면 영국인의 정체성을 나타내는 또 다른 필수 요소인 군주제가 흔들리기 시작했는데, 이것은 어쩌면 치명적일 수도 있었다. 에드워드 8세의 퇴위 이후 20세기 후반의 기대치를 훨씬 뛰어넘는 개인적 행동 기준을 요구받아 왔던 왕실은 의례 기관인 동시에 가족 기관이 되어야 한다는 부담감에 시달리고 있었다. 왕실은, 특히 1981년에 전 세계 시청자 수가 최소 8억 명에 달했던 왕세자와 다이애너 스펜서Lady Diana Spencer의 텔레비전용 로맨스를 통해 많은 것을 얻었으나, 그 결혼의 실패로 인해 그에 상응하는 손실을 입었다. 목소리까지 쉬어버린 여왕이 "공포의 해annus horribilis"라고 불렀던 1992년은 찰스와 다이애너의 별거뿐만 아니라 11월에 윈저성에 큰 화재가 발생한 해이기도 하다. 스코틀랜드 장관이 (어떤 이유에서인지) 왕실 개인 소장품의 교체 및 수리 비용만 왕실이 부담하고 건물 수리는 세금을 내는 대중이 부담하겠다고 발표하자 군주제 재정에 대한 심각한 논쟁이 촉발되었다. 여론조사 결과, 10명 중 8명이 여왕이 지금까지는 면세였던 개인 소득에 대해 세금을 내야 한다고 생각했다. 1년 후 버킹엄 궁전은 일반인에게 개방되었고 왕실은 실제로 세금 납부에 동의했다. 1994년에는 여왕의 전 세계적 위상을 상징하는 왕실 요트 '브리태니어'가 퇴역했다.

가장 어려운 순간은 아직도 닥치지 않았다. 1997년에 다이애나 비Princess

Diana가 파리에서 교통사고로 사망한 후, 왕실은 슬픔에 잠긴 대중이 유니언 잭을 반기 게양하는 것을 보고 싶어 하는 깊은 욕구를 충족시키기보다는 의전(국왕이 머무르지 않을 때는 왕궁에 국기를 게양하는 것을 금지하는 규정)을 따랐다는 이유로 비난을 받았다. 왕실은 그런 상징적인 순간에 의해 생사가 갈린다. 그리고 그 후 몇 주 동안 쏟아져 나온 대중의 고인에 대한 엄청난 감정은 여왕 자신과 직계 가족에 대한 전통적인 헌신을 압도하는 동시에 어떤 면에서는 매우 다른 성격의 것처럼 보였다. 이 위기는 여왕의 연설로 해결되었는데, 소탈면서도 개인적인 슬픔을 진솔하게 표현한 것이 인상적이었다. 전국을 휩쓴 감정의 물결을 통해 대중은, 특히 민주주의적인 군주제의 국민은, 정서적 공동체로서 지속적으로 뭉칠 필요가 있다는 것을 새삼 깨닫게 되었다.

하지만 이런 나라는 영국이었을까, 아니면 잉글랜드였을까? 스코틀랜드와 웨일스의 산업지대가 처한 곤궁에 대한 토리당의 상대적 무관심은 두 지역에서 민족주의 정당에 대한 전망을 변화시켰다. 이전에는 그저 중간계급, 시골, 지식인 선거구 정도로 정치 성향이 분류되었던 이 지역에 스코틀랜드와 웨일스 민족주의자들은 이제 보수당 강세 지역(1997년 총선에서 토리가 전멸한 지역)과 심지어 노동당의 심장부까지 본격적으로 진출했으며, 이는 역대 노동당 대표 중 세 명이 각각 웨일스인, 스코틀랜드인, 또다시 스코틀랜드인이었음에도 불구하고 전개된 상황이다. 1992년에 스코틀랜드에서 실시된 여론조사에서 응답자의 50%가 유럽연합에 잔류하는 상태로의 스코틀랜드의 독립에 찬성한다고 답했다. 1990년대 후반에 토니 블레어Tony Blair의 노동당 정부가 약속한 뒤 실행에 옮긴 권력 이양devolution은 이러한 민족주의 열기를 어느 정도 잠재우는 듯 보였지만, 스코틀랜드와 웨일스 의원들이 웨스트민스터뿐만 아니라 각자의 지역 의회에서도 주민들의 의견을 대변하게 된 것에 분개한 잉글랜드 민족주의의 불을 지피는 대가를 치러야 했다. 권력 이양의 논리대로라면 잉글랜드도 명시적으로 자체 의회를 가져야 한다: 그런데 어디에서? 요크? 바스? 잉글랜드의 중심부인 밀튼 케인스?

오늘날 근대 영국에 대한 역사 서술들은 영국을 칭찬하기보다는 영국의 탈국가화denationalization를 축하하고 "유케이니어Ukania"67를 유럽을 구성하는 스코틀랜드, 웨일스, 잉글랜드로 해체할 것을 촉구하면서 영국을 묻어버리려고 다양한 방식으로 노력한다. (이렇게 되면 아마도 얼스터의 아일랜드인들에게는 유럽 아일랜드라는 단일 국가로 스스로를 흡수시키거나 다른 곳에서 집을 찾으라고 말하게 될 것이다 — 예를 들면 맨 섬Isle of Man). 제국의 거대한 자산 덕분에 19세기와 20세기 초에 영국이 다우닝가 또는 제국의 외딴 곳에서 웨일스, 아일랜드, (그리고 놀랍게도 매우 자주) 스코틀랜드가 지배하는 진정한 국가 공동체로 존재할 수 있었다면, 그 제국 기업의 종말은 브리태니어 주식회사의 품위 있고 질서 있는 청산을 의미해야 한다는 이론도 있다. 오래된 그건 여하튼 아무것도 의미하는 것이 아니었기에 이런 주장도 있다: 브리태니어는 켈트족이 강제로 잉글랜드의 지배를 받아들이도록 유혹하고, 잉글랜드인들이 윌드Weald의 사과 과수원에서처럼 스코틀랜드 트로석스Trossachs의 뇌조 사냥터에서도 깊은 사랑을 받을 수 있다고 설득하기 위해 고안된 가짜 발명품에 불과하다. 영국이 제국의 은총으로부터 몰락한 것의 미덕은, 미국에 대한 예속을 피하기 위해서라도 유럽 회원국이 되어야만 하는 이유 역시, 이 "제도the isles"가 진실을 마주하도록 만드는 데 있다: 그들은 하나의 민족이 아니라 여러 민족이라고.

하지만 실제로는 몇 개나 될까? 잘못된 영국 민족의식이라고 하는 오류를 스코틀랜드, 웨일스, 잉글랜드라는 "진정한" 실체로 축소하는 과정에서 그러한 민족자결권을 갖고 있으면서 왜 중단하게 되는 걸까? 그것은 각각의 하위 민족도 영국과 마찬가지로 발명품이기 때문인데 그저 조금 일찍 발명되었을 뿐이고, 켈트족과 게일족 정체성의 "재발견"이라는 측면에서는 오히려 더 늦게 발명되었다는 것이 차이점일 뿐이다. 독립된 스코틀랜드에서도 스스로를 스

---

67 스코틀랜드 독립을 지지했던 톰 네언(Tom Nairn)이 영국 군주제의 비합리성을 비판하며 만들어낸 용어.

코틀랜드인이라고 생각하지 않을 오크니Orkney의 오케이디언Orcadians이 북유럽의 뿌리로 돌아가 노르웨이와의 재결합을 신청할 권리를 거부할 수 있는 근거가 있을까? 왜 여전히 주로 영어를 사용하는 도시화된 남부 웨일스 사람들이 글로스터나 브리스톨의 잉글랜드인보다 산악지대인 귀네드Gwynedd에 사는 웨일스어 사용자들과 공통점이 더 많다고 느껴야 할까? 왜 콘월 사람들은 다른 모든 켈트족이 민족-언어적 중심지로 후퇴한 나라에서 유일하게 공존을 선택한 켈트족 문화로 남아 있는 것에 만족해야 하는 걸까? 제국주의 이후의 영국이 공산주의 이후의 유고슬라비아와 같은 행복한 국가들의 패치워크를 닮아서는 안 되는 걸까?

물론 공산주의 이후 유고슬라비아라는 불행한 국가들의 패치워크 퀼트 때문이기도 하다. 또는 오히려 제국주의 이후 영국이 가진 장점은 유럽 민족주의의 차가운 백인 순수주의에 대한 저항이라고 할 수 있다. 제국의 잔인하지만 정의로운 운명이 애초에 제국을 설계한 국가의 처절한 해체였다면, 그 과정에서 살아남은 보상이 실제로는 제국의 기억에서, 제국에 의해 좋든 나쁘든 감동을 받았던 사람들로부터 긍정적인 것, 즉 새로운 영국을 만들어낸 것이라고 가정해 보겠는가? 다인종 영국이 "피가 끓는 티베르Tiber강"과 함께 로마처럼 멸망할 것이라고 예언한 이녹 파월Enoch Powell의 편집증적 폭언을 듣는 대신, 1950년대의 "반란rebel" 작가 콜린 맥킨스Colin MacInnes가 당시 "잡종의 영광mongrel glory"이라고 불렀던 것에 대해 실제로 자부심을 가졌다고 가정해 보면 어떨까?

물론 전후 영국의 색채에 대한 이야기에 고통스럽고 비극적인 순간이 없었던 것은 아니다. 영연방 시민권을 영국 시민권으로 인정하고 이들에게 자유 입국 권리를 부여한 1948년의 의회 조치에 힘입어 1950년대에는 서인도제도 이민자들의 희망찬 도착이 시작되었다. 이는 관대했지만 이기적인 조치이기도 했다. 노동당과 보수당 정부 모두 이민자들이 미숙련 저임금 노동력의 부족을 메울 수 있는 인구라고 생각했다. 필자가 어렸던 1950년대, 런던에서 가장 다

문화적인 지역 중 하나였던 골더스 그린Golders Green에서도 이들의 존재는 왠지 모르게 이국적이었다. 자메이카와 트리니다드Trinidad 사람들은 솔퍼드의 '랭커셔 리그Lancashire League'라는 곳에서 프로 크리켓 경기를 하면서 무엇을 하고 있었을까? 그들의 수가 점점 늘어나 아일랜드의 킬번Kilburn과 노팅힐, 그리고 강 남쪽의 브릭스턴Brixton과 북동쪽의 토트넘Tottenham으로 이주하기 시작하자 그 결과로 폭발적인 마찰이 발생했다. 1962년에 영연방 이민자 법Commonwealth Immigrants Act이 통과되어 영국에 입국할 수 있는 영연방 시민의 범주를 기술 보유 및 영국 토착 주민과의 혈연관계를 기준으로 엄격하게 제한하게 된다. 1950년대에 이민 노동을 환영했던 것과 같은 이유가 이제는 이민 노동을 막는 이유가 되었다.

이러한 제한 조치의 발표는 오히려 이민의 물결을 가속화하여 1961년까지 매년 약 10만 명의 서인도계와 아시아계 인구가 입국하게 되었다. 노동당 정부가 증오 범죄와 폭력 선동을 막기 위한 인종 관계 법을 통과시켰음에도 불구하고 인종주의 정치는 더욱 가열되었다. 이미 1958년에는 노팅힐에서 폭동이 발생했다. 1981년 브릭스턴에서 다시 폭동이 일어났다. 하지만 1959년부터 매년 노팅힐 카니발이 열렸고, 41년 후, 불운했지만[68] 잠시나마 축제의 장이 되었던 밀레니엄 돔Millenium Dome 아래에서 1999년 새해 전야에 카니발 댄서들이 여왕 앞에서 춤을 추는 장면은 21세기 영국의 미래에 대해 진정성 있게 말해주는 기억에 남는 혼란스러운 밤의 몇 안 되는 순간 중 하나였다.

오늘날 영국 내 카리브해 계열 인구의 절반과 영국 내 아시아계 인구의 3분의 1이 영국에서 태어난 것이 사실이지만 이것은 여전히 전체 인구의 극히 일부에 불과하다. 또한 영제국 이후의 역사를 정직하게 서술하려면 1993년 런던에서 발생한 흑인 청소년 스티븐 로렌스Stephen Lawrence 살인 사건과 같은 인종차별적 참사, 무슬림 커뮤니티 내부에서 성장하는 분리주의적 근본주의의 호

---

[68] 주로 경제적인 측면에서 수지타산이 맞지 않는 건물이라는 뜻.

소력, 2002년 잉글랜드 크리켓 대표팀의 주장이 앵글로-인도계이고 바이킹이 관리하는 잉글랜드 축구팀에 흑인 선수가 있다는 사실을 직시해야 한다는 것도 사실이다. 다인종 영국의 미래를 위해 더 중요한 것은, 1997년에 실시한 여론 조사가 영국 태생 카리브해 남성의 50%와 영국 태생 아시아 남성의 20%가 백인 파트너가 있거나 한때 백인 파트너가 있었다는 것을 발견했다는 점이다. 2000년에 야스민 알리바이-브라운Yasmin Alibhai-Brown은 18세에서 30세 사이의 백인 영국인의 88%가 인종 간 결혼에 반대하지 않았고, 서인도제도와 동아시아인의 84%, 인도, 파키스탄, 방글라데시 출신자의 50%가 같은 생각을 가지고 있다는 사실을 발견했다.

영국에 색깔을 칠해보면 영국에 대한 해체주의적 주장이 얼마나 무미건조하고 방어적인지가 드러난다. 영국의 역사는 단순히 피식민지 국가에 대한 영국의 지배를 의미하는 잔인한 실수나 음모가 아니었다. 그것은 한 민족의 뿌리를 통째로 흔드는 일이었다. 한 유대인 지식인은 "뿌리"에 대한 조바심을 표현하며 "나무에는 뿌리가 있고 유대인에는 다리가 있다"[69]고 말한 적이 있다. 봄베이에서든 볼튼에서든 제국의 운명을 함께한 영국인들이 거리, 안방, 부엌, 침실에서 서로 마주친 것에 대해서도 비슷하게 말할 수 있을 것이다. 제임스 보스웰, 토머스 칼라일, 찰스 케네디Charles Kennedy 같은 스코틀랜드 사람들은 런던에서 자신의 길을 찾았고, 데이비드 로이드 조지 같은 웨일스 사람들도 그리 나쁘지 않았으며; 수많은 아일랜드인처럼 요크셔 출신이라는 사실에 기뻐했던 프로테스탄트 교도 조지 버나드 쇼 같은 아일랜드인들도 마찬가지였다; 그리고 이 점에 있어서는, 아홉 살짜리 아들과 함께 밀짚모자를 쓰고 블레이저를 입고 템즈강을 유람하며 다체트Datchet 근처에서 길게 늘어진 나뭇가지에 통통배가 걸려 있는 동안 『버드나무 속의 바람The Wind in the Willows』(1908)과 『보트에 탄 세 남자Three Men in a Boat』(1889)의 구절을 낭송해 주던 필자의 아버지처

---

[69] 유대인의 오랜 방랑을 의미.

럼 루마니아의 보토샤니Botosany나 터키의 이즈미르Izmir와 같은 외딴 곳에서 온 유대인들도 마찬가지였다.

그의 아들로 태어나고 자란(아버지도 보토샤니가 아닌 와이트채플Whitechapel에서 태어났다) 필자에게 영국인이라는 것은 유럽인이라는 의미이기도 하지만 다른 무언가가 된다는 의미이기도 했다. 그 다른 무언가라는 것이 영국의 공간에 대한 감각을 서쪽의 대서양 쪽으로 확장하는 것이든 그것을 넘어 전 세계로 확장하는 것이든, 비록 제국은 사라졌지만, 그것에 대해 방어적인 태도를 취할 필요는 없었다. 지금도 마찬가지다. 대서양 연안국인 영국의 국민으로서 필자가 이런 주장을 하는 것은 사실이지만, 드골 장군이 우리에게 강요하는 것처럼, 유럽 정체성과 유럽을 벗어난 정체성 사이에서 선택해야만 하는 커져가는 중압감은 우리 문화의 다양성을 위협하는 것처럼 보인다. 우리 역사의 유랑하고, 불안정하고, 복잡하고, 이주하는 특성은 유럽에게는 선물로 간주되어야 한다. 우리의 과거는, 특히 유럽 역사에서는 유일하게, 사회정의에 대한 열정과 까탈스럽게 구는bloody-minded 자유에 대한 끈질긴 애착을 결합시킨 과거이고, 전 세계 관료와 기업의 확고한 권위를 강화하는 것이 아니라 전복하기 위해 고안된 과거이다. 유럽의 식탁에서 우리의 좌석은 이러한 특유함peculiarities을 위한 공간을 확보해야 하며, 그렇지 않으면 아예 저녁 식사 자리에 나타나지 말아야 한다. 그렇다면 대안은 무엇일까? 그 어색하고 별난 것, 즉 영국의 역사를 사마귀와 온갖 흉터를 지닌 채로 브뤼셀이라는 경제 미용실에 내어주는 것은 손해를 보는 일이다. 그러나 제대로 몸단장만 하면 우리는 당연히, 주방에 쌓이는 설거지 거리가 소말리아, 알제리, 터키, 스리랑카에서 왔다는 사실은 모른 척한 체 레스토랑을 이용객하고 빌라를 임대하는 백인들이 문화적 세련미라는 상상 속의 개념하에 결속해서 만든 배타적인 클럽의 골드 멤버로서 그 혜택을 충분히 누릴 수 있을 것이다. 영국은 부끄러운 과거를 부정하는 것을 토대로 한 새로운 미래를 향해 서둘러 가서는 안 된다. 우리의 역사는 미래의 포로가 아니다; 사실 그것은 우리가 성숙해지기 위한 조건이다.

1940년대 중반과 후반에 각자의 방식으로 과거에 대해 글을 써내려 가느라 바빴던 두 작가 역시 많은 것을 알고 있었다. 윈스턴 처칠은 선거 후 우울증과 리비에라의 휴대용 의자에서 벗어나 다시 『영어권 민족들의 역사』로 돌아왔다. 연구를 위한 온갖 지원을 받았지만 처칠은 자신이 태어났던 19세기 말 이전을 거슬러 올라가는 이야기를 다루기에는 엄두가 나지 않았다. 그래서 그의 마지막 책(1950년대에 쓰여진)의 주인공은 처칠이 대서양 양단에 위치한 공동체의 숭고한 공통의 영웅으로 여겼던 에이브러햄 링컨Abraham Lincoln이었다. 동시에, 비록 처칠의 마지막 정권은 예전의 전시 행정부를 다시 재결합시켰다는 측면에서는 악명이 높았지만, 인류 문명의 멸망을 초래할 핵무기 군비 경쟁에 반대하는 처칠의 마지막 성전은 미래를 향한 것이었다. 처칠이 전 생애에 걸쳐 ― 제국주의 시대인 1890년대, 반유화정책의 시대인 1930년대, 그리고 지금 이 순간 ― 그리 해왔던 것처럼, 근대 민주주의에 대한 그의 역사 서술은, 그가 이해하기에는 이번 경우엔 역사 서사시에 가깝지만, 수소폭탄의 파괴로부터 돌아서라는 그의 호소를 더욱 절박한 것으로 만들었고, 그의 고별사를 더욱 가슴 아프게 만들었다: 그는 1955년 3월에 평민원에서 국방백서를 소개하는 그의 마지막 연설에서 이렇게 당부했다: "공정한 플레이, 동료에 대한 사랑, 정의와 자유에 대한 존중을 통해, 우리가 지금 살아야 하는 이 끔찍한 시대로부터 그토록 큰 고통을 겪은 세대가 결국엔 벗어나서, 평온하고 의기양양하게 앞으로 전진하는 새날이 동틀 것입니다. 그러는 동안 결코 움츠러들지 말고, 지치지 말고, 절망하지 마십시오".

5년 전인 1950년 1월 21일, 조지 오웰은 런던의 유니버시티 컬리지 병원에서 사망했다. 그가 마지막으로 발표한 글은 처칠의 회고록 『그들 최고의 시간 Their Finest Hour』(1949)에 대한 평론이었다. 자기 정당화를 위한 활동에 대해서는 독수리눈을 지닌 것처럼 날카로웠고 감상적인 회상에 대해서도 의심했던 오웰이기에 이 책과 그 저자를 경계했을 것이라고 짐작할 수도 있다. 하지만 전혀 그렇지 않았다. 그는 이 책의 일부가 선거 연설문에서 발췌한 것처럼 보이긴 하지만 "공인의 회고록이라기보다는 한 인간의 회고록에 가깝다"고 쓰면서 처칠에게 최고의 찬사를 보냈다. 그는 처칠에게 "어떤 대범함과 너그러움"이 있었기 때문에 평범한 사람들이 그를 소중히 여길 수밖에 없었다고 생각했다 – "해변에서 그들과 싸워야 한다"라고 말한 다음에 "그 나__들(b__s)[70]에게 병이라도 던질 것이다, 그게 우리에게 남은 전부이기에"라는 말을 덧붙이는 것을 보면 그러한 애정에는 이유가 있다는 것이 잘 드러난다.

오웰이 전사 처칠을 높이 평가하는 데에는 영국의 역사를 거의 무의식적으로 뼈와 피 속에 동화시킨 노인의 자연스러움이 작용했다는 것도 의심할 여지가 없다. 오웰 식의 과거는 아니었을지라도 와트 타일러와 크롬웰, 코벳은 물론 엘리자베스 1세와 디즈레일리도 포함시켰다. 그리고 오웰은 미래의 영국에서도 과거는 당당하게 사회에 녹아들어야 하며, 유니폼 단추에 사자와 유니콘이 여전히 그려져 있어야 한다고 생각했다. 귀족적인 토리주의(오웰은 수년 동안 자신을 "토리 무정부주의자"라고 표현하기도 했다)에도 불구하고 처칠은 평범한 사람들의 세계에 속해 있다는 오웰의 생각이 그가 "유럽의 마지막 남자"를 "윈스턴 스미스 Winston Smith"[71]라고 부르기로 한 결정에서 구체화되었다. 1949년에 출간된 그의 불멸의 걸작 『1984 Nineteen Eighty-Four』는 전쟁이 곧 평화이고 거짓이 곧 진실인 암울하게 획일화된 국가를 빅 브라더 Big Brother의 폭압이 지배하는 이중적인 미래에 대한 악몽 같은 비전으로 기억되는 것이 보통이다. 이 작품의 대부분은 홀아비가 된 오웰이 헤브리디스제도의 가장자리에 있는 쥬러 Jura 섬의 신문사 소유주 데이비드 애스터 David Ester가 빌려준 별장에 머물면서 썼다. 인구는 약 300명, 우편물은 일주일에 한 번 정도, 전화도 없고 전기도 들어오지 않는 곳이었다. 그를 죽일 결핵이 점점 악화되고 있었지만 그는 때로는

---

70 욕설이라서 처칠 자신이나 출판사에서 자체 검열한 표기 방식. 평소 처칠의 말투로 짐작해 보면 원래는 '나쁜 놈들(bastards)'이었을 것으로 짐작할 수 있다.
71 『1984』의 주인공.

무릎을 꿇고 타자기를 치며 글을 썼고, 입양한 아들 리처드도 곁에 있었다. 유모가 떠나고 난 후엔 여동생 애브릴이 두 사람을 돌봐주었다. 반힐 코티지 Barnhill Cottage는 엄청나게 외진 곳이었지만 오웰은 외롭지 않았다. 그곳까지 가는 험난한 여정을 감내할 수 있다면 친구들이 수시로 드나들었으니까. 오웰은 정적이고 일상적인 정치와 런던의 문단 생활에서 벗어나 자신에게 가장 중요한 것, 즉 '빅 브라더' 정권의 잔인한 괴물인 '당' 안에서 결합된 초강대국과 초기업 시대의 자유의 운명에 집중하고 싶었을 뿐이었다.

이 책을 권력의 남용에 대한 장황한 강의가 아닌 잉글랜드의 소설 그 자체로 읽지 않는 한, 쥬러 섬의 독수리와 붉은 사슴, 해달 사이에서 오웰이 역사의 긴요성에 대한 가장 열정적인 논증을 쓰고 있었다는 사실을 간과하기 쉽다. 역사와 기억은 자유의지와 대립되는 것이 아니라 자유의지의 조건이다. 저항군을 운영하고 있다고 그를 속이던 오브라이언이 윈스턴 스미스에게 미래를 위한 건배를 함으로써 그의 입대를 확정지으려 하자, 윈스턴은 잔을 들어 "'과거를 위하여'라고 맞받아쳤고, '과거가 더 중요하지'라고 오브라이언이 심각하게 동의한다". 역사가 폭정의 적이기에 망각은 폭정의 가장 큰 공범이다. 당은 망각을 조장함으로써 자신들이 멋대로 선택한 버전의 과거를 불행한 신민들에게 자유롭게 강요할 수 있게 되었다. 윈스턴의 연인 줄리아는 "1960년대 초반 이전의 기억이 전혀 없다"고 한다. 하지만 아무튼 윈스턴의 의식에서 기억은 완전히 지워지지는 않았다. 예전의 상황이 늘 현재와 같지 않았다는 것을 느끼는 감각을 통해서가 아니라면 그의 강한 혐오감을 어떻게 설명할 수 있을까? 그리고 과거가 다시 떠오르기 시작한다. 한 노인은 예전의 맥주가 더 좋았다는 것을 어렴풋이 기억한다. 그는 고물상에서 산호 조각이 안에 박혀 있는 100년 이상 된 유리로 만든 문진paperweight[72]을 구입하고는 주머니에 넣어두는데, 이 문진은 기억의 방아쇠이자 상상의 자유를 주는 부적이 된다. 시간의 회복에 도

---

72 책장이 넘어가지 않도록 눌러서 고정시키는 도구.

취된 그는 모든 기록물을 파괴한 혁명과 당을 비난할 만큼 무모하다: "역사는 멈췄다. 당이 항상 옳기만 한 끝없는 현재 외에는 아무것도 존재하지 않는다."

조지 오웰이 미래, 어느 정도 자유로워진 미래를 갖기 위해서는 과거에 대한 믿음을 유지해야 한다고 주장한 것보다 더 영국적—잉글랜드적이라고 해도 좋다—인 것은 없을 것이다. 그에게 이보다 더 중요한 것은 오직 한 가지였는데 그것은 자연이었다. 윈스턴 스미스는 과거의 시간대에 내포된 그것의 대안적 결과들을 상상하게 해줄 문서보관소에 갈 시간도 없고 접근 권한도 없다. 그러나 그는 과거의 언젠가에 급진주의자였던 워즈워스나 콜리지와 다를 바 없이 "황금의 나라Golden Country"를 꿈꾼다. 그의 꿈속에 펼쳐진 그곳은 "토끼가 풀을 뜯는 오래된 목초지였고, 길게 가로지르는 발자국들이 남아 있었으며, 여기저기 두더지 굴이 있었다. 맞은편의 들쑥날쑥한 울타리에는 느릅나무의 가지가 바람에 아주 살며시 흔들리고 있었고, 그 잎사귀는 마치 여자 머리카락처럼 빽빽하게 휘날리고 있었다. 시야에 들어오지는 않지만 손에 닿을 듯이 가까운 곳 어딘가에는 유유히 흐르는 맑은 시냇물도 있었고 버드나무 아래의 웅덩이에서는 황어가 헤엄을 치고 있었다". 오웰은 이 황금의 나라를 덧없는 곳으로 묘사했지만 거기엔 자연, 사랑, 자유, 역사가 모두 함께 얽혀 있기에 이런 곳은 실제로도 존재한다. 그보다 앞선 시대의 어떤 이들은 그런 희망과 축복의 장소를 "예루살렘"이라고 불렀다. 그리고 우리 중 몇몇은, 고집스럽게도, 여전히 그곳을 영국이라고 부를 수 있다고 생각한다.

선별된 참고문헌*

출판된 1차 사료

Bagehot, Walter, *The English Constitution*(Chapman & Hall 1867, OUP 2001).

Bamford, Samuel, *Passages in the Life of a Radical*, 2 vols.(Simpkin, Marshall & Co. 1844).

Bartrum, Katherine, *A Widow's Reminiscences of the Siege of Lucknow*(J. Nisbet 1858).

Beeton, Mrs Isabella, *Book of Household Management*(S. O. Beeton 1861).

Bewick, Thomas, *A Memoir of Thomas Bewick, Written by Himself*(Jane Bewick and Longman & Co. 1862).

Booth, Charles, Life and Labour of the People in London, 10 vols.(Macmillan & Co. 1982-1987).

Brittain, Vera, *Testament of Youth: An Autobiographical Study of the Years 1900-1925* (Gollancz 1933).

Burke, Edmund, *Reflections on the Revolution in France, and on the Proceedings in Certain Societies in London Relative to that Event*(J. Dodsley 1790).

Campbell, George, *The Irish Land*(Trubner & Co. 1869).

Carlyle, Thomas, *Past and Present*(Chapman & Hall 1843).

Carlyle, Thomas, *Signs of the Times*(William Paterson 1882).

Churchill, Winston S., *Great Contemporaries*(Thornton Butterworth 1938).

Churchill, Winston S., *My Early Life: A Roving Commission*(Thornton Butterworth 1930).

Churchill, Winston S., *The Second World War*, 6 vols.(Cassell 1948-1954).

Churchill, Winston S., *The World Crisis, 1911-1918*, 2 vols.(Thornton Butterworth 1923, 1927).

Cobbett, William, *Rural Rides in the Counties of Surrey, Kent, Sussex - with Economical*

---

* 〈약어〉 BM Press – British Museum Press; CUP – Cambridge University Press; OUP – Oxford University Press; UCL – University College, London; UP – 대학 출판부.

and Political Observations Relative to Matters Applicable to, and Illustrated by, the State of those Counties Respectively(William Cobbett 1830).

Coleridge, Samuel Taylor, and Wordsworth, William, *Lyrical Ballads, With a Few Other Poems*(Biggs & Cottle and T. N. Longman 1798).

Eden, Emily, '*Up the Country*': Letters Written to her Sister from the Upper Provinces of India, 2 vols.(1866).

Elphinstone, Mountstuart, *The History of India*, 2 vols.(Murray 1841).

Gaskell, Elizabeth, *Mary Barton: A Tale of Manchester Life*, 2 vols.(Chapman & Hall 1848).

Gubbins, Martin Richard, *An Account of the Mutinies in Oudh, and of the Siege of the Lucknow Residency*(Richard Bentley 1858).

Keith, A. B.(ed.), *Speeches and Documents on Indian Policy, 1750-1921*, 2 vols.(OUP 1922).

Kay-Shuttleworth, Sir James Phillips, *The Moral and Physical Conditions of the Working Classes Employed in the Cotton Manufacture in Manchester*(James Ridgway 1832).

Macaulay, Thomas Babbington, *Macaulay's Essays on Lord Clive and Warren Hastings* (Ginn 1931).

Mill, James, *The History of British India*, 3 vols.(1817).

Mill, John Stuart, *Autobiography*(Longmans, Green, Reader & Dyer 1873).

Mill, John Stuart, *On Liberty*(Longmans, Green, Reader & Dyer 1859).

Mill, John Stuart, *Principles of Political Economy*, 2 vols.(John W. Parker 1848).

Mill, John Stuart, *The Subjection of Women*(Longmans, Green, Reader & Dyer 1869).

More, Hannah, *Village Politics. Addressed to all the Mechanics, Journeymen, and Day Labourers, in Great Britain. By Will Chip, a Country Carpenter*(Simmons, Kirkby & Jones 1793).

Moritz, Carl Philipp, *Travels, Chiefly on Foot, Through Several Parts of England* … (G.G. and J. Robinson 1795).

Morton, H. V., *In Search of England*(Methuen 1927).

Orwell, George, *The Complete Works of George Orwell*, 20 vols.(Secker & Warburg 1998).

Paine, Thomas, *Rights of Man: Being an Answer to Mr Burke's Attack on the French Revolution*(J. Johnson 1791).

Paine, Thomas, *Rights of Man. Part the Second. Combining Principle and Practice*(J. S. Jordan 1792).

Pennant, Thomas, *A Tour in Scotland, and Voyage to the Hebrides*(B.White 1772).

Pennant, Thomas, *A Tour in Wales, 1773*(1773, H. Hughes 1778-1779).

Priestley, J. B., *English Journey* ··· *during the Autumn of the Year 1933*(Gollancz 1934).

Pugin, Augustus Welby Northmore, *Contrasts* ··· (1836).

Pugin, Augustus Welby Northmore, *The True Principles of Pointed or Christian Architecture*(John Weale 1841).

Price, Richard, *A Discourse on the Love of Our Country, Delivered on Nov. 4 1789, at the Meeting-House in Old Jewry, to the Society for Commemorating the Revolution in Great Britain*(T. Cadell 1789).

Rees, L. E., *A Personal Narrative of the Siege of Lucknow, from its Commencement to its Relief by Sir Colin Campbell*(Longman, Brown, Green, Longmans & Roberts 1858).

Rousseau, Jean-Jacques, *The Confessions of J. J. Rousseau; with the Reveries of the Solitary Walker*, 2 vols.(1782, J. Bews 1783).

Ruskin, John, *Sesame and Lilies*(Smith Elder 1865).

Smiles, Samuel, *Self-Help: With Illustrations of Character and Conduct*(Murray 1859).

Smith, Barbara Leigh, *A Brief Summary in Plain Language of the Most Important Laws Concerning Women*(1854, Trubner & Co. 1869).

Strachey, Lytton, *Eminent Victorians*(Chatto & Windus 1918).

Strachey, Lytton, *Queen Victoria*(Chatto & Windus 1921).

Thale, Mary(ed.), *Selections from the Papers of the London Corresponding Society, 1792-1799*(CUP 1983).

Thelwall, John, *The Peripatetic; or, Sketches of the Heart, of Nature and Society, in a Series of Politico-Sentimental Journals, in Verse and Prose, of the Eccentric Excursions of Sylvanus Theophrastus*, 3 vols.(1793).

Trevelyan, Charles Edward, *The Irish Crisis; being a Narrative of the Measures for the Relief of the Distress Caused by the Great Irish Famine of 1846-1847* ··· (Macmillan & Co. 1880).

Tytler, Harriet, *An Englishwoman in India: The Memoirs of Harriet Tytler, 1828-1858*, edited by Anthony Sattin(OUP 1986).

Wells, H. G., *The Outline of History: Being a Plain History of Life and Mankind* (George Newnes 1919).

West, Thomas, *A Guide to the Lakes, in Cumberland, Westmorland, and Lancashire*, (Richardson & Urquhart 1780).

Wollstonecraft, Mary, *A Vindication of the Rights of Men, in a Letter to the Right Honourable Edmund Burke Occasioned by His Reflections on the Revolution in France*(J. Johnson 1790).

Wollstonecraft, Mary, *A Vindication of the Rights of Woman: With Strictures on Political* and Moral Subjects(J. Johnson 1792).

Wordsworth, William, *The Prelude, or, Growth of a Poet's Mind: An Autobiographical Poem*(1798-1799, Edward Moxon 1850).

Young, Arthur, *A Six Months Tour Through the North of England: Containing an Account of the Present State of Agriculture, Manufactures and Population, in Several Counties of this Kingdom*(W. Strahan 1770).

개설서

Bayly, C. A., *Imperial Meridian: The British Empire and the World, 1780-1830*(Longman 1989).

Brewer, John, *The Pleasures of the Imagination: English Culture in the Eighteenth Century* (HarperCollins 1997).

Brown, Judith and Louis, Wm. Roger(eds.), *The Oxford History of the British Empire, Vol.4: The Twentieth Century*(OUP 1999).

Cain, P. J., and Hopkins, A. G., *British Imperialism: Innovation and Expansion 1688-1914*, 2 vols.(Longman 1993).

Cain, P. J., *Economic Foundations of British Overseas Expansion*(Palgrave Macmillan 1980).

Cannadine, David, *Class in Britain*(Yale UP 1998).

Cannadine, David, *Ornamentalism: How the British Saw Their Empire*(Allen Lane/Penguin Press 2001).

Corbett, David Peters, *et al.*(eds.), *The Geographies of Englishness: Landscape and the National Past, 1880-1940*(Yale UP 2002).

Fieldhouse, D. K., *Economics and Empire, 1880-1914*(Weidenfeld & Nicolson 1973).

Foster, R. F., *Modern Ireland, 1600-1971*(Allen Lane/Penguin Press 1988).

Groenewegen, Peter(ed.), *Feminism and Political Economy in England*(Elgar Publishing 1994).

Hobsbawm, Eric, and Ranger, Terence(eds.), *The Invention of Tradition*(CUP 1983).

Hyam, Ronald, *Britain's Imperial Century: 1815-1914*(Palgrave Macmillan 1993).

James, Lawrence, *The Rise and Fall of the British Empire*(Little, Brown & Co. 1994).

Kiernan, V. G., *The Lords of Human Kind: European Attitudes towards the Outside World in the Imperial Age*(Weidenfeld & Nicolson 1969).

Lee, J., *The Modernization of Irish Society*(Gill & Macmillan 1973).

Mansergh, Nicholas, *The Irish Question*(Allen & Unwin 1975).
Porter, Roy, *English Society in the Eighteenth Century*(Penguin 1982).
Porter, Andrew, and Low, Alaine(eds.), *The Oxford History of the British Empire, Vol. III: The Nineteenth Century*(OUP 1999).
Prochaska, F. K., *The Republic of Britain, 1760-2000*(Allen Lane 2000).
Purvis, June, and Holton, Sandra Stanley(eds.), *Votes for Women*(Routledge 2000).
Schama, Simon, 'The Domestication of Majesty: Royal Family Portraiture 1500-1850' in *Art and History*, pp.155~185, edited by Robert I. Rotberg and Theodore K. Rabb(CUP 1988).
Thompson, E. P., *The Making of the English Working Class*(Gollancz 1963, Penguin 1968).
Wright, Patrick, *On Living in an Old Country: The National Past in Contemporary Britain* (Verso 1985).

2차 사료

Chapter 1 자연의 힘: 혁명으로 가는 길?
Chapter 2 자연의 힘: 집으로 가는 길

Andrews, Malcolm, *The Search for the Picturesque: Landscape Aesthetics and Tourism in Britain, 1760-1800*(Stanford 1989).
Ayling, Stanley, *Edmund Burke*(Murray 1988).
Bannet, Eve Tavor, *The Domestic Revolution: Enlightenment Feminisms and the Novel* (Johns Hopkins UP 2000).
Barker-Benfield, G. J., *The Culture of Sensibility: Sex and Society in Eighteenth-century Britain*(University of Chicago Press 1992).
Barrell, John, *Imagining the King's Death: Figurative Treason, Fantasies of Regicide*(OUP 2000).
Bate, Jonathan, *Romantic Ecology: Wordsworth and the Tradition*(Routledge 1991).
Bate, Jonathan, *The Song of the Earth*(Picador 2000).
Behrendt, Stephen C., *Romanticism, Radicalism and the Press*(Wayne State UP 1997).
Blakemore, Steven, *Burke and the Fall of Language*(Brown UP 1988).
Briggs, Asa, *William Cobbett*(OUP 1967).
Bromwich, David, *Hazlitt: The Mind of a Critic*(OUP 1983).

Chard, Chloe, and Langdon, Helen(eds.), *Transports: Travel, Pleasure and Imaginative Geography, 1600-1830*(Yale UP 1996).

Claeys, Gregory(ed.), *The Politics of English Jacobinism: Writings of John The lwall* (Pennsylvania State UP 1995).

Clark, J. C. D., *English Society 1688-1832*(CUP 1985).

Cookson, J. E., *The British Armed Nation, 1793-1815*(Clarendon Press 1997).

Cookson, J. E., *The Friends of Peace: Anti-War Liberalism in England, 1793-1815*(CUP 1982).

Crossley, Ceri, and Small, Ian(eds.), *The French Revolution and British Culture*(OUP 1989).

Davis, Michael T., *Radicalism and Revolution in Britain, 1775-1848: Essays in Honour of Malcolm I. Thomis*(St Martin's Press 2000).

Deane, Seamus, *The French Revolution and the Enlightenment in England, 1789-1832* (Harvard UP 1988).

Duff, Gerald, *William Cobbett and the Politics of the Earth*(Edwin Mellen Press 1972).

Dyck, Ian, *William Cobbett and Rural Popular Culture*(CUP 1992).

Elliott, Marianne, *Partners in Revolution: The United Irishmen and France*(Yale UP 1982).

Elliott, Marianne, *Wolfe Tone: Prophet of Irish Independence*(Yale UP 1989).

Emsley, Clive, *British Society and the French Wars, 1793-1815*(Macmillan 1979).

Everett, Nigel, *The Tory View of Landscape*(Yale UP 1994).

Gaull, Marilyn, *English Romanticism: The Human Context*(W. W. Norton 1988).

Grayling, A. C., *The Quarrel of the Age: The Life and Times of William Hazlitt*(Phoenix 2001).

Hobsbawm, E. J., and Rudé, George, *Captain Swing*(Lawrence &Wishart 1969).

Holmes, Richard, *Coleridge: Early Visions*(Hodder & Stoughton 1989).

Holmes, Richard, *Coleridge: Darker Reflections*(HarperCollins 1998).

Jacobs, Diane, *Her Own Woman: The Life of Mary Wollstonecraft*(Abacus 2001).

Jarrett, Derek, *The Begetters of Revolution: England's Involvement with France, 1759-1789* (Longman 1973).

Jarvis, Robin, *Romantic Writing and Pedestrian Travel*(Macmillan 1997).

Keane, John, *Tom Paine*(Little, Brown & Co. 1995).

Knight, Frida, *University Rebel: The Life of William Frend, 1757-1841*(Gollancz 1971).

Kramnick, Isaac, *The Rage of Edmund Burke: Portrait of an Ambivalent Conservative* (Basic Books 1977).

Kritz, Kay Dian, *The Idea of the English Landscape Painter: Genius as Alibi in the Early*

Nineteenth Century(Yale UP 1997).

Newman, Gerald, *The Rise of English Nationalism: A Cultural History 1740-1830*(St Martin's Press 1997).

O'Brien, Conor Cruise, *The Great Melody: A Thematic Biography and Commented Anthology of Edmund Burke*(Sinclair Stevenson 1992).

O'Brien, P., *Debate Aborted: Burke, Priestley, Paine and the Revolution in France, 1789-1791*(Scotforth 1996).

Paulin, Tom, *The Day Star of Liberty: William Hazlitt and Radical Style*(Faber 1998).

Porter, Roy, *The Enlightenment: Britain and the Creation of the Modern World*(Penguin 2000).

Robinson, Jeffrey C., *The Walk: Notes on a Romantic Image*(University of Oklahoma Press 1989).

Royle, Edward, *Revolutionary Britannia? Reflections on the Threat of Revolution in Britain, 1789-1848*(Manchester UP 2000).

Schweizer, Karl W., and Osborne, John(eds.), *Cobbett in His Times*(Leicester UP 1990).

Solnit, Rebecca, *Wanderlust: A History of Walking*(Viking 2000).

Thomis, Malcolm I., and Holt, Peter, *Threats of Revolution in Britain, 1789-1848*(Macmillan 1977).

Tillyard, Stella, *Citizen Lord: Edward Fitzgerald, 1763-1798*(Chatto & Windus 1997).

Todd, Janet, *Mary Wollstonecraft: A Revolutionary Life*(Weidenfeld & Nicolson 2000).

Tomalin, Claire, *The Life and Death of Mary Wollstonecraft*(Weidenfeld & Nicolson 1974, Penguin 1985).

Tyson, Gerald. P., *Joseph Johnson: A Liberal Publisher*(University of Iowa Press 1979).

Wallace, Anne D., *Walking, Literature and English Culture: The Origins and Uses of Peripatetic in the Nineteenth Century*(OUP 1993).

Wells, Roger, *Wretched Faces: Famine in Wartime England*(Sutton 1988).

Williams, Raymond, *The Country and the City*(Penguin 1973).

Worthen, John, *The Gang: Coleridge, the Hutchinsons and the Wordsworths in 1802*(Yale UP 2001).

Chapter 3 **여왕벌과 벌집**
Chapter 4 **부인, 딸, 과부**

Altick, Richard D., *Victorian People and Ideas*(W. W. Norton 1973).

Ashton, O., Fyson, R., and Roberts, S.(eds.), *The Chartist Legacy*(Merlin Press 1999).

Auerbach, Jeffrey A., *The Great Exhibition of 1851: A Nation on Display*(Yale UP 1999).

Bolster, Evelyn, *Sisters of Mercy in the Crimea*(Cork 1964).

Briggs, Asa, *Victorian Cities*(Odhams 1963).

Briggs, Asa, *Victorian People*(Penguin 1965).

Briggs, Asa, *Victorian Things*(Batsford 1988).

Cannadine, David et al., *The Houses of Parliament: History, Art and Architecture*(Merrell 2000).

Cecil, David, *Melbourne*(Constable 1965).

Curl, James Stevens, *The Victorian Celebration of Death*(Sutton 2000).

Davis, John R., *The Great Exhibition*(Sutton 1999).

Davidoff, Leonore, and Hall, Catherine, *Family Fortunes: Men and Women of the English Middle Class, 1780-1850*(Hutchinson 1987).

Edsall, N. C., *The Anti-Poor Law Movement, 1834-1844*(Manchester UP 1971).

Epstein, James, *The Lion of Freedom: Feargus O'Connor and the Chartist Movement, 1832-1842*(Croom Helm 1982).

Freeman, Michael, *Railways and the Victorian Imagination*(Yale UP 1999).

Gernsheim, Helmut, and Alison, *Queen Victoria: A Biography in Word and Picture* (Longman 1959).

Goldie, Sue M.(ed.), *Florence Nightingale, Letters from the Crimea*(Mandolin 1996).

Greenall, R. L., *The Making of Victorian Salford*(Carnegie Publishing 2000).

Hardie, Frank, *The Political Influence of Queen Victoria, 1861-1901*(Frank Cass 1963).

Harrison, J. F. C., *Early Victorian England, 1832-1851*(Fontana 1988).

Hawarden, Lady Clementina, *Studies in Life, 1859-1864*(V&A Publications 1999).

Hibbert, Christopher, *Queen Victoria: A Personal History*(Da Capo Press 2001).

Hibbert, Christopher, *Queen Victoria in Her Letters and Journals*(John Murray 1984).

Homans, Margaret, *Royal Representations: Queen Victoria and British Culture, 1837-1876* (University of Chicago Press 1998).

Jones, David J. V., *The Last Rising: The Newport Insurrection of 1839*(Clarendon Press 1985).

Kaplan, Fred, *Thomas Carlyle*(Cornell UP 1983).

Kohlmaier, Georg, and Sartory, Barna von, *Houses of Glass: A Nineteenth-century Building Type*(MIT Press 1986).

Langland, Elizabeth, *Nobody's Angels: Middle-Class Women and Domestic Ideology in Victorian Culture*(Cornell UP 1995).

Levine, Philippa, *Victorian Feminism, 1850-1900*(Hutchinson Education 1987).

Longford, Elizabeth, *Victoria, RI*(Weidenfeld & Nicholson 1964).

Munich, Adrienne, *Queen Victoria's Secrets*(Columbia UP 1996).

Nevill, Barry St-John(ed.), *Life at the Court of Queen Victoria*(Webb & Bower 1984).

Perkin, Joan, *Victorian Women*(John Murray 1993).

Pevsner, Nikolaus, *Studies in Art, Architecture and Design, Vol.II: Victorian and After* (Princeton 1968, Thames & Hudson 1982).

Port, M. H.(ed.), *The Houses of Parliament*(Yale UP 1976).

Rose, Phyllis, *Parallel Lives: Five Victorian Marriages*(Chatto &Windus 1984).

Schwarzkopf, Jutta, *Women in the Chartist Movement*(Palgrave Macmillan 1991).

Seacole, Mary, *The Wonderful Adventures of Mrs Seacole in Many Lands*(Falling Walls Press 1984, OUP 1990).

Smith, F. B., *Florence Nightingale: Reputation and Power*(Croom Helm 1982).

Stone, Lawrence, *Road to Divorce: England, 1530-1987*(OUP 1990).

Thompson, Dorothy, *Queen Victoria: Gender and Power*(Virago 1990).

Thompson, F. M. L., *The Rise of Respectable Society: A Social History of Victorian Britain, 1830-1900*(Fontana 1988, Harvard UP 1989).

Vallone, Lynn, *Becoming Victoria*(Yale UP 2001).

Vicinus, Martha, *Independent Women: Work and Community for SingleWomen, 1850-1920*(Virago 1985).

Vicinus, Martha, *A Widening Sphere: Changing Roles of Victorian Women*(Indiana UP 1977, Methuen 1980).

Weaver, Mike(ed.), *British Photography in the Nineteenth Century: The Fine Art Tradition* (CUP 1989).

Weaver, Mike, *Julia Margaret Cameron, 1815-1879*(Herbert 1984).

Weintraub, Stanley, *Victoria: Biography of a Queen*(Allen & Unwin 1987).

Young, G. M., *Victorian England: Portrait of an Age*(OUP 1936).

Ziegler, Philip, *Melbourne: A Biography of William Lamb, 2nd Viscount Melbourne*(Collins 1976).

Chapter 5 선한 의도의 제국: 투자
Chapter 6 선한 의도의 제국: 배당금

Arnold, David, *Colonizing the Body: State Medicine and Epidemic Disease in*

Nineteenthcentury India(University of California Press 1993).

Arnold, David, and Hardiman, David(eds.), *Subaltern Studies, Vol. VIII: Essays in Honour of Ranajit Guha*(OUP 1993).

Bayly, C. A., *Empire and Information: Intelligence Gathering and Social Communication in India, 1780-1870*(CUP 1996).

Bayly, C. A., *Indian Society and the Making of the British*(CUP 1988).

Bayly, C. A., *Rulers, Townsmen and Bazaars: North Indian Society in the Age of British Expansion, 1770-1870*(CUP 1983).

Bayly, C. A., *The Raj: India and the British, 1600-1947*(National Portrait Gallery 1990).

Bayly, Susan, *Caste, Society and Politics in India from the 18th Century to the Modern Age* (CUP 1999).

Blake, Robert, *Disraeli*(Eyre & Spottiswoode 1966).

Clive, John, *Macaulay: The Shaping of the Historian*(Random House 1973).

Codell, Julie F. and Macleod, Dianne Sachko(eds.), *Orientalism Transposed: The Impact of the Colonies on British Culture*(Ashgate Publishing 1998).

Cohn, Bernard S., *Colonialism and Its Forms of Knowledge: The British in India*(Princeton UP 1996).

Crosby, Travis L., *The Two Mr Gladstones: A Study in Psychology and History*(Yale UP 1997).

Davis, Mike, *Late Victorian Holocausts: El Niño Famines and the Making of the Third World*(Verso 2001).

Davis, Richard, *Disraeli*(Little, Brown & Co. 1976).

Donnelly, James S. Jr., *The Great Irish Potato Famine*(Sutton 2001).

Edney, Matthew H., *Mapping an Empire: The Geographical Construction of British India, 1765-1843*(University of Chicago Press 1997).

Edwardes, Michael, *A Season in Hell: The Defence of the Lucknow Residency*(Taplinger Publishing 1973).

Foster, R. F., *Charles Stewart Parnell: The Man and His Family*(Harvester Press 1976).

Gribben, Arthur(ed.), *The Great Famine and the Irish Diaspora in America*(Massachusetts UP 1999).

Guha, Ranajit, and Spivak, Gayatry(eds.), *Selected Subaltern Studies*(OUP 1988).

Hamer, D. A., *Liberal Politics in the Age of Gladstone and Rosebery: A Study in Leadership and Policy*(OUP 1972).

Hibbert, Christopher, *The Great Mutiny: India 1857*(Allen Lane/Penguin Press 1978).

Hoppen, K. Theodore, *Elections, Politics and Society in Ireland 1832-1885*(Clarendon

Press 1984).

Jenkins, Roy, *Gladstone*(Macmillan 1995).

Jordan, Donald, *Land and Popular Politics in Ireland*(CUP 1994).

Kinealy, Christine, *The Great Irish Famine: Impact, Ideology, Rebellion*(Palgrave Macmillan 2002).

Kissane, Noel, *The Irish Famine: A Documentary History*(National Library of Ireland 1995, Syracuse UP 1996).

Lyons, F. S. L., *Ireland Since the Famine*(Weidenfeld & Nicolson 1971).

Marsh, Peter, *Joseph Chamberlain: Entrepreneur in Politics*(Yale UP 1994).

Matthew, H. C. G., *Gladstone, 1809-1874*(Clarendon Press 1986).

Matthew, H. C. G., *Gladstone, 1875-1898*(Clarendon Press 1995).

Matthew, H. C. G., *The Gladstone Diaries,* vols.5-14(Clarendon Press 1978-1994).

Matthew, H. C. G., *The Liberal Imperialists*(Clarendon Press 1972).

McLaren, Martha, *British India and British Scotland, 1780-1830: Career-Building, Empire-Building and a Scottish School of Thought on Indian Government*(University of Akron Press 2001).

Metcalf, T. R., *Ideologies of the Raj*(CUP 1995).

Metcalf, T. R., *Land, Landlords and the British Raj*(University of California Press 1979).

Morash, Chris and Hayes, Richard(eds.), *'Fearful Realities': New Perspectives on the Famine*(Irish Academic Press 1996).

Morris, James, *Farewell the Trumpets: An Imperial Retreat*(Faber 1978).

Morris, James, *Heaven's Command: An Imperial Progress*(Faber 1973).

Morris, James, *Pax Britannica: The Climax of an Empire*(Faber 1968).

Mukherjee, Rudrangshu, *Awadh in Revolt, 1857-1858: A Study in Popular Resistance*(OUP 1985).

O'Cathoir, Brendan(ed.), *Famine Diary*(Irish Academic Press 1997).

O'Gráda, Cormac, *Black '47 and Beyond: The Great Irish Famine in History, Economy and Memory*(Princeton UP 1999).

Oldenburg, Veena Talwa, *The Making of Colonial Lucknow, 1856-1877*(Princeton UP 1984).

Parry, J. P., *Democracy and Religion: Gladstone and the Liberal Party, 1867-1875*(CUP 1986).

Roberts, Andrew, *Salisbury: Victorian Titan*(Weidenfeld & Nicolson 1999).

Sen, Amartya, *Poverty and Famines: An Essay on Entitlement and Deprivation*(OUP 1981).

Shannon, Richard T., *The Age of Disraeli and the Rise of Tory Democracy*(Longman

1992).

Shannon, Richard T., *Gladstone*, 2 vols.(Penguin 1999-2000).

Shannon, Richard T., *Gladstone and the Bulgarian Agitation*, 1876(Nelson 1963).

Stokes, E. T., *The English Utilitarians and India*(OUP 1963).

Stokes, E. T., *The Peasant and the Raj: Studies in Agrarian Society and Peasant Rebellion in Colonial India*(CUP 1978).

Stokes, E. T., and Bayly, C. A.(eds.), *The Peasant Armed: The Indian Rebellion of 1857* (OUP 1986).

Townshend, Charles, *Political Violence in Ireland: Government and Resistance since 1848* (Clarendon Press 1983).

Veer, Peter van der, *Imperial Encounters: Religion and Modernity in India and Britain* (Princeton UP 2001).

Chapter 7 블레이즈오버의 최후?
Chapter 8 인내심

Addison, Paul, *Churchill on the Home Front, 1900-1955*(Cape 1992).

Addison, Paul, *The Road to 1945: British Politics and the Second World War*(Cape 1975).

Alibhai-Brown, Yasmin, *Who Do We Think We Are? Imagining the New Britain*(Allen Lane 2000).

Barnett, Corelli, *The Audit of War: The Illusion and the Reality of Britain as a Great Power* (Macmillan 1986).

Beckett, Francis, *Clem Attlee*(Richard Cohen 1997).

Benson, John(ed.), *The Working Class in England, 1875-1914*(Croom Helm 1985).

Best, Geoffrey, *Churchill: A Study in Greatness*(Hambledon & London Ltd 2001).

Blake, Robert, *The Conservative Party from Peel to Thatcher*(Methuen 1985).

Blake, Robert, and Louis, Wm. Roger(eds.), *Churchill*(OUP 1993).

Blythe, Ronald, *The Age of Illusion: England in the Twenties and Thirties*(OUP 1983).

Bogdanor, Vernon, *Devolution in the United Kingdom*(OUP 1999).

Calder, Angus, *The People's War: Britain 1939-1945*(Cape 1969, Pimlico 1992).

Cairncross, Alec, *The British Economy Since 1945*(Blackwell Publishers 1992).

Cannadine, David, *Aspects of Aristocracy*(Yale UP 1994).

Cannadine, David(ed.), *Blood, Tears, Toil and Sweat: The Speeches of Winston Churchill* (Weidenfeld & Nicolson 1989).

Cannadine, David, *The Decline and Fall of the British Aristocracy*(Yale UP 1990).
Chamberlin, Russell, *The Idea of England*(Thames & Hudson 1986).
Charmley, John, *Chamberlain and the Lost Peace*(Hodder & Stoughton 1989).
Charmley, John, *Churchill: An End of Glory: A Political Biography*(Hodder & Stoughton 1993).
Churchill, Randolph S., and Gilbert, Martin S., *Winston S. Churchill*, 21 vols.(Heinemann, 1966-1988).
Clark, Alan, *The Tories: Conservatism and the Nation State, 1922-1997*(Weidenfeld & Nicolson 1998).
Clarke, Peter, *Hope and Glory Britain, 1900-1990*(Allen Lane 1996).
Clarke, Peter, *The Keynesian Revolution and Its Economic Consequences*(Edward Elgar 1998).
Clarke, Peter, *Lancashire and the New Liberalism*(CUP 1971)
Collini, Stefan, *English Pasts: Essays in History and Culture*(OUP 1999).
Crick, Bernard, *George Orwell: A Life*(Secker &Warburg 1980).
Danchev, Alex, and Todman, Daniel(eds.), *Field Marshal Lord Alanbrooke: War Diaries, 1939-1945*(University of California Press 2001).
Dangerfield, George, *The Strange Death of Liberal England*(Constable 1936; Serif 1997).
Darby, Wendy *Joy, Landscape and Identity: Geographies of Nation and Class in England* (Berg 2000).
Dell, Edmund, *A Strange Eventful History: Democratic Socialism in Britain*(HarperCollins 2000).
Devine, T. M., and Finlay, R. J.(eds.), *Scotland in the Twentieth Century*(Edinburgh UP 1996).
Ferguson, Niall, *The Pity of War*(Allen Lane/Penguin Press 1998).
Gilbert, Martin, *Churchill: A Life*(Heinemann 1991).
Gilbert, Martin, and Gott, Richard, *The Appeasers*(Weidenfeld & Nicolson 1967).
Grigg, John, *Lloyd George: From Peace to War, 1912-1916*(Methuen 1985).
Grigg, John, *Lloyd George: The People's Champion, 1902-1911*(Eyre Methuen 1978).
Harris, José, *Private Lives, Public Spirit: Britain, 1870-1914*(OUP 1993).
Harris, José, *William Beveridge: A Biography*(Clarendon Press 1997).
Harrisson, Tom, *Living through the Blitz*(Penguin 1990).
Hennessy, Peter, *Never Again: Britain, 1945-1951*(Cape 1992).
Hiro, Dilip, *Black British, White British*(Eyre & Spottiswoode 1971).
Hitchens, Christopher, *Orwell's Victory*(Allen Lane/Penguin Press 2002).

Holton, Sandra, *Feminism and Democracy: Women's Suffrage and Reform Politics in Britain, 1900-1918*(CUP 1986).
Howkins, Alun, *Reshaping Rural England, 1850-1925: A Social History*(HarperCollins 1991).
James, Robert Rhodes, *The British Revolution, 1880-1939*(Hamish Hamilton 1976).
James, Robert Rhodes, *Churchill: A Study in Failure*(Weidenfeld & Nicolson 1970).
James, Robert Rhodes(ed.), *Winston S. Churchill: His Complete Speeches, 1897-1963*, 8 vols.(Chelsea House Publishers 1974).
Jenkins, Roy, *Asquith*(HarperCollins 1986).
Jenkins, Roy, *Churchill: A Biography*(Macmillan 2001).
Jones, Gareth Stedman, *Outcast London: A Study in the Relationship Between Classes in Victorian Society*(Clarendon Press 1971).
Joyce, Patrick, *Visions of the People: Industrial England and the Question of Class, 1848-1914*(CUP 1991).
Lukacs, John, *The Duel: Hitler v. Churchill, 10 May - 31 July 1940*(Bodley Head 1990).
Lukacs, John, *Five Days in London, May 1940*(Yale UP 1999).
Mandler, Peter, *The Fall and Rise of the Stately Home*(Yale UP 1997).
Mandler, Peter, *History and National Life*(Profile Books 2002).
Marsh, Peter J., *Joseph Chamberlain: Entrepreneur in Politics*(Yale UP 1994).
Marwick, Arthur, *Britain in the Century of Total War*(Bodley Head 1968).
Marwick, Arthur, *The Home Front: The British and the Second World War*(Thames & Hudson 1976).
McKibbin, Ross, *Classes and Cultures: England, 1918-1951*(OUP 1998).
Meyers, Jeffrey, *Orwell: Wintry Conscience of a Generation*(W. W. Norton 2000).
Morgan, Kenneth O., *Britain Since 1945: The People's Peace*(OUP 1990).
Morgan, Kenneth O., *Labour in Power, 1945-1951*(Clarendon Press 1984).
Morgan, Kenneth O., *Rebirth of a Nation: Wales 1880-1980*(Clarendon Press 1981).
Parker, R. A. C., *Chamberlain and Appeasement: British Policy and the Coming of the Second World War*(Macmillan 1993).
Parker, R. A. C., *Churchill and Appeasement*(Macmillan 2000).
Paxman, Jeremy, *The English: A Portrait of a People*(Michael Joseph 1998).
Pedersen, Susan, and Mandler, Peter(eds.), *After the Victorians: Private Conscience and Public Duty in Modern Britain*(Routledge 1994).
Pugh, Martin, *The Making of Modern British Politics, 1867-1939*(Basil Blackwell 1982).
Pugh, Martin, *The Tories and the People, 1880-1935*(Basil Blackwell 1985).

Ramadin, Ron, *Re-imagining Britain: 500 Years of Black and Asian History*(Pluto Press 1999).

Roberts, Andrew, *Eminent Churchillians*(Simon & Schuster 1994).

Roberts, Andrew, *The 'Holy Fox': A Biography of Lord Halifax*(Weidenfeld & Nicolson 1991).

Roberts, Andrew, *Salisbury: Victorian Titan*(Weidenfeld & Nicolson 1999).

Rose, Norman, *Churchill: An Unruly Life*(Simon & Schuster 1994).

Samuel, Raphael, *Theatres of Memory, Vol.II: Island Stories: Unravelling Britain*(Verso 1998).

Shelden, Michael, *Orwell: The Authorised Biography*(Heinemann 1991).

Skidelsky, Robert, *The Politicians and the Slump: The Labour Government of 1929-1931* (Macmillan 1967).

Spencer, Ian R. G., *British Immigration Policy since 1939: The Making of Multi-Racial Britain*(Routledge 1997).

Stansky, Peter, and Abrahams, William, *The Unknown Orwell*(Constable 1972).

Stewart, Graham, *Burying Caesar: Churchill, Chamberlain and the Battle for the Tory Party* (Weidenfeld & Nicolson 1999).

Taylor, A. J. P., et al., *Churchill: Four Faces and the Man*(Allen Lane/Penguin Press 1969).

Taylor, A. J. P., *English History 1914-1945*(OUP 1965).

Thompson, F. M. L., *The Rise of Respectable Society: A Social History of Victorian Britain, 1830-1900*(Fontana Press 1988).

Tiratsoo, Nick(ed.), *From Blitz to Blair: A New History of Britain since 1939*(Weidenfeld & Nicolson 1997).

Waller, P. J., *Town, City and Nation: England 1850-1914*(OUP 1983).

Weight, Richard, *Patriots: National Identity in Britain, 1940-2000*(Macmillan 2002).

Young, Hugo, *This Blessed Plot: Britain and Europe from Churchill to Blair*(Overlook Press 1998).

감사의 말

『**영국의** 역사』 프로젝트가 4년차에 접어들면서 많은 동료, 협력자, 친구들에게 더 많은 빚을 지게 되었다. BBC 월드와이드에서 샐리 포터Sally Potter, 벨린다 윌킨슨Belinda Wilkinson, 클레어 스콧Claire Scott, 린다 블레이크모어Linda Blakemore, 에스더 재거Esther Jagger, 올리브 피어슨Olive Pearson, 버네사 플레처Vanessa Fletcher, 존 파커John Parker와 함께 일할 수 있어서 정말 즐거웠다.

BBC 텔레비전에서 나는 〈영국의 역사〉를 특별한 방송으로 만들기 위해 헌신하는 훌륭한 팀의 일원으로 일할 수 있는 엄청난 행운을 누렸고, 그 일원이 된 우리 모두의 삶과 마찬가지로 방송에서 특별한 무언가를 만들 수 있었다: 특히 마틴 데이비슨Martin Davidson, 리즈 하트퍼드Liz Hartford, 클레어 비반Clare Beavan이 없었다면 이 프로그램이 이렇게까지 진행되지 못했을 것이며, 빅토리아 시대 프로그램의 감독인 제이미 뮤어Jamie Muir와 마티나 홀Martina Hall도 마찬가지였을 것이다; 카메라 뒤에서 불멸의 천재성을 발휘한 루크 카디프Luke Cardiff와 단골 제작진인 패트릭 에이컴Patrick Acum, 패트릭 루이스Patrick Lewis, 마이크 새러Mike Sarah, 그리고 촬영의 기복을 극복할 수 있도록 도와준 헬렌 닉슨Helen Nixon, 벤 레든Ben Ledden, 아담 워너Adam Warner 보조 프로듀서, 베니타

싱 워너Venita Singh Warner, 마크 월든 밀스Mark Walden-Mills, 조지아 모슬리Georgia Moseley, 대니 배리Dani Barry에게도 감사드린다. BBC 팩추얼BBC Factual의 수잔 하비는 친절한 천재성을 발휘하여 시리즈 홍보에 힘을 보탰다. 로렌스 리스Laurence Rees, 글렌윈 벤슨Glenwyn Benson, 제인 루트Jane Root는 이 프로젝트의 열렬한 지지자였으며, 프로그램과 책이 그들의 열정과 믿음에 빚진 빚을 조금이나마 갚을 수 있기를 바란다. 앨런 옌톱Alan Yentob은 처음부터 끝까지 따뜻한 마음을 가진 지지자이자 공범, 옹호자였다. 그렉 다이크Greg Dyke의 아들(그의 말에 의하면)과 제니스 해들로우Janice Hadlow도 모두 좋아했고, 그게 정말 중요한 전부였다. 작곡가인 존 핼John Harle은 훌륭한 친구이자 재능 있는 동료로, 그가 없었다면 프로그램의 음악이 완전히 달라졌을 것이다.

각 장의 초고를 읽고 제안, 유용한 비판, 격려의 말을 아끼지 않은 분들, 특히 존 브루어John Brewer, 질 슬로토버Jill Slotover, P. J. 마결P. J. Marshall, 존 스타일스John Styles, 피터 데이비슨Peter Davison, 데이비드 헤이콕David Haycock, 수전 페이젠스 쿠퍼Suzanne Fagence Cooper , 피터 클라우스Peter Claus에게도 감사를 표한다. 내 에이전트이자 친한 친구인 마이클 시슨스Michael Sissons와 로즈마리 스쿨러Rosemary Scoular, 제임스 길James Gill과 소피 로리모어Sophie Laurimore는 나를 비롯해 여러 가지 히스테리, 부패, 울화 상태의 나를 참아내야 했고, 나를 다시 정상 궤도에 올려놓는 추악한 일에서 결코 움찔하지 않았을 뿐만 아니라 그만한 가치가 있다는 모든 인상을 나에게 심어주었다. 지금도 그러길 바란다. 테리 피쿠치Terry Picucci는 말 그대로 나를 구부러지지 않게 해주었다. 내 사무실은 하루가 멀다 하고 토네이도가 몰아치는 지옥과도 같았지만 앨리샤 홀Alicia Hall은 여기서 영웅적인 승리를 거두었다. 특히 앤드루 아렌즈Andrew Arends(앤드루와 인연을 맺은 크레사이트Crescit), 릴리 브렛Lily Brett, 티나 브라운Tina Brown, 데이비드 랭킨David Rankin, 민디 엥겔 프리드먼Mindy Engel Friedman, 엘리어트 프리드먼Eliot Friedman, 조나단Jonathan과 필리다 길리Phyllida Gili, 앨리슨 도미니즈Alison Dominitz, 제럴딘 존슨Geraldine Johnson, 닉 호세Nick Jose, 클레어 로버트Claire

Roberts, 자넷 마슬린Janet Maslin, 스텔라 틸리야드Stella Tillyard, 레온 위젤티어Leon Wieseltier 등 많은 친구들이 제가 냉정을 유지할 수 있도록 도움을 주었다. 어거스터스 T. 박스 선샤인Augustus T. Box Sunshine은 항상 곁에 있었다.

가장 친하고 사랑하는 사람들은 항상 인내와 지원에 대한 감사의 인사를 받지만, 텔레비전과 문학이라는 두 세트의 동시 섬망에서 남편과 아버지를 견뎌내지 못한 가족은 "오랜 인내"라는 용어의 의미를 잘 알지 못한다. 이 모든 것을 견디고 여전히 내게 불합리한 사랑을 준 지니Ginny, 클로이Chloe, 개브리얼Gabriel에게 내 관심과 온 마음을 다해 보답한다.

안타깝게도 이 책을 읽지 못할 나의 오랜 친구 로이 포터Roy Porter가 있는데, 그는 이 책을 읽음으로써 자신의 위대하고 관대한 판단의 혜택을 받지는 못할 것이다. 하지만 스토리텔링 기술과 인간에 대한 통찰력에서 이 책이 빚진 사람이 있다면 그것은 바로 로이였고, 그의 부재는 결코 화해할 수 없을 것이며, 이 책은 그에 대한 기억에 바친다.

찾아보기

가닛, 터리서　460
가톨릭 해방　152
간디, 마하트마　411, 529
갈리폴리 상륙작전　410, 433, 467, 477~478
개럿(앤더슨), 엘리자베스　265
개스켈, 엘리자베스　199, 210, 223
게이츠켈, 휴　584
거빈스, 마틴　356~357
거튼 컬리지, 케임브리지　235, 267, 269
건샤임, 헬머트　214
게일스, 존　68
게일족 운동　407
고드윈, 윌리엄　62, 96, 99
고든 장군　271, 400
고딕　51, 126, 137, 161, 187~188, 211, 251, 335, 370, 378
고스트, 존　426
고시, 랄모한　286
곡물법　195, 204, 324
골드스미스, 올리버　41, 141
골랜츠, 빅터　514

공리주의　186, 227, 229, 293, 369
공산주의　48, 144, 209, 480, 498, 518, 535, 574, 579, 582, 592
공원　157
공제회　211
관용법(1689년)　47
광부　191, 446, 459, 501, 514, 571
괴링, 헤르만　528, 537, 565
구빈법(1834년)　194, 197~198, 294
구빈원　194, 328
국민건강보험　580
국유화　572, 579, 584, 588
국제연맹　473, 531
국제연합(UN)　584
국제통화기금(IMF)　585
국토방위군　557, 569
군사작전
　　바다표범　567
　　바르바로사　574
　　오버로드　575
　　토치　576
군축　528, 581, 584

권력 이양　590
귀족원　153, 190, 253, 308, 387, 396, 454, 457, 552, 572
그레그, 윌리엄 래스본　238
그래턴, 헨리　106
그랜빌 경　265
그레고리, 윌리엄　328
그레이, 에드워드　464, 466
그레이, 찰스　68, 153
그레이엄, 제임스　322
그렌빌, 리처드　381
그리피스, 아서　480
그린우드, 아서　544, 551, 561
글라스고　67, 393, 442, 477, 506, 545
글래드스턴, 윌리엄 유어트　163, 269, 319, 327, 425, 452, 482, 584, 586, 6장 371~406쪽에 걸쳐 등장
금본위제　499~500, 516
급진주의　19, 24, 45, 50, 60, 65, 83, 118, 130, 142, 177, 225, 228, 237, 252, 276, 389, 392, 426, 447~448, 459, 536, 599
기근　94, 97, 210, 286, 316, 342, 381
기근 구호　318, 322, 325, 334, 351, 382, 387
기혼 여성 재산 법안　225
길레이, 제임스　70, 103

나세르, 가말 압델, 대령　584
나오로지, 다다바이　385
나이팅게일, 플로렌스　225, 239~241, 384
나폴레옹 3세　215
난민　446
네루, 모틸랄　409

네루, 자와할랄　409, 583
네이피어, 찰스　192
넬슨, 호레이쇼　127
노동당/정부　446, 457, 462, 476, 498, 516, 524, 532, 539, 544, 550, 561, 572, 576~577, 588, 590
노동조합　195, 208, 445, 458, 501~502, 514, 516, 553
노숙자　571
노스코트, 스태퍼드　334
노예무역(노예제) 폐지　44, 130, 144, 150~151, 155
노튼, 캐럴라인/조지　175, 223
노팅힐 카니발　593
니콜슨, 해럴드　532
닐, 제임스, 대령　359

다우딩, 공군 원수　558
다운트리, 시봄　449
다윈, 이래즈머스　24, 30
다윈, 찰스　265
다이애나, 왕세자비　589~590
다이어, 레지널드, 장군　411, 525
달튼, 휴　540, 562
대박람회　161, 185, 191, 209, 251, 258, 344, 442
대빗, 마이클　393
대서양 동맹　573, 582
댈하우지 경　317, 327, 341, 346
더르바르　286, 374, 412
던더스, 헨리　103, 124, 464
덩케르크　558, 562~563
데이 여사　213

찾아보기　619

데이, 토머스　26, 28
데이비스, 에밀리　235
데이비슨, 에밀리 와일딩　461
데이비슨, 토머스　447
데인저필드, 조지　461
델리　285, 299~300, 309, 336~343, 353~354, 356, 359~360, 362~363, 377, 379, 381, 421
도슨, 제프리　528
독일　20, 120, 185, 218, 386, 444, 527
돌바던성　17
둘리프 싱　347
드 벌레러, 에이먼　408
드 베어, 오브리　331
드 퀸시, 토머스　19
드골 장군　421, 558, 586, 595
디데이　577
디즈레일리, 벤저민　200, 252, 327, 6장 368~413쪽에 등장
디즈레일리, 아이작　369
디킨스, 찰스　187, 514
딕비, 윌리엄　383

라 마르티니에르 학교　349
라 투슈, 로즈　256
라스키, 해럴드　580
라이엘, 찰스　163
라이트, 조지프　25
라이트너, G. W.　375
라틴 아메리카　344
라파엘전파　259
라파에트 장군　54, 57, 59
락슈미 바이, 라니　341, 361

랄, 샤하마트　310
람 모한 로이, 라자　301, 308
랭엄 플레이스 서클　224, 230, 236
러드, 네드　133
러셀, 버트런드　472
러셀, 윌리엄 하워드　242, 362
러셀, 존 경　154, 252, 320
러스킨, 존　187, 226, 255~256, 264, 266, 440, 443, 507
러시아　79, 124, 132~133, 242, 245, 283, 287, 297, 346~347, 386~387, 392, 416, 462, 480~481, 575, 581
러티언즈, 에드윈　285, 410
럭나우　343, 348, 353, 362, 377
런던 대학　259, 264, 267
런던 통신 협회　69, 72, 95, 97
런던, 잭　503
런짓 싱　297, 315, 347
럼볼드, 호리스　527, 531
레노, 폴　558
레닌, 블라디미르　481
레드먼드, 존　462, 476
레버, 윌리엄 헤스케스　441
레오폴드, 벨기에의 왕　160, 171, 173, 180, 215
레이더　565
레이크 디스트릭트　13, 81, 120, 156
레일튼, 데이비드, 목사　473
레젠, 남작 부인　170
로더미어 경　529
로렌스, 스티븐　593
로렌스, 헨리, 준장　355, 363
로버츠, 프레드릭, 소장　378

로이드, 새뮤얼 존스 263
로이드 조지, 데이비드 437, 452~453, 529, 550, 554, 588, 594
로저벨트, 프랭클린 D. 558, 573, 578
로즈, 세실 384, 435
로즈버리 경 430
론즈데일 백작 137
롤린스, 소피아 86
롬니, 조지 83
루멜리아 391
루소, 장-자크 21, 51, 58, 80, 85, 90, 112, 114, 156
루스, 랜덜프 325
루이 16세 52, 56, 66, 79, 88
루이스, W. 아서 286
루이-필립 152
루프트바페 533, 565, 570
리들, 앤서니 35
리벤트로프, 요아힘 폰 529~530, 537, 558
리브스, 존 70
리비아 582
리처드슨, 레지널드 197, 212
리트슨, 조지프 52
리튼, 에드워드-불워 376, 406
리튼, 에밀리, 여사 410
리튼, 콘스턴스, 여사 279
리틀턴, 올리버 545
리펀 경 406
린더먼, 프레드릭 520
릴번, 존 447

마로케티, 카를로 249
마르크스, 칼/마르크스주의자 182, 209, 218, 370, 446
마리 앙투아네트 63, 66, 79
마탱, 클로드 349
마티너, 해리어트 226
말라야 582
말버러 공작 418, 422, 437, 521, 530
매슈, 시오볼드, 목사 324
매헌, 데니스, 소령 331
맥도널드, 램지 498~499, 510, 516
맥밀런, 해럴드 421, 548, 572, 580, 585~586
맥스웰, 릴리 237
맥켄지, 헨리 24
맥킨스, 콜린 592
맨체스터 133, 145, 182, 192, 199, 202, 210, 236, 255, 331, 344, 372, 404, 442, 451, 509
맨체스터 애국 연합 협회 145
맬서스, 토머스 299, 318
머리, 길버트 529
머서 티드빌 반란 153, 446
머이어, 토머스 69
머콜리, 토머스 배빙턴 152, 229, 289, 298, 305, 313, 334, 341, 346, 349, 365, 370, 377, 405, 407, 410, 415, 418, 431, 451, 478, 483, 523~524, 583
머크냅, 존 337
먼로, 토머스 296~298
먼스, 앤드루 275
먼트거머리 장군 575
먼티피오리, 모지스 177
『메리 바튼』 199, 210
메소포타미아 410, 467

메이너드, 콘스턴스　268
메이올, 존 에드윈　213
멜번 경　175~180, 223, 373
모리슨, 허버트　553, 564, 581
모리츠, 칼　20
모사데크, 무하마드　583
모어, 해너　71
모즐리, 오즈월드　516
모즐리, 헨리, 박사　234
모튼, H. V.　560
모튼, 데스먼드　533
몬드, 앨프리드　502
몰리, 존　452
무명용사의 장례식　473
무솔리니, 베니토　498, 517, 530, 559, 584
무하마드 아메드, 마흐디　433
미국　34, 83, 245, 283, 386, 420, 498
미루트　337, 341, 353
미첼, 존　332
민간 거주지 폭격　567
밀, 제임스　227~228, 293
밀, 존 스튜어트　226, 272, 319, 346, 388, 408
밀러, 존　228
밀튼, 존　51, 64

바볼드, 애너 레티셔　61
바커, 헨리 애스턴　127
바트럼, 캐서린(케이트)/로버트　354, 359
바하두르 샤　338, 356
발롱, 아네트　80
발체렌 원정 부대　131

발칸 반도　265, 464, 467
배럭포어　313, 338
배리, 찰스　163
배즐리, 토머스　168, 236
밴시타트 경　532
밸모럴　221, 461, 552
밸포, 아서　402, 430, 480
뱀퍼드, 새뮤얼　145
버뎃, 프랜시스　130, 147
버마　345, 350, 352, 367, 382, 492~494, 497, 507, 517
버밍엄 정치 연합　155
버크, 에드먼드　56, 78, 84, 111, 118, 142, 289, 455
버틀러, R. A.　572
버틀러, 조세핀　270
번스, 존　446, 452, 454
베르사유 조약　473, 529
「베버리지 보고서」　572, 577
베번, 어나이어린　575
베빈, 어니스트　553, 564, 576, 581
베아토, 펠리체　362
베전트, 애니　271, 409
베커, 리디아　237
벤섬, 제러미　293, 297
벤팅크, 윌리엄　295, 408
벨기에　171, 173, 176, 321, 464
보나파르트, 나폴레옹　121, 165, 465
보수당　236, 371, 392, 398, 498, 536, 544, 551, 559, 576, 580, 585, 590, 592
보이콧, 찰스, 대위　394
보퓌, 미셸　80
복지 국가　462, 573, 577, 579, 583

본, 새뮤얼   366
볼드윈, 스탠리   475, 499~500, 510, 516~517, 526, 542, 564
부드비, 브루크   21
부세레트, 제시   224
부스, 찰스   441
부활절 봉기   408, 476
뷰익, 토머스   32, 99
브라운, 존   253~254, 278
브라이언트 앤 메이   273
브라이트, 제이콥   237
브라이트, 존   237, 400, 426
브래들러, 찰스   271
브래큰, 브렌든   520
브레스트-리토프스크 조약   581
브루크, 앨런, 육군 총사령관   566, 575
브루크, 프랜시스   40
브리테인, 비어러   471
블랙스턴, 윌리엄   197, 218
블랙웰, 엘리자베스   264
블러드, 빈든   432
블레넘궁   422
블레어, 리처드   490
블레어, 에릭   485, 487, 오웰 참조
블레이크, 윌리엄   46, 62
비국교도 반대파   106
비버브루크 경   520, 564, 566
비엔나 회의   148
비튼, 이사벨라   255
비틀즈   585
빅터 공, 호헨로에-랑겐부르크   242
빅토리아 여왕   4~6장 전체에 걸쳐 등장
　　빅토리아 기념관   287

장례식   278
　　즉위 기념식   270, 276~277, 283, 407, 442
빈센트, 헨리   197
빈스, 존   97
빌헬미나 여왕   553

사회민주주의연맹(SDF)   446
사회주의   276, 438, 440, 446, 450, 458, 474, 480, 491, 498, 502, 511~512, 514, 517, 548, 569, 577, 584
삼국협상   462
새처, 마거릿   458, 580, 585
새커리, 윌리엄 메이크피스   165
샤를 10세(프랑스)   152
샤프, 그랜빌   51
샬롯 오거스타 공주   144, 171
서인도제도   46, 150, 592, 594
『서정 민요집』   116
석유   463, 482, 492, 582
성냥개비 소녀들   273
세포이 항쟁   337~364
센, 아마르티아   385
셀월, 존   19, 50, 69, 72, 95, 114, 118, 124
셰리던, 리처드 브린슬리   50
셸리, 퍼시 비시   145
셸번 경   72
소련   421, 499, 518, 574
　　나치-소련 불가침 조약   543, 546, 548, 569
소말리아   583, 595
소이어, 앨릭시스   242

찾아보기   623

손튼, 윌리엄 토머스 319
솔즈버리 경 282, 376, 401, 426, 433
쇼, 조지 버나드 271, 274, 447, 594
수단 343, 400, 433~434
수디, 리처드 113
수에즈 운하 374, 399
수정궁 160, 167, 203, 211, 335, 372, 379
순결 연맹 429
슈어드, 애너 24
슈트라이허, 율리우스 528
스노든, 필립 499, 516
스무츠, 얀 478
스미스, F. E., 버큰헤드 경 501
스미스, 바버라 리 224, 235
스와라지 운동 285, 410~411
스워닉, 헬레나 268
스카길, 아서 458, 587
스코틀랜드 67, 69, 109, 125, 149, 195, 227, 237, 296, 327, 330, 7~8장 전체에 걸쳐 등장
스콧, C. P. 540
스콧, 월터 248, 370
스콧, 조지 길버트 251
스타인, 버튼 286
스탈린, 요제프 546, 574, 578
스탠리 경 373
스턴, 로렌스 36
스테드, W. T. 270, 273, 392, 448
스토크마, 크리스티언 폰, 남작 180, 218
스튜어트, 존 "워킹" 19, 227
스튜클리, 윌리엄 16
스트래치, 리튼 252
스페인 19, 124~125, 128, 131~133, 219, 432, 518, 533, 546, 570
스펜스, 토머스 48, 72, 134, 144
스프링-라이스, 스티븐 327
슬리먼, 윌리엄, 소령 304
시던스, 새러 62
시드머스 경 145, 147
시브소프, 찰스, 대령 162
시슬우드, 아서 147
시온주의 481
시지윅, 헨리 267
시콜, 메리 240, 242
시크니스, 필립 37
신드 347
실리, J. R. 282, 415, 420
실업보험 450, 453, 456, 462, 474
심사령 47, 50
심스, 조지 270
심슨 부인 534
싱가포르 574~575

아가디르 사건 462
아널드, 매슈 187
아르헨티나 263, 585
아마둘라 샤 343, 356, 361
아미엥 화평 121
아와트 342, 364
아우트럼, 제임스 358
아이젠하워, 드와이트 D. 584
아일랜드 5~6장 전체에 걸쳐 등장
아편 289, 345, 489
아프가니스탄(아프간) 317, 347, 378, 386, 392, 432
아프리카 44, 350, 434, 478~479

암리차르 학살　411
애디슨, 크리스토퍼　474
애머리, 리오　539, 544, 550
애블릿, 노아　459
애스퀴스, 허버트 헨리　449, 476
애치슨, 딘　582
애트우드, 토머스　149
애틀리, 클레멘트　550, 581
앤더슨, C. F., 편대대장　534
엘리그샌드러 공주　247
엘리스 공주　248
앨버트 공　159, 173, 215, 217, 222, 244, 251, 254, 264, 364, 373
앵글로-페르시아 석유 회사　464
얄타 회담　575
어스킨, 토머스　95
어윈 경　524, 핼리팩스 참조
에드워드 7세　160, 217, 246, 286, 375, 457
에드워드 8세　534, 589
에딘버러 공작 앨프리드　375
에딘버러 하녀 연맹　225
에딘버러 협의회　69
에버레스트, 엘리자베스　424
에번스, 메리 앤(조지 엘리어트)　226
에시, 빈센트　285
엘 알라메인　575
엘긴 백작　365, 374, 452
엘리어트, H. M.　350
엘리어트, 조지　226
엘리자베스 1세　173, 177, 597
엘리자베스 2세　590, 593
엘핀스턴, 마운트스튜어트　296

엥겔스, 프리드리히　182
여성 고용 촉진 협회　225
여성 교육　266~269
여성사회정치연합(WSPU)　460
여성을 위한 대학 거주지　269
연금, 노령/과부　450, 453, 474, 499
영, 아서　38, 140
영국 공군(RAF)　534
영연방　421, 478, 524, 592~593
오드와이어, 마이클　411
오버리, 리처드　565
오버스턴 남작　263
오브라이언, 제임스 브런테어　196
오세이, 캐서린　397~398, 401
오스만 제국　391, 479, 482~483
오스본 하우스　169, 213~214, 221~222, 246~247, 249, 368, 424
오웰, 조지　485, 487, 8장 전체에 걸쳐 등장
오즈월드, 존　83
오코너, T. P.　405
오코너, 아서　107, 198
오코너, 피어거스　198, 203
오코넬, 대니얼　149~150, 154
오클랜드 경　313, 315, 317
올리버, 윌리엄　145
올리비에, 시드니　450
올리펀트, 마거릿　254
와지드 알리 샤　350
와트, 로버트　79
요크 공작　130
우덤-스미스, 세실　333
우드, 찰스　324, 327
울러, 토머스 조너선　144, 147

울스턴크래프트, 메리   60, 86, 91, 119, 150
울즐리 경   400
≪유나이티드 아이리시맨≫   332
워, 이블린   431
워너, 조지 타운젠드   425
워즈워스, 도러시   116
워즈워스, 윌리엄   19, 26, 33, 75, 80, 137, 156, 370, 390, 506, 2장 전체에 걸쳐 등장
워커, 토머스   95
월러스, 그레이엄   450
월폴, 호리스   23, 84
웨스트, 토머스   13, 156
웨스트민스터 협회   50
웨슬리, 존   45
웨이블, 아키볼드, 장군   574
웨일스   12~13, 16~17, 23, 45, 74, 119, 134, 140, 153, 170, 197~198, 203, 206, 296, 404, 419, 436, 439, 442, 444, 446, 448, 453, 456~458, 507, 577, 580, 587, 590~594
웨지우드, 조사이어   45, 538
웨지우드, 토머스   46, 79, 121
웰스, H. G.   438, 449, 451, 471, 482, 491, 508, 531
웰슬리, 리처드, 후작   295, 309, 408
웰슬리, 아서, 웰링턴 공작   132, 143, 153, 165~166, 168, 215
웹, 비어트리스/시드니   272, 440, 448, 498
위건   393, 448, 490, 502, 509, 514, 571
위그   31, 49, 53~54, 60, 67, 69, 72, 107, 130, 136, 151, 175, 179, 194, 247, 289, 324, 327, 350, 370, 391, 399, 418, 425, 451, 484, 560
위러-베닛, 존   528
윈저성 화재   589
윈터홀터, 프랜츠 제이버   168, 347
윌리엄 3세   52, 57
윌리엄 4세   153, 155, 171, 174, 178
윌리엄 5세 슈타트하우더   97
윌리엄스, 헬렌 마리아   79
윌리엄스-엘리스, 클로프   547
윌리엄슨, 헨리   531
윌버포스, 윌리엄   151
윌슨, 우드로   475
윌슨, 해럴드   421, 422, 585
윌슨, 해리어트   143
윌슨, 호리스 헤이먼   307
윙게이트, 레지널드   479
유고슬라비아   592
유대인   242, 369, 448, 459, 481, 508, 517, 528, 563, 582, 594
유럽경제공동체/유럽연합   586, 590
유제니 황후   215
이든, 앤서니   421, 534, 539, 557, 572, 579
이든, 에밀리   315
이라크   463, 479, 481, 582
이란   464, 583
이민   330, 592~593, 446
이스라엘   16, 197, 582, 584
이스트레이크, 찰스 로크   163
이스트엔드   270, 442, 446, 503, 513
이집트   103, 112, 125, 188, 322, 374, 391, 399~400, 405, 416, 421, 433~434,

463, 467, 479, 481~482, 584
이탈리아   14, 19, 102~103, 147, 204, 221, 249, 362, 393, 440, 543~544, 559, 561~562, 575, 583
「인간과 시민의 권리 선언」   67
인도   19, 112, 125, 132, 134, 142, 192, 205, 228, 5~6장 전체에 걸쳐 등장
인도 국민회의   385, 406, 408, 524
인도법(1935)   526~527
인종차별   363, 406, 459, 493
인클로저   38, 157
일버트 법안   406
일본   498, 573~574
임레이, 길버트   91
잉글랜드 국교회   144, 155
잉글랜드 시골 보존 위원회   547

자선 기부 금지법   382
자유당   371, 393, 401, 425, 448, 450, 462, 482, 498
작업장 폐쇄   445, 475, 498
재무장   523, 531, 533, 541
전염병법   270
전쟁
    나일강 전투   127
    냉전   579, 582
    보어 전쟁   407, 435, 453, 545
    비니거 힐 전투   109
    스페인 내전   517, 569
    시크교 전쟁   347, 359
    아편 전쟁   346
    아프가니스탄 전쟁   387
    영국 전투   565

옴두르만 전투   433
워털루 전투   132~133, 135, 138, 571
이산들와나 전투   387
제1차 세계대전   281, 407, 409~411, 437, 444, 464, 472, 480, 491, 497, 528, 537, 543, 546, 548, 564, 581
제2차 세계대전   436, 442, 523, 531, 545, 549, 563
크림 전쟁   350
탈라베라 전투   131
토브루크 전투   575
포클랜드 전쟁   585
프랑스와의 나폴레옹 전쟁   71
한국전쟁   582
젊은 잉글랜드   369
제닝스, 프랭크   506
제임스 2세   52
제퍼슨, 아이작   208
젝스-블레이크, 소피아   265
젠킨스, 로이   575
조던, J. S.   111
조지 3세   44, 52, 97~98, 106, 125, 170
조지 4세(섭정공 시절 포함)   126, 171, 178
조지 5세   410, 458, 513, 534
조지 6세   552
존스, 윌리엄   308
존스, 토머스   529
존슨, 린든 B.   422
존슨, 조지프   65, 111
중국   346, 350, 360
진주만 공격   573

찾아보기   **627**

차트웰　519
차티스트　165, 168, 196~197, 237
찰스 왕세자　589
처칠, 랜덜프 경　402, 423~425, 430, 451, 491
처칠, 윈스턴　129, 415, 487, 498, 519, 7~8장 전체에 걸쳐 등장
　『세계의 위기』　498, 519
　『영어권 민족들의 역사』　521, 570, 596
처칠, 클레멘타인　436, 469~470, 578
체스터턴, 에이더 엘리자베스　503
체임벌린, 네빌　535~578쪽에 걸쳐 등장
체임벌린, 오스턴　536
체임벌린, 조지프　389, 398, 404, 434, 440
체코슬로바키아　537, 548
침실 시종 교체 사안　179

카디르 알리 샤　343
카슨, 에드워드　476
카트라이트, 존　51, 62, 131, 196
카퍼　344
칸푸르(칸푸어)　316
칼라일, 토머스　183, 200, 220, 229, 231, 261, 370, 419, 441, 447, 594
캄포 포르미오　102
캐나다　19, 246, 283, 331~332, 344, 404, 410, 435, 437, 477~478, 524
캐너다인, 데이비드　377, 437
캐닝, 찰스　350, 360, 364, 374
캐드버리, 조지　440
캐머런, 줄리아 마거릿　257
캐머런, 찰스　259
캐번디시, 프레드릭 경　398

캘커타　282, 349, 365, 377
캠블, 조지　319, 388
캠블, 콜린　361
캠블-배너먼, 헨리　452
커빗, 윌리엄　163
커즌 경　281, 298, 407, 436, 455, 473, 489
커크패트릭, 제임스 어킬리즈　348
케이-셔틀워스, 제임스 필립스　192
케인스, 존 메이너드　499~500, 516, 547, 581
케치웨이오 왕　387
켄트 공작 부인　172, 215
코벳, 윌리엄　139, 148, 154, 157, 171, 196, 447, 510, 597
코브, 프랜시스 파워　230
코크레인, 토머스　130
코크런, 윌리엄 버크　432
콘로이, 존　173
콘월리스 후작　109
콜, 헨리　163
콜리지, 새뮤얼 테일러　111, 390, 599
콜린스, 마이클　526
콜브루크, 에드워드　300
콜브루크, 헨리　308
콥든, 리처드　350, 387
콩도르세 후작　84
쿠트 엘 아마라　478
쿠퍼, 더프　536
쿡, A. J.　501
쿡, 토머스　165
크랜브루크, 영주　387
크레이그, 아이서　225

크로스, 리처드   372
크리스티, 토머스   83
크립스, 스태퍼드   531, 572, 575, 581, 583
클락슨, 토머스   151
클레망소, 조르주   475
키치너 경   433, 466
키플링, 러디어드   284, 379, 472
키플링, 록우드   379
킬메이넘 조약   397

타운젠드, 찰스, 장군   478
태프-베일 판결   445
터너, 윌리엄   127
터키   241, 391~392, 410, 467, 478, 481, 575, 595
테니슨 경   263, 266, 278, 370
테리, 엘렌   262
테일러, A. J. P.   540
테일러, 필립 메도우즈   304
테일러, 해리어트   226, 269, 272
테일러, 헬렌   235, 269
템플, 리처드   382
토니팬디   459, 550
토리   47, 49, 53, 135, 151, 153, 179, 204, 320, 324, 328, 369~370, 393, 401, 405, 425, 430, 435, 445, 449, 451, 458, 475, 499, 516, 520, 535, 543~544, 548, 550, 572, 578, 586, 589, 597, 참조: 보수당
토머스, D. A.   458
토머스, J. H.   516
토머스, 제임스   296, 317
토인비, 아널드   529

톤, 시오볼드 울프   105
톰슨, 조지   150
튜크, 제임스 핵   329
트라팔가 전투   128
트렌처드 공군 원수   474
티틀러, 해리어트/로버트   304, 313, 338, 340, 362
틸락, 발 강가다르   408

파넬, 찰스 스튜어트   393, 395, 426
파리 조약   245
파머스턴 자작   220, 247, 292, 344, 360, 390, 586
파시즘   517, 535
파업   182, 198, 207, 211, 225, 274, 285, 409, 411, 445, 452, 458, 476, 479, 498, 500, 550, 577
파월, 이녹   592
파크스, 베시 라이너   236, 239
판데, 망갈   313
팔레스타인   463, 481~482, 582
패트모어, 코번트리   169, 254
팩스턴, 조지프   162, 166
팽크허스트, 에멀린   460
팽크허스트, 크리스터벨   460
퍼거슨, 애덤   296
퍼스, 퍼드리그   407
퍼시벌, 스펜서   133
펀자브   297, 310, 317, 347, 359, 378, 411
페넌트, 토머스   11, 37, 113
페로즈 샤   342
페미니즘   84, 102, 223, 226, 230, 238
페식-로렌스 부인   461

찾아보기   629

페이비언 협회   272, 438, 447, 485
페이스풀, 에밀리   224
페인, 톰   50, 62, 83, 89, 100, 103, 118, 122, 148, 150, 156, 198, 447, 455, 1~2장 전체에 걸쳐 등장
펜트리지 봉기   145
펜튼, 로저   213
포스터, E. M.   316, 547
포스터, 윌리엄 에드워드   394
포싯, 헨리/밀리선트 개럿   269
포위 공격   242, 356~357, 545
포츠담 회담   578
포트 선라이트   441
포트 윌리엄 대학   295, 368
포틀랜드 공작   69
폭스, 찰스 제임스   31, 50, 53, 59, 67, 107, 114, 122, 130
폭스, 헨리   31
폰손비, 프레드릭   131, 278
폴릿, 해리   518
풀, 토머스   116
퓨즐리, 헨리   62, 86, 94, 114
퓨진, 오거스터스 웰비 노스모어   187, 335, 370, 441
프라이스, 리처드   45~46, 51, 54, 228
프란시스 1세, 황제   132
프랑스   19, 75, 165, 214, 286, 346, 421, 523
『프랑스 혁명에 대한 고찰』   56, 64, 111
프렌드, 윌리엄 목사   113
프로스트, 존   197
프로이센의 프레데릭   132
프리스틀리, J. B.   511, 525, 572

프리스틀리, 조지프   45, 48, 51, 53, 68
프린셉, 발   379
프린셉, 헨리 소비   307
피난   533, 545
피셔, H. A. L.   474
피셔, 존 재키   463
피츠윌리엄 백작   107
피츠제럴드, 에드워드 경   107
피털루 대학살   145
피트, 윌리엄(소)   50, 67, 94, 97, 102, 105, 111, 114, 122, 124, 128, 140
필, 로버트   179, 205, 320, 333

하니, 조지   197
하디, 키어   446
하디, 토머스   69, 95~96
하딘지 자작   285
하수도 시스템   443
하워든 부인   258
하즈라트 마할   342
해리스, 호세   444
해브록, 헨리, 소장   358
해즐릿, 윌리엄   118, 134, 145, 151, 171, 292
핼럼, 헨리   218
핼리팩스 경   524, 530, 535, 537, 542, 551, 558, 참조: 어윈 경
허버트, A. P.   567
허셸, 존   261
헉슬리, T. H.   439
헌트, 헨리   146, 154, 196
헝가리   375, 464, 538
헤이스팅스, 플로라 여사   179

헤일리버리　294, 299, 309, 318, 368
헨더슨, 네빌　538
헨더슨, 휴버트　500
협동조합　211, 580
호드슨, 윌리엄, 소령　360, 364
호메이니, 아야톨라　464
호슬리, 테렌스　506
호어, 새뮤얼　534
호흐, 루이-라자르　105
혼 투크, 존　48, 62, 95~96, 114
홍콩　346, 421, 574~575, 581, 585
휴전일　471
흄, 데이비드　22

흄, 앨런 옥테이비언　384
히믈러, 하인리히　532
히스, 에드워드　586
히틀러, 아돌프　8장 517~574쪽에 등장
힉스 비치, 마이클　426
힌드먼, H. M.　446
힐, 옥테이비어　257, 271
힐리, 팀　395

[영문]

ANZAC　477
BBC　501, 536, 545, 556, 568
IRA　476

옮긴이의 글

『사이먼 샤마의 영국사』 시리즈 집필의 장대한 여정을 마치며 샤마는 텔레비전과 문학의 "섬망"에 빠져 있던 시간이 드디어 끝났다며 안도와 서운함과 감사의 마음을 표시했다. 그가 BBC의 동료들과 함께 헤쳐나간 그 오랜 촬영 과정과 집필 과정에서 감내해야 했던 고통과는 감히 비교할 수 없겠지만, 누군가가 번역은 제2의 창작이라고 했듯이 나 역시 이 책을 번역하며 그에 못지않은 고통을 느껴야 했다.

영국 유학 시절 처음 접한 그의 BBC 다큐멘터리 영국사 시리즈는 박사과정 학생이었던 내게는 앞으로 펼쳐질 교육자와 연구자로서의 삶을 어떻게 하면 최대한 재미있고 풍성한 방식으로 꾸려갈 수 있을지에 대해 큰 영감과 부푼 희망을 안겨줬다. 방송을 보충하는 해석본 형식으로 출판된 그의 책 시리즈 역시 재미에 푹 빠져서 매우 열심히 읽었다. 역사적 사건, 인물, 용어 등은 나도 영국사 전공자였기에 이해하는 데 크게 어렵지 않았지만 다양한 인물들의 여러 층위에 걸친 삶의 모습을 묘사하는 부분에서는 생소하고 복잡한 표현을 워낙 많이 사용해서 독서의 속도가 더뎌지기도 했다. 하지만 그 덕분에 영어를 공부하는 데에는 큰 도움이 되었다.

그로부터 한참의 세월이 흘러 박사과정을 마치고 우리나라로 돌아와서 한국외국어대학교에서 교수 생활을 한 지도 어언 15년 정도 되었을 때 1권의 역자인 허구생 교수를 통해 이 책 시리즈 3권의 번역을 권유받았다. 학생 신분으로 재미있게 읽었던 대작을 이제 교수 신분으로 공식 번역을 맡게 되니 감개무량한 동시에 샤마의 어렵고 복잡한 표현과 문장들이 떠올라서 긴장이 되기도 했다. 번역 작업은 독서나 해석과는 차원이 다른 어려움을 동반한다는 걸 경험을 통해 이미 알고 있었을뿐더러 샤마 특유의 박식하면서도 위트 있는 표현들이 제공하는 즐거움을 내가 과연 국내 독자에게 제대로 전달할 수 있을지 우려가 되기도 했다. AI 시대가 도래하여 번역도 거의 자동으로 해낸다고 하길래 이 책의 몇몇 구절들을 시험 삼아 넣어보았으나 아니나 다를까, 다행인지 불행인지 여전히 수준 이하의 결과를 내놓았다.

결국 수공업 장인처럼 재래식 방법에 의존해서 한 줄 한 줄 다시 읽어가며 꼼꼼하게 공들여 번역하기 시작했다. 영국사에 익숙하지 않은 독자를 위해 역자 주도 최대한 많이 제공했다. 영국의 역사에 어느 정도 익숙한 영국의 시청자와 독자를 상대로 저술한 책이기 때문에 국내 독자가 그 재미를 제대로 느끼게 하기 위해서는 기초 지식을 제공해야 할 필요가 있다고 판단했다. 샤마의 달변과 박식함, 방송과 연계된 책으로서 생생함을 전달하는 동시에 우리말로도 자연스럽게 읽히도록 번역하느라 작업을 완수하는 데에는 꽤 오랜 시간이 걸렸다.

시리즈의 완결편인 이 3권도 1, 2권과 마찬가지로 역사라는 큰 강물을 구성하는 작은 물방울과 그 안의 온갖 물질과 생명체를 다 보여주면서도 강물의 흐름에 영향을 끼치는 이야기들에 집중한다. 숨은그림찾기 또는 줄무늬 모자와 옷을 입은 안경 쓴 청년과 그 친구들을 찾아내는 한때 유행했던 게임처럼 이 책에서도 희로애락의 각본 없는 드라마를 연출하며 등장하는 각양각색의 인물을 찾아보라: 편집증에 시달렸던 위대한 철학가; 그가 설파한 자유주의를 신봉하는 부모덕에 고삐 풀린 망나니처럼 성장했으나 위대한 정치가로 성장한 소년, 유부남과 사랑에 빠져 부인을 찾아가 셋이 함께 살자고 제안했던 여성 지식인, 남편을 잃고 수십 년을 칩거하며 지냈으나 관 속에서는 다른 남자의 사진을 손에 쥐고 누웠던 여왕, 동인도회사 장교인 남편을 따라 인도에 갔다가 세포이 반란에 휩쓸려 죽을 고생을 하게 된 귀부인; 사진 촬영을 하는데 가만히 앉아 있지 못하고 자꾸 움직이는 바람에 희한한 예술 사진을 연출하게 된 유명 저술가; 일부러 누더기를 걸치고 빈민 체험을 하다가 결국엔 결핵에 걸려 버린 작가; 혁명을 동경하며 프랑스에 갔다가 첩자로 의심을 받아 처형당할 위기에 처한 정치인; 아버지의 기대에 부응하지 못해 늘 열등감에 시달렸으나 결국엔 나치로부터 유럽을 구해내는 영웅이 되는 처칠; 그리고 기아에 직면해서도 자유주의라는 미명 아래 죽음에 이르도록 방치되었던 인도와 아일랜드의 수많은 빈농 등등. 미시사란 무엇인가에 대한 강의를 듣거나 세미나에 참석할 필요도 없이 그것의 감동과 지혜를 오롯이 느낄 수 있을 것이다.

샤마는 마침 나의 케임브리지 대학교 역사학과 선배이기도 하고 나의 부모님과 같은 해에 태어나기도 했다. 그래서 그의 책을 번역하느라 컴퓨터 모니터가 내뿜는 전자파에 수년간 시달리면서 그가 체험했다는 텔레비전과 문학의 섬망을 나도 간접 체험하게 해준 얄미움은 눈감아주기로 했다. 그도 그랬듯이, 이런 고된 작업에 파묻혀 지내느라 서재에 은둔할 수밖에 없었던 가장의 무정함을 감내해 준 가족에게 나도 우선 진심으로 감사한다. 샤마의 절친인 로이 포터는 출판 전에 세상을 떠나 그의 책을 읽지 못하게 되어 샤마를 안타깝게 했지만 내게는 아직 대부분의 친구와 동료가 건강하게 살아남아 이 역서를 읽을 수 있다는 사실에도 감사한다. 그중 몇몇은(특히 조언호는) 번역 작업의 효율성을 높이는 데 큰 도움을 주기도 했다. 앞으로 자의 반 타의 반 이 책을 자주 접하게 될 한국외국어대학교 학생과 동료들에게도 미리 감사와 독려의 마음을 전하고 싶다. 샤마와 함께 일했던 BBC 직원들 못지않게 나를 격려해 주고 편집 과정에서 큰 도움을 준 조인순 팀장을 비롯한 한울엠플러스(주) 식구들에게도 감사의 마음을 전한다. 이런 작업을 가능하게 해준 원천이라고 할 수 있는 나의 은사, 서울대학교 서양사학과 박지향 교수를 비롯한 영국사학회 및 한국서양사학회 동료 회원들과 또 다른 은사 Alastair J. Reid 교수를 비롯한 케임브리지 대학교의 영국사학계 동료들에게도 감사한다.

지은이

사이먼 샤마 Simon Schama

영국 케임브리지 대학교 크라이스트 컬리지에서 역사학을 공부했으며, 동 대학원에서 석사학위를 받았다. 미국 컬럼비아 대학교에서 예술사 및 역사학 교수로 재직하고 있다. 『시민들: 프랑스혁명의 연대기(Citizens: A Chronicle of the French revolution)』(1989), 『애국자들과 해방자들: 네덜란드의 혁명, 1780~1813(Patriots and Liberators: Revolution in the Netherlands, 1780-1813)』을 비롯한 유럽 역사, 그리고 미술사 및 미술 비평 분야에서 업적을 쌓았다. 특히 텔레비전 방송에서 다큐멘터리 작가 및 진행자로서 두드러진 활약을 펼치면서 'T.V. 역사가'라는 독특한 장르를 성공적으로 개척했다는 평가를 받는다. 1989년 PBS의 〈서양의 미술(Art of the Western World)〉 시리즈로 시작된 그의 방송 분야 작업은 2000~2002년 방영된 BBC 텔레비전 다큐멘터리 시리즈 〈영국사(A History of Britain)〉로 세계적인 명성을 얻었으며, 2006년 미술 특강 8부작 〈사이먼 샤마의 파워 오브 아트(Simon Schama's Power of Art)〉와 2008년 〈미국의 미래(The American Future)〉, 그리고 2013년 방영된 〈유태인들의 이야기(The Story of the Jews)〉 등의 BBC 후속작들도 주목을 받았다. 2018년 역사학에 대한 그의 공로로 기사(Knight Bachelor)에 서임되었다.

옮긴이

김상수

서울 태생. 서울대학교 서양사학과에서 학사 및 석사학위. 영국 케임브리지 대학교 역사학과 및 거튼 컬리지에서 박사학위. 한국외국어대학교 영어통번역학부 교수를 거쳐 현재는 융합인재학부 교수. 영국사학회 편집위원장 및 회장 역임. 영국 근현대사, 영제국사, 역사방법론이 전문 분야.

저서로 『보수와 진보: 이념을 넘어선 영국의 현실정치』, 『대중독재와 여성: 동원과 해방의 기로에 선 여성들』(챕터 참여), *Gender Politics and Mass Dictatorship: Global Perspectives*(챕터 참여).

역서로 『20세기 포토 다큐 세계사 2: 영국의 세기』, 『유럽연합(EU) 기본조약 총서 제4권: 암스테르담 조약, 니스 조약』(공역).

논문으로 「영제국이 영국 본토에 끼친 문화적 영향: 탈식민화(decolonization) 이전과 이후에 대한 연구 성향의 비교」, 「영제국의 과학기술 네트워크: 영국과 식민지의 관계에 대한 재고」, 「대중독재와 대중민주주의: 20세기 초 영제국의 남성성 훈육과정」, 「빼앗긴 세대(The Stolen Generations): 영제국 자치령 오스트레일리아의 혼혈아동 격리정책과 사죄과정」, 「1909년 영국 인민예산에 나타난 '사회주의' 담론의 정치적 성격」, 「20세기 초 영국 보수당 내 급진파와 사회주의의 연관성에 대한 재고: 정치적 담론으로서의 사회주의」, 「토니 블레어의 이미지 정치: 스핀닥터와 원내총무의 역할을 중심으로」, 「브렉시트: 역사와 정치의 위험한 변증법」, "The Relationship between History and Literature: Intertextuality and Agency".

한울아카데미 2514

사이먼 샤마의 영국사 3

제국의 운명

지은이 **사이먼 샤마** ǀ 옮긴이 **김상수** ǀ 펴낸이 **김종수** ǀ 펴낸곳 **한울엠플러스(주)** ǀ 편집 **조인순**

초판 1쇄 인쇄 **2024년 5월 1일** ǀ 초판 1쇄 발행 **2024년 5월 10일**

주소 **10881 경기도 파주시 광인사길 153 한울시소빌딩 3층**
전화 **031-955-0655** ǀ 팩스 **031-955-0656**
홈페이지 **www.hanulmplus.kr** ǀ 등록번호 **제406-2015-000143호**

Printed in Korea.
ISBN 979-89-460-7514-6 93920 (양장)
       978-89-460-8307-3 93920 (무선)

※ 책값은 겉표지에 표시되어 있습니다.
※ 무선제본 책을 교재로 사용하시려면 본사로 연락해 주시기 바랍니다.